SV

Rudolf Steinberg

Der ökologische Verfassungsstaat

Suhrkamp

Die Deutsche Bibliothek – CIP-Einheitsaufnahme
Steinberg, Rudolf:
Der ökologische Verfassungsstaat/Rudolf Steinberg.
- 1. Aufl. -
Frankfurt am Main: Suhrkamp, 1998
ISBN 3-518-58269-0

Erste Auflage 1998

Druck: Nomos Verlagsgesellschaft, Baden-Baden
Printed in Germany

Inhalt

V. Ökologische Herausforderungen der repräsentativen Ordnung

VI. Die Verfassung des Umweltstaates

Vorwort

Anstöße zu der vorliegenden Studie haben vor allem Erfahrungen gegeben, die ich in den letzten Jahren beim praktischen Umgang mit umweltrechtlichen Problemen gemacht habe. Diese sind mir in zahlreichen Verwaltungsverfahren, aber auch bei Verfassungs- und Verwaltungsgerichten vor allem im Atomrecht und im Planungsrecht begegnet. In diesen Bereichen, aber auch im allgemeinen Umweltrecht konnte ich mich mit vielen Aspekten der rechtsdogmatischen wie auch der rechtspolitischen Diskussion literarisch beschäftigen. An dieser Stelle wird der Versuch unternommen, die in Theorie und Praxis gewonnenen Erkenntnisse für eine rechtliche und theoretische Würdigung der Verfassung des Umweltstaates fruchtbar zu machen.

Die meisten Probleme sind in den letzten Semestern Gegenstand meines umweltrechtlichen Seminars an der Johann Wolfgang Goethe-Universität gewesen. Den lebhaften Diskussionen mit den Seminarteilnehmern habe ich zahlreiche Anregungen zu verdanken. Dasselbe gilt für die Akademie der Studienstiftung des Deutschen Volkes im September 1997 in Alpbach, auf der wesentliche Themen dieses Buches behandelt wurden.

Diese Arbeit wäre in der vorliegenden Form nicht zustande gekommen ohne zwei Aufenthalte an der Yale Law School, denen Einladungen des dortigen Centers for Studies in Law, Economics, and Public Policy und dessen Direktorin, Frau Professor Susan Rose Ackerman, zugrunde lagen. In dem intellektuell anregenden Klima einer der herausragenden amerikanischen Law Schools habe ich in zahlreichen Gesprächen Anregung und Ermutigung erfahren. Stellvertretend möchte ich vor allem Bruce A. Ackerman und Owen M. Fiss nennen. Auch ihnen danke ich sehr für die herzliche akademische Aufnahme und die freundschaftliche Verbundenheit. Durch diese Aufenthalte ist und sollte keine rechtsvergleichende Arbeit im engeren Sinne zustande kommen. Es ging vielmehr um zweierlei: zum einen um die Gewinnung von Anschauungsmaterial für ähnliche, aber auch andere Lösungen der amerikanischen Rechtsordnung für vergleichbare Probleme; zum anderen um eine Vergewisserung über die gemeinsamen Wurzeln der modernen westlichen Verfassungen, deren Verständnis auch für deren Bewahrung und Fortentwicklung unter den neuen Herausforderungen unverzichtbar erscheint

Voraussetzung für die Entstehung der Arbeit war die Ermöglichung eines zusätzlichen Forschungssemesters durch die Deutsche Forschungsgemeinschaft, für das ich mich bedanke. Die Arbeit wurde mir erleichtert durch die tatkräftige Unterstützung meiner Mitarbeiterinnen und Mitarbeiter. Nennen möchte ich vor allem die wissenschaftlichen Mitarbeiterinnen Heike Bußmann und Sabine Eymelt sowie die wissenschaftlichen Mitarbeiter Dr. Daniel Schütze und Christoph Giebel. Teile des Manuskripts hat Frau Dr. Gabriele Britz durchgesehen. Für Mithilfe bei den Korrekturen danke ich Frau Rita Kronsbein und Herrn Rüdiger Hoffmann.

Frankfurt am Main, im März 1998 *Rudolf Steinberg*

I. Einleitung: Die Risikogesellschaft auf dem Weg zum ökologischen Verfassungsstaat

Der Verfassungsstaat ist in Gefahr. Diese Diagnose ist nicht neu. Sie hat allerdings durch weitreichende Veränderungen von Wissenschaft und Technik und die dadurch bewirkten sozialen Entwicklungen hin zu einer Risikogesellschaft neue Aktualität und Dringlichkeit gewonnen. So erscheint es aus durchaus unterschiedlichen Gründen nicht ausgeschlossen, daß die sich hieraus ergebenden ökologischen Herausforderungen die bereits aus anderen Erwägungen gespeiste These vom Ende der Verfassung weiter bekräftigen.

In dieser Arbeit geht es um zweierlei: Einmal soll gezeigt werden, welche Konsequenzen die genannten Phänomene für die Verfassung haben. Hierbei geht es zunächst um die Beschreibung derjenigen Änderungen in ihrer Funktion, die sich bereits in der Rechtsordnung feststellen lassen. Damit kann es aber nicht sein Bewenden haben. So soll darüber hinaus auch gefragt werden, ob und in welcher Weise das institutionelle Gefüge des Verfassungsstaates der Umgestaltung und Ergänzung bedarf, soll die Verfassung ihre normative Kraft[1] nicht – weiter – verlieren. Die Erreichung dieses Zieles wird von einer ökologischen Umbildung der Verfassung erwartet. Welche Funktionen eine ökologische Verfassung erfüllen muß und welche institutionellen Konsequenzen dies für den Verfassungsstaat und die Grundzüge seiner rechtlichen Ordnung hat, wird im einzelnen zu beschreiben sein. Insgesamt sollen die Chancen der ökologischen Verfassung ausgelotet werden. Doch zunächst gilt es, die neue Form ökologischer Unsicherheit als jüngste Herausforderungen des Verfassungsstaates in den Blick zu nehmen.

1 Zu diesem Konzept *Hesse*, Normative Kraft, S. 9 ff.

1. Infragestellungen der naturwissenschaftlich-technischen Welt

a. Gewißheitsverluste der Wissenschaft

Das Fortschreiten der naturwissenschaftlichen Erkenntnis insbesondere in der Neuzeit und der auf ihr beruhenden philosophischen Anschauungen wird zu Recht als die treibende Kraft in den politischen Veränderungen des 19. und 20. Jahrhunderts genannt.[2] Eine Betrachtung der Rolle und des Selbstverständnisses der Wissenschaften am Ende des 20. Jahrhunderts vermag deshalb Aufschluß über wesentliche Grundlagen der gegenwärtigen politischen Ordnung des Gemeinwesens zu liefern. Das heutige Bild der Wissenschaften wird in dem hier interessierenden Zusammenhang durch drei Phänomene geprägt:[3]

Bemerkenswert erscheinen zum einen die Gewißheitsverluste wissenschaftlicher Erkenntnis. Nach der Überwindung des Newtonschen mechanistischen Weltbildes durch die moderne Physik mit den neuen Ansätzen der Feld-, Relativitäts- und Quantentheorie hat sich die Einsicht durchgesetzt, daß naturwissenschaftliche Erkenntnis nicht mehr eine objektive Wirklichkeit beschreibt, sondern die menschliche Erfahrung dieser Wirklichkeit. Die Naturwissenschaft steht damit nicht mehr als Beschauer vor der Natur, sondern erkennt sich selbst als Teil des Wechselspiels zwischen Mensch und Natur. Hierdurch ergibt sich eine Paradoxie: »Das naturwissenschaftliche Weltbild hört damit auf, ein eigentlich naturwissenschaftliches zu sein.«[4] Damit verbunden steht die Abkehr von dem naturwissenschaftlichen Determinismus. Insbesondere die Quantentheorie zwingt dazu, die Ge-

2 *Heisenberg*, S. 188; vgl. auch *Postman*, S. 52f. – Ähnlich *Mannheim*, S. 281ff., wonach das zuerst im Bereich der Naturwissenschaften auftauchende technische Denken sich mit einer Philosophie verband, »in der die technischen Erfindungen zum eigentlichen Antriebsfaktor der Geschichte erhoben wurden.« – Auf den offenkundigen Zusammenhang des Geistes der Technik mit der Rationalität der bürokratischen Herrschaft bei Max Weber weist *Giddens*, Gesellschaft, S. 116 hin.

3 Auch zum folgenden vgl. *Heisenberg*, passim.

4 *Heisenberg*, S. 112. – Zur sog. Kopenhagener Deutung der Quantentheorie vgl. auch *Altner*, Überlebenskrise, S. 24ff.

setzmäßigkeiten der Natur als statistische Gesetze zu formulieren. Statistische Gesetzmäßigkeiten bedeuten aber letztlich, daß man das betreffende physikalische System nur unvollständig kennt. Über naturwissenschaftliche Gesetzmäßigkeiten sind damit insoweit nur statistische Wahrscheinlichkeitsaussagen möglich.[5]

Aber auch darüber hinaus werden zunehmend die Grenzen der naturwissenschaftlichen Erkenntnis deutlich. Diese vermag nämlich nur über solche Phänomene Auskunft zu geben, die mit Hilfe der jeweiligen wissenschaftlichen Theorie überhaupt beschrieben werden sollen. Schon von daher sind Theorien immer nur zu einer begrenzten Erkenntnis der Wirklichkeit in der Lage.[6] Damit geraten jedoch die Wirklichkeit in ihrer Gesamtheit, die Zusammenhänge zwischen ihren beobachteten Teilbereichen, aus dem Blick.[7] Die moderne Aufklärung – so ist treffend bemerkt worden – hat die Zweifel an der Erkenntnis des natürlichen Ganzen dadurch beseitigt, »indem sie dessen Grenzen neu festlegte und dabei das Zweifelhafte ausschloß«.[8] Damit wurde aber der Anspruch, das Ganze durch Wissenschaft zu erschöpfen, aufgegeben, ohne daß dies immer mit der Weisheit des Sokrates verbunden ist: zu wissen, daß man nicht weiß.[9]

Die Begrenzung wissenschaftlicher Erkenntnis wird weiter verstärkt durch die Mathematisierung, Geometrisierung und Quantifizierung wissenschaftlicher Beobachtung.[10] Was nicht sichtbar und meßbar ist – so die These des wissenschaftlichen Positivismus – ist nicht wirklich.[11] Es wird zu Recht die Frage

5 *Heisenberg*, S. 116ff.

6 *Heisenberg*, S. 271ff.

7 *Heisenberg*, S. 303; vgl. ferner *Mannheim*, S. 200ff. Fn. 1, der dieses Problem durch »das höchste Stadium der Rationalisierung – das planende Denken« lösen will.

8 *J. Cropsey*, Über die Alten und die Modernen, in: Zur Diagnose der Moderne, hrsg. v. H. Meier, 1990, 211ff., 243.

9 Deutlich auch *J. Weizenbaum*, Die Macht der Computer und die Ohnmacht der Vernunft, 1978, S. 340: »Die Naturwissenschaft hat uns zu diesem großen Sieg über die Unwissenheit verholfen. Aber bei näherer Betrachtung kann sich auch dieser Sieg als Orwellscher Triumph einer sogar noch höheren Unwissenheit herausstellen.«

10 Eindrucksvoll dazu bereits *Husserl*, S. 18ff.

11 *A. Comte*, Rede über den Geist des Positivismus, 1979, S. 46

gestellt, »wie wertvoll die Errungenschaften sind, die mit dieser Konzentration auf einen Teilaspekt, mit dieser Einengung auf einen speziellen Teil der Wirklichkeit gewonnen werden können«.[12] Diese Zweifel führten schon *Goethe* zu der Warnung, die Anschauung der Natur durch die Abstraktion zu ersetzen.[13] Diese Abstraktionen lassen vergessen, daß »man die Ordnung der Natur nicht durch bloße Beobachtung der Natur rechtfertigen« kann.[14] Und für dieses Mißverständnis wird die moderne Wissenschaft verantwortlich gemacht, der wegen ihrer Beschränktheit der Betrachtung der Vorwurf des »Anti-Rationalismus« gemacht wird, der durch seinen Mangel an Ausgeglichenheit, Weitsicht und Weisheit erhebliche Gefahren für die gesellschaftliche Entwicklung mit sich bringe.[15] Die Verselbständigung der wissenschaftlich-technischen Erkenntnis, über die die Fragen nach Sinn oder Sinnlosigkeit, Vernunft oder Unvernunft als unwissenschaftlich aus dem Blick geraten, die Verbannung der »spezifischen Menschheitsfragen aus dem Reiche der Wissenschaft«,[16] das Außerachtlassen der Zusammenhänge und die Beschränkung auf das mit Hilfe quantifizierbarer Methoden Meßbare werden sich auch bei der rechtlichen Beurteilung von Umwelteinwirkungen als Problem erweisen.

12 *Heisenberg*, S. 303.

13 So urteilt *Goethe*: »Und das ist eben das größte Unheil der neueren Physik, daß man die Experimente gleichsam vom Menschen abgesondert hat, und bloß in dem, was künstliche Instrumente zeigen, die Natur erkennen, was sie leisten kann, dadurch beschränken und beweisen will. Ebenso ist es mit dem Berechnen. Es ist vieles wahr, was sich nicht berechnen läßt, sowie sehr vieles, was sich nicht bis zum entschiedenen Experiment bringen läßt.« Zit. bei *Heisenberg*, S. 207ff., 211f.; vgl. auch *K. Conrady*, Goethe – Leben und Werk, 1994, S. 842 ff. – Zur Vorwegnahme der Goetheschen Wissenschaftskritik im Werk Grimmelshausens *F. Gaede*, Substanzverlust. Grimmelshausens Kritik an der Moderne, 1989, S. 15, 72ff.

14 *Whitehead*, S. 67.

15 *Whitehead*, S. 228ff. u. 166; prägnant ebd., S. 73, wonach die frühere Periode »das Zeitalter des auf Vernunft gegründeten Glaubens«, während die spätere »das Zeitalter der auf Glauben gegründeten Vernunft« darstellten. – Auch *Heisenberg*, S. 93, nennt als Grundlage »der ganze(n) Naturwissenschaft des Abendlandes die Formel: »credo ut agam, ago ut intellegam«.

16 *Husserl*, S. 5.

b. Beherrschung und Gefährdung der Natur durch die Technik

Wissenschaft und Technik sind in der Neuzeit über Jahrhunderte mit dem Fortschritt der Gesellschaft gleichgesetzt worden.[17] Die durch sie in den Ländern Westeuropas freigesetzten Kräfte führten zu einer Eroberung beinahe der ganzen Erde, zu zahlreichen wissenschaftlich-technischen Entdeckungen, durch die das menschliche Schicksal z. B. im Bereich der Medizin oder bei der Versorgung mit Nahrungsmitteln entscheidende Verbesserungen erfuhr und durch die insbesondere auch als Ergebnis eines ungeahnten Wirtschaftswachstums der Wohlstand breiter Bevölkerungsschichten erreicht werden konnte. Soweit noch Probleme existierten, galt es nur als eine Frage der Zeit, bis durch weitere wissenschaftlich-technische Entdeckungen auch diese gelöst wurden. In der herrschenden Fortschrittsphilosophie kommt der Eroberung der Natur die zentrale Rolle zu,[18] die oftmals unter Hinweis auf die viel zitierte Stelle in 1. Mose 1, 28 »Machet Euch die Erde untertan...« zum Objekt ungehemmter menschlicher Ausbeutung wird. »Unsere bisherige Technik,« so drückt dies *Ernst Bloch* anschaulich aus, »steht in der Natur wie eine Besatzungsarmee in Feindesland, und vom Landesinnern weiß sie nichts, die Materie der Sache ist ihr transzendent.«[19]

17 Auf die – erstmalige – Verbindung von wissenschaftlich-technischer Entwicklung und Fortschrittsglauben bei Francis Bacon weist *Postman*, S. 44ff. hin. – Zu Bacon differenzierend *Meyer-Abich*, Naturethik, S. 231ff.

18 *L. Mumford*, Technics and Civilization, London, 1934, Neudruck 1963, S. 37ff. – Zu dem auf die wissenschaftlich-technischen Entwicklungen gestützten eschatologischen Fortschrittsoptimismus bei Marx *Stork*, S. 104ff. – Vgl. auch *H. Popitz*, Der entfremdete Mensch, 1967, S. 142ff., 143, der auf die Ambivalenz der Marx‹schen Aussagen mit ihrem »antitechnischen und romantisierenden Charakter« aufmerksam macht, und *Jonas*, S. 342ff.
Eindrucksvoll kommt der Zukunftsoptimismus auch in der Präambel des Godesberger Programms der SPD 1959 zum Ausdruck, wenn es als die »Hoffnung dieser Zeit« bezeichnet wird, »daß der Mensch im atomaren Zeitalter sein Leben erleichtern, von Sorgen befreien und Wohlstand für alle schaffen kann, wenn er seine täglich wachsende Macht über die Naturkräfte nur für friedliche Zwecke einsetzt«. Zwar wird in der Entfesselung der »Urkraft des Atoms« auch der »Widerspruch unserer Zeit« gesehen, doch wird damit nicht der technische Fortschritt als solcher und die Unterwerfung der Natur, sondern der Mißbrauch zu militärischen Zwecken gemeint. Dazu *Radkau*, S. 95f.

19 *E. Bloch*, Das Prinzip Hoffnung, Bd. II, Berlin 1955, S. 270

Auch wenn es zutreffen mag, daß sich auch heute »der technisch-industrielle Fortschritt immer noch zu sehr auf Kosten der Schwächeren, der Entwicklungsländer, der kommenden Generationen und nicht zuletzt auch der menschlichen Natur« vollziehe,[20] so dürfte der technische Optimismus in Politik, Gesellschaft und Wirtschaft, dem 1987 noch bescheinigt wurde, er sei immer noch ungebrochen, ja eher sogar im Aufwind begriffen,[21] zehn Jahre später doch durch die Empfindung der Ambivalenz, der Doppelgesichtigkeit der wissenschaftlich-technischen Vernunft, zumindest aber durch ein – wenngleich weitgehend folgenloses – schlechtes Gewissen ersetzt sein. Hierzu dürfte eine zunehmend stärker hervortretende Technikkritik beigetragen haben, bei der sich – bei manchen Überschneidungen im einzelnen – eine eher sozial-existentielle und eine – hier vornehmlich interessierende, wohl auch neuere – ökologische Richtung unterscheiden lassen.

Auf der ersten Ebene einer grundsätzlichen, geradezu existentiellen Kritik des technischen Fortschritts wird die Technik nicht (mehr) als neutrales Instrument zur Förderung menschlicher Zwecke gesehen; sie ist vielmehr längst zum Schicksal des Menschen geworden, demgegenüber dieser seine Freiheit verloren habe und das sie von der Erde losreiße und entwurzele.[22] Weil die Technik den Menschen bereits innerlich verwandelt habe, seien die Zwecke, die er sich setzen könne, bereits technisch determiniert. Das Sehen, Hören, Sprechen, das Verhalten und die Reaktionsweisen, die Erfahrung des Raumes und der Zeit hätten sich grundlegend geändert. Die Eigendynamik dieses Prozesses lasse kein Jenseits der Technik mehr übrig. Indem die Technik alles verfügbar mache, nichts Unantastbares oder Heiliges kenne, zerstöre sie den planetarischen Grund, auf dem sie stehe.[23]

Zutreffend ist bemerkt worden, daß die eher konservativen Deuter der Technik als Superstruktur einer funktionalistischen Einheit von Naturwissenschaft, Technik und kapitalistischer

20 *Altner*, Überlebenskrise, S. 174.

21 Ebd. S. 175.

22 *M. Heidegger*, Die Technik und die Kehre, 1962, S. 16ff.; dazu ferner die Nachweise bei *R. Safranski*, Ein Meister aus Deutschland, 1994, S. 483.

23 Vgl. *F. G. Jünger*, Die Perfektion der Technik, 1953; vgl. ferner *Safranski*, (Fn. 22), S. 454ff.

Produktionsweise[24] in ihrer Analyse – nicht allerdings in ihrer Bewertung – mit den Technokratiekritikern der »Kritischen Theorie« durchaus übereinstimmen.[25] Hier wird die »Technologie als Form sozialer Kontrolle und Herrschaft« verstanden, durch die »der Kampf ums Dasein und die Ausbeutung von Mensch und Natur ... immer wissenschaftlicher und rationaler« wurden.[26] Die Unterdrückung des Menschen brauchte dieser Ansicht zufolge nicht mehr durch Terror zu erfolgen; vielmehr bewirkte das rationale Unternehmen nicht nur die wesentliche Verbesserung des Lebensstandards als Folge der deutlich gestiegenen ökonomischen, politischen und kulturellen Produktivität, sondern auch eine Verformung des Denk- und Verhaltensschemas, »das die zerstörerischsten und grausamsten Züge dieses Unternehmens rechtfertigte und sogar freisprach. Wissenschaftlich-technische Rationalität und Manipulation werden zu neuen Formen sozialer Kontrolle zusammengeschweißt.«[27]

Die zweite ökologisch orientierte Richtung der Technikkritik stellt die Einwirkungen der Technik auf die natürliche Umwelt in den Mittelpunkt ihrer Überlegungen. Menschliche Einwirkungen auf die Natur sind so alt wie die Menschheit selber. Sie haben tiefgreifende Veränderungen des Antlitzes der Erde hervorgerufen. Ökologische Katastrophen haben gar – wenngleich regional beschränkt – zur Auslöschung großer Kulturen geführt wie im Zweiten Jahrtausend vor Christus des Reiches der Sumerer im unteren Dreistromland und um 800 nach Christus der immer noch geheimnisumwobenen Kultur der Maya in Mittelamerika.[28] Die menschlichen Einwirkungen auf die Natur haben im letzten Jahrhundert jedoch als Ergebnis der immer stärker gesteigerten technischen Möglichkeiten, die auch die Ursache des rasanten Bevölkerungswachstums darstellen, eine völlig neue Qualität erreicht.[29] Weitsichtig ahnend wird dies von *Goethe* in seinem

24 So etwa *Gehlen*, S. 11ff., 39, 44; ähnlich *Habermas*, Technik, S. 81ff., 83.

25 Im einzelnen dazu *Offe*, S. 73ff.; vgl. auch die umfassende Darstellung bei *Rohbeck*, S. 80ff.

26 *Marcuse*, S. 172, 161.

27 *Marcuse*, S. 161; zur Manipulation des Bewußtseins ebd. S. 26ff. – Von den ideologischen Zügen des wissenschaftlich-technischen Fortschritts spricht auch *Habermas*, Technik, S. 92f.

28 *Ponting*, S. 56ff., 68ff., 78ff.

29 Auch *Goudie*, S. 413f., der ebenfalls höchst bedeutsame Umweltveränderun-

Faust II insbesondere in der Neuland-Szene des 5. Aktes bemerkt, in der Faust selber in der neuen Welt technischer Rationalität und Mittelbarkeit tätig wird. Mit Hilfe der Technik überwältigt das menschliche Wissen die Natur real, gelingt die Weltaneignung total, wie es früher nur mit Hilfe der Magie möglich war. Damit verbunden ist die Vorstellung der Negation, der Denaturierung des Naturzustandes als Folge der sich beschleunigenden Technisierung, Industrialisierung und Kommerzialisierung der Lebensformen.[30] Fausts letzte Worte in diesem Akt vor seinem Tod lassen sich als Ankündigung der Risikogesellschaft verstehen. Bei seinem Plan der Trockenlegung eines Sumpfes »im Vorgefühl von solchem hohem Glück« nennt er Chancen und Risiken der durch die Technik bezwungenen Natur:

»Eröffn ich Räume vielen Millionen,
Nicht sicher zwar, doch tätig-frei zu wohnen.
...
Im Innern hier ein paradiesisch Land,
Da rase draußen Flut bis auf zum Rand,
...
Nur der verdient sich Freiheit wie das Leben,
Der täglich sie erobern muß!
Und so verbringt, umrungen von Gefahr,
Hier Kindheit, Mann und Greis sein tüchtig Jahr.«

gen nicht- und vorindustrieller Gesellschaften in Erinnerung ruft, dann aber die ungeheure Vermehrung der Umweltbeeinträchtigungen durch den Menschen als Ergebnis der Entwicklungen in der Technologie betont.
Vgl. die gründliche Untersuchung von *Goudie*, passim, in der die menschlichen Einwirkungen auf die Vegetation, die Tierwelt, den Boden, die Gewässer, die Geomorphologie sowie auf Klima und Atmosphäre, allerdings ohne vollständige Einbeziehung aller Einwirkungsformen – z.B. ohne die Behandlung der Abfallproblematik oder der Frage der Gentechnik –, gründlich dargestellt werden. – Vgl. auch *H. Jäger*, Einführung in die Umweltgeschichte, 1994, S. 24ff. – Im einzelnen zur Reduzierung der Arten von Flora und Fauna *Ponting*, S. 161ff.; zu den Klimafragen *C.-D. Schönwiese*, Klima, 1994, S. 117ff., 122 und *H. von Lersner*, Die ökologische Wende, o.J. (1991), S. 64ff.; zur Endlagerung radioaktiver Abfälle *Hofmann*, Entsorgung, S. 61ff.; zu Grundwasserproblemen *G. Ebhardt/ P. Fritsch*, Grundwasser als Teil des Wasserkreislaufs – Gefährdung und Schutz, in: Wasser, hrsg.v. H.R. Böhm/M. Deneke, 1992, S. 24ff.
30 Eindringlich *H. Schlaffer*, Faust Zweiter Teil. Die Allegorie des 19. Jahrhunderts, 1989, S. 130f., 154ff.

Den wahren Hintergrund der Lage hat aber bereits *Mephistopheles* kommentiert: »In jeder Art seid ihr verloren; ... Und auf Vernichtung läufts hinaus.«

Die Unterschiede zwischen »alter« und »neuer« Naturbeherrschung werden von *Hans Jonas* anknüpfend an das großartige Chorlied in Sophokles' Antigone »Πολλὰ τὰ δεινά«[31] herausgearbeitet. Bleiben bei Sophokles die umfassenden Kräfte der Natur, deren Ganzes, das heißt die wesentliche Unwandelbarkeit der Natur als der kosmischen Ordnung, ungeachtet der menschlichen Eingriffe in diese Ordnung, letztlich unangetastet, so gilt dies nicht mehr für die moderne Technik, die Handlungen mit einer völlig neuen Größenordnung, mit neuartigen Objekten und mit neuartigen Folgen eingeführt hat.[32] Zu dem Neuartigen rechnet *Jonas* vor allem die größere Verletzlichkeit der Natur durch die Intensität der menschlichen Eingriffe, die inzwischen nicht nur potentiell größte Ausmaße mit der Möglichkeit der Auslöschung der Menschheit annehmen kann, sondern denen auch die kleinsten Elemente der Natur – das Atom und das den Code des Lebens enthaltende DNS-Molekül – ausgesetzt sind;[33] ferner eine Verstärkung der Eingriffswirkungen durch deren kumulativen und globalen Charakter.[34] Ganz ähnlich hat bereits *Helmut Schelsky* das Neuartige der modernen Technik bestimmt: Sie beruhe auf der analytischen Zerlegung des Gegenstandes oder der Handlung in ihre letzten Elemente, die in der Natur nicht vorfindbar seien und die nach dem Prinzip der höchsten Wirksamkeit wieder zusammengefügt würden.[35]

Veränderungen sind aber nicht nur hinsichtlich der Intensität

31 In der Übersetzung der zentralen Verse von *G. Ropohl*, Ethik und Technikbewertung, Stuttgart 1996, S. 19: »Vieles Mächtige gibt es / doch nichts ist mächtiger als der Mensch / Klug und erstaunlich geschickt / im Erfinden von Technik / schlängelt er zwischen Bösem und Gutem sich hin.« – Viel schärfer demgegenüber die Übertragung von *v. Weizsäcker*, S. 128: »Vieles Entsetzliches gibt es, doch nichts / Ist entsetzlicher als der Mensch.« Denn er versklave die Tiere, die Natur; sich selbst jedoch wisse er nicht zu beherrschen.

32 *Jonas*, S. 18ff., 26ff.; *Spaemann*, S. 486ff.

33 Dazu auch *Altner*, Überlebenskrise, S. 58ff.

34 Vgl. dazu die in ihrer Emotionslosigkeit eindrucksvolle Darstellung bei *Ponting*, S. 346ff.; zur Globalisierung der Umwelteinwirkungen *Beck*, Risikogesellschaft, S. 27ff.

35 *Schelsky*, S. 12.

und des räumlichen Ausmaßes auszumachen, sondern auch in der Zeit: Denn auch zeitlich sind Täter, Tat und Wirkung nicht mehr dieselben; die Handlungen der heute Lebenden schaffen zwangsläufige Folgen für die nachfolgenden Generationen. Und diese sind deshalb unentrinnbar, weil die in Gang gesetzten Kausalketten irreversibel sind.[36] Die Wirkungen der heutigen Handlungen in der Zeit werden schließlich durch ein weiteres Dilemma gekennzeichnet: »die Kluft zwischen der Kraft des Vorwissens und der Macht des Tuns«[37] wird immer größer, mit anderen Worten: das vorhersagende Wissen, das dem kausalen Ausmaß des Handels größengleich sein müßte, bleibt hinter dem technischen Wissen, das dem Handeln die Macht gibt, zurück. Damit wird »die globale Existenz menschlichen Lebens und die ferne Zukunft, ja Existenz der Gattung«[38] zum Problem der Reflexion über das heutige Handeln. Diese zunehmende Ungewißheit über die Wirkungen menschlichen Handelns ist in anderem Zusammenhang als Charakteristikum der heutigen Risikogesellschaft bezeichnet worden.[39]

Aus diesem Befund ergibt sich eine Reihe von Fragen an die verfassungsrechtliche Beurteilung: Gibt es aus rechtlicher Sicht Grenzen für Eingriffe in die natürliche Umwelt; welche besonderen Vorkehrungen sind angesichts der Ungewißheiten über die Folgen menschlichen Handelns geboten; und unter welchen Voraussetzungen sind unumkehrbare Veränderungen in der Natur – wenn überhaupt – zu verantworten?

36 Ebenso *Altner*, Überlebenskrise, S. 60, 68. – Die Unterscheidung zwischen »schwach irreversiblen« und »stark irreversiblen« Veränderungen, die *Birnbacher*, S. 71 f. vornimmt, erscheint auch für die rechtliche Bewertung erheblich (dazu s. u. II. 5. a.). – Differenzierend zu den Möglichkeiten der Umkehrbarkeit *Goudie*, S. 419.

37 *Jonas*, S. 28.

38 *Jonas*, S. 28; vgl. auch *H. Markl*, Wissenschaft: Zur Rede gestellt, 1989, S. 28; *Weizenbaum*, (Fn. 9), S. 341 f.

39 *Beck*, Risikogesellschaft, passim.

2. Umweltrisiken

a. Gefahr – Risiko

Die beschriebenen tiefgreifenden Veränderungen der wissenschaftlich-technischen Welt bündeln sich wie in einem Brennglas in den Begriffen des Risikos und der Risikogesellschaft.

Schon der Begriff »Risiko« führt in der juristischen Diskussion in Deutschland zur Verwirrung. So wird zum Teil überhaupt bestritten, daß es sich bei ihm um einen Rechtsbegriff handelt, er stelle vielmehr eine Anleihe aus der Soziologie dar.[40] Überwiegend wird mittlerweile aber wohl angenommen, daß es sich um einen Rechtsbegriff handele, in dem der überkommene Begriff der »Gefahr« um neue Elemente erweitert worden sei. Diese bestünden in der Einbeziehung solcher Situationen, die sich durch Unsicherheiten über Schadensmöglichkeiten und Eintrittswahrscheinlichkeiten sowie über die Kausalität von Ursache und Wirkung auszeichneten.[41] Ob diese Situationen tatsächlich einen neuen Begriff erfordern oder nicht der Gefahrenbegriff mit seiner Dimension von Gefahrenverdachtslagen auch hier flexibel genug ist,[42] mag dahinstehen. Denn nach der gesetzlichen Verwendung des Begriffs »Risiko«[43] ist nicht mehr zu leugnen, daß es sich bei ihm um einen *Rechtsbegriff* handelt, den inzwischen auch der Gesetzgeber im Sinne einer Erweiterung des Gefahrenbegriffes verwandt hat.[44]

40 *R. Lukes*, Der Entwurf eines Gesetzes zu Fragen der Gentechnik, DVBl. 1990, S. 273 ff., 275; *R. Breuer*, Anlagensicherheit und Störfälle, NVwZ 1990, S. 211 ff., 212; *R. Schmidt*, Der Staat der Umweltvorsorge, DÖV 1994, S. 749 ff., 752; zu allem jetzt umfassend *Di Fabio*, S. 52 ff.

41 *D. Murswiek*, Handwörterbuch des Umweltrechts, Bd. II, hrsg. v. *O. Kimminich et.al.*, 2. Aufl. 1994, Sp. 267; *U. Di Fabio*, Entscheidungsprobleme der Risikoverwaltung, NuR 1991, S. 353 ff., 354, 357; *Scherzberg*, VerwArch 1993, S. 497 f.; *Schmid*, S. 8.

42 *Th. Darnstädt*, Gefahrenabwehr und -vorsorge, 1983, S. 121 ff., 135, 156.

43 § 6 GenTG; § 7 Abs. 2 Nr. 2a AtG.

44 Das gilt insbesondere bei § 7 II 2a AtG, bei dem es um Maßnahmen im sog. Restrisikobereich geht, dazu *Stötzel*, S. 231 ff. – Anders wird in einer schweizerischen Definition normativ zwischen beiden Begriffen unterschieden. Danach sind Gefahren solche Risiken, deren Verursachung rechtlich verboten ist und gegen die erforderlichenfalls Abwehrmaßnahmen zu ergreifen sind. Demgegen-

In einem ganz anderen Sinne wird in der Soziologie zwischen »Gefahr« und »Risiko« unterschieden. Gemeinsam ist beiden die Möglichkeit eines Schadens. Während aber beim Risiko diese als Folge eigenen Verhaltens gesehen und diesem zugerechnet wird, werden etwaige Schäden bei der Gefahr anderen Ursachen außerhalb der eigenen Kontrolle zugerechnet. Dieselben Sachverhalte können dabei je nach Perspektive – der Perspektive des Entscheidenden oder der des Betroffenen – ganz unterschiedlich betrachtet und vor allem bewertet werden.[45] Dieser Differenzierung gelingt es vor allem, die tiefen Unterschiede beider Perspektiven in den Blick zu nehmen und die sich daraus ergebenden nahezu unlösbaren gesellschaftlichen Probleme – auch für die Institutionen des Rechts und der Verfassung – sichtbar zu machen. Für eine rechtsdogmatische Verwendung scheint diese Differenzierung jedoch schon deshalb wenig geeignet zu sein, weil der Begriff der Gefahr – trotz mancherlei notwendiger Erweiterungen – nach wie vor als der zentrale Begriff auch des Umwelt- und Technikrechts fungiert und seine weitgehende Ersetzung durch den Begriff des Risikos – die in diesem Fall unvermeidlich würde – wenig sinnvoll erscheint.

Offensichtlich findet die begriffliche Differenzierung in anderen Rechtsordnungen keine Entsprechung. Ebenso wie in der deutschen Umgangssprache[46] wird im Englischen für den deutschen Begriff der Gefahr das Wort »risk« verwandt.[47]

über seien Risiken unterhalb dieser Schwelle, die sich auf jeden beliebigen subjektiv unerwünschten Erfolg bezögen, rechtlich zulässig; gegen solche Risiken dürfe die Polizei nicht einschreiten; vgl. *Schmid*, S. 8 f.

45 *N. Luhmann*, Risiko und Gefahr, Aulavorträge 48, Hochschule St. Gallen 1990, S. 3 ff., 22 ff.; ganz ähnlich aus juristischer Sicht *H. Hofmann*, Technik und Umwelt, in: Handbuch des Verfassungsrechts, hrsg. v. *E. Benda/W. Maihofer/K. Vogel*, 2. Aufl., 1994, § 21 Rn. 24.

46 Vgl. Wahrigs Deutsches Wörterbuch, 1986, in dem als Synomym für »Risiko« an erster Stelle »Gefahr« genannt wird.

47 Vgl. The Oxford Dictionary of Current English, rev. 2nd ed. 1996: »chance or possibility of danger, loss, injury, etc.«

b. Risikogesellschaft

Die stark gestiegene Aufmerksamkeit, welche Risiken in den Industriestaaten in den letzten Jahrzehnten erfahren haben, könnte Erstaunen hervorrufen angesichts der Tatsache, daß das Leben des Einzelnen seit geraumer Zeit immer sicherer geworden ist. Hinzuweisen ist auf die praktische Verdoppelung der Lebenserwartung innerhalb eines Zeitraums von weniger als 100 Jahren bis zum Ende dieses Jahrhunderts. Darin spiegeln sich die Erfolge von Wissenschaft und Technik, insbesondere auch der Medizin, im Kampf gegen die natürlichen Risiken des Menschen durch die »Beherrschung« der Kräfte der Natur wieder. Ganz eindeutig haben die natürlichen Risiken[48] abgenommen. Gleichwohl ist die gestiegene Sicherheit nicht begleitet von einem entsprechend gestiegenen Sicherheitsempfinden. Über diese Diskrepanz wundert sich der amerikanische Politikwissenschaftler *Aaron Wildavsky*: »How extraordinary! The richest, longest lived, best protected, most resourceful civilization, with the highest degree of insight into its own technology, is on its way to becoming the most frightened. ... Is it our environment or ourselves that have changed? Would people like us have had this sort of concern in the past?«[49] Andere Beobachter teilen diese Diagnose und sprechen von einem »Zeitalter der Angst«,[50] ja von einem »deutschen Angstwunder«[51]. Keine ausreichende Antwort liefert die Feststellung der Ökonomen, wonach die Bewertung von Risiken mit zunehmendem Einkommen steige, der von der Technik produzierte Reichtum also erst die Risikoangst hervorbrin-

48 Mit dieser Beschränkung werden sowohl die Risiken persönlicher Aktivitäten (z.B. Essen, Trinken, Rauchen, Medikamente, Sport), dazu *Luhmann*, Kommunikation, S. 140ff., als auch die Veränderungen der sozialen Ordnung, die mit neuen Technologien verbunden sind, aus der Betrachtung ausgeschlossen.
49 Zit. in: *Slovic*, Science 236 (1987), S. 280.
50 *Weinberg*, Issues in Science and Technology, Winter 1989/1990, S. 37ff.; vgl. auch *ders.*, Issues in Science and Technology, Fall 1985, S. 71, der die Furcht vor »low level risks« mit dem Hexenglauben des späten Mittelalters vergleicht: So wie damals die Hexen, so würden heute Risiken für alle möglichen Schäden verantwortlich gemacht. Auch wenn heute Naturwissenschaftler und Techniker nicht verbrannt werden, so schimmert in dieser Bemerkung immerhin doch ein Gefühl unberechtigter Verfolgung durch.
51 *Beck*, Gegengifte, S. 89.

ge.[52] So zutreffend dies sicherlich ist, sowenig vermag es die höchst unterschiedliche Bewertung bestimmter Risiken zu erklären, was dann auch als Existenz von »bias« und »irrational behavior« zugestanden wird.[53]

Der Hinweis auf die Erfolge bei der Bekämpfung natürlicher Risiken deutet bereits an, daß die als zunehmend bedrohlich empfundenen Risiken neue, andere sind als die traditionellen alten Gefährdungen. Es läßt sich offensichtlich ein neuer Typus von Risiken feststellen, der zur Prägung des Begriffs der »Risikogesellschaft«[54] geführt hat. Welche Merkmale diese neuen Quellen der Beunruhigung auszeichnen, ist nicht ganz leicht auszumachen. So zeichnen sich einer auf Beobachtungen beruhenden soziologischen Untersuchung zufolge diese vor allem dadurch aus, daß sie – anders als die alten, natürlichen »disasters« – das Ergebnis menschlicher Aktivitäten sind.[55] Hierzu gehören – nicht nur, aber vor allem – technische Unfälle. Dabei dürften nicht allein die Häufigkeit und das Ausmaß derartiger Unfälle ihre Einschätzung bestimmen. Auch Erdbeben, Vulkanausbrüche, Dürre, Hochwasser, Stürme und Sturmfluten können verheerend wirken,[56] doch werden diese anders empfunden als menschgemachte Unglücksfälle, die ja eben anders als Naturkatastrophen durch menschliches Handeln hätten vermieden werden können. Ferner, die Schäden menschgemachter Katastrophen – wie Seveso, Bhopal, Tschernobyl – sind das Ergebnis toxischer oder radiologischer Einwirkungen, die von den Menschen offensichtlich als besonders bedrohlich empfunden werden.[57] Anders als von

52 *Viscusi*, S. 28 ff., 285.
53 *Viscusi*, S. 25.
54 *Beck*, Risikogesellschaft.
55 *Erikson*, S. 141 ff., 237.
56 Jedenfalls bei den letztgenannten vier »natürlichen« Katastrophen wird zunehmend bezweifelt, ob ihre Ursachen nicht – auch – durch den Menschen gesetzt werden. Letzteres vermutet auch die Versicherungswirtschaft, die über zunehmende umweltrelevante Versicherungsfälle klagt, vgl. etwa den Leserbrief des Präsidenten der Reinsurance Association of America, *Franklin Nutter*, zusammen mit *Paul R. Epstein*, Direktor des Center for Health and the Global Environment der Harvard Medical School, New York Times v. 13.10.1997, S. A14.
57 Vgl. auch zum folgenden *Erikson*, S. 144 ff., der seine These auch in der besonderen Angst vor der Verwendung von Giftgas im Krieg bestätigt sieht, ebd., S. 150. – Als weitere Bestätigung drängt sich die unbeschreibbare Gräßlichkeit des fabrikmäßigen Mordes mittels Gaskammern auf.

außen beigebrachte Wunden durchdringen sie das menschliche Gewebe und wirken von innen. Sie sind nicht abgegrenzt, nicht greifbar und oftmals auch unsichtbar, geruchlos und geschmacklos. Offensichtlich führen derartige Gefahren zu einem besonderen Maß an Verunsicherung und einem Gefühl der Verletzlichkeit: »That new ethos can involve a feeling that the persons and institutions in charge of complex technologies cannot be relied upon, that the technologies themselves are based on theories and calculations of no merit, that the environment in which all this takes place – both social and natural – has proved to be brittle and full of caprice. It is a view of life born of the sense that the universe is regulated not by order and continuity but by chance and a kind of natural malice that lurks everywhere. It is a new and special truth.«[58]

Doch reicht der Hinweis auf technologische Risiken zur Kennzeichnung des neuen Risikotyps allein nicht aus. Denn ganz offensichtlich werden nicht alle menschgemachten technischen Risiken dem neuen Typus zugerechnet. Hier hilft die Unterscheidung von alten, privaten und neuen, öffentlichen Risiken weiter.[59] Bei diesen handelt es sich um Bedrohungen der menschlichen Gesundheit und Sicherheit – wie auch der Umwelt –, die zentral oder in Massen produziert sowie weit verbreitet werden und in aller Regel von neuen, komplexen Technologien stammend, weitgehend jenseits des Verständnisses und der Kontrolle des Risikoträgers liegen. Beispiele hierfür sind – ungeachtet der Eigentumsverhältnisse – Großkraftwerke, Fabriken, Transportsysteme zum Vertrieb von Gefahrstoffen und Energie, Impfstoffe, chemische Zusätze und Verunreinigungen in der Nahrung, die Gentechnologie.[60] Demgegenüber liegen private Risiken – wie der Gebrauch von Kraftfahrzeugen, die Verwendung von Pestizi-

58 Ebd., S. 241.

59 Zum folgenden *Huber*, S. 277ff. mit der zentralen These, daß die Gesellschaft sich mehr als sinnvoll mit öffentlichen anstatt mit privaten Risiken beschäftige und daß dieser kostspieligen Fehlentwicklung durch institutionelle Vorkehrungen zu begegnen sei.

60 Im Ergebnis ganz ähnlich die Charakterisierung heutiger Risiken durch *Beck*, Risikogesellschaft, S. 28ff., 35ff., 43f.: die Entpersönlichung, Globalisierung und Zukunftsgerichtetheit der Gefährdungen. Anstelle sinnlicher Wahrnehmbarkeit tritt die mathematische Wahrscheinlichkeit; die Unsichtbarkeit wird verstärkt durch schwer faßbare Kausalverläufe.

den im häuslichen Garten oder der Gebrauch von offenen Kaminen – in der Hand des Verursachers, betreffen vor allem ihn und können von ihm in ihren Auswirkungen beurteilt werden. Es geht hier nicht um die Abgrenzung alter und neuer, privater und öffentlicher Risiken im einzelnen,[61] sondern um typische Unterscheidungen, die auch Auswirkungen auf den rechtlichen Umgang mit Risiken haben (s. u. II. insbes. 1. u. 6).

Den genannten öffentlichen Risiken ist durchweg gemeinsam, daß die Risikoproduktion die nicht intendierte Folge nützlicher Aktivitäten darstellt. Die Emissionen aus Kraftwerken entstehen bei der Erzeugung von Energie, dem Lebenssaft der Industriegesellschaft. Der Einsatz von Pestiziden und chemischen Düngemitteln – zunehmend auch gentechnisch veränderter Pflanzen – erfolgt zur Erzielung höherer Erträge bei der Produktion von Nahrungsmitteln. Die Ansiedlung von Fabriken, der Abbau von Rohstoffen, die Errichtung und der Betrieb von Produktionsanlagen, bei denen niemals ganz die Freisetzung von Schadstoffen in die Luft, den Boden und das Wasser in gasförmiger, fester oder flüssiger Form, sei es bei Unfällen, sei es im Normalbetrieb, ausgeschlossen werden kann, dient der Herstellung von Produkten, die letztlich der Befriedigung menschlicher Bedürfnisse dienen, nach ihrer Nutzung aber ebenfalls vielfach die Biosphäre belasten. Die gesellschaftliche Produktion von Risiken stellt sich damit als die Nebenfolge der Industriegesellschaft dar, die von *Ulrich Beck* treffend das »Zeitalter der Nebenfolgen« genannt wird.[62] Ganz offensichtlich verstärkt das Bewußtsein der latenten Bedrohung des gesellschaftlichen Reichtums durch die damit verbundene Risikoproduktion, deren globale Erscheinungen durch die Medien tagtäglich dem Beobachter eingehämmert werden, die Empfindungen der Unsicherheit und der Angst.[63] Ob und wieweit die Rationalität der Industriemoderne dadurch in Frage gestellt wird, daß in dieser inzwischen die gesellschaftliche Risikoproduktion die Reichtumsproduktion übersteigt und damit das Fundament der Industriegesellschaft ins Wanken gerät,[64]

61 So bezweifeln *Gillette/Krier*, S. 1027ff., die der Typologie von *P. Huber* folgen, ob Kraftfahrzeuge mit ihrer Verschmutzung der Atmosphäre tatsächlich als private Risiken bezeichnet werden können.

62 *Beck*, Politisierung, S. 19ff.; *ders.*, Reflexive Modernisierung, S. 289ff.

63 *Beck*, Gegengifte, S. 94f.

64 *Beck*, Risikogesellschaft, S. 17, 324ff.

muß hier dahinstehen; auf diese Frage läßt sich jedenfalls zur Zeit keine eindeutige Antwort geben.[65].

Es genügen an dieser Stelle zwei Bemerkungen:

Erstens: Die gesellschaftliche Produktion von »öffentlichen« Risiken wird auf absehbare Zeit unverzichtbar sein. Das gilt nicht nur für die gegenwärtige Güterproduktion, deren Aufgabe nicht nur illusorisch ist, sondern mit weitreichenden Katastrophen verbunden wäre. Aber mehr noch: Die heutige Menschheit ist nicht zuletzt angesichts der weiter wachsenden Bevölkerung, der wirtschaftlichen Entwicklungsnotwendigkeiten vor allem in der sog. Dritten Welt, der absehbaren Erschöpfung von Rohstoffen, schließlich angesichts der ständigen Herausforderungen durch die Bedrohung durch Mikroorganismen[66] auch in der Zukunft auf wissenschaftlich-technische Neuerungen angewiesen. Die sicherste und effektivste Form der Risikoreduzierung stellt die wirtschaftliche Entwicklung dar, da Armut die wichtigste Ursache nicht nur der Bedrohung der menschlichen Gesundheit, sondern auch der Umwelt darstellt.[67] Das Ziel ist die Entwicklung neuer Medikamente, neuer Pestizide und Dünger, neuer Pflanzen zur Herstellung von Nahrung und Futtermitteln, neuer Formen von Energie und neuer Materialien. Diese wissenschaftlich-technischen Neuerungen sind ohne die Inkaufnahme von Risiken kaum denkbar. Insofern stimmt das Schlagwort, wonach das Risiko die Bugwelle des Fortschritts darstellt. Die Risikogesellschaft stellt damit die unverzichtbare Voraussetzung für das Wohlergehen nicht nur der gegenwärtigen, sondern in noch größerem Maße auch der zukünftigen Generationen dar.

65 Eingehend dazu *Krier/Gillette*, Michigan Law Rev. 84 (1985), S. 405 ff.

66 Dazu den eindrucksvollen Bericht von *H. Markl*, Nicht Armut und Askese, sondern vernunftgeleitete Lebenskunst, Frankfurter Rundschau v. 18.9.1995, S. 12.

67 *Viscusi*, S. 157. – Diese Erkenntnis liegt auch der These »reicher ist sicherer« zugrunde, so *A. Wildavsky*, Richer is Safer, The Public Interest 23 (1980), S. 60 ff. – Vgl. auch *W.K. Viscusi*, Regulating the Regulators, University of Chicago Law Rev. 63 (1996), S. 1423 ff., 1448 ff. und *C. Sunstein*, Health-Health Tradeoffs, Univ. Chicago Law Rev. 63 (1996), S. 1533 ff., 1543 ff., die beide Untersuchungen zitieren, wonach geringere Einkommen mit einer höheren Mortalitätsrate verbunden seien. – Dieses Argument ist in einem Arbeitsschutzprozeß auch von einem Gericht aufgenommen worden, vgl. *International Union, UAW v. OSHA*, 938 F2d. 1310 (D.C. Cir. 1991), Judge *Williams* concurring.

Zweitens: Dies bedeutet nicht, daß jedwede Risikoproduktion unausweichlich wäre. Es geht vielmehr um einen angemessenen Ausgleich von Nutzen und Kosten der Risikoproduktion. Das schließt das Verbot bestimmter Risiken ebenso ein wie die Festlegung von Bedingungen, unter denen Risiken in einem bestimmten Ausmaß hingenommen werden können. Die Bewältigung dieser für das Überleben der Menschheit macht es erforderlich, geeignete soziale Strategien im Umgang mit den Nebenfolgen der Reichtumsproduktion sei es durch politische, sei es durch ökonomische Instrumente zu entwickeln. Ob die überkommenen gesellschaftlichen und politischen Institutionen hierfür geeignet sind, erscheint keinesfalls sicher.[68] Dies liegt in der Eigenart der Nebenfolgen, ihrer Globalität, der Unsichtbarkeit ihrer Wirkungen und der Zusammenhänge von Ursache und Wirkung, der Langfristigkeit ihrer Folgen und des potentiellen Schadensausmaßes. Es handelt sich bei den Nebenfolgen eben um ökologische Risiken, und diese zeichnen sich zum einen durch das zum Teil hohe Maß an Ungewißheit, zum andern durch äußerst unterschiedliche gesellschaftliche Bewertungen aus (s. u. d). Die über die Risikoproduktion zu treffenden Entscheidungen sind deshalb Entscheidungen unter Ungewißheiten, für die besondere Regeln entwickelt werden müssen (s. u. II. 5.).

Die vorliegende Untersuchung verfolgt ganz wesentlich das Ziel festzustellen, in welcher Art und Weise die zentrale politische Organisation der Gesellschaft, der Staat, mit dieser neuen Herausforderung umgehen muß, um seiner alten Aufgabe, der Herstellung einer sicheren, gerechten und freiheitlichen Gesellschaft im Sinne einer »guten Ordnung«, auch in Zukunft gerecht werden zu können. Dies bedeutet die Herausbildung neuer Verantwortlichkeiten (s. u. II. 1. u. 2.), die Überprüfung der überkommenen Aufgabenverteilung auf die staatlichen Gewalten (s. u. III. u. IV.), ja mehr noch die Infragestellung der traditionellen repräsentativen Ordnung (s. u. V.), schließlich die Ergänzung der bisherigen Funktionen der Verfassung als der rechtlichen Grundordnung des Gemeinwesens um den Ökologiegrundsatz (s. u. VI. 3.). In diesem Sinne kann diese Studie auch als Analyse der Verfassung der Risikogesellschaft verstanden werden.

68 Äußerst skeptisch *Krier/Gillette*, Michigan Law Rev. 84 (1985), S. 413 ff.; *Krier*, Loyola of Los Angeles Law Rev., 27 (1994), S. 851 ff.

c. Risikosituationen

Risikosituationen zeichnen sich vor allem durch Ungewißheiten aus.[69] Und solche sind für die Einschätzung zahlreicher Risiken charakteristisch, die von technischen Aktivitäten des Menschen für die Umwelt ausgehen. Dabei darf allerdings nicht übersehen werden, daß Wissenschaft und Technik für viele Risiken bezüglich ihrer Wirkungen klare Aussagen machen können. Der Atomphysiker *Alvin M. Weinberg* weist darauf hin, daß in der Wissenschaft Aussagen über auf Erfahrung beruhende Gesetzmäßigkeiten getroffen werden, mittels derer deterministische Phänomene oder deren Wahrscheinlichkeit präzise angegeben werden können. Umgekehrt verliere die Wissenschaft ihre Fähigkeit zur Vorhersage, ja zur Erklärung, wenn die Phänomene, mit denen sie zu tun habe, einmalig, nicht-wiederholbar, einzigartig, insgesamt damit selten seien. Die Antworten, die auf hierzu gestellte Fragen gegeben werden könnten, seien nicht mehr wissenschaftliche, sondern werden von Weinberg als »trans-wissenschaftlich« bezeichnet.[70] In diesem Sinne seltene Ereignisse treten in zwei Formen auf: einmal als Unfälle, zum anderen als Beeinträchtigung durch Niedrig-Dosen.

Das Wissen und die Erkenntnismöglichkeiten über die Beherrschung von Abläufen in Anlagen ist begrenzt, soweit mit diesen – wie bei kerntechnischen und gentechnischen Anlagen – nur geringe Erfahrungen bestehen. Letztere liegen in der Regel nur zu Teilaspekten, z. B. zu einzelnen Anlagekomponenten, vor. Aber auch bei Anlagen, die – wie etwa Flüssiggaslager – in geringerem Maße die öffentliche Aufmerksamkeit beanspruchen, lassen sich wenige auf Erfahrung beruhende Aussagen über Unfälle treffen.[71] Immerhin sinkt bei diesen Risiken die Unsicherheit in dem Maße, in dem mit Anlagen Erfahrungen gesammelt werden, wie das bei bestimmten Atomkernreaktoren der Fall ist.[72]

69 Vgl. *R. Breuer*, Probabilistische Risikoanalysen und Gentechnikrecht, NuR 1994, S. 157ff., 160; *F. Nicklisch*, Das Recht im Umgang mit dem Ungewissen in Wissenschaft und Technik, NJW 1986, S. 2287ff., 2288.; *Scherzberg*, S. 485ff., 493ff.

70 *Weinberg*, Issues in Science and Technology, Fall 1985, S. 59f.

71 Vgl. das Urteil des VG Gießen vom 22.05.1996, GewArch. 1996, S. 344ff., 345, mit Anm. *A. Spindler.*

72 So *Weinberg*, Issues in Science and Technology, Fall 1985, S. 63.

Da das Risikopotential im Umgang mit dem Ungewissen gerade mehr oder weniger im dunkeln liegt, lassen sich daraus auch keine sachlichen Verhaltensmaßstäbe ableiten.[73] Es liegen anders als bei der »normalen« Gefahr im Polizeirecht keine Erfahrungen mit Schadensverläufen und – daraus ableitbar – mit Schaden abwendenden Vorkehrungen vor. Fehlen derartige Erfahrungsgrundlagen, so müssen Schlüsse aus simulierten Verläufen und anhand theoretischer Berechnungen in Gestalt von probabilistischen Risikoanalysen gezogen werden.[74] Die Einschätzung über die Risikolage, d.h. über mögliche Kausalverläufe, Eintrittswahrscheinlichkeiten und Schäden, ist auf Erkenntnisse der Wissenschaft angewiesen. Aus diesem Grunde wird in § 7 Abs. 2 Nr. 3 AtG oder § 6 Abs. 2 GenTG für diese Einschätzung auf den *Stand der Wissenschaft* verwiesen. Ungeachtet einer ausdrücklichen gesetzlichen Verweisung gilt dieses Postulat im gesamten technischen Sicherheitsrecht, wenn und soweit nur auf diese Weise eine Risikoanalyse der potentiellen Schadensverläufe möglich ist.[75]

Die Durchführung von probabilistischen Risikoanalysen ist in Deutschland für bestimmte riskante Anlagen vorgeschrieben.[76]

73 *Nicklisch* (Fn.69), S. 2289.

74 BVerfGE 49, 89, 142f.

75 So auch *Papier*, Rechtsvorschriften, S. 50.

76 So hat das Bundesverwaltungsgericht gefordert, daß bei der Beurteilung der Schadenswahrscheinlichkeiten im Atomrecht nicht allein auf das vorhandene ingenieurmäßige Erfahrungswissen zurückgegriffen werden dürfe, sondern Schutzmaßnahmen auch anhand »bloß theoretischer« Überlegungen und Berechnungen in Betracht zu ziehen seien, BVerwGE 72, 300, 315; Urt. v. 22.1.1997, DVBl. 1997, 719, 723.; allerdings – so hat es einschränkend bemerkt – könne die Durchführung probabilistischer Sicherheitsstudien nicht in jedem Genehmigungsverfahren nach § 7 Abs. 2 Nr. 3 AtG verlangt werden, BVerwGE 72, 300, 315 und NVwZ 1989, 1169; vgl. auch BVerfGE 49, 89, 142f. – Auch der Sachverständigenrat für Umweltfragen empfiehlt die verstärkte Heranziehung probabilistischer Methoden als Instrument der Sicherheitsbeurteilung kerntechnischer Anlagen, warnt jedoch vor der Gleichsetzung statistischer Aussagen mit physikalisch-technischen Erkenntnissen. *SRU*, Umweltgutachten 1987, Rn. 1974. – In anderen Bereichen des Umweltrechts sind allenfalls erste Ansätze eines risk assessment auszumachen, A. *Eberhardt*, Risikoanalyse und umweltpolitische Schwerpunktsetzung – neuere Ansätze der risikobezogenen Umweltpolitik in den USA und in der Bundesrepublik Deutschland, ZAU 1994, S. 386ff., 374f. – Zu der erheblich größeren Bedeutung der quantitativen Risiko-Analyse in den Niederlanden s. National Environmental Policy Plan, Premises

Sie besitzen sowohl bei der Erstellung genereller Regeln wie auch im konkreten Zulassungsverfahren eine unentbehrliche Funktion der systematischen, möglichst frühzeitigen und umfassenden Erforschung der bestehenden Risiken sowie Möglichkeiten zu ihrer Minderung oder Vermeidung. Dabei sind jedoch vor allem die Fragwürdigkeit von Quantifizierungen, insbesondere von Eintrittswahrscheinlichkeiten, zu bedenken. Insbesondere bei Großrisiken dürfte mangels einer ausreichenden statistischen Masse und zufolge der mit neuen Techniken verbundenen Ungewißheiten die Schätzung von Eintrittswahrscheinlichkeiten nach der »informed guess«-Methode häufig zu Scheingenauigkeiten führen.[77] Wenn man diese Einschränkungen nicht außer acht läßt, besitzt das Instrument der Risikoanalyse auch eine Bedeutung bei der vergleichenden Risikobetrachtung, insbesondere anlagenintern zum Vergleich unterschiedlicher technischer Lösungen,[78] mit erheblichen Einschränkungen angesichts der disparaten und schwer vergleichbaren Risikoarten auch anlagenübergreifend.[79]

Noch mehr – insbesondere bei der Festsetzung von Grenzwerten auftretende (s. u. III. b.) – Fragen wirft die Wirkung von (neuen) Stoffen für die menschliche Gesundheit und die Umwelt auf. Hierin spiegelt sich die außerordentliche Komplexität der Wirkungszusammenhänge wider, wie im großen die unterschiedlichen Hypothesen der Folgen der Freisetzung von »Treibhausgasen«,[80] im kleinen die Diskussionen um die Maßnahmen zur Bekämpfung des Sommer-Ozons deutlich machen. Als neuestes Beispiel hierfür läßt sich die Kontroverse um die Schädlichkeit nicht-ionisierender Strahlen, sog. Elektrosmogs, nennen.[81] Sowenig wie sich die Schädlichkeit bestimmter elektromagnetischer

for Risk Management, 1988 -1989, S. 15 ff., dazu *L. F. Wiggers-Rust,* Tradition: a guide or a jailor?, in: Riedel (Hrsg.), S. 181 ff.

77 *Schmid*, S. 12.

78 *Weinberg*, Issues in Science and Technology, Fall 1985, S. 65 f.

79 *Breuer* (Fn. 40), S. 214 f., 219 f.

80 Vgl. etwa *Schönwiese* (Fn. 29), S. 125.

81 Vgl. insbesondere *P. Saladin*, Schutz vor nicht-ionisierenden Strahlen nach schweizerischem Recht, Umweltrecht in der Praxis, Bern 1992, S. 489 ff., 511 f., der insbesondere auf die Grenzen des naturwissenschaftlichen Erfahrungswissens hinweist und für eine neue Kategorie der Erfahrung plädiert.

Strahlen beweisen läßt, sowenig läßt sie sich aber auch ausschließen.[82]

Insbesondere zur Ermittlung der von bestimmten Stoffen ausgehenden Gesundheitsgefahren dient die Methode des sog. quantitativen Risk Assessment, derer sich die amerikanische Regierung seit 15 Jahren mit großer Intensität nicht nur beim Umweltschutz, sondern auch im Arbeitsschutz und im Lebensmittelrecht – z. B. hinsichtlich der schädlichen Wirkungen von Lebensmittelzusätzen oder Rückständen von Pestiziden – bedient. Dieses Verfahren soll eine objektive Bewertung ermöglichen, welche den Behörden die rationale Setzung von Prioritäten z. B. für Sanierungsziele bei Altlasten[83] erlaubt.[84] Stellten die quantitativen Risk Assessments ursprünglich eine Methode zur Bestimmung der Gesundheitsrisiken von schädlichen Chemikalien – insbesondere hinsichtlich ihrer Karzinogenität – dar, so haben sie sich weit darüber hinaus im gesamten Umweltschutz zu einem Verfahren zur Bestimmung der Erheblichkeit von Problemen und zur Setzung von Prioritäten entwickelt, so daß nicht

82 Empfehlungen und Stellungnahmen der Strahlenschutzkommission 6-93/EMF, S. 17, 23. Daraus werden unterschiedliche Konsequenzen gezogen: einerseits VG Gelsenkirchen, Beschl. v. 18.2.1993, ZfU 1993, S. 119 und *B. Jurisch et al.*, Verordnung über elektromagnetische Felder, Stellungnahme des BUND, KGV-Rundbrief 3/95, S. 29ff.; anderseits *M. Rebentisch*, Immissionsschutzrechtliche Aspekte der Festlegung von Grenzwerten für elektromagnetische Felder, DVBl. 1995, S. 495ff., 500, 502; vgl. auch *U. Di Fabio*, Rechtsfragen zu unerkannten Gesundheitsrisiken elektromagnetischer Felder, DÖV 1995, S. 1ff. und Empfehlung der Strahlenschutzkommission, Schutz vor niederfrequenten elektrischen und magnetischen Feldern, Umwelt 1995, S. 423ff.

83 Dazu jetzt eingehend *U. D. Rummel*, Inhaltliche Anforderungen an Maßnahmen zur Altlastensanierung. Eine vergleichende Untersuchung des US-amerikanischen und deutschen Rechts, 1996, S. 156ff.

84 Diese Entwicklung ist von dem EPA-Administrator *William D. Ruckelshaus* während seiner ersten Amtszeit in der *Reagan*-Administration mit seinem berühmten Aufsatz »Science, Risk, and Public Policy«, Science 221 (1983), S. 1026ff., 1027f. mit der Forderung, daß »risk assessment at EPA must be based only on scientific evidence and scientific consensus. Nothing will erode public confidence faster than suspicion that policy considerations have been allowed to influence the assessment of risk.« Vgl. dazu *R. N. L. Andrews*, Risk-Based Decisionmaking, in: Vig/Kraft (Hrsg.), S. 208ff. – Vgl. auch *Eberhardt* (Fn. 76), S. 386ff.; und bereits *ders.*, Risikobezogene und medienübergreifende Ansätze in der US-amerikanischen und bundesdeutschen Umweltpolitik, ZfU 1988, S. 361ff.

zu Unrecht von einer »Ära des Risk Assessments«[85] in der Umweltpolitik gesprochen wird.[86]

Die Risiken aus niedrigen Dosen gefährlicher Stoffe wie auch von ionisierenden oder nicht-ionisierenden Strahlen werden auf verschiedene Weise ermittelt: durch epidemiologische Studien, durch die Übertragung der Ergebnisse von Tierversuchen auf den Menschen, schließlich durch die Extrapolation der Ergebnisse hochdosierter, meßbarer Einwirkungen auf den Niedrigdosisbereich. An dieser Stelle geht es nicht um eine präzise Darstellung und Kritik dieser Verfahren der Risikoermittlung;[87] hier interessiert lediglich die Frage, inwieweit diese Methoden in der Lage sind, die Ungewißheiten bei Risikoentscheidungen wenn schon nicht zu beseitigen, dann doch zu reduzieren.

So erlaubt die Übertragung der Ergebnisse von Tierversuchen auf den Menschen in vielen Fällen nur Aussagen, die mit erheblichen Unsicherheiten behaftet sind. Dies gilt vor allem für die Angabe von Dosis-Wirkungen, die ganz wesentlich von dem zugrunde gelegten Modell – z.B einem linearen, quadratischen oder

85 *Shere*, S. 410f.

86 Bisher ist die Durchführung von risk assessments weniger das Ergebnis ausdrücklicher Gesetzgebung gewesen, *Andrews*, (Fn. 84) S. 223. Auslöser war vielmehr die Rechtsprechung, die in einer Reihe von Entscheidungen die Durchführung von risk assessments zur Voraussetzung staatlicher Maßnahmen erklärt hat. Vgl. etwa *Industrial Union Department, AFL-CIO v. American Petroleum Institute*, 448 U.S. 607 (1980), dagegen die diss. opinion von Justice *Marshall*, der sich drei weitere Richter angeschlossen haben; zu dieser hochkontroversen Entscheidung vgl. *Latin*, The ›Significance‹ of Toxic Health Risks: An Essay on Legal Decisionmaking under Uncertainty, Ecology Law Quarterly, 10 (1982), S. 339ff. sowie die Diskussion bei *Bonine/McGarity*, S. 655f. m.w.Nachw.; ferner: *Public Citizen Health Research Group v. Tyson*, 796 F2d 1479 (D.C. Cir. 1986); *Leather Industries of America v. EPA*, 40 F.3d 392 (D.C. Cir. 1994); dazu *Shere*, S. 420ff. – Wichtig ist dann aber auch die Executive Order 12291 von Präsident *Reagan* 1981, die von Präsident *Clinton* als Executive Order 12866 1993 modifiziert aufrechterhalten wurde. – Welche Bedeutung der Tatsache beizumessen ist, daß EPA-Administrator *Carol Browner* 1994 den Begriff »Risiko« angeblich auf Druck von Umweltverbänden aus der Liste der EPA-Leitprinzipien gestrichen hat, bleibt abzuwarten. – Dazu krit. der ehemalige EPA-Deputy Assistant Administrator *D. C. Esty*, What's the Risk in Risk?, Yale Journal on Regulation 13 (1996), S. 603, der dies als »a poor policy choice« kritisiert. – Vgl. auch die Kritik von *Roßnagel*, UPR 1986, S. 52ff.

87 Vgl. *National Research Council*, Science and Judgement in Risk Assessment, Washington, D.C., 1994.

einer Kombination von beiden, einem linear-quadratischen Modell – abhängt[88]. Aber auch ein weiterer wichtiger Faktor – das Ausmaß der Exposition der Bevölkerung – kann oftmals mangels hinreichender empirischer Erkenntnisse nur geschätzt werden.[89] Soweit vorhanden, vermögen epidemiologische Studien weitere Aufschlüsse zu liefern. So haben Untersuchungen über die Langzeitwirkungen bei den Opfern der Atombomben in Japan die Abschätzungen über die Schäden im Niedrigdosisbereich bekräftigt.[90] Gleichwohl läßt sich auch damit oftmals wissenschaftlich nicht mit Sicherheit feststellen, aber auch nicht ausschließen, ob im Niedrigdosisbereich tatsächlich Schäden auftreten. In einer derartigen Situation bleibt dem Risikoanalysten oftmals nicht anderes übrig als eine Schätzung unter Zugrundelegung der ungünstigsten Annahmen.[91] Diese stellt ein Konstrukt oder eine Projektion dar, die aber nur soweit auf wissenschaftlichen Erkenntnissen beruht, als diese auch zum Zeitpunkt der Risikoanalyse (schon) vorhanden sind.[92] Gerade diese Fälle der Risikoanalysen im Niedrigdosisbereich haben *Alvin M. Weinberg* zu der Erkenntnis gebracht: »when environmental concern is subtle … science is being asked a question that lies beyond its power; the question is trans-scientific.«[93]

88 Bei einem linearen (quadratischen) Modell wird angenommen, daß die Wahrscheinlichkeit, Krebs zu bekommen, proportional mit der akkumulierten Dosis steigt (sich verdoppelt), vgl. *H. W. Lewis*, Technological Risk, New York 1990, S. 142 ff., 220 ff.

89 *Breyer*, S. 9.

90 *Lewis* (Fn. 88), S. 222 f. – Zu den Schwierigkeiten epidemiologischer Studien *G. Taubes*, Epidemiology Faces its Limits, Science 269 (1995), S. 164 ff.

91 Zu einer derartigen »default assumption« *Breyer*, S. 10.

92 *Ruckelshaus*, S. 26.

93 *Weinberg*, Issues in Science and Technology, Fall 1985, S. 60. – Vgl. auch die scharfe Kritik von *Shere*, S. 413 f.: »Indeed, closer examination shows that environmental risk assessment as currently practiced is anything but scientific. A typical risk assessment consists of about fifty separate assumptions and extrapolations, each of which may skew the analysis by a factor of ten or more. Taken together, these assumptions and extrapolations can alter the final numeric estimate of risk by a multiple of billions, and this result, again, is unverifiable. … The hard fact is that quantitative risk assessment generates numbers that are meaningless.« – Vor einer »paralysis of analysis« warnt auch *A. Weale*, The new politics of pollution, Manchester/New York, 1992, S. 111 ff. – Kritisch aufgrund der englischen Erfahrungen auch *K. Allott*, Integrated Pollution Control, The First Three Years, London 1994, S. 44; Environmental Information Bulletin 28,

So verbleiben denn auch nach der Durchführung von Risikoanalysen Ungewißheiten, die angesichts der großen Zahl der Stoffe, der Möglichkeit ihres Zusammenwirkens und der Vielzahl der Einwirkungs*pfade* noch gesteigert werden. Ungewißheiten bringen aber auch solche Stoffe mit sich, bei denen sicher ist, *daß* ihre Einwirkung zu Schäden führt, bei denen jedoch unbekannt ist, *wen* diese Schäden treffen (stochastische Schäden). Und oftmals türmt die rasante Entwicklung neuer Techniken und Produkte bereits eine Vielzahl neuer Fragen in dem Moment auf, in dem *ein* Rätsel entschlüsselt worden ist. Bildlich gesprochen: So wie der Kreis des Bekannten sich vergrößert, wird auch die Peripherie immer länger, an der er sich mit dem Unbekannten berührt.[94]

Die genannten Ungewißheiten können unter Umständen gravierende Konsequenzen haben. Mögliche Schäden können eine unbestimmte Vielzahl von Menschen – vielleicht erst in der Zukunft – treffen. Die Folgen können u. U. irreversibel sein.[95] Die neue Qualität der Eingriffe des Menschen in die Natur liegt in der Intensität der Eingriffe begründet, die zur Spaltung des Atomkerns sowie zur Veränderung des DNS-Moleküls in der Gentechnik geführt hat. Die technische Verfügungsmacht des Menschen nimmt immer größere Dimensionen an und reicht in immer weitere Zukunftshorizonte.[96] Beispielhaft seien die globalen Wirkungen des CO_2-Problems sowie der ständig wachsende Umgang mit potentiell gefährlichen Stoffen genannt, die anders als radioaktive Stoffe keine Halbwertszeiten kennen. »Die moderne Wissenschaft und Technik sind im Begriff«, so der Atomphysiker *Max Born*, »die menschliche Welt in einem Grad umzugestalten, daß sie kaum wiederzuerkennen ist.«[97] Und er fügt

Feb. 1994. S. 5; *S. Ball/St. Bell*, The Law of Environmental Protection, London, 1995, S. 311 f.; *O. Lomas*, Umweltrecht in Großbritannien: Ein Rechtsgebiet im Aufbau, DVBl. 1992, S. 949 ff., 955: »politisches Theaterstück«.

94 *F. A. Hayek*, Rechtsordnung und Handelsordnung, in: *ders.*, Freiburger Studien, Gesammelte Aufsätze, 2. Aufl., 1994, S. 73 unter Hinweis u. a. auf *K.R. Popper*: »The more we learn about the world, and the deeper our learning, the more conscious, specific, and articulate will be our knowledge of what we do not know, our knowledge of ignorance.«

95 So *Altner*, Überlebenskrise, S. 60, 68 zur Gentechnik.

96 So *Birnbacher*, S. 13; ähnlich *Jonas*, S. 26 f.

97 Zit. bei *Altner*, Überlebenskrise, S. 82.

Produktformel => Eintrittswahrscheinlichkeit × Schadensausmaß
= €/Größe d. Risikos

hinzu: »Aber obgleich dieser Vorgang durch den Verstand bewirkt worden ist, wird er nicht durch den Verstand kontrolliert.« Das Ausmaß und die Problematik wissenschaftlicher Ungewißheiten könnten kaum schärfer formuliert werden!

d. Risiko als soziales Konstrukt

Die Größe eines Risikos wird traditionell nach der sog. Produktformel angegeben. Danach wird die Eintrittswahrscheinlichkeit multipliziert mit dem Schadensausmaß gemessen in monetären Einheiten. Diese Formel stammt wohl – wie auch der Begriff des Risikos selber – aus der Versicherungswirtschaft,[98] sie hat aber auch seit langem für die Bestimmung einer polizeilichen Gefahr Eingang in die Rechtsprechung gefunden.[99] Einmal abgesehen von den soeben beschriebenen Schwierigkeiten ihrer »Berechnung«, vermöchte die Existenz derartiger Risikozahlen für unterschiedliche Risiken für den sozialen – und dann auch den rechtlichen – Umgang mit Risiken große Vorteile zu bieten: Es könnte eindeutig festgelegt werden, welche Risiken sozial hinzunehmen wären.[100] Für die Bemessung des akzeptablen Risikofaktors insbesondere für neue Risiken hilfreich wäre der Vergleich mit bekannten »alten« Risiken«. Wenn etwa das – hingenommene – Risiko eines Dammbruchs 1 : 10.000 bis 100.000 oder 10^{-4} bis 10^{-5} beträgt, das Risiko der Kernschmelze eines Atomreaktors ebenfalls mit 10^{-4} bis 10^{-5} ermittelt wird, dann müßte dieses Risiko auch akzeptabel sein.[101] Wir wissen, daß dies nicht der

98 *A. Mazur*, Gesellschaftliche und wissenschaftliche Ursachen der historischen Entwicklung der Risikoforschung, in: *J. Conrad*, Gesellschaft, Technik und Risikopolitik, 1983, S. 141 ff.

99 SächsOVG, Urteil vom 1.11.1937, Jahrbuch SächsOVG Bd. 41, 35; PreußOVG Urteil vom 26.1.1910, PrVAl 32 (1911), 119; BVerwG NJW 1970, S. 1890 ff., 1892; BVerwGE 47, 31,40.

100 So verfährt etwa der niederländische nationale Umweltschutzplan 1988 – 1989, S. 15 ff. in seinen Premises for Risk Management, der Höchstzahlen für das Individual- und Gruppenrisiko bei größeren Unfällen für neue und für bestehende Anlagen nennt. Danach wird für Neuanlagen das Individualrisiko auf 10^{-6}/Jahr, für bestehende Anlagen auf 10^{-5}/Jahr, das Gruppenrisiko für Neuanlagen auf 10^{-5}/Jahr bei n=10 oder mehr, auf 10^{-7}/Jahr bei n=100 oder mehr festgesetzt.

101 Dieses Beispiel gibt *Weinberg*, Issues in Science and Technology, Winter 1989/1990, S. 37 ff., 38 f.

Fall ist und daß derartige Zahlen nicht mehr als erste Anhaltspunkte für den gesellschaftlichen und rechtlichen Umgang mit Risiken geben können.

Die sozialwissenschaftliche Risikoforschung der letzten 25 Jahre hat diese Alltagserfahrung eindrucksvoll bestätigt. Sie hat eindeutig ergeben, daß derartige technisch-ökonomische Angaben, für den Ingenieur und den Versicherer unentbehrlich, für den gesellschaftlichen Umgang mit Risiken völlig unzureichend sind. Von zentraler Bedeutung ist ihre Erkenntnis, daß Risiko ein soziales, kulturelles Konstrukt und nicht ein naturwissenschaftlich-technisches quantitatives Faktum darstellt.[102]

Grundlage dieser Erkenntnis sind empirische Untersuchungen, in denen sich deutliche Unterschiede in den Risikoperzeptionen von Experten und Laien feststellen lassen. Orientieren sich jene vornehmlich an »harten« Fakten wie Unfallhäufigkeit, jährlicher Todesrate oder durchschnittlicher Verkürzung der Lebenserwartung, so spielen für diese eine Reihe anderer Faktoren eine Rolle: Freiwilligkeit oder Unfreiwilligkeit der Risikoübernahme; gegenwärtiger oder erst zukünftiger Eintritt des Schadens, möglicherweise sogar erst bei zukünftigen Generationen; sichere Kenntnis der Risiken bei Laien sowie bei Experten oder aber Unsicherheiten bei einem von beiden; Fähigkeit zu eigener Risikobeherrschung oder »Hilflosigkeit«; alte und vertraute oder neue Risiken; Naturrisiken im Gegensatz zu technischen Risiken, insbesondere von exotischen neuen Technologien; wohl besonders bestimmend: das katastrophale Ausmaß eines Schadens im Unterschied zu chronischen Schäden, die immer nur bei einem Einzelnen eintreten; Risiken, die mit großer Angst besetzt sind, etwa solche, deren Ursachen sinnlich nicht wahrnehmbar sind (z.B. Strahlen oder nicht sinnlich wahrnehmbare Stoffe, die

102 Vgl. etwa *M. Douglas/A. Wildavsky*, Risk and Culture: An Essay on the Selection of Technical and Environmental Dangers, Berkeley/Los Angeles 1982; *J. A. Bradbury*, The Policy Implications of Differing Concepts of Risk, Science, Technology, & Human Values, 14 (1989), S. 380ff., 381; *H. Otway*, Experts, Risk Communication, and Democracy, Risk Analysis 1987, S. 125ff. – Ähnlich spricht der ehemalige Leiter der amerikanischen Environmental Protection Agency (EPA) *Ruckelshaus*, S. 35 von »Sicherheit« als einem sozialen Konstrukt. – Vgl. auch den Sammelband: Risiko ist ein Konstrukt, hrsg. von der Bayerischen Rück, 1993.

„outrage-factors" → Ablehnung v. Risiken

bei kleinsten Dosen im Verdacht der Karzinogenität stehen); Schwere der Folgen.[103]

Diese Faktoren führen schon hinsichtlich der Einschätzung der Wahrscheinlichkeit eines Schadens zu Abweichungen von der tatsächlichen Häufigkeit z. B. bezüglich der Todesfälle als Ergebnis von Krankheiten wie Schlaganfall, Diabetes oder Leberkrebs (unterschätzt) auf der einen Seite und bezüglich der Zahl der Todesfälle als Folge von Mord und Totschlag oder von Tornados oder Botulismus (überschätzt). Wenn dann noch als Faktor der Risikoeinschätzung der Öffentlichkeit der persönliche Nutzen einbezogen wird, der, über den engen ökonomischen Nutzen hinaus, qualitative Elemente wie Befriedigung grundlegender Bedürfnisse, Sicherheit sowie persönliches Vergnügen und persönliche Befriedigung einbezieht,[104] dann überrascht es nicht, daß die Risiken des Autofahrens – von Experten wie von Laien als riskant betrachtet – von diesen als akzeptabel, die der – von den Experten als viel weniger riskant eingeschätzten – Kernenergie von den Laien als besonders unakzeptabel beurteilt werden. Dasselbe gilt für neue synthetische Chemikalien: Sie sind künstlich, schwer festzustellen, nicht vertraut, auch von der Wissenschaft nur unvollkommen verstanden, in manchen Situationen unentrinnbar, sie werden als unfair empfunden und – vor allem – sie sind mit der Furcht vor Krebs verbunden, einer der am meisten gefürchteten Krankheiten. Eine derartige Vielzahl gewichtiger »outrage-factors« führt dazu, daß dieses Risiko auch bei einer äußerst geringen quantitativen Wahrscheinlichkeit entschieden abgelehnt wird.[105]

103 Vgl. *P. Slovic/ B. Fischhoff/ S. Lichtenstein*, Rating Risks, Environment, 21 no. 3, (April 1979), S. 14ff.; *dies.*, Informing the Public about the Risks from Ionizing Radiation, Health Physics, 41 (1981), S. 589ff.; *dies.*, Why Study Risk Perception?, Risk Analysis, 1982, S. 83ff.; *Slovic*, Science 236 (1987), S. 280ff. – Diese Ergebnisse wurden bestätigt durch neuere Forschungen *G.T. Gardner/ L.C. Gould*, Public Perceptions of Risk and Benefits of Technology, Risk Analysis, 1989, S. 225ff.; *H. Jungermann/P. Slovic*, Charakteristika individueller Risikowahrnehmung, in: Bayerische Rück (Hrsg.), (Fn. 102), S. 89ff. – Zusammenfassend *Breyer*, S. 33ff. und *Gillette/Krier*, Univ. of Pennsylvania Law Rev. 138 (1990), S. 1027ff.

104 *Gardner/Gould* (Fn. 103), S. 232.

105 *A. H. Wandersman/ W.K. Hallman*, Are People Acting Irrationally? Understanding Public Concerns About Environmental Threats, American Psychologist 1993, S. 681ff., 684.

Es wäre verfehlt, aus den beobachteten Unterschieden in der Risikoperzeption von Experten[106] und Laien den schlichten Schluß zu ziehen, daß deren Sicht als falsch, irrational und daher korrekturbedürftig anzusehen ist. Es ist vielmehr anzuerkennen, daß die Einschätzung der Laien das Ergebnis eigener kultureller und sozialer Erfahrungen darstellt, die durch eine eigene, eben nicht naturwissenschaftlich-technische Rationalität geprägt ist.[107] Dabei werden Faktoren sozialer Auswirkungen möglicher Risiken in die Risikobeurteilung einbezogen, die in der viel engeren, auf quantitative Angaben von körperlichen Schäden beschränkte Folgenbewertung der Experten fehlen.[108]

Diese Erkenntnisse haben weitreichende Konsequenzen für die Bewertung von Risiken (s. u. II. 5.), die Festsetzung von Umweltstandards (s. u. III, 3. b.), schließlich für das Verhältnis von Expertensystemen und Laien (s. u. VI. 3. e.).[109]

Die genannten perspektivischen, kulturell bedingten Differenzen dürften auch für die unterschiedliche Technikakzeptanz in verschiedenen Ländern mitverantwortlich sein. Offensichtlich

106 Dabei sei nur beiläufig darauf verwiesen, daß auch die Experten nicht frei von »Fehleinschätzungen« sind, *Slovic et al.*, Environment 1979, (Fn. 103), S. 17; *dies.*, Risk Analysis (Fn. 103), S. 92.

107 *Bradbury* (Fn. 102), S. 390f.; vgl. auch *B. Fischhoff*, Managing Risk Perception, Issues in Science and Technology, Fall 1985, S. 83ff., 94 und mit einem deutlich verändertem Akzent gegenüber früheren Beiträgen auch *Slovic*, Risks, Risk Analysis 1986, S. 410: »...that there is wisdom as well as error in public attitutes and perceptions«. – Vgl. auch *R. Kemp*, Risikobewertung: Die Bewertung von Risiken durch Experten und Laien – ein zweckmäßiger Vergleich, in: Bayerische Rück (Hrsg.), (Fn. 102), S. 102ff., 115f.

108 *Slovic*, Science 236 (1987), S. 280.

109 Auch wenn für die hier interessierenden Fragen allein die These der kulturellen und sozialen Prägung von Risiken, nicht jedoch die Übertragbarkeit der amerikanischen Untersuchungen zur Einschätzung einzelner Risiken auf die deutsche Risikolandschaft wesentlich ist, so kommen deutsche Untersuchungen von *O. Renn*, 1981, zit. nach *Garner/Gould*, (Fn. 103), S. 226 m. Anm. 7. und jetzt auch *O. Renn/M.M.Zwick*, Risiko- und Technikakzeptanz, 1997 zu ganz ähnlichen Ergebnissen, – Vgl. auch die Ergebnisse einer GEO-Umfrage in Deutschland, Risiko – Chancen und Katastrophen, GEO Nr. 1, 1992, S. 86ff. – Danach halten die Experten vor allem das eigene Verhalten der Menschen für gesundheitsgefährdend: Rauchen, wenig Bewegung, harte Getränke, zu fettes und zu reichliches Essen, während die Bevölkerung – ähnlich wie die GEO-Redakteure – technische und Umweltrisiken als Hauptbedrohung ansähe. – Dazu auch *Berg*, S. 30ff. m.w.N.

werden die mit der Inkaufnahme von Risiken verbundenen Chancen nicht immer in demselben Maße gesehen.[110] Und der »Mut zum Risiko«,[111] der eine unerläßliche Voraussetzung für den Fortschritt darstellt, scheint unterschiedlich stark ausgeprägt zu sein.

Generell wird in Deutschland eine im Vergleich zu anderen Industrieländern erheblich geringere Risikoakzeptanz angenommen. Die Schlichter-Kommission macht die »Risikoabneigung..., die in Teilen der Bevölkerung bis zur Innovations- und Technologiefeindlichkeit geht«,[112] mitverantwortlich für Schwierigkeiten bei der Zulassung von Industrieanlagen. Auch in vielen Normen des Umweltrechts drücke »sich eine übersteigerte Furcht vor Risiken und ein überhöhtes Verlangen nach Sicherheit verbunden mit einer systematischen Unterbewertung der Vorteile aus der Übernahme von Risiken aus.«[113] Einer neueren Untersuchung zufolge kann zwar nicht von einer generellen Technikfeindlichkeit der Deutschen gesprochen werden, doch wird die auch im Vergleich erheblich größere Skepsis gegenüber Großtechnologien und der Wissenschaft insgesamt bestätigt.[114] Von einer auf die Gentechnologie bezogenen »risikoscheuen Vollkasko-Mentalität in Europa« – damit wohl Deutschland und die insoweit vergleichbare Schweiz meinend – spricht die *Neue Zürcher Zeitung*.[115] Demgegenüber scheint in Frankreich der Glauben an die menschliche Fähigkeit, »Gesellschaft und Natur rational zu lenken«, ungebrochen zu sein.[116]

110 Auf diesen Zusammenhang macht *Schmid*, S. 9, aufmerksam.

111 So *Wienholtz*, DÖV 1985, S. 144.

112 Bundesministerium für Wirtschaft, (Hrsg.), Investitionsförderung durch flexible Genehmigungsverfahren, Bericht der Unabhängigen Expertenkommission zur Vereinfachung und Beschleunigung von Genehmigungsverfahren, 1994, Tz. 147.

113 Ebd.

114 *L. Hennen*, Ist die (deutsche) Öffentlichkeit »technikfeindlich«?, hrsg. vom Büro für Technikfolgenabschätzung beim Deutschen Bundestag, März 1994. – Ebd. Tab. 3

115 V. 3./4. Jan. 1998, S. 21.

116 So *J.-M. Woehrling*, Umweltschutz und Umweltrecht in Frankreich, DVBl. 1992, S. 884 ff., 885. – Im Ergebnis auch *S. Bastide et al.*, Risk Perception and Social Acceptability of Technologies: The French Case, Risk Analysis, 1989, S. 215 ff., die hinsichtlich der sozialen Akzeptanz von Technologien von einem scharfen Unterschied zu anderen westlichen Ländern wie Westdeutschland und den USA sprechen, diese aber nicht auf unterschiedliche Risikoperspektiven, sondern auf institutionelle und politischen Eigenarten zurückführen.

3. Die fünf Stufen des Verfassungsstaates

Diese weitreichenden Veränderungen der wissenschaftlich-technischen Grundlagen der heutigen Gesellschaft müssen zwangsläufig Auswirkungen auf den Gehalt und die Funktion der Verfassung des Gemeinwesens haben, wenn diese nicht ihre Aufgabe der rechtlichen Gestaltung aufgeben will. Der Gestaltwandel der heutigen Verfassung wird vor allem durch einen Blick auf ihre Entwicklung erhellt.

Der Staat der Neuzeit hat seit der Mitte des 18. Jahrhunderts seine bis heute im wesentlichen gültige, wenngleich in vielfältiger Weise fortentwickelte Verfassung erhalten. Der Staat wurde damit zum Verfassungsstaat.[117] Der Typus der westlichen, in der Tradition des Naturrechts wurzelnden Verfassung wurde maßgeblich in den Vereinigten Staaten von Amerika seit der Declaration of Independence, der Virginia Bill of Rights und der Bundesverfassung von 1789/93, sodann in der Französischen Menschenrechtserklärung von 1789 begründet. Er ersetzt den alten Konstitutionsbegriff, der einen rechtlich geprägten Zustand mit seinen Wahlkapitulationen, Fundamentalgesetzen und Herrschaftsverträgen beschrieb, durch die normative Verfassung. Diese zeichnet sich aus durch die Merkmale der Herrschafts*begründung* anstelle einer bloßen Herrschafts*begrenzung;* sie regelt die Staatsgewalt nach Entstehung und Ausübung durchgehend, damit wirkt sie nicht nur punktuell, sondern umfassend; und schließlich gelten ihre Regelungen nicht nur zwischen Vertragspartnern, sondern erstrecken sich auf sämtliche Herrschaftsunterworfenen; die Verfassung wirkt nicht partikular, sondern universal.[118]

Inhaltlich zeichnet sich das neue Konzept des Verfassungsstaates durch drei Elemente aus. In seiner elementarsten und auch

Zur Erklärung unterschiedlicher Risikoakzeptanz durch die sog. Kulturtheorie vgl. *A. Wildavsky*, Vergleichende Untersuchung zur Risikowahrnehmung: Ein Anfang, in: Bayerische Rück (Hrsg.), (Fn. 102), S. 191 ff., 201 ff. und *St. Rayner*, Risikowahrnehmung, Technologieakzeptanz und institutionelle Kultur, in: ebd., S. 213 ff.

117 Zum Begriff auch *Krüger*, S. 783 ff.; *Haverkate*, S. 8, 54 ff.

118 *D. Grimm*, Deutsche Verfassungsgeschichte 1776 – 1866, 1988, S. 10 ff.; *ders.*, Zukunft, S. 31 ff.; *Stolleis*, Rättshistoriska Studier Bd. XVI (1990), S. 79 ff.; *D. Willoweit*, Deutsche Verfassungsgeschichte, 1990, § 25 III.

ältesten, dem Erscheinen der modernen Verfassung vorausliegenden Bedeutung stellt sich der Staat als Garant der Sicherheit des Einzelnen dar. Schon in seiner historischen wie auch gesellschaftsvertraglich theoretisch begründeten Existenz begründet der Staat eine Friedensordnung, deren primäre Aufgabe die Gewährleistung der Sicherheit der Menschen innerhalb des Staates darstellt.[119] Dieses Recht auf Sicherheit wird aber auch in den neuen Verfassungstexten anerkannt: So soll nach Art. 3 der Bill of Rights of Virginia die Regierung eingesetzt sein oder eingesetzt werden »um des gemeinen Wohles, des Schutzes und der *Sicherheit* des Volkes, der Nation oder des Gemeinwesens willen«; von all den verschiedenen Regierungen und Regierungsformen wird diejenige zur besten erklärt, »die ein Höchstmaß an Glück und *Sicherheit*« zu bieten habe. Und in der französischen Menschenrechtserklärung wird zu den »natürlichen und unabdingbaren Menschenrechten«, deren Erhaltung als »Endzweck aller politischen Vereinigung« bezeichnet wird, neben der Freiheit, dem Eigentum und dem Widerstand gegen Unterdrückung *die Sicherheit* genannt (Art. 2).

Die moderne Verfassung zeichnet sich ferner aus durch die Verbürgung des Rechtsstaats.[120] Zu den rechtsstaatlichen Gehalten der Verfassung gehört die Gewährung von Freiheits- und Gleichheitsrechten, die in den genannten Texten als Menschenrechte naturrechtlich begründet werden. Den Rechtsstaat macht

119 Grundlegend *Robbers*, S. 40ff.; vgl. auch *Dreier*, Universitas 1993, S. 384. – So findet der Sicherheitsgedanke seinen Niederschlag normativ etwa im PreußALR II 13 § 2: »Die vorzüglichste Pflicht des Oberhaupts im Staate ist, sowohl die äussere als innere Ruhe und Sicherheit zu erhalten...«; literarisch in den »Vorträge(n) über Recht und Staat« – den sog. Kronprinzenvorträgen – von *Carl Gottlieb Suarez*, hrsg. v. H. Conrad/ G.Kleinheyer, 1960, S. 63ff.: Zusammenfassung Nr. 10: »Sicherheit des Eigentums und der Rechte für jeden einzelnen durch die vereinigten Kräfte aller, ungestörter Gebrauch der natürlichen Freiheit eines jeden, soweit damit die Sicherheit und Freiheit der übrigen bestehen kann, ... – das sind die großen und wichtigen Zwecke der bürgerlichen Gesellschaft, zu deren Erreichen sie dem Regenten die Macht, ihr zu befehlen, übertragen und die Disposition über ihre vereinigten Kräfte seinen Händen anvertraut hat.«- Insgesamt hierzu *H. Conrad*, Das Allgemeine Landrecht von 1794 als Grundgesetz des friderizianischen Staates, 1965, S. 12f. und passim.

120 *U. Scheuner*, Die neuere Entwicklung des Rechtsstaats in Deutschland, in: Staatstheorie und Staatsrecht, S. 191ff.; *E. W. Böckenförde*, Entstehung und Wandel des Rechtsstaatsbegriffs, in: *ders.*, Staat, S. 65ff.

ferner das Konzept der Gewaltenteilung aus. Mit diesem verbunden sind im Verhältnis von Legislative und Exekutive die Grundprinzipien von Vorrang und Vorbehalt des Gesetzes und der Schutz der Rechte des Einzelnen auch gegenüber Maßnahmen der Exekutive durch die Einrichtung einer unabhängigen Dritten Gewalt.

Die Freiheitlichkeit des Gemeinwesens wird aber nicht nur durch den Rechtsstaat, sondern auch durch das dritte Element des Verfassungsstaates – die demokratische Ordnung der staatlichen Herrschaft – hergestellt. Ganz gleich ob die Legitimität der Herrschaft nach Rousseau identitär-demokratisch oder nach Kant repräsentativ-demokratisch begründet wird, immer bedürfen die Gesetze der Rückführung auf den Willen des Volkes.[121]

Diese drei grundlegenden Elemente des Verfassungsstaates – Sicherheit, Rechtsstaat, Demokratie – haben sich auch in Deutschland, wenngleich mit zeitlichen Verzögerungen, durchsetzen können. Dabei stellt die Ausprägung des Rechtsstaatsprinzips in der konstitutionellen Monarchie des 19. Jahrhunderts die besondere Leistung der Staatsrechtslehre dar,[122] nachdem die Versuche einer demokratischen Neugestaltung 1849 gescheitert waren und erst mit der Revolution 1919, ja genau genommen erst mit der Gründung der Bundesrepublik nach dem Zusammenbruch 1945 zum Erfolg führten. Der deutsche Rechtsstaat des 19. Jahrhunderts sollte auch ohne die in der westlichen Tradition übliche Verbindung mit dem Demokratieprinzip gegenüber dem Staat den Bereich staatsfreier gesellschaftlicher Freiheit sichern.[123] Aber auch sonst wiesen die frühkonstitutionellen Verfassungen gegenüber den westlichen Vorbildern Eigenarten auf,

121 *Dreier*, Universitas 1993, S. 385 ff.

122 *Scheuner*, Die neuere Entwicklung des Rechtsstaats in Deutschland, in: Staatstheorie und Staatsrecht, S. 185: »Zentralbegriff der neueren deutschen Verfassungsgeschichte«.

123 Besonders deutlich *U. Scheuner* in seinem Vergleich Constitutional Traditions in the United States and in Germany, in: *W. Kewenig* (Hrsg.), Deutsch-Amerikanisches Verfassungssymposium 1976, 1978, S. 20. – Bezeichnend auch die Feststellung des preußischen Rechtsreformers *Suarez* 1790, wonach »niemand Grund habe, sich über den Mangel der politischen Freiheit zu beklagen, solange er die bürgerliche Freiheit wirklich genieße.« Zit. bei *H. Conrad*, Die geistigen Grundlagen des Allgemeinen Landrechts für die preußischen Staaten von 1794, 1958, S. 42.

da sich in ihnen weder der Gedanke der Begründung der Staatsgewalt durch die Verfassung noch der naturrechtlichen Verwurzelung der Grundrechte findet.[124]

Diesen drei ideengeschichtlichen Stufen der Entwicklung des Verfassungsstaates schließt sich als vierte Stufe die Entstehung des lenkenden, leistenden und verteilenden Sozialstaats an, auch wenn historisch diese Schicht der Verfassung gerade in Deutschland wie auch wohl in den anderen kontinentaleuropäischen Staaten – anders als in den USA oder Großbritannien – weit zurückreicht in die vor-rechtsstaatliche, erst recht vor-demokratische Tradition des Policey-Staates,[125] an die dann auch die neue Sozialgesetzgebung Bismarcks anknüpfen konnte.[126] Besonders starke Entwicklungsschübe hat der Sozialstaat nach den zwei Weltkriegen in Deutschland erfahren. Aber auch die Staaten ohne die kontinentale Sozialstaatstradition, wie die USA mit dem New Deal *Franklin D. Roosevelts* nach 1933 oder Großbritannien jedenfalls nach dem Zweiten Weltkrieg, wurden von dieser Entwicklung eingeholt. Und daher werden auch in diesen Ländern die Stufen der bürgerlichen, der politischen und der sozialen Rechte ausgemacht und etwa für England dem 18., 19. und 20. Jahrhundert zugeordnet.[127] Die ausdrückliche Verankerung des Sozialstaatsprinzips in Art. 20 Abs. 1 und Art. 28 Abs. 1 GG im Jahre 1949 stellt damit lediglich die deklaratorische Positivierung längst eingetretener und akzeptierter Wandlungen des Verfassungsstaates dar. Ob die Krise des Sozialstaates angesichts der Globalisierung der Wirtschaft nach dem Vorbild der Reaganomics in den USA und des Thatcherismus in Großbritannien auch in Deutschland zu einem Abbau oder lediglich zu einem Umbau des Sozialstaates führen wird, läßt sich zur Zeit noch nicht absehen.

In den genannten vier Stufen hat der Verfassungsstaat aber

124 *Böckenförde*, Verfassungstyp, S. 146 ff.; *Wahl*, Der Staat 1979, S. 321 ff.; *Willoweit*, (Fn. 2), § 29 II und III.

125 Dazu *H. Maier*, Die ältere deutsche Staats-und Verfassungslehre, 2. Aufl. 1980, S. 240 ff.

126 *Scheuner*, (Fn. 123), S. 21 f. und insbes. *Stolleis*, Zeitschr. f. Neuere Rechtsgeschichte 1989, S. 129 ff.

127 *Dahrendorf*, S. 60 ff.; *A. Hirschman*, The Rhetoric of Reaction, Cambridge, Mass./London 1991, S. 1 ff. – beide unter Berufung auf den englischen Soziologen *T.H. Marshall*.

noch nicht den Abschluß seiner Entwicklung gefunden. Vielmehr haben die neuen Bedrohungen und Zerstörungen der Umwelt auch zu neuen Antworten des Verfassungsstaates geführt: Der Verfassungsstaat ist damit auf seiner vorerst letzten Stufe, der Stufe des *ökologischen Verfassungsstaates,* angelangt.[128]

Mit dieser Hervorbringung reagiert der Verfassungsstaat auf neue Herausforderungen, durch welche in anderer Weise als jemals zuvor in der Menschheitsgeschichte die Existenz der Gesellschaft bedroht wird. Diese Bedrohung rührt nicht her von einer Gefährdung der äußeren oder inneren Sicherheit, die unter Bruch des internationalen oder innerstaatlichen Rechts durch Feinde von außen bzw. Straftäter im Inneren zu einer Schädigung von Leib, Leben und Eigentum der Bürgerinnen und Bürger führen kann. Diese Rechtsgüter werden vielmehr gefährdet durch eine Veränderung der natürlichen Umwelt. Soweit allerdings die Rechtsgutgefährdung unmittelbar geschieht, ließe sich eine Verpflichtung des Staates zum Tätigwerden schon aus dem weit verstandenen Sicherheitsgrundsatz herleiten. Wie dieser dem Staat Schutz vor oder Hilfe nach natürlichen Katastrophen oder Unglücken abverlangt, so ließe er sich auch ins Feld führen bei solchen Gefahren oder Schäden, die das Ergebnis menschlicher Einwirkungen auf die Umwelt darstellen. Allerdings unterscheidet nicht nur ihre jeweilige Ursache die »klassische« Sicherheitsgefahr von der neuen Umweltgefährdung. Diese trägt vielmehr – wie im einzelnen gezeigt wurde (o. 1.b. u. 2.b.) - ganz eigenartige Züge. Dabei liegt der Unterschied nicht allein in dem potentiellen Ausmaß der Schäden; die Existenz der Menschheit steht in gleichem Maße durch die Atombombe wie durch die Zerstörung der natürlichen Lebensgrundlagen auf dem Spiele. Entscheidend ist vielmehr, daß die Zusammenhänge zwischen der Umwelteinwirkung und der Schädigung von Individualrechtsgütern wir-

128 So *Dreier*, Universitas 1993, S. 388 unter Bezugnahme auf *Kloepfer* (Hrsg.), Umweltstaat. – Ähnlich *B. Guggenberger*, Das Staatsziel Umweltschutz in: ders./A.Meier (Hrsg.), S. 241 ff., 245; *Isensee*, DÖV 1983, S. 565 ff., 574 spricht von einer »dreifachen Windung der geschichtlichen Spirale« und auch *Pernthaler*, S. 11 ff. erkennt »Die Weiterentwicklung des Verfassungsstaates zum Umwelt- oder Naturstaat«; zweifelnd *R. Schmidt*, (Fn. 40), S. 749, 752. – Ob die »Wissensgesellschaft« eine »neue historische Epoche« bedeutet, wie *Willke*, S. 11 f., 26 ff. annimmt, oder nur eine Ausformung der Risikogesellschaft darstellt, sei dahingestellt.

kungsmäßig, räumlich und zeitlich diffus und dadurch nur schwer, wenn überhaupt noch, nachvollziehbar sind; noch stärker verflüchtigt haben sie sich im Hinblick auf die Rechtsgüter zukünftiger Generationen.[129] Es geht deshalb um den Schutz der natürlichen Lebensgrundlagen als solcher, ohne die auch menschliches Leben nicht existieren kann.[130] Trotz mancher Überschneidungen mit dem Sicherheitsgrundsatz erscheint deshalb die Annahme eines eigenständigen Ökologiegrundsatzes der Verfassung gerechtfertigt.[131]

Bei dem Stufenmodell der Entwicklung zum ökologischen Verfassungsstaat handelt es sich - das sei noch einmal betont – um eine ideengeschichtliche Typologisierung, die in den konkreten historischen Abläufen durchaus zeitversetzt verlaufen sein kann. Es muß ferner der Eindruck vermieden werden, als seien die beschriebenen Entwicklungen zwangsläufig und ohne zum Teil heftige Widerstände eingetreten. Demgegenüber wird darauf hingewiesen, daß alle drei Kategorien von Rechten – die rechtsstaatlichen, die politischen und die sozialen – gegen heftige theoretische wie auch praktisch-politische Widerstände erkämpft wurden. Heute läßt die Diskussion um die Zukunft des Sozialstaats nicht nur Bestrebungen erkennen, die auf Modifikationen abzielen, sondern auch solche, die ihn grundsätzlich in Frage stellen.[132] Ob dies auch für den ökologischen Verfassungsstaat gilt zu einem Zeitpunkt, in dem dieser gerade theoretisch wie auch praktisch weitgehende Anerkennung gefunden hat, bleibt abzuwarten. Jedenfalls können angesichts der ökonomischen Krise der westlichen Industriestaaten Rückschritte beim Umweltschutz – zum Teil ungeachtet verbaler Bekundungen – nicht übersehen werden. Auch der ökologische Verfassungsgrundsatz wird sich deshalb nicht zwangsläufig entfalten, sondern muß – wie seine älteren Geschwister – mit Versuchen einer Abschwä-

129 Zu dem »revolutionären Bruch der epistemiologischen Grundlagen des traditionellen Sicherheitsmodells« eindringlich *Preuß*, Risikovorsorge, S. 546.
130 Ähnlich *Murswiek*, Staatszweck, S. 32ff., 84f. – Zu der Kontroverse um das ökozentrische oder anthropozentrische Umweltschutzverständnis s. u. II. 1. d.
131 Skeptisch *Dahrendorf*, S. 75f., der es als offene Frage bezeichnet, ob sich nicht auch die neuen Probleme z.B. der Ökologie in dem bestehenden Rahmen anpacken lassen.
132 Dazu *Hirschman*, (Fn. 127), S. 20ff.

chung, wenn nicht einer grundsätzlichen Infragestellung, rechnen. Er wird vor allem aber auch offen sein müssen für Umgestaltungen, die ihn in seinen praktischen Erscheinungen, aber nicht in seiner Substanz erfassen. Er wird sich aber solange als unentbehrlich erweisen, wie die Analyse der grundlegenden Bedrohung der Lebensgrundlagen der menschlichen Existenz ihre Gültigkeit besitzt und nicht suizidale Züge weniger als Ausdruck eines Selbstzerstörungstriebs, sondern eher von Gleichgültigkeit, Egoismus oder Fatalismus in der menschlichen Gesellschaft überhand nehmen. Solange die Realität der ökologischen Probleme anerkannt wird, ist dem Ökologiegrundsatz eine ähnlich elementar-existentielle Bedeutung für die menschliche Gesellschaft zuzuerkennen wie der staatlichen Gewährleistung der Sicherheit.

Bis zur 42. Änderung des Grundgesetzes am 27. Oktober 1994, durch die die Staatszielbestimmung Umweltschutz in das Grundgesetz aufgenommen worden ist, war im Grundgesetz der ausdrückliche Schutz der Umwelt weder in Form eines Grundrechts noch einer objektiv-rechtlichen Verpflichtung enthalten. Das Grundgesetz blieb hier hinter den Verfassungen der Länder, anderer europäischer Staaten und der Europäischen Gemeinschaft zurück (im einzelnen s. u. II. 2.).

Die Ökologisierung der Verfassung muß jedoch nicht unbedingt im Text der geschriebenen Verfassung ihren Niederschlag finden, sondern kann auch das Ergebnis der Verfassungsinterpretation sein. Das zeigt vor allem eine rigide Verfassung wie die der USA, deren grundlegende Wandlungen in diesem Jahrhundert – wie die zum Sozialstaat, aber auch zum Umweltstaat – ohne Änderungen des Verfassungstextes eingetreten sind.[133] Aber auch in anderen Ländern wie in Frankreich fehlt eine ausdrückliche verfassungsrechtliche Verankerung, für Großbritannien gilt dies mangels geschriebener Verfassung ohnehin. Gleichwohl ist auch dort eine auch rechtliche Verpflichtung des Staates zum Schutze der Umwelt anerkannt. Diese wird allerdings entweder – wie in England/Wales – in bestimmten eher engen Fällen haftungsrechtlich begründet[134] oder aber – wie in Frankreich –

133 Dazu vor allem *Ackerman*, We the People, S. 111 m. Anm. 10.
134 Siehe dazu den Landesbericht von *J. Cameron*, Public Risk Management in English Law, in: Riedel (Hrsg.), S. 151 ff.

auf politische Prinzipien (Freiheit der wirtschaftlichen Betätigung, Unverletzlichkeit des Eigentums, jetzt auch Schutz der Umwelt) zurückgeführt, die seit 1810 ihren Niederschlag in gesetzlichen Regelungen gefunden haben.[135] Auch in Frankreich wird gegenwärtig allerdings die Frage aufgeworfen, ob das Recht auf eine geschützte Umwelt (droit à l'environnement) nicht als Menschenrecht in der Verfassung verankert werden sollte. Die Realisierung dieses Vorschlags wird jedoch kurz- und mittelfristig für unwahrscheinlich gehalten.[136]

Auch in Deutschland markiert den Beginn des ökologischen Verfassungsstaates nicht erst die Aufnahme der Staatszielbestimmung Umweltschutz in das Grundgesetz 1994. Implizit Anerkennung gefunden hatte der Umweltschutz als staatliche Aufgabe schon früher in den Kompetenzartikeln des Grundgesetzes, aus denen allein sich freilich keine Verpflichtung zum Tätigwerden, geschweige denn zu einer bestimmten Art und Weise des Tätigwerdens ableiten läßt. Staatliche Pflichten im Bereich des Umweltschutzes sind an anderer Stelle im Grundgesetz entwickelt worden, vor allem durch die Herleitung staatlicher Schutzpflichten aus den Grundrechten durch das Bundesverfassungsgericht. Die Entstehung und Entwicklung des Umweltstaates läßt sich vor allem aber den Regelungen des einfachen Rechts entnehmen, auf dessen Ausgestaltungen der Ökologiegrundsatz in ähnlich starker Weise angewiesen ist wie das Sozialstaatsprinzip der Verfassung. So entfaltet das einfache Recht den Ökologiegrundsatz der Verfassung, wie umgekehrt diese als Rahmenordnung durch das einfache Recht ihr Substrat und ihre Substanz erhält. Die Hervorbringung des Umweltrechts als eigenständigen Teils der Rechtsordnung signalisiert deshalb auch in gewisser Weise das Erscheinen des ökologischen Verfassungsstaates.

Und so wie sich der rechtlichen Antworten auf die ökologischen Herausforderungen die Umweltrechtswissenschaft angenommen hat, so läßt sich Vergleichbares in anderen wissenschaftlichen Disziplinen wie Philosophie und Pädagogik, Nationalökonomie und Betriebswirtschaft, schließlich Ingenieurwissenschaften feststellen.

135 Siehe dazu den Landesbericht von *M. Prieur*, Public Risk Management, in: Riedel (Hrsg.), S. 208 ff.

136 *Woehrling*, (Fn. 116), S., 892.

Das Thema der Arbeit wird in fünf Schritten verfolgt: In einem ersten Kapitel (II. 1.,2.,4.) sollen Grund und Grenzen staatlicher Verantwortung für den Schutz der Umwelt untersucht werden. Die Staatsverantwortung wird in Beziehung gesetzt zu der Freiheit und Verantwortung der Bürger. Soweit der Staat in Verantwortung steht, werden hierbei die sich aus der Verfassung ergebenden Anforderungen hinsichtlich der inhaltlichen Maßstäbe und des Charakters von Risikoentscheidungen (II. 3.) sowie der Instrumente (II. 6.) betrachtet. Hier wird – ohne die verwaltungsrechtlichen Probleme im einzelnen in den Blick zu nehmen – herausgearbeitet, daß Risikoentscheidungen im Kern nur politisch verantwortet werden können. Aus diesem Grunde kommt der Ausgestaltung des Entscheidungsverfahrens als Abwägungsprozeß überragende Bedeutung zu (II. 5.). In einem weiteren Schritt (III.) wird dargestellt, wie die Erste und Zweite Gewalt – Parlament und Exekutive – an der Wahrnehmung der Umweltverantwortung teilhaben. Dabei geht es vor allem um die Möglichkeiten der Mitverantwortung des Parlaments an den Entscheidungen der Exekutive. Deren Abhängigkeit von dem Sachverstand in Wissenschaft und Technik stellt einen zweiten Schwerpunkt dieser Untersuchung dar. Anschließend wird gezeigt, daß die Verwaltung ihre bedeutsame Rolle im Umweltschutz nur im Zusammenwirken mit der Öffentlichkeit ausfüllen kann. Eher skeptisch wird sodann der bisherige Anteil der Gerichte an der Wahrnehmung der Staatsaufgabe Umweltschutz beschrieben (IV.). Sowohl die Verwaltungsgerichte als auch das Bundesverfassungsgericht scheinen ihre angemessene Rolle hier noch nicht gefunden zu haben.

Die Untersuchung der gewaltenteiligen Ordnung führt zu der Frage, ob die bestehenden Organe repräsentativer staatlicher Herrschaft den neuen ökologischen Anforderungen gerecht werden oder ob es der Schaffung neuer spezieller Institutionen bedarf (V.) Auch in diesem Zusammenhang gerät die Beteiligung der Öffentlichkeit an staatlichen Umweltentscheidungen über das bestehende Maß hinaus in den Blick. In dem abschließenden VI. Teil werden die Funktionsbedingungen der Verfassung des ökologischen Verfassungsstaates in den Blick genommen. Hierbei werden drei unterschiedliche Szenarien staatlicher Entwicklung skizziert – der ökologische Präventionsstaat, die Technostruktur und der ökologische Verfassungsstaat. Es versteht sich, daß vor allem dessen Bedingungen im Vordergrund des Interesses stehen. Dabei wird nicht nur ein im wesentlichen prozedurales Verständnis der Verfassung des Umweltstaates entfaltet, das an gemeinsame Wurzeln des westlichen Verfassungsdenkens anknüpfen kann. Als eines der zentralen Sachprobleme des Umweltstaates wird hierbei die Vermittlung von Expertenkultur und Laiensphäre analysiert und über Lösungswege diskutiert.

Allerdings muß ein wichtiger Aspekt der Infragestellung des Verfassungsstaates ausgespart bleiben: die Europäisierung und Internationalisierung auch der ökologischen Probleme. Weist die ökologische Frage auf europäischer Ebene in die Richtung einer Konstitutionalisierung einer weitgehend neu konzipierten föderalen Verantwortungswahrnehmung, so erfordert ihre stärkere Einbeziehung auf internationaler Ebene eine »Grünwerdung« der internationalen Organisationen (wie der WTO) und Verträge, erforderlichenfalls aber auch die Nutzung von ökologischen »Ausstiegsklauseln«. Eine gründliche Behandlung dieser für sich genommen höchst unterschiedlichen Fragen hätte offensichtlich den Rahmen dieser Untersuchung gesprengt.

II. Verantwortung des Staates für die Umwelt

1. Die Vielfalt der Begründungsversuche

Die Verantwortung des Staates für die Umwelt wird auf höchst unterschiedliche Weise begründet. Es lassen sich – ohne Anspruch auf Vollständigkeit – staatstheoretische, ethische und ökonomische Ansätze feststellen. Ihnen allen gemein ist die Tatsache, daß sie unmittelbar zur rechtlichen Begründung staatlicher oder bürgerschaftlicher Verantwortung nicht taugen. Sie sind gleichwohl auch für eine verfassungsrechtliche Betrachtung nicht ohne Belang, da ihnen verfassungspolitische, möglicherweise vermittelt über eine Verfassungs- und Grundrechtstheorie auch rechtliche Relevanz zukommt.[1] Aus diesem Grunde soll auf einige Äußerungen wenigstens ein kurzer Blick geworfen werden. Der im Rahmen dieser Arbeit notwendigerweise kursorische Überblick weckt aber auch aus einem anderen Grund Interesse, da er zeigt, mit welch höchst unterschiedlichen Argumenten in einem breiten Spektrum unterschiedlicher fachlicher Perspektiven die Rolle des Staates im Umweltschutz herausgearbeitet wird.

a. Staatstheorie

In der Staatstheorie wird mit höchst unterschiedlichen Akzentuierungen die Aufgabe des Staates zum Schutze der Umwelt und – damit nur teilweise deckungsgleich – der Bewahrung des Humanums angesichts der technischen Umwälzungen begründet. Gerade die letzten Fragen bewegen schon *Ernst Forsthoff*. Dieser weist auf die Macht der Technik hin, welche die Adaption des Menschen an die durch die Technik veränderte Umwelt bewirke und möglicherweise in absehbarer Zukunft nach den Ergebnissen der genetischen Forschung den Menschen selbst verändere. »Diese Einsicht läßt nach einer Instanz fragen, die den technischen Prozeß nicht den immanenten Bedingungen seiner Fortbewegung überläßt, sondern ihm Grenzen setzt, welche die Erfordernisse eines geordneten menschlichen Zusammenlebens

1 Zu den Zusammenhängen vgl. *M. Morlok*, Was heißt und zu welchem Ende studiert man Verfassungstheorie?, 1988.

gebieten. Diese Instanz kann unter den gegenwärtigen Gegebenheiten nur der Staat sein. Er ist damit in die Verantwortung berufen... Von der Bewährung vor dieser Aufgabe wird die Überlebenschance des Staates in der hergebrachten Struktur abhängen«.[2] Diese Hoffnung erscheint aber eher trügerisch, denn *Forsthoff* hält andere Entwicklungen – entweder die Identifikation des Staates mit der Technik oder deren ungezügelte Entwicklung – für wahrscheinlicher. In diesen beiden Fällen ist der Staat der technischen Realisation ausgeliefert und dadurch prinzipiell unfähig, dem technischen Fortschritt Grenzen zu setzen.[3] (s. u. VI. 2.).

Diese eindringliche Warnung wird heute von *Peter Saladin* aufgegriffen, der angesichts der »technologische(n) Entwicklung«, des »technologische(n) Sturmwind(s), der unsere Zeit durchbraust« eine Gefährdung elementarer Güter des Menschen, eine Bedrohung menschlicher Würde – der Gegenwärtigen und der Späteren – an den zentralen Stellen konstatiert. Dies zwinge den Staat »in weitreichender Verantwortung; er muß das Prinzip Menschenwürde auch gegenüber jenen technologiebewährten Mächten wahren.«[4] Der Staat müsse seine Verantwortung angesichts moderner technologischer Entwicklung mit dem Ausbau des materiellen und des prozeduralen Rechts wahrnehmen im Sinne einer »menschenwürde-gerechten, materiell-rechtlichen Verfassung gefährdeter Technologien«. Denn: »Er ist – als politische, als umfassend dem Prinzip Menschenwürde verpflichtete, den Menschen als Ganzes würdigende, damit heute notwendig an vielen Fronten kämpfende Organisation – allein noch geeignet (wenn überhaupt jemand geeignet ist!), die Komplexität mittelbarer Auswirkungen einer bestimmten Technologie in Raum und Zeit abzuschätzen und zu steuern und entsprechend die Technologien zu ›verfassen‹.«[5]

Die Aufgaben des Staates – wie auch der Staatengemeinschaften – gründet er auf drei ethische Prinzipien, die jeweils auch Bezug zum Umweltschutz aufweisen: intragenerationelle Gerechtigkeit, intergenerationelle Gerechtigkeit und Prinzip

2 Forsthoff, Industriegesellschaft, S. 46.
3 Forsthoff, Industriegesellschaft, S. 57, 164ff.
4 Saladin, Verantwortung, S. 128f.
5 Saladin, Verantwortung, S. 130.

menschlichen Respekts vor der »mitgeschöpften« natürlichen Mitwelt des Menschen.[6] Die Wahrnehmung von Aufgaben durch den Staat anstelle einzelner Bürger oder privater Gruppierungen legitimiert sich durch drei spezifische Qualitäten des modernen demokratischen Rechtsstaates – Verpflichtung auf Gerechtigkeit, differenzierte Organisation des Staates und hohe Macht eines Staates.[7]

In anderen Ansätzen wird versucht, die Staatsaufgabe Umweltschutz aus den Staatszwecken herzuleiten. So stellt *Hasso Hofmann* die Aufgabe des Umweltschutzes in den Zusammenhang von »Letztbegründungen der Staatsaufgaben in der Lehre vom höchsten Staatszweck.«[8] Dem patriarchalisch-absolutistisch-rationalistischen Staatsverständnis, das im Liberalismus abgelöst worden sei durch eine vom Gedanken der Sicherheit bestimmte Rahmenordnung,[9] folge eine »demokratische Entgrenzung der Staatsaufgaben«.[10] Durch das Demokratieprinzip seien alle sozialen Probleme und Interessen zu potentiell politischen Fragen, d. h. zu Aufgaben geworden, die der Staat lösen müsse.

Ausgangspunkt für die Herleitung der Aufgaben des Umweltschutzes als neuem Staatszweck bildet für *Hofmann* die Überlegung, daß die Natur lange Zeit als bloße »res extensa« betrachtet wurde, ausschließlich als »Gegenstand des Experiments, der Ausbeutung und Verwertung«.[11] Er nennt dieses Gedankenschema, das seit *Descartes* in Europa herrscht, den »europäischen Naturnihilismus«. Dieser habe zu katastrophalen Folgen geführt – und diese Folgen wiederum zu einer neuen, epochalen Aufgabe des Staates. Damit bestehe eine Entwicklung vom Rechts- und Kulturstaat über den Sozialstaat zum Industrie- und Umweltstaat. Verglichen mit den herkömmlichen Staatszielen, gehe es bei der Staatsaufgabe Umweltschutz um mehr als die Erfüllung bestimmter inhaltlicher Zwecke wie Reinheit von Luft

6 *P. Saladin*, Wozu noch Staaten? Zu den Funktionen eines modernen demokratischen Rechtsstaats in einer zunehmend überstaatlichen Welt, 1995, S. 119.

7 Saladin (Fn. 6), S. 98 f.

8 *Hofmann*, Aufgaben, S. 4.

9 *Hofmann*, Aufgaben, S. 5 u. 8 f.

10 *Hofmann*, Aufgaben, S. 12.

11 *Hofmann*, Aufgaben, S. 22 ff.

und Wasser, Artenschutz, Landschaftspflege etc. – es gehe um die Erhaltung eines Systems. Insoweit sei der Umweltstaat ein Präventions- oder Vorsorgestaat (s. u. VI. 1.).

Hofmann vermeidet einen Hinweis auf die rechtliche Relevanz der Lehre vom Staatszweck Umweltschutz. Dies hätte jedoch bei seinem Hinweis auf den heutigen politischen Charakter staatlicher Aufgabenbestimmung nahegelegen. Denn es gibt kein System der Staatszwecklehre, das über die Beschreibung des geschichtlichen und des bestehenden Systems hinaus intersubjektiv vermittelbar theoretisch begründet werden kann; die Setzung von Staatszwecken und Staatsaufgaben ist nur politisch möglich. Hierbei kann die politische Philosophie – in ihrer zwangsläufigen Pluralität – Gesichtspunkte über das Zweckmäßige beitragen, nicht jedoch – wie Wissenschaft überhaupt – diese Entscheidung ersetzen. »In der pluralistischen Dissonanz der politischen und staatstheoretischen Anschauungen der Gegenwart«, so betont deshalb *U. Scheuner* zu Recht, »wird daher eine Lehre vom Staatzweck im Sinne der älteren Auffassung als einer vorgegebenen Anlage und Ordnung nicht aufzubauen sein.« [12] Und zugespitzter formuliert *N. Luhmann*, daß es »keine ernstzunehmende Theorie der Staatszwecke mehr gibt«, daß diese »für eine ideologische Funktion reserviert [sind]; sie dienen in ihrer globalen Fassung nicht als Entscheidungsprogramm.«[13]

Demgegenüber wird das Problem der rechtlichen Relevanz eines Staatszwecks Umweltschutz von *D. Murswiek* gesehen, wenn auch wenig überzeugend gelöst. Auch er kommt nach einer Betrachtung der traditionellen Staatszwecklehren zur Klassifizierung des Umweltschutzes als eines neuen Staatszweckes.[14] Die ökologische Krise besteht für ihn aus neuen Bedrohungen

12 *Scheuner*, Staatszielbestimmungen, S. 239; ebenso *Ch. Linck*, Staatszwecke im Verfassungsstaat, VVDStRL 48 (1990), S. 7ff., 15. – Ablehnend gegenüber den heutigen Möglichkeiten einer Staatszwecklehre auch *Krüger*, S. 105f., 256; skeptisch auch *H. Heller*, Staatslehre, Leiden 1963, S. 199f.; *R. Herzog*, Allgemeine Staatslehre, 1971, S. 106ff. – Auch *H.P. Bull*, Staatszwecke im Verfassungsstaat, NVwZ 1989, S. 801ff., 802 mahnt zur Zurückhaltung, wenn es darum geht, von einer Klärung staatsphilosophischer Grundfragen »eindeutige Antworten auf konkrete Rechtsprobleme oder umsetzbare politische Richtlinien zu erwarten.«

13 Luhmann, Systemrationalität, S. 92, 217.

14 *Murswiek*, Staatszweck, S. 84; zum folgenden ebd., S. 31ff.

für die fundamentalen Individualgüter, vor allem Leben und Gesundheit der Menschen, so daß hier der klassische Staatszweck – Umweltschutz als Bestandteil des Sicherheitszwecks – betroffen sei. Soweit freilich keine Eingriffe in Individualgüter stattfänden, vielmehr die natürlichen Lebensgrundlagen des Menschen als solche – z. B. Artenvielfalt, Natur und Landschaft, Klima – berührt würden, komme der Staatszweck Sicherheit nicht mehr zum Zuge, sondern werde ein neuer Staatszweck begründet.

So eindringlich die Analyse der ökologischen Bedrohung und so überzeugend das Plädoyer für die staatliche Umweltverantwortung auch ausfallen, so wenig überzeugt der »Umschlag« der staatstheoretischen in die verfassungsrechtliche Argumentation. Denn *Murswiek* hält den reformulierten wie auch den neuen Staatszweck Umweltschutz nicht nur für ein verfassungspolitisches Postulat, sondern für bereits geltendes Verfassungsrecht: Da Umweltschutz ein notwendiger Staatszweck sei, notwendige Staatszwecke aber als Elemente des Staatsbegriffs auch Verfassungszwecke seien, stelle er somit ein verfassungsrechtlich bereits geltendes Staatsziel dar.[15] Die Aufnahme eines Staatsziels Umweltschutz in die Verfassung besaß nach dieser Ansicht allein klarstellenden Charakter, dessen positivrechtlich verpflichtende Kraft wegen seiner inhaltlichen Unbestimmtheit allerdings als gering eingeschätzt wird. Letztlich wird damit dem Staatsbegriff ein bestimmter Staatszweck subintellegiert, ein klassischer Fall staatsrechtlicher Begriffsjurisprudenz, die man eigentlich seit der Weimarer Staatsrechtslehre für überwunden hält.

Zur Begründung von rechtlichen Pflichten des Staates ist die Herleitung aus »den« Staatszwecken genauso untauglich wie aus »dem« Staatsbegriff. Jede Aussage über staatliche Verantwortungsbereiche, so jetzt treffend *Georg Hermes*, »kann den ›Sprung‹ ins Normative deshalb nur von der rechtlichen Grundlage aus schaffen, die ein konkretes Gemeinwesen konstituiert. Die Suche nach den normativen Grundlagen staatlicher Verantwortung ist deshalb ausschließlich auf die Verfassung angewiesen.«[16]

15 *Murswiek*, Staatszweck, S. 71 ff., 85.

16 G. Hermes, Staatliche Infrastrukturverantwortung, 1998, S. 158 f.

b. Ethische Begründungen

Diese Verwechslung staatstheoretischer mit rechtlichen Begründungen liegt den beiden nächsten hier zu beleuchtenden Herleitungen staatlicher Umweltverantwortung – der ethischen und der ökonomischen – allerdings fern. Dies gilt etwa für den ethischen Versuch zur Begründung einer Verantwortung für zukünftige Generationen durch *Hans Jonas*. Er stellt fest, daß die moderne Technik Handlungen von solch neuer Größenordnung ermöglicht habe (s. o. I. 1. b.), daß der Rahmen früherer Ethik sie nicht mehr fassen könne.[17] Aufgrund der erweiterten menschlichen Handlungsmöglichkeiten erstrecke sich erstmals in der Geschichte der Menschheit die Verantwortung des Menschen »auf den Zustand der Biosphäre und das künftige Überleben der Menschenart«; die neuartige Macht des Menschen über diese Dinge sieht Jonas »in erster Linie« als »eine Macht der Zerstörung«[18].

Hieraus folgert *Jonas*, daß die bisherige Ethik überholt sei. Sie sei stillschweigend davon ausgegangen, daß die uns umgebende Natur unerschöpflich sei. Als eine bloße »Nächsten-Ethik«[19] sei die traditionelle Moralphilosophie auf die Anwesenheit des Mitmenschen beschränkt gewesen und habe die Spätfolgen des Handelns nicht berücksichtigt. Angesichts der technologisch um ein Vielfaches erhöhten Handlungsmacht des Menschen könne jedoch nicht mehr von dieser Unerschöpflichkeit ausgegangen werden; vielmehr sei das natürliche Gleichgewicht der Biosphäre gestört. Damit kommt *Jonas* zur Forderung nach einer neuen Ethik, einer »Ethik der Verantwortung, die heute, nach mehreren Jahrhunderten postbaconischer, prometheischer Euphorie ... dem galoppierenden Vorwärts die Zügel anlegen muß. Insofern anderenfalls und ein wenig später die Natur es auf ihre Weise tun würde, wäre dies nicht mehr als kluge Vorsicht, gepaart mit schlichtem Anstand gegen unsere Nachkommen«.[20]

Das Prinzip Verantwortung läßt sich den Prinzipien Freiheit und Selbständigkeit ebenso gegenüberstellen wie dem Bloch-

17 Jonas, S. 26.
18 Jonas, S. 248.
19 Jonas, S. 26.
20 Jonas, S. 388.

schen Prinzip Hoffnung. Es basiert auf der durch den Menschen ausgelösten Gefährdung der Natur, die es erfordert, daß der Mensch eine Treuhänderschaft für das künftige Leben übernehme, zum Anwalt der Natur werde und seine moralische Zuständigkeit für die Zukunft annehme. Aufgabe des Prinzips Verantwortung sei es, dem Menschen die Unversehrtheit der Welt und seines Wesens gegen Übergriffe seiner Macht zu bewahren.[21] Das Prinzip Verantwortung beruhe dabei aber nicht allein auf der Verantwortlichkeit des Handelnden, dem »Tunsollen des zur Sachwaltung berufenen Subjekts«, sondern sei abhängig vom Wert der verantworteten Sache, vom »Seinsollen des Objekts«.[22] *Jonas* geht sodann von zwei ontologischen Polen aus, zwischen denen Verantwortung entsteht: der »menschlichen Freiheit« und der »Werthaftigkeit des Seins«[23]. Dabei stellt er die ethische Eigenqualität des Seins über die moralische Selbständigkeit des Subjekts – er gibt also die Trennung von Sein und Sollen auf, zugunsten eines Primats des Seins.[24] Dies führt zu einzelnen Forderungen wie dem Vorrang des Wissens vor dem Gewissen,[25] Geringschätzung des einzelnen Subjekts im Vergleich mit den politischen Institutionen[26] und zu dem Eingeständnis, daß notfalls das Dasein des Menschen Priorität vor seiner Freiheit haben müsse.[27]

Auch wenn die Aussagen zur politischen Organisation der Verantwortung dunkel sind, läßt eine Reihe von Hinweisen erkennen, daß die »vertrackte Freiheit«[28] hinter der Ermöglichung staatlicher Verantwortung im Konfliktfall zurücktreten muß. Deren Beschreibung läßt Züge des Totalen,[29] des Autoritären und des Paternalistischen[30] erkennen. Die platonische Vorstel-

21 Jonas, S. 9.
22 Jonas, S. 175.
23 *H. Jonas*, Prinzip Verantwortung – Zur Grundlegung einer Zukunftsethik, in: Zukunftsethik und Industriegesellschaft, hrsg. von Th. Meyer/S. Miller, 1986, S. 3-14.
24 *Jonas*, S. 153 ff.
25 *Jonas*, S. 61 ff., 222 ff.
26 *Jonas*, S. 184 ff.
27 *Jonas*, S. 249.
28 *Jonas*, S. 303 f.
29 *Jonas*, S. 189 f.
30 *Jonas*, S. 308.

lung einer Herrschaft von Eliten findet jedenfalls als regulative Utopie seinen Beifall, und die Entstehung und richtige Auswahl solcher Eliten bezeichnet er als »eines der Probleme der Staatskunst, die man wieder ganz ganz ernsthaft und sogar ohne Angst vor eventueller Beeinträchtigung rein egalitärer, demokratisch-parlamentarischer Methoden in Angriff nehmen muß.«[31] Allerdings weisen diese Überlegungen eher auf die Frage der staatlichen Strukturen (dazu s. u. VI. 1.) und setzen die Existenz der staatlichen Verantwortung für den Umweltschutz voraus.

Demgegenüber begründet *Robert Spaemann* deutlich, was den Grund der Staatsverantwortung für die Umwelt ausmacht. Zwar geht es ihm ganz wesentlich um die Entwicklung einer politischen Moral, deren Kern in das Postulat einer Pflicht des Menschen mündet, »die Welt in einem Zustand zu hinterlassen, in welchem Leben und Freiheit der Nachkommenden nicht auf eine Weise beeinträchtigt werden, von der wir billigerweise nicht erwarten können, daß sie von den Nachkommenden selbst als zumutbar akzeptiert wird.«[32] Die Verantwortung hierfür sieht er auf die Einzelnen als Handelnde und den Staat verteilt. Denn jene vermöchten nicht die volle Verantwortung für die Nebenfolgen ihrer Handlungen zu übernehmen, solle nicht Handeln überhaupt unmöglich werden. Müßten nämlich alle Handelnden stets versuchen, sich die unendlich komplexe Gesamtheit der langfristigen Folgen ihres Tuns vor Augen zu halten, ja darüber hinaus sogar die Folgen ihrer Unterlassungen, d. h. der mutmaßlichen Folgen aller alternativen Handlungsmöglichkeiten, dann würde die selektive Funktion der individuellen Zwecksetzung hinfällig und damit Handeln selbst illusorisch. Darum gehörten zu den Voraussetzungen verantwortlichen Handelns Institutionen, die den Bereich der Nebenfolgen genau umschrieben, den das handelnde Individuum zu verantworten habe. Aus diesem Grunde sei »es vor allem Sache des Staates, die Verantwortung für die Nebenfolgen zu tragen, zu definieren und zu verteilen. Ja, dies ist seine wichtigste Aufgabe überhaupt. Für den Staat gilt nicht, wie für das Individuum, daß das Handeln nur durch partielle Blindheit gegen entferntere Folgen ermöglicht wird. Der Staat

31 *H. Jonas*, Technik, Medizin und Ethik, 1987, S. 298.
32 *Spaemann*, S. 491.

hat, im Unterschied zum Individuum, die Pflicht, soweit zu sehen, wie es unter Zuhilfenahme aller in einer bestimmten Epoche zur Verfügung stehenden Mittel möglich ist.«[33]

Bei allen Unterschieden in der Begründung der Verantwortung des Staates für die Umwelt sind sich doch alle in einem einig: der Feststellung nämlich, daß die Staatsverantwortung auch die Verantwortung gegenüber zukünftigen Generationen umfaßt, ja daß die Zukunftsverantwortung in ganz besonderem Maße Sache des Staates ist. Auch der Philosoph *D. Birnbacher* hält dies für einen der zentralen Legitimationsgründe der repräsentativen Demokratie und eine zentrale Funktion des Staates: »Es gibt keine Demokratie, in der nicht dem Staat zumindest jene Planungen zugunsten späterer Generationen zugestanden werden, die in der Theorie der Politik unter den Titeln ›Infrastrukturleistungen‹ und ›Daseinsvorsorge‹ behandelt werden.«[34]

In seiner utilitaristischen Begründung der Zukunftsverantwortung des Staates finden sich bei *Birnbacher* durchaus Züge, die sich auch in der ökonomischen Theorie finden.

c. Ökonomische Theorie

Diese bekräftigt eindrucksvoll die Rolle des Staates im Umweltschutz mit ihrer Theorie der Externalitäten und des Marktversagens. In einer marktwirtschaftlichen Ordnung liefert bekanntlich der Markt die entscheidenden Antworten auf die Frage, welche Produkte in welchen Mengen auf welche Weise für wen produziert werden. Hierbei kommt den Preisen, die sich im Schnittpunkt von Angebots- und Nachfragekurven bilden, die zentrale Funktion zu, für einen möglichst sparsamen Einsatz knapper Ressourcen und damit für eine volkswirtschaftlich effiziente Produktion von Gütern und Dienstleistungen zu sorgen.[35]

Dieses System der marktmäßigen Steuerung des Verhaltens der Wirtschaftssubjekte, dessen Überlegenheit sich gerade in jüngster Zeit erwiesen hat, funktioniert jedoch in solchen Situationen nur

33 *Spaemann*, S. 484.
34 *Birnbacher*, S. 264.
35 Vgl. hierzu und zum folgenden *Stiglitz*, S. 168ff., 586ff.

eingeschränkt, in denen der Marktmechanismus versagt (Theorie des »Marktversagens«). Ein wichtiger Fall des Marktversagens im Bereich des Umweltschutzes wird durch die Existenz von Externalitäten gekennzeichnet. Ein solcher Fall liegt dann vor, wenn ein Wirtschaftssubjekt Handlungen, die Auswirkungen auf andere haben, vornehmen kann, ohne hierfür die Kosten zu tragen. Dies ist im Bereich des Umweltschutzes dann der Fall, wenn – sei es beim Konsum, sei es bei der Herstellung von Produkten – Umweltmedien wie Luft und Wasser verschmutzt werden oder aber wenn Umweltressourcen, die – wie Wasser – in gewisser Weise freie oder öffentliche Güter darstellen, kostenlos genutzt werden. Weil derartige Umweltgüter von allen nach Belieben genutzt werden können, werden sie erschöpft, verschwendet und selten von den Nutzern wieder aufgefüllt.[36]

Derartige Externalitäten werden bei der Herstellung von Gütern, bei denen die Preise nicht das volle Ausmaß der sozialen Kosten widerspiegeln, zu einem Überangebot dieses Gutes auf dem Markte führen. Ähnlich fehlt bei der unmittelbar konsumtiven Nutzung eines Umweltgutes das Preissignal, das zu einer der Knappheit des Gutes entsprechenden Verwendung führt. Da der Markt die Kosten des Gutes nicht voll erfassen kann, muß seine Steuerungsfunktion notwendig – jedenfalls teilweise – fehlschlagen.

Die Existenz externer Kosten gilt als eine wesentliche Ursache der Umweltzerstörung:

»Die Preise von umweltbeeinträchtigend produzierten konsumierten Gütern und Dienstleistungen sind, bezogen auf ihre tatsächlichen gesell-

36 Für diese Situation hat *G. Hardin* den berühmt gewordenen Begriff der »Tragedy of the Commons«, Science, vol. 162 (1968), S. 1243, geprägt. Schon früher zum Problem *H. Scott Gordon*, The Economic Theory of a Common-Property Resource: The Fishery (1954), jetzt in: Economics of the Environment, ed. R. Dorfman/N. S. Dorfman, 2nd ed. 1977, New York/London, S. 130ff. und jetzt *C. M. Rose*, Re-thinking Environmental Controls: Management Strategies for Common Resources, Duke Law Journal, 1991, S. 1ff.
Vgl. auch *R.L. Frey*, Umweltschutz mit Marktwirtschaft, in: Strukturelemente in einem dynamischen Prozeß, hrsg. v. M. Lendi, Zürich 1991, S. 43ff.; *H. Bonus*, Umweltpolitik als Lernprozeß, in: ebd., S. 2ff.; *L. Wicke*, Umweltökonomie, 4. Aufl., 1993, S. 150ff.; *W. Köck*, Umweltrechtsentwicklung und ökonomische Analyse, NuR 1992, S. 414ff.; *S. M.Kemper*, Das Umweltproblem in der Marktwirtschaft, 1993, S. 10; *Endres*, S. 10ff.

schaftlichen Kosten, zu niedrig ... Die dadurch entstehenden Verzerrungen der Preisstruktur führen zu einem überhöhten Absatz und damit gesteigerter Produktion von umweltbelastenden Gütern im Vergleich zu umweltfreundlichen Gütern.« [37]

Dadurch wird ein Eingreifen des Staates unverzichtbar. Welcher Mittel sich der Staat hierbei bedient, ist nicht an dieser Stelle darzustellen (s. u. 6.). Bereits hier soll jedoch dem Irrtum begegnet werden, der Staat werde beim Einsatz neuer, nicht-regulativer Instrumente des Umweltschutzes entbehrlich. Hier kommen auf ihn lediglich andere Aufgaben zu als in einem regulativen System. Insbesondere auch der Einsatz sog. ökonomischer Instrumente mit der Schaffung von marktfähigen Umweltgütern, der Einrichtung eines Marktes und der Überwachung und Kontrolle des Marktes erfordert ein erhebliches staatliches Engagement.[38] (s. u. VI.a.bb. und b.aa.)

d. Rechtsethische Begründung von Eigenrechten der Natur

Auf ganz andere Weise wird versucht, den Belangen der Umwelt dadurch in der staatlichen Rechtsordnung Geltung zu verschaffen, daß den Objekten der Natur klagfähige Rechtspositionen zugesprochen werden. Auf diese Weise ließen sich durch die Schaffung subjektiver Rechte der Natur Rechtspflichten des Staates wie auch Privater begründen. Ihren Grund findet diese Forderung in der Feststellung, daß Umweltgüter in der Rechtsordnung schutzlos Beeinträchtigungen ausgesetzt seien und ihnen deshalb Schutz durch die Zubilligung eigener, gerichtlich durchsetzbarer Rechte zu gewähren sei.

Angestoßen wurde die Diskussion durch das Rechtsgutachten, das der amerikanische Jurist *Christopher D. Stone* 1972 in dem Rechtsstreit *Sierra Club v. Morton* für die Klägerin erstattet hat.[39] Es ging ihm hierbei darum, den U.S. Supreme Court da-

37 *Wicke* (Fn. 36), S. 45.

38 *Rose* (Fn. 36), S. 19ff.; *J.E. Krier*, The Tragedy of the Commons, Part Two, Harvard Journal of Law & Public Policy, vol. 15 (1992), S. 325 ff., 341 ff.

39 Should Trees Have Standing? Towards Legal Rights for Natural Objekts,

von zu überzeugen, daß die Klage eines Umweltschutzverbandes in dem Rechtstreit gegen die Zulassung eines Freizeitkomplexes in dem Mineral King Valley, einem »Naturwunder«[40] in der Sierra Nevada, durch die Disney Corporation zulässig sei. Gut 15 Jahre später hatte das Verwaltungsgericht Hamburg in einem ganz ähnlich gelagerten Fall zu entscheiden, ob sich die »Seehunde in der Nordsee«, deren Rechte als »Geschäftsführer ohne Auftrag« von Umweltschutzverbänden wahrgenommen wurden, gegen Genehmigungen zur Einbringung von Abfällen bzw. deren Verbrennungsrückstände in der Nordsee gerichtlich wehren konnten.[41] Sowohl der U. S. Supreme Court als auch das VG Hamburg kamen zu dem Ergebnis, daß die Klagen unzulässig seien, weil die Kläger nicht die Verletzung eigener rechtlicher Interessen geltend machen konnten. Die hier hervortretenden Wertungen der Rechtsordnung werden noch schärfer akzentuiert, wenn gleichzeitig das Bundesverwaltungsgericht in einer ganz ähnlichen Situation bei einer Klage gegen die Genehmigung zur Verklappung von Dünnsäure in der Nordsee die Klagebefugnis bejaht. Diese wurde allerdings nicht »der Natur« oder ihren Repräsentanten, sondern Fischern zugesprochen; und diese stützten sich nicht auf die Verletzung von Rechten der Natur, d. h. hier des Meeres bzw. dessen Flora und Fauna, sondern auf die Verletzung ihres »eingerichteten und ausgeübten Gewerbebetriebes«, eines gemeinhin im Rahmen der Eigentumsgarantie des Art. 14 GG geschützten Rechts.[42]

Hier setzt die Argumentation von *Stone* an. Es sei weder unausweichlich, noch sei es Ausdruck von Weisheit, daß Naturobjekte nicht das Recht hätten, im eigenen Namen Regreß einzufordern. Die Aussage, Bäche und Wälder könnten keine Klagebefugnis innehaben, weil sie nicht sprechen könnten, könne als Antwort nicht befriedigen. Auch die sog. juristischen Personen könnten nicht sprechen, noch könnten es Staaten, Vermögensgesamtheiten, Kleinkinder, Nichtgeschäftsfähige, Gemeindeverwal-

Cal. Law Rev. 1972, S. 450ff.; in deutscher Übersetzung: Umwelt vor Gericht, hrsg. v. H. Blume, 2. Aufl., 1992, S. 25ff.

40 So Justice *Douglas* in seiner dissenting opinion, abgedruckt Stone, S. 94.

41 VG Hamburg, B. v. 22.9.1988, NVwZ 1988, S. 1058ff.

42 BVerwGE 66, 307, 309; krit. dazu *R. Steinberg/ A. Lubberger*, Aufopferung – Enteignung und Staatshaftung, 1991, § 2 Fn. 167.

tungen oder Universitäten. Für sie sprächen Rechtsvertreter, und auch für die Naturobjekte solle man – wie bei Nichtgeschäftsfähigen – Vormünder zum de-jure-Repräsentanten bestellen.[43]

Diese Auffassung ist mit einer ethischen Begründung aus reformiert-theologischer Sicht[44] unterstützt worden mit der Forderung nach einer »Rechtsgemeinschaft der Natur«, in der sich die Ordnung der Natur und die des Menschenrechts auf der Basis prinzipieller Gleichberechtigung verbänden.[45] Der Eigenwert der natürlichen Mitwelt werde durch die Menschheit in Gestalt von Rechten zum Ausdruck gebracht, die »von Menschen stellvertretend wahrgenommen und durch Gesetze zuerkannt« würden. Menschliche Interessen seien nicht nur untereinander, sondern auch mit den spezifischen Lebensinteressen in der natürlichen Umwelt abzuwägen. Menschlichen Interessen dürfe nur jenseits der spezifischen Lebensinteressen der Vorzug gegeben werden; falls dies geschehe, sei die betroffene Mitwelt selbst entsprechend zu entschädigen. Begründet wird diese Auffassung auch mit der Durchsetzungsschwäche des herkömmlichen Natur- und Umweltschutzes, vornehmlich aber auch aus dem biblischen Schöpfungsauftrag, durch den alle Kreatur in das Schöpfungsgeschehen einbezogen sei.[46]

Unterstützung gefunden hat die Forderung nach Eigenrechten der Natur aber auch bei einzelnen Juristen, die sich hiervon einen wesentlichen Beitrag zu einer »ökologischen Neuorientierung des Rechts«[47] bzw. einer »ökologischen Reformation«[48] ver-

43 *Stone*, S. 38ff.

44 Kritisch dazu *H.J. Münk*, Umweltverantwortung und christliche Theologie, in: Brennpunkt Sozialethik, hrsg. v. *M. Heimbach-Steins/A. Lienkamp/J. Wiemeyer*, 1995, S. 385ff., 396, der darauf hinweist, daß diese Sicht der Physiozentrik in der reformiert-protestantischen Literatur keine Parallele in der katholischen Theologie findet, in der es schon fast »zur eisernen umweltethischen Ration« gehöre, »die Sonderstellung des Menschen als des einzigen Verantwortungssubjekts in der Natur« zu betonen. Diese Verantwortungsstellung vor Gott für seine Mitmenschen und für den Zustand der Schöpfung verpflichte den Menschen allerdings im Sinne einer »relativen Anthropozentrik« zur Rücksichtnahme auf naturimmanente Maße, Bedürfnisse und Ziele.

45 *Meyer-Abich*, Frieden mit der Natur, S. 190f. auch zum folgenden; zust. *Altner*, Überlebenskrise, S. 188ff.

46 *Altner*, Überlebenskrise, S. 192; *ders.*, Naturvergessenheit, S. 100ff.

47 *K. Bosselmann*, Eigene Rechte für die Natur?, KJ 1986, S. 3.

48 *H. von Lersner*, Gibt es Eigenrechte der Natur?, NVwZ 1988, S. 988.

sprechen.[49] So begrüßenswert viele der hier angestellten Überlegungen zu einer Ökologisierung der Verfassung und des Rechts sein mögen, es wird gerade angesichts der Vielfalt der einzelnen konkreten Änderungsvorschläge kaum deutlich, worin nun gerade die besondere Leistungsfähigkeit von Eigenrechten der Natur für eine verstärkte Berücksichtigung von Umweltschutzinteressen liegen soll. So wird zu Recht darauf hingewiesen, daß die Rechtsfähigkeit von nichtmenschlichen Naturgütern nur vom Menschen verliehen werden könnte, daß der Mensch entscheiden müsse, welchen Naturgütern Rechte zuzuteilen seien. Wichtiger aber noch ist die Entscheidung des Menschen über die Rangigkeit der Naturgüter untereinander, vor allem aber im Verhältnis zu den Rechten des Menschen, und schließlich über die Frage, welche Menschen in welchem Verfahren die Rechte der Natur geltend machen können.[50] Wenn dann noch eingeräumt wird, daß es allenfalls eine Frage der sprachlichen Definition sei, ob man von Eigenrechten der Natur oder aber von rechtlich geschützten Interessen spräche,[51] dann wird deutlich, daß das Eigenrechtkonzept im wesentlichen Ausdruck eines ethischen Naturverständnisses darstellt, das die Entwicklung konkreter rechtlicher Instrumente zur Stärkung der Umweltbelange in der Rechtsordnung in keiner Weise zu ersetzen in der Lage ist.

Die Notwendigkeit von Eigenrechten der Natur wird auch mit der gebotenen Ersetzung der herkömmlichen Anthropozentrik des geltenden Rechts durch eine neue Ökozentrik begründet.[52] Dabei kann dahinstehen, ob aus der Sicht der philosophischen Ethik eine derartige Position überzeugt oder ob nicht auch hier festzustellen ist, daß nicht nur im epistemischen Sinne die Anthropozentrik unvermeidlich ist, sondern auch in einem moralischen Sinne allein eine moderate, die Natur nicht in einem ausschließlich instrumentellen Sinne verstehende Anthropozentrik überzeugt.[53] Jedenfalls aus rechtlicher Sicht ist die »Anthropo-

49 Vgl. ferner *J. Leimbacher*, Die Rechte der Natur, 1988; *ders.*, Rechte der Natur und ihre Einbindung ins Recht, in: Reformperspektiven im Umweltrecht, hrsg. von *A. Roßnagel/U. Neuser* (Hrsg.), 1996, S. 123 ff..

50 *von Lersner* (Fn. 48), S. 990f.

51 *von Lersner* (Fn. 48), S. 989, 991.

52 Vgl. etwa *Bosselmann*, S. 202 ff.

53 So nach einer eingehenden Würdigung der unterschiedlichen, z. T. entgegengesetzten Positionen *A. Krebs*, Naturethik im Überblick, in: dies. (Hrsg.), Na-

zentrik unentrinnbar«.[54] Wurde bisher auf einer ethischen Ebene argumentiert, so müssen die weiteren Überlegungen auf die Frage zielen, ob denn rechtstheoretisch in sinnvoller Weise von *Eigenrechten der Natur* gesprochen werden kann, d.h. ob denn überhaupt »die Natur« Träger von Rechten sein kann. Dabei fällt sofort die Schwäche des Stoneschen Hinweises auf, wonach die Fähigkeit, Träger von Rechten zu sein, im Laufe der Rechtsentwicklung Veränderungen ausgesetzt gewesen wäre. Nachdem Kindern und Unmündigen, Frauen und Sklaven, aber auch juristischen Personen eigene gerichtlich durchsetzbare Rechte zugebilligt wurden, sei es nunmehr an der Zeit, diese Rechte auch den Naturobjekten zuzubilligen.[55]

Diese Auffassung verkennt grundlegend das Wesen des Rechts, das diesem als einem zentralen Instrument des Gemeinwesens die Aufgabe der Herstellung einer (relativen) Friedensordnung durch die Steuerung des Verhaltens der Einzelnen zuweist. »Recht ist« so *Kant*, »der Inbegriff der Bedingungen, unter denen die Willkür des einen mit der Willkür des anderen nach einem allgemeinen Gesetz der Freiheit zusammen vereinigt werden kann.«[56] Ungeachtet zahlreicher Unterschiede im Rechtsverständnis dürfte weitgehende Übereinstimmung darüber bestehen, daß durch das Recht menschliches Verhalten durch die Normierung von Verhaltenserwartungen in Form von Regeln oder Geboten bestimmt werden soll.[57] Rechtliche Normen als Sollenssätze können sich zwangsläufig nur an Menschen richten. Die Annahme, Tiere oder Pflanzen könnten in diesem Sinne

turethik, 1997, S. 337ff., 378f. – Krit. gegenüber dem Physiozentrismus auch *C.F. Gethmann/A. Klapperich*, Anthropozentrisches Denken im Umweltstaat, in: Umweltstaat als Zukunft, hrsg. von *M. Kloepfer*, 1994, S. 194f.

54 *Hofmann*, JZ 1988, S. 277.

55 *Stone*, S. 25ff.

56 *I. Kant*, Die Metaphysik der Sitten, Erster Teil. Metaphysische Anfangsgründe der Rechtslehre, Einleitung in die Rechtslehre, Kants Werke – Akademie-Textausgabe, Band VI, Berlin 1968, S. 230.

57 Vgl. etwa *H. Coing*, Grundzüge der Rechtsphilosophie, 5. Aufl., 1993, S. 213ff., 234ff.; *L. Enneccerus/H.C. Nipperdey*, Allgemeiner Teil des Bürgerlichen Rechts, 1. Hbd., 1959, S. 196ff.; *Th. Mayer-Maly*, Art. Recht, Staatslexikon, Bd. 4, 7. Aufl., 1988, Sp. 665ff. – Aus der Sicht der Systemtheorie *T. Parsons*, Recht und soziale Kontrolle, in: Studien und Materialien zur Rechtssoziologie, KZSS Sonderheft 11/1967, hrsg. v. *E.E. Hirsch/M. Rehbinder*, S. 121ff.

Adressaten von Rechtssätzen, Rechtssubjekte eines durch dieses konstituierten Rechtsverhältnisses sein, verbietet sich damit von selbst. Das gilt in gleicher Weise für die Begründung subjektiver Rechte im Sinne eines rechtlich geschützten Willens oder Interesses. Denn auch für diese Rechtsfähigkeit bedarf es einer Person, die Träger von Rechten und Pflichten sein kann.[58] Es ist offensichtlich, daß sich Tiere und Pflanzen in dieser Hinsicht grundsätzlich von Menschen unterscheiden. Denn auch wenn diese etwa als Unmündige ihre Interessen oder ihren Willen nicht artikulieren können, so sind die menschlichen Interessen in grundsätzlicher Weise so eindeutig bestimmt, daß sie durch Vertreter geltend gemacht werden können. Rechtsperson in dem beschriebenen Sinne können aber auch juristische Personen sein, weil durch diese die in ihnen vereinten natürlichen Personen (Vereinigungen) gemeinsame Zwecke verfolgen, damit also letztlich auch die Einzelnen in ihrer Verbundenheit Träger von Rechten und Pflichten sind.[59] Tiere und Pflanzen hingegen können nach diesem Verständnis keine Personen sein; damit scheiden sie als Träger subjektiver Rechte aus. Der Ausweitung der Rechtsfähigkeit auf Unmündige, Frauen, Sklaven und juristische Personen lagen damit – entgegen der Behauptung von *Stone* – völlig andere, bei Tieren und Pflanzen fehlende Voraussetzungen zugrunde. Eigene, subjektive Rechte der Natur lassen sich damit nicht begründen.

Aber auch wenn man es rechtstechnisch für denkbar hält, Tiere und Pflanzen aus dem Bereich bloßer Herrschaftsobjekte herauszunehmen und zum Range eigener Rechtsträger aufsteigen zu lassen, bleibt der praktische Ertrag eines derartigen Konzeptes dunkel. Denn sowohl deren Auswahl als auch der Inhalt der Rechtsstellung obliegen »notwendig der menschlichen Interessenabwägung«.[60] Hinzu kommt die Notwendigkeit der Ver-

58 *Mayer/Maly* (Fn. 57), Sp. 669; vgl. auch *Enneccerus/Nipperdey* (Fn. 57), S. 428ff., 444ff.

59 *Enneccerus/Nipperdey* (Fn. 57), S. 607ff.; ebd., S. 445, 621ff. zu den Besonderheiten einer rechtsfähigen Stiftung oder Anstalt, bei denen mittels eines rechtlich verselbständigten Vermögens bestimmte, vom Stifter bzw. vom Träger der Anstalt gesetzte Zwecke verfolgt werden. – Zur Rechtsfähigkeit juristischer Personen auch *F. Fabricius*, Relativität der Rechtsfähigkeit, 1963, S. 82ff.

60 *Fabricius* (Fn. 59), S. 76f. m. Fn. 3.

tretung, der in erheblich stärkerem Maße die Definition der wahrzunehmenden Interessen obliegt.

Möglicherweise geht es in dieser Diskussion aber auch nur vordergründig um »eigene Rechte« in einem rechtstheoretischen Sinne. Bedeutsamer dürften andere Erwägungen sein: Hierzu gehört zum einen die Forderung, die Natur als solche durch die Rechtsordnung zu schützen. In diesem Sinne kann auch die Natur »Rechte« erhalten. Dies wird selbstverständlich durch das hier vertretene Rechtsverständnis nicht ausgeschlossen. Nur: Adressaten entsprechender Rechtssätze, durch welche Umweltgüter rechtlich geschützt werden, sind die natürlichen und juristischen Rechtspersonen.[61] »Umweltschutz ist ein genuin humanes Konzept.«[62] Anstelle einer »Remythisierung der Natur«[63] und einer Postulierung fiktiver Eigenrechte der Natur geht es nicht darum, die menschlichen Interessen von den Gütern der nichtmenschlichen Natur zu abstrahieren, sondern in möglichst weitem Umfang offen zu halten und über ein enges instrumentelles Verständnis hinaus »die Natur« in ihren systemaren raum-zeitlichen Interdependenzen einzuschließen.[64] Rechtlichen Schutz erfahren Umweltgüter dabei nicht nur durch die Verfassung, sondern vor allem durch eine Vielzahl einfachgesetzlicher Regelungen. Aufgabe des einem »kritischen Anthropozentrismus«[65] verpflichteten Umweltrechts im weitesten Sin-

61 Das wird jetzt auch ganz deutlich bei *Meyer-Abich*, Praktische Naturphilosophie, S. 222, wenn er betont, daß »die Rechte der natürlichen Mitwelt lediglich uns Menschen davon abhalten sollen, ihre (sc. der Natur) Eigenwerte zu mißachten, also der menschlichen Selbstbegrenzung dienen.«- Vgl. auch ebd., S. 369, wo er im Hinblick auf Eingriffe »in die jeweils bestehenden Lebensverhältnisse der natürlichen Mitwelt« zutreffend eine »Rechtfertigung von Menschen unter Menschen« fordert.

62 *R. Wolf*, Der ökologische Rechtsstaat als prozedurales Problem, in: Roßnagel/Neuser (Hrsg.), (Fn. 49), S. 57ff., 64.

63 Vgl. auch den aufschlußreichen Hinweis von *L. Gall*, Natur und Geschichte – eine spezifische Antinomie des 20. Jahrhunderts?, 1996, S. 24, auf die deutliche Tendenz der Eigenrechtslehre, an ältere naturromantische Entwicklungslinien des 19. Jahrhunderts anzuknüpfen.

64 Ähnlich *Hofmann*, JZ 1988, S. 277f. – Überzeugend auch *Birnbacher*, S. 223ff., der zwar ein eigenständiges Recht der Arten auf Erhaltung und Überleben im Sinne eines »ontologischen« Wertes ablehnt, jedoch eine »Praxisnorm der Erhaltung und Verbesserung der vorgefundenen natürlichen Ressourcen« einschließlich der Erhaltung ganzer Arten begründet.

65 *SRU*, Umweltgutachten 1987, Rn. 354, 1608; zust. *Bock*, S. 211ff., 216.

ne ist es, für ausreichenden und wirksamen Schutz der Umweltgüter zu sorgen. Die hiermit zwangsläufige Debatte um Schutzstandards und Instrumente würde im übrigen durch die Annahme eigener Rechte der Natur keinesfalls erleichtert.[66]

Die Verfechter der Eigenrechte der Natur scheinen aber weniger von der Sorge unzureichender materieller Umweltstandards angetrieben zu werden. Viel größer dürfte ihre Sorge sein, daß diese nur unzulänglich durchgesetzt werden. Mängel hierbei werden vor allem gesehen bei der gerichtlichen Durchsetzung von Umweltschutzinteressen, deshalb die Forderung nach der erweiterten Klagebefugnis von »Freunden« der Natur;[67] sie werden ferner ausgemacht bei einem unzulänglichen Ausgleich ökologischer Schäden;[68] schließlich in einer ungenügenden Berücksichtigung der Umweltbelange im Verwaltungsverfahren, die durch die im NEPA 1969 vorgesehene Umweltverträglichkeitsprüfung als »ein glänzendes Beispiel für diese Art von Rechtswahrung durch die Ausarbeitung von Verfahrensgarantien«[69] behoben werden soll.

Auf diese Defizite in der Rechtsordnung hinzuweisen ist das Verdienst dieser Eigenrechtsbewegung. Allerdings wird die von ihr angestoßene Diskussion systematisch an der falschen Stelle geführt. Denn auch wenn ihrer weitgehend zutreffenden Analyse nicht durch Schaffung von »eigenen Rechten der Natur« abgeholfen werden kann,[70] sind die Vorschläge zu einer Stärkung der Belange des Umweltschutzes im materiellen Recht, im Verwaltungsverfahrensrecht und im Verwaltungsprozeßrecht mit Gewinn aufzugreifen.

66 Ebenso *Wolf* (Fn. 62), S. 63 ff., 64.

67 *Stone*, S. 38 ff. – Das ergibt sich auch aus dem amerikanischen Titel der Schrift »Should Trees Have Standing ?«(Sollten Bäume klagebefugt sein?); ähnlich *Bosselmann*, S. 20 f.

68 *Stone*, S. 47 ff.

69 *Stone*, S. 58.

70 Ablehnend auch *D. Sterzel*, Ökologie, Recht und Verfassung, KJ 1992, S. 19 ff., 21 f.; *K. Heinz*, Eigenrechte der Natur, Der Staat 29 (1990), S. 414 ff.; *van den Daele*, S. 368 ff.

2. Verfassungsrechtliche Begründungen

a. Europäisches Verfassungsrecht

Die Verpflichtung des Staates zum Schutze der natürlichen Lebensgrundlagen ist in einer Reihe von Staaten wie auch der Europäischen Gemeinschaft als Rechtspflicht anerkannt, auch wenn die Form des Schutzes – Umweltgrundrecht, grundrechtliche Schutzpflicht, Staatszielbestimmung – unterschiedlich ausgestaltet ist. Ein Umweltgrundrecht wird lediglich in der Verfassung Portugals[71] anerkannt, wenn man von der Verankerung in der Landesverfassung von Brandenburg[72] einmal absieht. Inzwischen wird hingegen in einer ganzen Reihe von Verfassungen (Österreich,[73] Griechenland,[74] Schweiz,[75] Niederlande,[76] Spanien,[77] Portugal,[78] baltische Staaten,[79] Deutschland, zuletzt Polen[80]) objektivrechtlich die Verpflichtung des Staates zum Schutze der natürlichen Umwelt anerkannt. Und wenn auch die Europäische Menschenrechtskonvention kein Umweltgrundrecht enthält, so hat doch der Europäische Gerichtshof für Menschenrechte in den Schutzbereich des Rechts auf Privatheit in Art. 8 der Europäischen Menschenrechtserklärung den Schutz einer gesunden Umwelt einbezogen.[81]

71 Art. 66 Abs. 1 Verf. von 1976. – Vgl. zum folgenden auch die Übersicht bei *Brandl/Bungert*, S. 45 ff.

72 Art. 39 Abs. 2 Verf. von 1992.

73 Bundesverfassungsgesetz vom 27. Nov. 1984, dazu *P. Pernthaler*, Staatsziel Umfassender Umweltschutz, in: Staatsziel Umweltschutz, hrsg. von *F. Kerschner*, 1996.

74 Art. 24 Abs. 1 von 1975.

75 Art. 24 septies, dazu *R. J. Schweizer/U. Schlegel*, Staatliches Risikomanagement, in: *Riedel* (Hrsg.), S. 110ff., 123f.

76 Art. 21 von 1983; dazu s. den Landesbericht von *L.F. Wiggers-Rust*, Tradition: a guide or a jailor?, in: *Riedel* (Hrsg.), S. 181 ff.

77 Art. 45 Verf. 1978.

78 Art. 9, 66, 81, 91 Verf. 1976.

79 Art. 53 Abs. 3 Lit Verf.; Art. 53 Estl.Verf. u. Art. 43 Lett.Verf.; dazu *R. Steinberg*, Die neuen Verfassungen der baltischen Staaten, JöR N.F. 43 (1995), S. 55 ff., 63.

80 Art. 74 Verf. 1997.

81 Europäischer Menschenrechtsgerichtshof, EuGRZ 1995, 530, dazu *Steiger*, Rn. 204 u. 247ff.

Die nationalen Verfassungsbestimmungen über den Schutz der Umwelt werden zunehmend überlagert und verstärkt durch die Bestimmungen des Gemeinschaftsrechts, und zwar nicht nur des Sekundärrechts, sondern seit der Einheitlichen Europäischen Akte 1986 auch der »Verfassung« der Gemeinschaft, des Vertrages. In den neuen Vorschriften der Art 130r ff. werden u. a. die Ziele der Umweltpolitik der Gemeinschaft (Art. 130r I EGV) und deren Maßstäbe (Art. 130r II S. 1, III EGV) geregelt. Diese Bestimmung ist in der Fassung des Vertrages von Maastricht nur in Einzelheiten geändert worden. Wichtig erscheint die Hervorhebung des Umweltschutzes als Querschnittsaufgabe der Gemeinschaft in Art. 130r II S. 2 EGV: »Die Erfordernisse des Umweltschutzes sind Bestandteil der anderen Politiken der Gemeinschaft.« Systematisch treffender soll die Querschnittsklausel nach dem Vertrag von Amsterdam in Zukunft in Art. 3 d EGV verankert werden. Dieser Gedanke des Art. 130r II 2 EGV wird aufgegriffen in der bedeutsamen Harmonisierungskompetenz des Art. 100a IV EGV, wonach die Kommission bei ihren Vorschlägen auch im Bereich des Umweltschutzes »von einem hohen Schutzniveau« auszugehen hat. Allerdings erscheint die rechtliche Bedeutung dieser Querschnittsklauseln noch ungeklärt,[82] und auch ihre praktischen Ergebnisse sind von einem führenden Mitarbeiter der EG-Generaldirektion Umwelt, *Ludwig Krämer*, als »nicht sehr greifbar« bezeichnet worden.[83]

Durch diese Regelungen wird der Umweltschutz zu einem integralen Bestandteil aller Gemeinschaftspolitiken erklärt.[84] Ob damit der »Staatszweck Umweltschutz ... als Zielbestimmung der Gemeinschaft festgelegt und ihr zur Verwirklichung aufgegeben« ist,[85] ob damit gar der »Umweltschutz ... indirekt Staats-

82 Vgl. *D. H. Scheuing*, Umweltschutz auf der Grundlage der Einheitlichen Europäischen Akte, EuR 1989, S. 152ff., 176f.; deutlicher *ders.*, Die Einheitliche Europäische Akte als Grundlage umweltrechtlicher Aktivitäten der Europäischen Gemeinschaft, in: Umweltschutz in der Europäischen Gemeinschaft, hrsg. von P. Behrens/H.J. Koch, 1991, S. 56ff. mit Hinweisen auf Verstöße u.a. bei Regelungen des Straßengüterverkehrs und der Energiepolitik.

83 EEC Treaty and Environmental Protection London 1990, S. 19. – Vgl. auch die Untersuchung von *A. Schaub*, Europäische Energiebinnenmarktpolitik und Umweltpolitik, 1996, S. 34ff., 96.

84 Insbes. *Pernice*, Die Verwaltung 1989, S. 50; *ders.*, NVwZ 1990, S. 201.

85 So *Pernice*, NVwZ 1990, S. 201. – Problematisch erscheint auch die Verwendung des Begriffs Staat im Zusammenhang mit der EG.

ziel auch der Mitgliedsstaaten« geworden ist,[86] erscheint nicht unzweifelhaft, da die Zielbestimmung des Vertrages in Art. 2 EGV durch die EEA unverändert geblieben ist und auch durch den EUV nicht etwa auf die Sicherung der natürlichen Lebensgrundlagen – wie es einem »Staatsziel« entspräche –, sondern auf ein »umweltverträgliches Wachstum« gerichtet wurde. Damit blieb die EG primär Wirtschafts-, in Zukunft vielleicht auch Währungsgemeinschaft, bei deren Aktivitäten freilich die Belange des Umweltschutzes durchgängig zu beachten sind.[87] Diese Zweifel werden freilich dann ausgeräumt sein, wenn in Art. 2 EGV tatsächlich als Aufgabe der Gemeinschaft »ein hohes Maß an Umweltschutz und an Verbesserung der Qualität der Umwelt« genannt wird, wie es im Vertrag von Amsterdam vorgesehen ist.

Mit dieser bedeutsamen Vertragsänderung würde schon auf der Ebene der »Verfassung« der Gemeinschaft deutlich, daß Ausgestaltung und Entwicklung des Umweltrechts in der Gemeinschaft ohne die Auswirkungen des – vor allem sekundären – Gemeinschaftsrechts auch nicht mehr annähernd vollständig betrachtet werden können. Das Gemeinschaftsrecht wirkt – ungeachtet der erheblichen Unterschiede des nationalen Umweltrechts im Grundsatz und im Detail – langsam, aber sicher in Richtung einer stärkeren Harmonisierung. Es weist die Richtung und setzt Grenzen, die auch bei der Fortentwicklung des nationalen Rechts nicht außer acht gelassen werden dürfen.[88] Die staatliche Verantwortung für den Umweltschutz wird damit zunehmend aus der Verfassung – und sei es nur über den Umweg über den EGV – begründet. Hier auf europäischer Ebene wird sichtbar, daß zu den traditionellen Voraussetzungen des westlichen Verfassungsstaates ein neues Element hinzukommt, das den Bedrohungen der natürlichen Lebensgrundlagen Rechnung trägt.

86 *Pernice*, Die Verwaltung 1989, S. 50. – Anders *W. Haneklaus*, Zur Verankerung umweltpolitischer Ziele im EWG-Vertrag, DVBl. 1990, S. 1137.
87 Ähnlich *D. H. Scheuing* (Fn. 82), S. 162f.
88 *Steinberg*, AöR 120 (1995), S. 589.

b. Staatsverantwortung und deutsche Verfassungen

aa. Kompetenznormen

Implizit Anerkennung gefunden hatte der Umweltschutz als staatliche Aufgabe schon früh in den Kompetenzartikeln des Grundgesetzes. Bereits im ursprünglichen Text des Grundgesetzes enthalten war die Rahmengesetzgebungskompetenz für wichtige Materien des Umweltschutzes im engeren Sinne, und zwar für den Naturschutz und die Landschaftspflege (Art. 75 Nr. 3 GG) sowie den Wasserhaushalt (Art. 75 Nr. 4 GG); hiervon hat der Gesetzgeber auch mit dem BNatSchG 1976, dem BWaldG 1975 und dem WHG 1976 Gebrauch gemacht. Durch die Verfassungsänderung 1959[89] erhielt der Bund mit Art. 74 Nr. 11a GG die Gesetzgebungskompetenz für das Atomrecht. Auch wenn hier die Gefahrenabwehr und die Abfallbeseitigung als Zweck einer bundesgesetzlichen Regelung genannt werden, steht im Vordergrund der Begründung einer Bundeskompetenz – wie dies auch ausdrücklich in § 1 Nr. 1 AtG, hintergründig in zahlreichen Regelungen des AtG zum Ausdruck kommt[90] – die Förderung der neuen Technologie. Von einem vorrangigen Technologiefördergesetz zu einem vorrangigen Schutzgesetz kam es erst durch das beherzte Urteil des Bundesverwaltungsgerichts vom 16. März 1972 zum KKW Würgassen, in dem dem Schutzzweck vor dem Förderzweck Priorität eingeräumt wurde.[91]

Nach der Entdeckung des Umweltschutzes als neue staatliche Aufgabe Anfang der 70er Jahre auch in der deutschen Politik[92] erhielt 1972[93] der Bund die konkurrierenden Gesetzgebungskompetenzen für die Abfallbeseitigung, die Luftreinhaltung und die Lärmbekämpfung (Art. 74 Nr. 24 GG). Die vollen Kompeten-

89 BGBl. I, S. 813. – Gleichzeitig wurde in Art. 87c GG die Möglichkeit der fakultativen Bundesauftragsverwaltung für die Ausführung der Gesetze nach Art. 74 Nr. 11a GG geschaffen.

90 Vgl. *Radkau*, S. 390ff.; *U. K. Preuß*, Rechtliche Steuerung der Technologieentwicklung am Beispiel des Atomgesetzes, FS f. H. Simon, 1987, S. 553ff., 557ff.; *Hofmann*, Privatwirtschaft und Staatskontrolle, S. 13ff.

91 BVerwG, DÖV 1972, S. 757ff., dazu *Hofmann*, Privatwirtschaft und Staatskontrolle, S. 14ff.

92 Vgl. Umweltprogramm der Bundesregierung von 1971, BT/Drs. VI/2710.

93 BGBl. I, S. 593.

zen für die Umweltgesetzgebung wurden somit dem Bund bis zum heutigen Tage vorenthalten und führten bei einzelnen Regelungen zu einer mühsamen Herleitung einer Kompetenz nach dem Mosaikprinzip,[94] in machen Fällen auch zu einer zweifelhaften Inanspruchnahme.[95]

Die grundgesetzlichen Gesetzgebungskompetenzen grenzen Zuständigkeiten von Bund und Ländern ab. Sie ermächtigen zum Erlaß gesetzlicher Regelungen. Damit wird auch vorausgesetzt, daß die fragliche Materie Gegenstand einer staatlichen Regelung sein kann und damit zu einer staatlichen Aufgabe gemacht werden kann. Aus den Kompetenznormen allein läßt sich allerdings keine Verpflichtung zum Tätigwerden ableiten und noch viel weniger zu einer bestimmten Art und Weise des Tätigwerdens.[96] Dieses Ergebnis läßt sich nicht nur aus dem Begriff der Kompetenznorm gewinnen, es ergibt sich auch aus Art. 72 Abs. 2 GG alte wie neue Fassung, der von der Nicht-Inanspruchnahme von einer konkurrierenden wie auch von einer Rahmengesetzgebungskompetenz (Art. 75 GG) durch den Bund ja gerade ausgeht. Das gilt auch für die Gesetzgebungskompetenzen im Bereich des Umweltschutzes. Deren Aufnahme in das Grundgesetz spiegelt die Erkenntnis einer neuen potentiellen Staatsaufgabe wider. Sie stellen damit Schritte zum ökologischen Verfassungsstaat dar, ohne jedoch einen Auftrag zum Legiferieren, geschweige denn Maßstäbe für gesetzliche Regelungen zum Schutze der Umwelt zu enthalten.

94 So etwa beim UVPG, dazu die Begründung des Regierungsentwurfs BT-Drs. 11/3919, S. 18f.; *R. Steinberg/B. Klössner*, Regelungspflichten und Regelungskompetenzen der Bundesländer bei der Umsetzung der EG-UVP-Richtlinie und des UVP-Gesetzes des Bundes – am Beispiel des Landes Hessen, UTR 1994, S. 481 ff., 491 ff. und beim GenTG, dazu *Bender/Sparwasser/Engel*, § 8 Rn. 39.

95 So beim UIG, wo die Kompetenz für eine Vollregelung nicht erkennbar ist; krit. zu der bestehenden Verteilung der Gesetzgebungskompetenzen *Rose-Ackerman*, S. 90ff.

96 So deutlich das Sondervotum der Richter *Mahrenholz* und *Böckenförde* in BVerfGE 69, 58ff. – Vgl. auch Bericht der Sachverständigenkommission »Staatszielbestimmungen/Gesetzgebungsaufträge«, hrsg. von den Bundesministern des Inneren und der Justiz, 1983, S. 18; *Hermes*, S. 134ff. m. umf. Nachw.; teilweise a.A. *Scheuner*, Staatszielbestimmungen, S. 235 f. und *P. Häberle*, »Wirtschaft« als Thema neuerer verfassungsstaatlicher Verfassungen, Jura 1987, S. 577, 582; speziell zum Umweltschutz *C. H. Ule*, Umweltschutz im Verfassungs- und Verwaltungsrecht, DVBl. 1972, S. 437f.

bb. Grundrecht auf Schutz der Umwelt

Ein ausdrückliches Umweltgrundrecht enthält das Grundgesetz nicht.[97] Allerdings entwickelte sich parallel zu den neuen einfachgesetzlichen Umweltschutzgesetzen eine lebhafte Diskussion um ein Umweltgrundrecht.[98] Die Auslegung bestehender Grundrechte kam – übrigens genauso wie die gleichzeitig in den USA geführte Debatte[99] – zu einem negativen Ergebnis. Und die verfassungspolitischen Überlegungen verlagerten sich alsbald auf das Gleis der Staatszielbestimmung.

Anders sieht es jetzt aus in Art. 39 Abs. 2 VerfBrand. Diese Norm räumt jedem »das Recht auf Schutz seiner Unversehrtheit vor Verletzungen und unzumutbaren Gefährdungen [ein], die aus Veränderungen der natürlichen Lebensgrundlagen entstehen.« Allerdings bedeutet dies kein Recht auf Schutz der Umwelt um ihrer selbst willen, sondern lediglich soweit dieser Schutz zur Abwehr von Verletzungen und Gefährdungen der – gemeint ist wohl: der körperlichen – Unversehrtheit des Einzelnen erforderlich ist. Der Einzelne kann damit nur solche Beeinträchtigungen der natürlichen Umwelt abwehren, die zu einer Verletzung oder Gefährdung seiner eigenen körperlichen Unversehrtheit führen können. Auch in Brandenburg läßt sich damit nur sehr eingeschränkt von einem Umweltgrundrecht sprechen. Daß diese Zurückhaltung in der Struktur der Grundrechte und der Verfassung angelegt ist, wird später darzustellen sein (s. u. VI. 3.c.).

97 BVerwGE 54, 211, 219. – Auch das Recht auf Naturgenuß und Erholung in Art. 141 Abs. 3 BayVerf. stellt kein Umweltgrundrecht dar, dazu *W. Buchner*, Der Umweltschutz in der Bayerischen Verfassung, BayVBl. 1984, S. 385ff., 387. – Dasselbe gilt jetzt auch für die vergleichbare Regelung in Art. 10 Abs. 3 SächsVerf.

98 Vgl. die Nachw. bei *Bock*, S. 54ff.; *Kloepfer*, Umweltrecht, S. 47f. m. umf. Nachw.; *ders.*, Art. 20a GG, BK, Rn. 2. – Instruktiv die .öffentliche Anhörung des Rechtsausschusses des Deutschen Bundestages am 14. Okt. 1987, Zur Sache 2/88: Verankerung des Umweltschutzes im Grundgesetz.

99 *Rosenberg*, S. 271ff.; *Hoban/Brooks*, S. 49ff.; *Brandl/Bungert*, S. 5f., 14ff. – Anders als in der Bundesverfassung existieren in einigen Landesverfassungen – so in Illinois, Pennsylvania, Massachusetts, Montana, Hawaii – Umweltgrundrechte.

cc. Grundrechte als Abwehrrechte

Die Grundrechte des Grundgesetzes schützen zwar nicht die Umwelt, aber doch Rechtsgüter, die Bestandteil der natürlichen Umwelt sind. Hierzu gehören vor allem das Grundrecht auf Leben und körperliche Unversehrtheit (Art. 2 Abs. 2 S. 1 GG), aber auch die Eigentumsgarantie (Art. 14 GG). Soweit mittels dieser Grundrechte in ihrer »klassischen« abwehrrechtlichen Funktion umweltrechtliche Individualrechtsgüter geschützt werden, nimmt die Umwelt an diesem Schutz mittelbar und begrenzt ebenfalls teil. Die genannten Grundrechte vermögen Schutz gegen den Staat nur dann zu gewähren, wenn in ihren Schutzbereich durch den Staat eingegriffen wird. Welche Maßnahmen nun dem Staat als staatliche Eingriffe zugerechnet werden, ist außerordentlich umstritten.

Unproblematisch sind solche Eingriffe als staatliche zu qualifizieren, denen eigene Maßnahmen der öffentlichen Hand zugrundeliegen.[100] Dies ist etwa bei Bau einer Autobahn oder einer von der öffentlichen Hand betriebenen Müllverbrennungsanlage der Fall. Angesichts zunehmender Privatisierungen bislang öffentlicher Aufgaben dürfte diese Konstellation in Zukunft seltener werden.

Normalerweise gehen deshalb die Beeinträchtigungen der Grundrechte von Aktivitäten Privater aus. Ob diese Einwirkungen dem Staat zugerechnet werden können und damit die abwehrrechtliche Funktion der Grundrechte zu mobilisieren vermögen, erscheint äußerst zweifelhaft. Hierzu wird die Auffassung vertreten, der Staat trage generell die Verantwortung für die Beeinträchtigungen der grundrechtlichen Schutzgüter von Leben und körperlicher Unversehrtheit auch durch Einwirkungen Privater. Jede privat verursachte Schädigung sei dem Staat zuzurechnen, da der Staat sich »durch rechtliche Regelung, gerichtlichen Ausspruch und vollstreckbaren Zugriff« an dem Verletzungsvorgang beteilige.[101] Deutliche Anklänge an in den 50er Jahren in den USA entwickelten Theorien zur »state action« sind spürbar,

100 Vgl. *Steinberg*, Fachplanung, § 2 Rn. 30ff.

101 *D. Schwabe*, Probleme der Grundrechtsdogmatik, 1977, S. 213; ähnlich *D. Murswiek*, Zur Bedeutung der grundrechtlichen Schutzpflichten für den Umweltschutz, WiVerw. 1986, S. 179, 192ff.

mit deren Hilfe eine Drittwirkung der Grundrechte – vor allem der Anti-Diskriminierungsregelungen des 14. amendments – angestrebt wurde.[102] Um die Lösung eines derartigen Problems geht es hier aber nicht.

Nach einer anderen Auffassung liegt der staatliche Eingriff darin, daß der Staat seine sich aus den Grundrechten ergebenden Verpflichtungen zum Schutze des Einzelnen gegenüber schädigenden oder gefährdenden Einwirkungen Privater (dazu sogleich u. 4. a.) verletzt hat.[103] Der Eingriff des Staates liegt damit in einem Unterlassen. Im Ergebnis werden dem Staat damit auch nach dieser Ansicht die Einwirkungen Dritter als eigene Eingriffe zugerechnet.

Das Bundesverfassungsgericht hat im Hinblick auf die atomrechtliche Genehmigung davon gesprochen, damit übernehme der Staat seinerseits eine eigene Mitverantwortung für die von der genehmigten Anlage ausgehenden Gefährdungen. Und daraus zieht es den Schluß, »bei der verfassungsrechtlichen Beurteilung der materiell- und verfahrensrechtlichen Vorschriften für die Genehmigung von Kernkraftwerken [seien] nicht weniger strenge Maßstäbe anzulegen als bei der Prüfung staatlicher Eingriffsgesetze.«[104]

Diese Ansicht dürfte der besonderen Situation der Kernenergie gerecht werden. Denn anders als bei den übrigen Regelungen des Anlagenrechts hat hier der Staat nicht eine durch die soziale und wirtschaftliche Entwicklung vorgegebene Tätigkeit von Privaten im Allgemeininteresse einer rechtlichen Regelung unterworfen, sondern durch sein finanzielles Engagement und seine Gesetzgebung die wirtschaftliche Nutzung der Kernenergie überhaupt erst ermöglicht und damit maßgeblich für die Schutzgüter des Art. 2 Abs. 2 S. 1 GG Risiken herbeigeführt.[105]

Auch wenn man damit die Rechtsvorschriften über die Geneh-

102 *Tribe*, S. 1688ff.

103 *G. Schwerdtfeger*, Grundrechtlicher Drittschutz im Baurecht, NVwZ 1982, S. 5ff., 7f.; *Robbers*, S. 126ff.; abl. *J. Schwabe*, Grundrechtlich begründete Pflichten des Staates zum Schutz gegen staatliche Bau- und Anlagegenehmigungen?, NVwZ 1983, S. 523ff.; *R. Steinberg*, Grundfragen des öffentlichen Nachbarrechts, NJW 1984, S. 457ff., 461f.

104 BVerfGE 53, 70, 57f.; zustimmend *E.Klein*, S. 1635, 1637, 1638.

105 Vgl. *Degenhart*, S. 144ff.; *Hofmann*, Privatwirtschaft und Staatskontrolle, S. 11ff., bes. S. 16.

migung nach dem Atomgesetz nach keinem geringeren Maßstab prüft als bei einem Eingriffsgesetz – selbst hier wird die Gefährdung durch ein KKW nicht direkt als staatlicher Eingriff bezeichnet –, erscheint eine Übertragung auf nicht kerntechnische Anlagen angesichts der beschriebenen »Sonderstellung des Atomrechts« bzw. des »Sonderfall(s) der atomrechtlichen Genehmigung« – die das Bundesverfassungsgericht mehrfach hervorgehoben hat[106] – nicht möglich. Dies ist auch nicht in den Bereichen anzunehmen, in denen – wie so oft – der Staat durch finanzielle Förderung an der Forschung und der diese umsetzenden technischen Entwicklung beteiligt ist. Hieraus in jedem Falle eine staatliche »Garantenstellung« herleiten zu wollen, würde angesichts der mannigfachen Verflechtungen von Staat und Wissenschaft und Technik die grundrechtstheoretisch grundlegende Unterscheidung von Staat und Gesellschaft[107] aufgeben und zur Umbildung grundrechtlicher Freiheiten führen. Dieser weitreichende Schritt sollte deshalb – wie bei der Atomenergie – auf besondere Situationen beschränkt bleiben.

Das Verständnis der Grundrechte als Abwehrrechte gegen den Staat bietet damit keine Lösung für das Problem der Verletzung und Gefährdung von grundrechtlich geschützten Rechtsgütern durch Einwirkungen Privater.[108] Auch in der Beschränkung auf individualrechtliche Umweltgüter vermögen die Grundrechte in ihrer negatorischen Funktion - vom Fall der Beeinträchtigung durch hoheitliche Maßnahmen abgesehen – keinen Schutz der Umwelt zu bewirken.

dd. Grundrechtliche Pflichten zum Schutz der Umwelt

Auch dem Schutz der Umwelt zu dienen vermögen die Grundrechte hingegen in einer Dimension, die vom Bundesverfassungsgericht 1975 zunächst im Hinblick auf den Schutz des ungeborenen Lebens entwickelt,[109] auf Fälle der Bedrohung von Leben

106 BVerfGE 49, 89, 146; 78, 214, 227.

107 *K. Hesse*, Bemerkungen zur heutigen Problematik und Tragweite der Unterscheidung von Staat und Gesellschaft (1975), in: ders., Ausgewählte Schriften, S. 45 ff.

108 *Ders.*, Handbuch des Verfassungsrechts, § 5 Rn. 26; *Hermes*, S. 79 ff.; *Steiger*, Rn. 158.

109 BVerfGE 39. 1, 42; 88, 203, 254 ff.

ausgedehnt,[110] inzwischen aber auch gerade auf Gefährdungen des Lebens und der körperlichen Unversehrtheit durch technische Risiken erstreckt wurde.[111] Das Gericht leitet eine staatliche Verpflichtung zum Schutze grundrechtlicher Schutzgüter her aus dem in ständiger Rechtsprechung vertretenen Verständnis der Grundrechte als Elemente objektiver Rechtsordnung.[112]

»Nach ständiger Rechtsprechung des Bundesverfassungsgerichts enthalten die grundrechtlichen Verbürgungen nicht lediglich subjektive Abwehrrechte des Einzelnen gegen die öffentliche Gewalt, sondern stellen zugleich objektivrechtliche Wertentscheidungen der Verfassung dar, die für alle Bereiche der Rechtsordnung gelten und Richtlinien für Gesetzgebung, Verwaltung und Rechtsprechung geben; dies wird am deutlichsten in Art. 1 Abs. 1 Satz 2 GG ausgesprochen, wonach es Verpflichtung aller staatlichen Gewalt ist, die Würde des Menschen zu achten und zu schützen. Daraus können sich verfassungsrechtliche Schutzpflichten ergeben, die es gebieten, rechtliche Regelungen so auszugestalten, daß auch die Gefahr von Grundrechtsverletzungen eingedämmt bleibt.«[113]

Damit fallen auch Teile der Umwelt auf diese Weise in den Schutzbereich der Grundrechte. Hierzu gehören zunächst im Schutzbereich des Art. 2 Abs. 2 S. 1 GG das Leben und die körperliche Unversehrtheit. Darüber hinaus lassen sich aus dem Schutzbereich von Art. 14 GG vor allem das Grundeigentum, unter Umständen auch das sonstige Sacheigentum,[114] insbesondere auch Tiere und Pflanzen nennen. Letztere genießen allerdings nur dann den Schutz der Eigentumsgarantie, wenn sie

110 BVerfGE 46, 160 – Schleyer – (1977); 49, 24, 53 – Kontaktsperre – (1978).
111 BVerfGE 49, 89, 137ff. – Kalkar I – (1978); 53, 30, 57 – Mülheim-Kärlich – (1979); 56, 54, 73 – Düsseldorfer Flughafen – (1981); 77, 170, 214 – Giftgas – (1987); 77, 381, 405 – Gorleben – (1988); 79, 174, 202 – Lärmschutz – (1988). Dem Schutzpflichtenkonzept ist in der Literatur durchweg zugestimmt worden, vgl. nur Hermes, S. 187ff. u. passim; E. Klein, S. 1633ff.; H.H. Klein, S. 489ff.; *Steinberg* (Fn. 103), S. 457ff. ; krit. vor allem *Böckenförde*, Der Staat 1990, S. 1ff., ohne daß dies zu Konsequenzen in dem 218-II Urteil geführt hätte, dem er in »den wesentlichen maßstäblichen Ausführungen« zustimmt, BVerfGE 88, 203, 359. – Nicht nur daran, sondern an den Grundlagen des Grundrechtsverständnisses Böckenfördes übt Kritik *R. Dreier*, Dimensionen der Grundrechte, S. 53ff. m. Fn. 265.
112 Seit BVerfGE 7, 198, 205 – Lüth –.
113 BVerfGE 49, 89, 141f. – Dazu grundlegend Hermes, S. 187ff.
114 BVerwG, DVBl. 1997, 719, 723, vgl. etwa auch den Kupolofen-Fall BGHZ 92, 143ff.

einen Vermögenswert haben. Letzteres ist vor allem bei Nutzpflanzen und -tieren der Fall.

Damit wird deutlich, daß Umweltgüter als solche von den grundrechtlichen Schutzpflichten nur dann erfaßt werden, wenn es sich bei ihnen um Individualrechtsgüter handelt. Umgekehrt werden damit nicht erfaßt Flora und Fauna, an denen Menschen keine Rechte haben oder die keinen Vermögenswert aufweisen. Ebensowenig gehören dazu Natur und Landschaft als solche wie auch das Wasser (Grundwasser und Oberflächengewässer; das Meer[115]), es sei denn, daran bestünden Nutzungsrechte. Ausgeklammert bleibt auch das Klima, da auch insoweit eine rechtliche Zuordnung fehlt. Grundrechtlich unerheblich sind auch Einwirkungen auf Umweltmedien wie die Luft, solange dadurch nicht Rechtsgüter wie Leben, körperliche Unversehrtheit oder Sacheigentum beeinträchtigt werden.

Der durch die Grundrechte bewirkte »egoistische« Umweltschutz vermag damit nur partiell den Umweltgütern Schutz zu gewähren; es bleiben deutliche Schutzlücken gerade für Natur und Umwelt als solche.[116]

Eine andere Frage ist die zeitliche Dimension der Schutzpflicht. Gerade angesichts der neuen Bedrohungen der Lebensgrundlagen des Menschen (s. o. I. 1. b.) wird zunehmend darauf hingewiesen, daß der Schutz des Lebens und der körperlichen Unversehrtheit aus Art. 2 Abs. 2 S. 1 GG auch die entsprechenden Rechtsgüter Ungeborener umfaßt, daß also die grundrechtliche Schutzpflicht nicht nur einen partiellen Umweltschutz, sondern darüber hinaus einen »Nachweltschutz« umfaßt.[117] Damit wird die Reichweite der grundrechtlichen Schutzpflicht ganz erheblich erweitert, da der Staat Schutz auch gegenüber solchen Einwirkungen zu gewähren hat, die nicht bereits in der Gegenwart zu Schädigungen oder Gefährdungen von Leben oder körperlicher Unversehrtheit führen, sondern erst der ferneren, ja der fernen Zukunft führen können. In der Rechtsprechung haben diese Überlegungen bislang noch keinen Niederschlag gefunden.

115 Anders die im Meer ausgeübten Fischereirechte, vgl. BVerwGE 66, 307.

116 So auch Bericht der Sachverständigenkommission »Staatszielbestimmungen /Gesetzgebungsaufträge« (Fn. 96), S. 81 m.w.N.

117 *Hofmann*, Entsorgung, S. 280ff.; *ders.*, Nachweltschutz als Verfassungsfrage, ZRP 1986, S. 87ff.; ähnlich *Haverkate*, S. 251ff.; *Saladin/Zenger*, passim.

Die sich aus der Anerkennung umweltbezogener grundrechtlicher Schutzpflichten ergebenden inhaltlichen und prozeduralen Konsequenzen sind später zu behandeln (s. u. 3. a. und b. aa. und 5.).

ee. Staatszielbestimmung Umweltschutz

Die grundrechtlichen Schutzlücken werden durch die Staatszielbestimmung Umweltschutz geschlossen, die im Herbst 1994 nach erheblichen Kontroversen in der Gemeinsamen Verfassungskommission[118] und im Bundestag mit Art. 20a GG in der Formulierung der Empfehlungen der Gemeinsamen Verfassungskommission in das Grundgesetz aufgenommen wurde. Damit wurde eine Diskussion vorläufig abgeschlossen, die mit dem Bericht der Sachverständigenkommission »Staatszielbestimmungen/Gesetzgebungsaufträge« aus dem Jahre 1983[119] einen wohlerwogenen, wenngleich – jedenfalls kurzfristig – folgenlosen Vorschlag gebracht und im Zusammenhang mit der Arbeit zur Reform des Grundgesetzes einen neuen Höhepunkt gefunden hatte.[120] An dieser Stelle soll weder die Kontroverse noch die Entstehungsgeschichte nachgezeichnet werden. Es geht vielmehr um die Beantwortung der Frage, was Art. 20a GG ganz konkret für den Schutz von Umweltgütern zu leisten vermag. Dabei erscheint vor allem von Interesse, ob und wieweit mit Hilfe des Art. 20a GG die soeben ermittelten Schutzlücken des grundrechtlichen Umweltschutzes geschlossen werden können.

Voraussetzung für jede Auslegung ist dabei die Annahme, daß es sich bei Art. 20a GG um einen unmittelbar verbindlichen Verfassungsrechtssatz und nicht etwa einen bloßen Programmsatz handelt.[121] Die Funktionen der Staatszielbestimmung sind ein-

118 Vgl. den Bericht in BT-Drs. 12/6000, S. 65 ff.

119 S.o. Fn. 96, S. 84 ff. mit umf. Nachw.

120 Vgl. nur *H. Hofmann*, Technik und Umwelt, in: Handbuch des Verfassungsrechts, 2. Aufl. 1994, § 21 Rn. 2 ff.; *H. H. Klein*, Staatsziel im Verfassungsgesetz, – Empfiehlt es sich, ein Staatsziel Umweltschutz in das Grundgesetz aufzunehmen?, DVBl. 1991, S. 729 ff.; *T. Brönneke*, Vom Nutzen einer einklagbaren Umweltverfassungsnorm, ZUR 1993, S. 153 ff.; *K. E. Heinz*, Staatsziel Umweltschutz in rechtstheoretischer und verfassungstheoretischer Sicht, NuR 1994, S. 1 ff.; *Murswiek*, Staatszweck, S. 31 ff., 71 ff.

121 *Scheuner*, Staatszielbestimmungen, S. 224 ff.; Bericht der Sachverständigen-

deutig umrissen. Es handelt sich bei ihnen um »Verfassungsnormen mit rechtlich bindender Wirkung, die der Staatstätigkeit die fortdauernde Beachtung oder Erfüllung bestimmter Aufgaben – sachlich umschriebener Ziele – vorschreiben.«[122] Das Ziel des Art. 20a GG ist der Schutz der »natürlichen Lebensgrundlagen«, wobei durch den Zusatz klargestellt wird, daß diese Aufgabe »auch in Verantwortung für die künftigen Generationen« wahrzunehmen ist.

Gegenüber den umweltbezogenen grundrechtlichen Schutzpflichten wird der Gegenstand der staatlichen Umweltschutzaufgabe deutlich erweitert. Gerade diejenigen Schutzgüter, die wie Natur und Landschaft, die Lebensräume der Tiere, Luft, Wasser und Klima ohne Individualrechtsbezug nicht unter die grundrechtlichen Schutzpflichten zu bringen waren, werden von Art. 20a GG erfaßt. Der Streit um die Anthropozentrik oder Ökozentrik der Staatszielbestimmung[123] dürfte bei der gebotenen weiten Interpretation[124] des Begriffs in der Praxis müßig sein. Soweit menschliches Leben und körperliche Unversehrtheit oder auch das Eigentum durch Belastungen der Umweltmedien beeinträchtigt werden, tritt die Staatszielbestimmung Umweltschutz neben die grundrechtliche Schutzpflicht.[125] In Betracht zu ziehen ist dies bei allen Beeinträchtigungen des Naturhaushalts, floristischer und faunistischer Lebensräume, der Atmosphäre, des Bodens und des Wassers. Nur soweit die Einwirkungen auf den Menschen oder Eigentum direkt – wie z.B. bei einem Unfall oder der Freisetzung von ionisierenden oder nicht-ionisierenden Strahlen – erfolgen, gewährt allein die grundrechtliche Schutzpflicht Schutz.

kommission »Staatszielbestimmungen/Gesetzgebungsaufträge« (Fn. 96), S. 21, 50.

122 Bericht der Sachverständigenkommission »Staatszielbestimmungen/Gesetzgebungsaufträge« (Fn. 96), S. 21.

123 Bericht der gemeinsamen Verfassungskommission, BT-Drs. 13/6000, S. 65; *K. G. Meyer-Teschendorf*, Verfassungsmäßiger Schutz der natürlichen Lebensgrundlagen, ZRP 1994, S. 73ff., 77. – Zu der Kontroverse s. insbesondere o. 1.d.

124 So zutr. *W. Brohm*, Soziale Grundrechte und Staatszielbestimmungen in der Verfassung, JZ 1994, S. 213ff.,219; ähnlich *Berlit*, JöR N.F. 44 (1996), S. 65; *Steiger*, Rn. 47ff.

125 Bericht der Sachverständigenkommission »Staatszielbestimmungen/Gesetzgebungsaufträge« (Fn. 96), S. 93.

Soweit die natürlichen Lebensgrundlagen in der Zukunft berührt sein werden, verpflichtet die Staatszielbestimmung den Staat zum Schutz. Auch insoweit bleibt aber ein Rest – die direkte, nicht umweltmedienvermittelte Beeinträchtigung der körperlichen Unversehrtheit und des Lebens künftiger Generationen, bei dem nicht die Staatszielbestimmung, sondern der u.a. aus den Grundrechten hergeleitete »Nachweltschutz« (s.o.) eingreift.

Bei der Diskussion um die Einführung einer Staatszielbestimmung Umweltschutz wurde immer wieder die große Sorge geäußert, eine derartige Regelung schränke die Handlungsspielräume vor allem des Gesetzgebers über Gebühr ein.[126] Diese Befürchtung ist zweifellos ernst zu nehmen. Gleichwohl taucht dieses Problem nicht erst bei den Staatszielbestimmungen auf, sondern ist völlig gleichgelagert bereits bei der Herleitung grundrechtlicher Schutzpflichten begegnet.[127] Es verwundert deshalb ein wenig, daß das unter Gewaltenteilungsaspekten kaum weniger prekäre Konzept grundrechtlicher Schutzpflichten von der Rechtsprechung des Bundesverfassungsgerichts und der ganz überwiegenden Literatur im wesentlichen ohne Einwände akzeptiert worden ist, während die Bedenken gegenüber den Staatszielbestimmungen sehr lebhaft sind. Es drängt sich deshalb der Eindruck auf, daß die Einwände weniger den strukturellen Problemen der – sei es grundrechtlich, sei es mittels Staatszielbestimmung begründeten – Handlungspflichten als vielmehr den jeweiligen Zielen gelten. Und hier scheint es, als würde die verfassungsrechtliche Verbürgung von Kollektivinteressen – wie es der Schutz der natürlichen Lebensgrundlagen darstellt[128] – als weni-

126 Vgl. auch *Hesse*, Handbuch des Verfassungsrechts, § 5 Rn. 36ff.

127 Darauf weist zutr. *D. Sterzel*, Staatsziele und soziale Grundrechte, ZRP 1993, S. 13ff. hin.

128 Das gleiche gilt für die noch kontroverseren Staatsziele Arbeit und Wohnen. – Deshalb erscheint es noch fragwürdiger, wenn die Aufnahme einer Staatszielbestimmung Umweltschutz befürwortet, einer solchen für Arbeit und Wohnen aber abgelehnt wird, so *E. Wienholtz*, Arbeit, Kultur und Umwelt als Gegenstand verfassungsrechtlicher Staatszielbestimmungen, AöR 109 (1984), S. 532ff. – Daß die Verständigung auf die in die Verfassung aufzunehmenden Staatszielbestimmungen eine politische Entscheidung darstellt, macht deutlich der Bericht der Sachverständigenkommission »Staatszielbestimmungen/Gesetzgebungsaufträge« (Fn. 96), S. 56, 61ff., 65. – Zu der völlig anderen Auffassung in den neuen Bundesländern *R. Steinberg*, Der Beitrag des Einigungsprozesses

ger dringlich, vielleicht auch weniger konsensfähig angesehen als der Schutz von Individualinteressen.

Die Staatszielbestimmung Umweltschutz richtet sich in erster Linie an den Gesetzgeber.[129] Diese bare Selbstverständlichkeit[130] ist in Art. 20a GG durch die Klausel »durch die Gesetzgebung« verdeutlicht worden. Es handelt sich hierbei um einen Ausgestaltungs- oder Konkretisierungsvorbehalt,[131] der aus einer dem Eingriffsdenken verhafteten Perspektive als »Gesetzesvorbehalt«[132] mißverstanden wird. Freilich sind die Entscheidungen des Gesetzgebers – eben wegen der rechtlichen Verbindlichkeit der Staatszielbestimmung – normativ gebunden. Deren Gehalt gilt es – ebenso wie den der umweltbezogenen grundrechtlichen Schutzpflichten – herauszuarbeiten. Dabei sollte durch die Formulierung »im Rahmen der verfassungsmäßigen Ordnung« klargestellt werden, daß den Umweltbelangen kein Vorrang gegenüber »anderen Verfassungsprinzipien und Verfassungsrechtsgütern« zukommt.[133] Das schließt selbstverständlich nicht aus, daß der Gesetzgeber – auf Grund *seiner* Zuordnungsentscheidung – dem Schutz der Umwelt in einzelnen Regelungen einen relativen Vorrang einräumt.[134]

Auch wenn die Staatszielbestimmung in erster Linie dem Gesetzgeber zur Konkretisierung aufgegeben ist, wendet sie sich auch an die anderen staatlichen Organe[135] in Bund und in den Ländern. Durch die Formulierung, die vollziehende Gewalt und

und der neuen Bundesländer zur Verfassungsentwicklung in Deutschland, FS f. Mahrenholz, 1994, S. 423 ff., 432 ff.

129 Bericht der Sachverständigenkommission »Staatszielbestimmungen/Gesetzgebungsaufträge« (Fn. 96), Rn. 161; *Scheuner*, Staatszielbestimmungen, S. 236 f.

130 So wohl auch *H. H. Klein* (Fn. 120), S. 737 Fn. 80.

131 So auch Bericht der Gemeinsamen Verfassungskommission, BT-Dr. 13/6000, S. 66, 68.

132 So *Meyer-Teschendorf* (Fn. 123), S. 77; *K.-P. Sommermann*, Staatsziel »Umweltschutz« mit Gesetzesvorbehalt?, DVBl. 1991, S. 34 ff.

133 Bericht der Gemeinsamen Verfassungskommission, BT-Drs. 13/6000, S. 67 f.

134 So zu dem Optimierungsgebot des § 8 III BNatSchG *Steinberg*, Fachplanung, § 4 Rn. 48.

135 Bericht der Gemeinsamen Verfassungskommission, BT-Dr. 13/6000, S. 68; Bericht der Sachverständigenkommission »Staatszielbestimmungen/Gesetzgebungsaufträge« (Fn. 96), Rn. 162.

die Rechtsprechung schütze die natürlichen Lebensgrundlagen »nach Maßgabe von Gesetz und Recht«, sollte der in den Beratungen verbreiteten Besorgnis begegnet werden, die zweite und dritte Gewalt könnte sich unter Berufung auf die Staatszielbestimmung über die Gemeinwohlkonkretisierung durch den Gesetzgeber hinwegsetzen.[136] Daß diese Bindung der vollziehenden Gewalt und Rechtsprechung an Gesetz und Recht mit identischem Wortlaut sich bereits in der unmittelbar vorstehenden Verfassungsbestimmung über die Grundprinzipien der Verfassung findet und daß die Staatszielbestimmung kaum das Verhältnis der drei Staatsgewalten zu verändern in der Lage ist, dürfte dem verfassungsändernden Gesetzgeber wohl nicht entgangen sein. Damit läßt sich diese selbstverständliche – und damit überflüssige – Formulierung – ebenso wie der Hinweis auf die Gesetzgebung im Rahmen der verfassungsmäßigen Ordnung – nur als reine »Angstklausel« ohne jeden eigenständigen realen Gehalt verstehen.[137]

Die die Umwelt schützenden Gesetze sind von der Verwaltung nach den allgemeinen Regeln des Vorrangs des Gesetzes auszulegen und anzuwenden. Das gleiche gilt aus der Kontrollperspektive für die Gerichte. Dabei haben diese staatlichen Organe die Gesetze »im Lichte der wertsetzenden Funktion« der Grundrechte,[138] der Grundprinzipien der Verfassung und jetzt auch der Staatszielbestimmung Umweltschutz auszulegen, d. h. die Staatszielbestimmung vor allem bei der Interpretation unbestimmter Rechtsbegriffe, der Anwendung von Ermessensvorschriften, der Ausfüllung planerischer Entscheidungsräume[139] und insbesondere bei Abwägungsentscheidungen[140] zu berücksichtigen. Wo die Grenze der Auslegung liegt, wirft zweifellos

136 Bericht der Gemeinsamen Verfassungskommission, BT-Drs. 13/6000, S. 66; *Meyer-Teschendorf* (Fn. 123), S. 76.

137 Ebenso *Murswiek*, NVwZ 1996, S. 222f.; *Schink*, DÖV 1997, S. 225.

138 Seit BVerfGE 7, 198, 208f.

139 Bericht der Sachverständigenkommission »Staatszielbestimmungen/Gesetzgebungsaufträge« (Fn. 96), Rn. 162; *Murswiek*, NVwZ 1996, S. 229; *Schink*, DÖV 1997, S. 228.

140 Vgl. zu der verhältnismäßigen Zuordnung von Art. 5 Abs. 3 S. 1 GG (Kunstfreiheit) und Art 20a GG BVerwG, DVBl. 1995, S. 1008 u. NJW 1996, S. 1163. – Instruktiv *U. Becker*, Die Berücksichtigung des Staatsziels Umweltschutz beim Gesetzesvollzug, DVBl. 1995, S. 713ff.

viele Fragen auf, die von der juristischen Methodenlehre beantwortet werden.[141]

Kommt die Verwaltung oder aber auch ein Gericht zu der Überzeugung, die gesetzliche Regelung verstieße gegen Art. 20a GG, der Gesetzgeber habe die Belange des Umweltschutzes nicht angemessen berücksichtigt, so können sie sich nicht über das Gesetz hinwegsetzen und es unangewendet lassen. Sie haben vielmehr im Rahmen der prozessualen Möglichkeiten die Entscheidung des Bundesverfassungsgerichts herbeizuführen (Art. 93 Abs. 1 Nr. 2 GG, Art. 100 GG). Die Verwaltung kann auch nicht fehlende, von ihr für erforderlich gehaltene Eingriffsbefugnisse durch den Rückgriff auf die Staatszielbestimmung Umweltschutz ersetzen. Diese dispensiert – genauso wenig wie die grundrechtlichen Schutzpflichten[142] – vom Vorbehalt des Gesetzes.[143]

ff. Ökologischer Verfassungsgrundsatz

Noch eindeutiger findet sich das Bekenntnis zu einem ökologischen Staat in den neuen Landesverfassungen. Die Formulierungen der Verfassungen gehen in diesem Punkte noch über den Text des Verfassungsentwurfs des Runden Tisches hinaus, der sich in seiner von *Christa Wolff* verfaßten Präambel zu einem Gemeinwesen bekannte, das »unsere natürliche Umwelt schützt«. So erklären sich die Bürgerinnen und Bürger des Landes Brandenburg in der Präambel der BrandVerf »von dem Willen beseelt, ... Natur und Umwelt zu bewahren und zu schützen«. Bei der Verankerung der Grundsätze der Verfassung wird Brandenburg u. a. als »dem Schutz der natürlichen Umwelt und der Kultur verpflichtetes demokratisches Land« bezeichnet (Art. 2 Abs. 1). Ähnliche Formulierungen in Präambeln und Ver-

141 So hat das BVerwG inzwischen entschieden, daß Art. 20a GG nicht den Drittschutz erweitere, so BVerwG, DVBl. 1997, 719, und nicht die Verbandsklage gegen den Verwaltungsakt von Bundesbehörden begründe, so BVerwGE 101, 73. -Weitergehend folgert VG Frankfurt, NVwZ-RR 1997, 92 ff. aus Art. 20a GG ein ökologisches Verschlechterungsverbot.

142 Dazu insbes. *Wahl/Masing*, S. 553 ff.

143 Bericht der Sachverständigenkommission »Staatszielbestimmungen/Gesetzgebungsaufträge« (Fn. 96), Rn. 162.

fassungsgrundsätzen enthalten die anderen neuen Verfassungen. Sprachlich wirkt das Umweltschutzprinzip ein wenig umständlich. Insofern erscheint es bedauerlich, daß die griffige Formulierung des »demokratischen, ökologischen und sozialen Rechtsstaats«, die in Thüringen das Neue Forum vorgeschlagen hatte, sich nicht durchsetzen konnte.

Doch abgesehen von dem sprachlichen Geschick sind damit in allen neuen Bundesländern die Grundprinzipien der Verfassung um einen bedeutsamen neuen Gesichtspunkt erweitert, der sich zum ersten Male im Verfassungsgrundsätzegesetz der DDR vom 17. Juni 1990[144] fand. Damit haben die neuen Verfassungen erstmals in einer deutschen Verfassung – eine entsprechende Bestimmung findet sich auch nicht in der grundlegend überarbeiteten Schleswig-Holsteinischen Verfassung von 1990 – den Schutz der natürlichen Umwelt auf dieselbe herausgehobene Ebene gestellt wie die klassischen Prinzipien des Verfassungsstaates, das Demokratie- und das Rechtsstaatsprinzip und wie das im Grundgesetz seinerzeit neu formulierte Sozialstaatsprinzip.[145] Inzwischen ist die neue Niedersächsische Verfassung vom 19. Mai 1993 gefolgt (Art. 1 Abs. 2). Die Erweiterung der Verfassungsgrundsätze um den Ökologiegrundsatz reagiert damit auf die Bedrohungen, ja Zerstörungen der Umwelt, die in der ehemaligen DDR besonders greifbar sind und die – allerdings nicht nur dort – die dauerhafte Existenz allen Lebens in Frage stellen. Derartige Bekundungen, über die in den Verfassungsberatungen wohl völlige Einmütigkeit bestand, als Ausdruck »der Tagesmode« abzutun,[146] verrät Blindheit gegenüber der von den Bürgerinnen und Bürgern der neuen Bundesländer unmittelbar erlebten grundlegenden Bedrohung ihrer natürlichen Lebensgrundlagen und der sich daraus ergebenden »besonderen Verantwortungsbereitschaft ...für ihre Umwelt«.[147]

144 GBl. DDR I, S. 299f.

145 Ebenfalls enthalten in Art. 20 Abs. 1 und anderen Bestimmungen des Verfassungsentwurfs des Kuratoriums für einen demokratisch verfaßten Bund deutscher Länder; dazu Denkschrift zum Verfassungsentwurf, abgedr. in: Eine Verfassung für Deutschland, hrsg. v. Guggenberger/Preuß/Ullmann, 1991, S. 61ff.

146 So *D. Merten*, Über Staatsziele, DÖV 1993, S. 368ff., 376.

147 *S. Heitmann*, Die neue sächsische Verfassung – zwischen Aufbruch und Bewahrung, SächsVBl. 1993, S. 2ff., 7. – Zu dem Zusammenhang von der bedrohlichen, teilweise katastrophalen Umweltsituation in der ehemaligen DDR

Natürlich ist auch der Ökologiegrundsatz als Verfassungsprinzip nicht unmittelbar subsumtionsfähig, sondern bedarf der Entfaltung, Aktualisierung und Konkretisierung auf allen Ebenen der Rechtsordnung durch alle staatlichen Organe. Er unterscheidet sich hierin nicht prinzipiell von anderen Verfassungsgrundsätzen oder Sätzen der Präambel, deren Umsetzung allerdings auf eine teilweise lange Tradition zurückblicken kann und dadurch zu Konkretisierungen geführt hat. Er teilt deren Funktion der Vergewisserung über die Grundlagen der Existenz des Gemeinwesens und gibt deren Tun Ziel und Richtung. Damit stellt diese Klausel eine wertvolle Verstärkung der ökologischen Züge der Verfassung dar.

Der Ökologiegrundsatz findet in allen neuen Verfassungen eine Konkretisierung in Form eines Umweltartikels, am ausführlichsten in Art. 39f. der BrandVerf.[148] Hier wird der Schutz der natürlichen Lebensgrundlagen objektivrechtlich als Schutzpflicht (Abs. 1) nicht nur des Landes, sondern aller Menschen sowie subjektiv-rechtlich als Umweltgrundrecht (Abs. 2) gewährleistet. Deutlich über den anthropozentrischen Umweltschutzbegriff hinaus regelt Abs. 3 die Achtung von Tier und Pflanze. Weitere Bestimmungen betreffen den sparsamen Umgang mit Ressourcen, insbesondere mit Energie und Grund und Boden, die Umweltverträglichkeitsprüfung, die Beschränkung der Eigentumsgarantie, die Entsorgung, Umweltinformationen, die Verbandsbeteiligung und -klage, die Erhaltung des Zugangs zu Naturschönheiten. Vielen dieser Regelungen lagen noch weitergehende Vorstellungen der linken und »Bürgerrechts-«Fraktionen zugrunde; sie sind das Ergebnis eines Kompromisses. Der Schutz der natürlichen Lebensgrundlagen wird auch durch eine Schranke der Forschungsfreiheit gesichert, die einem Gesetzesvorbehalt unterliegt, wenn die Forschungen geeignet sind, die Menschenwürde zu verletzen oder die natürlichen Lebensgrundlagen zu zerstören.[149] Und schließlich findet sich eine wirtschaftsverfas-

und der Sensibilität für die Umweltprobleme *G. Hunnius/J. Kliemt*, Risiko als soziale Konstruktion – Risikoperzeption und -kommuniation im Systemvergleich BRD – DDR, in: Bayerische Rück (Hrsg.), Risiko ist ein Konstrukt, 1993, S. 245ff., 252ff.

148 Vgl. *Berlit*, KJ 1992, S. 452f.

149 Ähnlich Art. 19 Abs. 2 S. 1 VE Runder Tisch; Art. 5b Kuratoriumsentwurf.

sungsrechtliche Grundnorm in Art. 42 Abs. 2, der zufolge sich das Wirtschaftsleben »nach den Grundsätzen einer sozial gerechten und dem Schutz der natürlichen Umwelt verpflichteten marktwirtschaftlichen Ordnung« gestaltet.

Deutlich schwächer, aber nicht unbedeutend erscheint die Gewährleistung des Schutzes der natürlichen Lebensgrundlagen als Staatszielbestimmung in der Verfassung von Sachsen (Art. 10), von Sachsen-Anhalt (Art. 35) und von Thüringen (Art. 31). Die Verbandsbeteiligung und Verbandsklage ist in die Sächsische Verf. (Art. 10 Abs. 2) gegen erhebliche Bedenken der CDU aufgenommen worden; dieselbe Frage war in Thüringen hochkontrovers, am Ende konnte sich die CDU/F.D.P.-Mehrheit mit ihrer ablehnenden Haltung durchsetzen. In Sachsen-Anhalt (Art. 6 Abs. 2) wird ebenso wie in Thüringen (Art. 33) ein Umweltinformationsgrundrecht gewährt. In Art. 10 Abs. 3 Verf.Sachsen-Anhalt findet die Freiheit der Forschung ihre Grenze in der Achtung der Menschenwürde und der Wahrung der natürlichen Lebensgrundlagen. Sowohl in der Verfassung von Sachsen als auch der von Sachsen-Anhalt wird die dem GG bekannte Sozialbindung des Eigentums (Art. 14 Abs. 2 GG) um eine Umweltschutzbindung erweitert.[150] Sowohl die Aufnahme einer Schrankenbestimmung zur Forschungsfreiheit[151] als auch Umweltschutzbindung bei der Eigentumsgarantie wurde in Thüringen abgelehnt. Demgegenüber wird – ähnlich wie in Brandenburg – die Ordnung des Wirtschaftslebens auf die »Grundsätze einer sozialen und der Ökologie verpflichteten Marktwirtschaft« verpflichtet (Art. 38). Ob und inwieweit diese Bestimmungen Rechtswirkungen entfalten können, bleibt angesichts des Primats des Bundesrechts gerade in den bundesrechtlich umfassend geregelten Materien des Umwelt- und Wirtschaftsrechts abzuwarten.[152]

150 Art. 18 Abs. 2 S. 2 Verf.Sachsen-Anhalt und Art. 31 Abs. 2 S. 2 SächsVerf.: »Sein Gebrauch soll zugleich dem Wohl der Allgemeinheit dienen, insbesondere dem Schutz der natürlichen Lebensgrundlagen.«

151 Ein Konsens wäre hier nur zu erzielen gewesen um den Preis einer Schrankenbestimmung bei der Kunstfreiheitsgarantie. Um dies zu vermeiden, beließ man es dann bei dem Wortlaut des GG.

152 Vgl. jetzt SächsVerfGH, SächsVBl. 1995, 160.

3. Maßstäbe staatlicher Umweltschutzmaßnahmen

a. Das Gebot der Risikovorsorge

Aus den objektiv-rechtlichen Schutzpflichten der Grundrechte sowie jetzt auch der Staatszielbestimmung Umweltschutz lassen sich ungeachtet aller Konkretisierungsspielräume des Gesetzgebers gewisse inhaltliche Maßstäbe für staatliche Umweltschutzmaßnahmen herleiten. So scheidet – wie das Bundesverfassungsgericht im ersten Kalkar-Beschluß festgestellt hat – »aus verfassungsrechtlicher Sicht« die Zulassung eines Risikos – im konkreten Fall ging es um die Genehmigung eines Kernkraftwerkes – dann aus, »wenn die Errichtung oder der Betrieb der Anlage zu Schäden führt, die sich als Grundrechtsverletzungen darstellen. Das Gesetz nimmt insoweit jedenfalls keinen anlagespezifischen Rest- oder Mindestschaden irgendwelcher Art in Kauf, der im Lichte des Grundrechts des Art. 2 Abs. 2 Satz 1 oder anderer Grundrechte als Grundrechtsverletzung anzusehen wäre.« [153] Damit wird die Gefahrenabwehr zur kategorischen staatlichen Aufgabe erklärt.[154]

Geboten ist damit der sichere Ausschluß solcher Ereignisse, die bei ungehindertem Kausalverlauf mit hinreichender Wahrscheinlichkeit zu einem Schaden für die geschützten Rechtsgüter führten. Umgekehrt liegt keine Gefahr vor, wenn die Merkmale des Schadens oder der hinreichenden Wahrscheinlichkeit fehlen.[155] Zu den geschützten Rechtsgütern zählen im BImSchG gemäß § 1 nicht nur Menschen, sondern auch die wesentlichen Objekte der Natur – Tiere und Pflanzen, der Boden, das Wasser, die Atmosphäre sowie Kultur- und sonstige Sachgüter. Geschützt werden diese einmal vor schädlichen Umwelteinwirkungen, d.h. über den Luftpfad vermittelte Verunreinigungen, Geräusche, Erschütterungen, Strahlen oder ähnliche Umwelteinwirkungen; sie erfahren aber auch – jedenfalls bei genehmigungsbedürftigen Anlagen – Schutz gegenüber auf andere Weise, z.B. durch Explosio-

153 BVerfGE 49, 89, 141.
154 *Reich*, S. 38.
155 *Steinberg/Roller*, S. 14ff.

nen, herbeigeführten Gefahren. Schäden für die genannten Schutzgüter müssen damit nicht nur im Normalbetrieb, vor allem durch die Freisetzung schädlicher Stoffe, sondern auch bei Störfällen ausgeschlossen werden.

Dieser scheinbar so strikte Grundsatz erfährt aber eine Reihe von Relativierungen. Die erste betrifft den vom Bundesverfassungsgericht in den Regelungen des Atomgesetzes festgestellten strikten Ausschluß von Schäden für Leben und körperliche Unversehrtheit. Das Gericht sieht seine Auffassung schon durch das Fehlen einer ausdrücklichen Einschränkung des Grundrechts bestätigt, die bei einem Eingriff in das Grundrecht des Art. 2 Abs. 2 S. 1 GG gemäß Art. 19 Abs. 1 S. 2 GG erforderlich wäre. Allerdings erinnert dieses Argument ein wenig an die Palmströmsche Logik, wonach nicht sein kann, was nicht sein darf. Denn in der Realität kann auch die unvermeidbare Emission kleinster Mengen z.B. karzinogener Stoffe oder ionisierender Strahlen im Normalbetrieb einer Anlage zu Schäden führen, deren Verursachung gerade durch diese Emission allerdings nicht beweisbar ist. Für derartige Stoffe können deshalb keine Grenzwerte i.S. einer Schädlichkeitsgrenze festgesetzt werden; man spricht hier von stochastischen Schäden.[156]

Das Bundesverfassungsgericht weicht deshalb einer klaren Entscheidung über die mit der Zulassung kerntechnischer Anlagen verbundenen Schäden – das gleiche gilt für die Zulassung der Emission oder Verwendung karzinogener Stoffe – aus, indem es diese ganz einfach ignoriert. Dabei handelt es sich um eine sublime Strategie, die den Zwang zu »tragic choices« – der Zulassung einer bestimmten Technologie auf Kosten wichtiger, ja beim Leben höchster Werte der Gesellschaft[157] – einfach leugnet.[158] Dadurch vermeidet das Gericht, eine Begründung dafür zu geben, daß und warum das Leben ungeachtet der grundsätzlichen Be-

156 *Ch. Streffer*, Risiko nach niedrigen Strahlendosen, in: Achtes Deutsches Atomrechts-Symposium, 1989, S. 143 ff.; *Steinberg/Roller*, S. 89 ff.; *Reich*, S. 118 ff. – Der U.S. Supreme Court spricht in seinem grundlegenden »Benzene«-case von der sog. »one-hit«-Theorie, wonach es ausreiche, daß ein Molekül eines karzinogenen Stoffes die Mutation eines DNA-Moleküls bewirke, das sich infolgedessen zu einem Tumor entwickeln könne; vgl. *American Textile Manufactorers Institute, Inc. v. Donovan*, 452 U.S. 490 (1981), n. 6.

157 BVerfGE 39, 1, 42: »Höchstwert«.

158 Den Gedanken der »tragic choices« als eines zentralen Problems jeder

kenntnisse in der konkreten Situation keinesfalls als höchstes Gut behandelt wird.[159] Es vermeidet es ferner, den Gesetzgeber auch durch die Beachtung des Zitiergebotes des Art. 19 Abs. 1 Satz 2 GG dazu zu zwingen, sich und der Öffentlichkeit Klarheit über die getroffene Abwägung zwischen dem Rechtsgut Leben auf der einen Seite und den nach seiner Ansicht vorzugswürdigen kollidierenden Rechtsgütern auf der anderen Seite zu verschaffen.

Relativierungen sind ferner geboten bezüglich des Verständnisses der menschlichen Gesundheit, vor allem aber beim Schutz von Tieren, Pflanzen und Sachen, der unter einen allgemeinen Abwägungsvorbehalt gestellt wird.[160] Das Prinzip der Gefahrenabwehr scheint ferner nicht in der Lage zu sein, auch die Belange zukünftiger Generationen hinreichend zu schützen.[161]

Das Gefahrenprinzip ist aber nicht nur deshalb nur höchst begrenzt in der Lage, den durch die Technik für Mensch und Umwelt hervorgerufenen Risiken angemessen zu begegnen. Hinzu kommen weitere Grenzen, die im Gefahrenbegriff angelegt den Besonderheiten der Umweltrisiken nicht Rechnung tragen können. Es handelt sich hierbei vor allem um die Dimension der Ungewißheit und der Unsicherheit, die sowohl beim Unfallrisiko als auch bei Normalbetriebsrisiko den Gefahrenbegriff sprengen (s. o. I. 2. a.).[162] An dieser Stelle tritt der Vorsorgegrundsatz zum Schutz effektiven Umweltschutzes dem Gefahrengrundsatz zur Seite.[163]

Über den Schutz vor schädlichen Umweltbeeinträchtigungen und sonstigen Gefahren hinaus ist – so die Definition in § 1 BImSchG – dem Entstehen schädlicher Umwelteinwirkungen vorzubeugen. Der Vorsorgegrundsatz ist ebenso wie der Gefah-

Rechtsordnung, bei denen sich die grundlegenden Wertentscheidungen einer Gesellschaft widerspiegelten, haben *Calabresi/Bobbit* in ihrer eindrucksvollen Studie, S. 26 und passim entwickelt.

159 Die unterschiedliche Bewertung von Leben in unterschiedlichen Situationen beobachten *Calabresi/Bobbit*, S. 21, 23.

160 *Reich*, S. 33ff., 39ff.

161 *Reich*, S. 38f.

162 Besonders eindringlich *Reich*, S. 104f., 126ff.; *Trute*, Vorsorgestrukturen, S. 15ff., 54ff.

163 Die zahllosen Kontroversen zum Verständnis dieses Begriffs sind hier nicht auszubreiten, dazu umfassend *Rehbinder*, Ziele, Rn. 27ff.

rengrundsatz verfassungsrechtlich begründet. Da den technikerzeugten Risiken für Mensch und Umwelt mit dem klassischen Gefahrenprinzip nicht hinreichend beizukommen ist, gebietet das Gebot effektiven Grundrechtschutzes ebenso wie die Staatszielbestimmung Umweltschutz, dem Entstehen von schädlichen Umwelteinwirkungen und sonstigen Gefahren präventiv im Entstehen zu begegnen. Bekräftigt wird dieses Gebot durch den verfassungsrechtlichen Nachweltschutz für Leben und körperliche Unversehrtheit zukünftiger Generationen (Art. 2 Abs. 2 GG) wie auch jetzt für den Schutz der natürlichen Lebensgrundlagen »in Verantwortung für die künftigen Generationen« (Art. 20a GG).[164] Flankiert wird die Verwurzelung des Vorsorgegrundsatzes im Grundgesetz durch dessen ausdrückliche Normierung in der europäischen Teilverfassung des Gemeinwesens in Art. 130r Abs. 2 S. 2 EGV, die gemäß Art. 5 und 130r Abs. 2 S. 3 EGV die Mitgliedsstaaten jedenfalls bei der Durchführung des Gemeinschaftsrechts bindet.

Auch das Bundesverfassungsgericht hat den Vorsorgegrundsatz aus dem Grundgesetz entwickelt: Schon die »entfernte Wahrscheinlichkeit eines Schadenseintritts«[165] löse die staatlichen Schutzpflichten zugunsten Dritter aus;[166] es gelte der »Grundsatz der bestmöglichen Gefahrenabwehr und Risikovorsorge «.[167] Damit erledigt sich auch die Frage, ob und wann »Grundrechtsgefährdungen« grundrechtlich relevant sind. »Bloße Grundrechtsgefährdungen« – so das Gericht – lägen im allgemeinen noch im Vorfeld verfassungsrechtlich erheblicher Grundrechtsbeeinträchtigungen; sie könnten unter bestimmten Voraussetzungen Grundrechtsverletzungen gleich zu achten sein.[168] Um welche Voraussetzungen es sich hierbei handele, habe das Gericht noch nicht abschließend entschieden.[169] Im Bereich des Rechts von technischen Risiken – so läßt die Rechtsprechung erkennen[170] – sind sie dann gegeben, wenn die fraglichen Risiken erheblich sind (dazu sogleich b. aa.).

164 Vgl. *Trute*, Vorsorgestrukturen, S. 230ff.

165 BVerfGE 49, 89, 142.

166 BVerfGE 53, 30, 52.

167 BVerfGE, 49, 89, 139, 143.

168 BVerfGE 49, 89, 141f.; 53, 30, 59; 56, 54, 77f. – Vgl. *G. Lübbe-Wolff*, Die Grundrechte als Eingriffsabwehrrechte, 1988, S. 56ff.

169 BVerfGE 66, 39, 58; 77, 170, 220.

Im Anschluß an die Vorsorgerechtsprechung des Bundesverfassungsgerichts hat das Bundesverwaltungsgericht den Begriff der »erforderlichen Vorsorge gegen Schäden« in § 7 Abs. 2 Nr. 3 AtG im Wyhl-Urteil ausdrücklich nicht »anhand eines vorgeformten polizeirechtlichen Gefahrenbegriffs« ausgelegt.[171] Vorsorge bedeute daher nicht, »daß Schutzmaßnahmen erst dort zu beginnen brauchen, wo ›aus gewissen gegenwärtigen Zuständen nach dem Gesetz der Kausalität gewisse andere Schaden bringende Zustände und Ereignisse erwachsen werden‹ (so der klassische Gefahrenbegriff nach dem Urteil des PrOVG vom 15. Oktober 1894, PrVBl. 16, 125, [126]). Vielmehr müssen auch solche Schadensmöglichkeiten in Betracht gezogen werden, die sich nur deshalb nicht ausschließen lassen, weil nach dem derzeitigen Wissensstand bestimmte Ursachenzusammenhänge weder bejaht noch verneint werden können und daher insoweit noch keine Gefahr, sondern nur ein Gefahrenverdacht oder ein ›Besorgnispotential‹ besteht.«[172] Der Vorsorgegrundsatz normiert demnach nicht einen eigenständigen, vom Gefahrengrundsatz abgrenzbaren Bereich staatlichen Schutzes, sondern liefert einen Maßstab zur Bestimmung des Vorliegens einer Gefahr in Risikolagen, der das herkömmliche polizeirechtliche Verständnis lokkert. Allerdings zeigt schon der Hinweis auf den »Gefahrenverdacht«, der auch nach traditionellem Polizeirecht Maßnahmen der Gefahrenabwehr erlaubt,[173] daß es sich bei dem Vorsorge-

170 Neben den vorstehenden Entscheidungen instruktiv BVerfG, 1. Sen., 1. K., UPR 1997, 186f. zu der Grundrechtsrelevanz von Gesundheitsrisiken elektromagnetischer Felder.

171 BVerwGE 72, 300, 315 allerdings mit dem wenig überzeugenden Hinweis auf den Schutzzweck des § 1 Nr. 2 AtG, wo sich kein Hinweis auf den Vorsorgegrundsatz findet.

172 BVerwGE 72, 300, 315; jetzt auch BVerwG, Urt. v. 22.1.1997, DVBl. 1997, 719, 723 – Obrigheim –, wo auch der drittschützende Charakter der gesamten Risikovorsorge betont wird; so bereits *Steinberg/Roller*, S. 79ff.; a.A. *Schmidt-Preuß*, S. 300. – Nicht zuletzt auch wegen der stochastischen Wirkungen ionisierender Strahlen erscheint es wenig konsequent, wenn das BVerwG insoweit an seiner überholten Rechtsprechung im Stade-Urteil BVerwGE 61, 256, 266ff. festhält, vgl. BVerwG, Urt. v. 21.8.1996, DVBl. 1997, 53 m. Anm. v. *R. Steinberg/G. Roller.*

173 Vgl. etwa *B. Drews/G. Wacke/W. Martens*, Gefahrenabwehr, Bd. 2, 8. Aufl., 1977, S. 110; jetzt *E. Denninger*, Polizeiaufgaben, in: Handbuch des Polizeirechts, hrsg. von H. Lisken/E. Denninger, 1992, Kap. E, Rn. 38ff.

grundsatz nicht um eine eigenständige Kategorie, sondern lediglich um eine graduelle Erweiterung des Gefahrenbegriffs im Sinne einer vorsorglichen Vorverlegung der Pflicht zur Gefahrenabwehr[174] handelt, die auf einen »vorbeugenden Umweltschutz« zielt.[175]

Der von dieser Rechtsprechung entwickelte einheitliche Tatbestand der Risikovorsorge im Umwelt- und Technikrecht erscheint vorbildlich und ist der Aufspaltung in einen getrennten Gefahrenabwehr- und Vorsorgetatbestand, wie es § 5 Abs. 1 Nr. 1 und 2 BImSchG vornimmt, vorzuziehen,[176] an der die herrschende Lehre wohl stärker der »Vorteil« einer Einschränkung des Rechtsschutzes interessiert (dazu IV. 1.d.) als die unterschiedlichen Inhalte der jeweils erforderlichen Schadensvorsorge.

b. Der Umgang mit Risiken

Der Grundsatz der bestmöglichen Risikovorsorge vermag den staatlichen Organen keine handhabbare Antwort auf die Frage zu geben, ob ein Risiko hinzunehmen ist, dessen Wahrscheinlichkeit nach einer dem Stand der Wissenschaft entsprechenden Risikoanalyse ermittelt wurde (s.o. I. 2.c.). Dies gilt erst recht, wenn danach ungewiß bleibt, wie hoch diese Wahrscheinlichkeit ist oder ob überhaupt ein Risiko besteht. Es soll deshalb nach Kriterien gesucht werden, mittels derer die Grenze zwischen gebotener Schadensvorsorge und hinzunehmendem »Restrisiko« bestimmt werden kann. Dies erfordert den Ausschluß bestimmter Risiken als nicht-erheblich, wobei Beweislastregeln eine wichtige Rolle spielen (*aa.*). Liegt ein erhebliches Risiko vor, muß bestimmt werden, ob und welche Vorkehrungen zum Ausschluß oder jedenfalls zur Minderung des Risikos geboten sind; hierbei kommt dem *Stand der Technik* als einem der Schlüsselbegriffe des Umweltrechts überragende Bedeutung zu (*bb.*).

174 Abl. *G. Feldhaus*, Der Vorsorgegrundsatz des Bundes-Immissionsschutzgesetzes, DVBl. 1980, S. 133 ff., 135 f.; *W. Martens*, Immissionsschutzrecht und Polizeirecht, DVBl. 1981, S. 600, 602 f.

175 BVerwGE 69, 37, 43.

176 So auch *Reich*, S. 15 und *Trute*, Risikomanagement, S. 95; zum Atomrecht *Stötzel*, S. 180 f., der zutreffend darauf hinweist, daß anderes gilt, wenn man den

aa. Erheblichkeit des Risikos

Wie soll die Rechtsordnung mit Risiken umgehen, wenn deren Existenz und Ausmaß auch unter Berücksichtigung der wissenschaftlichen Erkenntnisse letztlich unbekannt bleiben? So läßt es sich oftmals wissenschaftlich nicht eindeutig klären, ob bestimmte Stoffe im Niedrigdosisbereich karzinogen sind oder ob nicht ein Schwellenwert für die Schädlichkeit besteht. Damit bleibt hier das Vorliegen eines erheblichen Risikos ungewiß. Ein geradezu spannendes Beispiel über die Ungewißheit der von einer Anlage ausgehenden Risiken liefert das KKW Krümmel. Seit Jahren wird erbittert darüber gestritten, ob die in der Umgebung des Reaktors aufgetretene erhöhte Häufigkeit von Leukämiefällen (sog. Cluster) auf Strahlenfreisetzungen aus dem Reaktor zurückgeführt werden kann. Eine Vielzahl von Gutachten hat bislang keine eindeutigen, von allen Seiten akzeptierte Erkenntnisse erbracht, so daß der »Glaubenskrieg um Krümmel«[177] weitergeht.

Die Reaktion der Gesellschaft kann auf eine derartige Situation verschieden ausfallen: Sie kann Entscheidungen über Maßnahmen solange aufschieben, bis die Wissenschaft eindeutige Erkenntnisse über die Schädlichkeit des Stoffes im Niedrigdosisbereich gewonnen hat. In diese Richtung gehen Vorstellungen, wie sie in Großbritannien mit dem »good science«-Konzept verbunden sind.[178] Eine derartige Einstellung dürfte mit dem Vor-

planenden, ressourcenschonenden Ansatz des Vorsorgegrundsatzes in § 5 Abs. 1 Nr. 2 BImSchG anerkennt (dazu u. 3.c.) S. 195 f.

177 So die Schlagzeile der Süddeutschen Zeitung vom 26. März 1998, S. 37. – Zu der Kontroverse vgl. etwa die Nachweise der unterschiedlichen Positionen in: Stromthemen extra Nr. 62, Oktober 1996, hrsg. v. Informationszentrale der Elektrizitätswirtschaft, Frankfurt/Main. – Die Strahlenschutzkommission (SSK) – dazu u. III. 3.d. aa. – hat zu dem Problem wiederholt Stellungnahmen und Empfehlungen abgegeben, so am 21./22. 4. 1994, Bundesanzeiger v. 18. 8. 1994; 23. 2. 1996, Bundesanzeiger v. 2. 8. 1996. – Hinweise finden sich auch in BVerwGE 101, 347; eingehender das nachfolgende Urteil des OVG Schleswig-Holstein vom 29. 10. 1997 – 4 K 5/91, n.v.

178 So wird in Großbritannien die Forderung nach »good science« im Sinne einer Steigerung der Anforderungen an den Nachweis der Schädlichkeit eines Risikos und damit einer Erhöhung der staatlichen Eingriffsschwelle verstanden, *A. Weale*, The new politics of pollution, Manchester/New York, 1992, S. 82 f.; *R. Steinberg*, Staatliches Risikomanagement im europäischen Anlagenrecht, in:

sorgegrundsatz schwerlich zu vereinbaren sein.[179] Zutreffend hat dementsprechend auch das Bundesverfassungsgericht bemerkt, daß »legislatorische Maßnahmen nicht vom wissenschaftlich-empirischen Nachweis« der Existenz eines möglichen Schadens abhängig gemacht werden könnten; in einer solchen wissenschaftlich ungeklärten Situation sei der Gesetzgeber befugt, »die Gefahrenlagen und Risiken abzuschätzen und zu entscheiden, ob er Maßnahmen ergreifen will oder nicht.«[180]

Sie kann aber auch die gegenteilige Strategie verfolgen und beim Auftreten erster Zweifel bezüglich der Karzinogenität den Stoff verbieten.[181] Zu diesem Ergebnis führt auch der Vorschlag, in derartigen Fällen dem Verursacher des Risikos die Beweislast aufzuerlegen,[182] d.h. ihm diese Risikoproduktion solange zu verbieten, bis er entweder die Unschädlichkeit des fraglichen Stoffes nachweist oder aber den Eintritt von Schäden durch geeignete Vorkehrungen ausschließt.[183] Auch wenn diese Überlegung auf den ersten Blick viel für sich hat, so überwiegen doch die Zweifel. Ihr liegt letztlich das Konzept einer risikolosen Gesellschaft zugrunde, das – wie oben I. 2.b.) ausgeführt – utopisch erscheint. Sie wirft auch erhebliche Zweifel hinsichtlich ihrer Vereinbarkeit mit dem grundlegenden verfassungsrechtlichen Verteilungsprinzip (dazu u. 4.a.) auf. Es geht deshalb darum, einen angemessenen Ausgleich zwischen den – nicht nur privaten, sondern auch öffentlichen – Interessen an den Aktivitäten, als deren Nebenfolgen mehr oder wenig zwangsläufig auch Risiken produziert werden, und den öffentlichen, aber auch privaten Interessen an dem

Riedel (Hrsg.), S. 22ff. – Zu den unterschiedlichen Strategien auch *Ruckelshaus*, S. 27ff.

179 Damit deutet sich an, daß der Vorsorgegrundsatz, der über das Gemeinschaftsrecht (Art. 130 r Abs. 2 S. 2 EGV) auch in das englische Umweltrecht Eingang gefunden hat, tendenziell unterschiedlich verstanden wird, *Weale*, (Fn. 178), S. 81.

180 BVerfGE 83, 310, 140, 141f. – Mutzenbacher – zwar zu den wissenschaftlich nicht nachgewiesenen Schäden von Pornographie für Kinder und Jugendliche, aber unter Hinweis auf BVerfGE 49, 89, 131 f – Kalkar I.

181 Dieses stellt im Effekt die Anwendung der sog. Delaney-Clause dar, dazu u. III. 2. b. – Abl. unter Hinweis auf die gesellschaftlichen Kosten *Nicklisch*, NJW 1986, S. 2288f.

182 So etwa *Beck*, Gegengifte, S. 24, 291.

183 *Berg*, S. 101ff., 213ff.

Schutz der Rechtsgüter der Umwelt wie auch der Einzelnen zu finden. Über diesen Ausgleich bei Risikolagen entscheiden zu einem guten Teil Beweismaß- und Beweislastregeln,[184] die treffend als »Wissensregeln zweiter Ordnung« bezeichnet worden sind. Diese Regeln geben an, »wie die Rechtsordnung mit allfälligen Erkenntnisirrtümern und -mängeln umgeht und wem sie deren Lasten aufbürdet.«[185]

Zur Klärung des Problems vermag ein Blick auf die Risikorechtsprechung des U. S. Supreme Courts beizutragen. In dem grundlegenden »Benzene«-Fall hatte sich dieser mit der Frage der Erheblichkeit der Benzol-Konzentration in Arbeitsräumen auseinanderzusetzen.[186] Da die wissenschaftlichen Kenntnisse unvollkommen und die genaue Präzisierung des Risikos deshalb unmöglich war, kam es für die Entscheidung des Falles auf die Beweislastverteilung an. Die Behörde hatte geltend gemacht, daß die Beweislast angesichts der Unsicherheiten in dem fraglichen Gebiet bei der Industrie liege, da sie andernfalls keine Entscheidungen mehr treffen könnte. Das Gericht weist diese Auffassung zurück, wobei es aber die Anforderungen des Nachweises eines erheblichen Risikos deutlich gegenüber den üblichen Beweisregeln zurücknimmt. Es reiche aus, daß die Behörde durch substantielle Nachweise geltend machen könne, daß das angenommene Risiko wenigstens mehr als weniger wahrscheinlich sei. Ferner: Die Feststellung eines erheblichen Risikos stelle keine mathematische Zwangsjacke dar. Es liege in der vornehmlichen Verantwortung der Behörde zu bestimmen, was sie als »erhebliches Risiko« ansehe. Entscheidend sei aber, daß sie diese Feststellung auch wirklich treffe. Die Behörde sei auch nicht verpflichtet, ihre Feststellung eines erheblichen Risikos auch nur mit dem Schein wissenschaftlicher Sicherheit zu treffen. Solange die Feststellung, die sich ja an den Grenzen der wissenschaftlichen

184 Dabei dürften im Umweltrecht die Beweismaßregeln, verstanden als geforderter Wahrscheinlichkeitsgrad über das Vorliegen eines Risikos, wichtiger sein als die Beweislast; hierzu im einzelnen *Berg*, S. 71 ff. und passim.

185 *Preuß*, Risikovorsorge, S. 528.

186 *Industrial Union Department, AFL-CIO v. American Petroleum Institute*, 488 U.S. 607 (1980). Krit. *H. Latin*, The »Significance« of Toxic Health Risks: An Essay on Legal Decisionmaking Under Uncertainty, Ecology Law Quarterly, 10 (1982), S. 339ff., der der dissenting opinion des Richters *Marshall* zustimmt.

Erkenntnis bewege, sich auf ernsthafte wissenschaftliche Aussagen stützen könne, sei die Behörde frei, die vorliegenden Daten mit Hilfe konservativer Annahmen zu interpretieren, auch wenn der dabei auftretende Irrtum eher zu einer Überregulierung als zu einer Unterregulierung führe.

Eine überzeugende Begründung für eine Abschwächung der Verpflichtung zum strengen Nachweis von Ursache und Wirkung findet sich bereits früher in einem Urteil des District of Columbia Court of Appeals, in dem das Verbot von Bleizusätzen im Benzin durch EPA bestätigt wurde.[187]

»Questions involving the environment are particularly prone to uncertainty. Technological man has altered his world in ways never before experienced or anticipated. The health effects of such alterations are often unknown, sometimes unknowable. ...
Undoubtably, certainty is the scientific ideal to the extent that even science can be certain of the truth. But certainty in the complexities of environmental medicine may be achievable only after the fact, when scientists have the opportunity for leisurely and isolated scrutiny of an entire mechanism. Awaiting certainty will often allow for only reactive, not preventive regulation. Petitioners suggest that anything less than certainty, that any speculation, is irresponsible. But when statutes seek to avoid environmental catastrophe, can preventive, albeit uncertain, decisions legitimately be so labeled?«

Danach reicht für die Annahme eines erheblichen Risikos zwar ein bloßer Verdacht der Schädlichkeit nicht aus; es müssen wenigstens gewisse Anhaltspunkte nach dem Stand der wissenschaftlichen Erkenntnis für die Schädlichkeit eines Stoffes oder der Höhe der Immission vorliegen.[188] Eine verläßliche Verifizie-

187 *Ethyl Corp. v. Environmental Protection Agency*, 541 F.2d 1(1976); im Ergebnis ähnlich *Public Citizens Health Research Group v. Tyson*, 796 F.2d 1479 (D.C. Cir. 1986).

188 *H.-D. Jarass,* Schädliche Umwelteinwirkungen – Inhalt und Grenzen eines Kernbegriffs des Immissionsschutzrechts, DVBl. 1983, S. 725 ff., 729; ähnlich *Rehbinder*, Vorsorge, S. 279; *Reich*, S. 195; *Trute*, Vorsorgestrukturen, S. 36ff., 49ff. – Das BVerwGE 69, 37, 43 verlangt »hinreichende Gründe« für die Annahme eines möglichen Schadens; ähnlich *Ossenbühl*, NVwZ 1986, S. 166, der vor einer »Vorsorge ins Blaue« warnt. – Nach Ansicht des VGH München, B.v.29.9.1994, NuR 1995, 363 bewirkt der Vorsorgegrundsatz weitgehend eine Umkehr der Beweislast »mit der Folge, daß nicht mehr der Eintritt eines Schadens nachgewiesen werden muß; Vorsorge würde vielmehr schon dann eingreifen, sobald ein Risiko erkannt worden ist und ein Schadenseintritt nicht mit hinreichender Sicherheit ausgeschlossen werden kann.«

rung der Schadenstauglichkeit eines Stoffes kann aber von der tätig werdenden Behörde nicht gefordert werden;[189] der Vorsorgegrundsatz im Sinne eines vorsichtigen Umgangs mit dem Unbekannten führt hier zur Abschwächung des zu fordernden Beweises. Erst wenn auf diese Weise der Anlaß einer Besorgnis begründet, ein »Besorgnispotential«[190] damit gegeben ist, gehen Ungewißheiten über potentielle Risiken nach den Regeln über Beweismaß und Beweislast im Umweltrecht zu Lasten der Risikoverursacher.[191] Auch von diesem läßt sich allerdings der Nachweis der Unschädlichkeit nicht fordern. »Ausreichend muß es sein, daß Tatsachen ermittelt und vorgebracht werden, aus denen sich – im Verhältnis zum potentiellen Schaden – begründete Anzeichen für die Unmöglichkeit des Schadenseintritts ergeben.«[192] Auch die Regeln über die Beweislast müssen den besonderen Bedingungen der die Risikosituation prägenden Unsicherheiten Rechnung tragen.

Das bedeutet beispielsweise, daß staatliche Maßnahmen gegen die Ursachen des global warming schon zum jetzigen Zeitpunkt möglich, ja geboten sind, auch wenn die Auswirkungen der Zunahme der Treibhausgase in der Atmosphäre noch nicht mit letzter Sicherheit bestimmt werden können. Allerdings stellen die Annahmen über die schädlichen Auswirkungen nicht nur bloße Spekulationen dar, sondern stützen sich auf solide wissenschaftliche Daten, die mit mehr als weniger großer Wahrscheinlichkeit zum einen eine beträchtliche Erwärmung, zum anderen auch – wenngleich wohl mit geringerer Gewißheit vor allem hinsichtlich der regionalen Auswirkungen – verheerende Folgen für große Teile der Erde voraussagen.[193] Angesichts des Fehlens letzter Ge-

189 A.A. *Martens* (Fn. 174), S. 600 und *Feldhaus* (Fn. 174), S. 135: »§ 5 Nr. 2 (a.F.) ist kein Auffangbecken für ungeklärte Fragen der Wirkforschung«.

190 BVerwGE 72, 300, 315 f.

191 *Berg*, S. 74 ff. – Zu den »allgemeinen Regeln über die materielle Beweislast«, an denen das Bundesverwaltungsgericht auch im Risikorecht festhält, BVerwG, DVBl. 1997, 719, 721 u. Urt. v. 14.1.1998, 11 C 11.96, Umdruck S. 36.

192 *Wahl/Appel*, S. 124.

193 Vgl. etwa *R. A. Kerr*, Greenhouse Forecasting Still Cloudy, Science 276 (May 1997), S. 1039 ff.; vgl. auch die Berichte in New York Times v. 4.11.1997, S. F 1, F 6 u. SZ v. 31.10./1./2.11.1997, S. 3. – Skeptisch bezüglich der Bereitschaft zum notwendigen politischen Handeln *Krier*, Loyola of Los Angeles Law Rev. 27 (1994), S. 858 ff.

wißheit auf Maßnahmen zu verzichten[194] läßt den gebotenen, durch Vorsicht gekennzeichneten Umgang mit Ungewißheiten über möglicherweise höchst dramatische Umweltauswirkungen gröblich vermissen. Ganz ähnliches gilt für die Annahme von erheblichen Risiken im Niedrigdosisbereich von schädlichen Stoffen sowie ionisierenden und nicht-ionisierenden Strahlen und von Unfallrisiken.

Wird unter Zugrundelegung dieser Regeln ein erhebliches Risiko nicht festgestellt, lassen sich Vorkehrungen der Risikovorsorge »unterhalb der Schwelle praktischer Vorstellbarkeit eines theoretisch möglichen Schadenseintritts«[195] nicht fordern. Dies bedeutet, daß nicht jede technisch machbare Maßnahme, auch wenn sie nicht völlig unverhältnismäßig ist, vom Grundsatz der bestmöglichen Risikovorsorge verlangt wird.[196] Ganz ähnlich hat der U.S. Supreme Court in der bereits erwähnten »Benzene«-Entscheidung als Voraussetzung für die Festsetzung von Grenzwerten zum Schutz der Gesundheit die Existenz eines »significant risk« verlangt, ohne daß das technisch Machbare, auch wenn dieses ökonomisch nicht völlig unvertretbar sei, nicht gefordert werden dürfe.[197] Und er fügt im Hinblick auf die gesetzliche Zusicherung eines sicheren Arbeitsplatzes den für die Risikogesellschaft bezeichnenden Satz hinzu: »›safe‹ is not the equivalent of ›risk-free‹.«

In der Diktion der Kalkar-I-Entscheidung des Bundesverfassungsgerichts bedeutet dies, daß Genehmigungen nur dann erteilt werden dürfen, «wenn es nach dem Stand von Wissenschaft und Technik *praktisch* ausgeschlossen erscheint, daß solche Scha-

194 So die Forderung des republikanischen Politikers *Jack Kemp* – Kandidat für das Amt des amerikanischen Vizepräsidenten bei der Wahl 1996 und einer der mutmaßlichen Kandidaten für das Präsidentenamt 2000, An Indefensible Treaty, New York Times v. 27.10.1997, S. A 23. – Ähnlich *W. Beckerman/ J. Malkin,* How Much Does Global Warming Matter, The Public Interest, Nr. 114, Winter 1884, S. 3 ff.

195 So *R. Breuer*, Gefahrenabwehr und Risikovorsorge im Atomrecht, DVBl. 1978, S. 829 ff., 836 f.

196 BVerwG, Urt. v. 22.1.1997, DVBl. 1997, 719, 723.

197 *Industrial Union Department, AFL-CIO v. American Petroleum Institute,* 488 U.S. 607 (1980), Justice *Marshall* diss. op. – Diese Arbeitsschutzentscheidung ist in Umweltschutzfällen bestätigt worden, vgl. *Public Citizen Health Research Group v. Tyson,* 796 F.2d 1479 (D.C. Cir. 1986).

densereignisse eintreten werden (vgl. dazu Breuer, DVBl. 1978, S. 829 ff., 835 f.). Ungewißheiten jenseits der Schwelle praktischer Vernunft haben ihre Ursache in den Grenzen des menschlichen Erkenntnisvermögens; sie sind unentrinnbar und insofern als sozial-adäquate Lasten von allen Bürgern zu tragen.«[198] Die dann noch bestehenden Risiken sind als das verbleibende »Restrisiko« in Kauf zu nehmen.[199]

Es kann dahinstehen, ob diese Formulierungen insgesamt stimmig sind; denn vielfach sind die Risiken, die als Restrisiken hingenommen werden, durchaus bekannt. Ihre Wahrscheinlichkeit wird jedoch für hinreichend gering erachtet, so daß sie als rechtlich unerheblich angesehen werden. Zutreffend werden die Grenzen der menschlichen Erkenntnis lediglich in den Fällen bemüht, in denen auch nach dem Stand der wissenschaftlichen Erkenntnis unter Berücksichtigung der eben genannten Beweislastregeln ein erhebliches Risiko nicht dargetan werden kann, obwohl dies nicht mit letzter Gewißheit auszuschließen ist. Noch weniger zutreffend ist – jedenfalls in dieser Allgemeinheit – die Behauptung der angeblichen Unentrinnbarkeit der Risiken, denn selbstverständlich ließen sich viele Risiken vermeiden.

Der Entscheidung ist jedoch im Ergebnis zuzustimmen mit der Feststellung, daß es eine Schwelle für die Erheblichkeit von Risiken gibt, jenseits derer ein in der Risikogesellschaft letztlich zwangsläufig hinzunehmender Risikorest übrigbleibt.

Wo freilich diese Schwelle liegt, wird damit nicht gesagt. Die Verfassung nennt damit keine wirklich nachvollziehbaren Maßstäbe für die Umsetzung des »Grundsatzes einer bestmöglichen Gefahrenabwehr und Risikovorsorge«[200], anhand derer über die Zulassung von Umweltrisiken entschieden werden kann.[201] Insbesondere bleibt letztlich offen, gegen welche Risiken Vorsorge zu treffen ist und wie diese vom sog. *Restrisiko* abzugrenzen sind, das in der Genehmigung hinzunehmen ist, auch »wenn die

198 BVerfGE 49, 89, 143.
199 BVerfGE 49, 89, 137, 141.
200 BVerfGE, 49, 89, 139, 143.
201 Ähnlich *Roßnagel*, UPR 1986, S. 47; *W. Berg*, Vom Wettlauf zwischen Recht und Technik, JZ 1985, S. 401 ff., 404; *Ch. Koenig*, Internalisierung des Risikomanagements durch neues Umwelt- und Technikrecht?, NVwZ 1994, S. 937 ff., 939.

Wahrscheinlichkeit eines künftigen Schadens nicht mit letzter Sicherheit auszuschließen ist.[202] Statt dessen nennt das Bundesverfassungsgericht einige Topoi, die der Exekutive für ihre Beurteilung[203] an die Hand gegeben werden: vor allem die Je-desto-Formel, wonach die Anforderungen an die Wahrscheinlichkeit eines Schadens um so geringer sind, je größer und folgenreicher der befürchtete Schaden ist;[204] die Begründung staatlicher Schutzpflichten angesichts von Art und Schwere möglicher Folgen bereits bei einer entfernten Wahrscheinlichkeit eines Schadenseintritts. [205]Hieraus ist in einer folgerichtigen Überlegung der Schluß gezogen worden, daß jedenfalls eine Katastrophe nationalen Ausmaßes bei einem Reaktorunfall ausgeschlossen werden müsse.[206] Dasselbe muß für vergleichbare Großrisiken gelten. Und das Bundesverwaltungsgericht ergänzt diese Grundsätze um das Gebot, Unsicherheiten bei der Risikoermittlung und Risikobewertung nach Maßgabe des sich daraus ergebenden Besorgnispotentials durch hinreichend konservative Annahmen Rechnung zu tragen.[207] Nicht nur mit diesem Argument stimmt das Bundesverwaltungsgericht in seinem Wyhl-Urteil mit der »Benzene«-Entscheidung des U. S.-Supreme Court überein.[208] Beide Gerichte betonen darüber hinaus die Verantwortung der Verwaltung festzustellen, wann ein erhebliches Risiko vorliegt.[209] Mangels faßbarer inhaltlicher Kriterien gewinnt damit die Frage der Zuständigkeit zur Bewertung eines Risikos überragende Bedeutung.

202 BVerfGE 49, 89, 137.

203 Zur Beurteilungskompetenz der Exekutive BVerfGE 49, 89, 139f.

204 BVerfGE 49, 89, 138; vgl. auch BVerfGE 77, 170, 224; BVerwGE 55, 250, 254.

205 BVerfGE 49, 89, 142.

206 VG Freiburg, Urt. v. 14.03.1977, DVBl. 1977, S. 363 . – Das läßt sich erreichen durch den Bau inhärent sicherer Reaktoren, die Reduktion des Spaltstoffinventars, schließlich auch die Realisierung des neuen § 7 Abs. 2a AtG.

207 BVerwGE 72, 300, 316 u. Urt. v. 14.1.1998 – 11 C 11.96, Umdruck S. 34f. – beide zum Atomrecht – und BVerwG, DÖV 1996, 514f. zum sog. Elektrosmog.

208 S.o. Fn. 186.

209 Bes. deutlich jetzt im Mülheim-Kärlich Urteil v. 14.1.1998, Umdruck S. 35, wo von einem »Funktionsvorbehalt zugunsten der Genehmigungsbehörde« für den Inhalt der Risikoabschätzung gesprochen wird.

bb. Stand der Technik

Die wichtigste gesetzliche Bestimmung der erforderlichen Schadensvorsorge im deutschen Umweltrecht stellt der auch international verbreitete Hinweis auf das technisch Mögliche dar. Welche Vorkehrungen zur Abwendung der mit Hilfe wissenschaftlicher Erkenntnis bestimmter Risiken zu treffen sind, bestimmt sich nach dem Stand der Technik. Hierunter versteht das Gesetz den

»Entwicklungsstand fortschrittlicher Verfahren, Einrichtungen oder Betriebsweisen, die die praktische Eignung einer Maßnahme zur Begrenzung von Emissionen gesichert erscheinen läßt. Bei der Bestimmung des Standes der Technik sind insbesondere vergleichbare Verfahren, Einrichtungen oder Betriebsweisen heranzuziehen, die mit Erfolg im Betrieb erprobt worden sind.« (§ 3 Abs. 6 BImSchG)

Die wissenschaftliche Erkenntnis dient der Risikoermittlung (s.o. I. 2. c.), während erkannten Risiken durch dem Stand der Technik entsprechende Vorkehrungen zu begegnen ist.[210] Allerdings wird diese theoretische Scheidung der Begriffe in der jüngsten Technikgeschichte durch die Feststellung zunehmender Verzahnung und phasenweiser und wechselseitiger Verschränkungen von Wissenschaft und Technik überlagert.[211]

Demgegenüber versteht das Bundesverfassungsgericht den Begriff Stand von Wissenschaft und Technik im Sinne erhöhter Anforderungen gegenüber dem Stand der Technik. Mit der Bezugnahme auch auf den Stand der Wissenschaft – wie in § 7 Abs. 2 Nr. 3 AtG – übe der Gesetzgeber einen noch stärkeren Zwang dahin aus, daß die rechtliche Regelung mit der wissenschaftlichen und technischen Entwicklung Schritt halte. Es müsse diejenige Vorsorge gegen Schäden getroffen werden, die nach den neuesten wissenschaftlichen Erkenntnissen für erforderlich gehalten werde: »Läßt sie sich technisch noch nicht verwirklichen, darf die Genehmigung nicht erteilt werden; die erforderliche Vorsorge wird mithin nicht durch das technisch gegenwärtig Machbare begrenzt.«[212]

210 Ähnlich *Papier*, Rechtsvorschriften, S. 49f.

211 *Heisenberg*, S. 102ff.; *Stötzel*, S. 104ff.

212 BVerfGE 49, 89, 136. – Abl. auch *Nicklisch*, BB 1983, S. 263ff.; *Wolf*, Stand der Technik, S. 281ff. – Differenzierend auch *Trute*, Risikomanagement,

Dieses Verständnis erscheint schon deshalb als unrealistisch, da kein Fall bekannt ist, in dem mit dieser Begründung eine Genehmigung abgelehnt wurde. Aber auch grundsätzlich erscheint die Entgegensetzung von Wissenschaft und Technik auf der Maßnahmenseite[213] verfehlt, da Vorkehrungen zur – weiteren – Reduzierung von Risiken nur nach Maßgabe des technisch Möglichen in Betracht kommen. Sind solche Vorkehrungen nicht möglich, sind entweder die verbleibenden Risiken als Restrisiko – genauer wäre: Risikorest – hinzunehmen oder, falls die möglichen Vorkehrungen keine oder keine ausreichende Reduzierung des Risikos zu bewirken vermögen, durch ein Verbot der risikoverursachenden Aktivität zu unterbinden. Umgekehrt vermag der Stand der Technik zur Risikoanalyse – von dem praktisch ungemein wichtigen Stand der Analysetechnik einmal abgesehen – nichts beizutragen.

Die technikorientierte Strategie bietet in Risikosituationen erhebliche Vorteile: Sie erlaubt es, Maßnahmen zu treffen, bevor festgestellt wird, welches Ausmaß das Risiko tatsächlich besitzt. Dies gilt sowohl für die Sicherheit einer Anlage als auch für die Schädlichkeit von Stoffen oder Strahlen im Niedrigdosisbereich. Angesichts dieser Ungewißheit über das Ausmaß des Risikos kann zwangsläufig auch keine Klarheit darüber bestehen, welche Vorkehrungen erforderlich sind, um das Risiko zu vermeiden oder auf ein hinnehmbares Maß zu verringern. Statt dessen wird das getan, was technisch machbar ist. Damit kann natürlich auch nicht ausgeschlossen werden, daß die getroffene Maßnahme über das Ziel hinausschießt und damit überflüssige Kosten verursacht. Auf der anderen Seite vermeidet dieses Vorgehen aber das totale Verbot der riskanten Aktivität und nimmt – angesichts der Unsicherheiten unvermeidlich – die verbleibenden Restrisiken in Kauf. Das technikorientierte Vorgehen stellt sich damit als recht grobes Geschütz bei der Bekämpfung von Risiken dar: Es wird

S. 102 f. – Demgegenüber vertritt *R. Breuer*, Die internationale Orientierung von Umwelt- und Technikstandards im deutschen und europäischen Recht, UTR 9 (1989), S. 43 ff., 55 ff. m.umf. Nachw. das Drei-Stufen-Modell des BVerfG und der h.M.

213 Auch im Wortlaut der Umweltgesetze wird vom Stand der Technik eher im Zusammenhang mit Vermeidungstechnologien gesprochen, so in § 5 Abs. 1 Nr. 2; § 22 Abs. 1 Nr. 1 und 2; § 41 Abs. 1; § 48 Abs. 2; § 31 Abs. 1 S. 3 BImSchG.

mit großkalibrigen Granaten in den Nebel geschossen, ohne zu wissen, wie stark der Feind ist, und ohne zu wissen, wie viele von diesem nach dem Beschuß noch übrig geblieben sind.

Die Verwendung von Technikstandards im Umweltrecht ist deshalb wenig überraschend auf Kritik gestoßen. So wird geltend gemacht, daß ein derartiges Vorgehen häufig nicht nur ineffizient, sondern auch ineffektiv sei. Es würden unsinnig hohe Anforderungen gestellt, die unterschiedlich hohen Vermeidungskosten für verschiedene Akteure nicht berücksichtigt, vor allem aber würde die Entwicklung neuer Lösungen geradezu verhindert, weil ein einheitlicher Technikstandard dafür keine Anreize liefere. Diese Kritiker wenden sich damit gegen das Herzstück der sog. »Command and control«-Strategie des Umweltschutzes, die sie durch den Einsatz ökonomischer Instrumente überwinden wollen (s.u. VI. 1.a.).[214]

Von einer ganz anderen Seite wird befürchtet, daß der Stand der Technik deshalb nicht das Mögliche an Risikovermeidung bewirke, weil die Entscheidung über das Erforderliche damit an die Techniker überantwortet werde, die ihre Kenntnisse über den tatsächlichen Stand der Technik im »Schweigekartell der Oberingenieure« zurückhielten.[215] Polemisch wird die Formel »Stand der Technik« gar mit einem impliziten Ermächtigungsgesetz verglichen, mit dem die demokratischen Institutionen »sozusagen ihre eigene Kapitulationsurkunde [unterschreiben] ... und im Glanze ihrer formalen Macht in Sicherheitsfragen an die ›technische Nebenregierung‹ ständisch organisierter Gruppen ab[treten].«[216] Demgegenüber wird auf relativ einfache und gleichmäßige Handhabung sowie die praktischen Erfolge dieses Ansatzes hingewiesen, der vor allem durch die hohen Anforderungen des »Standes der Technik« als der jeweiligen Vorfront des technischen Fortschritts zu ständigen Fortentwicklungen zwinge.[217]

214 Vgl. ferner die Diskussion bei *Bonine/McGarity*, S. 331f.; *Sunstein*, After the Rights Revolution, S. 87f.

215 *K. Messerschmidt*, Umweltabgaben als Rechtsproblem, 1986, S. 60.

216 *Beck*, Gegengifte, S. 191f.

217 *E. Rehbinder/R. Stewart*, Environmental Protection Policy, Berlin 1985, S. 215f. – Bei einer genaueren Betrachtung ist aber das »equity«-Argument erheblich differenzierter zu betrachten, dazu *Th. O. McGarity*, Media-Quality, Technology, and Cost-Benefit Balancing Strategies for Health and Environmental Regulation, Law and Contemporary Problems 46 (1983), S. 159ff., 217ff.

Die Verwendung des Technikstandards dürfte jedenfalls bei dem heutigen Stand der Risikoforschung, genauer: angesichts des heute – und wohl auch auf absehbare Zeit – vorherrschenden Maßes an Ungewißheit unentbehrlich sein. Eindrucksvoll wird dies belegt durch die Umgestaltung qualitätsbezogener Standards für »hazardous air pollutants« im amerikanischen Clean-Air Act (CAA) 1970 zunächst durch die Verwaltung, dann auch durch die Gesetzgebung.[218] In der ursprünglichen Fassung dieses Gesetzes[219] wurde die nationale Umweltbehörde EPA verpflichtet, eine Liste der gefährlichen Luftschadstoffe zu erstellen und für diese quellenbezogene Grenzwerte mit einem »ample margin of safety« für die menschliche Gesundheit festzusetzen.[220] Dieser Standard war in den Fällen praktikabel, in denen ein Schwellenwert für die Schädlichkeit ermittelt werden konnte. Da ein solcher für die meisten gefährlichen Luftschadstoffe, zu denen insbesondere auch *karzinogene* Stoffe gehören, nicht bekannt war, behalf sich EPA, die nicht die Freisetzung einer Vielzahl von Stoffen völlig verbieten wollte, mit einem Trick, indem es in das Erfordernis der »ample margin of safety« Gesichtspunkte der Kosten und der technischen Machbarkeit hineininterpretierte und so zu einer »best available technology«-Regel umformulierte.[221] Nachdem diese Auslegung gerichtlich zu Schwierigkeiten geführt hatte,[222] kam die Standardsetzung des EPA praktisch zum Erliegen.[223]

Diese Schwierigkeiten führten bei der Novellierung des CAA 1990 zu einer vollständigen Umgestaltung des Systems der Rege-

218 Zum folgenden *J. L. McQuaid*, Risk Assessment of Hazardous Air Pollutants Under the EPA‹s Final Benzene Rules and the Clean Air Act Amendments of 1990, Texas Law Rev. 70 (1991), S. 427f.; *J. P. Dwyer*, The Pathology of Symbolic Legislation, Ecology Law Quarterly 17 (1990), S. 233ff.

219 CAA § 112 aus dem Jahre 1970.

220 Scharf abl. *Ruckelshaus*, S. 30: »The Clean Air Act promised absolute protection from airborne carcinogens, but we cannot keep that promise«.

221 Gegen diese gesetzeswidrige Auslegung *H. Latin*, Good Science, Bad Regulation, and Toxic Risk Assessment, Yale Journal on Regulation 5 (1988), S. 89ff., 135ff.

222 *Natural Resource Defence Council, Inc. v. EPA*, U. S. Court of Appeals, District of Columbia, 824 F.2d 1146 (1987).

223 In den 18 Jahren von 1970 bis 1988 waren gerade für acht Stoffe die gesetzlich geforderten Standards aufgestellt worden.

lung der gefährlichen Luftschadstoffe in CAA § 112. Für jede Emissionsquelle hat EPA einen Emissionsstandard auf der Grundlage der »Maximum Achievable Control Technology« (MACT) zu erlassen.[224] Abweichend davon kann EPA bei Stoffen mit Schwellenwerten weiterhin den »ample margin of safety«-Weg wählen.[225] Bei dem neuen MACT-Standard bleibt es aber nicht zwangsläufig. Denn nach einem Zeitraum von mindestens acht Jahren[226] nach Verkündung eines Emissionsstandards für eine bestimmte Quelle muß EPA weitergehende Anforderungen zur Begrenzung des Restrisikos erlassen, wenn dies erforderlich ist, um eine »ample margin of safety« zum Schutz der öffentlichen Gesundheit oder der Umwelt sicherzustellen. Hinter dieser Rückkehr zum »ample margin of safety«-Standard nach mindestens einem Jahrzehnt mag die Hoffnung stehen, daß bis dahin die Unsicherheiten über die Schädlichkeit der im Gesetz genannten gefährlichen Stoffe überwunden sind. Bis dahin soll der MACT-Standard die Wissenslücken überbrücken helfen.[227] Der Technikstandard wird in seiner Funktion als Nothelfer in einer durch Ungewißheit gekennzeichneten Entscheidungssituation klar erkennbar.

Die besondere Leistungsfähigkeit des »harten« Technikstandards gerade bei Entscheidungen unter Unsicherheiten wird freilich gemindert, wenn wirtschaftliche »weiche« Gesichtspunkte Berücksichtigung finden. Dies gilt neben dem erwähnten CAA § 112 für zahlreiche andere U. S.-Umweltgesetze.[228] Inwieweit

224 42 U.S.C.A. § 7412(d)(2) – Das Gesetz führt jetzt selber eine Liste von 189 gefährlichen Stoffen auf, für die EPA Emissionsstandards jeweils für größere Emittenten (ca. 250) festlegen muß.

225 Ebd., § 7412(d)(4).

226 Das ist frühestens nach 11 Jahren, vgl. 42 U.S.C.A. § 7412(f)(2)(C), der Fall.

227 Zu den Zweifeln, ob nicht gleichwohl der MACT- Standard auf Dauer etabliert ist, *McQuaid* (Fn. 218), S. 452 ff.

228 Z. B. Outer Continental Shelf Lands Act Amendments of 1978; Federal Water Pollution Control Act Amendments of 1972, 33 U. S. C. A. § 1314(b)(1) u. (2)(B); CAA § 111: performance standards for new stationary sources. – Allerdings hat die Rechtsprechung in einer Reihe von bedeutsamen Entscheidungen die Zulässigkeit ökonomischer Erwägungen verneint, weil entsprechende gesetzliche Klauseln fehlten, *Lead Industries Association v. EPA*, 647 F.2d 1130 (D.C. Cir. 1980). – *Union Electric Co. v. EPA*, 427 U.S. 246 (1976) u. *Texas v. EPA*, 499 F.2d 289 (5th Cir. 1974), in denen die Festsetzung und Durchsetzung der Ambient Air Quality Standards gem. CAA § 109, 110(a)(2) sogar ohne

der deutsche Standard des Standes der Technik unter Verhältnismäßigkeitsaspekten für wirtschaftliche Gesichtspunkte offen ist, wird kontrovers diskutiert. Wahrscheinlich spielen wirtschaftliche Gesichtspunkte eine größere Rolle als öffentlich zugestanden,[229] doch werden sie nicht ausgewiesen und finden deshalb nur unter der Hand Eingang in den Technikstandard.[230] Es dürfte allerdings darüber Einigkeit bestehen, daß der wirtschaftlichen Vertretbarkeit eine deutlich geringere Bedeutung zukommt als etwa im Gemeinschaftsrecht mit dem Standard des BATNEEC[231] oder des BAT.[232] Der Verhältnismäßigkeitsgrundsatz schließt Aufwendungen zur Erreichung eines bestimmten Vermeidungserfolges aus, wenn diese unangemessen hoch sind; angesichts der Ungewißheiten bei der Bestimmung des Vermeidungserfolges kann es sich hierbei nur um ein krasses Mißverhältnis handeln. Wahrscheinlich unter dem Einfluß des Gemeinschaftsrechts schreibt die Neuregelung in § 7a Abs. 5 WHG i.d.F.v. 1997 ausdrücklich die Berücksichtigung wirtschaftlicher Gesichtspunkte vor.

c. Der Grundsatz der dauerhaft-umweltgerechten Entwicklung

Möglicherweise ergeben sich neue Maßstäbe der staatlichen Umweltverantwortung aus dem Konzept der dauerhaft-umweltgerechten Entwicklung. Dieser Begriff stellt – dem Vorschlag des Sachverständigenrats für Umweltfragen folgend[233] – die deutsche

Rücksicht auf die technische Machbarkeit im Sinne eines »technology forcing« bestätigt wurden. Ferner zu einem vergleichbaren Problem der Standardsetzung nach dem Occupational Safety and Health Act of 1970 für Baumwollstaub *American Textile Manufacturers Institute v. Donovan*, 452 U.S. 490 (1981).

229 Das ist vor allem die These von *Reich*, S. 208 ff.

230 Dies stimmt mit der Annahme von *Viscusi*, S. 165 überein, wonach die Frage der Machbarkeit niemals der Berücksichtigung von Kostengesichtspunkten entrinnen kann.

231 Industrieanlagen-Richtlinie 84/360/EWG: Best Available Techniques Not Entailing Excessive Cost.

232 IVU-Richtlinie 96/61/EG; dazu *Steinberg/Koepfer*, S. 978 ff. m. umf. Nachw. zu beiden Standards.

233 *SRU*, Umweltgutachten 1994, Rn. 5 f.

Übersetzung des in der internationalen Diskussion entwickelten Konzepts des *sustainable development* dar. Dieses geht zurück auf den Bericht »Our Common Future«, den die *World Commission on Environment and Development* – nach deren Vorsitzendem Brundtland-Kommission genannt – im Auftrag der Vollversammlung der Vereinten Nationen 1987 vorgelegt hat. Diese Forderung nach einem sustainable development wurde aufgenommen in der »Agenda 21« der Rio- Konferenz 1992, die ein politisches Aktionsprogramm zur Umsetzung der Rio-Deklaration, insbesondere zur Implementierung des Prinzips »sustainable development« auf dem Gebiet der Entwicklungs- und Umweltkooperation darstellt.[234] Seitdem beherrscht dieser Begriff auch die deutsche umweltrechtliche Diskussion. Hier ist zu untersuchen, ob es sich bei ihm um einen rechtlichen Grundsatz handelt und welcher Inhalt ihm gegebenenfalls zukommt.

Im Bericht der Brundtland-Kommission wird sustainable development definiert als »development that meets the needs of the present without compromising the ability of future generations to meet their own needs«.[235] Der Begriff enthalte zwei Schlüsselelemente: einmal das Konzept der »Bedürfnisse«, insbesondere der wesentlichen Bedürfnisse der Armen der Welt, denen die überragende Priorität eingeräumt werden soll; zum anderen die Idee der Begrenzung, keiner absoluten Grenzen, sondern Begrenzungen, die sich im Hinblick auf die Ressourcen der Umwelt ergäben aus dem gegenwärtigen Stand der Technologie und der sozialen Organisation sowie aus der Fähigkeit der Biosphäre, die Auswirkungen der menschlichen Aktivitäten zu absorbieren.[236] Aus diesem Zusammenhang wird deutlich, daß es ganz wesentlich um ökonomisches Wachstum geht, ein Wachstum freilich, das gerecht verteilt wird und das nicht die Bedürfnisbefriedigung künftiger Generationen in Frage stellt. Das Konzept des sustainable development erweist sich damit als umfassendes

234 *H. Hohmann*, Ergebnisse des Erdgipfels von Rio, NVwZ 1993, S. 311 ff., 314 f.; *U. Beyerlin*, Rio-Konferenz 1992: Beginn einer neuen globalen Umweltrechtsordnung?, ZaöRV 54 (1994), S. 124 ff., 134 f., 139 f.

235 *World Commission on Environment and Development*, Our Common Future, Oxford/New York, 1987, S. 43.

236 *World Commission on Environment and Development* (Fn. 235), S. 43 u. S. 8.

politisches Programm zur Bewältigung der grundlegenden heutigen Probleme der Menschheit. Dabei stellt die Nachhaltigkeit der Nutzung der Umweltgüter (sustainability) nur einen, wenngleich einen zentralen Aspekt des Konzeptes dar. Zusammengefaßt wird sustainable development definiert als »a process of change in which the exploitation of resources, the direction of investments, the orientation of technological development, and institutional change are all in harmony and enhance both current and future potential to meet human needs and aspirations.«[237] Dem Recht allein wird bei der Realisierung des Konzeptes nur eine eingeschränkte Rolle zugemessen.[238] Auch dies verdeutlicht, daß sustainable development verstanden wird nicht als Rechtsgrundsatz, sondern als keinesfalls eindeutiges[239] politisches Programm zu einer grundlegenden Umgestaltung der Wirtschafts- und Sozialordnung auf internationaler und nationaler Ebene.

Schon die Herkunft des Begriffs der dauerhaft-umweltgerechten Entwicklung läßt deshalb seine Qualifizierung als Rechtsgrundsatz des Umweltrechts eher zweifelhaft erscheinen. Als solcher findet er sich auch nicht im EGV, der in den letzten Jahren immer stärker das Umweltrecht der Mitgliedstaaten geprägt hat.[240] Darüber hinausgehend soll der »Grundsatz der nachhaltigen Entwicklung« nach dem Vertrag von Amsterdam Eingang in den EUV und den EGV finden.[241] Im deutschen Umweltrecht wird der Begriff bislang nicht als eigenständiger Rechtsgrundsatz, sondern als »ressourcenspezifische Ausprägung des Vorsorgeprinzips« verstanden.[242] In diesem Sinne läßt

237 Ebd., S. 46.

238 Ebd., S. 63.

239 Eine Übersicht über die unterschiedlichen Deutungsmöglichkeiten des »ethisch-politischen« Begriffs findet sich bei *U. Brösse*, Dauerhafte, umweltgerechte Raumentwicklung, in dem gleichnamigen »Arbeitsmaterial« der Akademie für Raumforschung und Landesplanung, 1994, S. 24ff.

240 *N. Haigh/R. A. Kraemer*, »Sustainable Development« in den Verträgen der Europäischen Union, ZUR 1996, S. 239ff. – Dem widerspricht nicht, daß das Fünfte Aktionsprogramm der EG-Kommission aus dem Jahre 1992 den Titel trägt: »Für eine dauerhafte und umweltgerechte Entwicklung«, ABl. 1993 Nr. C 138, S. 1ff.

241 So in dem 7. Erwägungsgrund der Präambel EUV; Art. B EUV; Art. 2 EGV; Art. 3 d EGV.

242 *M. Schröder*, »Nachhaltigkeit« als Ziel und Maßstab des deutschen Umweltrechts, WiVerw 1995, S. 65ff., 73 – auch zum folgenden –; ähnlich *Kloepfer*,

er sich im Recht des Naturschutzes und der Landschaftspflege (etwa § 1 Abs. 1 u. § 2 Abs. 1 Nr. 3 BNatSchG), insbesondere auch im Forstrecht – wohl der ältesten Quelle des Nachhaltigkeitsgedankens beim Umgang mit natürlichen Ressourcen[243] – sowie im Gewässer- und Bodenschutzrecht nachweisen.

Insoweit mag es zutreffen, wenn neuerdings die Bundesregierung in ihrem Bericht »Auf dem Weg zu einer nachhaltigen Entwicklung in Deutschland« vom 19. Februar 1997 feststellt, in Deutschland sei das Prinzip der Nachhaltigkeit 1994 mit der Staatszielbestimmung Umweltschutz in Art. 20a GG in der Verfassung verankert worden.[244] Im Bericht der Gemeinsamen Verfassungskommission wird unter Hinweis auf die Formulierung »Verantwortung auch für die künftigen Generationen« der dynamische, auf die künftige Gestaltung sozialer Lebensverhältnisse zielende Gehalt von Staatszielen ohnehin hervorgehoben. Zum anderen wird betont, daß die natürlichen Lebensgrundlagen nicht nur für die lebende Generation, sondern auch für die nachfolgenden Generationen von existentieller Bedeutung seien.[245] Für ein weiteres Verständnis im Sinne einer Inkorporierung des Konzepts des »sustainable development« insgesamt lassen sich weder aus dem Wortlaut noch der Entstehungsgeschichte irgendwelche Anhaltspunkte finden, ganz abgesehen von der Frage, ob denn das Sustainability-Konzept auch in einem rechtliche Sinne hinreichend bestimmt ist.[246]

Umweltrecht, § 3 Rn. 23; *E. Rehbinder*, Allgemeines Umweltrecht, in: Grundzüge des Umweltrechts, hrsg. v. J. Salzwedel, 1982, S. 89; *ders.*, Ziele, Rn. 60ff. und *Kloepfer/Rehbinder/Schmidt-Aßmann*, S. 135, in ihren Erläuterungen zu § 3 Abs. 2 S. 1 Nr. 1: »Weiterhin ist sicherzustellen, daß Naturgüter, soweit sie sich nicht erneuern, sparsam genutzt werden und der Verbrauch sich erneuernder Naturgüter so gesteuert wird, daß sie auf Dauer zur Verfügung stehen.«

243 *W. Winkler*, Art. »Nachhaltigkeit«, in: Handwörterbuch des Umweltrechts, hrsg. von Kimminich u. a., II. Band, 2. Aufl., 1994, Sp. 1427ff.; differenziert die ökonomischen und ökologischen Dimensionen des Nachhaltigkeitsbegriffs sowie seine Abhängigkeit von dem sich wandelnden sozialen Normen- und Wertesystem darstellend *K.-R. Volz*, Sustainable development zwischen Rio und Brüssel, Stadt und Gemeinde 1996, S, 421 ff.

244 Vgl. Umwelt 1997, S. 135.

245 BT-Drs. 12/6000, S. 67.

246 Das gilt auch für den gelegentlich im Zusammenhang mit Art. 20a GG genannten »ökologischen Mindeststandard«, der eher als Ausdruck politischer Entscheidung denn gerichtlicher Erkenntnis bestimmbar erscheint. Dasselbe gilt für ein angebliches ökologisches Verschlechterungsverbot, so *Murswiek*, NVwZ

Mit dem Sachverständigenrat für Umweltfragen sollte deshalb das Konzept der dauerhaft-umweltgerechten Entwicklung als »Leitkonzept für die Umwelt*politik* der Zukunft« verstanden werden. In ihm verbinde sich die Einsicht, daß ökonomische, soziale und ökologische Entwicklungen nicht voneinander abgespalten und gegeneinander ausgespielt werden dürften. Solle menschliche Entwicklung auf Dauer gesichert sein, seien diese drei Komponenten als eine immer neu herzustellende notwendige, wenngleich konfliktträchtige Einheit anzusehen.[247] Daß es sich bei der Umsetzung des Sustainability-Konzepts um ein *umfassendes politisches Programm* handelt, zeigt auch der erwähnte Bericht der Bundesregierung. Für die inhaltliche Entwicklung und Implementierung eines derartigen Programms vermag Art. 20a GG – zusammen mit anderen z.T. gegenläufigen Bestimmungen des Grundgesetzes – allenfalls gewisse Direktiven zu setzen, vor allem aber den Rahmen abzustecken. Wie das von der Bundesregierung ausgemachte »Zieldreieck der Nachhaltigkeit« mit den Eckpunkten der Ökonomie, der Ökologie und der sozialen Sicherheit in den verschiedenen Politikbereichen Wirtschaft, Energie, Verkehr, Landwirtschaft, Raum- und Siedlungsentwicklung, Tourismus, Gesundheit, Forschung und technologische Entwicklung, Umweltbildung, öffentliche Verwaltung und Streitkräfte und der internationalen Zusammenarbeit im Sinne einer »untrennbaren Einheit« realisiert werden kann,[248] läßt sich nur von der Politik politisch entscheiden. Ob das Konzept der dauerhaft-umweltgerechten Entwicklung hierfür operationable Kriterien liefern kann, wird von der Ökonomie skeptisch gesehen.[249] Das schließt freilich nicht aus, daß das Konzept

1996, S. 226f. So sympathisch ein derartiger Grundsatz auch wirkt, eine Begründung für die Unmöglichkeit veränderter Prioritätensetzung der politischen Organe, insbesondere des Gesetzgebers, liefert er nicht.

247 *SRU*, Umweltgutachten 1994, Rn. 6f.; ähnlich *Schröder* (Fn. 242), S. 78. – Von einem derartigen umfassenden »Leitbild zur Politik einer nachhaltig zukunftsverträglichen Entwicklung« geht auch die Enquete- Kommission »Schutz des Menschen und der Umwelt« des 13. Deutschen Bundestages aus, vgl. Konzept Nachhaltigkeit, Zur Sache 1/97, S. 22ff.

248 Bericht der Bundesregierung (Fn. 244), S. 135ff., 136; zu einem derartigen politischen Konzept aus ökonomischer Sicht *R. Kurz*, Innovationen für eine zukunftsfähige Entwicklung, in: Aus Politik und Zeitgeschichte, B 7/1996, S. 14ff.

249 *P. Klemmer*, Sustainable Development. Die wirtschafts- und gesellschafts-

der Sustainability im Sinne der Ressourcenökonomie den Blick für die Probleme der Nachhaltigkeit der Nutzung natürlicher Ressourcen schärft[250] und dadurch auch zur Fortentwicklung der entsprechenden rechtlichen Regelungen, sei es durch deren Interpretation[251], sei es durch deren Novellierung, beiträgt.

politische Perspektive: Ressourcen- und Umweltschutz um jeden Preis?, in: Dauerhafte, umweltgerechte Raumentwicklung, hrsg. v. Akademie für Raumforschung und Landesplanung, 1994, S. 188ff., 191, der befürchtet, daß der Begriff Tür und Tor für eine unter ökonomischen und ordnungspolitischen Aspekten problematische Fehlentwicklung öffnet – Skeptisch aus ökologischer Sicht *W. Haber*, Nachhaltige Entwicklung – aus ökologischer Sicht, ZAU 1994, S. 9ff., 13: »neues Schlagwort«; eingehender *ders.*, »Sustainability« und »Sustainable Development« ökologisch kommentiert, in: Für eine dauerhafte und umweltgerechte Entwicklung, Amt für amtliche Veröffentlichungen der Europäischen Gemeinschaften, 1997, S. 156ff.

250 In diesem Sinne hilfreich die Formulierung »grundlegender Regeln« durch die Enquete-Kommission »Schutz des Menschen und der Umwelt«, (Fn. 247), S. 25:

»(1) Die Abbaurate erneuerbarer Ressourcen soll deren Regenerationsrate nicht überschreiten. Dies entspricht der Forderung nach Aufrechterhaltung der ökologischen Leistungsfähigkeit, d. h. (mindestens) nach Erhaltung des von den Funktionen her definierten ökologischen Realkapitals.

(2) Nicht erneuerbare Ressourcen sollen nur in dem Umfang genutzt werden, in dem ein physisch und funktionell gleichwertiger Ersatz in Form erneuerbarer Ressourcen oder höherer Produktivität der erneuerbaren sowie der nichterneuerbaren Ressourcen geschaffen wird.

(3) Stoffeinträge in die Umwelt sollen sich an der Belastbarkeit der Umweltmedien orientieren, wobei alle Funktionen zu berücksichtigen sind, nicht zuletzt auch die ›stille‹ oder empfindliche Regelungsfunktion.

(4) Das Zeitmaß anthropogener Einträge bzw. für Eingriffe in die Umwelt muß im ausgewogenen Verhältnis zum Zeitmaß der für das Reaktionsvermögen der Umwelt relevanten natürlichen Prozesse stehen.«

251 Zum Verständnis als »Auslegungs- und Ermessensrichtlinie« *Rehbinder*, Ziele, Rn. 60.

4. Grenzen der Staatsverantwortung

a. Umweltverantwortung und Freiheit des Einzelnen

aa. Umweltschutz im System grundrechtlicher Freiheiten und Schranken

Zu den Freiheiten des Einzelnen gehören auch solche Aktivitäten, die mit Umweltbeeinträchtigungen verbunden sind. Hierzu zählen einmal Unternehmungen der Urproduktion – Landwirtschaft, Bergbau – ebenso wie des Gewerbes und der Industrie, des Verkehrs und von Dienstleistungen,[252] zum anderen aber auch nicht-produktionsbezogene, d. h. konsumtive Betätigungen Privater wie das Wohnen unter Einschluß des damit verbundenen Ressourcenverbrauchs (Boden, Energie, Wasser), der Verkehr, der Ge- und Verbrauch von Gütern und Dienstleistungen. Diese Erscheinungsformen menschlichen Verhaltens werden durch die Grundrechte der Verfassung geschützt. Sie fallen – ohne daß es hier auf die Abgrenzung im einzelnen ankäme – in die Schutzbereiche der Berufs- und Gewerbefreiheit (Art. 12 Abs. 1 GG), der Eigentumsgarantie (Art. 14 GG) und der allgemeinen Handlungsfreiheit (Art. 2 Abs. 1 GG). Eingeschlossen in die grundrechtlichen Freiheiten sind dabei nicht nur die genannten Aktivitäten als solche, sondern auch die mit ihnen mehr oder weniger notwendig verbundenen Emissionen, die Eingriffe in Natur und Landschaft sowie die Inanspruchnahme von Ressourcen – vor allem Boden, Energie und Rohstoffe –, soweit diese nach den Regeln der grundsätzlich privaten Güterordnung verfügbar sind. Mit anderen, unter Umständen äußerst tiefgreifenden Eingriffen in die natürlichen Grundlagen des Lebens überhaupt können Aktivitäten des Menschen verbunden sein (s. o. I. b.), die durch die Forschungsfreiheit des Art. 5 Abs. 3 S. 1 GG geschützt werden.

252 In diesem grundsätzlichen Zusammenhang kann die kontroverse Frage der Grundrechtsfähigkeit von Energieversorgungsunternehmen als Randproblem dahinstehen. Grundsätzlich ablehnend: BVerfG (3. K., 1. Sen.), JZ 1990, 335; *G. Roller*, Genehmigungsaufhebung und Entschädigung im Atomrecht, 1994, S. 147 ff.; bejahend *S. Hartung*, Die Atomaufsicht, 1992, S. 54 ff.

Die Grundrechte sind damit nicht nur grundsätzlich blind für die in ihrem Rahmen verfolgten Zwecke, sondern zunächst einmal auch für Beeinträchtigungen von Belangen der Allgemeinheit oder Dritter als Folge des grundrechtlich geschützten Verhaltens der Einzelnen. Damit etablieren die Grundrechte allerdings nicht das Gesetz des Dschungels. Der Schutz derartiger Belange ist jedoch angewiesen auf »Eingriffe« des Gesetzgebers, durch die dieser den grundrechtlich geschützten Aktivitäten Schranken zieht. Zu diesen Begrenzungen zum Schutze von Umweltgütern wird der Gesetzgeber vor allem durch die grundrechtlichen Gesetzesvorbehalte (Art. 2 Abs. 1 GG: »verfassungsmäßige Ordnung«; Art. 12 Abs. 1 Satz 2 GG; Art. 14 Abs. 1 Satz 2 in Verbindung mit Abs. 2 GG), soweit solche – wie etwa bei der Wissenschaftsfreiheit des Art. 5 Abs. 3 S. 1 GG – fehlen, durch verfassungsimmanente Schranken auf der Ebene der Verfassung[253] ermächtigt. Eine derartige für den Umweltschutz wichtige Schranke stellt neuerdings die Staatszielbestimmung Umweltschutz in Art. 20a GG dar. Auch die Grundrechte des Grundgesetzes stehen deshalb unter einem – wenngleich nicht ausdrücklichen – ökologischen Vorbehalt. Das Wohl der Allgemeinheit, dem der Gebrauch des Eigentums dienen soll (Art. 14 Abs. 2 S. 2 GG), wird jetzt durch die Verpflichtung auf die natürlichen Lebensgrundlagen in Art. 20a GG konkretisiert. Die Sozialpflichtigkeit des Eigentums wird um die »Naturpflichtigkeit« (*Meyer-Abich*) erweitert.[254] Und dieselbe Rechtslage wie nach der ausdrücklichen verfassungsrechtlichen Regelung in Brandenburg, wonach »Forschungen ... gesetzlichen Beschränkungen [unterliegen], wenn sie geeignet sind, ... die natürlichen Lebensgrundlagen zu zerstören (Art. 31 Abs. 2)«,[255] besteht unter dem Grundgesetz, wo sich die Begrenzungsmöglichkeit der Forschungsfreiheit des Art. 5 Abs. 3 S. 1 GG aus Art. 20a GG ergibt.[256]

253 Grundlegend BVerfGE 30, 173, 193; vgl. noch BVerfGE 81, 278, 292f.; 83, 130, 139f.

254 Ausdrücklich in Art. 31 Abs. 2 S. 2 SächsVerf. und Art. 8 Abs. 2 S. 2 VerfSachsen-Anhalt.

255 Ähnlich Art. 7 Abs. 2 VerfMecklV.

256 BVerwG, DVBl. 1995, 1008 u. NJW 1996, 1163.

Zu derartigen gesetzlichen »Eingriffen« in die Freiheitsrechte der »Umweltnutzer« ist der Gesetzgeber nicht nur berechtigt, sondern – wie sich aus den grundrechtlichen Schutzpflichten und der Staatszielbestimmung Umweltschutz ergibt (s.o. 2. b.) – auch verpflichtet. Die gesetzliche Regelung stellt damit das Mittel dar, die grundrechtlich geschützten Interessen der »Umweltnutzer« mit den gleichfalls grundrechtlich geschützten »Umwelt«interessen Dritter und den als Staatsziel gewährleisteten Umweltgütern nach den Grundsätzen der praktischen Konkordanz verhältnismäßig zuzuordnen.[257]

Diesem System grundrechtlicher Freiheiten liegt das rechtsstaatliche Verteilungssystem zugrunde, das mit der Entstehung der modernen Verfassung verbunden ist. Diese beruht auf dem Sozialmodell einer Trennung von Staat und Gesellschaft, wobei jener grundsätzlich begrenzt, diese aber grundsätzlich frei ist.[258] Dieses Prinzip wird zunehmend mit dem Ziel seiner grundlegenden Umkehrung in Frage gestellt. Damit wird in der Tat »die Unterscheidung von Freiheitsrechten und Zwangsregulierungen zum herrschenden Schema des jurististischen Umweltdiskurses.«[259]

bb. Immanente Begrenzung der grundrechtlichen Schutzbereiche?

Der Ausgleich der Umweltnutzerinteressen mit den kollidierenden Umweltinteressen Dritter oder der Allgemeinheit ließe sich aber möglicherweise nicht erst über die Schranken, sondern bereits auf der Schutzbereichsebene erreichen. Eine derartige Auffassung wird von den »Immanenzlehren« vertreten, denen zufolge ein Verhalten, das Rechte anderer verletzt, von vornherein nicht in den Schutzbereich der thematisch einschlägigen Grundrechte fällt.[260] Allerdings soll die Schutzbereichsbegrenzung, ob-

257 *Hesse*, Grundzüge, Rn. 317ff.

258 Zu der Entstehung dieses Verteilungsprinzips *Grimm*, Zukunft, S. 45ff.; vgl. auch *Schlink*, EuGRZ 1984, S. 467 unter Berufung auf *Schmitt*, Verfassungslehre, S. 126.

259 *Luhmann*, Kommunikation, S. 132.

260 *G. Dürig*, in: *Th. Maunz/G. Dürig/R. Herzog*, Grundgesetz-Kommentar, Stand Oktober 1996, Art. 2 Abs. 1, Rn. 73; *Isensee*, Handbuch des Staatsrechts V, § 111 Rn. 171ff., 176; *H.H. Klein*, S. 491; in diese Richtung auch *Hesse*, Grund-

wohl kein Eingriff, doch an rechtsstaatliche Anforderungen, insbesondere den Vorbehalt des Gesetzes gebunden sein.[261] Zudem soll die verfassungsunmittelbare Beschränkung auf »evidente« Verletzungen von Grundrechten anderer beschränkt bleiben. Darunter läßt sich etwa die Ausübung körperlicher Gewalt verstehen; auch nach dieser Auffassung sollen dagegen komplexere Fälle wie der Betrieb einer potentiell umweltgefährdenden Anlage weiterhin in den Schutzbereich der Grundrechte fallen.[262]

Dieser Spielart der Immanenzlehren verwandt sind Auffassungen, die im Ergebnis ebenfalls zur Ausklammerung umweltbelastender Aktivitäten aus dem Schutzbereich führen. Ihnen zufolge sind derartige Tätigkeiten nicht grundsätzlich frei und geschützt, sondern bedürfen einer gesetzlichen Erlaubnis. Diese Ansicht liegt etwa der Gen-Technik-Entscheidung des Hessischen Verwaltungsgerichtshofs vom 6. November 1989 zugrunde, in der die Produktion einer Anlage, in der mit gentechnisch veränderten Organismen umgegangen wurde, ohne ausdrückliche gesetzliche Zulassung verboten wurde.[263] Auch hinter diesem Beschluß stehen grundsätzliche Erwägungen über das Verhältnis der kollidierenden Grundrechte der »Produzenten« und der »Betroffenen«: Das herkömmliche Prinzip grundsätzlicher Freiheit verstanden als Abwehrprinzip lasse in dieser Situation die grundrechtliche Abwehrdimension der »Risikoproduzenten« wirken, so daß die Schutzwirkung der Grundrechte anderer – der »Risikoadressaten«- ohne Gesetz praktisch auf Null reduziert werde. Ein »Schutzprinzip« hingegen – wie es der VGH

züge, Rn. 312. – Ähnlich für das Verhältnis von Wissenschaftsfreiheit und Tierschutz *D. Lorenz*, Wissenschaft darf nicht alles! Zur Bedeutung der Rechte anderer als Grenze grundrechtlicher Gewährleistung, in: FS f. Lerche, Wege und Verfahren des Verfassungslebens, hrsg. von P. Badura et.al., 1993, S. 267ff., 270f.; *H.-G. Kluge*, Grundrechtlicher Freiraum des Forschers und ethischer Tierschutz, NVwZ 1994, S. 869ff., 872.

261 *Isensee*, Handbuch des Staatsrechts V, § 111, Rn. 179: Vorbehalt des Gesetzes als grundrechtsunabhängiger rechtsstaatlicher Schutz; *H.H. Klein*, S. 491; *Lübbe-Wolff* (Fn. 168), S. 88 weist allerdings darauf hin, daß mit diesem objektiv-rechtlichen Gesetzesvorbehalt aber die gerichtliche Kontrollmöglichkeit für den Betroffenen und damit eine wesentliche Schutzwirkung entfällt.

262 *Isensee*, Handbuch des Staatsrechts V, § 111, Rn. 176, 180; ähnlich *P. Preu*, Freiheitsgefährdung durch die Lehre von den grundrechtlichen Schutzpflichten, JZ 1991, S. 265ff., 266 Fn. 9.

263 NVwZ 1990, 276ff.

Kassel versteht – will in einer gesetzesfreien Situation die Schutzwirkung der Grundrechte verwirklicht sehen, so daß die Abwehrdimension zurücktritt.[264] Dies wird auch verfassungsrechtlich begründet. So fordere das Prinzip der grundsätzlichen (Abwehr-)Freiheit rechtsstaatliche Anforderungen einseitig nur für die Abwehrdimension der Grundrechte und ordne diese Grundrechtsfunktion der Schutzfunktion generell über. Der Vorrang unternehmerischer Aktivität werde fälschlich als »quasi-natürlich« vorgegeben dargestellt, obwohl er systembedingt sei.[265] Nach dem Abwehrprinzip würden Grundrechte in ihrer Schutzfunktion von vornherein, also gerade verfassungsimmanent, als durch die Handlungsfreiheit anderer gemindert gesehen.

Dadurch würde der »status aggressivus privatus« privilegiert, weil er allein als negatorischer Anspruch und damit als freiheitlicher Regelfall eingeordnet würde, während der »status defensivus privatus« des Bürgers, der die Folge der Aktivitäten Dritter zu spüren bekomme, als sozialstaatlich disqualifiziert und damit nicht zur vorgegebenen Regel, sondern erst herstellungsbedürftig würde.[266] Dementsprechend müsse das Verhalten des Privaten als Eingriff angesehen werden, der einen Duldungsanspruch[267] oder eine Ermächtigungsgrundlage[268] erfordere, um zulässig zu sein.[269]

264 *J. Isensee*, Das Grundrecht auf Sicherheit, 1983, S. 43f. sieht dies als »verfassungsrechtliches Dilemma« an, fordert aber weiterhin die Einhaltung verfassungsrechtlicher Anforderungen an Grundrechtseingriffe, S. 42f., so daß die Abwehrdimension weiter vorherrscht.
265 *Hofmann*, Entsorgung, S. 322f.
266 *D. Suhr*, Die Freiheit vom staatlichen Eingriff als Freiheit zum privaten Eingriff?, JZ 1980, S. 166ff., 167.
267 *Suhr* (Fn. 266), S. 174.
268 So wohl *J. Bizer*, VGH Kassel stoppt Gentechnik, KJ 1990, S. 127, der dem VGH zustimmt und eine »ausreichende gesetzliche Ermächtigungsgrundlage« für die (private!) Nutzung der Gentechnik für erforderlich hält. – Ähnlich *Murswiek*, Staatliche Verantwortung, S. 89ff. ; diesem folgend *Bock*, S. 146ff.
269 Ähnliche Überlegungen, auch die Handlungen Privater als »Quasi-Eingriffe« in die Grundrechte anderer einzuordnen, gibt es bei *R. Dreier*, Forschungsbegrenzung als verfassungsrechtliches Problem, DVBl. 1980, S. 471ff., 473; die Ausübung vorbehaltlos gewährleisteter Grundrechte soll nicht nur durch Rechtsgüter, sondern auch durch Rechtsgrundsätze mit Verfassungsrang wie das Verhältnismäßigkeitsprinzip beschränkt werden können. Auch bei *Dreier* soll diese Beschränkung durch Gesetz umgesetzt werden. Gegen diese eingriffserweiternde »Drittwirkung des Verhältnismäßigkeitsgrundsatzes« *M.*

Diese Konstruktion ist mit dem System grundrechtlicher und rechtsstaatlicher Sicherungen der Verfassung unvereinbar. Denn da das Totalverbot einer Aktivität, die selbst der VGH Kassel als grundsätzlich grundrechtlich geschützt ansieht, nicht als Eingriff behandelt wird, werden die rechtsstaatlichen Anforderungen für Grundrechtseingriffe unterlaufen.[270] So wird weder der Vorbehalt des Gesetzes erfüllt[271] noch das Verbot einer Verhältnismäßigkeitsprüfung unterworfen.[272] Die Situation ist als Ergebnis der Unbestimmtheit der Regelung durch ein erhebliches Maß an Rechtsunsicherheit gekennzeichnet: Denn es ist nicht erkennbar, ab welcher Gefahrenschwelle die Nachbargrundrechte in ihrer Schutzfunktion über den Betreibergrundrechten in ihrer Abwehrfunktion stehen sollen.[273] Diese Unsicherheit macht auch der VGH Kassel deutlich, wenn er das Verbot mit den »weitreichenden Auswirkungen auf die Menschen« begründet.[274] Ferner läßt diese Sichtweise die Schutzfunktion des Art. 19 Abs. 1 GG, der in der Rechtsprechung des Bundesverfassungsgerichts ohnehin nur noch geringe Bedeutung zukommt, weiter zurücktreten;[275] sie führt schließlich zu einer Aufhebung des Unterschieds zwischen Aufgaben- und speziellen Befugnisnormen.[276]

Durch diese verfassungsunmittelbare Begrenzung verlören also die Grundrechte ihre rechtsstaatliche Schutzfunktion,[277]

Kloepfer, Tierversuchsbeschränkungen und Verfassungsrecht, JZ 1986, S. 205 ff., 210f.; *A. Lübbe*, Hat der Tierschutz Verfassungsrang?, NuR 1994, S. 469ff., 470; VG Berlin, NVwZ-RR 1994, 506ff., 509.

270 Die Konsequenzen werden besonders deutlich bei *B. Braczyk*, Rechtsgrund und Grundrecht, 1996, S. 140: der Schutz eines Bürgers vor Übergriffen anderer Bürger durch eine Behörde sei stets zulässig, da der Eingriffsvorbehalt der Grundrechte in diesen Fällen leerlaufe.

271 *A. Bleckmann*, Staatsrecht II – Grundrechte, 1997, § 12 Rn. 30; *Wahl/Masing*, S. 555; *Preu* (Fn. 262), S. 268; *G. Hirsch*, Keine Gentechnik ohne Gesetz?, NJW 1990, S. 1445 ff., 1445 f.; *H. Sendler*, Gesetzes- und Richtervorbehalt im Gentechnikrecht, NVwZ 1990, S. 232ff., 235; *R. Enders*, Neubegründung des öffentlich-rechtlichen Nachbarschutzes aus der grundrechtlichen Schutzpflicht, AöR 115 (1990), S. 610ff., 619f.; *Alexy*, S. 263.

272 *Kloepfer*, Umweltrecht, § 2 Rn. 31; *Sendler* (Fn. 271), S. 235.

273 *Wahl/Masing*, S. 555; *Preu* (Fn. 262), S. 266f.

274 NVwZ 1990, S. 277.

275 *Dietlein*, S. 69.

276 *Wahl/Masing*, S. 555; *Dietlein*, S. 68.

277 *W. Graf Vitzthum*, Gentechnik und Grundrechtsschutz, VBlBW 1990, S. 48ff.; *Bleckmann* (Fn. 271), § 12 Rn. 30.

weil ihre Begrenzung nicht mehr rechtfertigungsbedürftig – der Hinweis auf entgegenstehende Grundrechte genügte – und nicht mehr überprüfbar wäre.[278] Es sprechen deshalb auch ganz praktische Gründe für die Beibehaltung der herrschenden Meinung: Die Schrankendogmatik stellt in Form von formellen Voraussetzungen und inhaltlichen Argumentationslasten und Abwägungsregeln ein äußerst differenziertes Instrumentarium zur Bewältigung grundrechtlicher Konfliktsituationen zur Verfügung, auf das nicht ohne erhebliche Einbußen an Rationalität, Differenzierungsvermögen und juristischer Praktikabilität verzichtet werden kann.[279]

Die Ansicht immanenter Grundrechtsschranken ist aber auch wegen der mit ihr verbundenen Kompetenzverschiebungen abzulehnen: Denn da Voraussetzung eines Tätigkeitverbots nicht ein Akt des Gesetzgebers wäre, müßten Verwaltung und Gerichte[280] unmittelbar anhand der Verfassung feststellen, ob eine Tätigkeit grundrechtlich geschützt ist oder ob nicht das Schutzgrundrecht eines anderen Vorrang beansprucht und die Tätigkeit daher bis zum Erlaß eines Gesetzes verboten ist, wie es der VGH Kassel angenommen hat. Damit wird aber von den Fachgerichten nicht nur in die Kompetenz des unmittelbar demokratisch legimierten Gesetzgebers eingegriffen, sondern auch in die Verwerfungskompetenz des Bundesverfassungsgerichts, das allein feststellen kann, daß ein Gesetz keinen ausreichenden Schutz bietet und vom Gesetzgeber nachgebessert werden muß.[281]

Die Auffassung von den immanenten Grundrechtsschranken übersieht aber vor allem auch den strukturellen Unterschied zwischen der Abwehr- und der Schutzfunktion. Der Abwehranspruch ist ein Bewahranspruch, der ein ganz bestimmtes staatliches Verhalten zum Anspruchsinhalt hat, nämlich die Unterlassung des Eingriffs. Der Schutzanspruch richtet sich dagegen –

278 *Kloepfer*, Umweltrecht, § 2 Rn. 34.

279 Hierzu grundsätzlich *M. Morlok*, Selbstverständnis als Rechtskriterium, 1993, S. 400f. ; vgl. auch *Alexy*, S. 286 und die eingehende Kritik von *W. Sandner*, Investitionserleichterung und kommunale Planungshoheit, 1997, S. 99ff.

280 So deutlich *Braczyk* (Fn. 270), S. 127f., der in »kontroversen Fällen« die gesetzesfreie Abwägung zwischen Betreiber- und Nachbarinteressen den Gerichten überlassen will.

281 *Preu* (Fn. 262), S. 270; *J.Fluck*, Grundrechtliche Schutzpflichten und Gentechnik, UPR 1990, S. 81ff., 83.

wie oben 2. b.dd. u. unten IV. 2. b. ausgeführt – auf ein unbestimmtes Verhalten, die Herstellung von Schutz mit einem von mehreren möglichen Mitteln. Dafür ist staatliches Handeln nötig, nämlich ein Eingriff in Grundrechte anderer. Der staatliche Eingriff, der als Anwendung der staatlichen Machtmittel eine andere Qualität hat als ein »privater Eingriff«, wird aber aus allen rechtsstaatlichen Anforderungen entlassen, wenn das »rechtsstaatliche Verteilungsprinzip«[282] nicht mehr gilt. Dieses Prinzip verteilt die Argumentations- und Rechtfertigungslast auf die Seite des Staates, der Regelungen trifft, um Schutzpflichten des einen zu genügen, und dabei die Abwehrrechte anderer einschränkt.[283] Grundrechtliche Schutzpflichten können ebensowenig wie die Staatszielbestimmung Umweltschutz derartige Regelungen ersetzen; sie stellen keine Eingriffsermächtigung als solche dar.[284] Ob etwas anderes im Sinne einer »Notkompetenz« der Verwaltung und der Gerichte jedenfalls für eine Übergangszeit gilt, wenn Grundrechte Dritter oder Umweltgüter »völlig schutzlos«[285] schwerwiegenden Beeinträchtigungen ausgesetzt wären, kann dahinstehen. Denn diese Situation dürfte im Umweltrecht angesichts der Fülle gesetzlicher Regelungen kaum anzunehmen sein.[286] Denn nicht die Fälle von eindeutigen Umwelt*gefahren* sind problematisch – hier hülfe letztendlich auch das allgemeine Polizeirecht –, sondern solche, die sich durch ein hohes Maß von Ungewißheiten auszeichnen, bei denen es sich eher um Risiken im Vorsorgebereich handelt und bei denen ein erhebliches Maß an Abwägung mit kollidierenden Rechtsgütern unabdingbar ist. Derartige hochkomplexe Entscheidungen sind auf generelle »Vorentscheidungen« des Gesetzgebers, jedenfalls aber des von diesem ermächtigten Verordnungsgeber angewiesen.

282 *Wahl/Masing*, S. 556; *Schlink*, EuGRZ 1984, S. 467.

283 *Wahl/Masing*, S. 556; *Preu* (Fn. 262), S. 268; *Graf Vitzthum* (Fn. 277), S. 50.

284 So auch BVerfG [1. K., 1. Sen.] DtZ 1994, 67 = NJ 1993, 267; a.A. *Hesse*, Grundzüge, Rn. 357.

285 BVerfG, 1. K., 1. Sen., DtZ 1994, 67 = NJ 1993, 267 ; abgeschwächt: »relativ schutzlos« BVerfGE 85, 386, 400f.

286 Zu diesem Aspekt an der Gentechnik-Entscheidung des HessVGH, das geltende Recht sei durchaus anwendbar gewesen, etwa *Sendler* (Fn. 271), S. 235.

cc. Die Umformung des grundrechtlichen Gewährleistungsgehalts: Teilhabe statt Freiheit

Liegt dieser abgelehnten Konzeption immer noch die Auffassung zugrunde, daß die umweltbelastende Tätigkeit wenigstens grundsätzlich in die Schutzbereiche der Freiheitsrechte fällt, so ist auch dies unlängst grundsätzlich in Frage gestellt worden. Nach dieser Ansicht schließen die genannten Grundrechte nicht die Freiheit ein, Umweltgüter zu nutzen. Die Grundrechte werden damit zwar nicht vollständig bedeutungslos; sie verändern aber ihren »Gewährleistungsgehalt« dadurch, daß sie ihren abwehrrechtlichen Charakter verlieren und statt dessen als Teilhaberechte wirken. »Für die Nutzung knapper öffentlicher Güter kann nicht das Freiheitsprinzip gelten, sondern nur das Prinzip der gleichen Teilhabe, d.h. der Verteilung von notwendig begrenzten Nutzungsbefugnissen nach Maßgabe sachgerechter Bewirtschaftungsentscheidungen, die generell vom staatlichen Normgeber als dem Repräsentanten der Allgemeinheit oder konkret aufgrund gesetzlicher Ermächtigung und gesetzlicher Verteilungskriterien von der zuständigen Stelle getroffen werden.«[287] Das hat weitreichende Konsequenzen: Abgesehen von einem verfassungsrechtlich originären Teilhabeanspruch auf das zum Leben unabdingbar notwendige Minimum an Umweltnutzungen, besitzt der Einzelne einen Nutzungsanspruch nur noch nach Maßgabe staatlicher Ressourcenbewirtschaftung, bei dem nicht mehr der Verhältnismäßigkeitsgrundsatz, sondern das Willkürverbot als Verteilungskriterium den Entscheidungsmaßstab bildet. Damit wird der Staat alter rechtsstaatlicher Bindungen, wie des Gebots der Rechtfertigung seiner Eingriffe oder des Gebots verhältnismäßiger Zuordnung, ledig. Anders ausgedrückt: »Der Umweltschutz wird nicht durch eine Güterabwägung zugunsten des Umweltverschmutzers aufgeweicht.«[288] Statt dessen teilt der Staat die Umweltnutzungsbefugnisse zu. Diese Zuteilung kann davon abhängig gemacht werden, ob die Güter, die produziert werden sollen, »gesellschaftlich nützliche« Funktionen erfüllen. Über die Güterproduktion wird damit nicht mehr marktmäßig,

287 *Murswiek*, DVBl. 1994, S. 82.
288 *Murswiek*, DVBl. 1994, S. 84.

sondern politisch entschieden. Die dadurch dem Gesetzgeber oder den von ihm ermächtigten Repräsentanten eröffnete Möglichkeit, »die Verteilung von Umweltnutzungsbefugnissen nach Maßgabe ihrer eigenen, am Gemeinwohl orientierten Bewertung der gesellschaftlichen Nützlichkeit von Produkten vorzunehmen, bedeutet die Rückkehr von der Konsumentensouveränität zur Volkssouveränität.«[289]

Es ist offensichtlich, daß dieses Konzept einen weitgehenden Bruch mit dem in der Tradition des westlichen Verfassungsstaates stehenden Freiheits- und Grundrechtsverständnis bedeutete und zu einer fundamentalen Umgestaltung der Wirtschaftsordnung führte, die an die Debatte um die staatliche Investitionslenkung Anfang der 70er Jahre erinnert. Ihr liegt die Vorstellung totaler staatlicher Verantwortung zugrunde, die dem differenzierten Bild des Grundgesetzes von gesellschaftlicher Freiheit und staatlicher Verantwortung nicht gerecht wird.[290] Ob die Forderung nach einer Verstaatlichung der Produktentscheidungen darüber hinaus in einer Zeit weitgehender Staatsdämmerung und dementsprechend einer Neubesinnung auf die Leistungsfähigkeit der gesellschaftlichen Kräfte nicht anachronistisch ist, mag dahinstehen. Sie schießt jedenfalls über das Ziel einer Verstärkung der Umweltbelange weit hinaus, das auch im Rahmen des Verteilungsprinzips der bestehenden Freiheitsordnung erreicht werden kann.[291]

b. Verursacherprinzip und Grundpflichten der Bürger

Die Überschrift dieses Kapitels »Die Verantwortung des Staates für die Umwelt« wäre mißverstanden, wenn sie den Eindruck erweckte, daß eine Alleinverantwortung des Staates für die Umwelt bestünde. Vielmehr wird unter dem Stichpunkt »Verursacherprinzip« auch eine Verantwortung des Einzelnen für von ihm verursachte Einwirkungen auf die Umwelt begründet, die möglicherweise in einer eigenständigen verfassungsrechtlichen Grundpflicht der Bürger verankert ist.

289 Ebd.
290 *Trute*, Vorsorgestrukturen, S. 222ff.; krit. auch *Schmidt-Preuß*, S. 73f., 162 und *Sandner* (Fn. 279), S. 63ff., 110ff.
291 So auch *Schlink*, S. 467.

aa. Verursacherprinzip – Definition, Ratio, Erscheinungsformen

Das Verursacherprinzip normiert den allgemeinen Grundsatz, daß derjenige, der Umweltbelastungen oder Schäden in der Umwelt verursacht, dafür verantwortlich ist.[292] Diese Verantwortung besteht in finanzieller und sachlicher Hinsicht.[293] Das Verursacherprinzip ist damit zweierlei – Regelungsmodell für die Kostenbelastung und daher Kostenzurechnungsprinzip einerseits; ökonomisches Effizienzkriterium und daher Zurechnungsmodell für die materielle Verantwortlichkeit andererseits.[294]

Historisch gesehen wurde das Verursacherprinzip, das bereits in der preußischen Praxis der Bekämpfung der Umweltverschmutzung in der zweiten Hälfte des 19. Jahrhunderts eine wichtige Rolle spielte,[295] zunächst als reines Kostenzurechnungsprinzip entwickelt. So formulierte das Umweltprogramm der Bundesregierung von 1971 – im Anschluß an amerikanische Vorbilder –: »Jeder, der die Umwelt belastet oder sie schädigt, soll für die Kosten dieser Belastung oder Schädigung aufkommen.«[296] Erst später kam der Gedanke der nicht nur finanziellen, sondern auch sachlichen Verantwortung des Verursachers hinzu.[297] Diesen beiden Ideensträngen entsprechend sind die Wurzeln des Verursacherprinzips sowohl in der Wirtschaftswissenschaft als auch im Polizeirecht zu finden.

Die dem Verursacherprinzip zugrunde liegende Ratio läßt sich in vier Bedeutungsvarianten aufgliedern:[298]

Der ökonomisch-zweckrationalen Deutung liegt der Gedanke des effizienten Wirtschaftens zugrunde; maßgeblich ist der Ge-

292 Arbeitskreis »Europäische Umweltunion«, Bericht: Umweltpolitische Ziele und Grundsätze für die Europäische Union, NuR 1994, S. 346ff., 347.

293 Kloepfer/Rehbinder/Schmidt-Aßmann, S. 145.

294 *Hoppe/Beckmann*, § 5 Rn. 24; Leitlinien der Bundesregierung zur Umweltvorsorge, BT-Drs. 10/6028, S. 12.

295 *Gilhaus*, S. 296, 303.

296 Umweltprogramm der Bundesregierung von 1971, BT-Drs. VI/2710, S. 6 und 10.

297 *Kloepfer*, Umweltrecht, § 3 Rn. 28.

298 Auch zum folgenden *Kloepfer*, Umweltrecht, § 3 Rn. 32ff. u. *E. Grabitz/M. Nettesheim* in Kommentar zur Europäischen Union, hrsg. von E. Grabitz/M. Hilf, Stand Mai 1995, Art. 130 r, Rn. 47.

danke, daß Umweltbelastungen am günstigsten und zweckmäßigsten durch den Verursacher selbst behoben werden.

Der rechtsethische Aspekt des Verursacherprinzips, die »normativ-sozialethische Deutung« (*Kloepfer*) stellt auf allgemeine Erwägungen der Kosten- und Verteilungsgerechtigkeit ab; diesen widerspricht es, wenn unbeteiligte Dritte (Drittlastprinzip) oder die Allgemeinheit (Gemeinlastprinzip) für Kosten einstehen müssen, die sie nicht verursacht haben.

Die umweltpolitische Deutung bildet eine Mischung ökonomisch-zweckrationaler und normativer Komponenten. Und die normativ-rechtliche Deutung schließlich bereitet das Verursacherprinzip zum materiellen Zurechnungsprinzip auf.

Gemeinhin[299] werden drei Systemvarianten des Verursacherprinzips unterschieden.

– Nach Formel 1 muß der Verursacher nur diejenigen Kosten tragen, die dadurch entstehen, daß Emissionen auf ein rechtlich angestrebtes oder vorgeschriebenes Ausmaß begrenzt werden. Innerhalb dieser Variante wird wiederum differenziert, ob der Verursacher nur die Ist- oder auch die Soll-Vermeidungskosten – d.h. die »ersparten« Kosten bei pflichtwidrigem Unterlassen[300] – übernehmen soll.

– Systemvariante 2 bürdet dem Verursacher auch die verbleibenden, von der Rechtsordnung hingenommenen Umweltbelastungen auf. Er muß also auch solche Umweltbeeinträchtigungen finanziell ausgleichen, die er nicht zu vermeiden hat, insbesondere Schäden zum Nachteil Dritter. Diese Formel hat die Bezeichnung »Theorie der sozialen Zusatzkosten« erhalten.

– Formel 3 schließlich fragt weder nach vermiedenem Kostenaufwand noch nach entstandenem Schaden, sondern setzt politisch einen Knappheitspreis für die Umweltnutzungen fest. Dem Verursacher wird also für die Inanspruchnahme der Umwelt ein Entgelt aufgebürdet, so daß die Umwelt nicht mehr freies, sondern öffentliches Gut ist. Der Preis sollte der Knappheit des jeweiligen Umweltgutes entsprechen. Der Verursacher wird damit vom Schädiger zum zahlenden, legitimen Benutzer des Um-

299 *Bullinger*, S. 70ff.; *Kloepfer/Rehbinder/Schmidt-Aßmann*, S. 146; *Kloepfer*, Umweltrecht, § 3 Rn. 28f.; *R. Breuer*, in: Besonderes Verwaltungsrecht, hrsg. von E. Schmidt-Aßmannn, 10. Aufl., 1995, S. 433ff., 442ff.
300 *Kloepfer/Rehbinder/Schmidt-Aßmann*, S. 146.

weltmediums. Schlagwortartig läßt sich diese Form zusammenfassen als »Theorie der Umweltnutzung gegen Entgelt«[301].

Welche Form des Verursacherprinzips Anwendung findet, obliegt der Entscheidung des Parlaments. Der Gesetzgeber kann die Formen sowohl alternativ als auch kumulativ einsetzen.[302] Die Realisierung des Verursacherprinzips in seiner Form als Kostenzurechnungsprinzip kann erfolgen durch nachträgliche Kostenerstattungspflichten und Abgaben; da das Verursacherprinzip aber auch Zurechnungsmodell für die materielle Verantwortlichkeit ist, kommt eine Verwirklichung auch durch Verbote und Auflagen oder durch zivilrechtliche Unterlassungs- und Haftungsansprüche in Betracht.

bb. Das Verursacherprinzip in Verfassung und Gesetz

Das Verursacherprinzip ist bereits in einigen Regelungen verbindlich verankert. Seine wohl bekannteste Normierung dürfte sich in Art. 130 r Abs. 2 S. 1 EGV finden. Eingeführt durch die Einheitliche Europäische Akte vom 28.2.1986 (in Kraft getreten am 1.7.1987), die den EWG-Vertrag um einen Titel »Umwelt« (Art. 130 r ff.) ergänzt hat[303], sieht diese Vorschrift vor, daß sich die Tätigkeit der Gemeinschaft im Bereich der Umweltpolitik u.a. am Verursacherprinzip orientiert.[304] Aber auch in den Verfassungen europäischer Staaten findet dieses Prinzip seinen Ausdruck. So sieht Art. 45 der Spanischen Verfassung den Grundsatz der gemeinsamen Verantwortung vor. Und auch die neue polnische Verfassung von 1997 enthält einen Abschnitt über »Pflichten«. Hier wird neben der Pflicht zur Treue gegenüber der Republik Polen und zur Sorge um das Gemeinsame Wohl sowie der Pflicht zur Beachtung der Gesetze und der Steuer- und Wehrpflicht in Art. 86 bestimmt: »Jedermann ist zu sorgfältigem Umgang mit der Umwelt verpflichtet und trägt die Verantwortung für von ihm verursachte Verschlechterungen ihres Zustandes.«

301 *Bullinger*, S. 70.

302 *Kloepfer/Rehbinder/Schmidt-Aßmann*, S. 147; *Kloepfer*, Umweltrecht, § 3 Rn. 29.

303 *Bender/Sparwasser/Engel*, § 1 Rn. 47.

304 *T. Purps*, Umweltpolitik und Verursacherprinzip im Europäischen Gemeinschaftsrecht, 1991, S. 19.

Demgegenüber ist im Grundgesetz das Verursacherprinzip nicht niedergelegt.

Dennoch hat das Verursacherprinzip auch im Rahmen der deutschen Rechtsordnung ausdrückliche Würdigung erfahren. Zu nennen ist zunächst § 5 UGB-AT-ProfE bzw. § 6 UGB-KomE, auch wenn sich diese Vorschrift bisher noch im Stadium des Entwurfs befindet. Erwähnung verdienen auch einige Vorschriften auf der Ebene der Landesverfassungen, die zwar nicht ausdrücklich das Wort Verursacherprinzip beinhalten, dieser Idee jedoch in der Sache sehr nahe kommen oder sogar noch darüber hinausgehen. Gemeint sind solche Vorschriften, die umweltrechtliche Grundpflichten der Bürger verankern. So spricht Art. 141 Abs. 1 der Bayerischen Verfassung davon, daß »der Schutz der natürlichen Lebensgrundlagen..., auch eingedenk der Verantwortung für die kommenden Generationen, der besonderen Fürsorge jedes einzelnen und der staatlichen Gemeinschaft anvertraut« ist. Und Absatz 2 fährt fort, daß »jedermann verpflichtet« ist, »mit Natur und Landschaft pfleglich umzugehen«. Art. 39 der Brandenburgischen Verfassung normiert, daß »der Schutz der Natur, der Umwelt und der gewachsenen Kulturlandschaft als Grundlage gegenwärtigen und künftigen Lebens...Pflicht des Landes und aller Menschen« ist. Art. 59 a der Saarländischen Verfassung vertraut den Schutz der natürlichen Lebensgrundlagen nicht nur der »besonderen Fürsorge des Staates«, sondern auch »jedes einzelnen« an. Ebenso sieht Art. 10 der Verfassung Sachsens den »Schutz der Umwelt als Lebensgrundlage« als eine »Pflicht des Landes und Verpflichtung aller im Land«. Und schließlich normiert Art. 35 Abs. 2 der Sachsen-Anhaltinischen Verfassung, daß »jeder einzelne« verpflichtet ist, zum Schutz und zur Pflege der natürlichen Grundlagen jetzigen und künftigen Lebens »nach seinen Kräften beizutragen«.[305]

In gewisser Weise gehen diese Regelungen der Landesverfassungen sogar noch über das Verursacherprinzip hinaus: Als Verantwortlichkeitszuweisungsprinzip statuiert das Verursacherprinzip bei enger Auslegung die bloße Verantwortlichkeit für

305 Hierzu und zu ähnlichen Bestimmungen in anderen Verfassungen der neuen Bundesländer *M. Führ*, Ökologische Grundpflichten als verfassungsrechtliche Dimension, NuR 1998, S. 6ff.

verursachte Umweltrisiken und/oder -gefahren, nicht aber eine Pflicht zur Vermeidung von Umweltbeeinträchtigungen oder gar eine Pflicht zur Bewahrung der natürlichen Lebensgrundlagen. Besonders deutlich wird dies in der dritten Variante des Prinzips, wo der Verursacher durch die Zahlung eines Entgelts für die Inanspruchnahme der Umwelt vom Schädiger zum legitimen Benutzer des Umweltmediums wird. Die genannten landesverfassungsrechtlichen Bestimmungen dagegen stehen einer solchen Sicht entgegen – sie sehen eine Pflicht zum Schutz der natürlichen Lebensgrundlagen vor.

cc. Rechtsqualität des Verursacherprinzips

Methodisch gesehen handelt es sich bei dem Verursacherprinzip um ein Rechtsprinzip. Anders als eine Regel ordnet ein solches Prinzip nicht eine Rechtsfolge bei Vorliegen bestimmter Voraussetzungen an (Alles-oder-Nichts-Prinzip), sondern enthält ein Optimierungsgebot[306]: Der Gehalt des Prinzips ist in Abstimmung mit anderen Prinzipien im Rahmen des tatsächlich Möglichen zur Geltung zu bringen. Negativ formuliert bedeutet dies, daß das Verursacherprinzip kein unmittelbar anwendbarer Rechtssatz ist. Es begründet keine Rechtspflichten, und es stellt keine Ermächtigung der Verwaltung zum Einschreiten dar. Ihm entstammen auch keine konkretenVerpflichtungen für den Gesetzgeber; vielmehr bedarf es einer am Zweck des Prinzips geleiteten Konkretisierung.

Dennoch ist ein Rechtsprinzip mehr als bloß politische Handlungsmaxime. So kommt dem Verursacherprinzip in positiver Hinsicht Bedeutung für die Rechtsfortbildung durch Legislative und Exekutive zu; ebenso hat es Bedeutung bei der Auslegung bestehender Gesetze. Zusammenfassend läßt sich das Verursacherprinzip damit als ein Rechtsgrundsatz, als eine regulative Idee, charakterisieren.

306 *Grabitz/Nettesheim* (Fn. 298), Rn. 32 u. 46; *R. Alexy*, Zum Begriff des Rechtsprinzips, Rechtstheorie 1979, Beiheft 1, S. 59ff.

dd. Verursacherprinzip und Gemeinlastprinzip

Angeblich soll das Verursacherprinzips durch sein Gegenstück, das sog. Gemeinlastprinzip[307], eingeschränkt werden. Dieses soll stets dann zur Anwendung kommen, wenn das Verursacherprinzip nicht greift – sei es aus Gründen der Verhältnismäßigkeit, der Billigkeit, der Gerechtigkeit oder aufgrund politischer Erwägungen. Als Beispiele werden Fälle genannt,[308] in denen der Verursacher nicht festgestellt werden kann – insbesondere bei der Altlastensanierung und der Waldschadensproblematik –; wenn akute Notstände zu beseitigen sind und die Heranziehung des Verursachers zu lang dauern würde; wenn eine Inanspruchnahme des Verursachers unzumutbar ist, z. B. in bestimmten Fällen für den Zustandsstörer bei Altlasten (§ 12 Abs. 1 Nr. 5, Nr. 6, Abs. 3 HessAltlastenG); ebenso bei Unverhältnismäßigkeit im allgemeinen, wie z. B. in § 17 Abs. 2 BImSchG niedergelegt; und schließlich dann, wenn eine Inanspruchnahme das Verursachers aus Gründen sozialer Gerechtigkeit nicht erfolgt, wie z. B. im Falle von § 18 AtG, wo der Staat Risiken aus – längst überholten – atompolitischen Gründen übernommen hat.

In all diesen Fällen soll nicht der Verursacher für die von ihm verursachte Gefahr verantwortlich sein; vielmehr tritt die Allgemeinheit an dessen Stelle und wird ausnahmsweise mit den Kosten belastet.[309] Dementsprechend werden im Rahmen des Gemeinlastprinzips die Kosten des Umweltschutzes über den Staatshaushalt finanziert und über das Steuersystem verteilt. Maßnahmen im Sinne des Gemeinlastprinzips bilden die staatliche Eigenvornahme im Umweltschutz und Subventionen, in einem weiteren Sinne auch der unterlassene Umweltschutz.

Obwohl das Gemeinlastprinzip meist als rechtliches Gegenstück zum Verursacherprinzip eingestuft wird, erscheint die

307 Zu dem Fall, daß Verursacher- und Gemeinlastprinzip identisch sind – wenn nämlich in öffentlichen Einrichtungen hergestellte umweltbelastende Güter und Leistungen der Allgemeinheit zukommen – siehe Ewringmann, Sp. 2682.

308 *Kloepfer*, Umweltrecht, § 3 Rn. 40; Umweltbericht der Bundesregierung 1976, BT-Drs. 7/5684, S. 8 f.

309 *Hoppe/Beckmann*, § 1 Rn. 52; *Kloepfer*, Umweltrecht, § 3 Rn. 39; *Kloepfer/Rehbinder/Schmidt-Aßmann*, S. 147.

rechtliche Qualifizierung als ein Rechtsprinzip höchst fragwürdig. Dieser Einwand muß sich schon angesichts der höchst heterogenen Anwendungsfälle aufdrängen, die kaum einen inneren Zusammenhang erkennen lassen. Sie basieren vielmehr auf politischen Zweckmäßigkeitserwägungen, faktischen Begrenzungen oder auf eigenständigen Rechtsprinzipien wie insbesondere dem Grundsatz der Verhältnismäßigkeit. Dies erhebt das Gemeinlastprinzip aber noch nicht in den Stand eines Rechtsprinzips. Deutlich wird dies an der Formulierung, beim Gemeinlastprinzip handele es sich um ein »nicht oder nur unvollkommen realisiertes Verursacherprinzip«.[310] Die bloße Nichtanwendbarkeit eines Prinzips aus faktischen Gründen vermag aber kein weiteres, selbständiges Prinzip zu begründen. Bei dieser Auslegung erscheint das Gemeinlastprinzip eher als eine plakative, eingängige Bezeichnung, als sprachliches Gegenstück zum Verursacherprinzip, möglicherweise auch als ein politisches Prinzip; keinesfalls jedoch bildet es ein Rechtsprinzip. Damit vermag es auch dem Verursacherprinzip keine Schranken zu setzen.[311] Begrenzungen ergeben sich vielmehr aus den genannten allgemeinen Erwägungen wie Verhältnismäßigkeit, Billigkeit oder soziale Gerechtigkeit.

ee. Das Verursacherprinzip im Rahmen des Gesamtkonzepts grundrechtlicher Freiheit: Grundrechte und Grundpflichten

Das Verursacherprinzip kann verfassungsrechtlich nur dann bestehen, wenn es sich einbinden läßt in das Gesamtkonzept grundrechtlicher Freiheit. Schlagwortartig läßt sich dieses zusammenfassen unter der Maxime: Freiheit kann es nur geben, wenn diese nicht zur Zerstörung der Freiheiten anderer gebraucht wird; und diese Freiheiten werden heutzutage auch durch Eingriffe in die natürlichen Lebensgrundlagen gefährdet. In diesem Sinne beruht Freiheit auf dem Prinzip der Reziprozität. Dieser Gedanke ist nicht neu – letztendlich geht er zurück auf *Kant*,

310 *Kloepfer/Rehbinder/Schmidt-Aßmann*, S. 147; ebenso *Kloepfer*, Umweltrecht, § 3 Rn. 39, auch wenn er sogar davon ausgeht, daß Verursacher- und Gemeinlastprinzip nicht nur im Regel-Ausnahme-Verhältnis stehen, sondern daß das Gemeinlastprinzip eigenständige Legitimation genieße (so § 3 Rn. 38).
311 Für eine derartige Begrenzung dagegen *Hoppe/Beckmann*, § 5 Rn. 27.

der für das Recht folgende Definition gab: »Das Recht ist der Inbegriff der Bedingungen, unter denen die Willkür des einen mit der Willkür des anderen nach einem allgemeinen Gesetze der Freiheit zusammen vereinigt werden kann.«[312] Und aus theologischer Sicht begründet *Karl Barth* das Konzept wechselseitiger Verbundenheit und Verpflichtung, demzufolge die politische Freiheit und das dem einzelnen Bürger zu garantierende Grundrecht nie anders als im Sinne der Grundpflicht der Verantwortlichkeit zu verstehen ist. »Verantwortlich ist der Bürger also sowohl in der politischen wie in der nicht politischen Sphäre seiner Entscheidungen und Betätigungen, im ganzen Bereich seiner Freiheit. Und verantwortlich ist selbstverständlich auch die Bürgergemeinde in der Wahrnehmung ihrer Freiheit als Ganzem.«[313] Dem entspricht das Freiheitsverständnis des Bundesverfassungsgerichts, das die »Gemeinschaftsbezogenheit und Gemeinschaftsgebundenheit der Person«[314] betont.

Am geläufigsten ist die Ausprägung dieses Gedankens in der Form der Grundrechtsschranken. Ihnen liegt die Erkenntnis zugrunde, daß wildwüchsiger Freiheitsgebrauch die Gefahr von Konflikten in sich birgt[315] - könnte sich ein Grundrecht ohne jede Begrenzung entfalten, bestünde die Gefahr, daß dadurch andere grundgesetzliche Verbürgungen beeinträchtigt würden. Dementsprechend ist es Aufgabe der Grundrechtsschranken zu gewährleisten, daß der Freiheitsgebrauch mit legitimen Interessen der anderen und des Gemeinwesens verträglich bleibt[316] – es geht um die Herstellung praktischer Konkordanz.[317]

Die Idee, daß Freiheit nicht schrankenlos sein kann, schlägt sich auch nieder im Konzept der Grundpflichten. Sie lassen sich definieren als »diejenigen verfassungsrechtlichen Vorschriften, welche in Korrelation zu den Grundrechten den einzelnen zur Erhaltung der gemeinsamen politischen Existenz für den Staat in

312 *I. Kant* (Fn. 56), S. 230.

313 *K. Barth*, Christengemeinde und Bürgergemeinde, Zürich 1946, S. 28. – Zum Reziprozitätsdenken im Verständnis der Verfassung s. u. VI. 3. b.

314 Grundlegend BVerfGE 4, 7, 15f.; vgl. auch BVerfGE 27, 344, 351; 35, 302, 220f.

315 *Pieroth/Schlink*, Rn. 280.

316 *Hofmann*, VVDStRL 41 (1982), S. 76.

317 *Hesse*, Grundzüge, Rn. 317.

Anspruch nehmen, quasi Grundrechte der staatlichen Gemeinschaft gegenüber dem Individuum statuieren und so nächst den individuellen grundrechtlichen Ansprüchen auch einen status passivus der Rechtsgenossen verfassungsrechtlich definieren oder wenigstens vorsehen«[318].

Historisch gesehen haben sich Grundpflichten sowohl in der französischen Nationalversammlung im August 1789 als auch in der amerikanischen Verfassung von 1787 nicht durchsetzen können.[319] Im Gegensatz zur Weimarer Reichsverfassung, aber auch den neuen Landesverfassungen nach 1946 übt das Grundgesetz merkliche Zurückhaltung in bezug auf Grundpflichten. Diese »stiefmütterliche«[320] Behandlung bildet eine Reaktion auf die Vergangenheit des Nazi-Regimes, in dem Gedanken wie Pflicht und Gemeinwohl maßlos pervertiert wurden.[321] Erst mit Art. 12a GG wurde den Grundrechten erstmals wieder eine spezielle Grundpflicht gegenübergestellt. Das in dieser Zurückhaltung zum Ausdruck kommende Unbehagen beruht inhaltlich auch darauf, daß Grundpflichten oft als eine »Gegen-Doktrin« zu Grundrechten mißverstanden wurden. Historisch gesehen hätten Pflichten die politische Bedeutung der Rechteerklärungen gemindert; in Frankreich 1789 schien der Gedanke an Pflichten gegenüber dem Staat gar als Verrat an der Idee der Freiheit.[322] Schließlich ließe sich einwenden, daß die Existenz rechtlich relevanter Grundpflichten der Idee der rechtsstaatlichen Verfassung von vornherein widerspricht, da es in einer rechtsstaatlichen Verfassung der Freiheit keine Symmetrie von Rechten und Pflichten geben könne.[323]

Richtig daran ist, daß Grundpflichten individuelle Freiheit ein-

318 *Hofmann*, VVDStRL 41 (1982), S. 47; ebd., S. 59ff. auch zum folgenden.

319 *N. Luhmann* begründet dies mit den gesellschaftlichen Entwicklungen seit dem 17. Jahrhundert – dem Hervortreten des Subjekts und der subjektiven Rechte. Vgl. Subjektive Rechte. Zum Umbau des Rechtsbewußtseins für die moderne Gesellschaft, in: ders. (Hrsg.), Gesellschaftsstruktur und Semantik, 1981, S. 45ff., 82ff.

320 *Th. Maunz*, Deutsches Staatsrecht, 1. Aufl., 1951, S. 80, bis zur 23. Aufl., 1980, S. 117.

321 *O. Luchterhandt*, Grundpflichten als Verfassungsproblem in Deutschland, 1988, S. 26.

322 *Hofmann*, VVDStRL 41 (1982), S. 47f.

323 *Hofmann*, VVDStRL 41 (1982), S. 54.

engen. Diese Eigenschaft teilen sie jedoch mit den Grundrechtsschranken. Es bestehen sogar – wie *Hasso Hofmann* hervorhebt[324] – noch weitere Gemeinsamkeiten – insbesondere die Grundannahme, daß Freiheit nie grenzenlose Beliebigkeit, sondern die Freiheit moralischer Selbstbestimmung bedeute, Freiheit im Miteinander mit anderen, die in gleicher Weise frei seien. Die Verwirklichung einer Verfassung der Freiheit erfordere neben den Rechtsgarantien auch positivrechtliche Pflichtbindungen. Grundpflichten sicherten die Verträglichkeit der gleichen Freiheitsansprüche aller. Auch und gerade eine rechtsstaatlich-freiheitliche Demokratie könne nicht bestehen ohne Pflichten gegenüber den Mitbürgern wie gegenüber dem Ganzen. So wäre ohne die Pflicht zum verfassungsmäßigen Gehorsam die Garantie gleicher Grundrechtsfreiheiten beseitigt; eine Abschaffung des Grundsatzes allgemeiner Besteuerung verletzte Gleichheitssatz und Sozialstaatsprinzip; und ohne Schulpflicht wäre das Grundrecht der Kinder auf gleiche Entwicklungsmöglichkeiten in Frage gestellt. Damit dienen auch Grundpflichten letztlich der Freiheit des Einzelnen – es geht darum, Grundrechte zu sichern und zu organisieren.[325] Nur prinzipiell unbegrenzte Leistungspflichten widersprechen der Idee des Rechtsstaats, nicht aber Unterlassungspflichten.[326]

Dem entspricht die dogmatische Herleitung der Grundpflichten. Angeführt wird zunächst das Sozialstaatsprinzip, das auch die »Verpflichtung des Einzelnen für das Ganze«[327] einschließt. Nennen lassen sich auch die Grundrechte anderer. So wird aus dem Inhalt der Menschenrechte die korrespondierende Pflicht aller Mitmenschen abgeleitet, Verletzungen dieser Rechte zu unterlassen. Dies führt dazu, daß mit Grund- und Menschenrechten automatisch auch Grund- und Menschenpflichten gesetzt werden,[328] und daß Grundpflichten gleichgesetzt werden mit der

324 *Hofmann*, VVDStRL 41 (1982), S. 76, auch zum folgenden S. 54ff.; vgl. auch *E. Benda*, Grundrechte – Grundpflichten, hrsg. von Rotary International, 1981, S. 8, der zwischen Grundpflichten i. w. S. – den Grundrechtsschranken – und Grundpflichten i. e. S. – den sonstigen Grundpflichten – differenziert.

325 *Hofmann*, VVDStRL 41 (1982), S. 75.

326 *Hofmann*, VVDStRL 41 (1982), S. 56.

327 *E. Fechner*, Freiheit und Zwang, 1953, S. 14.

328 *Luchterhandt* (Fn. 321), S. 32f.; *F. Ermacora*, Allgemeine Staatslehre, Erster Teilband, S. 227ff.; *Hofmann*, VVDStRL 41 (1982), S. 59ff.

immanenten Grundrechtsschranke der Rechte anderer (Art. 2 Abs. 1 GG).[329] Schließlich läßt sich der verfassungsrechtliche Grund in einer Gesamtschau verschiedener Grundrechtsbestimmungen finden – in der Entscheidung für den sozialen Rechtsstaat und Art. 2 Abs. 1 GG mit dem darin ausgesprochenen Gegenseitigkeitsprinzip sowie dem allgemeinen Gleichheitsgrundsatz des Art. 3 Abs. 1 GG.[330] An diesen knüpft auch die Idee an, daß Grundpflichten gewissermaßen auch als Grundrechte auf gleiche Lastenverteilung verstanden werden können.[331] Die Grundpflichtendimension hat somit bürgerschaftlichen Charakter – Grundpflichten sind nicht Ausdruck eines Untertanenverhältnisses gegenüber dem Staat; vielmehr bestehen sie gegenüber den Mitbürgern. Insoweit lassen sich Grundpflichten begreifen als »Grundrechte der staatlichen Gemeinschaft gegenüber dem Individuum«, als »status passivus der Rechtsgenossen«.[332] Aus diesem Grunde besitzen sie auch weniger den Charakter von Menschenpflichten – auch wenn sie letztlich in der Mitmenschlichkeit begründet sind,[333] – sondern eher den von Bürgerpflichten im Sinne der Teilhabe am status civilis.[334] Durch die verfassungsrechtliche Verankerung des Ökologiegrundsatzes werden in diese Bürgerpflichten die Belange der natürlichen Umwelt einbezogen.

Dieser Pflichtencharakter gegenüber den Mitbürgern liegt auch der Idee der Grundrechtsschranken zugrunde. Und noch in anderen Punkten teilen Grundrechtsschranken und Grundpflichten die gleiche Problematik: Beide sind auf gesetzliche Zuordnung angewiesen; sie sind nicht self-executing, bilden keine Eingriffsermächtigung für die Exekutive, sondern bedürfen der Umsetzung und Aktualisierung durch Gesetz.[335] Dieses muß

329 *Luchterhandt* (Fn. 321), S. 33.

330 *Hofmann*, VVDStRL 41 (1982), S. 74f.

331 *H. Hofmann*, Grundpflichten und Grundrechte, in: Handbuch des Staatsrechts, hrsg. von Isensee/Kirchhof, Band V, 1992, § 114 Rn. 37.

332 *Hofmann*, VVDStRL 41 (1982), S. 42, 47.

333 *Hofmann*, VVDStRL 41 (1982), S. 75.

334 *Hofmann* (Fn. 331), § 114 Rn. 33f.

335 Nach *R. Thoma*, Die juristische Bedeutung der grundrechtlichen Sätze, in: Die Grundrechte und Grundpflichten der Reichsverfassung I, hrsg. von H.C. Nipperdey, 1929, S. 29 besteht die einzige »rechtliche Grundpflicht« in der »Pflicht zum Gehorsam gegenüber den Rechtsnormen und den normgemäßen Staatsakten.«

die Freiheitsbereiche der Bürger nicht nur denen anderer Bürger zuordnen. Die Handlungsfreiheiten sind auch mit den Belangen der Allgemeinheit in Einklang zu bringen,[336] zu denen auch der Schutz der natürlichen Lebensgrundlagen gehört. An dieser Situation vermag deshalb auch die verfassungsgesetzliche Normierung ökologischer Grundpflichten prinzipiell nichts zu ändern. Ihnen kann lediglich die appellative Bedeutung zukommen, im Sinne einer »an den Bürger adressierten Verfassungserwartung«[337] zu verdeutlichen, daß der Schutz und die Bewahrung der Umwelt letztlich vom Verhalten jedes Einzelnen und damit – wie bei der Realisierung grundrechtlicher Freiheiten nicht anders – vom Vorhandensein ökologischer Selbstverantwortung und Bürgertugenden abhängen. Und diese kann der Staat ohnehin nicht dekretieren. Es handelt sich bei ihnen um diejenigen vorverfassungsmäßigen Voraussetzungen, von denen die Verfassung abhängt, die sie aber nicht selber – jedenfalls nicht unmittelbar[338] – garantieren kann.[339]

Als moderne Weiterentwicklung der beiden dogmatischen Konzepte der Grundpflichten und der Grundrechtsschranken läßt sich das Verursacherprinzip verstehen. Zwar auf umweltrechtliche Tatbestände beschränkt, hat es doch rechtstheoretisch und inhaltlich eine ähnliche Struktur – in rechtstheoretischer Hinsicht begründet es keine konkreten Verpflichtungen, sondern bedarf der gesetzlichen Umsetzung; und in inhaltlicher Hinsicht betrifft es die Frage, inwieweit der Einzelne gegenüber der Allgemeinheit verantwortlich ist und insoweit Einschränkun-

336 Vgl. auch *W. Frenz*, Das Verursacherprinzip im öffentlichen Recht, 1997, S. 123 u. 349.
337 *Denninger*, Menschenrechte, S. 31.
338 Es geht hierbei aber nicht nur um die Schule, die an dieser Stelle immer genannt zu werden pflegt und der auch für die Umwelterziehung eine wichtige Rolle zukommt (dazu etwa *A. Ilien*, Bildungsperspektiven jenseits des Wachstums?, in: Nachrichten der Deutschen Gesellschaft für Umwelterziehung Nr. 13, April 1996, S. 4ff. m.w. Nachw.), oder um die umweltpolitische Öffentlichkeitsarbeit der Regierung, dazu die materialreiche Arbeit von *H.-P. Vierhaus*, Umweltbewußtsein von oben, 1994, S. 39ff., sondern – wie in dieser Arbeit zu zeigen versucht wird – um die Schaffung von Strukturen, innerhalb derer die genannten Tugenden gedeihen können.
339 So *E.W. Böckenförde*, Die Entstehung des modernen Staates als Vorgang der Säkularisation, in: Staat, Gesellschaft, Freiheit, S. 60; *ders.*, Der Staat der sittlichen Idee, 1978, S. 37 allerdings nicht zur Verfassung, sondern zum Staat.

gen seines Freiheitsraumes hinnehmen muß. Bei zynischer Sichtweise könnte man das Verursacherprinzip als hinter dem Konzept der Grundpflichten zurückbleibend begreifen – dann nämlich, wenn das Verursacherprinzip als ein bloßes Verantwortlichkeitszuweisungsprinzip ohne Pflicht zur Vermeidung von Umweltbeeinträchtigungen gesehen würde, als die Statuierung einer Umweltpolitik des »dulde und liquidiere«.[340]

Diese Sichtweise greift jedoch zu kurz: Dadurch, daß das Verursacherprinzip eine Zuordnung von Gefahren und Risiken vornimmt, bezweckt es letztlich die Vermeidung von Umweltbelastungen.[341] In diesem Sinne stellt das Verursacherprinzip eigentlich ein »Nichtverursacherprinzip«[342] dar: Es motiviert den (potentiellen) Verursacher zum Verzicht auf bestimmte Aktivitäten oder Belastungen, bewirkt also eine Nichtverursachung negativer Umweltbelastungen;[343] es bedeutet die Pflicht, nichts zu verursachen, was in die im Umweltbereich relevanten rechtlich geschützten Interessen anderer – Leben, Gesundheit, Eigentum – oder in das objektiv-rechtlich geschützte Gut des Art. 20a GG eingreift.

Damit steht hinter dem Verursacherprinzip – ebenso wie hinter Grundrechtsschranken und Grundpflichten – der Gedanke, daß Freiheit nur möglich ist, wenn nicht über Gebühr die Freiheit des anderen beeinträchtigt wird. Das Verursacherprinzip ist angelegt im grundrechtlichen Schutz und im Konzept der Grundpflichten. Neu daran ist nur, daß die Rücksichtnahmepflicht erweitert wird um das Allgemeininteresse Umwelt. Insoweit läßt sich das Verursacherprinzip ohne weiteres einfügen in das Gesamtkonzept grundrechtlicher Freiheit. Es bildet ein tragendes Element moderner Umweltpolitik[344] und erscheint sinnvoll unter dem Aspekt der Lasten- und Verteilungsgerechtigkeit, der Ökonomie ebenso wie der Ökologie.

Insbesondere auch rückt es die Dimensionen der Verantwortung des Staates für die Umwelt zurecht. Diese müßte zwangs-

340 So *Kloepfer*, Umweltrecht, § 4 Rn. 30 unter kritischem Verweis auf P. Thoss, in: Umwelt-Report, hrsg. von W. Schultze, 1972, S. 21 ff., 24 ff.

341 *Kloepfer*, Umweltrecht, § 3 Rn. 30.

342 *Ewringmann*, Sp. 2679.

343 *Ewringmann*, Sp. 2679.

344 Arbeitskreis »Europäische Umweltunion«, (Fn. 292), S. 349.

läufig fehlschlagen ohne die Umweltverantwortung des Einzelnen, und das heißt ohne dessen Willen, zum Schutze der Umwelt Beschränkungen seiner individuellen Freiheit anzuerkennen. In diesem Sinne läßt sich gerade im Umweltschutz von einer notwendigen »neue(n) Verantwortungsgemeinschaft zwischen Staat und Bürger«[345] sprechen. In vielen Fällen wird damit die fortbestehende Verantwortlichkeit des Einzelnen als des eigentlich – sei es als Staatsbürger, sei es als Konsument oder Verkehrsteilnehmer – Handelnden zur Geltung gebracht.[346] Hier wird der Einzelne zu Recht durch den Gesetzgeber in die Pflicht genommen, genau genommen: aktualisiert der Einzelne seine Verantwortlichkeit durch seine Repräsentanten. Diese Verantwortlichkeit geht jedoch dort ins Leere, wo über den Einzelnen die technische Realisation hinweg geht. Hier muß es mit der Verantwortung des Staates sein Bewenden haben. Die sich dabei stellenden Probleme staatlicher Steuerung lassen sich weder mit den Konzepten des Verursacherprinzips noch denen der Grundpflichten erfassen (s.u. VI. 2 u. 3.a.).

345 *Denninger*, Menschenrechte, S. 31.
346 So *J. Pietzcker*, Mitverantwortung des Staates, Verantwortung des Bürgers, JZ 1985, S. 209 ff., 216.

5. Verhältnismäßige Zuordnung kollidierender Rechtsgüter

a. Politische Verantwortung der Risikoabschätzung

Die Durchsicht der Verfassung nach Maßstäben für die staatlichen Risikoentscheidungen hat eines sehr deutlich gemacht: Ungeachtet einzelner verfassungsrechtlicher Eckpunkte, die in dem Konzept grundrechtlicher Schutzpflichten und der Staatszielbestimmung Umweltschutz auf der einen Seite, dem System grundrechtlicher Freiheiten auf der anderen Seite ausgemacht werden konnten, mußte immer wieder auf die Notwendigkeit politischer Entscheidungen verwiesen werden, zu der in erster Linie der Gesetzgeber, innerhalb der Direktiven der Legislative aber auch die Exekutive berufen ist. Dies gilt für die Bestimmung der vorzunehmenden Risikovorsorge[347] und dabei insbesondere um die Abgrenzung des Risikos, das in Bedacht zu nehmen ist, von dem sog. Restrisiko, das von der Bevölkerung hinzunehmen ist. Der Inhalt der Risikoabschätzung – so jetzt das Bundesverwaltungsgericht in seinem dritten Mülheim-Kärlich-Urteil – kann »letztlich nur politisch verantwortet werden.«[348]

Das zeigte sich ebenso bei der Beschränkung grundrechtlicher Freiheiten zum Schutze der Grundrechte anderer wie auch der natürlichen Lebensgrundlagen. Und ganz gleich, ob diese Beschränkung mit dem Konzept grundrechtlicher Schranken, mit Grundpflichten oder mit dem Verursacherprinzip begründet war, mußte immer wieder auch die Aufgabe des Gesetzgebers zur Ausgestaltung und Zuordnung in Erinnerung gerufen werden. Keines dieser Konzepte erwies sich damit als »self-executing« oder stellte eine Eingriffsgrundlage für die Verwaltung dar. Und auch das neue Programm des »sustainable development« – wenn es sich hierbei überhaupt um ein rechtliches Prinzip han-

347 Zur Notwendigkeit einer Prozeduralisierung des Vorsorgeprinzips als Kompensation von Erkenntnisdefiziten auch *Rehbinder*, Ziele, Rn. 51.

348 Urt. v. 14.1.1998 – 11 C 11.96, Umdruck S. 35; vgl. auch *Roßnagel*, UPR 1986, S. 47; *Nicklisch*, NJW 1986, S. 2289, 2291, der von der Unausweichlichkeit staatlicher Dezision spricht. – Dabei wird das politische Werturteil regelmäßig durch ethische Werturteile fundiert sein, *Hofmann*, Entsorgung, S. 343.

delt – ist ganz offensichtlich auf Umsetzung in allen Bereichen des Rechts angewiesen.

Wenn von verfassungsrechtlichen Eckpunkten gesprochen wird, so sind damit verfassungsrechtliche Verbürgungen von Rechtsgütern wie dem Leben und der körperlichen Unversehrtheit (Gesundheit), aber auch der natürlichen Lebensgrundlagen gemeint, ohne daß es sich bei ihnen um gleichsam absolute Schutzgüter handelt. Das macht bei dem Rechtsgut der Gesundheit schon die rechtliche Unbestimmtheit des Begriffs deutlich, der deshalb auf gesetzliche Konkretisierung zwangsläufig angewiesen ist.[349] Das gilt aber auch – so sehr diese Erkenntnis befremden mag – für das Schutzgut Leben, dessen Gefährdung, ja darüberhinaus – bei stochastischen Schäden – dessen Schädigung ungeachtet der verbalen Bekundung als »höchstes Rechtsgut« hingenommen wird. Denn dies hat sich als die Eigenart von Risikoentscheidungen gezeigt, daß letzte Gewißheit über deren Folgen oftmals nicht erreicht werden kann. Man kann die Notwendigkeit zu »tragischen Entscheidungen« verdrängen, ernsthaft bestreiten läßt sie sich nicht.

Das gilt auch für die Kategorie von Entscheidungen, die Langzeitrisiken hervorrufen und deren Folgen möglicherweise irreversibel sind (s. o. I. 1. b.). Da hierdurch spätere Generationen belastet werden, deren Bewertung möglicherweise anders ausfallen würde und denen auch nicht der gegenwärtige Nutzen aus der Entscheidung zugute kommt, wird eine derartige Auferlegung unwiderruflicher Gefahren aus ethischen wie auch aus verfassungsrechtlichen Gründen für unzulässig erklärt. Es müsse die Möglichkeit einer Revision bereits getroffener Entscheidungen bestehen; die Zulassung einer neuen risikobehafteten Technologie müsse rückholbar sein.[350]

Allerdings zeigt eine genauere Betrachtung, daß jedenfalls aus verfassungsrechtlicher Sicht zwischen Gegenwarts- und Langfristrisiken kein prinzipieller Unterschied besteht. Auch die Folgen von Langfristrisiken unterliegen denselben Ungewißheiten im Positiven wie im Negativen, und dazu gehört auch die

349 Zu den Verständnisschwierigkeiten des Begriffs »Gesundheit« BVerfGE 56, 54, 73 ff.

350 Vgl. im einzelnen *Altner*, Überlebenskrise, S. 60, 68; *Spaemann*, Scheidewege 9 (1979), S. 492 f.; *Hofmann*, Entsorgung, S. 258 ff.

Schwierigkeit, daß auch die Beurteilung einer Veränderung als irreversibel nicht sicher ist und Veränderungen, die uns heute irreversibel scheinen, sich irgendwann als reversibel erweisen.[351] Ferner sind auch in einer derartigen Entscheidungssituation die Kosten der Nicht-Entscheidung zu berücksichtigen.[352] Und schließlich ist auch zu bedenken, daß mit den der Nachwelt hinterlassenen Nachteilen auch Vorteile – wie technologische Kenntnisse oder ersparte Ressourcen oder Risiken in anderen Bereichen – verbunden sein können.[353]

All dies spricht dafür, daß auch derartige Risiken keine absolute Entscheidungssperre auslösen, sondern als Ergebnis eines Abwägungsprozesses überwunden werden können.[354] Dabei müssen freilich die für die Inkaufnahme des Risikos sprechenden Gründe gerechtfertigt werden. Und wie es den allgemeinen Abwägungsregeln entspricht,[355] hängen die Anforderungen an die Rechtfertigungsgründe von dem Ausmaß und der Unvermeidbarkeit des Risikos ab. Hier spielt auch die Unterscheidung zwischen schwach und stark reversiblen Folgen[356] sowie die Art des Langzeitrisikos eine Rolle, bei denen zwischen der Auferlegung von Gesundheitsgefahren (z. B. durch die Lagerung gefährlicher Abfälle), der Zerstörung von Natur und Landschaft (z. B. durch Kahlschlag, aber auch die Versalzung der Böden), der Veränderung des Klimas, des Verbrauchs natürlicher Ressourcen oder der

351 *Birnbacher*, S. 72.

352 Dazu fragen *Douglas/Wildavsky*, S. 27: »Either way – by action or inaction, courting or avoiding dangers – risks may be deemed hidden, involuntary, and irreversible. If it is not the things you do, it may well be the things you don't do that defeat you. Is it not said that the road not taken may be the most important way? Isn't that road hidden in that one is never allowed to experience it? Might not what was missed be the only alternative to irreversible damage? It just might.«

353 *Birnbacher*, S. 73 f.

354 So auch *Hofmann*, Entsorgung, S. 290 f.; deutlicher *ders.*, Nachweltschutz als Verfassungsfragen (1986), jetzt in ders., Verfassungsrechtliche Perspektiven, 1995, S. 349 ff., 354 ff.; *Saladin/Zenger*, S. 106 f.; *Murswiek*, Staatliche Verantwortung, S. 214 ff.; *Birnbacher*, S. 80. – Vgl. auch *D. Grimm*, Interessenwahrung und Rechtsdurchsetzung in der Gesellschaft von morgen, in: Menschengerecht, hrsg. v. H. Däubler-Gmelin, 1986, S. 264 ff. 270, wonach die Forderung nach Offenhalten der Entscheidung nicht unrealistisch überzogen werden darf.

355 *Steinberg*, Fachplanung, § 4 Rnrn. 50 ff.

356 *Birnbacher*, S. 71; *Douglas/Wildavsky*, S. 21 f.

Auslöschung von Arten der Flora und Fauna unterschieden werden muß.[357] Und auch hier gilt die Notwendigkeit einer letztlich politischen Entscheidung über die Verantwortbarkeit des Langfristrisikos, bei der unterschiedliche Wertungen unvermeidlich sind.[358]

Unstreitig erfordert hingegen die neue Staatszielbestimmung Umweltschutz die Ausgestaltung durch den Gesetzgeber. Ob dabei die Gewährleistung die Wahrung eines ökologischen Mindeststandards umfaßt, kann letztlich offenbleiben, da dessen Bestimmung kaum ohne politische und das heißt wieder dem Gesetzgeber obliegende Festlegungen auskommen kann.[359] Und wenig überzeugend erscheinen auch Versuche, den ökologischen Status quo als verfassungsrechtlichen Mindeststandard durch ein Art. 20a GG entnommenes Verschlechterungsverbot zu postulieren. Denn dabei wird nicht begründet, warum die bestehende Zuordnung des Schutzgutes »natürliche Lebensgrundlagen« zu kollidierenden öffentlichen und privaten Schutzgütern der Verfassung auch unter möglicherweise erheblich veränderten Umständen unverändert bleiben soll. Es bleibt zu hoffen, daß das ökologische Schutzniveau nicht nur konstant bleibt, sondern sich erhöht. Doch ist dies auch von der Verfassung rechtlich gefordert?

Die Verfassung enthält weder ein bestimmtes inhaltliches Konzept des Umweltschutzes noch einen Plan für die technische Fortentwicklung der Gesellschaft. Die genannten Schutzgüter der Verfassung werden damit aber nicht bedeutungslos. Sie sind nämlich mit ihrem jeweiligen Gewicht in die Entscheidungen des Staates einzustellen. Soweit – wie häufig – kollidierende Rechtsgüter berührt werden, sind diese nach der Regeln praktischer

357 Eingehend dazu *Birnbacher*, S. 70ff., 250ff.

358 Zur Endlagerung atomarer Abfälle (und damit natürlich incidenter über die energiewirtschaftliche Nutzung der Kernenergie) verneinend *Hofmann*, Entsorgung, S. 290ff., *Spaemann*, Scheidewege 9 (1979), S. 492ff.; *Birnbacher*, S. 81 Fn. 22; bejahend *P. Badura*, Radioaktive Endlagerung und Grundrechtsschutz in der Zukunft, in: Achtes Deutsches Atomrechtssymposium, hrsg. v. R. Lukes/A. Birkhofer, 1989, S. 227ff., 239ff. allerdings im wesentlichen unter Hinweis auf die Entscheidung des Gesetzgebers und dessen begrenzte Kontrolle durch das Bundesverfassungsgericht (dazu eingehend u. IV. 2. b.).

359 So mit eingehender Begründung auch *van den Daele*, S. 370ff.

Konkordanz verhältnismäßig zuzuordnen.[360] Es muß versucht werden, einen schonenden Ausgleich zwischen ihnen herzustellen mit dem Ziel einer optimalen Erhaltung der berührten Rechtsgüter. Die Verfassung verweist im Bereich des Umweltschutzes damit auf ein ganz wesentlich prozedurales Konzept, durch das ihre inhaltlichen Eckpunkte auf allen Ebenen staatlicher Entscheidung aktualisiert werden müssen.[361]

Der ökologische Relativismus der Verfassung läßt sich nicht aus dieser selbst überwinden. Dies erlaubt nur ein verfassungstranszendenter Exkurs auf ethische Positionen. Deutlich wird dies in *Jonas's* Beschwörung des »Heiligen«,[362] *Spaemanns* Hinweis auf die Notwendigkeit eines »religiösen Verhältnisses zur Natur«, das allein imstande sei, auf lange Sicht die Basis für eine menschenwürdige Existenz des Menschen zu sichern,[363] und *Saladins* Bekenntnis zum christlichen Gott.[364]

Allerdings läßt die inhaltliche ökologische Indifferenz der Verfassung nicht auf deren ökologische Irrelevanz schließen. Der ökologische Gehalt der Verfassung muß sich vielmehr in einer prozeduralen Dimension beweisen. Diese weist auf die Prozesse staatlicher Entscheidung, in denen die Berücksichtigung ökologischer Belange sichergestellt werden muß. Hierbei sind die Anforderungen an den Gesetzgeber und an die Verwaltung zu unterscheiden.

360 Dazu *K. Hesse*, Grundzüge, Rn. 72, 317ff.

361 Was »Prozeduralisierung« bedeutet, erläutert *N. Luhmann*, Beobachtungen der Moderne, 1992, S. 181: »Das läuft auf ein Beobachten zweiter Ordnung hinaus. Wenn man schon nicht mehr weiß, *was* gute Gründe sind, will man wenigstens noch sagen können, *wie man prüfen kann*, ob gute Gründe gute Gründe sind, nämlich in der darauf spezialisierten Kommunkation.« (Hervorhebung im Original) – Eine durchaus ähnliche Begründung für die Prozeduralisierung gibt *Habermas*, Faktizität, S. 536.

362 *Jonas*, S. 393.

363 *Spaemann*, S. 491.

364 Wachstumsbegrenzung als Staatsaufgabe, in: FS f. U. Scheuner, 1973, S. 541ff., 558.

b. Prozedurale Anforderungen an den Gesetzgeber

In seiner Rechtsprechung zu den grundrechtlichen Schutzpflichten hat das Bundesverfassungsgericht[365] als wesentliches Element des Schutzpflichtenkonzeptes prozedurale Anforderungen an den Gesetzgeber entwickelt.[366]

- Als Voraussetzung jeglicher Maßnahme sind die Art und das Maß der Gefahr für die grundrechtlichen Schutzgüter zu ermitteln; soweit es sich um Vorkehrungen gegenüber technischen Risiken handelt, muß der Gesetzgeber sich bei der Ermittlung der verfügbaren wissenschaftlichen Erkenntnis bedienen.
- Es sind ausreichende und wirksame Maßnahmen zum Schutze des Rechtsgutes zu ergreifen; die Eignung der Maßnahme ist aufgrund einer verläßlichen Prognose abzuschätzen. Hierbei hat sich der Gesetzgeber insbesondere bei grundlegend neuen Regelungen des erreichbaren, für die gebotene verläßliche Prognose der Schutzwirkung des Konzepts wesentlichen Materials zu bedienen und dieses mit der gebotenen Sorgfalt daraufhin auszuwerten, ob es seine gesetzgeberische Einschätzung hinreichend zu stützen vermag.
- Bei der Auswahl der Schutzmaßnahme ist der mit dieser verfolgte Schutzzweck in ein angemessenes Verhältnis zu den von den Maßnahmen berührten kollidierenden öffentlichen und privaten Rechtsgütern zu bringen.
- Soweit die Entscheidungen auf einer Prognose beruhen, die durch Unsicherheiten gekennzeichnet ist, muß der Gesetzgeber die Wirkungen seiner Maßnahmen beobachten, die Erreichung der beabsichtigten Ziele kontrollieren und gegebenenfalls seine Regelung nachbessern (u. 6.b.bb).
- Bei all diesen Schritten kommt dem Gesetzgeber ein Einschätzungs-, Wertungs- und Gestaltungsspielraum zu.

Diese Anforderungen der Rechtsprechung zu den grundrechtlichen Schutzpflichten gelten in praktisch unveränderter Weise auch bei der Aktualisierung der Staatszielbestimmung Umweltschutz. Auch hier muß der Gesetzgeber die Risiken für die ge-

365 BVerfGE 88, 203, 254ff.; dazu s.o. 2.b. und u. IV. 1.b.

366 Vgl. insbes. auch *Hermes*, S. 253ff.; ähnlich auch *Steiger*, Rn. 106ff.

schützten Lebensgrundlagen nach dem Stand der wissenschaftlichen Erkenntnis ermitteln, sorgfältige Prognosen über die den Schutzgütern drohenden Gefahren und die Mittel zu deren Abwehr erstellen und die Schutzmaßnahmen in ein angemessenes Verhältnis zu anderen »Verfassungsprinzipien und Verfassungsrechtsgütern« bringen, z. B. dem öffentlichen Interesse an wirtschaftlicher Stabilität, insbesondere der Erhaltung und Schaffung von Arbeitsplätzen, oder den Individualrechtsgütern der Wissenschaftsfreiheit oder der Eigentumsgarantie.[367]

Auch bei Anerkennung von Entscheidungsspielräumen bestehen damit umfassende Ermittlungs-, Bewertungs- und Abwägungspflichten des Gesetzgebers, die der von diesem zu leistenden Aktualisierung der grundrechtlichen Schutzpflichten wie auch der Staatszielbestimmung Umweltschutz deutliche Strukturen verleihen.[368] Dieses Konzept führt ungeachtet seiner Bewertungs- und Entscheidungsprärogative zu im wesentlichen prozeduralen Anforderungen an den Gesetzgeber und bringt begründete und nachvollziehbare und damit auch kontrollierbare Entscheidungen hervor. Ohne den Gesetzgeber zu einem Vollzugsorgan herabzuwürdigen, wird das Leerlaufen der grundrechtlichen Schutzpflichten wie auch jetzt der Staatszielbestimmung Umweltschutz vermieden.

367 Zustimmend *Schink*, S. 227; ähnlich Bericht der Sachverständigenkommission »Staatszielbestimmungen/Gesetzgebungsaufträge« (Fn. 96), Rn. 161, und *Murswiek*, NVwZ 1996, S. 228. – Deswegen schöpft die Annahme, ein Verstoß gegen Art. 20a GG sei nur im Falle eines krassen Abwägungsmangels oder bei völliger Untätigkeit oder bei grober Mißachtung der Staatszielbestimmung erfolgreich verfassungsgerichtlich geltend zu machen – so *M. Kloepfer,* Umweltschutz als Verfassungsrecht: Zum neuen Art. 20 a GG, DVBl. 1996, S. 73 ff., S. 75 f., den normativen Gehalt der Regelung keinesfalls aus.

368 Zur Bedeutung des Abwägungsgebots nicht nur für die Verwaltung, sondern auch für den Gesetzgeber im Sinne der Herstellung einer »concordantia disconcordantium« *Bäumlin*, Zeitschrift des bernischen Juristenvereins 101 (1965), S. 98 ff.

c. Abwägungsgebot der Verwaltung

In den meisten Fällen wird jedoch der Gesetzgeber nicht selbst eine konkrete Entscheidung, z. B. hinsichtlich der Zulassung einer Anlage oder eines Stoffes treffen, sondern diese Einzelfallentscheidung der Verwaltung unter Angabe mehr oder – meist – weniger konkreter Entscheidungsmaßstäbe übertragen. In diesen Fällen richten sich die soeben entwickelten prozeduralen Pflichten auch an die Verwaltungsentscheidung, der Gesetzgeber muß sie in gewisser Weise an die Verwaltung »weitergeben«. Dies bedeutet zum einen, daß der Gesetzgeber die Entscheidung derart strukturieren muß, daß – im Rahmen des gesetzlichen Rahmens – die Ermittlung und Bewertung auch in eine Abwägung eingehen können. Der Gesetzgeber ist zum anderen verpflichtet, organisations- und verfahrensrechtliche Vorschriften so auszugestalten,[369] daß die Ziele des Umweltschutzes auch angemessen ermittelt, bewertet und berücksichtigt werden können. Hierzu gehören auch Regeln der Beteiligung von Fachbehörden, der Öffentlichkeit und der Umweltverbände. Die Auffassung, die Verwaltung sei allein zur Gemeinwohlkonkretisierung berufen, paßt in den Obrigkeitstaat des 19. Jahrhunderts und nicht in das pluralistische Gemeinwesen des Grundgesetzes.

Mit den sowohl aus den Schutzpflichten als auch aus der Staatszielbestimmung sich ergebenden prozeduralen Anforderungen, die sich über den Gesetzgeber hinaus an die Verwaltung richten, sind im Bereich des Umweltrechts gebundene Erlaubnisse jedenfalls dann unvereinbar, wenn auf der Tatbestandsseite nicht eine umfassende Berücksichtigung der durch das Vorhaben berührten öffentlichen und privaten Belange möglich ist. Die Dogmatik der gebundenen Erlaubnis vor allem im Immissionsschutzrecht (§ 6 BImSchG) geht immer noch von einem strikten Rechtsanspruch des Anlagenbetreibers aus, mit dem ein Abwägungsspielraum der Verwaltung unvereinbar sei. Auch wenn der Sache nach die Vielzahl der nach § 6 BImSchG zu berücksichtigenden Normen, insbesondere auch der zentralen immissionsschutzrechtlichen Genehmigungsvoraussetzung des § 5 i.V. m. § 3

369 So zur Grundrechtskonkretisierung *J.P. Müller*, Elemente einer schweizerischen Grundrechtstheorie, Bern 1982, S. 54f.

und § 1 BImSchG für eine nahezu umfassende Berücksichtigung aller von dem Vorhaben betroffenen Umweltgüter sorgt und deshalb zurecht von einem planerischen Einschlag der immissionsschutzrechtlichen Genehmigung gesprochen wird, so fehlt doch die ausdrückliche Anerkennung einer Befugnis, einen angemessenen Ausgleich zwischen den kollidierenden Belangen, d. h. den geschützten (Umwelt-) Rechtsgütern auf der einen Seite und den Belangen des Vorhabens auf der anderen Seite, herbeizuführen.[370]

Die Anerkennung eines »Optimierungsermessens«[371] oder »Abwägungsspielraums«[372] fällt deshalb so schwer, weil das Immissionsschutzrecht immer noch nicht – so die plastische Situationsbeschreibung des ehemaligen Bundesverwaltungsgerichtspräsidenten *Horst Sendler* – »die polizeirechtlichen Eierschalen seiner Herkunft«[373] abgelegt hat. Allerdings ist daran zu erinnern, daß traditionell bei der gewerberechtlichen Anlagengenehmigung bis in die 50er Jahre ein »Tatbestandsermessen« unbestritten war.[374] Das Immissionsschutzrecht – wie andere Umweltgesetze auch – hat deshalb den Schritt zu einem modernen Umweltschutzgesetz noch vor sich. Erst wenn dieser Schritt – möglicherweise beschleunigt durch das Gemeinschaftsrecht[375] – getan ist, wird der Charakter des Genehmigungsverfahrens als Ort des »Risikodialogs«, der »Risikobalancierung« und der »Risikolegitimation« deutlich, in dem in einem geregelten Verfahren zwischen Betreibern, Behörden, Drittbetroffenen, der Öffentlichkeit und Umweltverbänden die im »industriell-technischen Umfeld« gelegenen Risiken »gesetzt« werden.[376]

370 Weiterführend auch *Trute*, Vorsorgestrukturen, S. 335, und *ders.*, in: Riedel, S. 66 f.

371 So *W. Hoffmann-Riem*, Von der Antragsbindung zum konsentierten Optionenermessen, DVBl. 1994, S 604 ff.; weiterführend auch *I. Appel*, Emissionsbegrenzung und Umweltqualität, DVBl. 1995, S. 399 ff., 407 f.

372 So *Sandner* (Fn. 279), S. 134 f.

373 *H. Sendler*, Wer gefährdet wen: Eigentum und Bestandschutz den Umweltschutz – oder umgekehrt?, UPR 1983, S. 33 ff., 38.

374 *Ebinger*, S. 211 ff

375 Hinzuweisen ist auf die erheblichen Schwierigkeiten, die die Umsetzung von Art. 8 EG-UVP-RL oder jetzt von Art. 8 IVU-RL im Hinblick auf das »Interessenberücksichtigungspotential« des deutschen Anlagenrechts aufwirft, dazu etwa *Steinberg*, AöR 120 (1995), S. 555 f.; *Steinberg/Koepfer*, S. 974 f.

376 So sehr anschaulich *Schmid*, ZSR N.F. 109, 1990, II. Hbd., H. 1, S. 3 ff., 17.

Daß hierbei auch das »Restrisiko« nicht rechtlich irrelevant sein kann, ergibt sich bereits daraus, daß es sich bei ihm um ein reales, möglicherweise nur »nicht bestimmbares Risiko«[377] handelt. Ob und unter welchen Voraussetzungen dieses hinzunehmen ist, obliegt regelmäßig dem Gesetzgeber, nach Maßgabe verhältnismäßiger Zuordnung zu entscheiden. Soweit freilich – wie häufig im Umweltrecht – die Abgrenzung von erforderlicher Schadensvorsorge und »Restrisiko« der Exekutive überantwortet wurde, hat auch diese das mit der Entscheidung verbundene »Restrisiko« in die Abwägung einzustellen.[378]

Daß der Anerkennung eines Abwägungsspielraums bei der Genehmigung auch nicht deren Grundrechtsrelevanz entgegensteht, sei nur am Rande betont.[379]

d. Abwägung und ökologisches Recht

Die Abwägungsentscheidung wird damit zur zentralen Kategorie des ökologischen Rechts. Ihre Konturen lassen sich dem Planfeststellungsrecht mit dessen Planfeststellungsbeschluß entnehmen, das die Rolle des Referenzgebietes übernimmt und damit das Baurecht mit dessen Baugenehmigung ablöst. Der Abwägungsprozeß kann durch Regeln strukturiert werden, in denen etwa (relative) Prioritäten vorgegeben werden, die Suche von schonenderen Alternativen aufgegeben oder die Entscheidung über die Zulassung eines Stoffes oder einer Anlage von einer Bedürfnisprüfung abhängig gemacht wird.[380] Insgesamt jedoch bedarf die Kategorie der Abwägung als zentraler Begriff des ökologischen Rechts noch erheblicher dogmatischer Vertiefungen.

Zur Gewährleistung einer *umfassenden Berücksichtigung von ökologischen Belangen* eignet sich insbesondere das Institut der Umweltverträglichkeitsprüfung, deren Anspruch einer integrier-

377 So *SRU*, Umweltgutachten 1987, Rn. 1675 u. 1979.

378 Eingehend m. umf. Nachw. *Steinberg/Roller*, S. 88 ff., 102 ff.

379 BVerfGE 80, 137, 161. Vgl. auch *W. Brohm*, Ermessen und Beurteilungsspielraum im Grundrechtsbereich, JZ 1995, S. 369 ff.

380 Hierzu die differenzierende Untersuchung von *Th. Groß*, Zur Zulässigkeit von Bedarfsprüfungen bei der Entscheidung über umweltrelevante Vorhaben, VerwArch 1997, S. 89 ff.; vgl. auch *van den Daele*, S. 378 f.

ten Erfassung der Umwelteinwirkungen durch die Umsetzung der IVU-Richtlinie[381] noch gesteigert werden kann. Wichtig ist sicherzustellen, daß die Ergebnisse der Umweltverträglichkeitsprüfung über entsprechende Öffnungsklauseln wie z. B. in § 7 Abs. 2 Nr. 6 AtG in die Entscheidung über die Zulassung einer Anlage eingehen können.[382] Der Anwendungsbereich der Umweltverträglichkeitsprüfung müßte jedoch über den gegenwärtigen Stand hinaus auch auf Pläne, Programme und vor allem auch Umweltstandards erweitert werden (s.u. III. 3.b.cc.). Aber damit ist das Potential, das die Umweltverträglichkeitsprüfung enthält, auch ohne ideologische Überhöhung noch nicht ausgeschöpft. Als Stichworte müssen hier genügen: die Einbeziehung vorbereitender und vorgelagerter Entscheidungstufen, z.B. des Raumordnungsverfahrens, aus dem die obligatorische Umweltverträglichkeitsprüfung nur vier Jahre nach ihrer Einführung ohne nachvollziehbaren Grund und ohne Erfahrungen gesammelt zu haben 1993 wieder gestrichen wurde;[383] die Ausgestaltung der Alternativenprüfung; schließlich die Nachkontrolle.[384]

Die Abwägung stellt aber nicht nur eine juristische Kategorie dar, sondern gibt auch im Prinzip den methodischen Denkansatz der Ökonomie wieder.[385] Seine Leistungsfähigkeit kann der Abwägungsgrundsatz nicht nur hinsichtlich der verhältnismäßigen Zuordnung existierender Rechtsgüter beweisen, sondern auch im Zusammenhang mit der Sicherung einer nachhaltig-umweltgerechten Entwicklung, bei der die Menschen gezwungen werden, selbstverantwortlich über die Zulässigkeit ihrer Umweltnutzung

381 Richtlinie über die integrierte Vermeidung und Verminderung der Umweltverschmutzung vom 24.9.1996, AblEG Nr. L 257/26; dazu *Steinberg/Koepfer*, S. 973ff.; zurückhaltender *R. Breuer*, Zunehmende Vielgestaltigkeit der Instrumente im deutschen und europäischen Umweltrecht. Probleme der Stimmigkeit und des Zusammenwirkens, NVwZ 1997, S. 833ff., 838f.

382 Vgl. etwa *Ch. Heitsch*, Durchsetzung der materiellrechtlichen Anforderungen der UVP-Richtlinie im naturschutzrechtlichen Genehmigungsverfahren, NuR 1996, S. 453ff., 457f.; *R. Steinberg*, Die Einfügung einer Umweltverträglichkeitsprüfung in das deutsche Planungs- und Anlagengenehmigungsrecht, NuR 1983, S. 169ff., 171f.

383 *Steinberg*, Fachplanung, § 8 Rn. 47ff.

384 vgl. *Nicklas*, S. 56f.; *J. Kolter*, Umweltverträglichkeitsprüfung in der Praxis, 1997.

385 So auch *Alexy*, S. 143; *Brösse* (Fn. 239), S. 31.

zu entscheiden. »Letztlich läuft das darauf hinaus, in einer umfassenden Weise möglichst alle Vorzüge und Nachteile von Entscheidungen, die umweltrelevant sind, zu erfassen und zu beurteilen und dann in einem Abwägungsprozeß darüber zu entscheiden.«[386]

Inwieweit dieser Abwägungsprozeß durch Methoden der Kosten-Nutzen-Analyse strukturiert und verbessert werden kann, müßte im einzelnen untersucht werden. Erhebliche Skepsis ist anzumelden gegenüber den in den USA seit etwa 15 Jahren von der Politik – den Präsidenten[387] wie auch dem Kongreß[388] – mit starker Unterstützung der Literatur[389] immer wieder unternommene Versuch,[390] mittels einer quantifizierten Kosten-Nutzen-Analyse und Spielarten dieser Verfahren (cost-effectiveness-Methode;[391] risk-risk-Analyse[392]) zu einer systematischen und ra-

386 *Brösse* (Fn. 239), S. 31; ähnlich *Haber* (Fn. 249), S. 175.

387 Vgl. *W.K. Viscusi*, Regulating the Regulators, University of Chicago Law Rev. 63 (1996), S. 1423 ff., 1430; zum folgenden vgl. auch *ders.*, Fatal Tradeoffs, 256f., 260; *N.J. Vig*, Presidential Leadership and the Environment: From Reagan to Clinton, in: Vig/Kraft (Hrsg.), S. 95 ff., 99f., 103 u. *Th. McGarity*, The Expanded Debate over the Future of the Regulatory State, Univ. Chicago Law Rev. 63 (1996), S. 1463 ff., 1475 ff.; *Shere*, S. 420ff. – Vgl. auch *A. Eberhardt*, Risikoanalyse und umweltpolitische Schwerpunktsetzung – neuere Ansätze der risikobezogenen Umweltpolitik in den USA und in der Bundesrepublik Deutschland, ZAU 1994, S. 386ff.; und bereits *ders.*, Risikobezogene und medienübergreifende Ansätze in der US-amerikanischen und bundesdeutschen Umweltpolitik, ZfU 1988, S. 361 ff.

388 *M.E. Kraft*, Environmental Policy in Congress: Revolution, Reform, or Gridlock?, in: Vig/ Kraft (Hrsg.), S. 119ff., 127ff.; *Viscusi*, (Fn. 387), Univ. Chicago Law Rev. 63 (1996), S. 1455 ff.; *McGarity*, (Fn. 387), S. 1480ff. u. insbes. die minitiöse Darstellung von *C. Sunstein*, Congress, Constitutional Moments, and the Cost-Benefit State, Stanford Law Rev. 48 (1996), S. 269ff.

389 S. etwa *Viscusi*, Fatal Tradeoffs, passim; *ders.*, (Fn. 387), University of Chicago Law Rev. 63 (1996), S. 1423 ff., 1436ff.; *D. Esty*, What's the Risk in Risk?, Yale J. On Regulation 13 (1996), S. 603 ff.

390 Daß diese ungeachtet des massiven politischen und wissenschaftlichen Bemühens bislang gescheitert sind, dürfte eine Reihe von Gründen haben: entgegenstehende gesetzliche Regelungen, methodische Probleme, konterkarierende Deregulierungsbestrebungen im Executive Office des Präsidenten, schließlich scharfer Widerstand der Umwelt- und Verbraucherverbände, dazu etwa *Viscusi*, Fatal Tradeoffs, S. 248 ff.; *ders.*, (Fn. 387), U. Chicago Law Rev. 63 (1996), S. 1426ff.; auch *Sunstein*, (Fn. 388), S. 247ff., 300.

391 *J.F. Morall III*, A Review of the Record, Regulation, Nov./Dec. 1986, S. 25 ff.

392 Insbes. *J.D. Graham/J. B. Wiener*, Confronting Risk Tradeoffs, in: dies.

tionalen Ordnung der politischen Prioritäten der Risiko- und Umweltpolitik zu gelangen, die sich auf die Basis vergleichender Risikoanalyse gründen soll.[393] Soweit diese Verfahren die Rationalität der Abwägung durch verbesserte, umfassendere Informationen zu erhöhen vermögen, sollten sie genutzt werden.[394] Soweit freilich – und das liegt in der Absicht ihrer Verfechter – die letztlich politische Bewertung von Kosten und Nutzen einer Maßnahme durch quantifizierte, monetarisierte Rechenwerke ersetzt werden soll, wird ökonomische Effizienz zu einem Fetisch: Sie verkennt, daß schon die angebliche mathematische Exaktheit der Risiken nur eine Schimäre darstellt (s. o. I. 2. c.) und daß die Quantifizierung von Nutzen und Kosten oftmals die hinter den Zahlen liegenden Wertungen verbirgt.[395] Trefflich bringt *James E. Krier* die Scheinrationalität dieser Methode auf den Begriff, wenn er die »Herren« dieser Verfahren, die »Risikoassessoren«, als die heutige Gestalt der Schamanen bezeichnet.[396]

(Hrsg.), Risk v. Risk, Cambridge, Mass. 1995, S. 1 ff., 22 ff. mit einer Typologie unterschiedlicher »risk tradeoffs«; vgl. auch *C. Sunstein*, Health-Health Tradeoffs, Univ. Chicago Law Rev. 63 (1996), S. 1533 ff.; *Esty*, (Fn. 389), S. 607 ff.

393 Vgl. den Bericht des EPA im Jahre 1987 unter dem Titel »Unfinished Business: A Comparative Assessment of Environmental Problems«; vgl. *Andrews*, in: Vig/Kraft, S. 219 f.; *Breyer*, S. 20 f. – Eine Folgestudie wurde 1990 von EPA's Science Advisory Board unter dem Titel »Reducing Risk: Setting Priorities and Strategies for Environmental Protection« vorgelegt. Hier wurde eine Veränderung der Prioritäten (besserer Schutz von natürlichen Lebensräumen sowie eine intensivere Zuwendung zu globalen anstelle von lokalen Problemen) empfohlen.

394 Insoweit ist dem Argument *Sunsteins*, (Fn. 388), S. 252 f., 305 f., zuzustimmen, eine bestimmte Form der cost-benefit analysis im Sinne eines Abwägungsprozesses füge sich durch die Verbindung von größerer politischer Verantwortlichkeit und höherer Effizienz in das Konzept der deliberativen Demokratie (dazu u. VI. 3. b.) ein.

395 Scharfsinnig *L. Heinzerling*, Regulatory Costs of Mythic Proportions, MS 1997, insbes. S. 90 ff.; vgl. auch die gründliche Kritik von *D.T. Hornstein*, Reclaiming Environmental Law: A Normative Critique of Comparative Risk Analysis, Columbia Law Rev. 92 (1992), S. 562 ff.; ferner *W.H. Rodgers*, Benefits, Costs and Risks: Oversight of Health and Environmental Decisisionmaking, Harvard Environmental Law Rev. 4 (1980), S. 192 ff.; *Shere*, passim und aus ökologischer Sicht *M. Sagoff*, Economic Theory and Environmental Law, Michigan Law Rev. 79 (1981), S. 1393 ff.

396 *Krier*, Loyola of Los Angeles Law Rev. 27 (1994), S. 865. – Früher bereits *Ch. Perrow*, Normale Katastrophen, 1987, S. 28 u. 357 f.

6. Instrumente staatlicher Umweltverantwortung

Auch wenn die staatliche Umweltverantwortung in der Verfassungsordnung angelegt ist, so findet sie ihre Entfaltung doch zwangsläufig erst durch die Instrumente, mit denen der Staat seine Verantwortung wahrnimmt. Die fünfte Stufe der Verfassungsentwicklung, die aus der technikbedingten Risikosituation in der Industriegesellschaft erwachsen ist, muß deshalb zu einer weitreichenden Ökologisierung der staatlichen Steuerungsinstrumente führen. Bevor diese nun vorgestellt wird, soll in einem im Rahmen dieser Arbeit notwendig kursorischen Überblick auf die unterschiedlichen Steuerungsinstrumente unter besonderer Berücksichtigung ihrer ökologischen Steuerungsfähigkeit eingegangen werden. Anschließend werden einige Kriterien zur Beurteilung der Instrumente des Umweltschutzes im einzelnen, aber auch in ihrer strategischen Kombination aus verfassungsrechtlicher Sicht genannt.

a. Instrumente des Umweltstaates

Das geltende Recht hält unterschiedliche Instrumente bereit, mit denen die Aufgaben des Umweltstaates verwirklicht werden sollen. Zur Verbesserung der Umweltsituation werden zudem in der allgemeinen Diskussion Vorschläge erarbeitet, diesen de lege lata bereits vorgegebenen Instrumentenmix stellenweise zu reformieren oder auch zu erweitern. Will man diese Instrumente des Umweltstaats insgesamt typisierend darstellen, bietet sich eine Unterteilung in drei Kategorien an. Als erste Kategorie sind die vorwiegend regulativen Instrumente des Verwaltungsrechts zu nennen; die weiteren Instrumente zeichnen sich einerseits durch ihre ökonomische und andererseits durch ihre kontextsteuernde Funktionsweise aus.

aa. Regulatives Umweltrecht

Die gegenwärtige Rechtsordnung ist durch ein Umweltrecht geprägt, das sich aus dem Polizei- und Sicherheitsrecht heraus entwickelt hat. Aufgrund seiner noch überall nachweisbaren »polizeirechtlichen Eierschalen« (*Sendler*) zeichnet sich das tradierte Umweltrecht vor allem dadurch aus, daß es auf die Abwehr von Gefahren ausgerichtet ist. Allerdings ist das regulative Umweltrecht in den letzten Jahrzehnten zunehmend im Zeichen des Vorsorgegrundsatzes um die Dimension der Risikoabwehr angereichert worden. Um die Gefahren und Risiken abzuwehren, die von den umweltbeeinträchtigenden Technikanwendungen drohen, normiert das Umweltrecht seine zahlreichen präventiven und repressiven Verbote; hierdurch wird regelmäßig die Ausübung umweltbeeinträchtigender Handlungen von dem Vorliegen einer entsprechenden Genehmigung abhängig gemacht, wie sich beispielsweise in § 6 BImSchG, §§ 7f. WHG oder §§ 7ff. GenTG zeigt. Einen vergleichbaren Regelungscharakter weisen die Gebote in den jeweiligen Fachgesetzen auf, die den Regelungsadressaten konkrete Pflichten im Rahmen ihrer umweltnutzenden Tätigkeiten auferlegen (§ 5 I BImSchG, § 1 a II WHG, § 8 II 1 BNatSchG). Sollten die Regelungsadressaten sich nämlich nicht konform zu diesen ordnungsrechtlich normierten Pflichten verhalten und dadurch Gefahren für Mensch und Umwelt verursachen, drohen ihnen Sanktionen wie Untersagungen oder Stillegungs- und Beseitigungsverfügungen (z. B. § 25 BImSchG).

Die Intention des Ordnungsrechts, sozial akzeptierte ökologische Grenzen für den technischen Bereich allgemeinverbindlich festzulegen, dürfte vor allem bei der Steuerung von Risikobereichen mit hohem Gefahrenpotential unabdingbar sein. Denn nichtstaatlichen Akteuren kann beispielsweise im Atomrecht keinerlei Spielraum bei der Letztentscheidung eingeräumt werden, in welcher Bandbreite eine Strahlenbelastung noch zulässig sein und welchen Sicherheitsanforderungen ein Kernkraftwerk genügen soll.

Allerdings bedarf der tradierte »command and control approach« einer instrumentellen Erweiterung, wenn man sich seine

Steuerungsausfälle vor Augen hält.[397] So weisen die für das Verwaltungsrecht signifikanten Gebote und Verbote im Umweltbereich bei näherer Betrachtung ein augenfälliges Vollzugsdefizit auf. Dieses Defizit beruht nicht nur auf der asymmetrischen Verteilung von Informationen zwischen Behörden und Industrie, wodurch eine Dynamisierung des Stands der Technik administrativ nicht durchgesetzt werden kann.[398] Auch führt die Starrheit der ordnungsrechtlichen Vorgaben im Einzelfall zu ökonomisch unvertretbaren Ergebnissen, so daß sich die zuständige Behörde häufig außerstande sieht, wortgetreu die Gesetze zu vollziehen.[399] Losgelöst von diesem systemimmanenten Vollzugsdefizit wird bei der ordnungsrechtlichen Steuerung das wirtschaftliche Eigeninteresse der Verursacher zur Vermeidung von Umweltbelastungen nicht gefördert; daher besitzen die Verursacher von Umweltbeeinträchtigungen keinerlei Interesse, die umweltschützende Entwicklung von Techniken über das ordnungsrechtlich normierte Vermeidungsniveau hinaus zu treiben. Dies beruht auf der Tatsache, daß die ordnungsrechtlich zulässige Restverschmutzung der Umwelt für die Verursacher sanktions- und kostenlos erfolgt.[400] Ein Unternehmen würde daher einen Wett-

397 Die Literatur zu diesem Thema ist nahezu unübersehbar. – Vgl. deshalb nur *Stiglitz*, S. 593; *B. A. Ackerman/R.B. Stewart*, Reforming Environmental Law, Columbia Journal of Environmental Law, vol. 13 (1988), S. 171 ff.; *dies.*, Reforming Environmental Law, Stanford Law Review, vol. 37 (1985), S. 1333 ff.; *R.W. Hahn/R.N. Stavins*, Incentive-Based Environmental Regulation: A New Era from an Old Idea?, Ecology Law Quarterly, vol. 18 (1991), S. 1 ff.; *Rose* (Fn. 36), S. 1 ff. ; *R.N. Stavins*, Harnessing the Marketplace, EPA Journal, May/June 1992, S. 21 ff. – Früher bereits *E. Rehbinder*, Umweltrecht, RabelsZ 40 (1976), S. 363 ff., 393 f.

398 Vgl. dazu Zentrum für Europäische Wirtschaftsforschung *(O. Hohmeyer, H. Koschel)*, Umweltpolitische Instrumente zur Förderung des Einsatzes integrierter Umwelttechnik, 1995, S. 57; dieses Problem sehen auch *Wahl/Appel*, S. 29 ff.

399 Siehe dazu *G. Lübbe-Wolff*, NuR 1993, 217, 219 f., u. bes. *dies.*, Modernisierung des Umweltrechts, 1996, S. 139 ff.; *A. Lorenz*, Vollzugsdefizite im Umweltrecht, UPR 1991, S. 253 ff.; *A. Schink*, Vollzugsdefizite im Umweltschutz, ZUR 1993, S. 16 ff.; *U. Lahl*, Das programmierte Vollzugsdefizit, ZUR 1993, S. 249 ff.

400 Vgl. zu diesem ordnungsrechtlichen Einfrieren der Technik auf suboptimalem Niveau auch *Hoffmann-Riem*, Innovationen, S. 14; siehe zum Problem der Kostenfreiheit *W. Zohlnhöfer*, Umweltschutz in der Demokratie, Jahrbuch für Neue Politische Ökonomie 3 (1984), S. 101 ff., 103 ff.

bewerbsnachteil erleiden, wenn es im Unterschied zu seinen Konkurrenten durch kostenintensive Techniken die ordnungsrechtlich zulässige Restverschmutzung reduzieren würde; im Vergleich zu den Konkurrenten könnten innovative Unternehmen ihre Produkte aufgrund der gestiegenen Produktionskosten nicht mehr zum Konkurrenzpreis anbieten und müßten aus dem Marktgeschehen ausscheiden.[401] Schließlich kommt noch hinzu, daß die ordnungsrechtlichen Steuerungsmöglichkeiten im technischen Innovationsprozeß zu spät ansetzen und daher nur noch eingeschränkt ökologische Steuerungswirkungen entfalten können.[402] Denn im Zeitpunkt der ordnungsrechtlichen Genehmigungsentscheidung ist stets schon die Wahl der Technik getroffen und die Dimensionierung der Anlage abschließend bestimmt; das regulative Verwaltungsrecht ist daher außerstande, die ökologischen Interessen bei den für sie besonders bedeutsamen Planungen, welche Technik wo und in was für einer Dimensionierung zum Einsatz kommen soll, systematisch zu integrieren.

Es werden schließlich die hohen Kosten der Regulierung sowohl für den Anlagenbetreiber als auch den Staat beklagt, die im Zuge immer feinmaschigerer und komplizierterer, vor allem technischer Anforderungen drastisch gestiegen sind.[403]

bb. Ökonomische Instrumente

Da das überkommene ordnungsrechtliche Umweltrecht derartige Regelungslücken aufweist, wird allgemein die Forderung aufgestellt, die staatliche Steuerung durch den Einsatz weiterer Instrumente zu bereichern. In der Diskussion wird zu diesem Zweck besonders auf den möglichen Einsatz von ökonomischen Instrumenten abgestellt. Die Intention solcher ökonomischer Instrumente besteht darin, den Marktmechanismus in den Dienst

401 Vgl. zur Problematik des optimalen Angebots eines Unternehmens bei vollständiger Konkurrenz *J. Henderson/R. Quandt*, Mikroökonomische Theorie, 5. Aufl., 1980, S. 84ff.

402 Vgl. dazu allgemein *Grimm*, Zukunft, S. 197ff.

403 Die Umweltstatistik in Deutschland enthält dazu keine Angaben. In den USA schätzen *Ackerman/Stewart*, (Fn. 397), S. 177, diese Kosten auf 15 Mrd. US-$. – Zu der zunehmenden technischen Überforderung der Anlagengenehmigung *Steinberg*, NVwZ 1995, S. 211.

des Umweltschutzes zu stellen. Beispielhaft für derartig ökonomisch ausgerichtete Instrumente können Umweltabgaben und Zertifikatslösungen sowie die Erweiterung der Privatrechtsordnung angeführt werden.

Ansatzpunkt der ökonomischen Instrumente insgesamt ist die Erkenntnis des Marktversagens[404] bei der Allokation öffentlicher Güter (s. o. II. 1. c.). Deshalb beabsichtigen diese Instrumente, das öffentliche Gut Umwelt mit einem Preis zu belegen, um hierdurch die sozialen Kosten der Umweltnutzung den Wirtschaftseinheiten aufzuerlegen. Hierdurch sollen die Wirtschaftssubjekte in der Folge zu einem effizienten Umgang mit den knappen Umweltressourcen angehalten werden. Es lassen sich ohne Anspruch auf Vollständigkeit drei Typen von Instrumenten ausmachen.[405]

Die vorgeschlagenen *Abgabenlösungen* lassen sich dabei stets auf zwei Grundmodelle zurückführen: die Pigou-Steuer[406] und den Standard-Preis-Ansatz.[407] In beiden Modellen wird eine umweltbeeinträchtigende Verhaltensweise mit einer staatlich festgesetzten Abgabe belegt. Der Vorteil einer funktionsfähigen Abgabenlösung besteht darin, daß nicht – wie im Ordnungsrecht – für alle Umweltnutzer festgesetzte Standards aufgestellt werden. Vielmehr wird den Marktteilnehmern die Möglichkeit eröffnet, nach ihrem individuellen Kosten- und Nutzenkalkül die Umweltressourcen in Anspruch zu nehmen; dabei besitzen sie im Unterschied zur ordnungsrechtlichen Lösung einen Anreiz, die Umweltressourcen über etwaige staatliche Grenzwerte hinaus zu schonen. Dieser Anreiz besteht darin, durch den geringeren Einsatz von Umweltressourcen die eigene Abgabenlast zu minimieren.[408] Dies führt im Ergebnis nicht nur zu dem Ziel, die Um-

404 Siehe im übrigen zum Problem des Marktversagens allgemein und seiner Erscheinungsformen insbesondere *N. Eickhof*, Theorien des Markt- und Wettbewerbsversagens, Wirtschaftsdienst 1986, S. 486 ff.

405 Die nachfolgende Systematisierung folgt *Stiglitz*, S. 590 ff.

406 *A.C. Pigou*, The Economics of Welfare, 4. Aufl., London 1932, S. 192 ff.; *E. Sohmen, E.* Allokationstheorie und Wirtschaftspolitik, 1976, S. 221 ff. und S. 271 ff.; vgl. im übrigen den Überblick bei *J. Weimann*, Umweltökonomie, 1995, S. 176 ff.

407 Vgl. zum sog. Baumol-Modell nur *W.J. Baumol/W.E. Oates*, The Theory of Environmental Policy, New Jersey, 1975, S. 162 ff.; siehe im übrigen *J. Weimann*, Umweltökonomie, 1995, S. 204 ff.

408 Vgl. zu den Anpassungsreaktionen *Cansier*, S. 155 ff.

weltressourcen nach Maßgabe der politischen Vorgaben volkswirtschaftlich effizient zu nutzen.[409] Im Unterschied zu einer ordnungsrechtlichen Lösung erleidet ein innovativer Anbieter durch die Einführung einer Umweltabgabe auch keinen Wettbewerbsnachteil, wenn er – anders als seine Konkurrenten – durch kostenintensivere Techniken die Umweltbeeinträchtigungen überdurchschnittlich reduziert. Durch die ökologischere Ausrichtung seiner Produktion werden die Produkte eines solchen ›Pionierunternehmers‹ (*A. Schumpeter*) nämlich stets mit einer geringeren Abgabe belegt. Dies ermöglicht dann dem innovativen Anbieter, seine Produkte zu einem günstigeren Preis als seine innovationsfeindlichen Wettbewerber anzubieten, so daß er durch die spezifische Funktionsweise einer Umweltabgabe einen Wettbewerbsvorteil erlangt.

Im Gegensatz zum ordnungsrechtlichen Modell stellt sich bei einer Abgabenlösung auch nicht das Problem einer verspätet einsetzenden Steuerungswirkung. Denn bei der Abgabenlösung wird der Umweltnutzer die internalisierten Umweltkosten stets in seine Kalkulation mit einbeziehen, da er durch sein Verhalten die Abgabenhöhe zu bestimmen vermag. Damit werden hier im Unterschied zum ordnungsrechtlichen Modell die ökologischen Belange, vermittelt über die Preissignale der Abgabenlast, bereits frühzeitig in die Planungen der Unternehmen eingestellt; denn jedes Unternehmen wird schon bei der Wahl seiner Technik wie auch bei der Entscheidung über die Dimensionierung der Anlage die zukünftigen Abgaben als weitere variable Kosten der Produktion in seine Kalkulation mit einbeziehen und auf diese Weise der Umwelt von Beginn an Rechnung tragen.

Allerdings wird bei einer Abgabenlösung vorausgesetzt, daß Unternehmen und Haushalte ihr Marktverhalten rational an die veränderten Preisrelationen anpassen können. Dies können die Marktteilnehmer jedoch nur, wenn die prozeß- und produktspezifischen Kostenbelastungen und -entlastungen durch eine Umweltabgabe transparent sind. Bei komplexen Produktionen wie der Kuppelproduktion dürfte jedoch eine solche Zurechnung von Umweltabgaben auf das einzelne Produkt auf kaum überwindbare Schwierigkeiten stoßen.[410] Wenn sich aber beispiels-

409 Vgl. hierzu *L., Wicke*, Umweltökonomie, 4. Aufl., 1993, S. 406 ff.

410 Kuppelproduktion ist ein Fall von verbundener Produktion, bei der auf

weise die Emissionsvermeidungskosten nicht von den sonstigen Produktionskosten nachvollziehbar trennen lassen, kann die Umweltabgabe nicht mehr die ihr zugedachte Regelungswirkung erzielen. Daher könnten Unternehmen bei komplexen Produktionsprozessen die Intention einer Umweltabgabe in ihr Gegenteil wenden, indem sie auf marktgängige umweltfreundliche Kuppelprodukte die Abgabenlast überwälzen und die umweltschädlichen Kuppelprodukte zum weiterhin günstigen alten Preis anbieten.

Eine ökologisch beabsichtigte Lenkungswirkung kann außerdem nur eintreten, falls den Marktteilnehmern Technik- bzw. Konsumalternativen offenstehen.[411] Daher können Umweltabgaben bei Angebotsmonopolen mit einer relativ unelastischen Nachfrage keinerlei Steuerungswirkung für die Unternehmen entfalten.[412] Denn in den Fällen, in denen die Substituierbarkeit umweltbeeinträchtigender Produkte für die Konsumenten ausgeschlossen ist, könnten die Angebotsmonopolisten die gesamte Umweltabgabe auf die Nachfrager abwälzen, ohne daß eine Verbesserung der Umweltsituation herbeigeführt würde. Die jeweilige Angebotsstrategie könnte daher einen Monopolisten sogar dazu veranlassen,[413] über denjenigen Grenzwert hinaus die Umwelt zu beeinträchtigen, der ihm bei einem ordnungsrechtlichen Instrument als verbindlich vorgegeben würde. Würde in diesem Fall die gesamte Techniksteuerung einer Abgabenlösung überantwortet, ließen sich gesundheitsschädliche lokale Emissionskonzentrationen nicht vermeiden.[414] Wenn diese Folge sich auch

Grund der technischen Eigenarten des Produktionsweges notwendig verschiedene Produktarten gleichzeitig anfallen; z. B. bei der Verkokung fallen Koks, Leuchtgas und Teer an. Siehe zum Problem nur *W. Busse v. Colbe/G. Laßmann*, Betriebswirtschaftstheorie, Bd. I, 1991, S. 175f.; *M. Schweitzer/H.-U. Küpper*, Systeme der Kosten- und Erlösrechnung, 6. Aufl., 1995, S. 182f.

411 Vgl. zum Problem der Überwälzung einer Steuer in Abhängigkeit von der Nachfrageelastizität nur *Endres*, S. 27f.

412 Vgl. zum Problem suboptimaler Technik im Monopol schon *W. Eucken*, Wettbewerb, Monopol und Unternehmen, 1953, S. 14; siehe zur Lehre von der Abgabeninzidenz im Monopolfall bei unelastischer Nachfrage nur *N. Andel*, Finanzwissenschaft, 2. Aufl., 1990, S. 140ff.; *Cansier*, S. 165.

413 Vgl. zum optimalen Angebot eines Anbieters im Monopolfall *J. Henderson/R. Quandt*, Mikroökonomische Theorie, 5. Aufl., 1980, S. 181ff.

414 Vgl. Dritter Immissionsschutzbericht der Bundesregierung, BT/ Drs. 10/1354, S. 55ff.

nicht auf den Fall eines reinen Angebotsmonopolisten beschränkt, wird sie hier doch besonders deutlich.[415] Eine solche Umweltbelastung würde aber nicht nur dem Zweck der Abgabe widersprechen, sondern auch dem Gedanken der Verteilungsgerechtigkeit zuwiderlaufen. Unter dem Aspekt der Verteilungsgerechtigkeit müssen nämlich die Umweltschäden gesamtgesellschaftlich zumindest gleichmäßig verteilt werden, da es sich sozialstaatlich nicht rechtfertigen läßt, daß eine lokale Minderheit überdurchschnittlich in gesundheitsgefährdender Weise belastet wird.[416] Diesem Ziel dient schließlich nicht zuletzt die gleichmäßige Standardsetzung im Ordnungsrecht. Soweit im Ordnungsrecht keine Vollzugsdefizite existieren, wird durch dieses Steuerungsinstrument nämlich eine gesellschaftlich ungleich verteilte gesundheitsgefährdende Umweltbelastung ausgeschlossen.

Ein von der Abgabenlösung verschiedenes ökonomisches Instrument des Umweltschutzes bieten die *Zertifikatslösungen* an. Den Zertifikatslösungen liegt die Idee zugrunde, daß der Staat die für eine konkrete Region höchstzulässige Umweltbelastung an Schadstoffen bestimmt. In dem festgelegten Umfang werden dann vom Staat Verschmutzungsrechte in Form von Zertifikaten ausgegeben bzw. verkauft.[417] Diese Zertifikate können im Anschluß frei gehandelt werden. Will ein Unternehmen bei konstanter Technik seine Produktion steigern und damit einhergehend mehr Umweltressourcen verbrauchen, muß es Zertifikate von anderen Inhabern solcher Verschmutzungsrechte hinzukaufen. In der Folge wird sich ein Marktpreis für Zertifikate bilden. Jedem Anlagenbetreiber steht es jedoch frei, seine Produktion alternativ durch den Einsatz von innovativen Techniken auszu-

415 Vgl. zum Problem monopolistischer Preisspielräume bei Unternehmen nur *E. Gutenberg*, Grundlagen der Betriebswirtschaftslehre, Bd. 2, Der Absatz, 16. Aufl., 1979, S. 194; vgl. zu den modernen Theorie über Reaktionsanpassungen auf Märkten *W. Busse von Colbe/P. Hammann/G. Laßmann*, Betriebswirtschaftstheorie, Bd. 2, 4. Aufl., 1997, S. 36ff., und S. 56ff.

416 Zu dem Problem auch *K. Lange*, Staatliche Steuerung aus rechtswissenschaftlicher Perspektive, in: Instrumente und Formen staatlichen Handelns, hrsg. v. K. König/ N. Dose, 1993, S. 186ff.

417 Siehe zum Problem der Erstausgabe *M. Kemper*, Das Umweltproblem in der Marktwirtschaft – Wirtschaftstheoretische Grundlagen und vergleichende Analyse umweltpolitischer Instrumente in der Luftreinhalte- und Gewässerschutzpolitik, Volkswirtschaftliche Schriften, Bd. 390, 1989, S. 45f.

weiten und so den Anstieg des Verbrauchs an Umweltressourcen abzufangen. Falls dies kostengünstiger als der Ankauf von den ansonsten notwendigen Verschmutzungsrechten sein sollte, wird jedes Unternehmen aufgrund seines eigenen Gewinnkalküls den Einsatz von innovativen Techniken wählen. Zertifikatslösungen sind somit darauf angelegt, die Unternehmen über die Knappheitspreise für Verschmutzungsrechte zu Innovationen in der Umwelttechnologie anzureizen und hierdurch zu einem erhöhten Umweltschutz beizutragen.[418]

Ein weiterer Vorzug der Zertifikatslösungen liegt in ihrer speziellen Funktionsweise, daß die politischen Entscheidungsträger die zulässigen Schadstoff-Abgabemengen periodisch pro Zertifikat verringern können, um so stetig die Umweltsituation zu verbessern.[419] Außerdem wird durch den integrierten Marktmechanismus zugleich bei den Zertifikatsmodellen die Umweltbeeinträchtigung dort reduziert, wo die Umweltkosten am höchsten sind. Mit der Einführung eines Zertifikatsmodells ist daher stets eine Steigerung der ökologischen Effizienz verbunden.

Im Vergleich zu den Abgabenlösungen sticht dabei insgesamt als Vorzug von Zertifikatslösungen hervor, daß hier eine bestimmte Höchstgrenze für die Inanspruchnahme von Umweltressourcen nicht überschritten werden kann. Zudem ermöglichen die Zertifikatslösungen im Interesse der Ökologie finanzstarken Umweltverbänden Verschmutzungsrechte anzukaufen; hierdurch können Umweltschutzvereinigungen das Angebot von Zertifikaten nach ihren eigenen Präferenzen verkürzen und so ebenfalls den Druck zu Umweltverbesserungen steigern. Jedoch stellt sich an diesem Punkt zugleich ein gravierendes Problem der Zertifikatsmodelle. Kauft ein Umweltnutzer ein Zertifikat, erhält er hierdurch ein eigentumähnliches Recht, die jeweiligen Umweltressourcen exklusiv nutzen zu dürfen. Kauft ein Umweltschützer das Zertifikat, um den Verbrauch von Umweltressourcen zu verhindern, verbessert er die Umweltsituation nicht exklusiv für sich, sondern für alle Nutzer dieses öffentlichen Gu-

418 Vgl. zu den Zertifikatslösungen nur *H. Bonus*, Umweltpolitik in der Sozialen Marktwirtschaft, 42ff. in: Beilage zur Zeitschrift: Das Parlament 1991, S. 37ff.; *Cansier*, S. 187.
419 *Endres*, S. 33 ff.

tes.[420] Das Problem des Marktversagens im Bereich öffentlicher Güter und damit einer mangelnden Steuerung im ökologischen Bereich stellt sich daher auch bei den Zertifikatsmodellen.[421]

Ferner kann bei Zertifikatslösungen das Problem ökonomischer Macht[422] nicht übersehen werden. So können marktmächtige Produzenten in engen Oligopolen – wie beispielsweise Stromerzeuger – die Zertifikate zu einem Großteil aufkaufen; derartige Unternehmen, denen eine relativ unelastische Nachfrageseite gegenübersteht, können schließlich die Kosten der Zertifikate auf die Nachfrager abwälzen. Hierdurch erhalten diese Unternehmen im Zertifikatsmodell zwar keinen Freibrief für die Umweltbeeinträchtigung, aber sie besitzen genausowenig Interesse an einer Rückführung der Umweltbelastung wie im rein ordnungsrechtlichen Modell mit festgeschriebenen Grenzwerten. Schließlich könnte ein marktbeherrschendes Unternehmen die Zertifikate auch dazu mißbrauchen, seine Konkurrenten zu schädigen; dazu müßte es lediglich durch einen entsprechenden Aufkauf den Preis für Zertifikate derartig in die Höhe treiben, daß die Produktion der Konkurrenz unrentabel wird.[423]

Die aufgeführten Einwände setzen dabei stets voraus, daß die Verschmutzungsrechte auf konkrete Schadstoffe bezogen werden können. Angesichts der unüberschaubaren Mannigfaltigkeit möglicher Schadstoffe dürfte der Einsatzbereich von Zertifikatsmodellen jedoch zudem erheblich eingeschränkt sein. Denn entweder müßten für jeden Schadstoff eigene Zertifikate kreiert werden – was unmöglich ist – oder es müßten Zertifikate für Schadstoffgruppen gebildet werden, wodurch dieses Instrument seine intendierte Lenkungsfunktion verlöre.

Schließlich wird als ein weiteres ökonomisches Instrument die Umgestaltung der Privatrechtsordnung diskutiert. Dieser vor allem durch die Arbeiten von *R. Coase*[424] geprägte Vorschlag ba-

420 Vgl. zur Theorie öffentlicher Güter nur *R. Musgrave/P. Musgrave/L. Kulmer*, Die öffentlichen Finanzen in Theorie und Praxis, 4. Aufl., 1987, S. 6ff.

421 Vgl. dazu auch *Endres*, S. 35f.

422 Vgl. zur ökonomischen Macht und ihren Dimensionen allgemein *H. Arndt*, Ökonomische Theorie der Macht, S. 105f., in: ders., Die Konzentration in der Wirtschaft, Bd. 1, 2. Aufl., 1971, S. 99ff.

423 Siehe zu diesem Problem *Bonus* (Fn. 418), S. 44.

424 Vgl. dazu *R. Coase*, The Problem of Social Cost, in: Economics of the Environment, hrsg. v. R. Dorfman/N. S. Dorfman, 2. Aufl. 1977, S. 142ff., in

siert auf der Annahme, daß das Umweltproblem durch eine Zuweisung von *Eigentumsrechten an Umweltgütern* gelöst werden kann.[425] Würden nämlich alle Umweltgüter durch die Eigentumsordnung entweder Schädigern oder Geschädigten zugeordnet, könnten beide Seiten – vergleichbar mit Anbietern und Nachfragern auf dem Markt – das Niveau der Umweltqualität in Verhandlungen über Kompensationszahlungen bestimmen.[426] Da die Geschädigten an diesem Prozeß unmittelbar beteiligt wären, würde dem Umweltschutz auf diesem Weg zu seinem Gewicht verholfen werden. Allerdings könnten solche Verhandlungslösungen ebenfalls zu einem verzerrten Umweltschutz führen; dies wäre z. B. der Fall, wenn die Transaktionskosten des Geschädigten höher wären als seine Wohlfahrtsgewinne, die er aus den Verhandlungen über den Umweltschutz mit dem Schädiger zöge. In diesem Fall würde sich nämlich kein Verfechter zum Schutz der Umwelt finden, und der Umweltschädiger könnte

deutscher Übersetzung in: H.-D. Assmann/C. Kirchner/E. Schanze (Hrsg.), Ökonomische Analyse des Rechts, 1978, S. 146ff.; siehe auch *Weimann*, (Fn. 406), S. 38ff.

425 So könnten im Falle einer erneuerbaren Ressource wie des Wassers im Umfang der jährlich nutzbaren Menge marktfähige Nutzungsrechte geschaffen und gegen Gebot potentiellen Nutzern überlassen werden. Der sich bildende Marktpreis würde zwanglos zu einer effizienten Nutzung des Gutes führen. Die Aufgabe des Staates erschöpfte sich in einer Schaffung der Nutzungsrechte und in der Organisation und Aufrechterhaltung eines Marktes.
Diese Lösung wird häufig am Beispiel der Schaffung von Fischereirechten diskutiert, mit deren Hilfe das Problem einer Erschöpfung von Fischbeständen vermieden werden soll. Vgl. *Stiglitz*, S. 590; *Rose*, (Fn. 36), S. 3ff.; *P. Anderson/J.G. Sutinen*, Enforcement of Property Rights in Fisheries, in: Ansprüche, Eigentums- und Verfügungsrechte, Schriften des Vereins für Socialpolitik, N.F. Bd. 140, 1994, S. 611ff. – Zu Vorschlägen, zum Schutze der knappen Ressource Grundwasser ein Regime von Nutzungsrechten zu schaffen durch das das bisherige System ineffizienter Grundwassernutzung ersetzt werden könne, *Terry L. Anderson/Donald R. Leal*, Going with the Flow: Marketing Instream Flows and Groundwater, Columbia Journal of Environmental Law, vol. 13 (1988), S. 317ff., 322f. – Vgl. auch *B. Yandle*, Resource Economics: A Property Rights Perspective, Journal of Energy Law and Policy, vol. 6 (1983), S. 1ff.; *Z. Willey*, Behind Schedule and Over Budget: The Case of Markets, Water, and Environment; Harvard Journal of Law & Public Policy, vol. 15 (1992), S. 404ff.; *Daniel J. Dudek/ Richard B. Stewart/ Jonathan B. Wiener*, Environmental Policy for Eastern Europe: Technology-Based Versus Market-Based Approaches, Columbia Journal of Environmental Law, vol. 17 (1992), S. 35ff., 39.

426 Siehe zum Problem auch *Endres*, S. 48.

kosten- und sanktionslos die Umwelt beeinträchtigen. Zudem stellt sich im Privatisierungsmodell wieder das bei den Zertifikatsmodellen angesprochene Problem der »Schwarzfahrer« bei öffentlichen Gütern.[427] So besäße ein potentiell Geschädigter keinerlei Anreiz, Transaktionskosten für Verhandlungen zu übernehmen, wenn ihm als »Trittbrettfahrer« Verhandlungsergebnisse eines Dritten mit dem Schädiger zugute kämen;[428] dies würde im Ergebnis dazu führen, daß der Schädiger solange Umweltressourcen unkontrolliert in Anspruch nehmen könnte, bis er durch staatliche Eingriffe daran gehindert würde. Im übrigen wirft die Schaffung von privaten Rechten an Umweltgütern eine Vielzahl von praktischen Problemen auf, von deren Lösung man weiter entfernt ist als bei den vorher vorgestellten ökonomischen Instrumenten.

Alle vorgestellten ökonomischen Instrumente zielen letztlich darauf ab, den ökologischen Belangen zu dienen, indem sie durch ihre jeweilige Art und Weise der Internalisierung die externen Umweltkosten in das unternehmerische Entscheidungskalkül integrieren wollen. Jedoch kann angesichts der unterschiedlichen Determinanten für das Marktverhalten kein ökonomisches Instrument garantieren, daß die Marktteilnehmer ihr Verhalten auch an den intendierten Umweltzielen ausrichten. Jedes ökonomische Instrumentarium muß deshalb durch andere Instrumente flankiert werden, um die Erreichung ökologischer Ziele in der Gesellschaft gewährleisten zu können. Zu diesen flankierenden Steuerungsinstrumenten gehört nicht nur die klassische staatliche Kontrolle von Marktmacht, wie wir sie im Gesetz gegen Wettbewerbsbeschränkungen finden. Auch gehören hierzu staatliche Aufgaben des Monitoring, um kontrollieren zu können, ob die marktwirtschaftlich herbeigeführten Ergebnisse ökologisch vertretbar sind.

Der Nachweis einer Ergänzungsbedürftigkeit der ökonomischen Instrumente leitet zu der dritten Kategorie von Handlungsformen des Umweltstaates über: den kontextsteuernden Instrumenten.

427 *Musgrave/Musgrave/Kulmer* (Fn. 420), S. 89ff.
428 Vgl. zu diesem Problem auch *J. Buchanan*, Die Grenzen der Freiheit, 1984, S. 51ff.

cc. *Kontextsteuerung*

Als kontextsteuerndes Instrument wird jede nicht-regulative Steuerung definiert, durch die nicht-preisliche Parameter derjenigen Entscheidungen beeinflußt werden, die Akteure im umweltrelevanten Technikbereich treffen.

Aufgrund dieser Definition beginnt die Bandbreite der kontextsteuernden Instrumente bei der Gewährung von Handlungsfreiheiten für Akteure umweltrelevanter Technikentscheidungen im Rahmen verbindlicher staatlicher Vorgaben. Als Beispiel für eine solche unternehmerische Selbstregulierung im Rahmen staatlicher Vorgaben kann auf das Öko-Audit verwiesen werden.[429] Der Zweck des Öko-Audits besteht darin, die betriebliche Eigenüberwachung zu fördern und ebenfalls der allgemeinen Implementierung betrieblicher Umwelt-Managementsysteme zu dienen. Hierfür wird ein Anreizsystem auf freiwilliger Basis geschaffen, sich nicht nur durch das Öko-Audit-Logo einen Verkaufsvorteil zu verschaffen, sondern auch sich eigenständige betriebliche Umweltziele zu setzen, die mit der Umwelterklärung die Öffentlichkeit erreichen. Das Öko-Audit ist konzipiert als ein additives Element zum regulativen Verwaltungsrecht, welches mit seinen traditionellen staatlichen Genehmigungs- und Überwachungsvorschriften unverändert fortbesteht.[430] Im Ergebnis dient das Öko-Audit den ökologischen Belangen, indem es für die Nachfrager eine Transparenz in Bezug auf die Umweltsituation eines Unternehmens schafft. Als Steuerungsressource be-

429 Vgl. zum Öko-Audit umfassend die Darstellung von *S. Waskow*, Betriebliches Umweltmanagement – Anforderungen nach der Audit-Verordnung der EG, 1994; siehe zu den ersten Erfahrungen mit dem Öko-Audit *J. Degenhardt* u. a., Forschungsgruppe Betriebliche Umweltpolitik an der Gesamthochschule Kassel, Pilot – Öko-Audit in Hessen, Kassel 1995; siehe zur Einordnung des Öko-Audits in das Instrumentarium des Umweltstaates *Hoffmann-Riem*, Innovationen, S. 15 ff.

430 Ein zum Öko-Audit vergleichbares Steuerungsinstrument ist der Betriebsbeauftragte im Umweltrecht (§§ 53 ff. BImSchG; §§ 21a ff. WHG; §§ 53 ff. KrW-/AbfG); *Wahl/Appel*, S. 29 ff., sprechen sich in diesem Zusammenhang für einen Ausbau des Kontrollmanagements des Betreibers aus; auch die Umweltzeichen sind zu dieser Kategorie der Steuerungsinstrumente zu zählen; siehe zum »Blauen Engel« *G. Roller*, Der »Blaue Engel« und die »Europäische Blume«, EuZW 1992, 499, 500 f.

nutzt das Öko-Audit damit im wesentlichen das ökologische Gewissen der Nachfrager.[431]

Die Kontextsteuerung erfährt zudem unter der Heranziehung des Kooperationsprinzips, das nach verbreiteter Meinung neben dem Vorsorge- und dem Verursacherprinzip zu den tragenden Grundsätzen des Umweltrechts zählen soll,[432] eine eigene Ausgestaltung. Das Kooperationsprinzip ist als Verfahrensprinzip darauf ausgerichtet, eine einvernehmliche Umsetzung ökologischer Ziele zu erreichen. Aus diesem Gedanken der Kooperation erwachsen neben den bisher vorgestellten positiv geregelten bzw. regulierbaren Instrumenten vor allem Formen des informalen Verwaltungshandelns.[433] Versteht man unter informalen Verwaltungshandeln jegliche Zusammenarbeit des Staates mit der Wirtschaft, den Verbänden und den Verbrauchern, ist die Palette dieser Instrumente im Umweltbereich breit gefächert. Das informale Verwaltungshandeln im Umweltbereich beginnt dann mit behördlichen Erörterungen und Beratungen im Vorfeld des hoheitlichen Tätigwerdens und endet bei detaillierten, als verbindlich akzeptierten Absprachen. In diesem Zusammenhang kann zunächst auf die zahlreichen Selbstverpflichtungsabkommen als sogenannten informellen Umweltabsprachen zwischen dem Staat und der Wirtschaft verwiesen werden. Solche normersetzenden[434] Absprachen bezwecken regelmäßig, den Erlaß von gesetzlich statuierten Handlungspflichten zu vermeiden.[435] Als Beispiel

431 Allerdings verspricht man sich auch eine andere Erweiterung der Steuerungsressourcen durch das Öko-Audit; so sehen die Befürworter im Öko-Audit die Potentiale, daß evaluierte Unternehmen kreditwürdiger werden können und aufgrund der kalkulierbareren Umwelthaftung geringere Beträge für die Umwelthaftpflichtversicherung abführen müssen; vgl. dazu *R. Schmidt/W. Sandner*, Einführung in das Umweltrecht, in: Umweltökonomie, hrsg. v. M. Stengel/K. Wüstner, 1997, S. 67ff., S. 87.

432 Vgl. zum Kooperationsprinzip und seinen vielfältigen Ausprägungen *Kloepfer*, Umweltrecht, § 3 Rn. 44f.; *Rehbinder*, Ziele, Rn. 115ff.; krit. *G. Lübbe-Wolff*, Das Kooperationsprinzip im Umweltrecht – Rechtsgrundsatz oder Deckmantel des Vollzugsdefizits?, NuR 1989, S. 295ff.

433 Dazu *H. Dreier*, Informales Verwaltungshandeln, StWStPr 1993, S. 647ff.; *J.P. Schneider*, Kooperatives Verwaltungsverfahren, VerwArch 1996, S. 38ff. beide m.umf. Nachw.

434 Vgl. etwa *J. Scherer*, Rechtsprobleme normersetzender »Absprachen« zwischen Staat und Wirtschaft am Beispiel des Umweltrechts, DÖV 1991, S. 1ff.

435 Vgl. z. B. die Erklärungen der deutschen Wirtschaft zur Klimavorsorge, hrsg. v. BDI, Dokumentation, Köln 1996.

hierfür kann die selbstverpflichtende Zusage der Faserindustrie aus dem Jahre 1982 genannt werden, den Baustoff Asbest im Hochbau bis 1990 vollkommen zu ersetzen.[436]

Die angeführten normersetzenden Absprachen machen deutlich, daß sie den Gesetzgeber nicht in seiner Regelungsbefugnis beschränken; vor diesem Hintergrund begegnen sie keinerlei Zweifeln in Bezug auf ihre rechtliche Zulässigkeit. Ihr Vorteil liegt in der Kosten- und Zeitersparnis, umweltpolitische Ziele umzusetzen. Zudem dürften normersetzende Absprachen einen höheren Akzeptanzgrad aufweisen, da sie von den Beteiligten auf freiwilliger Basis eingegangen werden. Problematisch erscheint allerdings an ihnen die mangelnde institutionelle Absicherung von ökologischen Belangen und Interessen Dritter. Damit bergen normersetzende Absprachen die Gefahr in sich, gesetzliche Vorgaben und Rechte Dritter zu relativieren.

Im Ergebnis zeigt sich, daß keines der vorgestellten Instrumente – sei es regulativer, sei es ökonomischer, sei es kontextsteuernder Art – den Steuerungserfordernissen in jedem Einzelfall entspricht. Die Herausforderung liegt in der Wahl einer optimalen Umweltpolitik für die jeweilige Situation. In den meisten Fällen wird eine Mischung unterschiedlicher regulativer, ökonomischer und kontextueller Instrumente den besten Erfolg versprechen. Dabei wird allerdings nicht nur die Frage der ökologischen und ökonomischen Effizienz, sondern auch der Verteilungswirkungen und damit der sozialen Gerechtigkeit zu berücksichtigen sein (s. auch u. b.dd.).[437]

436 Vgl. zu weiteren Selbstverpflichtungserklärungen Zentrum für Europäische Wirtschaftsforschung, (Fn. 398), S. 37, und *R. Steinberg*, Staatliches Risikomanagement im europäischen Anlagenrecht, in: Riedel, S. 45 m. Fn. 165 f.

437 *Endres*, S. 51 ff.; *Hahn/Stavins* (Fn. 397), S. 14 f., 38 ff. – Die unterschiedlichen Kosten der unterschiedlichen Systeme des Umweltschutzes betont *Rose* (Fn. 36), S. 5 ff. – Vgl. auch *B. Hansjürgens*, Affinität zwischen Typen von Umweltabgaben und Umweltproblemen, in: H. Zimmermann (Hrsg.), Umweltabgaben, 1993, S. 35 ff.

b. Verfassungsrechtliche Zulässigkeit einer mischinstrumentellen Strategie

Der steuerungstheoretische Nachweis für die Notwendigkeit, im Umweltstaat eine mischinstrumentelle Strategie zu verfolgen, läßt die Frage offen, inwieweit die Verfassung eine derartige mischinstrumentelle Strategie zuläßt. Dies kann nur der Fall sein, wenn erstens eine Mischung von Steuerungsinstrumenten verfassungsrechtlich unbedenklich ist, und zweitens jedes einzelne der gemischten Instrumente ebenfalls auf keinerlei verfassungsrechtliche Bedenken stößt.

Die Problematik, ob das Grundgesetz für eine mischinstrumentelle Strategie offen ist, wurde im Rahmen der Diskussion über die wirtschaftspolitische Neutralität unserer Verfassung bereits abschließend entschieden. Hiernach kann als feststehend angesehen werden, daß der Staat bei der Wahl seiner Steuerungsinstrumente, um die ökologischen Gemeinwohlziele zu verwirklichen, weder auf marktferne ordnungsrechtliche noch auf marktkonforme »ökonomische« Instrumente beschränkt ist.[438] Im Gegenteil ist der Umweltstaat bei der Implementierung seiner Instrumente an keinerlei »institutionellen Zusammenhang«[439] gebunden. Der vom Bundesverfassungsgericht zu den grundrechtlichen Schutzpflichten immer betonte »Einschätzungs-, Wertungs- und Gestaltungsbereich« des Gesetzgebers[440] bezieht sich grundsätzlich auch auf die Wahl der Instrumente des Umweltschutzes.[441] Voraussetzung ist jedoch, daß die jeweils ausgewählten Instrumente allein und in ihrer Kombination den weiteren verfassungsrechtlichen Vorgaben genügen.

aa. Staatsverantwortung

Die Diskussion über die Verantwortung des Staates im umweltrelevanten Technikbereich zeigt (II. 2.), daß nur dann ein

438 Vgl. BVerfGE 4, 1, 17f.

439 BVerfGE 50, 290, 337f. zu der vergleichbaren Problematik einer gemeinwohlorientierten Wirtschaftssteuerung.

440 BVerfGE 88, 203, 254, 262; 79, 174, 202; 77, 381, 405; 77, 170, 214 f.

441 BVerfGE 77, 381, 403; BVerfG, 1. Sen., 1. Kammer, B.v. 17.2.1997, UPR 1997, 486f.

Steuerungsinstrument verfassungsrechtlich zulässig sein kann, wenn es gewährleistet, daß der Staat selbst die ökologischen Gemeinwohlinteressen definiert und für deren letztendliche Verwirklichung auch Rechnung trägt. Der Staat muß nicht unbedingt zur Erreichung der umweltpolitischen Ziele selber tätig werden. Er muß aber durch geeignete Vorkehrungen in der Lage sein, die Erreichung dieser Ziele gegebenenfalls durch Maßnahmen der Bürger zu erreichen. Man könnte davon sprechen, daß die staatliche Erfüllungsverantwortung durch die Gewährleistungsverantwortung abgelöst wird.[442] Diesen verfassungsrechtlichen Kriterien genügen die vorgestellten umweltrechtlichen Instrumente. Diese für das ordnungsrechtliche Instrumentarium auf der Hand liegenden Charakteristika zeigen sich auch bei den ökonomischen Instrumenten. Der Staat nimmt hier seine ökologische Verantwortung wahr, indem er durch die entsprechende Gestaltung des Rechts die Voraussetzung schafft, die Marktprozesse ökologisch auszurichten.[443] Dafür definiert er mit Blick auf die ökologischen Gemeinwohlziele geeignete abgabenrechtliche Tatbestandsvoraussetzungen oder zweckdienliche Verschmutzungsrechte, wenn er nicht schon die Eigentumsrechte mit einem ökologischen Inhalt erweitert. Durch ein Monitoring kann der Staat dabei die ökologische Ausrichtung der ökonomischen Prozesse kontrollieren. Als Formen des Monitoring bieten sich Umweltbeobachtungen, Umweltstatistiken und Umweltberichterstattungen an.[444]

Eine vergleichbare Stellung nimmt der Staat bei den kontextsteuernden Instrumenten ein. Hier überläßt der Staat die ökologische Feinsteuerung zwar den Akteuren von umweltrelevanten Technikentscheidungen; jedoch behält sich der Staat regelmäßig die ordnungsrechtlich abgesicherte Letztverantwortung für die Steuerung der gesamten ökologisch relevanten Technikprozesse vor; zudem nimmt er seine Verantwortung dadurch wahr, daß er

442 *R. Steinberg*, in: W. Hoffmann-Riem/J.P. Schneider (Hrsg.), Verfahrensprivatisierung im Umweltrecht, 1996, S. 116ff.; grundlegend jetzt *G. Hermes*, Staatliche Infrastrukturverantwortung, 1998, S. 157ff.

443 *Rose* (Fn. 36), S. 19ff.; *J.E. Krier*, The Tragedy of the Commons, Part Two, in: Harvard Journal of Law & Public Policy, vol. 15 (1992), S. 325ff., 341ff.

444 Vgl. dazu auch §§ 103ff. E-UGB-AT zur Umweltinformation. – Zur Institutionalisierung u. V.3.

bei Instrumenten wie dem Öko-Audit die Qualifikationsanforderungen an die beteiligten Akteure definiert.

Damit bleibt in beiden Fällen ein regulativ-imperatives Auffangnetz zweiter Stufe,[445] das beim Versagen der ersten Stufe nicht-regulativer Instrumente bereitsteht. Damit ändert sich in bedeutsamer Weise die Art der staatlichen Verantwortungswahrnehmung.

Ob der Staat allerdings sich seiner regulativen Instrumente erster Stufe begeben kann, hängt von zahlreichen Faktoren ab, von denen hier (u. ee.) nur der Aspekt der Verteilungsgerechtigkeit näher beleuchtet wird. Es dürfte allerdings anzunehmen sein, daß deutliche Unterschiede zwischen dem Umgang mit Unfallrisiken auf der einen Seite und Normalbetriebsrisiken, d.h. in erster Linie Emissionen auf der anderen Seite bestehen. Dabei dürfte vor allem bei Risiken mit hohem Schadenspotential z.B. von gefährlichen Anlagen im Atom-,[446] Gentechnik- oder Immissionsschutzrecht die unmittelbare Verantwortung des Staates mit der Durchführung eines präventiven Zulassungsverfahrens und einer fortdauernden Aufsicht unverzichtbar sein.[447] Das gilt auch im Verhältnis zu den hier nicht näher betrachteten privatrechtlichen Instrumenten des Umweltschutzes, zu denen insbesondere das Haftungsrecht und das private Nachbarrecht gehören. Diese Instrumente mögen ihren Nutzen im »kleinen« Umweltschutz besitzen und möglicherweise durch Fortentwicklungen noch an Bedeutung gewinnen;[448] bei den großen Umweltrisiken dürften sie durchweg aus mehreren Gründen zu kurz greifen.

bb. Lernfähigkeit

Eine weitere verfassungsrechtliche Anforderung erwächst für die Instrumente des Umweltstaates aus der Tatsache, daß in der industriellen Gesellschaft alle Technikentscheidungen unter Unsi-

445 *Hoffmann-Riem*, Flexibilität, S. 55.

446 Dazu, daß der Staat mit der Durchführung eines präventiven Kontrollverfahrens seiner Schutzpflicht genügt, BVerfGE 53, 30, 59.

447 Weiterführend *E. Bohne*, Versicherungsmodelle zur Investitionsbeschleunigung und zum Abbau von Vollzugsdefiziten im Anlagenzulassungsrecht, DVBl. 1994, S. 195 ff.

448 Eingehender dazu *Bohne*, ebd.; *Steinberg*, NVwZ 1995, S. 213 f.; umfassend

cherheit getroffen werden.[449] Angesichts der Gewißheitsverluste über das Richtige kann weder die Wahl eines Instrumentes noch seine konkrete Ausgestaltung als Ausdruck des Vernünftigen, des Gerechten und Richtigen sowie des Allgemeinen[450] verstanden werden. Die Wahl der Instrumente wie auch ihre jeweilige Ausgestaltung befinden sich in der Risikogesellschaft daher »insofern immer nur auf dem neuesten Stand unwiderlegten möglichen Irrtums,«[451] auf dem letzten Stand noch nicht falsifizierter Theorien.[452]

Diese Tatsache fortdauernder Ungewißheiten bei allen staatlichen Entscheidungen im Umweltrecht (s. o. I. 2. u. II.3. b. aa.) macht die institutionelle Verankerung von Lernfähigkeit nicht nur bei der Instrumentenwahl, sondern auch bei gesetzlichen Regelungen wie bei Verwaltungsentscheidungen unabdingbar.[453] Wenn man daraus nicht den Schluß ableiten will, derartige Aktivitäten – jedenfalls vorerst, bis hinreichende Erfahrungen gesammelt worden sind – zu unterlassen (dazu o. 3. b. aa.), müssen Risikoentscheidungen soweit wie möglich schrittweise unter ständiger Überwachung ihrer Wirkungen und mit der Möglichkeit jederzeitiger Reversibilität getroffen werden.[454] Sowohl das Bundesverfassungsgericht als auch der U. S.-Supreme Court haben daraus die Notwendigkeit ständiger Kontrolle,[455] eines permanenten »monitoring«[456] gefolgert. Und wenn auch die staatli-

jetzt *E. Rehbinder*, Privates Immissionsschutzrecht, in: Grundzüge des Umweltrechts, hrsg. v. Arbeitskreis Umweltrecht, 2. Aufl., Stand 1997, Kap. 08.

449 *Hoffmann-Riem*, Innovationen, S. 7f.

450 Diese Eigenschaften des Gesetzes hervorhebend *Schmitt*, Verfassungslehre, S. 138f.; vgl. auch *Krüger*, S. 303ff.

451 BVerfGE 49, 89, 143.

452 Vgl. zum Fallibilismus *Popper*, Logik der Forschung, 1976, S. 199ff.

453 *K.H. Ladeur*, Das Umweltrecht der Wissensgesellschaft, 1995, S. 160; *Hoffmann-Riem*, Flexibilität, S. 63f.

454 *Grawert*, S. 458ff., 483; *Nicklisch*, NJW 1986, S. 2288 f; *Scherzberg*, S. 499f. – Voraussetzung einer Evaluation der Zielerreichung ist die – heute angesichts der Mittelorientiertheit der Umweltinstrumente oftmals fehlende – Kenntnis der Ziele, so das Ergebnis der Fallstudie zur amerikanischen Luftreinhaltepolitik *B. Ackerman/W. Hassler*, Clean Coal/Dirty Air, New Haven 1981, S. 121ff.

455 BVerfGE 49, 89, 130, 132; 56, 54; 88, 203, 310; dazu *Steinberg*, Der Staat 26 (1987), S. 161ff. m. umf. Nachw.; zuletzt *Schulze-Fielitz*, Gesetzgebung, S. 162ff.

456 *Industrial Union Department, AFL-CIO v. American Petroleum Institute*, 448 U.S. 607 (1980), unter II. D. – »Benzene«-Fall –; *American Textile Manufac-*

chen Organe das Ergebnis ihrer Evaluation nicht durch eine förmliche Entscheidung abschließen müssen,[457] so erscheint doch eine stärkere Systematisierung und auch Institutionalisierung der Monitoring-Funktion geboten.

Auf der Gesetzgebungsebene ergibt sich die Verpflichtung zur Implementation der Lernfähigkeit aus Art. 20 Abs. 3 GG; dieses Gebot wird bei umweltrechtlichen Regelungen verstärkt durch die sich aus den grundrechtlichen Schutzpflichten wie auch der Staatszielbestimmung Umweltschutz ergebenden Anforderungen. Dem Wortlaut nach normieren Art. 20 Abs. 3 GG wie auch die Grundrechte und Art. 20a GG zwar für den Gesetzgeber nur die Bindung, daß er beim Erlaß von Normen die Verfassung zu beachten hat. Diese Verfassungsbindung erstreckt sich nach ihrem Sinngehalt aber auch darauf, daß der Gesetzgeber Regelungen, die der Verfassung nicht mehr entsprechen, aufzuheben oder anzupassen hat.[458] Sollten sich vor diesem Hintergrund normrelevante Tatsachen im Zeitablauf derart verändern, daß die Verfassungsmäßigkeit eines Gesetzes aufgrund seiner nicht prognostizierten Wirkungen – d.h. gegebenenfalls auch seiner Wirkungslosigkeit[459] – in Zweifel gezogen werden muß, trifft den Gesetzgeber zunächst die Pflicht, in angemessener Frist weitere Erfahrungen zu sammeln.[460] Sollten sich angesichts der Beobachtungen die Zweifel bestätigen, müßte der Gesetzgeber seiner Nachbesserungspflicht nachkommen.

Die Verpflichtung, die Lernfähigkeit zu institutionalisieren, könnte bei einem besonders hohen Grad von Unsicherheit auf Gesetzgebungsebene durch die Verwendung von zeitlich befristeten Gesetzen,[461] »sunset-laws«, umgesetzt werden.[462] Diese

turers Institute, Inc. v. Donovan, 452 U.S. 490 (1981), unter I. – »Cotton Dust«-Fall.

457 A.A. *A. Roßnagel*, Nachbesserungspflichten des Gesetzgebers im Atomrecht, JZ 1985, S. 714ff.

458 Vgl. *Mayer*, S. 154f.

459 Zur Nachbesserungspflicht des Gesetzgebers bei der Untauglichkeit eines Instruments – konkret der Ausgestaltung der Verbandsklage – zur Erreichung des Staatsziels Umweltschutz in Art. 10 Abs. 2 SächsVerf. SächsVerfG, SächsVBl. 1995, 160, 161f.

460 BVerfGE 33, 171, 189f.; zuletzt BVerfGE 84, 59, 76.

461 Vgl. dazu *Wahl/Appel*, S. 33ff.

462 *Steinberg*, Politik und Verwaltungsorganisation, S. 288f.

Gesetze wären zu begleiten von einem bereits angesprochenen Monitoring, das angesichts der Unsicherheiten in der Risikogesellschaft Züge eines wissenschaftlichen Begleitprojekts anzunehmen hätte. Das Monitoring hätte dabei zu erarbeiten, welche (unbeabsichtigten) Folgen durch das jeweilige mit dem Gesetz eingesetze Instrument hervorgerufen würden.[463] Nach Ablauf eines derartigen »sunset-law« bliebe dem Gesetzgeber dann die Wahl, das Gesetz mit dem gewählten Steuerungsinstrument erneut zu bestätigen, das von dem Gesetz implementierte Instrument ersatzlos durch ein anderes zu ersetzen oder das jeweils gewählte Instrument lediglich auszubessern.

Um der industriell bedingten Risikosituation gewachsen zu sein, genügt es nicht, die Lernfähigkeit lediglich auf der Gesetzgebungsebene einzubauen. Auch die jeweils ausgewählten Instrumente müssen es erlauben, permanent neue Erkenntnisse wahrzunehmen und zu verarbeiten. Hierzu ist jedes der vorgestellten Instrumente durch die ihm eigene Funktionsweise auch in der Lage.

So kann bei der untergesetzlichen Standardsetzung, die besonders für ordnungsrechtliche Instrumente von Relevanz sind, Lernfähigkeit durch periodische Revisionen institutionalisiert werden (s. u. III. 3. b. cc.). Dabei sollte zusätzlich eine außerordentliche Überprüfung für den Fall vorgesehen werden, daß neue Erkenntnisse aufgetaucht sind. Soweit Standards ungeachtet fortbestehender Zweifel im Sinne eines «Restrisikos« festgesetzt werden, würde sich zudem – wie es schon für die Gesetzgebungsebene betont wurde – die Institutionalierung einer begleitenden wissenschaftlichen Studie anbieten.

Die praktisch bedeutsamsten Konsequenzen einer Institutionalierung von Lernfähigkeit im Ordnungsrecht dürfte die einzelne Zulassungsentscheidung treffen. Soweit diese eine risikobehaftete Tätigkeit zuläßt, verbietet sich die Erteilung einer dauerhaften, unbefristeten Erlaubnis, die deren punktuelle Übereinstimmung mit den rechtlichen Anforderungen zum Zeitpunkt der Genehmigungserteilung feststellt. Ein derartiges Modell mag für die Baugenehmigung passen, es wird den Anpassungsnotwendigkeiten einer «Umweltbewilligung« keinesfalls gerecht. Statt des-

463 *Wahl/Appel*, S. 43 ff.

sen ist die Erteilung einer Genehmigung als kontinuierlicher Lernprozeß zu gestalten.[464] Die Institutionalisierungsformen hierfür sind bekannt:[465] periodische Überprüfungen,[466] Befristungen,[467] vorläufige Genehmigungen[468] unter dem Vorbehalt des Widerrufs im Falle neuer Erkenntnisse oder auch Genehmigungen mit der Auflage wissenschaftlicher Beobachtungen.[469] Zwar wird der verfassungsrechtlich verankerte Bestandsschutz eines Betreibers hierdurch gemindert. Aber dessen Vertrauen auf die Fortsetzung einer risikobehafteten Aktivität verdient schließlich auch nur einen beschränkten Schutz. Außerdem bleiben seine berechtigten Investitionsinteressen nicht völlig unberücksichtigt, sondern fließen über den Grundsatz der Verhältnismäßigkeit in die Entscheidung über die Sanierung oder Stillegung der Anlage ein.[470]

Eine Möglichkeit, Lernfähigkeit zu implementieren, bieten neben den aufgezeigten Institutionalisierungsformen im Ordnungsrecht auch die ökonomischen und die kontextsteuernden Instrumente. Der von den ökonomischen Instrumenten angestrebte pareto-optimale Zustand kann nämlich immer nur Ziel eines marktwirtschaftlichen Prozesses im historischen Ablauf sein; damit implementieren die ökonomischen Instrumente die Lernfähigkeit, indem sie den Wirtschaftssubjekten die Möglichkeit einräumen, ökologisch relevante Kostendaten im Zeitablauf zu erkennen und das Produktions- bzw. das Konsumverhalten hierauf

464 Zu einem derartigen Verständnis der Anlagengenehmigung in England/Wales *R. Steinberg et al.*, Genehmigungsverfahren für gewerbliche Investitionsvorhaben in Deutschland und ausgewählten Ländern Europas, 1995, S. 26ff.; *Steinberg* (Fn. 436), S. 19ff., 37ff.

465 *Wahl/Appel*, S. 41f.; vgl. ferner *Trute*, Risikomanagement, S. 70ff.; *Steinberg*, (Fn. 436), S. 37ff., mit rechtsvergleichenden Hinweisen; *Rehbinder*, Ziele, Rn. 51.

466 *Steinberg/Koepfer*, S. 976f..

467 Umfassend *M. Wickel*, Bestandsschutz im Umweltrecht, 1996.

468 *Steinberg et al.* (Fn. 436), S. 131ff.

469 Zur wissenschaftlichen Beobachtung allgemein auch *D. Murswiek*, Die Bewältigung der wissenschaftlichen und technischen Entwicklung durch das Verwaltungsrecht, VVDStRL 48 (1990), S. 207ff., 217f.

470 *Steinberg/Roller*, S. 57ff., 59; siehe zu den Anforderungen an die Genehmigung aus den Interessen der Investitionssicherheit *R. Wahl/G. Hermes/K. Sach*, Genehmigung zwischen Bestandsschutz und Flexibilität, in: Wahl/Appel, S. 218, 233ff.

abzustellen.[471] Eine wiederum andere Möglichkeit, die Lernfähigkeit der Akteure umweltrelevanter Technikentscheidungen aufzunehmen, bieten die kontextsteuernden Instrumente; so dürfte im Regelungsbereich des Öko-Audits nahezu jede Erkenntnis von ökologisch schädlichen Folgen unmittelbar zu einer Verhaltensänderung führen, da schließlich das ökologische Gewissen der Nachfrager die Steuerungsressource dieses Instrumentes ist.

cc. Ökologische Effektivität und ökonomische Effizienz

Die Institutionalisierung der Lernfähigkeit reicht nicht aus, um den Anforderungen des ökologischen Verfassungsstaats insgesamt gerecht zu werden. Hierauf weist bereits das schon aufgezeigte Problem des allgemeinen Vollzugsdefizits im Umweltrecht hin (o. a. aa.). Daher müssen die Instrumente des Umweltstaats auch im Hinblick auf ihre ökologische Effektivität ausgestaltet werden. Effektiv sind staatliche Mittel, sobald sie genügend wirksam sind, um eine angemessene Verwirklichung ökologischer Ziele zu garantieren.[472] Die staatlichen Instrumente haben daher auf normativer wie auf tatsächlicher Ebene zu gewährleisten, daß den Umweltbelangen angemessen und wirksam Rechnung getragen wird. Um dieser verfassungsrechtlichen Vorgabe des Untermaßverbotes[473] zu genügen, bedarf jedes staatlich gewählte Instrument einer Kontrollinstanz, die den gegebenenfalls mißachteten ökologischen Belangen zur Geltung verhilft. Die hier bestehenden Fragen werden später eingehend dargestellt (s. u. IV. 2. b. und V. 3.).

471 Vgl. zur Anreizwirkung ökonomischer Instrumente *Endres*, S. 65 ff.; vgl. zu der hier vertretenen Auffassung pareto-optimaler Zustände als historischem Ziel *B. Felderer/St. Homburg*, Makroökonomik und neue Makroökonomik, 3. Aufl., 1987, S. 50f.

472 S. zu den empirischen Problemen der Effektivitätsmessung *K.F. Röhl*, Rechtssoziologie, 1987, S. 243 ff.

473 Vgl. dazu BVerfGE 88, 203, 254f., 261 ff.; zum Erfordernis »ausreichenden« Schutzes auch BVerfGE 77, 381, 402. – Siehe zur Effektivität auch *R. Schmidt*, Flexibilität und Innovationsoffenheit im Bereich der Verwaltungsmaßstäbe, in: Innovation und Flexibilität des Verwaltungshandelns, hrsg. v. W. Hoffmann-Riem/E. Schmidt-Aßmann, 1994, S. 67 ff., S. 85. – *Schmidt* betrachtet die Effektivität als eine Erscheinung des Verhältnismäßigkeitsgrundsatzes.

Mit der Sicherung von Effektivität bei den einzelnen Steuerungsinstrumenten ist allerdings noch nicht das Problem der Steuerungseffizienz gelöst.[474] Das Problem der Steuerungseffizienz stellt sich besonders gravierend, da ökonomische Ineffizienzen dazu tendieren, Schwarzmärkte oder – was vergleichbar ist – Vollzugsdefizite[475] zu entwickeln. Ökonomisch effizient werden die knappen Umweltressourcen aber immer nur dann eingesetzt, wenn der Nutzen keiner Wirtschaftseinheit erhöht werden kann, ohne daß sich der Nutzen mindestens einer anderen vermindert. Die Herstellung eines derart effizienten Zustandes erkennt auch die Verfassung als eine Zielvorgabe der technischen Steuerung an. Es kann dahinstehen, ob das Grundgesetz den Effizienzgrundsatz zum direkten oder nur indirekten Ziel staatlichen Handelns gemacht hat.[476] Denn durch das in Art. 20a GG niedergelegte Staatsziel Umweltschutz gewinnt jedenfalls der effiziente Umgang mit Umweltressourcen verfassungsrechtliche Relevanz. Mit diesem Staatsziel wird nämlich nicht der Verbrauch von Umweltgütern schlechthin untersagt. Vielmehr ist in Art. 20a GG das Gebot zu einer effizienten Inanspruchnahme von Umweltgütern zu sehen, mit der die gesamtwirtschaftliche Wohlfahrt maximiert wird.[477]

Sicherlich wird man den ökonomischen Instrumenten zuallererst die Fähigkeit zusprechen wollen, einen effizienten Zustand herbeizuführen. Dies gelingt bei diesen Instrumenten theoretisch stets dann, wenn alle (Umwelt-)Ressourcen einen Preis besitzen und auf einem Markt mit vollständiger Konkurrenz frei gehan-

474 Vgl. zur Effizienz als Kriterium zur Beurteilung umweltpolitischer Instrumente auch *Endres*, S. 51ff.; siehe zur Wirtschaftlichkeit auch *R. Schmidt*, (Fn. 473), S. 67ff.

475 Siehe zu dem »Ausweichen vor rechtsförmigen Verfahren« nur *Röhl*, (Fn. 472), S. 304f.

476 Zur Annahme, die Förderung ökonomischer Effizienz als verfassungsrechtliches Ziel sei nicht nur in Art. 104a IV GG als Verfassungsgut normiert, *H. P. Ipsen*, VVDStRL 24 (1966), S. 221f.; zur Verfassungsrelevanz des Effizienzprinzips *R. Steinberg*, Komplexe Verwaltungsverfahren zwischen Verwaltungseffizienz und Rechtsschutzauftrag, DÖV 1982, S. 610ff., 620f. m. w. Nachw.; differenzierend *Britz*, S. 185ff.

477 Siehe zu einer solchen systematischen Gesamtsteuerung *D. Cansier*, Gefahrenabwehr und Risikovorsorge im Umweltschutz und der Spielraum für ökonomische Instrumente, NVwZ 1994, 642 (646f.); vgl. auch *Britz*, S. 205 m.w.N.

delt werden können;[478] bei solchen idealtypischen Bedingungen stellt sich stets eine pareto-optimale Allokation der knappen Umweltressourcen ein, völlig unabhängig, ob man eine privatrechtliche[479] oder eine abgabenrechtliche Lösung[480] zur Internalisierung der externen Kosten gewählt hat.[481] Allerdings steht der privatrechtlichen Lösung bereits entgegen, daß auf den realen Märkten die Transaktionskosten für die Interessendurchsetzung extrem hoch liegen, wie ein Blick in die Gebührenordnung der Rechtsanwälte und Sachverständigen leicht zeigen kann. Das Sozialstaatsgebot in Art. 20 Abs. 1 GG würde daher bei einer privatrechtlichen Lösung zugleich gebieten, die potentiell Geschädigten finanziell zu unterstützen;[482] beispielsweise wären hier Subventionsformen möglich, wie wir sie heute schon bei der Prozeßkostenhilfe finden.

Aber auch die einzelnen Abgabenlösungen bergen ihre eigenen Probleme in sich. Eine effektive Öko-Steuer würde nämlich das umweltschädigende Verhalten derart minimieren, daß die staatlichen Einnahmen zurückgingen und damit ein öffentlicher Haushalt nicht mehr planbar wäre; diese Folge würde jedoch mit den Grundsätzen der Finanzverfassung (Art. 104a ff GG) unvereinbar sein. Auch dürfte die Feststellung der Abgabenhöhe nicht unbeträchtliche Schwierigkeiten bieten; eine Abgabenhöhe, die

478 *J. Schumann*,, Grundzüge der mikroökonomischen Theorie, 4. Aufl., 1984, S. 125 ff., 191 und 228.

479 Vgl. *R. Coase*, (Fn. 424), S. 142 ff., in deutscher Übersetzung in: H.-D. Assmann/C. Kirchner/E. Schanze (Hrsg.), Ökonomische Analyse des Rechts, 1978, S. 146 ff.. Siehe zur Lösung durch ein Zertifikatsmodell auch *Endres*, S. 33 ff.

480 Siehe zu zwei Möglichkeiten einer Abgabenlösung, der Pigou-Steuer einerseits und dem Preis-Standard-Ansatz nur *Endres*, S. 25 ff.; eine andere Form der Abgabenlösung bieten die Fondsmodelle, siehe dazu nur *S. Winter*, Fondslösungen im Umweltrecht, 1993, S. 29 ff.; siehe zu Fondslösungen auch die kritischen Anmerkungen von *K.H. Ladeur*, Der »Umwelthaftungsfonds« – ein Irrweg der Flexibilisierung des Umweltrechts?, VersR 1993, S. 257, 264 f.–
Vgl. zur Sicherung der Umweltbelange im Energiesektor durch eine Abgabenlösung z. B. *W. Hoffmann-Riem/J.P. Schneider*, Wettbewerbs- und umweltorientierte Re-Regulierung im Großhandels-Strommarkt, in: Umweltpolitische Steuerung in einem liberalen Strommarkt, hrsg. von dens., 1995, S. 13 ff., S. 51 ff.; vgl. im allgemeinen zur Abgabenlösung *Stiglitz*, S. 596 f.

481 Vgl. *Stiglitz*, S. 168 ff., 586 ff.; ferner *Schumann*, (Fn. 478), S. 226 ff.

482 Vgl. zu derartigen Anforderungen des Sozialstaatsgebotes *H. Zacher*, Das soziale Staatsziel, in: Handbuch des Staatsrechts Band I, 1987, Rz. 32 ff.

im Ergebnis zu der Einstellung des umweltschädigenden Verhaltens führen würde, könnte nämlich nur als eine verfassungswidrige Erdrosselungssteuer angesehen werden.[483] Vergleichbare verfassungsrechtliche Probleme weisen die Zertifikatslösungen auf. Der Ankauf von ausreichenden Verschmutzungsrechten könnte einen lokalen Umweltnutzer nämlich berechtigen, in umwelt- und gesundheitsschädigender Weise seine Produktionsanlagen auszubauen. Die damit einhergehende Belastung könnte jedoch zu verfassungsrechtlich nicht mehr akzeptablen Eingriffen in die Grundrechte der lokalen Anwohner (Art. 2 Abs. 2, 14 Abs. 1 GG) führen.

Die ökonomischen Instrumente hinterlassen daher einen etwas faden Beigeschmack. Einerseits sprechen ihre Effizienzvorteile theoretisch für sie und gegen ordnungsrechtliche Instrumente. Andererseits stößt jeder Versuch ihrer Umsetzung auf schwerwiegende verfassungsrechtliche Bedenken. Es spricht daher viel dafür, die Effizienz von ordnungsrechtlichen Instrumenten durch eine entsprechende Verfahrensgestaltung zu steigern;[484] eine Möglichkeit hierzu bietet sich sicherlich an, indem die ordnungsrechtlichen Instrumente durch kontextsteuernde ergänzt werden.[485]

dd. Verteilungsgerechtigkeit

Das Problem lokal unkontrollierbarer gesundheitsgefährdender Umweltbeeinträchtigungen wird besonders deutlich, wenn man sich ein weiteres verfassungsrechtliches Kriterium jeder ökologischen Techniksteuerung vor Augen hält: Die Garantie der Verteilungsgerechtigkeit.

Die Ausrichtung der ökologischen Techniksteuerung nach dem Kriterium der Effizienz klammert nämlich das Problem der gesamtgesellschaftlichen Verteilung von Umweltlasten vollkommen aus.[486] Aber eine umweltrelevante Techniksteuerung wäre

483 Vgl. zu den Problemen einer Erdrosselungssteuer *I. v. Münch/B.-O. Bryde*, Grundgesetz-Kommentar, 4. Aufl., Bd. 1, 1992, Art. 14, Rz. 23, 66 (Steuer)

484 Siehe hierzu *Steinberg*, NVwZ 1995, S. 210ff.; *Wahl/Hermes/Sach* (Fn. 470), S. 219 und insbesondere jetzt *Lübbe-Wolff*, Modernisierung, passim.

485 Vgl. dazu auch *Hoffmann-Riem*, Innovationen, S. 14ff.

486 Vgl. zu dem Problem der Verteilungsgerechtigkeit bei pareto-optimaler Allokation nur *E. Sohmen*, Allokationstheorie und Wirtschaftspolitik, 2. Aufl.,

mit dem im Sozialstaatsprinzip verfassungsrechtlich abgesicherten Gleichheitsgebot unvereinbar, wenn hierdurch etwa als Folge gesundheitsschädlicher lokaler Emissionskonzentrationen eine ungleiche Belastung mit Risiken hervorgerufen würde.[487] Der Staat wird nämlich durch das Sozialstaatsprinzip in Art. 20 Abs. 1 GG verpflichtet, die gesamtgesellschaftliche Güterverteilung insgesamt und die Verteilung der Umweltgüter insbesondere nach den Vorgaben eines sozialen Ausgleichs zu gestalten. Er wird ferner dafür Sorge tragen müssen, daß das vom ihm nach Art. 20a GG festgesetzte Niveau des Umweltschutzes nicht unterschritten wird. Aus beiden Erwägungen wird es geboten sein, die ökonomischen und kontextsteuernden Instrumente durch den Einsatz regulativen Umweltrechts beim Entstehen individueller oder ökologischer Gefahrenlagen flankierend abzusichern.[488]

Daher wird der Staat durch das im Grundgesetz verankerte Sozialstaatsprinzip nicht nur legitimiert, sondern auch aufgerufen, die Verteilung der knappen Umweltressourcen durch planende, fördernde und erhaltende Maßnahmen zu gestalten. Nur ausnahmsweise läßt sich daher wohl das Ziel der Verteilungsgerechtigkeit mit dem Effizienzziel derart optimal verbinden, wie das durch ordnungsrechtliche Kompensationslösungen möglich ist. So wird nach § 17 Abs. 2 BImSchG den Unternehmen zur Minderung der Umweltbelastungen die Wahlmöglichkeit eingeräumt, welche Anlage sie innerhalb eines bestimmten Gebietes technisch verbessern wollen. Bei der Vorgabe solcher sozialver-

1992, S. 20; siehe auch *Endres*, S. 156f. – Zu der zunehmenden Diskussion in den USA über die Verteilungsgerechtigkeit der Umweltpolitik etwa *R. Lazarus*, Pursuing »Environmental Justice«: The Distributional Effects of Environmental Protection, Northwestern University Law Rev. 87 (1993), S. 787ff. und *O. Saleem*, Overcoming Environmental Discrimination: The Need for a Disparate Impact Test and Improved Notice Requirements in Facility Siting, Columbia Journal of Environmental Law 19 (1994), S. 211ff.

487 Vgl. dazu schon den Dritten Imissionsschutzbericht der Bundesregierung, BT / Drs. 10/1354, S. 55ff.

488 *P. Kirchhof*, Art. »Abgabe«, in. HdUR Band. I, 2. Aufl., 1994, Sp. 28, 31ff.; *M. Kloepfer*, Alte und neue Handlungsformen staatlicher Steuerung im Umweltbereich, in: König/Dose (Hrsg.), (Fn. 416), S. 329ff., 337. – Zur Notwendigkeit der Sicherung eines »ökologischen Existenzminimums« spricht *Cansier*, (Fn. 477), S. 643; ebenso *Hansjürgens* (Fn. 437), S. 51 m.w.Nachw.; insgesamt jetzt auch *Britz*, S. 205ff.

träglicher Zielwerte für einen abgegrenzten Raum besitzen die Unternehmen dann die Möglichkeit, ihre Produktionsanlagen nach Effizienzgesichtspunkten zu optimieren.[489]

ee. Komplexe Anforderungen einer Re-Regulierung des Umweltrechts

Die verfassungsrechtlichen Kriterien einer jeden ökologischen Techniksteuerung, Effizienz und Verteilungsgerechtigkeit, sind nicht allgemeinverbindlich einander zugeordnet. Mangels eines allgemeinverbindlichen, auch im konkreten Einzelfall aussagefähigen materialen Wertekataloges läßt sich im Technikbereich die Sachrichtigkeit einer Entscheidung ausschließlich danach beurteilen, ob diese in einem offenen Verfahren getroffen wurde, das durch seine Ausgestaltung und die beteiligten Akteure die Chance dafür bietet, daß Kriterien wie die Effizienz oder die Verteilungsgerechtigkeit in die konkrete Entscheidung eingeflossen sind.[490] Soll ein Instrument der ökologischen Techniksteuerung diesen verfassungsrechtlichen Vorgaben genügen, muß der Auswahlprozeß daher den dargestellten prozeduralen Anforderungen genügen (s. o. 5.). Mit der Implementierung eines solchen prozeduralen Konfliktmanagements kann dann abgesichert werden, daß die teilweise sich entgegenstehenden verfassungsrechtlichen Zielsetzungen im Entscheidungsprozeß über Technikentwicklungen und Technikanwendungen einen systematischen Ort finden, ohne jedoch materiell vorzugeben, welche konkrete Technik schließlich verwirklicht wird.[491]

Die Untersuchung der einzelnen Instrumente hat gezeigt, daß für die Ausgestaltung des Instrumentenkanons im ökologischen Verfassungsstaat keine simple Deregulierung im Sinn einer bedingungslosen Marktöffnung in Frage kommt. Vielmehr geht es

489 Vgl. zum Kompensationsmodell *E. Rehbinder*, Art. »Kompensation«, in: HdUR II, 2. Aufl., 1994, Sp. 1277ff., 1280.

490 Vgl. zur Notwendigkeit einer Prozeduralisierung des Verfahrens im Umweltrecht auch *W. Hoffmann-Riem*, Verfahrensprivatisierung als Modernisierung, in: ders./J.-P. Schneider (Hrsg.), (Fn. 442), S. 9ff., S. 11f.

491 *K.H. Ladeur*, Postmoderne Rechtstheorie. Selbstreferenz – Selbstorganisation – Prozeduralisierung, 1997, S. 176ff., 20ff.; *W. Hoffmann-Riem*, Flexibilität, S. 43f.; *Hoffmann-Riem*, (Fn. 490), S. 11f.

um eine voraussetzungs- und anspruchsvolle Re-Regulierung,[492] wenn die Verfassungsvorgaben für die staatliche Steuerung im Umweltstaat erfüllt werden sollen. Den verfassungsrechtlichen Vorgaben der staatlichen Gewährleistungsverantwortung, der Lernfähigkeit, der Effektivität und der Effizienz gerecht zu werden, sind grundsätzlich alle vorgestellten Instrumente fähig; ebenso können alle Instrumente unter ihren je eigenen Anwendungsbedingungen die verfassungsrechtlichen Voraussetzungen der Verteilungsgerechtigkeit, des Prozeduralisierungsgedankens und der Beachtung der ökologischen Belange erfüllen. Da die Regelungsadressaten bei den ökonomischen und kontextsteuernden Instrumenten Handlungs- und Entscheidungsfreiräume erhalten, werden hierbei ihre Kreativität sowie ihr Sachverstand und ihre Lernfähigkeit als Steuerungsressourcen für die Belange der Umwelt eingebunden.[493] Dies hat den Vorteil, daß die eingesparten staatlichen Steuerungsressourcen an anderer Stelle eingesetzt werden können, um so im Ergebnis einen umfassenderen Umweltschutz zu gewährleisten. Daher liegt die wirkliche Herausforderung bei der Instrumentengestaltung in der Wahl einer optimalen Umweltpolitik unter weitgehendem Einschluß ökonomischer und kontextsteuernder Instrumente, um so der allgemeinen Notwendigkeit einer Entlastung[494] des Staates gerecht werden zu können. Dieses Postulat wird heute verbreitet erhoben wegen der angeblichen Ineffektivität der staatlichen und das heißt traditionell bürokratischen Steuerung. Der Abbau derartiger Steuerungsinstrumente mag aber auch wünschenswert sein, um die von vielen gerade im Umweltschutz befürchtete Entwicklung zum Präventionsstaat zu verhindern (s. u. VI. 1.). Damit wird die Aufgabe einer Kombination der verschiedenen Instrumente, die Wahl der Instrumentenstrategie unter den Gesichtspunkten der Effektivität und Effizienz, der Verteilungsgerechtigkeit und der Freiheitlichkeit noch anspruchsvoller. Das augen-

492 So auch *Hoffmann-Riem*, Innovationen, S. 4ff.; von der Notwendigkeit einer »rekursiven« Deregulierung spricht *G. Rohde*, Regulierung und Deregulierung, Soziale Welt 1993, S. 512ff., 530ff.

493 Vgl. zu den Steuerungsressourcen von Instrumenten mit selbstregulativen Elementen nur *Hoffmann-Riem*, Innovationen, S. 13f. m.w.N.

494 Vgl. zum Problem der Staatsentlastung *R. Voigt*, Abschied vom Staat – Rückkehr zum Staat?, 1993, S. 14f.

blickliche System des Umweltschutzes dürfte dahinter wohl zurückbleiben. Doch um diesem Ziel näher zu kommen, wird es aber auch notwendig sein, über die Voraussetzungen und Funktion der Instrumente des Umweltschutzes und die Bedingungen ihres Zusammenwirkens nicht nur größere theoretische Klarheit zu gewinnen, sondern auch mit begrenzten, kontrollierten Experimenten Erfahrungen zu sammeln. Ohne diesen Aufschluß wird es nicht gelingen, alte und neue Instrumente in Zukunft stärker als bisher aufeinander zu beziehen und abzustimmen. Nicht nur von der Wirtschaft wird ihr teilweise ungezügeltes Nebeneinander – nicht ohne eine gewisse Berechtigung – als umweltrechtliche Zangenbewegung empfunden, die sie zu erdrücken droht. Auch die Wissenschaft warnt vor der Gefahr einer Selbst- und Gegenblockade.[495] Eine Bereinigung im Sinne einer neuen Systematisierung umweltrechtlicher Instrumente erscheint deshalb dringend geboten.

495 *K.H. Ladeur*, Coping with Uncertainty: Ecological Risks and the Proceduralization of Environmental Law; in: G. Teubner (Hrsg.), Environmental Law and Ecological Responsibility, Chichester etc. 1994, S. 300ff., 306.

III. Umwelt- und Technikrecht zwischen Legislative und Exekutive

1. Selbststeuerung der Technik oder demokratisch legitimierte Risikoentscheidungen?

a. Das normative Regelungsdefizit im Umweltrecht

Im vorausgehenden Kapitel ist als Eigenart rechtlicher Risikoentscheidungen ungeachtet punktueller verfassungsrechtlicher Vorgaben die Notwendigkeit von wertenden und das heißt politischen Entscheidungen im Abwägungsprozeß deutlich geworden. Damit stellt sich nunmehr die Frage nach der Zuständigkeit oder besser: den Zuständigkeiten für diese Entscheidungen; es muß ihre Zuordnung zu den verschiedenen »Gewalten« des politischen Systems untersucht werden. Offensichtlich besitzt aber nicht nur die Zuständigkeitsverteilung für Risikoentscheidungen zwischen den beiden ersten staatlichen Gewalten prekäre Züge – die Rolle der »dritten Gewalt« wird im nächsten Kapitel behandelt –, die sich von anderen Bereichen staatlicher Aufgaben unterscheiden; vielmehr erscheint es keinesfalls gesichert, daß die wesentlichen Entscheidungen hier überhaupt von staatlichen Organen wahrgenommen werden. Es muß deshalb deren Zusammenwirken, ja deren Abhängigkeit von außerstaatlichen Stellen in die Betrachtung einbezogen werden. Stellen sich Defizite der überkommenen staatlichen Organe – Parlament, Regierung und Verwaltung sowie Gerichte – bei der Bewältigung der durch die technische Entwicklung auftretenden Probleme heraus, so muß auch über die Möglichkeit, sogar die Notwendigkeit der Reform dieser Einrichtungen, gegebenenfalls aber auch ihrer Ergänzung durch neue Institutionen und Formen demokratischer Entscheidung und Legitimation nachgedacht werden (dazu u. V.).

Verdeutlicht werden soll das Problem anhand einer Skizzierung der rechtlichen Anforderungen an die Errichtung und den Betrieb von Kernkraftwerken, deren vielfältiges Risikopotential grundsätzlich unbestritten ist: im Normalbetrieb durch die unvermeidliche Abgabe ionisierender Strahlen im Niedrigdosisbereich, bei Stör- und Unfällen vor allem durch die Freisetzung des Spaltstoffinventars aus dem Reaktor. Nicht näher betrachtet wird die niemals ganz auszuschließende Möglichkeit des Mißbrauchs von Kernbrennstoffen zu militärischen und kriminellen Zwekken[1] sowie die Risiken der Endlagerung der radioaktiven Abfälle, deren Radiotoxität erst nach einigen 100.000 Jahren mit der natürlichen Radiotoxität der Endlagerformation vergleichbar ist und deren sicherer Einschluß deshalb bis zum heutigen Tage ungelöste Probleme mit sich bringt.[2]

Die gesetzlichen Genehmigungsvoraussetzungen beschränken sich im wesentlichen auf die Bestimmung des § 7 AtG und hier insbesondere auf die Vorschrift des Abs. 2 Nr. 3, wonach »die nach dem Stand von Wissenschaft und Technik erforderliche Vorsorge gegen Schäden durch die Errichtung und den Betrieb der Anlage zu treffen ist«. Die in § 7 Abs. 2 AtG nur in offenen, wertungsbedürftigen Formeln umschriebenen sicherheitstechnischen Genehmigungsvoraussetzungen sind im Gesetz nicht näher präzisiert.[3] Von der Ermächtigung, die Sicherheitsanforderungen durch Rechtsverordnung zu konkretisieren, hat die Bundesregierung bislang nur im Hinblick auf den Strahlenschutz Gebrauch gemacht. Dagegen sind die sicherheitstechnischen Anforderungen an die Errichtung und den Betrieb kerntechnischer Anlagen bisher weder hinsichtlich der anlagenspezifischen Gefahren (§§ 7 Abs. 2 Nr. 3, 12 Abs. 1 Nr. 1 AtG) noch bezüglich des Schutzes vor äußeren Einwirkungen (§§ 7 Abs. 2 Nr. 5, 12 Abs. 1 Nr. 10 AtG) durch eine Rechtsverordnung näher präzisiert.[4]

Im Unterschied dazu besteht unterhalb der Ebene außenrechtswirksamer Bestimmungen »ein nur schwer überschaubares, aus ministeriellen Richtlinien, Empfehlungen und Leitlinien sachverständiger Gremien sowie kerntechnischen und sonstigen Regeln geknüpftes Geflecht erläuternder Regelungen nicht rechtlich-normativer Art«[5]. Gleichwohl ist diesen technischen Regeln

1 *P. Leventhal/Y. Alexander*, Preventing Nuclear Terrorism, Lexington 1987. – Vgl. auch die Prot. des 2. Untersuchungsausschusses der 11. Wahlperiode des Hess. Landtags zum Thema »Safeguards und mögliche Abzweigungen in Wiederaufarbeitungsanlagen«.

2 Grundlegend *Hofmann*, Entsorgung, S. 38ff.

3 Vgl. *Marburger*, Schadensvorsorge, S. 127ff.

4 Die Ankündigung des damaligen Umweltministers *K. Töpfer* auf dem 8. Deutschen Atomrechtssymposium im März 1989, die Arbeiten an einer Anlagenverordnung sollten »wieder aufgenommen« werden, blieb ohne greifbare Folgen; vgl. den Tagungsbericht hrsg. v. Lukes/Birkhofer, S. 22.

5 *Marburger*, Schadensvorsorge, S. 132.

bescheinigt worden, »in einer dunklen Ecke des geltenden Rechtsquellensystems ein praktisch höchst bedeutsames Dasein zu fristen«.[6] Für die Aufstellung dieser Regelwerke wie auch konkreter anlagenbezogener Empfehlungen, durch die in der Genehmigungs- und Aufsichtspraxis der Sicherheitsstandard faktisch festgelegt wird, sind die in »verwirrender Vielfalt«[7] bestehenden Sachverständigengremien verantwortlich. Neben die von der Rechtsordnung vorgesehenen Handlungsformen der Einzelweisung nach Art. 85 Abs. 3 GG und der – wenig genutzten – Verwaltungsvorschrift nach Art. 85 Abs. 2 GG hat sich als rechtlich zweifelhafte neue Rechtsquelle das Instrument der Richtlinie durchgesetzt, durch die die einheitliche Anwendung des Atomgesetzes gesteuert wird.[8]

Wenn demgegenüber eingewandt wird, daß den mit Wissenschaftlern und anderen interessierten Sachverständigen besetzten Beratungsgremien keinerlei Entscheidungsbefugnisse zukämen, die Umsetzung ihrer Beschlüsse in verbindliche Rechtsregeln durch demokratisch legitimierte und verantwortliche Instanzen erfolge und damit der parlamentarische Verantwortungs- und Kontrollzusammenhang wiederhergestellt bzw. nie durchschnitten gewesen sei, so wird damit der Unterschied von formaler und effektiver Autorität verkannt.[9] Auch wenn jene unbestritten bei den staatlichen Stellen bleibt, ist diese längst zu den »Sachverständigen« gewandert, welche die letztlich entscheidenden Maßstäbe bilden und »damit die Außenentscheidung in einem abgrenzbaren Teil praktisch selbst [treffen].«[10]

Die wahre inhaltliche Entscheidungssituation verläuft damit nicht – wie das Lehrbuch die Normenpyramide darstellt – als Kaskade von Gesetz, Rechtsverordnung, Verwaltungsvorschrift, technischem Regelwerk und Einzelentscheidung, sondern in

6 *Ossenbühl*, DÖV 1982, S. 836; *Lukes*, Regelungsbedarf, S. 38.

7 So *K.-P. Winters*, Atom- und Strahlenschutzrecht, 1978, S. 101; vgl. auch *Steinberg*, Untergesetzliche Regelwerke und Gremien, in: ders., Reform des Atomrechts, S. 82ff., 87ff.

8 *R. Nolte*, Rechtliche Anforderungen an die technische Sicherheit von Kernanlagen, 1984, S. 93ff.

9 *W.A. Gamson*, Power and Discontent, Homewood/Ill. 1968, S. 21ff.

10 *W. Brohm*, Sachverständige Beratung des Staates, in: Handbuch des Staatsrechts, Bd. II, hrsg. v. J. Isensee/P. Kirchhof, 1987, § 36 Rn. 26 und 43; ähnlich *Benda*, S. 9; zum Atomrecht *Stötzel*, S. 123ff.

Wirklichkeit umgekehrt[11]: Die »Sachverständigen« in den Beratungsgremien und im Genehmigungsverfahren liefern praktisch die inhaltlichen Maßstäbe. Die staatlichen Stellen geraten damit bestenfalls in eine Kontroll-, bei realistischer Betrachtung wohl eher in eine Ratifikationslage.[12]

Somit bestimmen maßgeblich die nicht-staatlichen Stellen, welche Maßnahmen zur Schadens- und Risikovorsorge geboten sind und welche Vorkehrungen für entbehrlich gehalten werden, weil sie dem Bereich des sog. Restrisikos zugewiesen werden. (Zur Bedeutung dieser Begriffe s. o. II. 3.). Die vom Bundesverfassungsgericht beschworene »praktische Vernunft«[13] als Maß des rechtlich zur Vermeidung von Risiken Geforderten wird unter der Hand zur »Vernunft der Praktiker«.[14] Die staatliche Steuerung mittels des Rechts versagt damit weitgehend. Es erscheint kaum übertrieben, hier von einer weitgehenden Selbststeuerung der Technik in Gestalt eines technologisch-bürokratischen Komplexes zu sprechen. Der Grund hierfür liegt in der Tatsache, daß die maßgebliche Vorschrift des Atomgesetzes, § 7 Abs. 2 Nr. 3 AtG, alle für die Errichtung und den Betrieb einer kerntechnischen Anlage wesentlichen Fragen eben nicht regelt. Zu diesem Ergebnis kommt auch *Rudolf Lukes*, ein unverdächtiger[15] Technikrechtler, der den Kombinationsbegriff »Stand

11 Dieser Befund konnte auch in einem Forschungsprojekt des Kernforschungszentrums Karlsruhe und der Hochschule für Verwaltungswissenschaften Speyer deutlich herausgearbeitet werden: Der Schwächung gesetzlicher Programmierung entspreche ein Bedeutungszuwachs der schon frühzeitig »entstaatlichten« Normierung und Kontrolle technischer Sicherheit. Vgl. *F. Gloede*, Strukturelle Rahmenbedingungen und Vorgeschichte der Öffentlichkeitsbeteiligung zu GNK-2, in: KfK 4357, Die Öffentlichkeitsbeteiligung bei der Genehmigung von umweltrelevanten Großvorhaben, Januar 1989, S. 111, 115, m. umf. Nachw.; ähnlich das Ergebnis der gründlichen Untersuchung von *Ebinger*, S. 270ff., 283.

12 Ähnlich *Gloede* (Fn. 11), S. 123, wonach sich die Genehmigung auf eine »notarielle Beurkundung« und »die Pflege rechtstechnischen Instrumentariums« beschränke; vgl. auch *Degenhart*, S. 140f.; *Nolte*, (Fn. 8), S. 95.

13 BVerfGE 49, 89, 143.

14 *Wolf*, Stand der Technik, S. 333; ähnlich bereits *H. Sommer*, Praktische Vernunft beim kritischen Reaktor, DÖV 1981, S. 654ff., 657.

15 Dies zu betonen, besteht im Atomrecht aller Anlaß. Kritik an atomrechtlichen Regelungen, Gerichtsentscheidungen und Literaturmeinungen wird sehr schnell eine geradezu weltanschauliche Dimension beigelegt, die in anderen Bereichen des Umweltrechts fehlt. Zu den durchaus gegenseitigen Verdächtigun-

von Wissenschaft und Technik« nicht nur als »inhaltlich unscharf«, sondern als »unbrauchbar« bezeichnet. Die Rechtsprechung habe den »black box«-Begriff »Stand von Wissenschaft und Technik« nur durch andere nichtssagende »black box«-Begriffe ersetzt, die für die Frage von Detailanforderungen bei der Beschaffenheit von Kernenergieanlagen ebenfalls nichts hergäben.[16] Genauso wird den unbestimmten Rechtsbegriffen im Immissionsschutzrecht bescheinigt, einen »Leerformelkompromiß auf hohem Abstraktionsniveau« darzustellen, der »zum fast vollständigen Ausfall« der Steuerungsfunktion des Gesetzes geführt habe.[17] Und der ehemalige Präsident des Bundesverwaltungsgerichts *Sendler* bemerkt zutreffend zu der »besonderen Qualität« der auch sonst vom Gesetzgeber gern verwandten unbestimmten Rechtsbegriffe im Umweltrecht: »Ihre Unbestimmtheit erreicht einen über das Übliche hinausgehenden Grad, weil sie häufig auf außerrechtliche, meist technische Maßstäbe verweisen; und wegen der damit verbundenen Unsicherheit und vor allem wegen ihrer ebenfalls über das Übliche hinausgehenden Breitenwirkung wirken sie sich besonders unheilvoll aus.«[18]

b. Der Vorbehalt bestimmter gesetzlicher Regelungen

Damit werden im Umwelt- und Technikrecht »gravierende Erosionserscheinungen legal-demokratischer Herrschaft«[19] offenbar. Denn das beschriebene »normative Regelungsdefizit«[20] ist mit

gen *Steinberg*, Rechtliche Perspektiven der energiewirtschaftlichen Nutzung der Kernenergie, JZ 1991, S. 431 ff., 436.

16 Regelungsbedarf, S. 29, 31, 33; ähnlich aus der Sicht eines Genehmigungsbeamten *D. Blickle*, Die Konkretisierung unbestimmter Gesetzesbestimmungen des Atomrechts durch untergesetzliche Regelungen, in: Neuntes Deutsches Atomrechtssymposium, hrsg. v. Lukes/Birkhofer, S. 121.

17 *Ebinger*, S. 281, 273.

18 *Sendler*, UPR 1981, S. 4; ähnlich *M. Gerhardt*, Aus der neueren Rechtsprechung zum Atom-, Immissionsschutz- und Abfallrecht, DVBl. 1989, S. 125 ff., 126.

19 *H. Dreier*, Hierarchische Verwaltung, S. 204.

20 *Marburger*, Schadensvorsorge, S. 155. – Das BVerfG spricht ganz ähnlich im Atomrecht von einem »Regelungsdefizit der normativen Ebene«, BVerfGE 49, 89, 135.

dem im Grundgesetz angelegten Vorbehalt des Gesetzes kaum vereinbar. Dieser verpflichtet nach ständiger Rechtsprechung des Bundesverfassungsgerichts den Gesetzgeber, »in grundlegenden normativen Bereichen, zumal im Bereich der Grundrechtsausübung, soweit dieser staatlicher Regelung zugänglich ist, alle wesentlichen Entscheidungen selbst zu treffen«.[21] Das Erfordernis einer gesetzlichen Regelung ist dabei von der Rechtsprechung von dem Vorliegen eines Eingriffs in Eigentum und Freiheit gelöst und auf wesentliche Entscheidungen ausgedehnt worden. Für die Bestimmung dessen, was als »wesentlich« im Sinne dieser Lehre anzusehen ist, kommt es zunächst auf die Grundrechtsrelevanz einer Frage an: »Im grundrechtsrelevanten Bereich bedeutet somit ›wesentlich‹ in der Regel ›wesentlich für die Verwirklichung der Grundrechte‹.«[22] Kommt hierin eher die rechtsstaatliche Komponente des Vorbehalts zum Ausdruck, so fordert das Demokratieprinzip, »daß jede Ordnung eines Lebensbereichs durch Sätze objektiven Rechts auf eine Willensentscheidung der vom Volke bestellten Gesetzgebungsorgane zurückgeführt werden können muß. Der Gesetzgeber darf seine vornehmste Aufgabe nicht anderen Stellen innerhalb oder außerhalb der Staatsorganisation zu freier Verfügung überlassen.«[23]

Damit wird die verfassungspolitische Funktion des Gesetzesvorbehalts praktisch umgekehrt. Richtete sich der Gesetzesvorbehalt in seiner rechtsstaatlichen Ausprägung ursprünglich gegen die Exekutive, so wendet sich der demokratische Gesetzesvorbehalt fordernd an das Parlament, seine Gesetzgebungsaufgabe nicht zu vernachlässigen.[24]

»In einem Staatswesen, in dem das Volk die Staatsgewalt am unmittelbarsten durch das von ihm gewählte Parlament ausübt, (ist) vor allem dieses Parlament dazu berufen, im öffentlichen Willensbildungsprozeß unter Abwägung der verschiedenen unter Umständen widerstreitenden Fragen des Zusammenlebens zu entscheiden. Der Staat erfüllt hier durch seine

21 BVerGE 49, 89, 126; BVerfGE 61, 260, 275; zuletzt BVerfGE 83, 130, 151; dazu *M. Kloepfer*, Der Vorbehalt des Gesetzes im Wandel, JZ 1984, S. 685ff., 689; *J. Isensee*, Mehr Recht durch weniger Gesetze?, ZRP 1985, S. 139ff., 140; *Böckenförde*, Gesetz, S. 398.

22 BVerfGE 47, 46, 79 – Sexualerziehung.

23 BVerfGE 33, 125, 128 – Facharzt-Beschluß.

24 *Ossenbühl*, HdBStR III, § 62 Rn. 38.

gesetzgebende Gewalt die Aufgabe, Hüter des Gemeinwohls gegenüber Gruppeninteressen zu sein.«[25]

Ähnlich wies das Bundesverfassungsgericht darauf hin, das demokratische Prinzip gebiete,

»daß die Ordnung wichtiger Lebensbereiche zumindest in ihren Grundzügen vom demokratisch legitimierten Gesetzgeber selbst verantwortet und in einem öffentlichen Willensbildungsprozeß unter Abwägung der verschiedenen unter Umständen widerstreitenden Interessen gestaltet werde.«[26]

Der Begriff des Wesentlichen spreche damit nur eine »Binsenweisheit« aus,

»daß nämlich die wirklich wichtigen Dinge in einem parlamentarisch-demokratischen Staatswesen vor das Parlament gehörten.«[27]

Als wesentlich gelten somit auch die »Leit- und Richtungsentscheidungen für das politische Leben und die staatliche und gesellschaftliche Ordnung.«[28] Diese Erfordernisse einer gesetzlichen Regelung treffen in besonderer Weise auf die staatliche Zulassung einer risikobehafteten Technologie und der hierzu erforderlichen Anlagen und Betriebe zu. Es handelt sich zum einen um eine grundrechtsrelevante Frage, bei der über das Maß der zulässigen Grundrechtsgefährdung Betroffener zu entscheiden ist. Diese Aufgabe der Ausgestaltung der grundrechtlichen Schutzpflichten des Staates ist in erster Linie Aufgabe des unmittelbar demokratisch legitimierten Parlaments (s. o. II. 2. b. dd.). Zum zweiten folgt die Notwendigkeit einer parlamentarischen Leit- und Richtungsentscheidung aber auch daraus, daß es sich bei der Zulassung einer risikobehafteten, umweltgefährdenden Technologie um Probleme der Ordnung eines wichtigen Lebens-

25 BVerfGE 33, 125, 159.
26 BVerfGE 41, 251, 260.
27 BVerfGE 47, 46, 79.
28 *Böckenförde*, Gesetz, S. 383 – Zum Begriff der »Leitentscheidung« vgl. auch BVerfGE 34, 52, 59; 47, 46, 83; 58, 257, 271; *G. Kisker*, Zuständigkeit des Parlaments für politische Leitentscheidungen, ZParl 1978, S. 53ff., 55; *H. Wagner et al.*, Risikoaspekte der nuklearen Entsorgung, 1981, S. 107ff.; *J. Listl*, Die Entscheidungsprärogative des Parlaments für die Errichtung von Kernkraftwerken, DVBl. 1978, S. 10ff., 14; *C.-E. Eberle*, Gesetzesvorbehalt und Parlamentsvorbehalt, DÖV 1984, S. 485ff., 487; *K. Löffler*, Parlamentsvorbehalt im Kernenergierecht, 1985, S. 52.

bereichs handelt; deren Lösung muß vom demokratischen Gesetzgeber zumindest in den Grundzügen selbst verantwortet werden.[29]

Es könnte den Anschein haben, als sei der Gesetzgeber bereits dann dem Gebot einer Leitentscheidung nachgekommen, wenn er in einem Gesetz – wie in § 7 AtG – die Zulassung bestimmter Anlagen und deren Betrieb grundsätzlich vorgesehen hat. Doch sind wesentliche Entscheidungen in Zusammenhang mit ihrer Errichtung und ihrem Betrieb – wie gezeigt – damit eben nicht, auch nicht in den Grundzügen, vom Gesetzgeber getroffen worden. Ein Gesetzgeber, der generelle Beschaffenheitsanforderungen nur mit immer noch weiteren unbestimmten Rechtsbegriffen umschreibt, kommt seiner Aufgabe der Konfliktlösung nicht nach und verlagert die Probleme auf die Ebene der Rechtsanwendung, also der Behörden, Gerichte[30] und vor allem der Sachverständigen (s. u. 3. d.). Treffend ist diese Praxis als Ausdruck der »umgekehrten Wesentlichkeitstheorie« im Umwelt- und Tech-

29 Genau mit dieser Begründung hat der Hessische Verwaltungsgerichtshof (B. v. 6.11.1989, NVwZ 1990, 276) in einer aufsehenerregenden Entscheidung die Errichtung und den Betrieb einer gentechnischen Anlage von einer ausdrücklichen gesetzgeberischen Leitentscheidung abhängig gemacht; aufgrund anderer gesetzlicher Bestimmungen wie dem BImSchG, bei deren Erlaß der Gesetzgeber an die besonderen Risiken der Gentechnologie noch nicht gedacht habe, sei dies nicht möglich. Bekanntlich hat dieser Beschluß, mit dem ein Stop der Gentechnik jedenfalls in Hessen gedroht hätte, zum unverzüglichen Erlaß des GenTG geführt. Mit seiner grundsätzlichen Forderung nach einer gesetzlichen Leitentscheidung als Voraussetzung der Zulassung einer neuen Technologie mit einem erheblichen Risikopotential ist dem Gericht durchaus beizupflichten. Damit steht es also nicht im Belieben des Staates, ob er die Gentechnologie überhaupt regeln will oder nicht (so aber *Ossenbühl*, HdBStR III, § 62 Rn. 116). Die berechtigte Kritik an dem Beschluß (Vor allem *H. Sendler*, Gesetzes- und Richtervorbehalt im Gentechnikrecht, NVwZ 1990, S. 231 ff.; *Wahl/Masing*, S. 553 ff.) betrifft eher die konkrete Entscheidungssituation, in der die Auslegung des BImschG in Frage gestellt wird, gegebenenfalls auch nach den Konsequenzen eines gesetzgeberischen Unterlassens bzw. einer Nachbesserungspflicht gefragt wird und vor allem unterstrichen wird, daß ein Verstoß gegen die gesetzgeberischen Schutzpflichten nicht zu Eingriffen in die Grundrechte Einzelner ermächtigt (dazu s. o. II. 4. a. bb.). Im Zusammenhang mit einem anderen neuen Risiko, dem sog. Elektrosmog, sind ähnliche Überlegungen von der Rechtsprechung allerdings erneut angestellt worden (vgl. VG Gelsenkirchen, B.v. 18.2.1993, ZUR 1993, S. 119 ff.).

30 *Lukes*, Regelung, S. 81 ff., 88.

nikrecht bezeichnet worden, der zufolge alles Wesentliche eben nicht im Gesetz stehe.[31] Vom Gesetzgeber sind nicht nur Regelungen überhaupt zu fordern – solche sind in aller Regel vorhanden. Es kommt vielmehr darauf an, daß diese hinreichend bestimmt sind[32] oder aber daß der Gesetzgeber in anderer maßgeblicher Weise an den Risikoentscheidungen beteiligt ist.

c. Exekutivische Verantwortung kraft Sachstruktur oder parlamentarische Mitverantwortung?

Der bestehende gesetzgeberische Minimalismus im Umweltrecht wird nicht nur in der Literatur, sondern auch durch die Rechtsprechung gerechtfertigt. Insbesondere im Kalkar I-Beschluß hat das Bundesverfassungsgericht das »Regelungsdefizit auf normativer Ebene« mit der Eigenart des Regelungsbereiches gerechtfertigt und keinen Verstoß gegen den Grundsatz bestimmter gesetzlicher Regelungen zu erkennen vermocht:

»Auf Gebieten wie dem der friedlichen Nutzung der Kernenergie, bei denen durch die rasche technische Entwicklung ständig mit Neuerungen zu rechnen ist, kommt hinzu, daß der Gesetzgeber, hätte er tatsächlich einmal eine detaillierte Regelung getroffen, diese laufend auf den jeweils neuesten Stand bringen müßte.«[33]

Aus diesem Grund liege die schwache gesetzliche Programmierung sogar im Interesse eines »dynamischen Grundrechtsschutz(es)«:

»Die gesetzliche Fixierung eines bestimmten Sicherheitsstandards durch die Aufstellung starrer Regeln würde demgegenüber, wenn sie sich überhaupt bewerkstelligen ließe, die technische Weiterentwicklung wie die ihr jeweils angemessene Sicherung der Grundrechte eher hemmen als fördern. Sie wäre ein Rückschritt auf Kosten der Sicherheit. Es hieße das Gebot der Bestimmtheit mißverstehen, wollte man den Gesetzgeber gerade dazu verpflichten. Zwar sollen die Bestimmtheitsanforderungen auch zur Gewährleistung von Rechtssicherheit beitragen; diese läßt sich jedoch nicht bei jedem Regelungsgegenstand in gleichem Maße verwirkli-

31 *J. Salzwedel*, zit. bei *Lübbe-Wolff*, ZG 1991, S. 239.
32 Zu dem Zusammenhang von »Parlamentsvorbehalt und Bestimmtheitsgrundsatz« s. den gleichnamigen Aufsatz von *U.M. Gassner*, DÖV 1996, S. 18ff.
33 BVerfGE 49, 89, 134.

chen. Eine gewisse Rechtsunsicherheit ... muß jedenfalls dort in Kauf genommen werden, wo der Gesetzgeber ansonsten gezwungen wäre, entweder unpraktikable Regelungen zu treffen oder von einer Regelung gänzlich Abstand zu nehmen, was letztlich beides zu Lasten des Grundrechtsschutzes ginge.«[34]

Damit wird die Lehre vom Vorbehalt des Gesetzes unter den Vorbehalt der Funktionsgerechtigkeit gestellt, der gerade beim technischen Sicherheitsrecht eine tatsächliche Grenze des Vorbehalts des Gesetzes markiere.[35] Zu dieser Feststellung der primär exekutivischen Verantwortung für Risikoentscheidungen kommen aber nicht nur die Verfechter der Technostruktur. Dasselbe Ergebnis wird auch von denjenigen geteilt, die – wenn auch mit resignativer Gebärde – die Steuerungsfähigkeit des Rechts im technischen Bereich überhaupt in Frage stellen.[36]

Diese Auffassungen – mit welcher Begründung auch immer – greifen grundsätzlich zu kurz. Sie verkennen vor allem, daß der gesetzgeberische Vorbehaltsbereich letztlich keine Frage der juristischen Dogmatik und noch viel weniger des Gesetzesbegriffs, sondern der politischen Entscheidung eines historisch konkreten Gemeinwesens darstellt. So betont *Hermann Heller* zu Recht die Bedeutung »der substantiellen Kräfte des gesellschaftlich-geschichtlichen Lebens« für die Bestimmung des Bereiches des Gesetzes: »Was zum Vorbehalt des Gesetzes gehört, welche Gegenstände die Gesetzgebung ergreift, das bestimmt nicht die Logik und nicht eine theoretische Formel, sondern Tradition, Zweckmäßigkeit, Machtlage und Rechtsbewußtsein.«[37] Wenn demgegenüber Sachgesetzlichkeiten oder gar die Natur der Dinge[38] bemüht werden, so verdecken diese Arkanbegriffe die hinter ihnen stehenden politischen Wertungen.

Die Fragwürdigkeit des angeblichen Sacharguments wird auch anhand einiger Beispiele offenkundig. Wenn behauptet wird, »kein mit den Problemen vertrauter Kenner der Materie käme auf

34 Ebd., S. 137. – Vgl. auch BVerfGE 75, 329, 345 zum Immissionsschutzrecht.
35 Insbes. *Ossenbühl*, HdBStR III, § 62 Rn. 48ff., 65.
36 Z.B. *K.M. Groth*, Die gentechnische Herausforderung, KJ 1988, S. 247ff., 253; *Wolf*, Leviathan 1987, S. 356ff.
37 Der Begriff des Gesetzes in der Reichsverfassung, in: Ges. Schriften, Bd. 2, 1971, S. 230; vgl. auch *E.-W. Böckenförde*, Die Organisationsgewalt im Bereich der Regierung, 1964, S. 61ff.
38 So *Ossenbühl*, HdBStR III, § 62 Rn. 65.

die Idee, die Festsetzung (von Grenzwerten im Umweltschutzrecht) in das förmliche Gesetz zu verlagern«,[39] so mag man über die hierin liegende Spitze gegen die Autoren des Entwurfs eines Kernenergieabwicklungsgesetzes, in dem z.B. nicht nur hinsichtlich der individuellen, sondern auch der kollektiven Strahlendosis für die Bevölkerung und beruflich strahlenexponierte Personen Grenzwerte vorgesehen waren,[40] hinwegsehen. Es ist aber offenbar unbekannt, daß in den USA seit vielen Jahren immer wieder über die Aufnahme von Grenzwerten in die förmlichen Gesetze diskutiert wird. So wurde im Kongreß das Fehlen von konkreten Sanierungsstandards wie auch von Sanierungszielen bereits bei der Verabschiedung des Bundesaltlastengesetzes (*CERCLA* oder *Superfund)* 1980 kritisiert. Und seitdem – zuletzt bei der Novellierung 1994/95 – steht die gesetzliche Verankerung der einschlägigen Standards auf der Tagesordnung.[41] Im Clean Air Act 1990 ist nicht nur eine Liste von 189 gefährlichen Stoffen aufgenommen worden (s. o. II. Fn. 224). Bemerkenswerterweise wird für die Festsetzung von Emissionsgrenzwerten für karzinogene Stoffe vorgeschrieben, daß das Risiko, an Krebs zu erkranken, für keinen Betroffenen 10^{-6} erreichen darf.[42] Für bestimmte Schadstoffe finden sich Grenzwerte auch unmittelbar im Clean Air Act.[43] Diesen Neuregelungen entspricht eine deutliche Zunahme detaillierter gesetzlicher Vorgaben für die exekutivische Standardsetzung, die von manchen beklagt, von anderen aber auch für unzureichend gehalten und an deren Stelle eine Regelung durch Gesetz gefordert wird.[44] Selbst die Bundesregierung ist offensichtlich das Opfer des Verfassungs- und Umweltrechts Unkundiger geworden, als sie 1995 zur Regelung der Verkehrsverbote bei erhöhter Ozonkonzentration nicht nur die Grenzwerte, sondern auch noch die Meßverfahren unmittelbar in § 40a BImSchG aufgenommen hat. Eine frühere Grenzwertfestsetzung

39 Ebd., Rn. 46; immerhin wird der Gedanke von *Ossenbühl*, DÖV 1982, S. 837, noch erwogen. – Grundsätzlich a.A. *Bönker*, S. 128f., vgl. auch S. 92ff.

40 BT/Drs. 11/13, § 1a Abs. 3, Begr. S. 18.

41 Im einzelnen *U. Rummel*, Inhaltliche Anforderungen an Maßnahmen zur Altlastensanierung, 1996, S. 57, 174.

42 42 U.S.C.A. § 7412(f)(2)(B).

43 *Böhm*, S. 205f.

44 Ebd., S. 222f.

durch Gesetz findet sich im Benzinbleigesetz aus dem Jahre 1971.

Gerade das Ozon-Beispiel zeigt sehr deutlich, daß die Wahl des Gesetzes als staatliche Handlungsform nach politischen Gesichtspunkten erfolgt: Bekanntlich waren einige Bundesländer vorgeprescht und hatten eigene Ozonverordnungen erlassen, die das in Deutschland unerhörte Mittel der Geschwindigkeitsbeschränkung vorgesehen hatten.[45] Verhandlungen zwischen der Bundesregierung und den Umweltministern der Länder über ein einheitliches, länderübergreifendes Vorgehen waren gescheitert. In dieser hochkontroversen Situation schien es der Bundesregierung angezeigt, durch ein vom Bundestag verabschiedetes Gesetz die Länderbestimmungen außer Kraft setzen zu lassen. Damit ließ sich der greifbarste Zweck des neuen Bundesgesetzes, die Beseitigung der Verordnungen der Länder – zum vorgeblichen Zweck der Bekämpfung des bodennahen Ozons dürfte es ohnehin kaum taugen[46] –, überzeugender als mit einer bloßen Ermächtigung zum Erlaß einer Rechtsverordnung erreichen.

Ein vergleichender Blick auf die Verfassungswirklichkeit der Vereinigten Staaten von Amerika veranschaulicht in diesem Zusammenhang ebenfalls die Bedeutung eines konkreten politischen Willens. Die zunehmende Regelungstätigkeit des amerikanischen Kongresses entspricht einer Veränderung seines Selbstverständnisses, das mit dem Schlagwort des »Imperial Congress« gekennzeichnet wird.[47] Mißtrauen des Kongresses in den Willen der Bürokratie zur effektiven und zügigen Durchsetzung der Gesetze insbesondere auch im Umweltrecht, ja mehr noch das Gefühl bürokratischer Sabotage sowie eine zunehmende Geringschätzung der Verwaltung im allgemeinen, der Umweltverwaltung – vor allem dem EPA – im besonderen haben insgesamt

45 Vorreiter war Hessen mit der Verordnung zur Bekämpfung der Luftverschmutzung durch Ozon vom 6. Juli 1993, GVBl. II 310 – 75.

46 Dazu insbes. *E. Kutscheidt*, Das Ozongesetz – ein Reizthema, NJW 1995, S. 3153 ff.; *H. Sendler*, Heinrich Böll und das Atomgesetz, NJW 1995, S. 2829 ff. – Dazu auch u. IV. 2.c.

47 So der frühere innenpolitische Berater von Präsident Johnson und Health, Education and Welfare-Secretary unter Präsident Carter *J. A. Califano*, Imperial Congress, The New York Times Magazine v. 23.1.1994, S. 40 f.; die Bezeichnung nimmt offensichtlich Bezug auf den Titel des berühmten Buches von *Arthur M. Schlesinger jr.*, The Imperial Presidency, Boston 1973.

eine Entwicklung gefördert, in der die Bereitschaft des Kongresses zur Delegation wichtiger Entscheidungen an die Exekutive stark abgenommen hat und durch möglichst detaillierte inhaltliche Vorgaben verbunden mit knapp bemessenen Fristen für die Umsetzung ersetzt wird.[48]

Daß die Reklamierung einer Maßnahme für die Entscheidung des Parlaments zu einem nicht geringen Maß von ihrer Konflikthaftigkeit und damit verbunden ihrer Politisierung abhängt, zeigt auch ein für die Entwicklung der Vorbehaltslehre in Deutschland bahnbrechendes Beispiel. Erst zu dem Zeitpunkt, zu dem Ende der 60er Jahre die Schulverwaltungen die überkommenen Schulformen und Bildungsinhalte durch Neuerungen in Frage stellten, forderten die aufgeschreckten Eltern unter Berufung auf den Vorbehalt des Gesetzes Entscheidungen durch die Parlamente und fanden bei den Gerichten – an der Spitze dem Bundesverfassungsgericht – Gehör.[49]

Diese Erkenntnisse erlauben auch Hinweise auf die Reichweite des Vorbehalts des Gesetzes im Umwelt- und Technikrecht. Das bestehende äußerst bescheidene Maß gesetzlicher Regelung im Bereich des Technik- und Umweltrechts mag ausreichend gewesen sein, solange über die hiervon erfaßten Technologien ein weitgehender Konsens bestand. Nachdem dieser zerbrochen und das »Bewußtsein für die Ambivalenz der wissenschaftlich-technischen Entwicklung«[50] gewachsen ist, reicht eine überwiegend bürokratisch-technokratisch-industrielle Legitimation der Entscheidungen nicht mehr aus. Es sind andere Formen der Legitimitätsbeschaffung unentbehrlich, und dabei kommt der maßgeblichen Mitwirkung durch das Parlament eine bedeutsame Funktion zu.

48 So weist *Rosenbaum*, S. 50, darauf hin, daß die Clean Air Act Amendments 1990 800 Seiten in der Gesetzessammlung umfaßten (das ursprüngliche Gesetz 50 Seiten) und 50 neue Programme für EPA statuierte. – Vgl. auch *Böhm*, S. 221 ff. m.w.N.

49 Exemplarisch *Th. Oppermann*, Nach welchen rechtlichen Grundsätzen sind das öffentliche Schulwesen und die Stellung der an ihm Beteiligten zu ordnen?, Gutachten C zum 51. Deutschen Juristentag, 1976, S. C 45 ff.; BVerwGE 47, 194, 197; BVerfGE 47, 46, 78 ff.

50 Kammer für öffentliche Verantwortung, Evangelische Kirche und freiheitliche Demokratie. Der Staat des Grundgesetzes als Angebot und Aufgabe, 2. Aufl., 1985, S. 36.

Gefördert wird eine Neuorientierung aber nicht nur durch den Wegfall des alten Technikkonsenses. Nicht weniger bedeutsam erscheint der Wandel des Staatsverständnisses[51] und des bürgerschaftlichen Selbstverständnisses, die die Lösung wesentlicher Probleme immer weniger vom Staat und dessen Bürokratien erwarten, sondern bürgernäheren Formen der Konfliktbewältigung den Vorzug geben (s. u. VI. 3. a.).

d. Leistungen und Formen parlamentarischer Techniksteuerung

Das Parlament besitzt bei Entscheidungen über den Umgang mit technischen Risiken kein Monopol.[52] Vielmehr hat es diese im Zusammenwirken mit den anderen staatlichen Organen, insbesondere Regierung und Verwaltung, aber auch mit Einrichtungen wissenschaftlich-technischen Sachverstandes sowie gesellschaftlichen Gruppen wahrzunehmen.[53] Ihm kommt freilich aufgrund des Vorbehalts des Gesetzes – soweit dieser reicht[54] – ein Vorrang gegenüber den anderen staatlichen Gewalten zu, der es in die Lage versetzt, seinem »Wächteramt«, seiner besonderen Verantwortung für die »Zukunftssteuerung«, nachzukommen.[55]

Für die Wahrnehmung dieser Aufgabe verfügt das Parlament im Verhältnis zu den anderen staatlichen Organen über eine besondere Leistungsfähigkeit. Diese ermöglicht es, die Grundfragen der Nation ins Bewußtsein zu heben, Lösungen und Alternativen in einer öffentlichen Debatte abwägend zu diskutieren, unterschiedliche Positionen zum Ausgleich zu bringen und die schließlich ge-

51 Das erkennt auch *Ossenbühl*, HdBStR III, § 62 Rn. 8, ohne jedoch daraus Konsequenzen für das Technikrecht zu ziehen.

52 BVerfGE 49, 89, 125.

53 *H.-U. Erichsen*, Die sog. unbestimmten Rechtsbegriffe als Steuerungs- und Kontrollmaßgaben im Verhältnis von Gesetzgebung, Verwaltung und Rechtsprechung, DVBl. 1984, S. 25 ff., 28.

54 Insoweit zutreffend BVerfGE 49, 89, 126, wonach »aus dem Grundsatz der parlamentarischen Demokratie kein Vorrang des Parlaments und seiner Entscheidungen gegenüber den anderen Gewalten als einen alle konkreten Kompetenzzuordnungen überspielenden Auslegungsgrundsatz herzuleiten« sei.

55 Beide Begriffe prägt *Grawert*, S. 467, 469, 483. – Zur Problematik staatlicher »Zukunftssteuerung« s. u. VI. 3. a.

fundenen Lösungen gegenüber der Öffentlichkeit zu vertreten und um Zustimmung zu werben.[56] Die hierbei wahrzunehmenden Aufgaben der Ermittlung, Abwägung, Konsensbildung[57] erscheinen gerade auf dem Felde technologischer Entwicklungen unverzichtbar.[58] Nur sie können – wenn überhaupt – verhindern, daß die technisch-naturwissenschaftlichen Entwicklungen die Gesellschaft zerreißen. Durch keine andere Institution als das Parlament kann die Gesellschaft darüber entscheiden, ob die durch die technische Entwicklung sich abzeichnenden Veränderungen der gesellschaftlichen Wirklichkeit »sinnvoll, erwünscht oder unter Wertgesichtspunkten akzeptabel«[59] sind. Diese durch das Parlament vermittelte Akzeptanz ist unerläßlich, um die rechtliche Ordnung den Veränderungen anzupassen, und unentbehrlich, um ein hinlängliches Maß an gesellschaftlichem Konsens für eine technische Entwicklung herzustellen, ohne den die Diskrepanz zwischen technischer Entwicklung und gesellschaftlichem Bewußtsein disruptiv würde. Allerdings kommt dem Parlament auch bei der Akzeptanzbeschaffung kein Monopol zu; diese ist vielmehr auf die ergänzenden Beiträge von Verwaltung und Gerichten in erheblichem Maße angewiesen (u. 4. und IV.).

Seiner Aufgabe kommt das Parlament zunächst und vor allem durch seine herausragende Rolle bei der Gestaltung und Fortentwicklung des rechtlichen Rahmens technischer Nutzungen nach, es sind jedoch zunehmend auch ergänzende andere und neue Formen der parlamentarischen Techniksteuerung und -kontrolle einzubeziehen. Die Aufgabe wird von der Enquête- Kommission »Einschätzung und Bewertung von Technikfolgen; Gestaltung

56 BVerfGE 85, 386, 403 f.; *Grawert*, S. 489 ff. – Zu den »klassischen« Funktionen des Parlaments *Hesse*, Grundzüge, Rn. 504 ff., 573.

57 *Wienholtz*, DÖV 1985, S. 136 ff.; vgl. auch *Grawert*, S. 486.

58 Eindringlich *Lukes*, Regelung, S. 88: »Ein Gesetzgeber, der generelle Beschaffenheitsanforderungen nur mit immer noch weiteren und unterschiedlichen unbestimmten Rechtsbegriffen umschreibt, kommt seiner Aufgabe der Konfliktbewältigung in der Gesellschaft nicht mehr nach. ...Erforderlich ist aber wohl, daß die Grundzüge der vom Gesetzgeber angestellten Interessenbewertung und -abwägung in den Anforderungen im Tatbestand der Rechtsnormen deutlich gemacht werden, so beispielsweise die zulässigen Umweltbelastungen und auch die Wege zu ihrer Ermittlung.«.

59 *K. Biedenkopf*, Technische Entwicklung und gesellschaftliche Innovation, hrsg.v. Stiftung für Kommunikationsforschung, 1986, S. 12.

von Rahmenbedingungen der technischen Entwicklung« zutreffend mit folgenden Worten beschrieben: »In Anerkennung der weitreichenden Folgen von Entscheidungen für technische Entwicklungen und Entwicklungsmöglichkeiten oder für deren Unterlassung, die oftmals die Lebensbedingungen nicht nur der jetzigen, sondern auch zukünftiger Generationen verändern bzw. verändern können, ist das Parlament als Gesetzgeber gefordert, durch entsprechende Rahmensetzungen den Risikodimensionen, der Komplexität und den Zukunftswirkungen solcher Entwicklungen Rechnung zu tragen.«[60]

Allerdings sieht die Kommission das Bewußtsein für die in der Ausgestaltung rechtlicher Regelungssysteme liegende zentrale Chance für eine verantwortliche parlamentarische Behandlung und Bewältigung der durch Wissenschaft und Technik vermittelten Problembereiche »erst in Ansätzen« entwickelt. Das zeige sich seit langem im Bereich der Kernenergie und ihrer rechtlichen Ausgestaltung und werde durch neuere Entwicklungen beispielsweise in den Informations- und Kommunikationstechniken und den Biotechniken wieder nachdrücklich demonstriert. »Das Parlament kann«, so wird betont, »seiner Verantwortung nur gerecht werden, wenn es intensiver als bisher seinem Verfassungsauftrag zu Schutzgebung und Gefahrenabwendung nachkommt und die Risiken gesetzgeberisch und administrativ zu steuern bereit ist.«[61] Es könne mittlerweile kaum mehr bestritten werden, »daß im Parlament wichtige Entscheidungen über technische Weichenstellungen auf unzureichender Informationsbasis und mit ungenügendem Problembewußtsein getroffen wurden, die erhebliche finanzielle Auswirkungen und auch volkswirtschaftliche Schäden nach sich gezogen haben«.[62]

Es ist deshalb zu untersuchen, in welcher Weise das Parlament dieser Rolle durch das Mittel der Gesetzgebung gerecht werden kann. Daneben besitzt das Parlament aber auch andere Instrumente zur Techniksteuerung, die im Anschluß daran zu betrachten sind.

60 BT/Drs. 10/5844, S. 12; dazu *V. v. Thienen*, Künftig ein technikgestaltendes Parlament? Zu den Empfehlungen der Enquête-Kommission »Technologiefolgenabschätzung«, ZParl 1986, S. 548 ff.; zum Problem auch *R. Däubler*, Gestaltung neuer Technologien durch Recht?, ZRP 1986, S. 42 ff.

61 BT/Drs. 10/5844, S. 13.

62 Ebd., S. 14.

2. Umwelt- und Technikgesetzgebung

a. Vorgaben durch den Gesetzgeber

Das Bundesverfassungsgericht hat in seiner Kalkar I-Entscheidung die Möglichkeiten einer intensiveren inhaltlichen Programmierung der Verwaltung bei der Zulassung kerntechnischer Anlagen ganz erheblich unterschätzt. Es ist durchaus zweifelhaft, ob die Annahme rascher technischer Entwicklungen verbunden mit ständigen Neuerungen jedenfalls bei den in der Bundesrepublik Deutschland als Leistungsreaktoren eingesetzten und erprobten Leichtwasserreaktoren 1978 noch zutraf.[63] Die Schnelligkeit der technischen Entwicklung vermochte hier kaum mehr Abstriche beim Vorbehalt des bestimmten Gesetzes zu rechtfertigen. Anderes mag dort gelten, »wo technisches Neuland betreten wird und Prototypen gebaut werden, mit anderen Worten dort, wo das Wissen um Gefährdungen noch lückenhaft ist.«[64]

Auf jeden Fall hat die Kalkar I-Entscheidung die Fortentwicklung des Umwelt- und Technikrechts bis heute gelähmt. Weiterführende Überlegungen in der Literatur Ende der 70er und An-

63 Das Bestreben nach Standardisierung und der dadurch erzielten Rationalisierung hatte zum sog. Konvoiverfahren für die Kernkraftwerke Isar II, Emsland und Neckarwestheim II geführt. Voraussetzung hierfür war eine weitgehend identische Auslegung und Ausführung der Anlagen, vgl. etwa *K.-H. Lindackers*, Genehmigungsverfahren, atw 1983, S. 453 ff.; *W. Keller*, Genehmigungsverfahren aus der Sicht der Industrie, atw 1983, S. 459ff. – Dabei wurde auch für die »Konvoianlagen« kein neuer Sicherheitsstandard realisiert, sondern die sicherheitstechnische Konzeption der Kernkraftwerke Grohnde, Philipsburg und Brokdorf unverändert übernommen. Damit warfen die Druckwasserreaktoren bezüglich der an sie zu stellenden technischen Anforderungen keine grundlegenden Probleme mehr auf. So *Ossenbühl*, NVwZ 1986, S. 169; *H.P. Bochmann*, Störfall-Leitlinien als Beitrag zur Normalisierung aus juristischer Sicht, in: Normalisierung der friedlichen Nutzung der Kernenergie- Konsequenzen für die rechtliche Regelung, hrsg. v. A. Birkhofer/R. Lukes, S. 46ff., auch für Siedewasserreaktoren. – Für den Druckwasserreaktor konstatiert deshalb *Keller*, ebd., S. 457, eine »Konsolidierung auf hohem Niveau«; vgl. auch *M. Ronellenfitsch*, Das atomrechtliche Genehmigungsverfahren, 1983, S. 78.

64 *Ossenbühl*, NVwZ 1986, S. 169 – Nach *H.P. Bochmann*, Genehmigungsverfahren aus der Sicht des Bundesministers, atw 1983, S. 443 handelt es sich »bei den Einrichtungen des Kernbrennstoffkreislaufs durchweg um prototypische Anlagen«.

fang der 80er Jahre versandeten; erst recht sank die Bereitschaft des Gesetzgebers etwa zur Novellierung des Atomgesetzes.[65] Später kamen andere Gründe für die gesetzgeberische Zurückhaltung jedenfalls im Atomrecht hinzu. Das Zerbrechen des Konsenses über die energiewirtschaftliche Nutzung der Kernenergie ließ nicht nur eine grundlegende Überarbeitung des Atomgesetzes, sondern auch einer Regelung der Beschaffenheitsanforderungen auf Gesetzesebene als politisch wenig opportun erscheinen.[66] Das Scheitern des Referentenentwurfs einer Reform des Atomgesetzes in der 12. Legislaturperiode dürfte diese Vermutung belegen.[67]

Der »Schein der mangelnden Normierbarkeit«[68] des Umwelt- und Technikrechts kann nur ausgeräumt werden, wenn die Vielfalt der hier bestehenden gesetzlichen Regelungstypen in Betracht gezogen wird. Dabei sollte die Warnung vor der »Inadäquanz der überkommenen Regelungsformen«[69] Anlaß sein, über angemessene, gegebenenfalls auch neue Steuerungsinstrumente des Parlaments im Bereich der Zulassung und Nutzung neuer Technologien nachzudenken.

Auszuschließen ist zunächst ein ökologischer Totalvorbehalt, der von einem Regelungsmonopol des Parlaments in diesen Fragen ausginge und die Notwendigkeit eines Zusammenwirkens der staatlichen Organe bei der Aufgabenwahrnehmung verkennte. Grundsätzlich auszuschließen ist auch, daß das Parlament die Zulassung einer konkreten Anlage oder eines bestimmten Produktes selber vornimmt. Hierbei handelt es sich in der Tat um eine Einzelfallentscheidung, die der Verwaltung vorbehalten ist.[70] Eine konkrete Planung wie auch die Prüfung der Vorausset-

65 *Nolte* (Fn. 8), S. 169. – Auch *R. Breuer*, Rechtspolitische Implikationen der Kalkar-Entscheidung, Zeitschriftf. Energiewirtschaft 1979, S. 268ff., 270, vermag den Entscheidungsgründen »schwerlich ein[en] weiterführende[n] Ansatz« der von ihm konstatierten »Akzeptanz- und Entscheidungskrise« der Kernenergie auszumachen.

66 *Lukes*, Regelungsbedarf, S. 40.

67 Dazu *Lukes*, Reformüberlegungen, passim; *ders./Birkhofer*, Neuntes Deutsches Atomrechtssymposium, 1991; *Steinberg*, Reform des Atomrechts.

68 *Sendler*, UPR 1981, S. 10; vgl. auch *Blickle* (Fn. 16), S. 121.

69 *Ossenbühl*, DÖV 1982, S. 841.

70 *H. Maurer*, Der Verwaltungsvorbehalt, VVDStRL 43 (1985), S. 135ff., 159; *Hofmann*, Entsorgung, S. 95f. jew. m.w. Nachw.; *Breuer*, (Fn. 65), S. 270ff.

zungen einer Zulassungsentscheidung kann nur von der Verwaltung in einem geordneten Verfahren vorgenommen werden. Das schließt freilich eine maßgebliche Mitwirkung des Parlaments hierbei nicht aus. Diese kann einmal erfolgen durch eine auch unter Umwelt- und Sicherheitsaspekten relevante Mitwirkung an der Standortplanung für umweltbelastende Anlagen.[71] Darüber hinaus hat die Schweiz in Art. 8 des Bundesbeschlusses zum AtG vom 6.10.1978 vorgesehen, daß die damals geschaffene Rahmenbewilligung für eine kerntechnische Anlage nach der Entscheidung durch den Bundesrat der Bundesversammlung, d. h. dem eidgenössischen Parlament, zur Genehmigung unterbreitet wird. Gewählt wurde diese Lösung trotz aus der Gewaltenteilungsdoktrin gespeisten Bedenken unter den Gesichtspunkten ihrer Bedeutung für die Wirtschaft des Landes und der politischen Tragweite der Entscheide, »dem Begehren nach einem erweiterten Mitspracherecht des Volkes« und der Möglichkeit, »daß Befürworter und Gegner im Rahmen des Bewilligungsverfahrens öffentlich ihre Argumente vortragen könnten«.[72]

Die eigentliche Verwaltungsaufgabe verbleibt dabei aber bei der Exekutive. Hinzu kommt der Entscheidungsvorbehalt des Parlaments, der in gewisser Weise ein Mittel parlamentarischer Kontrolle darstellt und der der Zulassung der kerntechnischen Anlage eine stärkere Legitimation verschafft. Mit diesem angesichts des extrem hohen Konfliktpotentials, das der Zulassung von Kernenergieanlagen innewohnt, sinnvollen Verfahren nicht zu vergleichen ist die Zulassung von Anlagen der »Verkehrsprojekte Deutsche Einheit«. Hierbei ging es gerade nicht um eine »Ratifizierung« von Verwaltungsentscheidungen. Im Gegenteil, diese Entscheidungen sollten gerade der Verwaltung, d. h. konkret der Verwaltung der Länder, aus der Hand genommen werden, im übrigen zu einer Einschränkung des Rechtsschutzes führen. Über diese schwerwiegenden verfassungsrechtlichen Beden-

71 *Listl*, (Fn. 28), S. 10ff., zur Standortplanung für KKWs, der noch weitergehend eine gesetzgeberische Grundsatzentscheidung für deren Zahl und Art verlangt; *H. Lecheler*, Zur Reform der atomrechtlichen Anlagen- und Betriebsgenehmigung, ZRP 1977, S. 241ff.; *Hofmann*, Entsorgung, S. 94ff., 231f.; *Löffler* (Fn. 28), S. 126ff.

72 Botschaft des Bundesrats über die Ergänzung des Atomgesetzes vom 24.08.1977, BBl. 1977, 323.

ken hat sich der Bundestag wohl nach dem – jetzt auch vom Bundesverfassungsgericht bestätigten[73] – Motto »Not kennt kein Gebot« hinweggesetzt.[74]

Ganz gleich wie man die Grenze im einzelnen abstecken mag, Einzelentscheidungen dürften nur im Ausnahmefall Sache des Parlaments sein. Ganz klar zu betonen ist ferner: Es geht bei dem notwendigen Tätigwerden des Gesetzgebers nicht um die gesetzliche Normierung technischer Regeln und Leitlinien, wie sie von Normierungsgremien (dazu s.u. 3. d. aa. [1]) formuliert werden, ebensowenig um die Festlegung konstruktiver Details.[75] Nur insoweit ist die Warnung an den Gesetzgeber berechtigt, »in einem unwürdigen Hase- und Igelstreit je nach dem Erkenntnisstand der sich dauernd wandelnden technischen und wissenschaftlichen Entwicklung nachzujagen und sie nachzuvollziehen, um alsbald wieder von der Entwicklung überholt zu sein und das Spiel von neuem zu beginnen.«[76] Vielmehr geht es um die – so auch die Enquêtekommission Technikfolgenabschätzung – »zentrale parlamentarische Aufgabe, die Rahmenbedingungen des technisch-gesellschaftlichen Wandels langfristig mitzugestalten.«[77]

Die Stärkung der gesetzlichen Steuerung in diesem Bereich läßt sich nur durch ein Bündel von Maßnahmen erreichen. Hierzu gehören neben der gesetzgeberischen Leitentscheidung für eine bestimmte Technologie (s.o. 1.b.):

- eindeutigere Zielvorgaben für technische Regeln und Bewertungsmaßstäbe für Entscheidungen der Verwaltung;
- Vorgaben zur Organisation der Umweltverwaltung (dazu s.u. 3. a.bb.);
- verpflichtende Ermächtigung an die Exekutive zum Erlaß untergesetzlicher Standards in Form von Rechtsvorschriften und qualifizierten Verwaltungsvorschriften (dazu s.u. 3.b.);

73 BVerfGE 95, 1, 15ff.

74 Dazu *Steinberg*, Fachplanung, § 1 Rn. 85 m.w.N.

75 Ausführlich *Marburger*, Schadensvorsorge, S. 178ff. mit umf. Nachw.; auch *ders.*, Überlegungen zur Konkretisierung der nach dem Stand der Technik erforderlichen Schadensvorsorge im Atomrecht, ET 1984, S. 212ff., 216; *Nolte* (Fn. 8), S. 172f.; *Lukes*, Regelung, S. 88.; *Roßnagel*, UPR 1986, S. 54ff.

76 *Sendler*, UPR 1981, S. 9f.

77 BT/Drs. 10/5844, S. 16.

- soweit bei der Erstellung technischer Regeln Sachverständigengremien maßgeblich mitwirken, die gesetzliche Ausgestaltung von Struktur und Wirkungsweise solcher Gremien (dazu s. u. 3. d. aa.);
- Erfolgskontrolle und – falls erforderlich – Nachbesserung der getroffenen Entscheidung (dazu oben II. 6. bb.).

b. Insbesondere: Materiell-rechtliche Regelungen

Materiell-rechtlich obliegt es dem Gesetzgeber, Zielvorgaben für technische Regeln sowie Bewertungsmaßstäbe für die Entscheidungen der Verwaltung zu setzen. Dabei ist davon auszugehen, daß die technischen Regeln anders als die Naturgesetze nicht kraft der ihnen innewohnenden Gesetzlichkeit Beachtung heischen, sondern um der finalen Gestaltung der natürlichen Umwelt willen. »Entsprechend ihrer utilitären Zielsetzung geht es bei den Regeln der Technik um die Auswahl der Mittel, die geeignet sind, ein gewünschtes Ziel zu erreichen. Demzufolge handelt es sich nicht um wertfreie kausale Erkenntnis, vielmehr um werthafte finale Gestaltung.«[78]

Daß der Gesetzgeber in der Lage ist, seiner Aufgabe der Normierung von Zielvorgaben und Bewertungsmaßstäben gerecht zu werden, haben zahlreiche Vorschläge hierzu deutlich gemacht, wird aber auch durch umweltrechtliche Regelungen des In- und Auslandes bestätigt. So bemerkt *Marburger* in seinem 1982 dem Bundesinnenminister erstatteten Rechtsgutachten, daß »eine präzisere Umschreibung der rechtlich gebotenen Anlagensicherheit durch verbindliche, abstrakt-generelle Vorgaben im Atomgesetz grundsätzlich keine Bedenken hinsichtlich der Eignung des Gesetzes als Regelungsort oder der (rechtlichen und fachlichen) Kompetenz des Gesetzgebers hervorrufen. Denn die Festlegung des abstrakten Sicherheitsniveaus zählt jedenfalls prinzipiell zu den Essentialia, deren Regelung dem Gesetzgeber obliegt«.[79]

78 C. *Lambrecht*, Generalklauseln und technischer Fortschritt, DÖV 1981, S. 700ff., 703.

79 Schadensvorsorge, S. 188. – Ähnlich *Ossenbühl*, DÖV 1982, S. 836, wonach Bewertungsnormen nur insoweit in Betracht kommen, als sich über technische Risiken und deren Bewertung abstrakt-generelle Aussagen machen lassen, vgl.

So kann der Gesetzgeber die Schutzziele, denen die Anlagenbeschaffenheit und der Anlagenbetrieb genügen müssen, und die Schutzobjekte festlegen.[80] Ebenso könnten etwa die Grundsätze für die sicherheitstechnischen Anforderungen an Kernkraftwerke in derselben Weise gesetzlich geregelt werden, wie dies jetzt durch die »Sicherheitskriterien für Kernkraftwerke« geschehen ist.[81] Weiterhin kommt die Benennung der relevanten Gefahrenlagen und Gefährdungstypen in Betracht, gegen die eine Schadensvorsorge auf jeden Fall geboten ist,[82] ferner die Angabe von Schutzmaßnahmen bzw. -systemen.[83] Die Bestimmung der Grenze zwischen dem Risiko, gegen das Vorkehrungen geboten sind, und dem hinzunehmenden »Restrisiko« kann durch Grenzwertfestlegungen erfolgen. Dies betrifft vor allem die Festlegung von Emissions- und Immissionsgrenzwerten, deren Setzung Sache des Gesetzgebers ist »gemäß der auf ihm lastenden politischen Verantwortung und im Rahmen des ihm zukommenden politischen Ermessens«.[84] Auf jeden Fall bedarf es eines vom Gesetzgeber präzis abgegrenzten Handlungsspielraums für deren Festsetzung.[85]

Der Gesetzgeber vermag auch Vorgaben für die Risikoermitt-

auch ebd., S. 837; im Ergebnis ebenso *B. Bender*, Nukleartechnische Risiken als Rechtsfrage, DÖV 1980, S. 633ff., 638; *Hofmann*, Entsorgung, S. 330ff., 353; *ders.*, Atomgesetz und Recht auf Leben und Gesundheit, BayVBl. 1983, S. 33ff., 37; *Papier*, Vorbehalt, S. 65, und bereits *P. Marburger*, Das technische Risiko als Rechtsproblem, in: Gesellschaft für Rechtspolitik, Jahrbuch 1981, S. 57f.

80 *Ossenbühl*, DÖV 1982, S. 836; *Papier*, Vorbehalt, S. 65; *Bochmann*, (Fn. 64), S. 445, unter Berufung auf den Vorsitzenden des VBTÜV Sieverding; *Marburger*, Schadensvorsorge, S. 189f. – freilich für eine Normierung durch Rechtsverordnung. Vgl. auch *Stötzel*, S. 46f.

81 *Blickle* (Fn. 16), S. 122. – Diese Sicherheitskriterien vom 21.10.1977, BAnz. 1977, Nr. 206, enthalten in 11 Abschnitten Bestimmungen von den »Grundsätzen der Sicherheitsvorsorge« über die »Qualitätsgewährleistung« und »Reaktorauslegung« bis zur »Handhabung und Lagerung von Kernbrennstoffen«.

82 *Ossenbühl*, DÖV 1982, S. 836; *Marburger*, Schadensvorsorge, S. 200ff.

83 *Stötzel*, S. 48f.

84 *Sendler*, UPR 1981, S. 5; ähnlich *Ossenbühl*, DÖV 1982, S. 837; vgl. auch § 1 des Gesetzentwurfs der Fraktion der SPD im Deutschen Bundestag vom 19.2.1987, BT/Drs. 11/13 und die Begründung ebd., S. 27ff.; vgl. auch OVG Lüneburg, DVBl. 1977, 342, wonach der Gesetzgeber »die Entscheidung über die Höhe des tolerablen Lebens- und Gesundheitsrisikos nicht delegieren« könne.

85 So *Winters*, (Fn. 7), S. 7.

lung unter Einschluß ihrer Methoden zu treffen (s. o. I. 2. c.) sowie eingehendere Bewertungskriterien für die Entscheidungen der Exekutive festzulegen. So ließe sich die gesetzliche Normierung der Schadensvorsorge in § 7 Abs. 2 Nr. 3 AtG präzisieren, ohne die notwendige Flexibilität zu beeinträchtigen.[86]

Schließlich könnte der Gesetzgeber festlegen, in welchem Umfang eine Risikominimierung hinter andere Rechtsgüter zurücktreten kann. Dabei käme es nicht allein auf die allgemeine Positivierung des Grundsatzes der Verhältnismäßigkeit im Bereich der gefahrenunabhängigen Risikovorsorge an, sondern auf die Festlegung der Maßstäbe verhältnismäßiger Zuordnung durch die Normierung von Abwägungsregeln.[87]

Eine Regelung aus jüngster Zeit läßt exemplarisch die Möglichkeiten legislatorischer Regulierung im Umwelt- und Technikrecht erkennen. So hat der Gesetzgeber mit der Neuregelung des § 7 II a S. 1 1. Hs. AtG vom 19. Juli 1994[88] in ungewöhnlich konkreter Weise das Schutzziel festgelegt. Verlangt werden Schutzvorkehrungen, die verhindern, daß auch im Falle für extrem unwahrscheinlich gehaltener Ereignisabläufe »einschneidende Maßnahmen zum Schutze vor der schädlichen Wirkung ionisierender Strahlen außerhalb des abgeschlossenen Geländes der Anlage« erforderlich werden. Damit werden auch Vorkehrungen gegen auslegungsüberschreitende Ereignisabläufe erforderlich, die aufgrund der maßgeblichen Störfalleitlinien nicht für vorsorgebedürftig gehalten werden. In Zukunft wird die Genehmigung von dem Nachweis abhängig gemacht, daß die radiologischen Auswirkungen eines Unfalls auf den Anlagenbereich begrenzt bleiben.[89]

Auf detailliertere inhaltliche Vorgaben für die Verwaltung in amerikanischen Umweltgesetzen ist bereits mehrfach hingewiesen worden. Diese enthalten nicht nur Grenzwerte, sondern – vielleicht noch interessanter – Bewertungsmaßstäbe für die exe-

86 Vgl. den Vorschlag von *Marburger*, Schadensvorsorge, S. 122 ff.

87 Vgl. *Ossenbühl*, DÖV 1982, S. 837; *Marburger*, Schadensvorsorge, S 192 ff.

88 Gesetz zur Sicherung des Einsatzes von Steinkohle in der Verstromung, BGBl. I, S. 1618.

89 *Stötzel*, S. 232 ff.; zum Konzept *G.W. Sauer*, Die Divergenz von technisch definiertem und rechtlich verstandenem Risiko – Wider die praktische Vernunft, in: Steinberg (Hrsg.), Reform des Atomrechts, S. 45 ff., 71 ff.

kutive Regulierung. Dabei sind aber auch die Tücken derartiger Vorgaben deutlich geworden. So war die Vorschrift der »ample margin of safety« in den Normen über gefährliche Luftschadstoffe im CAA § 112 in der Praxis undurchführbar und ist deshalb von der EPA in einen Technikstandard uminterpretiert worden (s.o. II. 3.b.bb.). Als eine Parallelvorschrift aus dem Lebensmittelrecht läßt sich hier auch die sog. Delaney-clause in dem Food, Drug, and Cosmetic Act 1958 nennen, durch die alle Lebensmittel- und Kosmetikzusätze strikt verboten waren, deren Karzinogenität sich in Mensch- oder Tierversuchen gezeigt hatte.[90] Diese Anordnung eines »Null-Risikos« ohne Berücksichtigung der Wahrscheinlichkeit eines Schadens beim Menschen und ohne Rücksicht auf die Kosten ist immer wieder heftig kritisiert worden.[91] Versuche einer Uminterpretation durch die EPA wurden jedoch von den Gerichten zurückgewiesen.[92] Erst 1996 hat der Kongreß diese Formel durch den Food Quality Protection Act im Hinblick auf die Behandlung von Lebensmitteln mit Pestiziden ersetzt durch den Standard der »reasonable certainty of no- harm«, der teilweise definiert wurde als eine Wahrscheinlichkeit von 1 in 1.000.000, bei einer lebenslänglichen Exposition Krebs zu bekommen.

Der legislatorische Aktivismus des amerikanischen Kongresses mag mit der einen oder anderen Regelung über das Ziel hinausgeschossen sein.[93] Er widerlegt jedoch die in Deutschland verbreitete These, die »Besonderheit des Regelungsgegenstandes«[94] ließe keine eingehenderen gesetzlichen Vorgaben im Umweltrecht zu; diese These taugt deshalb nicht länger zur Rechtfertigung des gesetzgeberischen Minimalismus. Welches Maß und

90 Dazu *Lewis*, S. 147ff.

91 *Weinberg*, Regulator's Dilemma, S. 66: »...worst example of how a disregard of an intrinsic limit of science can lead to bad policy by overenthusiastic politicians«. – Vgl. auch *A. Merril*, FDA's Interpretation of the Delaney Clause: Repudiation of Congressional Choice or Reasoned Adaption to Scientific Progress, Yale Journal on Regulation 5 (1988), S. 1 ff.; *Breyer*, S. 41; *Sunstein*, After the Rights Revolution, S. 88f.

92 *Les v. Reilly*, 968 F.2d 985 (9th Cir. 1992); dazu krit. *Sunstein*, Judicial Minimalism, Kap. 7 m. Fn. 4.

93 So die populäre Kritik von *Ph. K. Howard*, The Death of Common Sense, New York 1996, mit zahlreichen Beispielen aus dem Umweltrecht.

94 BVerfGE 49, 89, 138; a.A. auch *Blickle* (Fn. 16), S. 121.

welche Art an gesetzlichen Vorgaben sinnvoll sind, läßt sich – ausgehend von dem wesentlich politischen Charakter des Vorbehaltsprinzips – nicht generell festlegen, sondern hängt vom Regelungsgegenstand ab. Hierbei spielt das Maß an wissenschaftlich-technischer Ungewißheit ebenso ein Rolle wie die Konfliktträchtigkeit der Materie. Deshalb besitzt der Gesetzgeber zu Recht bei der Festlegung von Zielvorgaben und Bewertungsmaßstäben, aber auch bei der Wahl seiner Handlungsform (s.o. II. 6.) einen erheblichen »Gestaltungsspielraum«.[95] Hierzu gehört auch die Möglichkeit der Kombination eigener inhaltlicher Vorgaben mit hinreichend bestimmten Ermächtigungen zum Erlaß von Rechtsverordnungen (s.u. 3. c.). Es fehlt damit nicht an der rechtlichen wie institutionellen Fähigkeit des Parlaments, seine Verantwortung bei der Gestaltung der Umweltgesetzgebung wahrzunehmen. Gerade im Umweltrecht läßt sich die Chance erkennen, »daß der Gesetzgeber sich stärkt, strikter und präziser regelt, verlorenes Terrain zurückerobert und seine ›funktionale Letztinstanzlichkeit‹ gezielter ausspielt.«[96] Angesichts der größeren programmatischen Geschlossenheit jedenfalls der Mehrheit des Deutschen Bundestages dürften hierfür die Voraussetzungen insgesamt günstiger sein als bei dem äußerst zersplitterten amerikanischen Kongreß.[97] Allerdings scheint der politische Wille zu fehlen. Dies jedoch hat seinen Preis: »Wenn der Gesetzgeber das Ergebnis seiner Interessenermittlung und Interessenwertung nicht in Beschaffenheitsanforderungen im Tatbestand von Rechtsnormen festlegt und damit die Konfliktlösung vornimmt, werden die Konfliktsituationen notwendig auf die Ebene der Rechtsanwendung, also der Behörden und der Gerichte, verlagert.«[98] Und ob diese damit nicht überfordert werden, ist eine offene Frage.

95 BVerfGE 49, 89, 137.
96 *H. Dreier*, Hierarchische Verwaltung, S. 209.
97 *Landy/Roberts/Thomas*, S. 302.
98 *Lukes*, Regelung, S. 88.

Einwirkungsmöglichkeiten auf die Verwaltung besitzt das Parlament aber nicht nur durch das Mittel legislativer Steuerung. Zu nennen ist vor allem auch seine Kompetenz zur Feststellung des Haushaltsplans und damit die Verfügung über die Steuerungsressource Geld. Neben diesen Instrumenten einer ex ante-Kontrolle besteht eine Vielzahl von Möglichkeiten einer verwaltungsbegleitenden oder ex post-Kontrolle. Schließlich könnte gerade im Hinblick auf die Bedeutung der Information als eines »sanften« Mittels staatlicher Steuerung das Parlament in seiner »teaching«-Funktion im Umweltschutz Bedeutung besitzen. Bedauerlicherweise ist diese Rolle der Parlamente kaum erforscht,[99] so daß – um reine Spekulationen zu vermeiden – nur wenige Überlegungen zu den Chancen einer Stärkung der parlamentarischen Kontrolle im Umweltschutz angestellt werden.

Besondere Vorsicht ist hier auch bei dem Gedanken geboten, die amerikanischen Erfahrungen mit der Wahrnehmung einer »oversight function« durch den Kongress fruchtbar machen zu wollen.[100] Zwar scheint der Kongreß diese Rolle gerade auch im Umweltbereich in den letzten Jahrzehnten zu einem wichtigen Instrument machtvoller »Mitregierung« ausgebaut zu haben,[101] doch verbieten die hier erheblichen Unterschiede in den Strukturen des amerikanischen und deutschen Regierungssystems einfache »Anleihen«. Prägende strukturelle Eigenarten des amerikanischen Regierungssystems – das Fehlen des Parlamentarismus, die nahezu durchgängig unterschiedliche parteipolitische Ausrichtung von Kongreßmehrheit und Präsident in den letzten Jahren,

99 Vgl. nur *A. Roßnagel*, Parlament und technische Entwicklung, in: Graf v. Westphalen, S. 431 ff.

100 *M. S. Ogul*, Congress Oversees the Bureaucracy, Pittsburgh 1976; *J. Aberbach*, Keeping a Watchful Eye: The Politics of Congressional Oversight, Washington, D.C. 1990; *R.J. Lazarus*, The Neglected Question of Congressional Oversight of EPA: *Quis Custodiet IPSOS CUSTODES* (Who Shall Watch the Watchers Themselves, Law and Contemporary Problems 54 (1991), S. 205 ff.

101 *Landy/Roberts/Thomas*, S. 302; *M. E. Kraft*, Environmental Policy in Congress: Revolution, Reform, or Gridlock?, in: Vig/Kraft, S. 119 ff.; *J.L. Mashaw*, Improving the Environment of Agency Rulemaking: An Essay on Management, Games, and Accountability, Law and Contemporary Problems 57 (1994), S. 205 ff.

die starke Ausdifferenzierung der internen Struktur des Kongresses mit einer Unzahl von Ausschüssen und Unterausschüssen, welche man geradezu als die Herzogtümer der jeweiligen Vorsitzenden bezeichnen kann. Demgegenüber stellt sich auf deutscher Seite das parlamentarische System doch ganz anders dar, in dem die Regierung als Spitze der Exekutive in gewisser Weise als das Führungskommittee der Mehrheitsfraktionen im Bundestag agiert, die ihre Aufgabe eher im Sinne einer Absicherung »ihrer« Regierung einschließlich des dazugehörigen bürokratischen Apparates, nicht jedoch selbständiger Kontrolle im Sinne von Direktion oder nachträglicher Korrektur verstehen. Die Aufgabe der Kontrolle, jetzt nicht im Sinne der Direktion, sondern ausschließlich nachträglicher Kontrolle, obliegt deshalb im wesentlichen der Opposition, die mangels der Mehrheit aber allenfalls eine öffentliche Debatte erzwingen, dabei Konsequenzen verdeutlichen und Alternativen entwickeln kann. Zu einer Kompensation schwacher legislatorischer durch alternative Formen parlamentarischer Steuerung führt dies jedoch nicht.

Besonders desinteressiert scheint der Deutsche Bundestag auch an der Frage zu sein, ob die von ihm mittels finanzieller Förderung ursprünglich, vielleicht muß man auch sagen angeblich, verfolgten Ziele erreicht werden.[102] Aber auch bei dem Einsatz regulativer, gesetzlicher Instrumente fehlt eine systematische Evaluation, die gerade angesichts der Unbestimmtheit vieler Regelungen und der Ungewißheit der Wirkungen geboten wäre (s. u. II. 6. b. bb.). Demgegenüber läßt die Nutzung des relativ neuen Instituts der Enquête-Kommission immerhin positive Ansätze erkennen. Über ein weiteres neues Instrument des Deutschen Bundestages, die Einrichtung von Vorkehrungen zu einer Technik-Folgen-Abschätzung, die nach langen Diskussionen in einer weit hinter den Vorstellungen der Oppositionsfraktionen SPD und Bündnis 90/Die Grünen zurückbleibenden Gestalt etabliert wurde, liegen verläßliche Informationen noch nicht vor.[103]

102 Das zeigt die Fallstudie von *I. Schwartzkopff*, Die legislative Erfolgskontrolle nichtfiskalischen Abgabenrechts, Diss. jur. Frankfurt am Main 1997.
103 Zu dessen Einrichtung *D. Engels*, Verfahren des Deutschen Bundestages, in: Graf v. Westphalen, S. 253ff., 296ff. – *Roßnagel*, Technikfolgenforschung, S. 48, hält die Bemühungen um eine Institutionalisierung von Technikfolgenabschätzung beim Bundestag für letztlich gescheitert.

Besonders gründlich erforscht ist die Beteiligung des Bundestages bei der Entwicklung einer Technologie, die in Deutschland allein in der Zeit von 1956 bis 1975 mit Bundesmitteln in Höhe von 17 Mrd. DM gefördert worden ist.[104] Allein die Finanzierung der Errichtung des letztlich nicht in Betrieb genommenen sog. Schnellen Brüters in Kalkar verschlang bis 1987 ca. 6 Mrd. DM, von denen mehr als zwei Drittel vom Staat übernommen worden sind.[105] Da diese Entwicklungen ohne die staatliche Förderung nicht oder nicht in diesem Maße oder mit dieser Technologie erfolgt wären, hätte eine wesentliche Einwirkungsmöglichkeit des Parlaments über den Haushalt bestanden. Der Befund fällt ernüchternd aus. Eine effektive Einwirkung des Bundestages fand nicht statt. Die Haushaltsansätze dienten praktisch dem Vollzug der jeweiligen Atomprogramme der Bundesregierung, die maßgeblich von der Deutschen Atomkommission – einem 1955 im wesentlichen aus Wirtschaftsvertretern und interessierten Wissenschaftlern zusammengesetzten, 1971 aufgelösten Beratungsgremium des Atom- bzw. Wissenschaftsministers[106] – erarbeitet wurden.[107] Das erscheint aber auch kaum überraschend. Denn wenn sich schon der Fachausschuß überfordert fühlt, um wieviel mehr muß dies für den fachlich völlig inkompetenten Haushaltsausschuß gelten. Auch wenn dieser gerade bei der ständig wachsenden Zahl von Langzeitprogrammen Informationsbeschaffungs- und Kontrollverfahren entwickelt hat, die eine ab-

104 *Hofmann*, Privatwirtschaft und Staatskontrolle, S. 36.

105 *O. Keck*, Der Schnelle Brüter, 1984, S. 318.

106 Dazu eingehend *W.D. Müller*, Geschichte der Kernenergie in der Bundesrepublik Deutschland, 1990, S. 162ff.

107 *J.P. Pesch*, Staatliche Forschungs- und Entwicklungspolitik im Spannungsfeld zwischen Regierung, Parlament und privaten Experten, untersucht am Beispiel der deutschen Atompolitik, Diss. jur. Freiburg i.Br. 1975, S. 20f., 37ff., 46f., u. das Resumee S. 90: »Der Bundestag ... sah sich außerstande, die ... FE-Politik zu kontrollieren und hat dies resigniert in die Worte gefaßt, im Bereich der Technologie sei eine permanente Kontrolle der Regierung nicht mehr gewährleistet.«- Ganz ähnlich *Radkau*, S. 427, die resignierte Klage des SPD-Abgeordneten *Flämig*, eines Mitglied des zuständigen BT-Ausschusses für Forschung und Technologie, 1973, zitiert. – Zur parlamentarischen Kontrolle der Entwicklung des »Schnellen Brüters« *Keck* (Fn. 105), S. 217f., 299f., der immerhin »Ansätze eines ... Lernprozesses beobachtet«, allerdings auf die Schwierigkeiten der Organisation des technisch-wirtschaftlichen Sachverstands hinweist.

schnittsweise Kontrolle des Parlaments sichern,[108] so erscheint fraglich, inwieweit diese über die Gewährleistung der haushaltsmäßigen Korrektheit hinausgeht.[109]

Allerdings existiert im Bereich der Atomenergiepolitik auch ein besonders gelungenes Beispiel parlamentarischen Umgangs mit gegenwärtigen und vor allem auch zukünftigen Umweltrisiken: die Arbeit der Enquête-Kommission »Zukünftige Kernenergiepolitik« in der 8. Legislaturperiode.[110] Hier überzeugt vor allem das Denken in Alternativen, deren Optionen möglichst lange erhalten bleiben sollen, die Offenheit und Folgenorientiertheit der Diskussion, sowie das Bemühen um die Herstellung eines energiepolitischen Konsenses, der eine Voraussetzung für die Wiedergewinnung energiepolitischer Handlungsfähigkeit darstellt. Dieser Prozeß einer diskursiven Technologiepolitik ist jedoch bald abgebrochen worden, obwohl die Kommission als Themen weiterer Beratung u.a. die Bewertung der gesellschaftlichen Voraussetzungen und Folgen verschiedener Energiesysteme unter Einschluß der Risiken der Sparstrategie und von Mangellagen und der Betrachtung der globalen Zusammenhänge genannt hatte. Demgegenüber wurde im 9. Bundestag lediglich die Frage der Freigabe des Schnellen Brüters SNR 300 behandelt.[111] Hier offenbart sich die institutionelle Begrenztheit der Enquête-Kommission als Einrichtung »im Vorfeld der parlamentarischen Willensbildung«, bei der es völlig im Belieben des Bundestages steht, »ob und in welcher Form es die von der Enquête-Kommissionen aufbereitete Thematik aufgreifen oder vernachlässigen will.«[112]

Als umweltrelevante Themen weiterer Enquête-Kommissionen sind die »Chancen und Risiken der Gentechnik« (1984-1989), »Technikfolgenabschätzung und -bewertung« (1985-

108 *P. Eickenboom*, Haushaltsausschuß und Haushaltsverfahren, in: Schneider/Zeh, S. 1183ff., 1209.

109 In der Darstellung von *G.A. Ritter*, Großforschung und Staat in Deutschland, 1992, taucht der Bundestag als konzeptioneller (Mit-)Akteur nicht auf; lediglich der Haushaltsausschuß wird im Zusammenhang mit Organisationsfragen der Großforschungseinrichtungen erwähnt, ebd. S. 79, 96 u. 105.

110 Zukünftige Kernenergie-Politik, Zur Sache 1/80 u. 2/80. – Dazu die Erläuterungen des Vorsitzenden der 1. Enquête-Kommission *Ueberhorst*, S. 356.

111 Zur Sache 2/83: Der »schnelle Brüter« in Kalkar.

112 BVerfGE 80, 188, 230.

1990), »Vorsorge zum Schutz der Erdatmosphäre« (1988-1990) sowie »Schutz des Menschen und der Umwelt« (1992-heute) zu nennen.

Das erst 1970 geschaffene Institut der Enquête-Kommission, die »zur Vorbereitung von Entscheidungen über umfangreiche und bedeutsame Sachkomplexe«(§ 56 GOBT) unter Beteiligung externer Sachverständiger eingesetzt werden kann, birgt aus mehreren Gründen gute Voraussetzungen für eine Einflußnahme des Parlaments auf die längerfristige Entwicklung der Umweltpolitik. Bei ihnen handelt es sich um »Orte institutionalisierter Kommunikation«[113] – einer Funktion, die wahrzunehmen den Parlamenten offensichtlich schwerfällt –, um »Wegmarken bei der Verwissenschaftlichung der Gesellschaft«, die vor allem für das Parlament die gerade im Bereich umweltpolitischer Ungewißheiten unentbehrliche Eröffnung von Lernchancen ermöglicht. Wenn gleichwohl den Enquête-Kommissionen bescheinigt wird, nur »sehr begrenzte(.) Erfolge im Bereich wissenschaftlicher Beratung der Politik« gezeigt zu haben und ihnen eher ein »hervorgehobene(r) Stellenwert für die symbolisch-rituelle Dimension politischen Handelns«[114] attestiert wird, so dürften hier die mit der Einbindung in den parlamentarischen Entscheidungsrahmen verbundenen Restriktionen verantwortlich sein. Hierzu gehört nicht nur das Vorherrschen eines anti-diskursiven, von *Ueberhorst* als »positionell« bezeichneten Politikstils,[115] das Denken in Status-quo-Orientierungen sowie der inkrementelle Stil politischer Entscheidungen,[116] sondern auch die erwähnte »Spaltung« des Parlaments in Regierung und Opposition, deren Rollen im Hinblick auf die Politik der Bundesregierung prinzipiell unterschiedlich sind.[117] Ob diese mit der Anbindung an den

113 *W. Hoffmann-Riem/U. Ramcke*, Enquête-Kommissionen, in: Schneider/Zeh, S. 1261 ff., 1285.

114 Ebd., S. 1289, 1287.

115 *Ueberhorst,* S. 356ff.

116 *Hoffmann-Riem/Ramcke* (Fn. 113), S. 1287.

117 Ähnlich die Skepsis von *K. Grimmer*, Aufgaben und Zuständigkeiten des Parlaments, in: Graf Westphalen, S. 171 ff., 203 u. *Engels* (Fn. 103), S. 233 ff. – Dieser Eindruck wird bestätigt durch die wiederholte Vorlage von Mehrheits- und Minderheitsberichten, so EK-Schutz der Erdatmosphäre, 2. Zwischenbericht: »Mobilität und Klima«, 1994, S. 253 ff., 296 ff., auch die Beratungen müssen sich wegen erheblicher Konflikte am Rande des Abbruchs bewegt haben;

Bundestag wohl zwangsläufigen Restriktionen durch Reformen z. B. die Stärkung von Minderheitenrechten und der Unabhängigkeit des Sachverstandes überwunden werden können, erscheint zweifelhaft.

Möglicherweise orientiert sich diese Einschätzung aber auch an einem zu engen, auf Umsetzung bedachten Modell wissenschaftlicher Politikberatung und läßt dabei wesentliche Chancen der Enquête-Kommission außer acht. So kommt eine andere durchaus plausible Analyse zu dem Schluß, daß sich das Institut »als ein sozietales Handlungssystem begreifen [läßt], das, bezogen auf die gesamtgesellschaftliche Ebene, den Versuch beinhaltet, das theoretische Konzept der Reflexion als Handlungsmaxime zu institutionalisieren«.[118] Daß derartige »sozusagen multifunktional verwendbare und zu interpretierende, sich dynamisch entwickelnde gesellschaftspolitische Vermittlungsinstanzen« gerade im Umweltrecht eine unentbehrliche Rolle als über das Parlament hinaus wirkende Foren eines längerfristigen Diskurses gewonnen haben, läßt sich aus den bisherigen Erfahrungen durchaus schließen.

EK-Technikfolgenabschätzung und -bewertung, BT/Drs. 11/4606, S. 14ff. – Positiver fiel demgegenüber die Arbeit der EK-Schutz der Erdatmosphäre in der 11. Legislaturperiode aus, deren Berichte national zur FCKW-Verordnung 1990 und international zur Verschärfung des Montrealer Protokolls auf der 2. Vertragsstaatenkonferenz im Juni 1990 führten.

118 *F. Hampel*, Politikberatung in der Bundesrepublik: Überlegungen am Beispiel von Enquête-Kommissionen, ZParl 1991, S. 111ff., 126. – Differenzierend auch *Wienholtz*, Verfassung, S. 119f., der zum einen auf »den Vorteil des außergewöhnlichen Aufmerksamkeitsgrades« verweist, den vor allem auch die Opposition nutzen könne, vor allem aber die vielfältigen Formen der Umsetzung der Ergebnisse einer Enquête-Kommission am Beispiel der EK- Gentechnologie hervorhebt: »Regelungen [für die Forschung] müssen zum Teil durch Gesetze, teilweise durch Vorgaben bei der Gewährung öffentlicher Fördermittel und entsprechende Selbstbindung der Wissenschaftsorganisationen, teilweise durch Konsensbildung in einer breiten, wichtige gesellschaftliche Gruppen einbeziehenden öffentlichen Diskussion erzielt werden.«

3. Exekutivische Umweltmitverantwortung

a. Die Organisation der administrativen Umweltverantwortung

aa. Die Herausbildung der Umweltverwaltung

Anders als beim Parlament, das seine Aufgaben – wenngleich mit der unverzichtbaren Vorarbeit der Ausschüsse – grundsätzlich im Plenum wahrnimmt, wird die Verwaltung generell monokratisch-hierarchisch, vertikal auf verschiedenen Ebenen und horizontal nach fachlichen Gesichtspunkten gegliedert, in einer Vielzahl von Behörden tätig. Damit macht sich auch die öffentliche Verwaltung – das frühere Kollegialprinzip überwindend – die besondere Leistungsfähigkeit der bürokratischen Verwaltungsorganisation zu eigen.[119] Die Wahrnehmung einer Aufgabe setzt voraus, daß eine Behörde für diese zuständig ist, und daraus ergibt sich umgekehrt, daß sich die Aufgaben der Verwaltung in deren Organisationsstruktur widerspiegeln. Das gilt selbstverständlich auch für den Umweltschutz als Staatsaufgabe. Deren »Entdekkung« Ende der 60er, Anfang der 70er Jahre mußte deshalb zwangsläufig zu organisatorischen Ausprägungen in der Verwaltungsorganisation führen. Dieser Prozeß lief in der Umweltpolitik nicht anders ab als in anderen Politikbereichen: Neu entdeckte gesellschaftliche Probleme[120] führen zu Erwartungen der Bürgerinnen und Bürger an den Staat; dieser ist zur Entwicklung und erst recht Implementation neuer Programme auf die Arbeit von Verwaltungseinheiten angewiesen; da hiermit bestehende Einheiten quantitativ und qualitativ überfordert sind, wird die Einrichtung neuer Behörden unausweichlich.[121] Das Problem ist damit in gewisser Weise bürokratisch eingehaust. Ob dieser Mechanismus des interventionistischen Sozial- wie auch Um-

119 *Weber*, S. 551 ff.

120 Zu der bislang ungeklärten Frage, wann und unter welchen Voraussetzungen ein bestehendes Problem zu einer politischen Frage wird, vgl. *M.A. Crenson*, The Un-Politics of Air Pollution, Baltimore/London, 1971.

121 *Steinberg*, Politik und Verwaltungsorganisation, S. 177 ff.

weltstaates heute zu einem Ende gekommen ist, mag an dieser Stelle dahinstehen.

Marksteine für die Herausbildung der Umweltverwaltung sind in den USA die Einrichtung des Council on Environmental Quality im Executive Office des amerikanischen Präsidenten durch den National Environmental Policy Act 1969 mit im wesentlichen beratenden und koordinierenden Kompetenzen sowie der Environmental Protection Agency (EPA) durch den Reorganization Plan No. 3 1970. Durch diese hatte Präsident Nixon wesentliche Teile der zahlreichen exekutiven Befugnisse des Bundes im Bereich des Umweltschutzes, deren Zuständigkeit bisher auf viele Behörden zersplittert war, in der damit größten independent agency unter der Leitung eines von dem Präsidenten einzusetzenden Administrators zusammengefaßt.[122] Ihre Bedeutung schwankte in der 25jährigen Geschichte, darin die wechselnde Rolle der Umweltpolitik widerspiegelnd; wiederholte Versuche, dem EPA Kabinettsrang zu verschaffen, sind bislang gescheitert.[123]

Die Organisation des Umweltschutzes in der Bundesrepublik Deutschland wird geprägt durch die gegenüber den Vereinigten Staaten vollständig andere Verteilung der Verwaltungskompetenzen. Während in den USA der Bund seine Umweltgesetze, durch die eher mehr Materien auf Bundesebene als in Deutschland geregelt werden, auch durch eigene Behörden ausführt, liegt der Vollzug der deutschen Bundesgesetze grundsätzlich bei den Ländern.[124] Wegen der hier bislang vielfach zersplitterten Verwaltungszuständigkeiten kommt deshalb eher auf der Ebene der Länder eine stärkere Bündelung in Betracht. Und hier muß zwischen der Ministerialebene und den nachgeordneten Behörden einschließlich der kommunalen Gebietskörperschaften unterschieden werden.

Das erste Umweltministerium auf Landesebene wurde 1970 in

122 Zur Entstehungsgeschichte beider Einrichtungen ebd., S. 153ff.; zu der Struktur der amerikanischen Ministerialverwaltung ebd., S. 107ff. – Zu EPA ferner *Landy/Roberts/Thomas*, passim; *Rosenbaum*, S. 143ff.

123 *Steinberg*, Politik und Verwaltungsorganisation, S. 167; *N. J. Vig*, Presidential Leadership and the Environment: From Reagan to Clinton, in: Vig/Kraft, S. 95ff., 109.

124 Zum Vergleich *Rose-Ackerman*, S. 85ff.

Bayern eingerichtet,[125] die anderen Länder folgten, wobei nicht nur die Zuordnung der umweltrechtlichen Materien, sondern auch der Zusammenschluß mit anderen nicht-umweltrechtlichen Bereichen höchst unterschiedlich verlief, und von mancherlei personellen und koalitionspolitischen Zufällen abhing. Im Kern läßt sich aber eine Zusammenfassung der Bereiche Immissionsschutz, Wasser und Abfall feststellen. Insbesondere die Zuständigkeit für den Naturschutz, aber auch die Reaktorsicherheit blieben oftmals in anderen Ressorts – der Naturschutz etwa beim Innenministerium[126] oder beim Landwirtschaftsministerium; die Reaktorsicherheit beim Wirtschaftsministerium, in einem Fall – in Schleswig-Holstein – seit 1993 gar beim Finanzministerium[127] oder aber aufgespalten für die Aufsicht – Umweltministerium – und die Genehmigung – Arbeits- und Sozialministerium (so in Baden-Württemberg).

Dieses buntscheckige Bild läßt schon das Dilemma erkennen, vor dem jede Organisation der Umweltverwaltung steht und das die Bundesregierung vor der Errichtung eines Bundesumweltministeriums lange zurückschrecken ließ, weil – so hieß es in dem Ersten Umweltprogramm der Bundesregierung vom 14. Oktober 1971

»die Struktur eines herkömmlichen Ministeriums in seinen bürokratischen Organisationsformen nicht flexibel genug auf die wechselnden Anforderungen der Umweltprobleme reagieren kann. Vor allem aber widerspricht die Einrichtung eines Einzelressorts im klassischen Stil dem Querschnittscharakter der Umweltfragen.«[128]

Auch der Präsident des Bundesrechnungshofes als Bundesbeauftragter für Wirtschaftlichkeit in der Verwaltung verwarf den Gedanken, alle umweltrelevanten Bundesaufgaben auf ein einzelnes Ressort zu übertragen, da häufig » die Bearbeitung des Umwelt-

125 Hierzu und zum Folgenden *M. Bothe*, Verwaltungsorganisation im Umweltschutz, 1986, S. 26ff.; *A. Dittmann*, Art. »Organisation der Umweltverwaltung«, in: HdUR II, 2. Aufl., 1994, Sp. 1560f.

126 So seit 1995 in Hessen; sehr krit. zu dem »wechselvolle(n) und verwirrende(n) Bild« der hessischen Umweltschutzorganisation *Rehbinder*, Umweltrecht, in: Staats- und Verwaltungsrecht in Hessen, hrsg. v. H. Meyer/M. Stolleis, 4. Aufl., 1996, S. 407.

127 Der frühere Sozialminister *Möller* hatte die Abteilung »Reaktorsicherheit« in sein neues Ressort »mitgenommen«.

128 BT/Drs. VI/2710, S. 570.

schutzes auf Ministerialebene in einem kaum zu lösenden Zusammenhang zu der jeweiligen Gesamtaufgabenstellung der einzelnen Bundesressorts [stehe], die eine organisatorische Herauslösung der Bearbeitung besonderer Umweltprobleme in einem hohem Maße unwirtschaftlich machten.«[129]

Der Errichtung des Bundesministeriums für Umweltrecht, Naturschutz und Reaktorsicherheit (BMU) im Juni 1986, wenige Wochen nach dem Reaktorunfall in Tschernobyl und wenige Monate vor der Bundestagswahl im Herbst, kam deshalb in erster Linie symbolische Bedeutung zu. Neben den bislang im Bundesinnenministerium angesiedelten Zuständigkeiten im Bereich des Umweltschutzes[130] kamen vor allem die Materien Naturschutz aus dem Landwirtschaftsministerium und das Chemikalienrecht aus dem Gesundheitsministerium hinzu. Eine ausschließliche Zuständigkeit für den Umweltschutz wurde damit aber nicht im BMU begründet und konnte auch nicht begründet werden. Wichtige umweltbezogene Aufgaben blieben in anderen Ressorts, so – ohne Anspruch auf Vollständigkeit[131] – die Raumplanung, die Planung von Verkehrsanlagen sowie das Verkehrsrecht, der Pflanzenschutz sowie das Düngemittelrecht; das Bergrecht und die Gewerbeordnung, die sektorale und regionale Strukturpolitik, die Energiepolitik und die Forschungsförderung, jetzt auch das Gentechnikrecht.

bb. Die Organisation der komplexen Fachaufgabe Umweltschutz

Die Schwierigkeit, ja Unmöglichkeit der Konzentration der umweltbezogenen Aktivitäten der Exekutive in einem Ressort – und das gleiche gilt auch für die nachgeordneten Verwaltungsebenen – liegt in deren Eigenart als komplexe Fachaufgabe.[132] Eine

129 Gutachtliche Stellungnahme zur Frage der Errichtung eines Bundesamtes für Umweltschutz, März 1972, S. 15 (nicht veröffentlicht). Vgl. ferner zur vor der Schaffung des Bundesumweltministeriums diesem eher ablehnend gegenüberstehenden politikwissenschaftlichen Debatte *E. Müller*, Innenwelt der Umweltpolitik, 1986, S. 521 ff., insb. 535 ff.

130 Umweltplanung und -koordinierung; Wasserwirtschaft; Abfallwirtschaft; Luftreinhaltung; Lärmbekämpfung; Reaktorsicherheit und Strahlenschutz.

131 Vgl. im einzelnen *Dittmann* (Fn. 125), Sp. 1551 f.

132 Dazu *Steinberg*, Abrüstungs- und Rüstungskontrollverwaltung, S. 72 ff.

solche zeichnet sich dadurch aus, daß sie sich dem Prinzip der Aufteilung auf abgegrenzte, zur selbständigen und eigenverantwortlichen Wahrnehmung geeignete Arbeitseinheiten sperrt. Bei ihr mißlingt die Deckung von Arbeitsteilung und organisatorischer Ausdifferenzierung. Statt dessen wird sie notwendigerweise von mehreren Arbeitseinheiten, Ressorts oder sonstigen Behörden wahrgenommen.

Diese Situation ist im Umweltschutz in zweifacher Weise gegeben: zum einen dadurch, daß sich die Aufgabe des Umweltschutzes nicht in der Wahrnehmung eindeutig umgrenzter Fachaufgaben erschöpft, sondern ihre Komplexität dadurch erhält, daß sie als »eine einheitliche Betrachtungsweise« die Umweltverträglichkeit öffentlicher Maßnahmen auch der anderen Politikbereiche sicherstellen soll.[133] Auch diese – die Landwirtschaftspolitik, die Verkehrspolitik, die Energiepolitik usw. – sind umweltgerecht auszugestalten, müssen also ihre Prägung erfahren durch die Aufgabe des Umweltschutzes. Besonders anschaulich kommt dieses Anliegen in der sog. umweltrechtlichen Querschnittsklausel des Art. 130r Abs. 2 S. 3 EGV, aber auch in der Schutzklausel des Art. 100a Abs. 3 EGV zum Ausdruck. Es ist offensichtlich, daß nicht alle Politikbereiche, die derartige Bezüge zum Umweltschutz aufweisen, gebündelt organisiert werden können.

Die Komplexität enthält die Administration des Umweltschutzes aber auch dort, wo diese sich scheinbar als einfache Fachaufgabe darstellt, die sich so beim Schutz eines Umweltmediums oder der Genehmigung eines Anlagentyps organisatorisch einer Behörde zuordnen läßt. Eine derartige Sicht verbietet sich nicht nur wegen der Vielzahl der höchst unterschiedlichen Emissionen, sondern vor allem auch wegen der Interdependenz der einzelnen Umweltmedien und des medienübergreifenden Charakters der Umwelteinwirkungen. Die administrative Behandlung der Umwelteinwirkungen entzieht sich der schlichten Einordnung in die Kästchen arbeitsteiliger Behördenzuständigkeiten. In den Umweltgesetzen kommt dieser Gesichtspunkt zunehmend zum Ausdruck durch die Verwendung von Begriffen wie »Naturhaus-

133 So bereits *J. Kölble*, Staatsaufgabe Umweltschutz: Rechtsformen und Umrisse eines neuen Politikbereichs, DÖV 1979, S. 477ff., 478.; *E. Schmidt-Aßmann*, Umweltschutz in der Raumplanung, DÖV 1979, S. 1ff., 2.

halt« (§§ 1 Abs. 1, 2 Abs. 1, 8 Abs. 1 BNatSchG; § 2 Nr. 6 PflSchG), Wechselwirkungen sowie Gesamtbewertung (§ 2 Abs. 1 S. 4 UVPG). Zwar ließe sich hier eher die Ressortierung in einer »Superbehörde« realisieren; doch stößt eine Zusammenfassung der Verwaltungszuständigkeiten für alle umweltrelevanten Emissionsquellen wie auch alle Umwelteinwirkungen auf erhebliche praktische Schwierigkeiten. Wenn zusätzlich noch sachliche Zusammenhänge, ja Überschneidungen – wie zwischen Störfallrecht und Arbeitsschutz – in die Betrachtung einbezogen werden, so werden die Probleme einer umfassenden Organisation der Umweltbelange noch deutlicher.

Der Frage, welche staatlichen Umweltschutzaktivitäten in einer Behörde konzentriert werden, welche hingegen mit anderen Verwaltungsaufgaben zusammengefaßt werden sollen, kommt nicht lediglich eine technische Bedeutung zu, sondern entscheidet mit über die Art und Weise der Aufgabenerledigung. Denn nicht nur die rechtsförmigen oder politischen Verwaltungsprogramme und das Verwaltungspersonal, sondern auch die Organisationsstruktur stellt einen der Faktoren dar, die die Ergebnisse des Verwaltungshandelns prägen. Durch sie werden die für die Tätigkeit des Personals wesentlichen Ziele, Anreizstrukturen, Handlungsroutinen sowie das organisatorische »Gedächtnis« vorgegeben, welche den Prozeß der Problemsuche und -definition, die Suche nach Lösungsalternativen und schließlich die Implementierung getroffener Entscheidungen bestimmen. Die Organisationsstruktur regelt ferner nicht nur die verwaltungsinterne Informationsverarbeitung, verteilt Autorität und Kontrollchancen, sondern bestimmt durch die Eröffnung von Außenkontakten die Zugangschancen der sozialen Umwelt.[134] Die Bedeutung der Organisation als Entscheidungsprämisse wird deshalb verkürzt, wenn ihr ausschließlich instrumentaler Charakter beigemessen und ihre Eigengesetzlichkeit als soziales System übersehen wird.

Nicht behauptet wird damit, daß es für die komplexe Staatsaufgabe Umweltschutz die »richtige« oder auch nur die optimale Organisation gäbe. An anderer Stelle hat der Verfasser begrün-

134 Eingehender *Steinberg*, Politik und Verwaltungsorganisation, S. 189ff.; *ders.*, Abrüstungs- und Rüstungskontrollverwaltung, S. 29ff.

det, warum die Entscheidung für eine bestimmte Verwaltungsorganisation letztlich eine politische Entscheidung darstellt, für die die Verwaltungswissenschaft – wie die Wissenschaft sonst auch bei politischen Entscheidungen – gewisse Kriterien oder die Vor- und Nachteile bestimmter Lösungen nennen[135], die Entscheidung jedoch nicht ersetzen kann.[136] Allerdings lassen sich aus der Staatszielbestimmung Umweltschutz nicht nur Anforderungen an das Verwaltungsverfahren (s.o. II. 5.), organisationstheoretisch gewendet also an die Ablauforganisation, herleiten, sondern auch an die Aufbauorganisation. Diese muß derart eingerichtet sein, daß es der Verwaltung möglich ist, Einwirkungen auf die Umweltbelange zu erkennen und zu bewerten und die sich hieraus ergebenden Schlußfolgerungen klar und deutlich in den Entscheidungsprozeß einfließen zu lassen. Schließlich müssen die Umweltschutzinteressen eine Durchsetzungschance gegenüber anderen kollidierenden Verwaltungsinteressen erhalten, wofür die Umweltschutzverwaltung über eine ausreichende Autorität verfügen muß. Daraus läßt sich aber nicht folgern, daß die umweltrechtliche Vollzugsverwaltung – ähnlich der Bundesbank[137] – unabhängig, nur dem Gesetz unterworfen organisiert wird. Denn in der Verfassung findet sich kein Hinweis darauf, daß die Verwaltung des Umweltschutzes außerhalb des normalen ressortgebundenen Verwaltungszuges eingerichtet sein muß. Und das bedeutet letztlich die Weisungsabhängigkeit von der Ressortleitung sowie die prinzipielle Gleichrangigkeit mit der Wahrnehmung der anderen Verwaltungsaufgaben.

Hierfür soll als Beispiel die zum 1. Oktober 1997 erfolgte

135 So wird etwa aus politologischer Sicht die Sonderbehördenverwaltung gegenüber der allgemeinen Verwaltung für vorzugswürdig erachtet; vgl. hierzu im einzelnen *G. Müller-Brandeck-Bocquet*, Die institutionelle Dimension der Umweltpolitik, 1996, S. 174ff.; eingehend zu den Organisationsproblemen der Umweltverwaltung *Lübbe-Wolff*, Modernisierung, S. 51ff.

136 Gesichtspunkte für die Ressortierung des Umweltschutzes auf der Ministerialebene bei *Steinberg*, Politik und Verwaltungsorganisation, S. 275f., 385 m. Fn. 266.

137 Auch bei der Bundesbank ließ sich dies bis zu der Änderung von Art. 88 GG 1992 mit guten Gründen bezweifeln, so AK-GG-*Faber*, 2. Aufl., 1989, Art. 88 Rn. 20ff. – Zu den Erscheinungsformen und rechtlichen Voraussetzungen verselbständigter Verwaltungseinheiten *H. Dreier*, Hierarchische Verwaltung, S. 247f., 272ff.

Neuordnung der hessischen Umweltschutzverwaltung unterhalb der Ebene der Obersten Landesbehörden erläutert werden.[138] Als deren Ausgangsprobleme lassen sich nennen: eine in der Historie begründete Vielzahl unterschiedlicher Behörden auf unterschiedlichen Verwaltungsebenen, die z. B. im Immissionsschutz für die Ausführung des BImSchG zuständig waren, eine Trennung von Fach- und Vollzugsbehörden (vor allem im Bereich des Wasserrechts) sowie von Genehmigungs- und Aufsichtsbehörden, ferner eine Trennung von Sonderbehörden (Bergämter und Staatliche Ämter für Immissions- und Strahlenschutz) und Behörden der allgemeinen Landesverwaltung (Regierungspräsidien), schließlich eine partielle Zuständigkeit auch der kommunalen Gebietskörperschaften (Landkreise, kreisfreie Städte) für bestimmte Aufgaben des Immissionsschutzes und der unteren Wasserbehörden. In dieser Situation äußerster Zersplitterung, als deren Folge Vollzugsprobleme nahezu zwangsläufig auftreten,[139] legte die Landesregierung 1996 einen Plan zu einer tiefgreifenden Reform vor, der in gewisser Weise einer Quadratur des Kreises glich: Er sah acht staatliche Umweltämter vor, die aber nicht als Sonderbehörden errichtet, sondern als Abteilungen in die Regierungspräsidien eingegliedert werden sollten. Die staatlichen Umweltämter wurden gebildet aus den bisherigen Umweltdezernaten der Regierungspräsidien, die für Immissionsschutz, Gentechnik, Wasserwirtschaft, Abfallbeseitigung und Altlasten zuständig waren, aus den acht Wasserwirtschaftsämtern, dem Oberbergamt mit drei Bergämtern sowie den fünf Staatlichen Ämtern für den Immissions- und Strahlenschutz. Für bestimmte Aufgaben wurde eine schwerpunktmäßige Zuständigkeit für das ganze Land und einzelne Regierungspräsidien vorgesehen. Anstelle von 20 Behörden sind damit drei Behörden, d. h. die Regierungspräsidien, an acht Standorten getreten.

Durch diesen Schritt werden die Zuständigkeiten für den Schutz des Bodens, des Wassers und der Luft im wesentlichen in eine Hand gelegt. Die Einordnung in die Regierungspräsidien erleichtert die notwendige Abstimmung mit den übrigen um-

138 Zur Ausgangslage *P. Kessler*, Der staatliche Umweltschutz als organisatorisches Problem, DÖV 1984, S. 285 ff., 289 ff.

139 S. die Begründung des Gesetzentwurfs zur Neuorganisation der hessischen Umweltverwaltung, Ziff. A.

weltrelevanten Verwaltungsbereichen (z.B. Landesplanung, Bauwesen und Naturschutz). Die regional klare Bündelung mit ihrer Zusammenfassung von Genehmigung und Aufsicht verstärkt die gebotene medienübergreifende Betrachtungs- und Arbeitsweise, erleichtert und beschleunigt den Umgang mit den »Kunden« – vor allem den Anlagenbetreibern – und gewährleistet – auch durch die Bildung von Schwerpunktzuständigkeiten – die erforderliche Fachkunde. Die Eingliederung in die allgemeine staatliche Verwaltung auf der mittleren Ebene schließlich schafft die wünschenswerte Distanz zur Politik und erschwert damit deren direkte Zugriffe auf die Entscheidungen, sichert aber auch ein gewisses Maß an Unabhängigkeit der in der Umweltschutzverwaltung gebündelten Interessen gegenüber dem direkten Zugriff entgegengesetzter gesellschaftlicher Interessen. Nicht ganz glücklich gelöst wurde die Organisation des Wasserschutzes. Hier blieben entgegen ursprünglichen Plänen auf der Ebene der Kreise und kreisfreien Städte die Unteren Wasserbehörden bestehen, die noch um technische Kompetenz aus den aufgelösten Wasserwirtschaftsämtern verstärkt wurden. Die dadurch entstandenen Abgrenzungsprobleme zwischen Oberer und Unterer Wasserbehörde sind noch nicht bewältigt. Im übrigen dürfte auf der kommunalen Ebene wegen deren symbiotischer Nähe zu mächtigen umweltgefährdenden Interessen (Investoren, Produzenten), aber auch als Träger von Projekten (öffentliche Einrichtungen wie Straßen oder Abfallentsorgungsanlagen) sowie der Bauleitplanung die Durchsetzungsfähigkeit der in aller Regel schwachen Umweltschutzinteressen[140] eher skeptisch einzuschätzen sein.[141]

Eine noch erheblich konsequentere Bündelung der administrativen Zuständigkeiten ist zum 1. Januar 1998 in Schleswig-Holstein erfolgt.[142] Die neu errichteten Umweltämter sind nicht nur medienübergreifend für Luft, Wasser und Abfall, sondern auch für den Naturschutz zuständig; dem Ziel »Ein

140 Anders *E. Schmidt-Aßmann*, Der Umweltschutz im Spannungsfeld zwischen Staat und Selbstverwaltung, NVwZ 1986, S. 265 ff., 267.

141 So auch *Kessler*, DÖV 1984, S. 275 ff., 292, unter Berufung auf *Mayntz et al.*, Vollzugsprobleme der Umweltpolitik, 1978, S. 48; *Lübbe-Wolff*, Modernisierung, S. 56ff.

142 Verordnung v. 2.12.1997 über die Errichtung von Staatlichen Umweltämtern und zur Änderung von Rechtsvorschriften, GVBl. 1997, 478.

Betrieb – eine Behörde« widerspricht lediglich noch die Ausgliederung des Arbeitsschutzes. Demgegenüber sind ähnliche Vorstellungen des Umweltministeriums in Baden-Württemberg zur Errichtung von integrierten staatlichen Umweltfachämtern weitgehend gescheitert. Mit der Zerschlagung und weitgehenden Kommunalisierung der staatlichen Ämter für Wasserwirtschaft und Bodenschutz und durch weitere organisatorische Maßnahmen in der Gewässerschutzverwaltung nach der Regierungsneubildung 1996 wurde – so der Organisationsreferent im Umweltministerium – »die Entstehung von (vollends) ineffizienten Organisationsstrukturen«[143] erreicht. Offensichtlich ist die Funktionsfähigkeit der Umweltverwaltung anderen Zielen geopfert worden.

Die staatliche Verwaltung ist im Umweltschutz in hohem Maße auf wissenschaftlich-technischen Sachverstand angewiesen. Um nicht vollständig auf externe Beratung (s. u. d.) angewiesen zu sein, hat sie deshalb diesen in erheblichem Maße in besonderen Behörden oder staatlichen Forschungseinrichtungen etabliert. Derartige Einrichtungen finden sich auf Bundes- und auf Landesebene. Dort sind – ohne Anspruch auf Vollständigkeit[144] – zu nennen: das Umweltbundesamt, das Bundesamt für den Naturschutz, die Physikalisch-Technische Bundesanstalt, die Bundesanstalt für Materialprüfung, die Bundesanstalt für Gewässerkunde, das Robert-Koch-Institut und das Bundesamt für Strahlenschutz. Nur ausnahmsweise können diese Einrichtungen Vollzugskompetenzen besitzen, und in Einzelfällen dürfte auch die bundesstaatliche Grenze überschritten sein.[145] In geringerer Zahl finden sich derartige Einrichtungen auch auf Landesebene, so in den Landesanstalten für Umweltschutz.[146]

143 *G. Hahn*, Eine Fachverwaltung zwischen Neuordnung und Auflösung, Baden-Württembergische Verwaltungspraxis 1995, S. 197ff., 223ff., 225.

144 Vgl. ferner *Bender/Sparwasser/Engel*, Kap. 1/Rn. 88ff.; *Hoppe/Beckmann*, § 16 Rn. 7ff.

145 So bei der Zuständigkeit des Bundesamtes für Strahlenschutz für die Genehmigung von Zwischenlagern nach § 23 Abs. 1 Nr. 4 i.V.m. § 6 Abs. 3 AtG, dazu *R. Steinberg*, Verfassungsrechtliche Fragen einer Reform des Atomgesetzes, insbesondere der Verteilung der Verwaltungskompetenzen im Bundesstaat, in: *Lukes/Birkhofer*, Neuntes Deutsches Atomrechts-Symposium, S. 67ff., 71.

146 Vgl. die Übersicht bei *Bothe* (Fn. 125), S. 21ff.

cc. Die Koordination der Umweltschutzbelange

Die zwangsläufige organisatorische Ausdifferenzierung der mit Umweltbelangen befaßten staatlichen Behörden zwingt zu organisatorischen und verfahrensmäßigen Vorkehrungen, mittels derer eine Zusammenführung der unterschiedlichen sektoralen und sonstwie partiellen Betrachtungen erreicht werden soll. Da die komplexe Fachaufgabe Umweltschutz immer nur teilweise in einer einzelnen Organisation abgebildet werden kann, bedarf es eines »Prozeß- und Kontextmanagements«,[147] mit dessen Hilfe durch die Organisation von Lernprozessen eine dem Problem entsprechende Koordination und Gesamtverantwortung angestrebt wird.[148] Doch so unentbehrlich und nützlich derartige Vorkehrungen auch sein mögen, eine wirkliche Gesamtschau der Umwelt wie auch eine Umweltpolitik und -verwaltung »aus einem Guß« wird sich wegen der administrativen Einbindungen in andere Politik- und Verwaltungsbereiche kaum verwirklichen lassen. Zu den koordinierenden Einrichtungen auf Bundesebene zählen der Kabinettsausschuß für Umweltfragen, auf der föderalen Ebene die zahlreichen Bund-Länder-Arbeitsgruppen (z. B. LAI, LAWA, Bund-Länder-Ausschuß für Reaktorsicherheit), die in der Funktion der Vorbereitung von Maßnahmen des Bundes, aber auch der Selbstkoordination der Länder eine kaum zu überschätzende Bedeutung besitzen. Allerdings verhindert deren medienbezogene Arbeit die Behandlung von übergreifenden Problemen des Umweltschutzes, für die ursprünglich der Abteilungsleiterausschuß für Umweltfragen vorgesehen war, der aber wohl seit vielen Jahren nicht mehr zusammengetreten ist. Eine verfahrensmäßige Koordination soll erreicht werden durch Beteiligungsrechte (vgl. § 7 UVPG; § 3 Abs. 2 BNatSchG; § 10 Abs. 5 BImSchG; § 73 Abs. 3 VwVfG); hierüber hinausgehend wird eine Zuständigkeitskonzentration für die Entscheidung einer be-

147 *H. Hill*, Optimierung der Organisation kommunaler Verwaltung im Hinblick auf die Sachaufgabe Umweltschutz, Die Verwaltung 21 (1988), S. 175 ff., 181.

148 Ebd., S. 177, 182 f. – Zur Organisation der Anlagenzulassung als kooperativem Lernprozeß *R. Steinberg et al.*, Genehmigungsverfahren für gewerbliche Investitionsvorhaben in Deutschland und ausgewählten Ländern Europas, 1995, S. 26 ff.

stimmten Frage, z.B. die Zulassung einer Anlage, durch die formelle Konzentrationswirkung im Planfeststellungsrecht,[149] abgeschwächt durch das Institut der »federführenden Behörde« im Rahmen der Umweltverträglichkeitsprüfung (§ 14 UVPG), erreicht.[150]

Es fragt sich, ob sich durch organisatorische oder verfahrensmäßige Vorkehrungen die Durchsetzungschance für die Umweltbelange in der Verwaltung verbessern läßt. Dabei wird davon ausgegangen, daß es sich bei den Umweltschutzinteressen um relativ, d.h. im Vergleich zu kollidierenden administrativen Interessen, strukturell schwache öffentliche Interessen handelt.[151]

So sollte dem für den Umweltschutz zuständigen Minister bei Umweltschutzmaßnahmen ein suspensives Widerspruchsrecht gegen umweltbelastende Maßnahmen anderer Ressorts eingeräumt werden. Ein derartiges Instrument, für das es Vorbilder für den Finanzminister und den Justizminster in § 26 GOBReg gibt, vermöchte die Wahrnehmung der komplexen Fachaufgabe Umweltschutz sicherzustellen. Es widerspricht nicht dem richtig verstandenen Ressortgrundsatz und aktiviert das konsensbildende Kabinettsprinzip des Art. 65 S. 3 GG.[152]

Auf nachgeordneter Verwaltungsebene ließe sich die Stärkung der Umweltverwaltung dadurch erreichen, daß die Beteiligungsrechte der Umweltschutzbehörden in Form von Einvernehmens- oder Zustimmungsvorbehalten ausgestaltet sind (z.B. § 7 Abs. 1 HNatSchG). Bei Meinungsverschiedenheiten entscheidet dann die gemeinsame nächsthöhere Verwaltungsbehörde, letztendlich das Kabinett. Die Kosten dieses Verfahrens liegen in einem unter

149 *Steinberg*, Fachplanung, § 3 Rn. 143 ff.

150 Krit. *R. Steinberg*, Bemerkungen zum Entwurf eines Bundesgesetzes über die Umweltverträglichkeitsprüfung, DVBl. 1988, S. 995 ff., 999 f. – Jetzt verpflichtet Art. 7 IVU-RL die Mitgliedstaaten auf eine »vollständige Koordinierung des Genehmigungsverfahrens und der Genehmigungsauflagen«, dazu *Steinberg/Koepfer*, S. 975 f..

151 Dazu *R. Steinberg*, Pluralismus und öffentliches Interesse als Problem der amerikanischen und deutschen Verbandslehre, AöR 96 (1971), S. 465 ff., 495, 505, unter Berufung auf die »Nebenprodukt«-Theorie von Mancur Olson jr.; anders *Schmidt-Aßmann*, (Fn. 140), S. 267.

152 *Steinberg*, Abrüstungs- und Rüstungskontrollverwaltung, S. 89 ff., mit umf. Nachw.; vgl. auch *Kloepfer*, Umweltrecht, § 2 Rn. 65, der zu Recht ein absolutes Vetorecht des Umweltministers für unzulässig hält.

Umständen empfindlichen Zeitverlust, der angesichts des Bemühens um Beschleunigung behördlicher Umweltschutzentscheidungen kaum mehr hingenommen werden wird. Die Einvernehmenslösung verfängt ohnehin nicht bei Zulassungsentscheidungen mit formeller Konzentrationswirkung wie im Planfeststellungsrecht[153] oder – jedenfalls teilweise – bei der immissionsschutzrechtlichen Genehmigung (§ 13 BImSchG). Hier bleibt es bei bloßen Anhörungsrechten.

b. Die Setzung von Umweltstandards durch die Exekutive

aa. Erscheinungsformen

Die erforderliche Konkretisierung der jeweils anzuwendenden unbestimmten Rechtsbegriffe kann entweder konkret-individuell (z. B. durch eine Genehmigung, nachträgliche Anordnung oder Aufsichtsmaßnahme) oder abstrakt-generell erfolgen.[154] Von besonderer praktischer Bedeutung ist die abstrakt-generelle Konkretisierung durch Umweltstandards. Diese sind generelle, sachliche Anforderungen an umweltrelevante Anlagen, aber auch an Produkte und Handlungen.[155] Handelt es sich um zahlenmäßig fixierte Anforderungen, die die unbestimmten Rechtsbegriffe in meßbare Größen umsetzen, so spricht man auch von Grenzwerten. Es kann sich bei ihnen um verbindliche Zielvorgaben oder aber auch um bloße Orientierungswerte handeln. Umweltstandards können aber auch Vorgaben hinsichtlich bestimmter Produktionsverfahren, Einrichtungen oder Schutzvorkehrungen ent-

153 Zu der Kontroverse um § 14 Abs. 3 WHG *Steinberg*, Fachplanung, § 3 Rn. 144f.; aus diesen Gründen dürfte auch § 7 Abs. 2 S. 3 HNatSchG jedenfalls mit bundesrechtlichen Planfeststellungsvorschriften unvereinbar sein; demgegenüber dürfte diese Norm dem landesrechtlichen Planfeststellungsrecht, vor allem § 73 Abs. 2 HVwVfG nach der lex posterior-Regel vorgehen, was man aus der Sicht der Systematik des Fachplanungsrechts bedauern mag.

154 *W. Hoppe/W. Appold*, Umweltverträglichkeitsprüfung – Bewertung und Standards aus rechtlicher Sicht, DVBl. 1991, S. 1221ff., 1223.

155 Zur Definition des Begriffes »Umweltstandard« etwa *Hoppe/Beckmann*, § 3 Rn. 3; *Jarass*, HdUR II, Sp. 2413f.; ferner auch zum folgenden *Lamb*, S. 27ff.

halten.[156] Je nach dem Zweck der gesetzlichen Vorschriften, deren Ausfüllung die Standards dienen, sind Schutz- und Vorsorgestandards zu unterscheiden; erstere bezwecken die Gefahrenabwehr, letztere eine darüber hinausgehende Vorsorge.[157] Immer häufiger werden Umweltstandards im europäischen Gemeinschaftsrecht festgesetzt.[158] Deren besonderen Probleme müssen hier jedoch trotz mancher sachlichen Parallelität angesichts der institutionellen Besonderheiten der Gemeinschaft außeracht bleiben.[159]

Zahlreiche Gesetze enthalten Ermächtigungen zum Erlaß von Rechtsverordnungen und/oder Verwaltungsvorschriften, die dann Grenzwerte oder andere Standards festschreiben können. Weiter gibt es Umweltstandards, die, von ausdrücklich eingerichteten oder faktisch anerkannten Gremien erarbeitet, lediglich durch ministerielles Rundschreiben mit der Bitte um Beachtung oder auf ähnliche Weise eingeführt werden, ohne aber förmlich als die nachgeordneten Behörden bindende Verwaltungsvorschriften erlassen zu werden.[160] Diese Standards – die uns im Atomrecht bereits als Richtlinien begegnet sind (s. o. 1. a.), sich in ähnlicher Form aber auch im Arbeitsstoffrecht finden – stellen keine allgemeinen Verwaltungsvorschriften im technischen Sinne der Art. 84 Abs. 2, Art. 85 Abs. 2 GG dar.[161] Soweit es an einer

156 Vgl. etwa SRU, Umweltgutachten 1987, Tz. 98.

157 *Hoppe/Beckmann*, § 3 Rn. 4f.; *Jarass*, HdUR II, Sp. 2415. Auch §§ 145ff. des UGB-AT-E differenzieren zwischen Standards zum Schutz gegen Umweltgefahren und solchen zur Vorsorge gegen Umweltrisiken. Eine hiervon abweichende Terminologie findet sich bei *H.-W. Rengeling*, Der Stand der Technik bei der Genehmigung umweltgefährdender Anlagen, 1985, S. 39f., der Wirkungsstandards, technische Standards und Vorsorgestandards unterscheidet. – Das BVerwG, DÖV 1996, 514, hat die Grenzwertempfehlungen der IPRA zu elektromagnetischen Feldern einer Bahnstromleitung als »in den Vorsorgebereich« hineinreichend gekennzeichnet.

158 *H.D. Jarass/L.F. Neumann*, Umweltschutz und Europäische Gemeinschaften, 2. Aufl., 1994.

159 Vgl. etwa *J. Niederbacher*, Das Recht der Technik in der Europäischen Integration, Zürich 1991; *G. Breulmann*, Normung und Rechtsangleichung in der Europäischen Wirtschaftsgemeinschaft, 1993.

160 Zu dieser Gruppe von Umweltstandards *Lübbe-Wolff*, ZG 1991, S. 224ff.

161 *Ossenbühl*, HdBStR III, § 65 Rn. 9 m.w.N. Bei einer an den »klassischen« Regelungsformen orientierten Darstellung der Umweltstandards bleibt diese Gruppe daher auch regelmäßig außer Betracht.

Ermächtigung zum Erlaß einer Verordnung fehlt, die Exekutive von vorhandenen Ermächtigungen keinen Gebrauch gemacht hat und auch eine Verwaltungsvorschrift nicht erlassen wurde, werden die unbestimmten Gesetzesbegriffe häufig auch durch Zuziehung technischer Regelwerke konkretisiert, die von privaten Einrichtungen erarbeitet worden sind.[162]

Umweltstandards können also als Rechtsverordnung, als förmlich erlassene oder nichtförmlich eingeführte verwaltungsinterne Regelungen oder schließlich als private Regelwerke ergehen. Diese Rechtsformen treten oft auch kombiniert auf.[163] Häufigster Fall ist die weitere Konkretisierung von Rechtsverordnungen oder Verwaltungsvorschriften durch nachgeordnete Regelwerke[164], insbesondere auch durch die Rezeption privatverbandlicher Normen.[165]

Neben ihrer Funktion, unbestimmte Rechtsbegriffe zu konkretisieren und dadurch praktisch handhabbar zu machen (Operationalisierungsfunktion), wirken Umweltstandards auch generalisierend, indem sie nicht jeden denkbaren Sonderfall berücksichtigen (Standardisierungsfunktion).[166] Das Bundesverwaltungsgericht hält aus diesem Grunde die Setzung von Standards für rechtlich geboten: Die unbestimmten Rechtsbegriffe des »Stands von Wissenschaft und Technik« bedürften einer Konkretisierung »durch generelle, dem gleichmäßigen und berechenbaren Grenzvollzug dienende Standards«.[167] Die Standards dienen also in zweifacher Hinsicht der Vereinfachung. Gleichzeitig vermögen sie die Dauer der Zulassungsverfahren zu verkürzen

162 Die wichtigsten Träger privater Normung sind das Deutsche Institut für Normung e.V. (DIN), der Verband Deutscher Elektrotechniker e.V. (VDE), der Verband Deutscher Ingenieure e.V. (VDI) und der Deutsche Verein des Gas- und Wasserfachs e.V. (DVGW); dazu *Müller-Foell*, S. 60ff.

163 *Lübbe-Wolff*, ZG 1991, S. 226f.

164 So wird in den Anlagen 1 und 2 zu § 3 der Verkehrslärmschutzverordnung auf die ministeriellen Richtlinien »RLS 90« und »Schall 03« verwiesen.

165 Beispielsweise verweist die TA Lärm vielfach auf DIN-Normen; zur Rezeption technischer Regelwerke noch unten *ee*.

166 *Hoppe/Beckmann*, § 3 Rn. 3; Jarass, HdUR II, Sp. 2414.

167 BVerwG, B. v. 21.3.1996, UPR 1996, 306, zur Konkretisierung des »Standes der Technik« i.S. von § 5 Abs. 1 Nr. 2 BImSchG durch die TA-Luft und jetzt zur Abgrenzung zwischen Schadensvorsorge und Restrisiko bei der Störfallvorsorge durch die StrSchV BVerwG, Urt.v. 22.1.1997, DVBl. 1997, 719, 722. – Ähnlich schon früher zum Lärmschutz BVerfGE 79, 174, 193f.

und die behördliche Entscheidung vorhersehbarer zu machen.[168] Umweltstandards bedeuten insofern nicht nur eine Arbeitsvereinfachung für die Behörden, sondern liegen auch im Interesse der Vorhabenträger wie auch der Drittbetroffenen.[169] In der Praxis geht es dann häufig sogar nur noch darum, ob die maßgeblichen Grenzwerte eingehalten sind, während der anzuwendende Gesetzestatbestand und die Frage, wer die Werte in welchem Verfahren festgelegt hat, völlig in den Hintergrund treten.[170] Das Verschwinden der Anforderungen des Gesetzes hinter den Standards birgt erhebliche Gefahren, da sich oftmals die Schutzkonzepte der Standards verselbständigen und nicht mehr als Konkretisierung des gesetzlichen Schutzkonzeptes erkennbar sind.[171]

bb. Probleme

Neben den offensichtlichen Vorzügen der abstrakt-generellen Konkretisierung unbestimmter Gesetzesbegriffe lassen sich jedoch auch Probleme und Dysfunktionen der Festsetzung und Anwendung von Umweltstandards ausmachen.

So muß die Festsetzung der Grenzwerte oft aufgrund unvollständiger Informationen erfolgen. Diese Problematik taucht etwa immer dann auf, wenn es um die Übertragbarkeit von in Tierversuchen gewonnenen Erkenntnissen auf den Menschen geht.[172] Darüber hinaus gilt aber ganz allgemein, daß wegen der Komplexität und Vielfalt der Faktoren es so gut wie ausgeschlossen ist, nach allen denkbaren Wirkungen einer Immission zu forschen.[173] Häufig ist auch der Schadensbegriff selbst unklar.[174] Die Grenzwertsetzung ist infolgedessen regelmäßig allenfalls

168 *Hoppe/Appold* (Fn. 154), S. 1223 f.; *R. Steinberg*, NVwZ 1995, S. 212, 216.

169 *Jarass*, HdUR II, Sp. 2414.

170 So für das Immissionsschutzrecht *Hansmann*, Immissionsgrenzwerte, S. 285 f.

171 So deutlich für die kerntechnischen Schutzkonzepte *Stötzel*, S. 357 f.; vgl. auch *Böhm*, S. 178 f.

172 Vgl. das Formaldehyd-Beispiel bei *v. Lersner*, S. 194; außerdem SRU, Umweltgutachten 1987, Tz. 1633 ff., insbes. 1636; *Winter*, S. 10; auch zum folgenden *Lamb*, S. 29 ff.; s. auch o. I. 2. c.

173 *Hansmann*, Immissionsgrenzwerte, S. 290 (»Die menschliche Erkenntnis über Wirkungen von Immissionen wird deshalb immer lückenhaft bleiben.«).

174 Vgl. das Beispiel der Waldschäden bei SRU, Umweltgutachten 1987, Tz. 29.

teilweise wissenschaftlich begründbar; immer ist die naturwissenschaftliche Argumentation mit mehr oder weniger großen Unschärfen behaftet.[175]

Diese »kognitiven Unsicherheiten« führen dazu, daß die jeweils festgesetzten Grenzwerte so gut wie nie ganz unumstritten sind[176] und letztlich nicht rationale Argumente entscheiden, sondern persönliche Glaubwürdigkeit und Überzeugungskraft eines oder einiger der beteiligten Experten.[177] Hier stellt sich in der Tat »die Frage nach den Grenzen der Wissenschaftlichkeit und dem Anteil von Vermutungen und Annahmen«.[178]

Die Anwendung der Zahlenwerte im Einzelfall hängt sodann entscheidend vom jeweiligen Meßverfahren ab. Bei der Messung von Lärmemissionen können beispielsweise je nach Anordnung der Meßpunkte (Abstand von der Geräuschquelle, Höhe über dem Boden), der Dauer der Messung und dem eingesetzten Meßgerät völlig verschiedene Ergebnisse erzielt werden. Viele Umweltstandards regeln aus diesem Grund auch das Meß- und Beurteilungsverfahren[179] oder verweisen – wie etwa § 4 Abs. 4 der 22. BImSchV – auf die Analyse-Referenzmethode der EG-Richtlinie 92/72/EWG.[180] Es ist aber kaum möglich, das jeweilige Meßverfahren so auszugestalten, daß es alle möglichen Belastungen berücksichtigt und gleichzeitig praktikabel bleibt;[181] die Operationalisierungs- und Standardisierungsfunktion der zahlenmäßig fixierten Umweltstandards ginge bei einem allzu ausdifferenzierten Meßverfahren wieder verloren.

Eine weitere den Umweltstandards immanente Schwäche ist deren Beschränkung auf einzelne Schadensquellen, hier wiederum auf meßbare Aspekte. Um es anhand der Lärmimmissionen zu verdeutlichen: Geräusche verschiedener Quellen können ebenso zusammentreffen wie Lärmeinwirkungen mit anderen

175 Vgl. *Mayntz,* S. 143 f.; *Winter,* S. 9 ff.

176 SRU, Umweltgutachten 1987, Tz. 30.

177 *Mayntz,* S. 144.

178 *Winter,* S. 14.

179 Zu § 3 der Verkehrslärmschutzverordnung (16. BImSchV) i.V.m. Anlagen 1 und 2 BVerwGE 101, 1, 4.

180 Auch § 40a Abs. 2 S. 2 BImSchG nimmt diesen Verweis vor; vgl. zu der aus den unterschiedlichen Meßmethoden resultierenden beschränkten Vergleichbarkeit am Beispiel der Ozonmessung *Kutscheidt* (Fn. 46), S. 3154 f.

181 *Hansmann,* S. 292 f. mit Fn. 35.

Immissionen (Gerüche, Luftverschmutzung etc.); dabei kann es jeweils zu Kombinations- und Wechselwirkungen kommen.[182] Auch macht nicht die bloße Lautstärke den Schall zum Lärm, sondern der Umstand, daß der Schall im Einzelfall stört oder schädigt,[183] was von verschiedenen Faktoren wie Auffälligkeit, Informationsgehalt, Impulshaltigkeit, Gewöhnung oder subjektiver Einstellung zur Lärmquelle abhängt.[184] All diese eher qualitativen Aspekte lassen sich kaum oder gar nicht messen, sie erfordern vielmehr eine Bewertung.[185] Umweltstandards, denen ausschließlich das Leitbild einer exakten (meßbaren) Dosis-Wirkung -Gesetz-mäßigkeit zugrunde läge, die also nicht ihrerseits der »Möglichkeit situativer und sozial-psychischer Merkmale« angemessen Rechnung tragen, verfehlten in solchen Fällen die gesetzgeberische Intention.[186]

Das Erfordernis einer politisch-wertenden Entscheidung wird durch andere Probleme noch verstärkt. So erfordert die Setzung von Umweltstandards zunächst immer die Entscheidung, ob eine einzig auf ein Nullrisiko für die Umwelt zielende Maximalstrategie oder eine weitere Kriterien hinzuziehende Optimierungsstrategie verfolgt werden soll. Die Verfolgung einer Maximalstrategie ist in der Praxis in aller Regel mit Schwierigkeiten behaftet, sei es, weil die fortschreitenden analytischen Fähigkeiten den Grenzwert »0« unerreichbar werden lassen,[187] sei es, weil die Forderung, bestimmte Emissionen ganz zu unterlassen, zur Aufgabe von Produkten und Tätigkeiten zwänge, die grundsätzlich nützlich und erwünscht sind,[188] oder sei es schließlich, weil sich

182 *Hansmann*, S. 292.

183 Vgl. Nr. 2.11 der TA Lärm: »Lärm ist Schall (Geräusch), der Nachbarn oder Dritte stören (gefährden, erheblich benachteiligen oder erheblich belästigen) kann oder stören würde.«

184 *Hansmann*, S. 291; *D. Krane*, Art. »Lärmbekämpfung«, HdUR I, 2. Aufl., 1994, Sp. 1302; zur Sozialadäquanz von Lärm auch *R. Steinberg*, Das Nachbarrecht der öffentlichen Anlagen, 1988, S. 28ff. – Siehe im übrigen die in BVerwGE 84, 31, 41, genannten Faktoren. – Zum Sportlärm jetzt die 18. BImSchV v. 18.7.1991, BGBl. I, S. 1588; zum Verkehrslärm die 16. BImSchV v. 12.6.1990, BGBl. I, S. 1036; zu dem dort in § 3 vorgesehenen »Schienenbonus« jetzt BVerwG, Urt. v. 5.3.1997, NVwZ-RR 1997, 606.

185 BVerwGE 84, 31, 40; *Berkemann*, S. 76.

186 *Berkemann*, S. 76.

187 *von Lersner*, S. 195; SRU, Umweltgutachten 1987, Tz. 1617.

188 Zu diesem Aspekt SRU, Umweltgutachten 1987, Tz. 1616.

der in Rede stehende Schadstoff nur um den Preis des Anfallens eines anderen Schadstoffes reduzieren oder vermeiden läßt.

Wählt man deshalb eine Optimierungsstrategie, so kommen zum Ziel des Umweltschutzes weitere Kriterien hinzu. Zu diesen zusätzlichen Kriterien gehören vor allem Kostenaspekte, aber auch Gesichtspunkte wie die technische Realisierbarkeit sowie die Flexibilität des Grenzwertes.[189]

Die Berücksichtigung dieser verschiedenen, oft konfligierenden Kriterien erfordert Abwägungen und Bewertungen, in die verschiedene Werturteile und Interessen eingehen.[190] Am Ende dieses Bewertungsvorganges steht regelmäßig ein Kompromiß.[191] Die Standardsetzung unterliegt – wie nicht anders zu erwarten – denselben Bedingungen wie jede Risikoentscheidung (s.o. II. 3. u. 5.). Aber auch schon die vorherige Weichenstellung zur Optimierungsstrategie läßt sich nicht wissenschaftlich, sondern nur politisch begründen.[192] Umweltstandards haben somit eine Doppelnatur: Neben die sachverständige Aussage tritt die wertende Entscheidung. Wohl jeder Standard weist, bei allerdings unterschiedlicher Gewichtung, beide Elemente auf.[193]

cc. Verfahren

Über diese Eigenarten und Probleme der Umweltstandards und auch über die Stoßrichtung der sich daraus ergebenden Konsequenzen besteht in der Literatur weitgehende Übereinstimmung. Wichtige Anregungen dazu hat die Betrachtung der amerikani-

189 *Mayntz*, S. 143. Speziell zu Anwendbarkeitsgesichtspunkten *Hansmann*, S. 299f.

190 Vgl. etwa *Lübbe-Wolff*, ZG 1991, S. 236.

191 *Hansmann*, S. 298; SRU, Umweltgutachten 1987, Tz. 1616, 1618.

192 *Mayntz*, S. 142. – Zu den wertenden Elementen technischer Regeln auch *G. Feldhaus*, Zum Inhalt und zur Anwendung des Standes der Technik im Immissionsschutzrecht, DVBl. 1981, S. 165ff., 169f.; vgl. auch *H.-J. Papier*, Rechtskontrolle technischer Großprojekte, 11. Bitburger Gespräche, Jb 1981, S. 91ff.; *H. Hofmann*, Der Einfluß der Großtechnik auf Verwaltungs- und Prozeßrecht, UPR 1984, S. 73ff., 78, *Nolte* (Fn. 8), S. 101, 108; *H.D. Jarass*, Der rechtliche Stellenwert technischer und wissenschaftlicher Standards, NJW 1987, S. 1225ff.

193 *Hoppe/Beckmann*, § 3 Rn. 6f.; *Jarass*, HdUR II, Sp. 2416; *Lübbe-Wolff*, ZG 1991, S. 235 m.w.N. Ob generell »bei Grenzwertfixierungen [...] der pragmatisch-konventionelle Charakter den kognitiven übersteigt« (so *von Lersner*, S. 195), sei dahingestellt.

schen Praxis des rulemaking geliefert.[194] Besonders wichtig ist die Betonung des Verfahrens der Standardsetzung: Je größer die Ungewißheit über Voraussetzungen und Folgen einer Entscheidung ist, desto bedeutsamer wird das Verfahren, in dem die Entscheidung zustande kommt. Die Ausgestaltung des Verfahrens beeinflußt zum einen die Autorität des Standards, was sich in Akzeptanz und Grad der Befolgung niederschlägt.[195] Darüber hinaus geht es aber auch darum, bei aller Unsicherheit der wissenschaftlichen Aussage wenigstens fahrlässige Irrtümer und Fehlgewichtungen zu vermeiden;[196] die Legitimation von Grenzwerten, heißt es, liege im Verfahren, nicht im Ergebnis.[197] Allerdings darf dabei nicht der gesetzliche Rahmen verkannt werden, der durch die Standards konkretisiert werden soll.

Daraus ergibt sich die Forderung, daß die Standardsetzung nicht der Verwaltung allein im vertraulichen Austausch mit einzelnen Sachverständigen und interessierten Kreisen überlassen werden darf. Ohne die demokratische Legitimation der Verwaltung leugnen zu wollen, reicht diese nicht aus, um den Standards die notwendige Akzeptanz vor allem in dem einzelnen Genehmigungs- oder Aufsichtsverfahren zu sichern, deretwillen sie geschaffen werden. Die fehlende parlamentarische Legitimation muß deshalb jedenfalls zu einem guten Stück kompensiert werden durch eine Öffnung des Verfahrens: eine umfangreichere Partizipationsmöglichkeit für ein breites Spektrum von Wissenschaftlern unter Einschluß der Vertreter von Mindermeinungen (s. u. d.aa.) sowie für nicht-wirtschaftlich orientierte Interessen, vor allem von Umweltverbänden; Herstellung von Öffentlichkeit durch Publikation von Entwürfen, Gelegenheit zur Stellungnahme und öffentliche Anhörungen;[198] Offenlegung der Entscheidungsprämissen im naturwissenschaftlich-technischen Bereich z. B. durch die Dokumentation des vorhandenen Wissens, des Entscheidungsprozesses, der Verfahrensgrundsätze, aber auch der Wertungen und Abwägungsgesichtspunkte in der Be-

194 *Rose-Ackerman*, S. 244ff.; *Böhm*, S. 199ff.

195 Dazu etwa *Hansmann*, S. 301; SRU, Umweltgutachten 1987, Tz. 113f.

196 Zu diesem Aspekt beispielsweise *Mayntz*, S. 137ff.

197 *von Lersner*, S. 197.

198 Vgl. z. B. *Hansmann*, S. 301; *von Lersner*, S. 196; *Lübbe-Wolff*, ZG 1991, S. 243; auch § 152 Abs. 1 UGB-AT-E.

gründung des Vorschlags[199] wie auch des Ergebnisses.[200] Dabei ist eine Umweltverträglichkeitsprüfung durchzuführen, da nur ein derart überprüfter Standard zur Bewertung der Umweltauswirkungen eines Vorhabens im Sinne von Art. 3 UVP-RL und § 12 UVPG taugt.[201]

Diese Anforderungen an eine gesetzliche Ausgestaltung des Verfahrens[202] werden jedoch durch das geltende Recht, unabhängig von der Rechtsform[203], in der die jeweiligen Standards gesetzt werden, grundsätzlich nicht erfüllt.[204]

Zwar wird in einigen Bestimmungen die Beteiligung der »interessierten Kreise« – so in § 51 BImSchG – oder einer Sachverständigenkommission – so in § 31a BImSchG und § 30 Abs. 2 und § 5 GenTG – vorgeschrieben.[205] Doch auch in § 51 BImSchG fehlt es an einer gesetzlichen Regelung des Verfahrens, die Vorgaben hinsichtlich der Zuziehung auch externer Sachverständiger und Interessenvertreter enthält und ein Mindestmaß an Transparenz und Nachvollziehbarkeit sicherstellt.[206] In den bei-

199 So beispielsweise §§ 153, 139 Abs. 1 UGB-AT-E und *von Lersner*, S. 195 f.; vgl. auch *Trute*, Vorsorgestrukturen, S. 100 ff., insbes. S. 107,

200 So etwa *Hansmann*, S. 301; SRU, Umweltgutachten 1987, Tz. 116.

201 *W. Hoppe/G. Püchel*, Zur Anwendung der Art. 3 und 8 EG-Richtlinie UVP bei der Genehmigung nach dem Bundesimmissionsschutzgesetz, DVBl. 1988, S. 1 ff., 2 f.; *R. Steinberg*, Die Bewertung der Umweltauswirkungen eines Vorhabens nach dem Gesetz über die Umweltverträglichkeitsprüfung (UVPG), DVBl. 1990, S. 1369 ff., 1372.

202 Andere Vorschläge, die sich mit den bereits genannten teilweise überschneiden, betreffen etwa die Pflicht zur Offenlegung von personellen Beziehungen, die Veröffentlichung des Grenzwertvorschlags (*von Lersner*, S. 196) oder die Schaffung einer Tätigkeitsgrundlage, die Zuständigkeit, Zusammensetzung, Auftrag und Verfahren des erarbeitenden Gremiums sowie die Form der Bekanntmachung der Arbeitsergebnisse näher beschreibt (SRU, Umweltgutachten 1987, Tz. 115). Siehe auch *Lübbe-Wolff*, ZG 1991, S. 243 ff.; *Böhm*, S. 231 ff.; sowie die Nachweise bei *Kloepfer/Rehbinder/Schmidt-Aßmann*, S. 465.

203 Es gilt also auch bei solchen Standards, die in einem förmlichen Verfahren erlassen wurden. Vgl. zum Verfahren der Verordnungsgebung etwa *Ossenbühl*, HdBStR III, § 64 Rn. 24 ff.

204 SRU, Umweltgutachten 1987, Tz. 113; *von Lersner*, S. 195.

205 Weitere Beispiele bei *Lamb*, S. 155 ff.

206 Dazu ausführlich *Lübbe-Wolff*, ZG 1991, S. 227 ff., mit dem Hinweis, die weitestgehende Transparenz herrsche in den Normsetzungsverfahren der privaten Organisationen, weil diese in besonderem Maße darauf angewiesen wären, »allgemein anerkannt« zu sein (S. 229).

den anderen Vorschriften wird zwar die Zusammensetzung der Gremien geregelt, doch fehlen Verfahrensvorschriften und ist vor allem die Rezeption ihrer Empfehlungen völlig unbefriedigend geregelt.[207] In anderen Umweltschutzgesetzen – z. B. im Atomgesetz – wird noch nicht einmal dieses Niveau erreicht.

Gewinnt das Verfahren der Standardsetzung als bedeutsame Regelungsebene zwischen dem Parlamentsgesetz und der Einzelfallentscheidung eigene Konturen, so müßte auch über die – in den USA selbstverständliche[208] – Möglichkeit prinzipaler gerichtlicher Kontrolle nachgedacht werden.[209] Angesichts der jüngsten Einschränkung der verwaltungsgerichtlichen Kontrolle durch die Änderung der Antragsbefugnis in § 47 Abs. 2 VwGO[210] dürfte freilich die Anfechtbarkeit nicht nur – wie schon bislang – einer Verwaltungsvorschrift sowie einer Rechtsverordnung des Bundes, sondern jeglicher Rechtsverordnung zweifelhaft sein. Es bleibt deshalb – jedenfalls de lege lata – der konzentrierte Rechtsschutz gegen eine Einzelentscheidung – soweit eine solche vorhanden ist –, bei der inzidenter auch der dieser zugrunde liegende Umweltstandard überprüft wird.[211]

Die besondere demokratische Legitimation muß nicht nur bei dem Erlaß von Standards geschaffen werden, sie muß auch erhalten bleiben im Laufe der Zeit. Auch diesem Erfordernis genügt die augenblickliche Praxis kaum. So wird zu Recht darauf hingewiesen, daß Grenzwerte in ihrer gegenwärtigen Ausgestaltung generell kein dynamisches Instrument sind, das sich veränderten Anforderungen schnell anpassen läßt.[212] Auch gibt es nach der

207 Vgl. die Übersicht bei *Lamb*, S. 71 ff.

208 Federal Administrative Procedure Act §§ 702 ff.; vgl. auch *Rose-Ackerman*, S. 258 ff.

209 In diesem Sinne *Böhm*, S. 245 f.; *Rose-Ackerman*, S. 248 f. – Skeptisch zu den Realisierungschancen auch *E. Rehbinder*, Rezension in: American Journal of Comparative Law 45 (1997), S. 621 ff., 623 f.

210 6. Änd.Ges. zur VwGO v. 1.11.1996, BGBl. I, S. 1626.

211 Zu den Vor- und Nachteilen des phasenspezifischen im Unterschied zum konzentrierten Rechtsschutz *Steinberg*, Fachplanung, § 8 Rn. 4 ff. m.w.N.; zum Vorschlag einer Partizipationserzwingungsklage von anerkannten Naturschutzverbänden *Lamb*, S. 172.

212 So der SRU, Umweltgutachten 1987, Tz. 33, der deshalb die Ergänzung durch andere Instrumente für erforderlich hält.

derzeitigen Rechtslage – anders als in den USA[213] – keine Pflicht zur periodischen Überprüfung von Umweltstandards daraufhin, ob sie dem gegenwärtigen Stand der technischen Entwicklung und der wissenschaftlichen Erkenntnisse, aber auch den möglicherweise veränderten Bewertungen noch entsprechen. Es müssen deshalb geeignete Mechanismen zur Revision von Standards geschaffen werden. Derartige Verfahren können ausgelöst werden von Amts wegen beim Vorliegen neuer Erkenntnisse, auf Antrag von an der Normsetzung Beteiligten unter Hinweis auf neue Erkenntnisse oder Bewertungen; denkbar wären jedoch auch periodische Überprüfungen, wobei der Zeitraum um so kürzer bemessen sein muß, je ungewisser die Entscheidungssituation sich gestaltete.

Ein konsistentes Verfahrensmodell, das den aufgezeigten Defiziten der Standardsetzung Abhilfe schaffen könnte, findet sich neuerdings im Umweltgutachten 1996 des Rates von Sachverständigen für Umweltfragen.[214] Dieses sieht eine operative Trennung zwischen Arbeitsstufen vor, in denen vorwiegend naturwissenschaftlich-technischer Sachverstand entscheidend ist und solchen, die von dem politischen Charakter der Entscheidung geprägt sind. Den inhaltlichen Interdependenzen wird durch entsprechende Rückkoppelungs- und Rückfragemechanismen Rechnung getragen. Abgerundet wird dieses Konzept durch eine verstärkte Beteiligungsoffenheit der Entscheidungsprozesse, Begründungs- und Publikationspflichten, Einwendungsmöglichkeiten Außenstehender und eine dem dynamischen Wesen der Standards Rechnung tragende Fortschreibungspflicht.[215] Wesentliche Elemente dieses Konzepts finden sich auch in dem Kommissions-Entwurf für ein UGB (§§ 11 ff.), dessen Realisierung auch insoweit einen ganz erheblichen umweltrechtlichen Fortschritt bedeuten würde.

Daneben könnte sich in besonders konfliktträchtigen Situationen gerade unter Konsensaspekten auch der Einsatz von Media-

213 Z. B. für die Luftqualitätsstandards CAA § 109 (d)(1): alle fünf Jahre; zur gerichtlichen Überprüfbarkeit *Bonine/McGarity*, S. 405.

214 Vgl. hierzu im einzelnen SRU, Umweltgutachten 1996, Tz. 865 ff.

215 Aus diesen Gründen ist dieses Modell auch weit vorzugswürdiger als der technokratische Vorschlag der Akademie der Wissenschaften zu Berlin, S. 475 ff.

toren bei der Erarbeitung von Standards[216] als hilfreich erweisen.[217] So haben positive Erfahrungen mit Verhandlungslösungen in der Vergangenheit in den Vereinigten Staaten im Jahre 1990 zum Erlaß eines Gesetzes (sog. Negotiated Rulemaking Act) geführt, das bestimmte Anforderungen an den Einsatz von Verhandlungen im Verfahren der Verordnungsgebung stellt.[218] Kooperative Normsetzung ist damit in den USA nicht nur institutionell abgesichert, sondern auch prozedural eingehegt.[219]

dd. Normtypen und Bindungswirkung

Kaum ein Problem hat in den letzten Jahren die juristischen Gemüter derart bewegt wie die Frage, ob die Standardsetzung mittels Rechtsverordnung oder mittels Verwaltungsvorschrift zu erfolgen habe. Das geltende Umweltrecht läßt hierzu bislang kein System erkennen; anscheinend zufällig enthalten die Gesetze Ermächtigungen zum Erlaß von Rechtsverordnungen oder Verwaltungsvorschriften oder auch wahlweise zu beidem.[220] Möglicherweise wird aber auch in neuen Umweltschutzgesetzen wie dem GenTG (§ 30 Abs. 1-3) die Entwicklung erkennbar, die Konkretisierung der gesetzlichen Anforderungen durch Rechtsverordnungen vorzunehmen.

Aus der Perspektive demokratischer Legitimation sind Rechtsverordnung und Verwaltungsvorschrift als Formen exekutivischer Standardsetzung gleichwertig, jedenfalls soweit die gesetz-

216 Vgl. demgegenüber die Beispiele zur Konfliktmittlung bei konkreten Genehmigungs-, Planungs- und Aufsichtsverfahren bei *B. Holznagel*, Konfliktlösung durch Verhandlungen, 1990, S. 188 ff.

217 C. *Susskind/G. McMahon*, Theorie und Praxis ausgehandelter Normsetzung in den USA, und *C.P. Ozawa/C. Susskind*, Konfliktmittlung in Verfahrensstreitigkeiten mit wissenschaftlichem Bezug, beide in: Hoffmann-Riem/Schmidt-Aßmann, S. 67 ff. u. 177 ff.

218 Vgl. *Rose-Ackerman*, S. 198 f.; zu den damit gerade im Umweltschutz verbundenen Schwierigkeiten *dies.*, Consensus versus Incentives: A Sceptical Look at Regulatory Negotiation, Duke Law Journal, 43 (1994), S. 1206 ff.

219 Zu den Perspektiven kooperativer Normsetzung im deutschen Recht unter Benennung einzelner Reformüberlegungen vgl. *M. Kloepfer/Th. Elsner*, Selbstregulierung im Umwelt- und Technikrecht, DVBl. 1996, S. 964 ff., 970 ff.

220 Vgl. *Kloepfer/Rehbinder/Schmidt-Aßmann*, S. 461; zu den entstehungsgeschichtlich älteren Wurzeln der Ermächtigung zum Erlaß von Verwaltungsvorschriften im BImSchG *Gusy*, S. 108.

lichen Ermächtigungen und die Ausgestaltung des Verfahrens denselben Anforderungen genügen. Die Annahme, die Rechtsverordnung weise im Vergleich zur Verwaltungsvorschrift eine geringere Flexibilität auf und sei insofern eher in solchen Bereichen sinnvoll, in denen die wissenschaftliche oder technische Entwicklung vorerst abgeschlossen erscheine,[221] vermag kaum zu überzeugen. Über das angeblich so »flexibel auf neue Gegebenheiten im wissenschaftlich-technischen Bereich« reagierende Instrument der Verwaltungsvorschrift hat der Präsident des Bundesverwaltungsgerichts *Franßen* unlängst seinen milden Spott vergossen und auf den »umweltrechtlichen Methusalem« der TA Lärm aus dem Jahre 1968 hingewiesen.[222] Im Vergleich dazu, aber auch zu anderen Verwaltungsvorschriften wie der TA Luft oder sogar den unterhalb der Normebene der Verwaltungsvorschriften angesiedelten Störfalleitlinien aus dem Jahre 1974,[223] erscheint selbst das Grundgesetz mit 25 zum Teil äußerst tiefgreifenden Änderungsgesetzen seit dem Erlaß der TA Lärm als eher flüchtige Regelungsform.

Unter Flexibilität wird jedoch auch ein geringeres Maß an Verbindlichkeit verstanden. Während Verwaltungsvorschriften ihre Bindungswirkung verlieren sollen,

»wenn und soweit neuere geänderte Erkenntnisse ausweisen, daß die ihnen zugrunde liegenden naturwissenschaftlichen Annahmen überholt sind; zum anderen müssen sie im zu entscheidenden Fall auf die Grenzen ihres Aussagegehalts hin untersucht werden, so daß namentlich bei atypischen Fallgestaltungen, m.a.W. bei Sachverhalten, die der Vorschriftengeber bei der von ihm notwendigerweise anzustellenden generellen Betrachtung nicht regeln konnte oder wollte, Abweichungen geboten sind«[224],

besäßen Rechtsverordnungen eine prinzipiell umfassende Bindungswirkung. Bei näherer Betrachtung schrumpft jedoch die Unterscheidung ganz erheblich. Auch abgesehen davon, daß eine

221 *Hoppe/Beckmann*, § 3 Rn. 9; a.A. *Blickle* (Fn. 16), S. 128.

222 Grußwort zur 18. Wiss. Fachtagung der Gesellschaft für Umweltrecht, 1994, in: Dokumentation 1995, S. 12f.

223 Gegenwärtig maßgeblich in der Fassung v. 18.10.1983, BAnz. 1983, Nr. 245a.

224 OVG Lüneburg, DVBl. 1985, 1322, 1323, unter Verweis auf BVerwGE 55, 250, 261.

tragfähige Begründung für die situative Unanwendbarkeit von Umweltstandards in Form der Verwaltungsvorschrift fehlt,[225] ist zum einen nicht recht zu erkennen, in welchen Fällen die begrenzte Bindungswirkung von Umweltstandards in Form von Verwaltungsvorschriften wirklich relevant geworden ist. Auch hinsichtlich der wichtigen TA Luft aus dem Jahre 1974, die lediglich zweimal bislang geändert worden ist – 1983 hinsichtlich des 2. Teils (Immissionen), 1986 hinsichtlich des 3. Teils (Emissionen) und durch Einfügung eines neuen 4. Teils zur Altanlagensanierung-, haben die Gerichte bislang keine Veranlassung zur Nichtanwendung aufgrund neuer Erkenntnisse oder atypischer Fallgestaltungen gesehen.[226] Zum anderen können auch Rechtsverordnungen nicht nur wegen ihrer später erkannten Unvereinbarkeit mit der zugrundeliegenden gesetzlichen Ermächtigung rechtswidrig und damit unwirksam werden,[227] sondern auch mit Hilfe von Öffnungsklauseln auf derartige Situationen Bedacht nehmen. Beispiele hierfür finden sich in §§ 33 und 34 der Großfeuerungsanlagenverordnung[228] oder in §§ 19 und 20 der Abfallverbrennungsverordnung.[229] Wichtiger ist jedoch etwas anderes: Diese Art von einzelfallbezogener Flexibilität tut gerade der Funktionsfähigkeit der Standards im Sinne von Operationalisierung und Standardisierung und dem Ziel einer Entlastung der Einzelfallentscheidung durch notwendigerweise typisierende Vorgaben Abbruch. Die – notwendige – Flexibilität muß statt dessen auf einer anderen Ebene gesucht werden: dem der planmäßigen Revision und – falls erforderlich – Anpassung der Standards im dafür zur Verfügung stehenden Verfahren. Auch von daher läßt sich kein Vorzug der Verwaltungsvorschrift gegenüber der

225 *H. Maurer*, Allgemeines Verwaltungsrecht, 11. Aufl., 1997, § 24 Rn. 26.

226 Vgl. etwa VGH Mannheim, Urt. v. 28.3.1995, DÖV 1995, 1049, 1050 m.w.N.; BVerwG, B.v. 21.3.1996 – 7 B 165/95 n.v.; zu den hohen Anforderungen der Rechtsprechung an die Überalterung von Regelwerken *Gusy*, S. 111.

227 Dazu grundlegend *P. Baumeister*, Das Rechtswidrigwerden von Normen, 1996, S. 181 ff.; vgl. jetzt die Überlegungen des BVerwG, Urt. v. 21.8.1996, DVBl. 1997, 57 ff., mit Anm. *R. Steinberg/G. Roller*, zu Grenzwerten der StrlSchV.

228 13. BImSchV v. 22.6.1983, BGBl. I, S. 719.

229 17. BImSchV v. 23.11.1990, BGBl. I, S. 2545.

Rechtsverordnung für die Standardsetzung ausmachen, beide Normtypen sind auch insoweit funktional äquivalent.[230]

Ihre Intensität, ja Schärfe hat die Debatte um die richtige rechtliche Form der Standardsetzung aus einem ganz anderen Grund gefunden. Dieser liegt in den unterschiedlichen Rechtswirkungen von Verwaltungsvorschrift und Rechtsverordnung. Von diesen hängt nämlich ab, ob die Standards auch von einem Gericht – etwa bei der Überprüfung der Rechtmäßigkeit einer angefochtenen Anlagengenehmigung – als rechtlicher Maßstab der Entscheidung zugrunde zu legen sind. Dies ist nur dann der Fall, wenn durch die Standards in auch für Bürger – Anlagenbetreiber wie Betroffene – verbindlicher Weise die gesetzlichen Anforderungen an eine Anlage konkretisiert werden können.

Dies trifft für Umweltstandards in Form von Rechtsverordnungen ohne jeden Zweifel zu. Diese sind Außenrechtsnormen, die grundsätzlich Behörden, Gerichte und Dritte binden.[231] Die Gerichte kontrollieren im Streitfall, ob die Vorgaben der Verordnung befolgt wurden. Die umfassende Bindungswirkung findet ihre Grenzen erst dort, wo die Rechtsverordnung gegen höherrangiges Recht verstößt, also insbesondere den vorgegebenen Rahmen der gesetzlichen Ermächtigung überschreitet oder verfassungsrechtlichen Anforderungen (Grundrechte, Verhältnismäßigkeitsgrundsatz) nicht genügt.[232]

Grundsätzlich anders verhält es sich mit Verwaltungsvorschriften. Diese binden grundsätzlich nur diejenigen Behörden, an die sich die Regelung richtet; sie sind also weder für andere Behörden, noch für Gerichte oder Dritte verbindlich.[233] Zur maßgeblichen Konkretisierung der gesetzlichen Anforderungen sind sie damit – wie auch das OVG Münster in einem Grundsatzurteil zur TA Luft 1976 entschieden hat[234] – außerstande. Damit aber würden die Umweltstandards gerade im Konfliktfall – wenn ihre »Richtigkeit« in einem Rechtsstreit bestritten wird – ihrer be-

230 *Gusy*, S. 109, 111.
231 Zur Bindungswirkung der Rechtsverordnung näher *Ossenbühl*, HdBStR III, § 64 Rn. 1, 36; speziell zu Umweltstandards als Rechtsverordnung *Jarass*, HdUR II, Sp. 2417ff.
232 Dazu hinsichtlich der Immissionsgrenzwerte *Hansmann*, S. 294f.
233 Vgl. nur *Maurer* (Fn. 225), § 24 Rn. 15ff.
234 OVG Münster, DVBl. 1976, 790, 795 zur TA Luft.

sonderen Leistungsfähigkeit weitgehend beraubt: Es müßte – um bei dem Beispiel zu bleiben – mühsam, unter Beiziehung von Sachverständigen im konkreten Einzelfall ermittelt werden, welche Anforderungen der Schadensvorsorge an die Anlage zu stellen sind. Dies erscheint aber um so unbefriedigender, je aufwendiger das Verfahren der Erstellung war, insbesondere was die Zuziehung Sachverständiger und Betroffener angeht.

In dieser Situation hätte es nahegelegen, derart qualifizierte Umweltstandards in der zweifellos außenrechtswirksamen Form der Rechtsverordnung zu erlassen. Auch der Professorenentwurf eines Allgemeinen Teil eines Umweltgesetzbuchs schlägt dies jedenfalls für den Regelfall vor (§ 145 ff.).[235] Im übrigen spricht vieles für die Annahme, daß es dem Verordnungsgeber nicht freigestellt ist, von einer ihm erteilten Ermächtigung zur Konkretisierung von Anforderungen im Umweltschutz Gebrauch zu machen.[236]

Immerhin bewog nicht zuletzt das Bestreben nach einer eindeutig außenrechtswirksamen Regelung die Bundesregierung dazu, für einen wichtigen Teilbereich die Emissionsgrenzwerte in der sog. Großfeuerungsanlagenverordnung, der 13. BImSchV von 1983, zu regeln.[237] Im übrigen verfolgte sie nach dem Voerde-Urteil des OVG Münster einen anderen Weg. Danach sollte in das BImSchG eine Vermutungsklausel aufgenommen werden, derzufolge die Grenzwerte der TA Luft solange als verbindlich gälten, als nicht ihre Unzulänglichkeit zum Schutz von Umweltgütern nachgewiesen worden war.[238] Diese Pläne wurden überholt durch die Voerde-Entscheidung des Bundesverwaltungsgerichts, das eine bestechend einfache Lösung mit Hilfe einer neuen Doktrin fand. Gerade wegen des besonders geregelten Verfahrens und unter Mitwirkung der Fachleute verschiedener Fachgebiete stelle die TA Luft eine »geeignete, wenn nicht opti-

235 Zustimmend *Breuer*, Gutachten zum 59. DJT, 1992, S. B 111. – Auch *Bönker*, S. 130, hält die Rechtsverordnung für »prädestiniert« als Regelungsform für fachliche Umweltstandards; darüber hinaus weist *M. Wickel*, Bestandsschutz im Umweltrecht, 1996, S. 328, auf die größere Vollzugseffizienz der Rechtsverordnung hin; für die Regelung der jetzt in atomrechtlichen Richtlinien enthaltenen Bestimmungen – jedenfalls – in einer Rechtsverordnung *Blickle* (Fn. 16), S. 129 f.
236 So BVerfGE 79, 174, 193 f., zu § 43 BImSchG.
237 *Ebinger*, S. 200.
238 Auch zum folgenden *Ebinger*, S. 110 ff.

male Erkenntnisquelle« über die bei deren Erlaß vorhandenen Erfahrungen und den Stand der wissenschaftlichen Erkenntnis dar; sie könnten deshalb auch der gerichtlichen Entscheidung »als antizipiertes Sachverständigengutachten« zugrunde gelegt werden.[239] Ungeachtet vereinzelter Kritik, wonach die Festsetzungen der TA Luft nur teilweise dem Sachverstand zugängliche wissenschaftliche Aussagen,[240] sondern auch Wertungen und Verfahrensregelungen enthielten, folgte die h.M. insgesamt zufrieden – und vielleicht auch erleichtert – dieser pragmatischen Lösung.

Es erregte deshalb keine geringe Überraschung, als das Bundesverwaltungsgericht in seinem Wyhl-Urteil die Doktrin des antizipierten Sachverständigenurteils zurückwies und der im konkreten Fall fraglichen »Allgemeinen Berechnungsgrundlage für Strahlenexposition«, einer Richtlinie zu § 45 StrlSchV, eine »normkonkretisierende Funktion« zusprach.[241] Damit war die »normkonkretisierende Verwaltungsvorschrift« anhand eines Falles kreiert, dem überhaupt keine Verwaltungsvorschrift, sondern – wie erwähnt – eine Richtlinie[242] (dazu o. aa.) zugrunde lag. Darunter versteht das Bundesverwaltungsgericht eine solche Verwaltungsvorschrift, die »eine normkonkretisierende Funktion [hat] und ... im Gegensatz zu lediglich norminterpretierenden Verwaltungsvorschriften für die Verwaltung innerhalb der von der Norm gesetzten Grenzen verbindlich [ist]«.[243]

Dogmatische Grundlage der Rechtsprechung zu den normkonkretisierenden Verwaltungsvorschriften bilden kompetenz-

239 BVerwGE 55, 250, 256, 258 (1978), unter Berufung auf *Breuer*, DVBl. 1978, S. 28ff.
240 So etwa *Jarass*, HdUR II, Sp. 2422f. m.w.N.
241 BVerwGE 72, 300, 320. – bereits früher OVG Lüneburg, DVBl. 1985, 1322, 1323 – Buschhaus -. Auch nach dieser Entscheidung hat die Figur des »antizipierten Sachverständigengutachtens« aber nicht ausgedient, vgl. etwa OVG Koblenz, Urt. v. 26.8.1992, ZfW 1992, 220ff., zu den Trinkwasserrichtlinien des Deutschen Vereins des Gas- und Wasserfaches eV. oder BGHZ 122, 76 zur DIN 45643 »Messung und Beurteilung von Flugzeuggeräuschen«.
242 Diese Richtlinie wurde am 21.2.1990 von der Bundesregierung mit Zustimmung des Bundesrates durch die allgemeine Verwaltungsvorschrift »Ermittlung der Strahlenexposition durch die Ableitung radioaktiver Stoffe aus kerntechnischen Anlagen oder Einrichtungen«, BAnz. 1990, Nr. 64a, ersetzt.
243 BVerwGE 72, 300, 320.

rechtliche Erwägungen, wonach sich aus dem Gesetz ein an die Verwaltung gerichteter Auftrag zur Normkonkretisierung ergebe.[244] Eine solche Konkretisierungsermächtigung wird wegen der qualifizierten Verfahrensanforderungen z. B. auch in § 48 i.V.m. § 51 BImSchG erblickt, so daß etwa die TA Luft als normkonkretisierende Verwaltungsvorschrift angesehen wird.[245] Derartige auf eine spezielle gesetzliche Ermächtigung zurückgehende normkonkretisierende Verwaltungsvorschriften sollen von den Verwaltungsgerichten nur daraufhin überprüft werden, ob sie die im Gesetz getroffenen Wertungen beachten, auf willkürfreien Ermittlungen beruhen,[246] ferner ob sie »nicht durch Erkenntnisfortschritte in Wissenschaft und Technik überholt sind und damit den gesetzlichen Anforderungen jedenfalls nicht mehr gerecht werden«,[247] so daß sie sich hinsichtlich ihrer Bindungswirkung den Rechtsverordnungen annähern.[248]

Diese scheinbare Zauberformel wurde ungeachtet ihrer zweifelhaften, ja eigentlich fehlenden[249] dogmatischen Begründung von der Literatur geradezu begierig aufgenommen.[250] Erheblich

244 OVG Lüneburg, DVBl. 1985, 1322, 1323; BVerwGE 72, 300, 315ff.

245 So außer OVG Lüneburg, DVBl. 1985, 1322, 1323, und NVwZ 1987, 342, 344, auch OVG Münster, DVBl. 1988, 152, 153 (dazu – ohne ausdrückliche Einordnung der TA Luft, aber doch unter Zurückweisung der Nichtzulassungsbeschwerde – BVerwG, DVBl. 1988, 539ff.) u. NVwZ 1991, 1200ff.; offengelassen in BVerwG, NVwZ 1991, 1187ff.; jetzt aber deutlich BVerwG, B. v. 10.1.1995, DVBl. 1995, 516 ; B.v. 21.3.1996, NJW 1996, 3355, u. B.v. 21.3.1996 – 7 B 165/95 n.v. – Zur Verwendung des Begriffs in anderen Bereichen des Umweltrechts *Wahl*, NVwZ 1991, S. 413f. – Gegen die Einordnung der (erheblich älteren) TA Lärm als normkonkretisierende Verwaltungsvorschrift *Berkemann*, S. 85. – Keinen normkonkretisierenden Charakter haben demgegenüber bloße Beschlüsse der Umweltministerkonferenz oder des Länderausschusses für Immissionsschutz (LAI), so zur Festsetzung von Emissionswerten für Stickstoffoxiden (NO_x) zu § 19 13. BImschV BVerwG, NVwZ-RR 1995, 565.

246 BVerwGE 72, 300, 321.

247 BVerwG, B. v. 21.3.1996, NJW 1996, 3355.

248 *Hoppe/Beckmann*, § 3 Rn. 20; *Kloepfer/Rehbinder/Schmidt-Aßmann*, S. 479.

249 Darauf weist *Sellner*, S. 618, hin. – Krit. zu der Unterscheidung der »normkonkretisierenden« von den weiter voll zu kontrollierenden »norminterpretierenden« Verwaltungsvorschriften *H. Sendler*, Skeptisches zum unbestimmten Rechtsbegriff, FS f. Ule, 1987, S. 337ff., 356 mit Fn. 91.

250 *H. Hill*, Normkonkretisierende Verwaltungsvorschriften, NVwZ 1989, S. 401ff.; *W. Erbguth*, Normkonkretisierende Verwaltungsvorschriften, DVBl. 1989, S. 473ff.

zurückhaltender war das Bundesverfassungsgericht, das die Übertragung dieser Konstruktion auf Verwaltungsvorschriften in anderen Rechtsbereichen ausdrücklich ablehnte und eine Verwaltungsvorschrift als Maßstab für die verwaltungsgerichtliche Überprüfung ablehnte.[251] Aber auch der Berichterstatter im Wyhl-Verfahren reagierte auf die Reaktion der Literatur verwundert und betonte, gegenüber der Doktrin des »antizipierten Sachverständigengutachtens« – »freilich garniert mit einer gänzlich anderen Begrifflichkeit«- nichts Neues entschieden zu haben.[252]

Auch diese scheinbar konsolidierte Rechtslage ist erneut in Bewegung geraten, und zwar diesmal aufgrund von aufsehenerregenden Entscheidungen des Europäischen Gerichtshofs. In zwei Urteilen vom 30.5.1991 hat der Gerichtshof festgestellt, die Bundesrepublik habe dadurch, daß die TA Luft keine Rechtsnorm sei, sondern eine Verwaltungsvorschrift, der es an der erforderlichen Allgemeinverbindlichkeit fehle, die beiden einschlägigen Blei- und SO_2-Richtlinien der EG nicht ausreichend in nationales Recht umgesetzt:

»Es ist festzustellen, daß die Bundesrepublik Deutschland im konkreten Fall der TA Luft keine nationale Gerichtsentscheidung angeführt hat, mit der dieser Verwaltungsvorschrift über ihre Verbindlichkeit für die Verwaltung hinaus unmittelbare Wirkung gegenüber Dritten zuerkannt würde. Es läßt sich also nicht sagen, daß der einzelne Gewißheit über den Umfang seiner Rechte haben kann, um sie gegebenenfalls vor den nationalen Gerichten geltend machen zu können, noch auch daß diejenigen, deren Tätigkeiten geeignet sind, Immissionen zu verursachen, über den Umfang ihrer Verpflichtungen hinreichend unterrichtet sind.«[253]

Wenige Urteile des Europäischen Gerichtshofs im Umweltrecht haben eine ähnlich heftige Kontroverse mit teilweise völlig unangemessenen Reaktionen in der deutschen Rechtslehre hervorgerufen.[254] Dabei könnten diese Judikate den notwendigen Anstoß geben, die äußerst problematischen dogmatischen Hilfskonstruk-

251 BVerfGE 78, 214, 227; 80, 257, 265 f..

252 *E. Franßen*, (Un-)bestimmtes zum unbestimmten Rechtsbegriff, FS f. Zeidler, 1987, S. 429 ff., 454.

253 EuGH, EuZW 1991, 440, 441 (Rs C-361/88); das Zitat findet sich wortgleich auch im anderen Urteil vom selben Tag, EuZW 1991, 442, 443 (Rs C-59/89).

254 Vgl. die Nachweise bei *Steinberg*, AöR 120 (1995), S. 567 f.

tionen von Rechtsprechung und Lehre zugunsten rechtsstaatlich und systematisch klarer Lösungen zu überwinden.

Inzwischen deutet sich eine Entwicklung an, die schon vor 20 Jahren nach der Buschhaus-Entscheidung[255] nahegelegen hätte: die Normierung von Umweltstandards in der Rechtsform der Rechtsverordnung. Nachdem für die Umsetzung von Gemeinschaftsrecht in den Umweltgesetzen entsprechende Ermächtigungen geschaffen wurden (§ 48a BImSchG, § 6a WHG), hat die Bundesregierung bereits diesen Weg mit der die Blei- und SO_2-Richtlinien jetzt formal[256] einwandfrei umsetzenden 22. BImSchV von 1993 beschritten. Weit wichtiger ist jedoch eine Änderung im Wasserrecht. Hiernach müssen seit der 6. Novelle zum WHG 1996 die Anforderungen zum Einleiten von Abwasser gemäß § 7a WHG nicht mehr durch Verwaltungsvorschriften, sondern durch Rechtsvorschriften geregelt werden.[257] Damit deutet sich möglicherweise das Ende eines dogmatischen Um- und Irrweges an.

ee. *Technische Regelwerke*

Technische Regelwerke privater Einrichtungen binden prinzipiell nur die Mitglieder des jeweiligen Verbandes. Eine darüber hinausgehende Bindungswirkung entfalten sie nur, wenn sie durch Rechts- oder Verwaltungsvorschriften im Wege der Inkorporation (ausdrückliche Aufnahme) oder Verweisung rezipiert werden. Erst dann werden die privaten Regelwerke zu staatlichen Umweltstandards und nehmen an der Rechtsnatur der rezipierenden Vorschrift teil.[258]

Voraussetzung dafür, daß die privaten Regelungen zur Grundlage staatlicher Maßnahmen gemacht werden können, ist jedoch, daß sie auch inhaltlich den rechtsstaatlichen und demokratischen Anforderungen an staatliche Normen entsprechen.[259] So können

255 Vgl. oben Fn. 241.

256 Zur Kritik an der mangelnden Abstimmung mit der daneben weiterbestehenden TA-Luft *Steinberg*, AöR 120 (1995), S. 573.

257 Vom EuGH waren bereits früher Umsetzungsdefizite im Bereich des Grundwasserschutzes festgestellt worden, EuGH, EuZW 1991, 405 (Rs C-131/88).

258 Dazu etwa *Jarass*, HdUR II, Sp. 2426ff.; *Marburger*, HdUR II, Sp. 2050ff.

259 Vgl. auch BVerfGE 88, 366, 379.

sie zur Konkretisierung der Anforderungen an genehmigungspflichtige Anlagen nur dann verwandt werden, wenn sie den tatbestandlichen Voraussetzungen des Gesetzes entsprechen. Daran bestehen – wie gerade im Atomrecht nachgewiesen wurde – im Einzelfall ganz erhebliche Zweifel.[260]

Im übrigen muß die Einbeziehung der privaten Norm wirksam erfolgt sein. Probleme ergeben sich insoweit insbesondere bei der dynamischen Verweisung. Ist diese Verweisungsart schon allgemein im Hinblick auf das verfassungsrechtliche Bestimmtheitsgebot bedenklich,[261] so kann es sich bei der Verweisung auf die jeweils geltende Fassung eines privaten Regelwerks zudem um eine »versteckte Verlagerung von Gesetzgebungskompetenzen«[262] auf Private handeln. Die Rezeption solcher technischer Regeln durch dynamische Verweisung wird daher überwiegend für unzulässig gehalten.[263]

Ob, wie de lege ferenda vorgeschlagen wird, eine gesetzliche Vermutungswirkung zugunsten solcher technischer Regeln ausreicht, die gewissen Anforderungen an das Verfahren der Erstellung genügen,[264] erscheint schon wegen ihres Wertungsgehalts[265] nicht unzweifelhaft. Auch hierdurch vermag die Exekutive ihrer Gewährleistungsverantwortung (s. o. II. 6. b.aa.) nämlich kaum gerecht zu werden. Dies gilt erst recht für die bloße »Bekanntmachung« oder »Veröffentlichung« der Regelwerke von Nor-

260 *Stötzel*, passim.

261 Aus diesem Grunde bestehen erhebliche Bedenken gegen die Neuregelung des § 7 Abs. 2a S. 1 2. Hs. AtG vom 19. Juli 1994, BGBl. I, S. 1618, soweit hinsichtlich der bei der Auslegung der Anlage zugrunde zu legenden Ereignisse auf Leitlinien des BMU verwiesen wird; ausführlich *Stötzel*, S. 237, und *R. Steinberg/M. Stötzel*, Verfassungsrechtliche Probleme des § 7 Abs. 2a AtG, UPR 1997, S. 167 ff.

262 BVerfGE 47, 285, 312.

263 Vgl. *Hoppe/Beckmann*, § 3 Rn. 27 m.w.N.; ebenso zur Normierung auf der Ebene der Europäischen Gemeinschaft *Breulmann* (Fn. 159), S. 217 ff.

264 Vgl. § 161 Abs. 1 UGB-AT-E sowie den Bericht »Rechtsetzung und technische Normen« der Arbeitsgruppe des Abteilungsleiterausschusses der Bundesregierung für Rechts- und Verwaltungsvereinfachung, WUR 1991, 300 unter 3.4. – Vgl. *Lamb*, S. 90 m.w.N.

265 Ähnlich *H.D. Jarass*, Befund und Reform der untergesetzlichen Regelungen im Atomrecht, in: Lukes/Birkhofer, Neuntes Deutsches Atomrechtssymposium, S. 115.

mierungsgremien[266] (dazu s. u. d.aa.). Will man von der Verwaltung schon wegen des Entlastungseffektes nicht auch eine inhaltliche Auseinandersetzung mit den Regelwerken fordern, so scheint die Feststellung des ordnungsgemäßen Verfahrens und eines nachvollziehbaren Ergebnisses jedenfalls als Minimalstandard unerläßlich.[267]

Aber auch hinsichtlich einer faktischen ungeprüften Übernahme durch Behörden und Gerichte etwa im Sinne einer »außerrechtlichen Fachfrage«,[268] einer »Grundregel«[269], einer »indiziellen Bedeutung«[270], eines »groben Anhalts«[271] oder einer »Orientierungshilfe«[272] bestehen Bedenken.[273] Diese werden von der Rechtsprechung geteilt: Privatverbandliche Regelwerke dürften im Streitfall

»nicht unkritisch als ›geronnener Sachverstand‹ oder als reine Forschungsergebnisse verstanden werden. Zwar kann den DIN-Normen einerseits Sachverstand und Verantwortlichkeit für das allgemeine Wohl nicht abgesprochen werden. Andererseits darf aber nicht verkannt werden, daß es sich dabei zumindest auch um Vereinbarungen interessierter Kreise handelt, die eine bestimmte Einflußnahme auf das Marktgeschehen bezwecken. Den Anforderungen, die etwa an die Neutralität und Unvoreingenommenheit gerichtlicher Sachverständiger zu stellen sind, genügen sie deswegen nicht. Besondere Zurückhaltung ist gegenüber technischen Normen dort geboten, wo ihre Aussagen nicht als ›außerrechtliche Fachfragen‹ eingestuft werden können, sondern [...] Bewertungen entgegengesetzter Interessen einschließen, die an sich einer demokratisch legitimierten politischen Entscheidung bedürften (zum Begriff ›außerrechtliche Fachfrage‹ vgl. – aus heutiger Sicht zu weitgehend – BVerwGE 61, S. 295 [299]). Als Ersatz für derartige rechtliche Regelun-

266 Dazu *Müller-Foell*, S. 115 f.

267 So auch für die europäischen Normen *Breulmann* (Fn. 159), S. 262 ff. – Auch *M. Kloepfer*, Gesetzgebung im Rechtsstaat, VVDStRL 40 (1982), S. 63 ff., 78, hält bei einer Übernahme privater Rechtssetzung in staatliches Recht »zur Sicherung des Gemeinwohls« den direkten staatlichen Einfluß »durch konkrete nicht pauschale Rezeptionsentscheidungen (etwa in Verordnungsform)« für »unverzichtbar, weil der demokratische Staat das Monopol verbindlicher Gemeinwohlentscheidung besitzt.«

268 BVerwGE 61, 295, 299; krit. *Berkemann*, S. 84.

269 BVerwG, B. v. 19.8.1982, UPR 1983, 29 ff.

270 BVerwGE 79, 254, 259.

271 BVerwGE 81, 197, 205.

272 BVerwG, DVBl. 1991, 442 ff., 444 f.

273 Vgl. *Kloepfer/Rehbinder/Schmidt-Aßmann*, S. 464 m.w.N.

gen sind sie ungeeignet. Für die rechtliche Beurteilung der VDI-Richtlinie Nr. 2058 [...] gilt im wesentlichen dasselbe.«[274]

Die staatliche Verantwortung für die Umweltstandards muß deshalb in einer rechtsförmigen Umsetzung, d.h. in der Regel in den Handlungsformen der Verwaltung deutlich werden.[275] Es sind deshalb gesetzliche Bestimmungen zu treffen über die Rezeption derartiger Regeln in rechtliche Verbindlichkeit.[276]

c. Regelungsbereiche exekutiver Rechtssetzung und Möglichkeiten der Rückbindung an das Parlament

aa. Parlamentsgesetz und Rechtsverordnung

Oben (o.1.) ist betont worden, daß es aufgrund des Vorbehalts des Gesetzes Sache des Gesetzgebers ist, die Leitentscheidung über die Zulassung einer risikobehafteten Technologie sowie die diese betreffenden grundsätzlichen Fragen selber zu regeln. Aber auch auf alle anderen Dinge kann der Gesetzgeber nach seinem Gutdünken zugreifen, da durch die generelle Regelung der verfahrens- und materiell-rechtlichen Voraussetzungen für die Nutzung einer bestimmten Technologie die Überschreitung seiner Gesetzgebungsfunktion, z.B. durch das Eindringen in den Kernbereich der Exekutive, kaum in Betracht kommt. Es ist damit vor allem eine Frage des politischen Willens, aber auch der legislatorischen Zweckmäßigkeit, welche Materien der Gesetzgeber selber durch ein Parlamentsgesetz regelt und welche er an den Verordnungsgeber delegiert. Dabei hat er freilich Art. 80 Abs. 1

274 BVerwGE 77, 285, 291f. – »Der Argwohn, daß VDI und TÜV als verlängerter Arm der Industrie kostenwirksame Umweltauflagen hintertrieben«, bewog auch den Deutschen Bundestag Mitte der 60er Jahre zu dem erfolgreichen Druck auf den Verkehrsminister, im Zusammenhang mit der Festsetzung von Emissionshöchstgrenzen bei Kraftfahrzeugen »sich aus der Abhängigkeit von VDI-Ingenieuren zu lösen und eine bundeseigene Prüfstelle und Entwicklungsagentur für Abgasentgiftungsvorrichtungen einzurichten«. *D. Klenke*, »Freier Stau für Freie Bürger«. Die Geschichte der bundesdeutschen Verkehrspolitik, 1995, S. 73.

275 Vgl. *Steinberg/Roller*, S. 62ff.

276 Zu den verschiedenen Methoden vgl. *Nolte* (Fn. 8), S. 179ff.; *Marburger*, Schadensvorsorge, S. 141f.; *Degenhart*, S. 227ff.

S. 2 GG zu beachten, wonach der Gesetzgeber Inhalt, Zweck und Ausmaß der Ermächtigung selber bestimmen muß. In diesem Zusammenhang besteht Einigkeit darüber, daß die sich hieraus ergebenden Anforderungen des rechtsstaatlichen, aber auch demokratischen Bestimmtheitsgebots[277] um so schärfer sind, je wesentlicher die Regelung vor allem auch im Hinblick auf berührte Grundrechte und in gleicher Weise neuerdings im Hinblick auf die Staatszielbestimmung Umweltschutz einzuschätzen ist. Welche Anforderungen sich daraus für den delegierenden Gesetzgeber im Bereich des Umwelt- und Technikrechts ergeben, wurde bereits dargestellt. Aber auch umgekehrt läßt sich argumentieren: Je konkreter die gesetzlichen Vorgaben für den Verordnungsgeber sind, desto unbedenklicher können Konkretisierungen der grundsätzlichen gesetzlichen Normierungen diesem überlassen werden.

Die Abgrenzungsformeln, die sich in Rechtsprechung und Literatur finden, liefern durchaus Anhaltspunkte, die es ermöglichen, das Verhältnis von Gesetz und Rechtsverordnung näher zu bestimmen. So soll sich nach Ansicht des Bundesverfassungsgerichts das Parlament seiner Verantwortung als gesetzgebende Körperschaft nicht dadurch entäußern können, »daß es einen Teil der Gesetzgebungsmacht der Exekutive überträgt, ohne die Grenzen dieser Kompetenzen bedacht und diese nach Tendenz und Programm so genau umrissen zu haben, daß schon aus der Ermächtigung erkennbar und voraussehbar ist, was dem Bürger gegenüber zulässig sein soll.«[278] Übertragen auf das Umweltrecht bedeutet dies, daß die Festlegung der dem Bürger und der Allgemeinheit durch eine Technologie auferlegten Risiken vom Gesetzgeber selber vorgenommen werden muß und daß die Exekutive lediglich zur Ausgestaltung des gesetzlichen Risikorahmens ermächtigt werden darf. Dies erfordert vom Gesetzgeber die eindeutige Festlegung der Zielvorgaben, z. B. bezüglich des Schutzkonzepts und der Bewertungsmaßstäbe, so wie dies oben (2.) dargelegt wurde.

Die Literatur stimmt damit überein, wenn sie der Rechtsverordnung die Regelung der »technischen Details und ephemeren

277 BVerfGE 58, 257, 278.
278 BVerfGE 58, 257, 277.

Regelungen« sowie von »rein fachorientierten sachbedingten Anordnungen ohne oder nur mit geringem politischen Entscheidungsgehalt«[279] zuweist. Daß die Bedeutung der in Form der Rechtsverordnung – wie auch von Verwaltungsvorschriften und sonstigen »technischen« Regelungen – erlassenen Umweltstandards weit darüber hinaus geht, ist bereits beschrieben worden. So wird die Praxis im Umweltrecht damit gerechtfertigt, daß es genüge, die grundlegenden Entscheidungen in allgemeiner Form in das förmliche Gesetz aufzunehmen. Einzelheiten und Konkretisierungen könnten dann der Ebene der Rechtsverordnung überlassen werden, insbesondere alle regelungsaufwendigen Details, also Regelungen, die in quantitativer Hinsicht notwendig umfangreich ausfallen müßten. Das gleiche gelte für solche Vorgaben, die häufig geändert werden müßten.[280] Wieso dann aber Grenzwerte in die Rechtsverordnung gehören sollen, erscheint nicht recht plausibel, da deren Regelung weder als besonders umfänglich noch als besonders kurzlebig anzusehen sind.

Eine genauere Betrachtung zeigt damit deutlich, daß sich für die augenblickliche Verteilung der Regelungstätigkeit auf Parlament und Exekutive keine triftigen, etwa in der Eigenart der Materie begründeten Rechtfertigungen finden lassen. Letztendlich dürfte hierfür die Auffassung verantwortlich sein, wonach es sich bei den Umweltstandards um »technische« Regelungen handele, für die das Parlament der ungeeignete Ort sei und die in die – gleichsam natürliche – Verantworung des bürokratisch-technischen Bereichs fiele. Diese Auffassung ist bereits entschieden zurückgewiesen worden (s. o. 1. c.).

Die Abgrenzung zwischen Gesetz und Rechtsverordnung wird ebenso kontrovers in den USA diskutiert, wenig überraschend angesichts der Entwicklung zum »regulatory state« seit den 30er Jahren. Dabei ist allerdings zu bedenken, daß die amerikanische im Vergleich zu der deutschen Gesetzgebung ein erheblich größeres Maß an Detailregelungen aufweist (s. o. 2. b.). Entgegen der herrschenden Auffassung, die an die Delegation der Normsetzung an die Exekutive geringe Anforderungen stellt, erinnert Justice *Rehnquist* jetzt bei der Frage hinreichender gesetz-

279 *Ossenbühl*, HdBStR III, § 64 Rn. 3; ähnlich *Hesse*, Grundzüge, Rn. 525 f.
280 *Jarass*, Leitvorstellungen, S. 439.

licher Bestimmtheit des hinzunehmenden Risikos im Arbeitsschutz (§ 6 (b) (5) OSHA) an den mangelnden Willen des Kongresses, die kritischen Politikentscheidungen selber zu treffen. Im konkreten Fall wird es als offensichtlich bezeichnet, daß der Kongreß mit seiner Entscheidung der zentralen Frage ausgewichen sei, die nicht nur für die Zwecke des Gesetzes grundlegend, sondern die auch politisch so umstritten gewesen sei, daß ein Kompromiß in der Werkstatt des Kongresses schwierig, wenn nicht unmöglich gewesen sei. Aber: »It is the hard choices, and not the filling in of the blanks, which must be made by the elected representatives of the people. When fundamental policy decisions underlying important legislation about to be enacted are to be made, the buck stops with Congress and the President insofar as he exercises his constitutional role in the legislative process.«[281] Ob diese Ansicht des jetzigen Chief Justice sich durchsetzen wird, bleibt abzuwarten.[282]

bb. Rückbindung exekutiver Rechtssetzung an das Parlament

Aber auch nach der hier vertretenen Ansicht bleibt ein Raum für solche Verordnungsregelungen, durch die der Risikorahmen des Gesetzes von der Exekutive ausgefüllt wird. Und auch mit klarer Vorgabe von »Tendenz und Programm« des Gesetzgebers bleiben Wertentscheidungen, d. h. politische Entscheidungen des Verordnungsgebers bei der Konkretisierung der gesetzgeberischen Wertungen unvermeidlich. Und je bedeutsamer für die Festlegung konkreter Verhaltenspflichten der Bürger wie auch der Handlungsmaßstäbe der Verwaltung die Rechtsverordnung im Umweltrecht noch bleibt, um so näher liegt es, nach solchen Kontrollinstrumenten des Parlaments zu suchen, welche die unvollständige legislative Steuerung zu ergänzen vermögen.

281 *Industrial Union Department, AFL-CIO v. American Petroleum Institute*, 448 U.S. 607, 685, 687 (1980) – Benzene –; ebenso *Rehnquist*, dis.op. in: *American Textile Manufacturers Institute, Inc. v. Donovan*, 452 U. S. 490 (1981) – Cotton Dust -. Scharf abl. gegenüber der Delegationspraxis bereits *Th. Lowi*, The End of Liberalism, New York 1969, S. 125 ff.

282 Justice *Scalia* hat sie sich im Bereich strafrechtlicher Delegation zu eigen gemacht, dis. op. in: *Mistretta v. United States*, 488 U. S. 361 (1989). – Zu der Diskussion um die sog. non-delegation Theory *Stewart*, S. 1693 ff.

In Betracht kommen hier vor allem Mitwirkungsrechte des Parlaments oder seiner Ausschüsse beim Erlaß von Rechtsverordnungen. Derartige Mitwirkungsrechte sind in der Staatspraxis seit langem bekannt. Sie treten in höchst unterschiedlichen Formen auf: z.B. durch Kenntnisgabe durch die Exekutive vor Erlaß und Möglichkeit der Stellungnahme durch einen Genehmigungsvorbehalt oder durch einen Kassationsvorbehalt.[283] Insbesondere die Zustimmungsverordnung wird mit guten Gründen als »neue dritte Form der Rechtsetzung zwischen dem förmlichen Gesetz einerseits und der exekutiven Verordnungsgebung andererseits«[284] verstanden. Diese Form der Rechtssetzung, die auch vom Bundesverfassungsgericht beim Vorliegen eines »legitimen Interesses« für zulässig gehalten wird,[285] sei notwendig geworden, weil der eingetretene Regelungsbedarf weder allein durch das förmliche Gesetz noch durch die Rechtsverordnung sachgerecht erfüllt werden könnte. Dies sei dann der Fall, wenn aus Gründen sachgerechter Regelung der Ermächtigungsgeber außerstande sei, dem Bestimmtheitsgebot des Art. 80 Abs. 1 S. 2 GG hinreichend Rechnung zu tragen, vielmehr wichtige Entscheidungen dem Verordnungsgeber überlassen müsse, weil diese Entscheidungen nur in der gegebenen Situation sachgerecht getroffen werden könnten. Der Mangel an Bestimmtheit der gesetzlichen Ermächtigung werde damit durch den Zustimmungsvorbehalt kompensiert.[286]

Diese Überlegungen lassen sich für das Umweltrecht fruchtbar machen. Zwar werden hier die Möglichkeiten bestimmter gesetzlicher Ermächtigungen erheblich höher eingeschätzt, als dies der gegenwärtigen Praxis entspricht. Doch mögen Entscheidungen denkbar sein – z. B. solche, die sich durch erhebliche Unsicherheiten auszeichnen –, bei denen das Maß bestimmter gesetzlicher

283 Übersicht bei *Ossenbühl*, HdBStR III, § 64 Rn. 50ff.

284 *Ossenbühl*, HdBStR III, § 64 Rn. 56.

285 BVerfGE 8, 274, 321 f.

286 Demgegenüber hat der U.S. Supreme Court die in den USA offensichtlich zunehmende Praxis der gesetzlichen Einführung des sog. legislative veto, bei dem beide oder einzelne Häuser des Kongresses oder einer seiner Ausschüsse Entscheidungen der Verwaltung aufheben konnten, für verfassungswidrig erklärt, *INS v. Chadka*, 463 U.S. 919 (1983). – Scharf abl. *Ackerman*, NAFTA, S. 126f. (»nightmare«); zur Diskussion von zulässigen Alternativen *Stone/Seidman/Sunstein/Tushnet*, S. 441 f.

Ermächtigung reduziert werden muß; dies ist der Ort eines kompensatorischen Zustimmungs-, gegebenenfalls auch Kassationsvorbehalts.

Von dieser Möglichkeit hat der Bundestag im Umweltrecht bislang eher zurückhaltend und wenig systematisch Gebrauch gemacht. So wurde in der Entschließung bei der Verabschiedung des UVP-Gesetzes nur vorbehalten, »§ 20 UVPG in eine Ermächtigung zum Erlaß einer Rechtsverordnung umzuwandeln, die der Zustimmung des Deutschen Bundestages bedarf.«[287] Es scheint kein Zufall, daß der Gesetzgeber gerade bei einer Rechtsverordnung nach § 20 UVPG einen Zustimmungsvorbehalt ins Auge faßte, da kaum ein zweiter Bereich der Regelungen über die Umweltverträglichkeitsprüfung mit derartigen Unsicherheiten belastet war (und ist), wie die Frage der Kriterien bei der Ermittlung, Beschreibung und Bewertung der Umweltauswirkungen.[288] Eingeführt wurde der Zustimmungsvorbehalt jedoch in § 48a BImSchG sowie in § 59 Satz 3, 2. Alt. KrW-/AbfG.

Über den verfassungsrechtlich unproblematischen Zustimmungsvorbehalt geht der Änderungsvorbehalt hinaus, bei dem sich das Parlament nicht nur die Ablehnung, sondern auch die Änderung des Verordnungsentwurfs vorbehält. Beispiele hierfür finden sich gerade im Umweltrecht in § 20 Abs. 2 UmweltHG, dem inzwischen wieder aufgehobenen § 40 Abs. 1 GenTG[289] sowie neuerdings in § 59 Satz 3, 1. Alt. KrW-/AbfG. Damit regelt das Parlament ganz unmittelbar den Inhalt der Rechtsverordnung, wie es dies auch in einer Reihe von umweltrelevanten Artikelgesetzen getan hat, durch die nicht nur die jeweiligen Gesetze, sondern – wohlgemerkt durch den parlamentarischen Gesetzgeber – gleich die auf diese gestützten Rechtsverordnungen geändert worden sind. So wurden etwa im Investitionserleichterungs- und WohnbaulandG vom 22.4.1993 in Art. 3 die Baunutzungsverordnung und in Art. 9 die 4. BImSchV geändert; in Art. 3 ff. des Gesetzes zur Beschleunigung und Vereinfachung immissionsschutzrechtlicher Genehmigungsverfahren vom 12.9.1996

287 BT/Drs. 11/5532, S. 3.

288 *Steinberg* (Fn. 201), S. 1371 ff.; *H.-J. Peters*, Die UVP-Richtlinie der EG und die Umsetzung in das deutsche Recht, 1994, S. 42 ff.

289 Dazu *W. Graf Vitzthum*, Durch das Dickicht des deutschen Gentechnikrechts, DÖV 1994, S. 336 ff., 339.

wurden die wichtige Verordnung über das Genehmigungsverfahren (9. BImSchV) und andere Verordnungen geändert. Die Praxis sowohl des Änderungsvorbehalts[290] als auch der direkten späteren Änderung[291] erscheint im Hinblick auf den Grundsatz der Gewaltenteilung und die Notwendigkeit klarer Verantwortlichkeiten nicht unproblematisch. Keine Bedenken bestehen demgegenüber, wenn der Gesetzgeber – wie es von den parlamentarischen Beratungen des Bodenschutzgesetzes berichtet wird – vor der Verabschiedung des Gesetzes die in der Verordnung zu regelnden Eckwerte etwa der Grenzwerte kennen möchte.

d. Wissenschaftliche Beratung der Exekutive durch Experten

aa. Aufstellung technischer Normen durch Expertengremien

(1) Erscheinungsformen und praktische Bedeutung

Auch wenn die materiell-rechtlichen Anforderungen an die Errichtung und den Betrieb von kerntechnischen Anlagen stärker als bisher durch Parlamentsgesetz und Rechtsverordnungen geregelt würden, bleiben »technische Normen« zur Auslegung der Sicherheit von technischen Anlagen und zur Bestimmung sonstiger Umweltstandards (dazu s. o. 2. b. u. 3. b.) unverzichtbar und in ihrer Bedeutung kaum gemindert. Damit geraten die Gremien in den Blick, welche derartige Normen erarbeiten.

Beispielsweise sollen die entsprechenden Einrichtungen im Bereich des Atomrechts betrachtet werden. Zu nennen sind vor allem die beim Bundesminister für Umweltschutz, Naturschutz und Reaktorsicherheit durch Erlaß[292] eingerichtete Reaktor-

290 Ausführlich *S. Thomsen*, Rechtsverordnungen unter Änderungsvorbehalt des Bundestages?, DÖV 1995, S. 989 ff. m. umf. Nachw.

291 *S. Studenroth*, Einflußnahme des Bundestages auf Erlaß, Inhalt und Bestand von Rechtsverordnungen, DÖV 1995, S. 525 ff.

292 Der Bundesminister für Umwelt, Naturschutz und Reaktorsicherheit, Bekanntmachung der Satzung von RSK und SSK v. 29.1.1990, BAnz. Nr. 36 v. 21.2.1990, S. 891 ff. – Grundlage für beide Gremien ist § 62 GGO I; *ders.*, Bekanntmachung über die Neufassung der Bekanntmachung über die Bildung eines Kerntechnischen Ausschusses v. 20.7.1990, BAnz. Nr. 144 v. 4.8.1990, S. 3981 f.

Sicherheitskommission (RSK), die Strahlenschutzkommission (SSK)[293] und der Kerntechnische Ausschuß (KTA).[294] Alle drei determinieren in unterschiedlicher Weise die im Genehmigungsverfahren angewandten Sicherheitskriterien.[295] Dabei erarbeitet die RSK »Empfehlungen« und im Bundesanzeiger vom Bundesminister zu veröffentlichende »Stellungnahmen«[296] vornehmlich zu Einzelfragen und -projekten, aber auch zu generellen Problemen; letztere führen zu Leitlinien, deren bedeutsamste – die Leitlinien für Druckwasserreaktoren – sicherheitstechnische Anforderungen an den Bau und den Betrieb von Druckwasserreaktoren aufstellen. Teils konkrete, teils allgemeine Empfehlungen enthält der Abschlußbericht über die Ergebnisse der Sicherheitsüberprüfung der Kernkraftwerke in der Bundesrepublik Deutschland durch die RSK vom 23.11.1988. Demgegenüber wird der KTA ausschließlich durch Aufstellung abstrakt-genereller »sicherheitstechnischer Regeln« (§§ 2 u. 7 KTA-Bekanntmachung) tätig, die gem. § 7 Abs. 4 KTA-Bekanntmachung vom Bundesumweltminster im Bundesanzeiger veröffentlicht werden.

Auch diese Regelwerke haben freilich keine Rechtsverbindlichkeit und werden nur dadurch für die Genehmigungsbehörde bindend, daß sie gem. Art. 85 Abs. 3 GG zum Inhalt einer Weisung[297] oder einer allgemeinen Verwaltungsvorschrift i.S. von Art. 85 Abs. 2 GG gemacht werden (s. o. b. ee.). Die Praxis verfährt jedoch anders. Hier hat sich das Instrument der Richtlinien durchgesetzt, einer rechtlich zweifelhaften neuen Rechtsquelle

293 Vgl. Neufassung der Satzung vom 5.11.1984, BAnz. v. 23.11.1984.

294 Vgl. Bekanntmachung vom 1.9.1986, BAnz. v. 2.12.1986.

295 Vgl. *Breuer*, AöR 101 (1976), 46 ff.; vgl. zum Statut von RSK und KTA *H. Fischerhof*, Atomgesetz Komm. Rn. 17b, § 20 Rn. 8; vgl. auch die Beiträge von *Berg*, *Kuhnt*, *Gabriel* und *Quirrenbach* zu dem Thema: Technische Regeln und Richtlinien auf dem Gebiet der Reaktorsicherheit, in: Drittes Atomrechtssymposium, 1975, S. 91 ff.; *A. Rittstieg*, Die Konkretisierung technischer Standards im Anlagenrecht, 1982, S. 76 ff.; *P. Fischer*, Umweltschutz durch technische Regelungen, 1989, S. 63 ff.; *H.D. Jarass*, Das untergesetzliche Regelwerk im Bereich des Atom- und Strahlenschutzrechts, in: Lukes/Birkhofer, Neuntes Deutsches Atomrechtssymposium, S. 407 ff.

296 § 11 Abs. 3 der Satzung.

297 *Lukes*, Regelungsbedarf, S. 57; zur Arbeitsweise des KTA vgl. *W. Schwarzer/W. Eichner*, Der kerntechnische Ausschuß, ET 1984, 377 ff.; *Vieweg*, S. 23 ff. – Zu den Grenzen der Weisungsbefugnis *R. Steinberg*, Bundesaufsicht, Länderhoheit und Atomgesetz, 1990, S. 30.

zwischen Einzelweisung gem. Art. 85 Abs. 3 GG und Verwaltungsvorschrift gem. Art. 85 Abs. 2 GG, durch die eine einheitliche Rechtsanwendung des Atomgesetzes gesteuert wird.[298] Sie stellen faktisch eine Kodifizierung des Standes von Wissenschaft und Technik dar, der nach dem – allerdings problematischen – Wyhl-Urteil des Bundesverwaltungsgerichts (s. o. b. dd.) – umfassende Bindungswirkung zugesprochen wird.

Zusammensetzung und Arbeitsweise derartiger Gremien wären dann unproblematisch, wenn die Ergebnisse ihrer Arbeit sich als Ausdruck objektiven Sachverstandes verstehen ließen. Daß den Standards jedoch in erheblichem Maße wertende Elemente innewohnen, für die die Sachverständigen keine besondere Kompetenz besitzen, wurde bereits festgestellt (s.o. b. bb.). Aber auch für die rechtliche Einschätzung von Organisation und Verfahren dieser Gremien ist die Feststellung von Bedeutung, daß es sich bei ihnen um »nicht ganz unabhängig angesehene Beratungskommissionen(en)«[299] handelt. Die scharfe Entgegensetzung des Bundesverwaltungsgerichts, bei der Frage der Verwertbarkeit technischer Regelwerke der RSK und des KTA für die Prüfung einer Anlage am Maßstab des § 7 Abs. 2 Nr. 3 AtG gehe es nicht darum, »ob solche Standards Ergebnis eines pluralistischen, politischen Meinungsbildungsprozesses sind, sondern um die fachliche Frage, ob sie dem Stand von Wissenschaft und Technik entsprechen«,[300] erscheint deshalb überzogen.

Die interessenmäßige Prägung der Regelwerke, ihre Betreiber- und »Emittentenlastigkeit«[301] ergibt sich schon aus der Zusammensetzung der Gremien. So sind in dem wichtigen Normenausschuß Kerntechnik im Deutschen Institut für Normung e.V. (DIN) vor allem Fachleute aus den interessierten Kreisen (Hersteller, Behörden, Sachverständige) vertreten.[302] Auch der KTA

298 Hierzu im einzelnen *Nolte* (Fn. 8), S. 93 ff.

299 *Breuer*, AöR 101 (1976), S. 59, zur RSK; vgl. auch *Hofmann*, Privatwirtschaft und Staatskontrolle, S. 42 ff.; allgemein zur Interessenabhängigkeit technischer Normierungsgremien *Wolf*, Stand der Technik, S. 142 ff. m.w.N.; *E.-H. Ritter*, Umweltpolitik und Rechtsentwicklung, NVwZ 1987, S. 933 ff.

300 BVerwG, B. v. 17.7.1993, DVBl. 1993, 1149, 1151.

301 *Ebinger*, S. 210.

302 Vgl. *Nolte* (Fn. 8), S. 112; *Böhm*, S. 52. – Zur Charakterisierung der DIN-Normen als »Vereinbarung interessierter Kreise« durch das BVerwGE 77, 285, 291 f., bereits o. 3. b. ee.

ist im wesentlichen interessenmäßig besetzt.[303] Wenn auch deutlich das Bemühen um Repräsentanz und Ausgleich unterschiedlicher Interessen erkennbar ist, so wurde doch die Unterrepräsentanz der Arbeitnehmerseite im KTA durch eines von 50 Mitgliedern durch die Enquête-Kommission »Zukünftige Kernenergie-Politik« kritisiert,[304] auf das Fehlen von Umweltschutzverbänden überhaupt[305] sowie die starke Unterrepräsentanz von Vertretern von Wissenschaftseinrichtungen hingewiesen.[306] Die Interessenabhängigkeit des KTA wird auch durch das Entsendungsrecht der jeweiligen Gruppe oder Stelle gem. § 3 Abs. 2 der Bekanntmachung deutlich. Da die Beschlußfassung des KTA gem. § 6 Abs. 2 der KTA-Bekanntmachung mit einer Mehrheit von fünf Sechsteln der Mitglieder erfolgt, besitzt eine einzelne Gruppe ein faktisches Veto-Recht.[307] In der Praxis läßt sich eine Dominanz der Hersteller- und Betreiberinteressen feststellen.

Demgegenüber soll bei der Zusammensetzung der RSK und der SSK nicht der Gedanke der Interessenrepräsentanz, sondern ausschließlich der der Sachkunde zum Tragen kommen.[308] Auch hier entspricht die Realität nicht der Konzeption, sondern offenbart eine Verquickung von Interesse und Sachverstand. Dies zeigt ein kurzer Blick auf die augenblickliche Zusammensetzung der RSK und ihrer Ausschüsse. Von den 18 Mitgliedern der RSK stammen vier aus dem Bereich Hersteller/Betreiber. Aber auch bei den acht weiteren Mitgliedern läßt die Organisationssoziologie ein bestimmtes institutionelles Erkenntnisinteresse vermuten, da sie aus Großforschungseinrichtungen wie dem (Kern-)-Forschungszentrum Jülich oder dem (Kern-)Forschungszentrum Karlsruhe

303 Vgl. *Nolte* (Fn. 8), S. 104, und bes. *Vieweg*, S. 35; »Repräsentanz der am atomrechtlichen Genehmigungsverfahren beteiligten Funktions- und Interessengruppen sowie sonstiger interessierter Behörden, Organisationen und Beiräte.« Die Zusammensetzung ergibt sich aus § 3 Abs. 1 der Bekanntmachung über die Bildung eines Kerntechnischen Ausschusses, dazu *Steinberg* (Fn. 201), S. 90 m. Fn. 43.

304 Vgl. BT-Drs. 8/4341, S. 143.

305 *Nolte* (Fn. 8), S. 104 und 158 f.; *H.D. Jarass*, Befund und Reform der untergesetzlichen Regelwerke im Atomrecht, in: Lukes/Birkhofer, Neuntes Deutsches Atomrechtssymposium, S. 119.

306 So *Vieweg*, S. 240.

307 Vgl. *Vieweg*, S. 51 f.

308 Vgl. *Nolte* (Fn. 8), S. 98, 102; *Vieweg*, S. 34 m. Fn. 7.

stammen, deren raison d'être die Entwicklung der Kernenergie ist, jedenfalls aber war. Auch an der Zusammensetzung der RSK hat die Enquête-Kommission »Zukünftige Kernenergie-Politik« Kritik geübt und eine Besetzung mit Fachleuten unterschiedlicher Einstellung zur Nutzung der Kernenergie gefordert.[309]

Es ist anzuerkennen, daß der Gesetzgeber in anderen Bereichen zunehmend erste gesetzliche Regelungen über die Errichtung und Aufgaben von Sachverständigengremien getroffen hat. Zu nennen sind hier etwa die Zentrale Kommission für die Biologische Sicherheit gemäß § 4 GenTG, der Technische Ausschuß für Anlagensicherheit in § 31a BImSchG sowie die Störfallkommission in § 51a BImSchG. Hervorzuheben ist aber auch ein Regelungsmodell, bei dem der Gesetzgeber die Einrichtung eines Gremiums im Grundsätzlichen regelt, dessen Ausgestaltung jedoch einer Rechtsverordnung vorbehalten ist. Als Beispiel hierfür wird der Ausschuß für Gefahrstoffe nach § 20b ChemG i.V.m. § 52 GefahrstoffVO,[310] aber auch der Wissenschaftliche Beirat nach § 7 DüngemittelG genannt. Auch in dieser Frage ist der Kommissionsentwurf zu einem UGB (§§ 17ff.) zu begrüßen.

(2) Rechtliche Anforderungen

Angesichts der Tatsache, daß die genannten Gremien in erheblichem Maße die Gefährdungssituation der Schutzgüter des Art. 2 Abs. 2 GG prägen, ergibt sich die Notwendigkeit einer förmlichen gesetzlichen Regelung ihrer Existenz und der Grundlagen ihrer Tätigkeit wegen des Gebots der Regelung wesentlicher Fragen durch den Gesetzgeber. Daß hierzu auch die Vorschriften des grundrechtssichernden Verfahrens gehören, ist in Rechtsprechung und Literatur anerkannt.[311] Die rechtliche Regelung von Organisation und Verfahren vermag verfahrensrechtlich wenigstens partiell die im Hinblick auf den Gegenstand nur begrenzt mögliche materiell-rechtliche Bindung der Verwaltungsentscheidungen zu kompensieren.[312]

309 BT-Drs. 8/4341, S. 144. – Abl. *H. Wagner*, Zur Rolle des wissenschaftlich-technischen Sachverstands in verwaltungsgerichtlichen Verfahren über die Genehmigung großtechnischer Projekte, in: Effektivität des Rechtsschutzes und verfassungsmäßige Ordnung, hrsg. v. P. Gilles, 1983, S. 317ff., 328f.

310 Im Einzelnen vgl. *Lamb*, S. 130ff.

311 Vgl. nur *Hesse*, Grundzüge, Rn. 358ff.

312 Im Hinblick auf die Beratungsgremien *Benda*, S. 9; *Lübbe-Wolf*, ZG 1991,

In seinem Mutzenbacher-Beschluß vom 27.11.1990 hat das Bundesverfassungsgericht die fehlende gesetzliche Bestimmung einer ausgewogenen Zusammensetzung eines anderen in die Verwaltung integrierten Gremiums – der Bundesprüfstelle nach dem Gesetz über die Verbreitung jugendgefährdender Schriften – aus diesen Erwägungen gerügt.[313] Die Grundsätze dieser Beschlüsse lassen sich unschwer auf die hier diskutierten Gremien übertragen, auch wenn deren Entscheidungen – anders als bei denen der Bundesprüfstelle – keine rechtliche, sondern nur faktische Bindungswirkung zukommt. Bekräftigt und ausgeweitet wird diese Rechtsprechung in dem Urteil zur Festsetzung der Rundfunkgebühren. Hier hält es das Bundesverfassungsgericht wegen der Grundrechtsrelevanz der Gebührenentscheidung für erforderlich, »Aufgabe, Zusammensetzung und Verfahren« der »Kommission zur Ermittlung des Finanzbedarfs der Rundfunkanstalten«, einem sachverständig zusammengesetzen Gremium zur Ermittlung und Prüfung des Finanzbedarfs der Rundfunkanstalten, »gesetzlich zu regeln und auch die Unabhängigkeit seiner Mitglieder gesetzlich zu sichern«[314], auch wenn die Arbeit dieses Gremiums die Entscheidung der Landesgesetzgeber bzw. der von diesen ermächtigten Stellen lediglich vorbereitet. Unmittelbar vergleichbar erscheint aber auch die aus dem Rechtsstaatsprinzip abgeleitete Forderung des Bundessozialgerichts, für die »Anhaltspunkte für die ärztliche Gutachtertätigkeit« im sozialen Entschädigungsrecht und nach dem Schwerbehindertengesetz eine Rechtsgrundlage[315] zu schaffen; hierbei seien auch die Or-

S. 243 ff.; *Denninger*, Verfassungsrechtliche Anforderungen, S. 117 ff.; allgemein *Simon/Heußner*, dis.op., BVerfGE 53, 30, 78.

313 BVerfGE 83, 130, 151 ff.

314 B. v. 22.2.1994, BVerfGE 90, 60, 103. – In einem ganz anderen verfassungsrechtlichen Zusammenhang steht die Aussage des 2. Senats des BVerfG in seinem Ausländerwahlrecht-Urteil vom 31.12.1990, BVerfGE 83, 60, 74, wonach »die Tätigkeit von Beiräten oder sonstigen Expertengremien, die mit beratenden Aufgaben befaßt sind, ohne Mitbestimmungsbefugnisse zu haben« nicht stets demokratisch, d. h. – nach dem äußerst engen Demokratieverständnis dieser Entscheidung – vom – deutschen – Staatsvolk legitimiert sein muß.

315 Die »Anhaltspunkte« werden vom LSG Rheinland-Pfalz bemerkenswerterweise als »antizipiertes Sachverständigengutachten« verstanden, Urt. v. 5. 10. 1995, L 4 vs 69/95 n.v.

ganisation, das Verfahren und die Zusammensetzung des für die »Anhaltspunkte« zuständigen Expertengremiums zu regeln.[316]

Die Rücknahme der grundsätzlich gebotenen gesetzlichen Programmierung bedarf deshalb der kompensatorischen Normierung von Organisation und Verfahren der faktisch regelsetzenden Gremien. Dieses Gebot wird durch die Einschränkung der gerichtlichen Kontrolle noch drängender (dazu sogleich IV. 1.). Auf den Zusammenhang von normativem Regelungsdefizit, verfahrensrechtlichen Bestimmungen und gerichtlicher Kontrolle ist zutreffend zuerst von *Ernst Benda* aufmerksam gemacht worden:

»Die Beschränkung der richterlichen Kontrolle auf eine Vertretbarkeitskontrolle der exekutivischen Risikoeinschätzung, der Übergang von der ›Inhalts‹- zur ›Verfahrenskontrolle‹ setzt aber die Normierung entsprechender institutioneller und verfahrensrechtlicher Regeln voraus, nach denen technische Sicherheitsnormen geschaffen werden. Solange dieses normative Regelungsdefizit nicht ausgeglichen wird, erscheint eine vollinhaltliche Bindung der Gerichte an technische Regeln unter dem Gesichtspunkt ausreichenden und effektiven Grundrechtsschutzes verfassungsrechtlich unbefriedigend. Kann schon der Normgeber nicht materielle Beschaffenheitskriterien im gebotenen Umfang aufstellen, dann ist er bei den ›wesentlichen‹ institutionellen und verfahrensrechtlichen Vorkehrungen für eine optimale Grundrechtsvorsorge in die Pflicht genommen. Diese Chance sollte der Gesetzgeber wahren, um den Gewaltenteilungsmechanismus im Bereich technischer Risikokontrolle wieder ins Lot zu bringen. Hierin liegt eine vielleicht noch nicht voll in ihrem Gewicht – auch ihrer Brisanz – erkannte hochaktuelle politische Aufgabe.«[317]

In einem förmlichen Gesetz sind deshalb die Errichtung solcher beratender Gremien – wie des KTA, der SSK und der RSK –, ihre Zusammensetzung, der Modus der Berufung ihrer Mitglieder, Aufgaben, Grundzüge des Verfahrens sowie Beschlußfassung und Bekanntmachung ihrer Beschlüsse sowie deren rechtliche Rezeption zu regeln.[318]

316 Urt. v. 23.6.1993, BSGE 72, 285ff., 287; zust. BVerfG, B. v. 6.3.1995, NJW 1995, 3049ff., das auch auf die fehlende demokratische Legitimation verweist.

317 Technische Risiken, S. 10. – Zu derartigen Zusammenhängen ähnlich *H.-J. Papier*, Zur verwaltungsgerichtlichen Kontrolldichte, DÖV 1986, S. 621ff., 626f.

318 Vgl. vor allem jetzt *Denninger*, Verfassungsrechtliche Anforderungen, S. 168ff.; *Böhm*, S. 178ff.; früher bereits *Löffler* (Fn. 28), S. 80f.; *Marburger* (Fn. 77), ET 1984), S. 214; *Papier*, Vorbehalt, S. 67; *E. Kutscheidt*, Behandlung technischer Sachverhalte in Gerichtsverfahren, in: Normalisierung der friedli-

Von besonderer Bedeutung erscheint die Regelung der Zusammensetzung, bei der für »eine nach dem wissenschaftlich-technischen Sachverstand ausgewogene Beteiligung, auch unter Berücksichtigung von Mindermeinungen,«[319] Sorge zu tragen ist. Es ist vor allem sicherzustellen, daß nicht ausschließlich wissenschaftlich-technische Großorganisationen, sondern die gesamte Breite des fachwissenschaftlichen Sachverstands vertreten ist. Auch wenn keine bestimmte Zusammensetzung der Gremien als verfassungsrechtlich geboten angesehen werden kann, so ergeben sich doch Erfordernisse aus dem vom Bundesverfassungsgericht entwickelten, grundrechtlich begründeten »Grundsatz der bestmöglichen Gefahrenabwehr und Risikovorsorge«[320], zu dessen Realisierung die Exekutive sich nicht auf eine »herrschende Meinung« verlassen dürfe,[321] sondern »alle wissenschaftlich und technisch vertretbaren Erkenntnisse«[322] heranziehen müsse. Aus diesen unmittelbar für die Genehmigung einer kerntechnischen Anlage getroffenen Feststellungen folgt auch für die Zusammensetzung eines Beratungsgremiums, die faktisch über die Anforderungen an die Errichtung und den Betrieb von umweltbelastenden Anlagen (mit-) entscheidet, ebenfalls das Gebot der Berücksichtigung der verschiedenen wissenschaftlichen Richtungen. Damit ist freilich nur das Problem des wissenschaftlichen Pluralismus erfaßt, nicht jedoch das Wertungsproblem der Gremien, für das diese über keine fachliche Kompetenz verfügen. Es hängt von den konkreten Aufgaben des jeweiligen Gremiums ab, ob man deshalb den Sachverstand i.e.S. ergänzt durch die Einbeziehung unterschiedlicher gesellschaftlicher Gruppen.[323] Deren Fehlen macht jedoch die of-

chen Nutzung der Kernenergie, hrsg. v. A. Birkhofer/R. Lukes, 1985, S. 87; *Degenhart*, S. 207ff., 224ff.; *Breuer*, Gutachten zum 59. DJT, S. B 112; allgemein *P. Badura*, Gestaltungsfreiheit und Beurteilungsspielraum der Verwaltung, in: FSf. Bachof, 1984, S. 177.

319 *Benda*, S. 9; vgl. auch *Böhm*, S. 232ff., die die stärkere Berücksichtigung von Fachleuten des Gesundheitsschutzes verlangt.

320 BVerfGE 49, 89, 143; 53, 30, 58f.

321 BVerwGE 72, 300, 316; B. v. 12.7.1993, DVBl. 1993, 1149ff., 1150.

322 BVerfGE 49, 89, 140. – Für die Berücksichtigung von Mindermeinungen vor allem in Bereichen, in denen die wissenschaftliche und technische Entwicklung noch im Fluß ist, *Müller-Foell*, S. 87.

323 *Böhm*, S. 234f. – Auch in den USA steht die Frage von mehr Ausgewogenheit und Pluralismus wissenschaftlicher Beratungsgremien auf der Tagesordnung, vgl. *A. Lawler*, Is the NRC [sc. National Research Council, Teil der Na-

fene Ausgestaltung des weiteren Verfahrens etwa durch eine Anhörung verbunden mit einem Erörterungstermin um so unverzichtbarer. Wegen des wertenden Charakters der Regelwerke ist dies bereits früher begründet worden (s.o. b.cc.).

bb. Vorbereitung von Einzelentscheidungen

Die Verwaltung ist jedoch nicht nur bei der Standardsetzung, sondern bei der Vorbereitung von Einzelentscheidungen insbesondere im Genehmigungs- und Aufsichtsverfahren auf die Mitwirkung von Sachverständigen angewiesen. Dagegen läßt sich nicht mehr im eigentlichen Sinne von einer Beratung der Exekutive durch die Wissenschaft und Technik sprechen, wenn diese anstelle der Verwaltung tätig wird – wie dies etwa beim Öko-Audit der Fall ist.

Dem Sachverständigen kommt seit jeher bei der Anlagenüberwachung große Bedeutung zu, wie ein Blick auf die §§ 24c und 36 GewO zeigt. Die praktische Bedeutung des Sachverständigen für den Bereich der Anlagensicherheit kann gar nicht überschätzt werden. Einen ersten Eindruck vermag die Zahl von 1.200 technischen Mitarbeitern der technischen Überwachungsvereine allein im Bereich der Kernenergie[324] zu vermitteln. Das Bild wird bestätigt, wenn man einen beliebigen Genehmigungs- oder Freigabebescheid für ein Kernkraftwerk zur Hand nimmt: Die eigentlichen technischen Prüfungen und Bewertungen der Voraussetzungen für die Genehmigung oder etwa das Wiederanfahren eines Reaktors nehmen die Gutachter vor; auf deren Arbeit wird in dem Bescheid der Behörde Bezug genommen.

Hier wird zweierlei deutlich: zum einen die nahezu totale Angewiesenheit der zuständigen Behörden auf die Unterstützung durch Sachverständige, die angesichts der Lückenhaftigkeit, Unvollkommenheit, Disparatheit und Strittigkeit des technischen Wissens unverzichtbarer ist denn je;[325] zum anderen die gesellschaftliche Mitverantwortung für die sichere Beherrschung der Technik, die durch die Tätigkeit der überwiegend privaten, zum

tional Academy of Sciences, d. Verf.] Ready for Reform?, Science Bd. 276, 9.5.1997, S. 900ff.

324 Die Zahl findet sich bei *Wagner* (Fn. 309), S. 318.

325 Dazu *Breuer*, HdUR II, Sp. 1759ff.

Teil – wie bei den technischen Überwachungsvereinen – als Selbstorganisation der Wirtschaft gebildeten Einrichtungen fachlich fundiert wird.

Diese staatsentlastende Tätigkeit der Sachverständigen auf dem Gebiete der technischen Sicherheit und des Umweltschutzes,[326] die im Anlagenrecht bislang einen eher schwachen Niederschlag gefunden hatte, ist in den letzten Jahren im Zuge der Privatisierungs- und Beschleunigungsdiskussion erheblich gestärkt worden.

So ist die Rolle anerkannter Sachverständiger nicht nur im Aufsichts- (§ 29a BImSchG[327]), sondern auch im Genehmigungsverfahren durch die letzten Novellen des BImSchG formalisiert und damit gestärkt worden. Das Ziel der Entlastung der Genehmigungsbehörde und die Vermeidung von Doppelprüfungen soll in Zukunft dadurch erreicht werden, daß bereits vom Antragsteller bei anerkannten Sachverständigen in Auftrag gegebene Gutachten von der Genehmigungsbehörde als Sachverständigengutachten i.S. des § 13 Abs. 1 9. BImSchV ihrer Entscheidung zugrundegelegt werden. Voraussetzung ist entweder, daß diese Gutachten »in Abstimmung mit der Genehmigungsbehörde« in Auftrag gegeben werden oder aber – nach der neuesten Änderung 1996[328] – von einem besonders qualifizierten oder zertifizierten – externen[329] – Sachverständigen stammen. Diese Neuregelung geht damit weit über die bisherige Bestimmung des § 13 Abs. 2 S. 1 9. BImSchVO hinaus, wonach ein vom Betreiber vorgelegtes Gutachten als »sonstige Unterlage i.S.v. § 10 Abs. 1 S. 2 BImSchG zu prüfen« ist. Sie schließt den Einwand unzulässiger Mehrfachtätigkeit[330] ebenso aus wie den Hinweis, ein derartiges »Privatgutachten« liege außerhalb der gesetzlichen Sachverständigentätigkeit.[331]

326 So ebd., Sp. 1763 ff.

327 Dritte Novelle des BImschG v. 11.5.1990, BGBl. I S. 870; dazu BT/Drs. 11/4909.

328 G. zur Beschleunigung und Vereinfachung immissionsschutzrechtlicher Genehmigungsverfahren v. 9.10.1996, BGBl. I, S. 1498.

329 Damit ist selbstverständlich ausgeschlossen, daß der eigene Störfallbeauftragte ein »Sachverständigengutachten« i.S. des § 13 IX BImSchV vorlegt, wie dies BÜNDNIS 90/DIE GRÜNEN, BT/Drs. 13/5100, S. 34, befürchten.

330 Dazu *H. Haedrich*, Atomgesetz, 1986, § 20 Rn. 10 m. umf. Nachw.; *C.H. Ule/H.W. Laubinger*, Verwaltungsverfahrensrecht, 4. Aufl., 1995, § 10 Rn. 29.

331 *Haedrich* (Fn. 330), § 20 Rn. 6.

Die stärkere Beteiligung von Sachverständigen birgt freilich auch Gefahren. Am bedenklichsten wäre zweifellos die Herausbildung eines solchen Maßes an Abhängigkeit der Behörde von externem Sachverstand, daß dies zu einem ernsthaften Verlust behördlicher Fachkompetenz führen würde.[332] Denn deren Verantwortlichkeit für die »Risikoermittlung und Risikobewertung«[333] stünde nur noch auf dem Papier, wenn es ihr nicht mehr möglich wäre, alle Gedankengänge im Zusammenhang mit der Prüfung der Genehmigungsvoraussetzungen »in der Weise nachzuvollziehen und zu verknüpfen, daß sie von der Sicherheit der Anlage überzeugt sind«.[334] Denn in diesem zentralen Punkt unterscheidet sich das Verhältnis der fachkundigen Exekutive zum Sachverständigen von dem des Richters zum Sachverständigen.[335] Die Letztverantwortung der Verwaltung für die Risikoermittlung und -bewertung ist ohne entsprechende Fachkompetenz undenkbar und macht deshalb eine fachliche Ausstattung der Verwaltung – auch durch hochspezialisierten Sachverstand – unabdingbar.

Diese Überlegungen zur Sicherstellung der Voraussetzungen für die Wahrnehmung der Staatsverantwortung durch die Verwaltung gelten erst recht für den Vorschlag, die Feststellung der wesentlichen Elemente des Sicherheitsstandards einer Anlage einem Sachverständigengremium zu übertragen.[336] Soweit der Staat seiner Verantwortung für die Umwelt durch die Durchführung eines Genehmigungsverfahrens nachkommen muß (s. o. II. 6. b. ee.), kann er sich der Genehmigungsverantwortung nicht in der vorgeschlagenen Weise entledigen. Das ist bei der atomrechtlichen Genehmigung[337] oder bei den immissionsschutzrechtlichen Genehmigungen für Anlagen mit einem höheren Gefährdungspotential sicherlich der Fall. Anderes gilt für solche Risiken, bei denen der Staat seiner Gewährleistungsverantwortung

332 Dazu *M. Rebentisch*, Technische Kontrolle in staatlicher Verantwortung, UPR 1987, S. 401 ff., 408.

333 BVerwGE 72, 300, 316.

334 *F. J. Dreyhaupt*, Technische Sicherheit industrieller Anlagen – Vollzugsprobleme staatlicher Behörden –, in: Staatliche Gefahrenabwehr in der Industriegesellschaft, hrsg. v. U. Becker, 1982, S. 97 ff., 117.

335 Zu letzterem *Sendler*, NJW 1986, S. 2907 ff.

336 So *Wagner* (Fn. 309), S. 329 ff. m.w. Nachw.

337 So BVerfGE 53, 30, 57, 59.

auch durch andere Instrumente, z. B. des zivilrechtlichen Nachbar- und Haftungsrechts, nachkommen kann. Hierbei kann auch den Sachverständigen eine maßgebliche Mitwirkung bei der Risikokontrolle eingeräumt werden.[338]

Die zweite große Gefahr der Sachverständigenmitwirkung stellt das Fehlen ausreichender Fachkunde sowie einer im Einzelfall bestehenden inneren oder äußeren Abhängigkeit eines Sachverständigen bzw. einer Sachverständigenorganisation dar.[339] Daß derartige Besorgnisse nicht aus der Luft gegriffen sind, zeigen immer wieder Presseberichte über Abhängigkeiten der Gutachter von den – privaten – Auftraggebern, die negativen Auswirkungen von preis- und oftmals auch qualitätsdrückendem Konkurrenzdruck sowie die Erstattung von »Gefälligkeitsgutachten«.[340]

Von besonderer Bedeutung ist deshalb die Gewährleistung der Fachkunde und Unabhängigkeit der Sachverständigen, insbesondere auch in Sachverständigenorganisationen wie dem TÜV. Bedauerlicherweise ist die diesem Zwecke dienende Verordnungsermächtigung in § 12 Abs. 1 Nr. 11 AtG[341] von der Bundesregierung bislang nicht genutzt worden.[342] Immerhin soll die Qualität und Nachvollziehbarkeit der atomrechtlichen Gutachten durch die Rahmenrichtlinie des Bundesministers des Innern

338 *E. Bohne*, Versicherungsmodelle zur Investitionsbeschleunigung und zum Abbau von Vollzugsdefiziten im Anlagenrecht, DVBl. 1994, S. 195 ff., 197 f.

339 Zum Problem *Sendler*, NJW 1986, S. 2912 f.; *Kirchhof*, S. 100.

340 Bezeichnend etwa *Paulus*, Geprüft und verkohlt. Auf der Jagd nach Aufträgen lassen sich die Technischen Überwachungsvereine (TÜV) zuweilen auf umstrittene Geschäfte ein, DIE ZEIT v. 6.9.1996, S. 25 f.; *W. Hoffmann*, Im Kern verfilzt. Die Autoren des Kalkar-Gutachtens sind vielfältig mit der Atom-Industrie verbunden, DIE ZEIT v. 9.10.1987, S. 21 f.

341 Vgl. dazu bereits den materialreichen Bericht der Bundesregierung über Grundlagen und Praxis der Sachverständigentätigkeit im Rahmen atomrechtlicher Genehmigungs- und Aufsichtsverfahren, hrsg. v. BMI, 1979.

342 Die zwischenzeitlich bestehende Verordnungsermächtigung in Art. 29a Abs. 2 BImSchG ist durch das 2. Gesetz zur Beschleunigung und Vereinfachung von immissionsschutzrechtlichen Genehmigungsverfahren v. 9.10.1996 (BGBl. I, S. 1498), Art. 17 Nr. 1 b), wieder aufgehoben worden. Offenkundig hielt der Gesetzgeber die bestehenden Richtlinien des Länderausschusses für Immissionsschutz für ausreichend. Vgl. hierzu *K. Hansmann*, Beschleunigung und Vereinfachung immissionsschutzrechtlicher Genehmigungsverfahren?, NVwZ 1997, S. 105 ff., 110 m. Fn. 55. – Auch der Entwurf einer Sachverständigen-Merkmale-Verordnung des BMU, Stand 5.10.1993, ist bislang nicht verabschiedet worden.

vom 15.12.1983 über die »Gestaltung von Sachverständigengutachten im atomrechtlichen Verwaltungsverfahren«[343] gesichert werden. In ihr werden formale und inhaltliche Anforderungen an ein Gutachten formuliert: So muß das Gutachten in ganz bestimmter Weise aufgebaut sein (Nr. 3 der Rahmenrichtlinie), und hinsichtlich der Darlegung der Gutachtensbedingungen, der Bewertungsmaßstäbe, der Trennung von Tatsachen, Angaben des Antragstellers, Berechnungen, Annahmen, Prüfergebnissen, Schlußfolgerungen und Bewertungen »unter Berücksichtigung der im Gutachten zitierten Unterlagen sowie der einschlägigen Regelwerke aus sich heraus verständlich und nachvollziehbar sein« (Nr. 2g der Rahmenrichtlinie). Schlußfolgerungen und Bewertungen müssen darüber hinaus vollständig sein (Nr. 2f der Rahmenrichtlinie). Schließlich wird die besondere fachliche Verantwortung des Gutachters betont (Nr. 4 der Rahmenrichtlinie), mit der fachliche Weisungen der Organisation, der der Sachverständige etwa angehört, ebensowenig zu vereinbaren sind wie die bei den oben genannten Gremien üblichen Mehrheitsbeschlüsse. Dagegen verkennt die Richtlinie die Aufgabe des Gutachters, wenn sie ihm in Nr. 3d eine Stellungnahme zum Vorliegen der Voraussetzungen des § 7 Abs. 2 Nr. 3 AtG abverlangt und damit in die Verantworung der Verwaltung zur Risikoermittlung und -bewertung eingreift.[344] Nur nebenbei sei bemerkt, daß der Erfolg des Öko-Audit-Systems zu einem ganz erheblichen Teil von der Qualität, Zuverlässigkeit und Unabhängigkeit der Umweltgutachter abhängen wird. Es nimmt deshalb nicht Wunder, daß sowohl die EG-Öko-Audit-Verordnung vom 29. Juli 1993 (insbes. Art. 6 mit Anhang III) als auch das deutsche UmweltauditG vom 7. Dezember 1995 der Zertifizierung der Gutachter besondere Aufmerksamkeit schenken.

Die Beratung der Verwaltung durch qualifizierte Sachverständige ist im Umweltrecht um so bedeutsamer, als die gesetzliche Programmierung – wie dargestellt (o. 1. a.) – außerordentlich offen und die Entscheidungssituation durch ein erhebliches Maß an Ungewißheit gekennzeichnet ist. Aus diesem Grunde gilt – wie auch bei der Erarbeitung technischer Normen (s. o. aa. (2)) –

343 GMBl. 1984, 21.

344 So OVG Schleswig-Holstein, Urt. v. 3.8.1992 – 4 K 3/91 Umdruck, S. 31.

das Gebot einer breiten Heranziehung von Sachverstand. Für das atomrechtliche Genehmigungs- und Aufsichtsverfahren ergibt sich daraus nicht nur die Befugnis, bei Erkenntniszweifeln oder Bewertungslücken zusätzliche oder ergänzende Gutachten in Auftrag zu geben. Vielmehr folgt hieraus auch die Möglichkeit der Beauftragung von Parallelgutachtern, gerade um die Bandbreite wissenschaftlicher Meinungen zu erschließen.[345] Insbesondere in dieser Mehrfachbegutachtung spiegelt sich der Verlust einer objektiven wissenschaftlichen und technischen Wahrheit wider.[346] Sie entspricht der von sozialwissenschaftlicher Seite erhobenen Forderung nach der Entwicklung einer »Pluralität von Institutionen..., welche die individuelle Verantwortungsbereitschaft und Verantwortungsfähigkeit stärken und absichern.«[347]

Dabei ist die Schwierigkeit nicht zu unterschätzen, kompetente »kritische«, d.h. solche Sachverständige für die Beratung der Verwaltung zu gewinnen, die nicht – häufig auch in institutioneller Weise – in die wissenschaftliche oder technische »Gemeinschaft« der »führenden Naturwissenschaftler«[348] und Techniker eingebunden sind. Je spezieller, aber auch je kontroverser die wissenschaftlich-technische Frage, desto unlösbarer wird das Problem.[349] Gelegentlich, aber auch nicht immer, hilft der Rückgriff auf ausländische Gutachter. Umso wichtiger, ja unentbehrlicher sind Institutionen »kritischen« Sachverstandes. Und um so bedenklicher erscheint eine in den letzten Jahren angelaufene Kampagne der Betreiber von Kernkraftwerken, derartigen Sachverstand über eine Vielzahl von Anfechtungsklagen gegen Kostenbescheide aus den atomrechtlichen Genehmigungs- und Aufsichtsverfahren »herauszuschießen«.[350]

345 Zu den rechtlichen Voraussetzungen im einzelnen *A. Roßnagel*, Kritischer Verstand für die praktische Vernunft?, DVBl. 1995, S. 644ff., 645f.; vgl. bereits *ders.*, UPR 1986, S. 54.

346 *W. Wild*, Dürfen wir noch neugierig sein?, in: Technikverantwortung, hrsg. v. H. Lenk/M. Maring, 1991, S. 33ff.

347 *G. Ropohl*, Neue Wege, die Technik zu verantworten, in: Technik und Ethik, hrsg. v. H. Lenk/G. Ropohl 1987, S. 149ff., 170.

348 *R. Breuer*, DVBl. 1978, S. 829ff., 836.

349 Zum Problem auch *G. Winter/R. Schäfer*, Zur richterlichen Rezeption natur- und ingenieurwissenschaftlicher Voraussagen über komplexe technische Systeme am Beispiel von Kernkraftwerken, NVwZ 1985, S. 703ff., 709.

350 S. die Übersicht bei *Roßnagel* (Fn. 345) DVBl. 1995, S. 644ff. und jetzt VG Karlsruhe, NVwZ 1996, 616.

4. Legitimität der Verwaltung und Öffentlichkeit

Das Bild der rechtsstaatlichen Verwaltung wird wohl immer noch von der Rolle geprägt, die *Max Weber* ihr in seiner Beschreibung rationaler, d.h. bürokratischer Herrschaft zugeschrieben hat. Die Verwaltung zeichnet sich dadurch aus, daß sie eingebunden in eine Hierarchie fremdgesetzte Regeln ausführt. Die Zwecke des Verwaltungshandelns werden heteronom gesetzt durch die Politiker, die andersartigen Legitimitätskriterien unterliegen. Der Verwaltungsstab erledigt die Verwaltungsaufgaben nach berechenbaren Regeln, welche die Politik setzt.[351] In der Sprache *Niklas Luhmanns* finden alle Kommunikationsprozesse, die dazu dienen, legitime Macht zu bilden, im Vorfeld der Staatsbürokratie statt. Der Politik komme die Rolle der politischen Legitimationsbeschaffung zu, die der Staatsbürokratie die Abnahme ihrer bindenden Entscheidungen sichert.[352] Diese soziologische Bestimmung der Eigenart stimmt mit einer verbreiteten gesetzespositivistischen Trennung von Politik und Verwaltung überein. Für diese Meinung sei nur auf *Hans Kelsen* verwiesen, der zwischen der Erzeugung genereller Normen, der Gesetzgebung als (relativ) freier Willensbildung und dem Einzelakt als Vollziehung in (relativ) gebundener Willensbildung unterscheidet. Im Bereich des monokratisch-bürokratischen Gesetzesvollzugs sei Legalität, nicht Demokratie das Strukturprinzip der Verwaltung.[353]

Mit der Realität der Verwaltung stimmen diese Vorstellungen nur sehr begrenzt überein. Zwar gibt es durchaus Bereiche des Verwaltungshandelns, die dem Typus der gesetzesvollziehenden Verwaltung und insoweit dem rechtsstaatlichen Idealbild *Otto Mayers* von der »tunlichste(n) Justizförmigkeit der Verwaltung«[354] entsprechen. Doch auf vielen Feldern gestaltender und

351 *Weber*, S. 125 ff., 559 ff. – Zum folgenden vgl. *Steinberg*, Politik und Verwaltungsorganisation, S. 22 ff.

352 *Luhmann*, Verwaltungswissenschaft, S. 74, 86.

353 *H. Kelsen*, Allgemeine Staatslehre, 1925, S. 244 ff.; *ders.*, Vom Wesen und Wert der Demokratie, 2. Aufl., 1963, S. 69 ff.

354 *O. Mayer*, Deutsches Verwaltungsrecht, Bd. I, 3. Aufl., 1924 (Nachdruck 1969), S. 62. – Am ehesten trifft dies auf die Transferzahlungen erbringende Sozialverwaltung zu. Es handelt sich hier um eine Form der Massenverwaltung,

planender Verwaltung muß das Verhältnis von Gesetz und Verwaltung – liegt nicht überhaupt ein Fall sog. gesetzesfreier Verwaltung vor – viel differenzierter beschrieben werden.[355] Das Gesetz läßt sich verstehen als Rahmen der Verwaltungstätigkeit, es gibt diese Ziele vor, benennt die Instrumente, vor allem aber auch gibt es der Verwaltung Arbeitsprogramme auf, in denen sich inhaltliche und verfahrensmäßige Vorgaben für die Ermittlung des relevanten Sachverhalts, Kriterien für die Bewertung der unterschiedlichen berührten öffentlichen und privaten Gesichtspunkte und für die Optimierung des zwischen diesen anzustrebenden Ausgleichs finden. Damit programmiert das Gesetz das Verwaltungshandeln nur noch partiell, andere Entscheidungsprämissen – wie die Organisation, das Verfahren und das Personal – gewinnen gesteigerte Bedeutung. Vor allem auch die Notwendigkeit der Konkretisierung einer Vielzahl von unbestimmten Gesetzesbegriffen und das Erfordernis einer Ausbalancierung unterschiedlicher Belange im Einzelfall schließen es aus, die Verwaltungstätigkeit im Sinne eines Subsumtionsmodells verstehen zu wollen; vielmehr programmiert sich die Verwaltung zu einem Gutteil selber. Auf derartige Formen eher diffuser Programmierung des Verwaltungshandelns kann jedoch angesichts der Vielgestaltigkeit der heutigen Verwaltungsaufgaben insbesondere sozialer Gestaltung, Lenkung und gesellschaftlichen Ausgleichs nicht verzichtet werden.

Damit verbunden ist zwangsläufig ein »Fadenriß der diskursiven Kommunikation« (*Habermas*). Statt dessen wird die Verwaltung selber auf eigene interne und externe Kommunikationsprozesse, d. h. auf eigene Legitimationsverschaffung angewiesen.[356] Voraussetzung hierfür ist die Offenheit der Verwaltung für die Probleme und Bedürfnisse der Bürger, wofür *Carl J. Friedrich* vor mehr als 50 Jahren zu Zeiten des New Deal den Begriff der »verantwortlichen Verwaltung« geprägt hat.[357] Damit ist auch die

die typischerweise Angestellten obliegt, und bei der ein hohes Potential für Automatisierbarkeit angenommen wird, vgl. *U. Horn*, Normvollzug in einer automatisierten Massenverwaltung, in: Organisation und Recht, Jb. f. Rechtssoziologie und Rechtstheorie 7 (1980), S. 242 ff.

355 Vgl. etwa *U. Scheuner*, Das Gesetz als Auftrag der Verwaltung, jetzt in: ders., Staatstheorie, S. 545 ff.

356 *Luhmann*, Systemrationalität, S. 241 ff. u. 257 ff.

357 *C. J. Friedrich*, Public Policy and the Nature of Administrative Responsibi-

Vorstellung einer unpolitischen Vollzugsverwaltung gescheitert; auch die Verwaltung – jedenfalls in dem hier interessierenden Bereich sozialer Gestaltung – nimmt politische Funktionen wahr.

Diese Einsichten stellen heute nahezu Allgemeinplätze dar, die weit vor dem Erscheinen des Umweltstaates gemacht wurden.[358] Das Phänomen der politischen Verwaltung ist vielmehr – in Deutschland wie in den USA[359] – mit dem Auftreten des modernen Sozialstaates verbunden, der in Deutschland bis in das 19. Jahrhundert zurückreicht und hier sogar auf vormoderne Formen »polizeylicher« Wohlfahrtspflege aufbaut, während sein Erscheinen in den USA eindeutig mit dem New Deal *F.D. Roosevelts* nach 1933 zu datieren ist. Es überrascht deshalb überhaupt nicht, daß bereits für die Zeit vor hundert Jahren in Deutschland über die »meisterlich verfaßte(n) Gummiparagraphen« des Umweltrechts, die Unübersichtlichkeit und Unbestimmtheit des Normengestrüpps und die relative Beliebigkeit der Entscheidungen der verschiedenen Verwaltungsbehörden geklagt wurde.[360]

Die neuen ökologischen und Sicherheitsrisiken vermögen die Probleme nachlassender Gesetzesbindung allerdings nicht unwesentlich zu verschärfen,[361] da auch bei – wie hier vorgeschlagen – verbesserter Steuerung des Verwaltungshandelns durch Gesetz in erheblichem Ausmaße die Notwendigkeit der administrativen

lity (1949), jetzt in: Public Administration and Policy, hrsg. v. P. Woll, New York 1966, S. 221 ff., unter ausdrücklicher Betonung der Notwendigkeit einer Bürgerbeteiligung angesichts der neuen Aufgaben der Verwaltung. – Vgl. auch *ders.*, Der Verfassungsstaat der Neuzeit, 1953, S. 40 ff., 449 ff.

358 Statt aller *Th. Ellwein*, Einführung in die Regierungs- und Verwaltungslehre, 1966, S. 120 ff.; *F. Scharpf*, Die Kosten des Rechtsstaats, 1970, S. 58 ff., 62; aus juristischer Sicht *P. Badura*, Verwaltungsrecht im liberalen und sozialen Rechtsstaat, 1966; *ders.*, Auftrag und Grenzen der Verwaltung im sozialen Rechtsstaat, DÖV 1968, S. 446 ff.; *W. Brohm*, Die Dogmatik des Verwaltungsrechts vor den Gegenwartsaufgaben der Verwaltung, VVDStRL 30 (1972), S. 245 ff.

359 Hierzu die grundlegenden Vorlesungen des seinerzeitigen Dean der Harvard Law School und früheren Mitglieds und Vorsitzenden von Regulatory Agencies in Washington, D.C. *James M. Landis*, The Administrative Process (1938), New Haven 1966. – Für die auch in den USA vor dem New Deal vorherrschende Sicht der Trennung von Politik und Verwaltung und der Aufgabe der Verwaltung einer »detailed and systematic execution of public law« *W. Wilson*, The Study of Administration (1887), jetzt in: Woll (Fn. 357), S. 15 ff.

360 *Gilhaus*, S. 211 ff., 259.

361 So auch *Habermas*, Faktizität, S. 521, 526.

Selbststeuerung bestehen bleibt. Zwangsläufig stellt sich deshalb die Frage, wie die festgestellten Legitimationsdefizite rechtsstaatlicher Umweltverwaltung kompensiert werden können. Da als Grund für diese Defizite die unterbrochene Kommunikation außerhalb der Verwaltung ausgemacht wurde, kann eine Kompensation nur durch die Herstellung kommunikativer Strukturen zwischen der Verwaltung und deren – sozialer – Umwelt erreicht werden. Als Leitbild läßt sich das Bild einer »responsiven« Verwaltung entwerfen, die in Ergänzung zu den ja weiterhin bestehenden, wenngleich begrenzten gesetzlichen und sonstigen rechtlichen Vorgaben unmittelbar die Informationen, Interessen und Wertungen der betroffenen Öffentlichkeit aufnimmt und bei der Entwicklung von Problemlösungen berücksichtigt.

Ein wichtiges Mittel hierzu stellt die Beteiligung der Öffentlichkeit sowie der organisierten Umweltinteressen dar. Ihr Sinn liegt nicht – wie es verengend gesagt wird – in einem antizipierten Rechtsschutz oder überhaupt in dem Gedanken der Wahrung von Rechten Betroffener.[362] Diese Erwägung greift bei der Einbeziehung ökologischer Interessen schon deshalb zu kurz, weil hinter diesen oftmals keine verwaltungsverfahrensrechtlichen und verwaltungsgerichtlichen (Individual-) Rechte stehen. Es geht vielmehr um die Einbeziehung dieser Belange wie auch der Interessen einer teilweise diffusen Öffentlichkeit, ebenso bei der Initiierung neuer umweltpolitischer Programme[363] wie auch bei der Aktualisierung unbestimmter Gesetzesbegriffe oder bei komplexen Abwägungen, um zu einer »richtigen«, d.h. in angemessenem Umfang auch die Umweltbelange einbeziehenden Verwaltungsentscheidung zu kommen.[364] Die Auffassung, zu dieser

362 *Wahl*, VVDStRL 41 (1983), S. 160ff.; *Habermas*, Faktizität, S. 531.

363 Hiervon erwartet *van den Daele*, S. 379ff. eher eine Dynamisierung der Umweltpolitik als von neuen ökologischen Verfassungsinhalten. Dabei darf freilich nicht die wechselseitige Bedingtheit von Verfassung und Rechtsordnung übersehen werden.

364 Die »richtige« Verwaltungsentscheidung hat nichts zu tun mit der Vorstellung von der »einzig richtigen« Verwaltungsentscheidung, die es angesichts der beschriebenen Normstruktur gerade nicht geben kann, *Habermas*, Faktizität, S. 279; *R. Steinberg*, Komplexe Verwaltungsverfahren zwischen Verwaltungseffizienz und Rechtsschutzauftrag, DÖV 1982, S. 610ff., 620. – Zur umfassenden Einbeziehung berührter Interessen in multipolare Verwaltungsverfahren auch *Stewart*, S. 1756ff.

Aufgabe sei allein die gemeinwohlorientierte Verwaltung berufen, greift zu kurz; denn die gemeinwohlorientierte Gesetzeskonkretisierung läßt sich nur als Ergebnis eines offenen Prozesses begreifen, an dem neben den unterschiedlichen Behörden der Verwaltung, dem Projektträger und Drittbetroffenen auch die Umweltschutzinteressen beteiligt sind.[365]

Derartige Formen der Verwaltungsbeteiligung sind in zahlreichen Bestimmungen des Umweltrechts in höchst buntscheckiger Regelungsvielfalt enthalten. Sie lassen sich unterscheiden nach Bestimmungen über die Beteiligung der allgemeinen Öffentlichkeit, von Gemeinden und – aus ökologischer Sicht von besonderer Bedeutung – von Umweltverbänden.

In der ersten Gruppe findet sich neben der Anhörung der Öffentlichkeit (§ 9 UVPG) und der Eröffnung einer »Jedermann-Beteiligung« (§ 10 Abs. 3 BImSchG; § 7 Abs. 4 AtG; § 18 GenTG) die Einschränkung der Beteiligung auf denjenigen, »dessen Belange durch das Vorhaben berührt werden« (§ 73 Abs. 4 VwVfG). Als Form der Beteiligung existiert neben der Möglichkeit, »schriftlich oder zur Niederschrift Einwendungen bei der Anhörungsbehörde oder der Gemeinde« zu erheben, in den wichtigsten Zulassungsverfahren der Erörterungstermin (§ 10 Abs. 6 BImSchG; § 73 Abs. 6 VwVfG). Auch aus ökologischer Sicht würde die vorgeschlagene Vereinheitlichung der Beteiligungsregelungen im AT-UGB wohltuend wirken.[366]

Als eine Art regionaler Verbandsbeteiligung lassen sich auch die Beteiligungsrechte der Kommunen verstehen, denen über die Vertretung ihrer Interessen als Behörde die Repräsentanz »eigener Rechte« zugestanden wird.[367] Und hierbei können auch immer wieder ökologische Individual- oder Kollektivinteressen in die Verfahren eingebracht werden (z.B. des Lärm- oder sonstigen Immissionschutzes oder zur Verteidigung von Forst-, Natur-

365 So auch *W. Schmitt Glaeser*, Die Position der Bürger als Beteiligte im Entscheidungsverfahren gestaltender Verwaltung, in: P. Lerche et al., Verfahren als staats- und verwaltungsrechtliche Kategorie, 1984, S. 53 u. 58.

366 § 54 Prof-E; § 87 Kom-E.

367 Diese von der Rechtsprechung in jüngster Zeit entwickelte Unterscheidung, die z. B. hinsichtlich der Fristen und Präklusionsregelungen erhebliche Nachteile für die Gemeinden mit sich bringt (BVerwG, NVwZ 1996, 895 u. 1021 f.; NVwZ 1997, 997), kann hier nicht näher diskutiert werden.

schutz- oder Wasserbelangen). Allerdings handelt es sich hierbei oftmals um »bloß« egoistische Umweltschutzinteressen, hinter denen sich oftmals die harten kommunalen Interessen verbergen.

Auch für die Entscheidungen der Verwaltung ist die Bedeutung der Umweltverbände mit ihrer »sach-, vermittlungs- und gemeinwohlspezifische(n) Kompetenz«,[368] ihrer zunehmenden Professionalisierung und eines gewandelten Politikstils, der nach Phasen der Konfrontation eher durch Züge der Interessenbündelung und -vermittlung und Strategien der Kooperation und des Kompromisses – klassischen Funktionen von Verbänden organisierten Interesses – in den letzten Jahren deutlich gewachsen. Gerade aus diesen Gründen besitzen sie erheblich höheres Gewicht als die eher punktuell und auch vorübergehend auftretenden Bürgerinitiativen.

Die Beteiligung von Umweltverbänden wird zum einen durch ihre Mitgliedschaft in Beiräten sichergestellt, dessen Rates sich die Umweltverwaltung bedient. Wichtige Beispiele hierfür sind die Naturschutzbeiräte (z. B. § 34 HNatSchG)[369] und andere Gremien, die im wesentlichen nach Kriterien des Sachverstandes besetzt sind (dazu s. o. 3. d. aa.). »Gelegenheit zur Äußerung« und »Einsichtnahme in die einschlägigen Sachverständigenunterlagen« ist den anerkannten Naturschutzverbänden nach § 29 BNatSchG in eng begrenzten, enumerativ aufgeführten Fällen zu gewähren. Hierzu gehört neben wichtigen naturschutzrechtlichen Entscheidungen vor allem die Beteiligung an Planfeststellungsverfahren.[370] Darüber hinausgehend ist in anderen Verwaltungsverfahren[371] die Beteiligung der Umweltverbände nicht ausdrücklich vorgeschrieben. Diese können jedoch im Rahmen der allgemeinen Öffentlichkeitsbeteiligung, z.B. nach § 10 Abs. 3 und 6 BImSchG und § 9 UVPG, in den Verfahren durch die Erhebung von Einwendungen und Teilnahme an den Erörterungsterminen mitwirken.

368 SRU, Umweltgutachten 1996, Tz. 577, und ebd., Tz. 576ff., mit einer gründlichen Analyse der Umweltverbände.

369 Vgl. *A. Schink*, Aufgaben und Zusammensetzung der Naturschutzbeiräte in der Bundesrepublik, NuR 1992, S. 113ff.

370 Dazu *Steinberg*, Fachplanung, § 3 Rn. 53ff. – Weitergehend nach der Novellierung 1996 jetzt § 35 HNatSchG, der auch wasser- und bergrechtliche Entscheidungen einbezieht.

371 Zur Beteiligung an der Standardsetzung s.o. 3.d.aa.

Die Beteiligung der Umweltöffentlichkeit vermag unterstützend zu wirken durch die Lieferung von Informationen, beim Prozeß der Normkonkretisierung, durch die Ausübung von Kontrolle, schließlich die Mobilisierung von politischem Einfluß.[372] Dabei dürfte allerdings der Beitrag der allgemeinen Umweltöffentlichkeit zur Lösung der Informationsprobleme mit ihrem hohen Maß an wissenschaftlich-technischen Unsicherheiten eher bescheiden sein. Im wesentlichen wird er sich beschränken auf die Kenntnisse der persönlichen Betroffenheit und des Lokalen, die der Verwaltung möglicherweise abgehen. Darüber hinausgehender Sachverstand mag allenfalls zufällig in der Öffentlichkeit anzutreffen sein. Anderes gilt für die Umweltverbände, deren Sachverstand jedoch unterschiedlich stark ausgeprägt ist – traditionell stark im Naturschutz, schwächer, aber dank sachkundiger Beratung etwa durch das Ökoinstitut und verwandte Einrichtungen wachsend, im technischen Umweltschutz.

Auch den neueren Konzepten des Umweltschutzes auf Gemeinschaftsebene entstammt das Konzept der »gemeinsamen Verantwortung«, das eine über Regierung und Industrie hinausgehende »sehr viel breiter angelegte und aktive Beteiligung aller Wirtschaftsbeteiligten, einschließlich der Behörden, der verschiedensten staatlichen und privaten Unternehmen und vor allem Dingen der Allgemeinheit, sowohl als Staatsbürger wie auch als Verbraucher«, erfordert.[373] Hierzu gehört insbesondere auch die Nutzung der Öffentlichkeit als Instrument der Kontrolle der Verwaltung wie auch Umsetzung und des Vollzugs des Umweltrechts der Gemeinschaft.[374] Als wichtigste hierauf abzielende Rechtsakte sind die UVP-Richtlinie von 1985 (337/85/EWG) und die Umweltinformations-Richtlinie von 1990 (313/90/EWG) zu nennen. Da die Gemeinschaft über keine eigenen Institutionen der Kontrolle auf der Ebene der Mitgliedstaaten ver-

372 Zu den Funktionen der Öffentlichkeitsbeteiligung im Verwaltungsverfahren allgemein *W. Schmidt*, Organisierte Einwirkungen auf die Verwaltung, VVDStRL 33 (1975), S. 210ff.; insbesondere in Zulassungsverfahren *R. Steinberg et al.*, Zur Beschleunigung des Genehmigungsverfahrens für Industrieanlagen, 1991, S. 142ff.

373 Fünftes Aktionsprogramm der Europäischen Gemeinschaft »Für eine dauerhafte und umweltgerechte Entwicklung« v. 1.2.1993, ABl. C 138/5 v. 17.5.1993, S. 26.

374 Ebd., S. 13ff., 67ff.; dazu *Steinberg*, AöR 120 (1995), S. 549ff.

fügt, werden insbesondere die organisierten Umweltverbände gleichsam als Hilfseinrichtungen der Gemeinschaftskontrolle instrumentalisiert. Verbunden mit einer gewissen Formalisierung von Beschwerdemöglichkeiten, die für die Kommission in vielen Fällen die Grundlage eines Beanstandungsverfahrens nach Art. 169 EGV darstellt, entstehen auf diese Weise Ansätze eines föderalen Monitorsystems.[375] Eine ähnliche Kontrollfunktion wird auch im Bereich des nationalen Umweltrechts von der Umweltöffentlichkeit und insbesondere den Umweltverbänden wahrgenommen. An Instrumenten der Kontrolle stehen den Verbänden in eingeschränktem Maße der Weg zu den Gerichten (zur Verbandsklage s.u. IV. 1. d.), vor allem aber die Mobilisierung der parlamentarischen Kontrolle sowie der (Medien-)Öffentlichkeit offen. Es liegt auf der Hand, daß die mit einer Stärkung der Öffentlichkeitsbeteiligung verbundene Politisierung von Umweltentscheidungen zu Friktionen führt, wenn diese rechtlich gebunden sind, d. h. keine oder nur sehr geringe Entscheidungsspielräume der Verwaltung bestehen.[376] Auch aus diesem Grunde hat die Umsetzung der gemeinschaftsrechtlichen UVP-Vorgabe zur Umgestaltung des Charakters der gebundenen immissionsschutzrechtlichen Genehmigung nicht wenig beigetragen.

Der letzte Punkt weist bereits auf die politische Funktion der Beteiligung von Umweltschutzinteressen. Diese vermögen für Maßnahmen der Verwaltung Unterstützung, aber auch – jedenfalls in der Vergangenheit häufiger, die Stichworte Wyhl, Brokdorf und Wackersdorf mögen genügen,[377] – gegen solche »Widerstand« zu mobilisieren. Mit diesem kann aber durchaus eine Unterstützung der verwaltungsintern schwachen Umweltschutzverwaltung verbunden sein, der externe Verbündete willkommen sind. In vielen Fällen stellt die Auseinandersetzung um konkrete Projekte die Fortsetzung des politischen Kampfes mit anderen

375 *ders.*, AöR 120 (1995), S. 592.

376 So bereits *R. Steinberg*, Die Einfügung einer Umweltverträglichkeitsprüfung in das deutsche Planungs- und Anlagengenehmigungsrecht, NuR 1983, S. 169ff., 175f.

377 Der SRU, Umweltgutachten 1996, Tz. 598ff., 640ff., konstatiert als Folge der gewandelten umweltpolitischen Rahmenbedingen und des damit verbundenen neuen Selbstverständnisses der Umweltverbände eine Schwerpunktverschiebung der Verbandsaktivitäten weg von der Konfrontation zu mehr Kooperation.

Mitteln dar; es geht eigentlich nicht um das konkrete Verwaltungsverfahren, sondern es findet ein »Stellvertreterkrieg« um ungelöste grundsätzliche Konflikte statt.[378] Die Verwaltung findet sich hierbei in einer äußerst heiklen Rolle: gebunden durch das geltende Recht, dem die Politik nur unzulängliche Legitimität verschafft hat, wird sie von den oftmals äußerst engagierten (Technik-)Gegnern zum Sündenbock für die bekämpften umweltrelevanten Entscheidungen gemacht.[379]

In derartigen hochkontroversen Entscheidungen dürfte denn auch der oft genannte Effekt einer Akzeptanzverbesserung durch Öffentlichkeitsbeteiligung als gering einzuschätzen sein. Auch hier ließen sich allerdings durch ein wirkungsvolles Akzeptanzmanagement – etwa auch durch Vermittlung Dritter – überflüssige Konfrontationen und Zuspitzungen z. B. in Erörterungsterminen vermeiden.[380] In vielen Fällen kann freilich durch eine akzeptanzfördernde Ausgestaltung des Verfahrens der Öffentlichkeits- wie auch insbesondere der Verbandsbeteiligung eine Legitimitätsreserve erschlossen werden. Daß hierzu die Umweltverbände in der Lage sind, zeigen die Ergebnisse der allgemeinen Verbandsforschung, in denen die Integrations- und Kommunikationsfunktion der Verbände organisierten Interesses betont wird,[381] aber auch die Erfahrungen mit der effektiven Beteiligung von Umweltverbänden in komplexen Verwaltungsverfahren. Voraussetzung hierfür ist allerdings, daß die Öffentlichkeits- und Verbandsbeteiligung nicht eine Alibiveranstaltung darstellt, in der die zwischen Projektträger und Behörde(n) abgesprochenen Ergebnisse lediglich verkündet und verteidigt werden. Leider ist dies sehr oft die Realität der Anhörungsverfahren.[382]

Zur oft beobachteten Asymmetrie von Anlagenbetreibern und Dritten in derartigen Verfahren trägt auch die Praxis des infor-

378 Zur Frage eines Widerstandsrechts s. u. V. 3.

379 Vgl. die eindrucksvolle Schilderung der Erörterungstermine für Abfallentsorgungsanlagen von *A. Harries*, Die Praxis abfallrechtlicher Planfeststellung, 1993, S. 284 ff.

380 *Würtenberger*, NJW 1991, 261 f.

381 *R. Steinberg*, Die Interessenverbände in der Verfassungsordnung, PVS 1973, S. 27 ff., 39 ff.

382 Zu einer derartigen Praxis von Erörterungsterminen *Harries* (Fn. 379), *Steinberg*, Fachplanung, § 3 Rn. 98 ff. m.w.N.

malen Verwaltungshandelns bei, das zwischen Verwaltung und Antragsteller im Vorfeld und neben dem förmlichen Verfahren abläuft und zu dem die Öffentlichkeit keinen Zugang erhält.[383] Verstärkt durch die professionelle Affinität von Technikern in der Verwaltung und beim Antragsteller,[384] bürokratische Überheblichkeit[385] und im Hinblick auf das Verfahrensmanagement fachliche und menschliche Überforderung führt dies dann zu Polarisierungen, die sich vornehmlich bei Erörterungsterminen geräuschvoll entladen und das dort nach dem Gesetz erwartete Gespräch zwischen den Beteiligten mit dem Ziel einer Einigung (so etwa § 74 Abs. 2 S. 1 VwVfG) zur Farce werden lassen.

Demgegenüber gehören zu den Elementen einer effektiven Öffentlichkeits- und Verbandsbeteiligung:

- Grundlage jeder Öffentlichkeitsbeteiligung sind umfassende Umweltinformationen.[386] Einen guten Weg hierzu stellt die Umweltinformations-Richtlinie der Europäischen Gemeinschaft dar, deren Umsetzung in Deutschland jedoch noch deutlich zu wünschen läßt.[387]
- Die Beteiligung muß frühzeitig erfolgen, bevor wesentliche Vorentscheidungen getroffen sind. Die möglichst frühzeitige Öffnung für Anregungen und Bedenken ist auch unter Zeitaspekten empfehlenswert, da verspätet vorzunehmende Untersuchungen und daraus folgende Umplanungen zeitaufwendig sind. Die Umweltverbände sind auch bei der Festlegung des

383 Hierzu *H. Dreier*, Informales Verwaltungshandels, StWStPr 4 (1993), S. 647ff.; – Auch dieses Phänomen ist keinesfalls neu, sondern bereits im 19. Jahrhundert beobachtet worden, vgl. *Gilhaus*, S. 318.

384 Darauf weist *Gilhaus*, S. 319f., in bezug auf die neue Generation der Gewerbeinspektoren Ende des 19. Jahrhunderts hin.

385 Als Beispiel sei die Bemerkung eines atomrechtlichen Genehmigungsbeamten genannt, wonach die Öffentlichkeitsbeteiligung praktisch keinen Einfluß auf die Sachentscheidung habe. »Der Genehmigungsbehörde bisher verborgen gebliebene, aber entscheidungserhebliche Umstände oder Erkenntnisse bringt sie nicht zu Tage.« *D. Blickle*, Die Öffentlichkeitsbeteiligung im atomrechtlichen Genehmigungsverfahren aus der Sicht des Verwaltungspraktikers, in: KfK 4375 (Fn. 11), S. 485ff., 493.

386 *Rehbinder*, Ziele, Rn. 123.

387 Vgl. *Nicklas*, S. 87ff.; *Steinberg*, AöR 120 (1995), S. 563f. – Ob neben dem Umweltinformationsgesetz des Bundes die Umweltinformationsrechte in einigen neuen Landesverfassungen (s. o. II. 2. b. ff.) noch Wirkungen entfalten, bedürfte näherer Untersuchung.

Untersuchungsrahmens, dem sog. Scoping, nach § 5 UVPG zu beteiligen wie auch auf den vorgelagerten Entscheidungsstufen des Raumordnungsverfahrens nach § 6a ROG oder der Linienbestimmung nach § 16 FStrG.[388]

– Die Beteiligung muß umfassend vorgenommen werden, da die Entscheidung über die Zulassung einer Anlage als Gestaltung eines Interessengeflechtes unteilbar ist. Insbesondere kann sie nicht auf sog. drittschützende Belange beschränkt werden und muß die Bearbeitung der öffentlichen Umweltschutzinteressen einbeziehen.
– Die Beteiligung erscheint nur im Rahmen eines kontinuierlich angelegten Verfahrens sinnvoll. Hierzu reicht eine punktuelle Konfrontation mit einer Projektplanung – etwa bei der Auslegung und im Erörterungstermin – nicht aus. Diese Punkte mögen zum Zwecke der Fixierung bestimmter Phasen des Verfahrens unverzichtbar sein, sie ersetzen aber nicht Möglichkeiten der kontinuierlichen Bearbeitung einzelner Problembereiche. Beispielhaft sei die Bildung von Arbeitsgemeinschaften genannt, in denen der Projektträger, einschlägige Behörden, Gebietskörperschaften und Verbände Lösungen auch in Form von Vereinbarungen für bestimmte Probleme erarbeiten. Auf diese Weise können in gewisser Weise Öffentlichkeit, Gemeinden und Behörden zusammen mit dem Projektträger an der Optimierung des Projektes beteiligt werden.

Wenn man sich die Elemente akzeptanzfördernden Verfahrens genauer ansieht, stellt man fest, daß es sich um nichts anderes als um Schritte der umfassenden Ermittlung, Bewertung und Abwägung der von dem Vorhaben berührten öffentlichen und privaten Belange handelt. Diese Anforderungen des Abwägungsgebots sind als Kern einer Planungsentscheidung selbstverständlich; sie gelten aber auch – auch wenn dies mit der traditionellen Dogmatik der gebundenen Erlaubnis nur schwer vereinbar erscheint – für die unter Umweltgesichtspunkten notwendige Optimierung einer komplexen Anlagengenehmigung (s. o. II. 5. c. und d.). Ein derart komplexer Prozeß verstanden als allseitiger Lernprozeß und mit dem Ziel eines »integrativen Verwaltungshandelns«[389]

388 Ähnlich SRU, Umweltgutachten 1996, Tz. 701 ff.

389 *H. Hill*, Integratives Verwaltungshandeln – Neue Formen von Kommuni-

stellt außerordentliche Anforderungen an die Organisation des Verfahrens. Bei dieser Aufgabe könnte einem Konfliktmittler eine wichtige Rolle zukommen, ganz gleich, ob es sich dabei um eine staatliche Stelle – z. B. die Anhörungsbehörde – oder aber – wie es jetzt § 2 Abs. 2 Ziff. 5 9.BImSchV vorsieht – um einen Privaten handelt.

Es ist nicht zu verkennen, daß die Umweltverbände durch derart hochgespannte Erwartungen an ihre Tätigkeit sehr leicht überfordert sind. Ihre Personaldecke ist in vielen Fällen gerade dann zu dünn, wenn von ihnen eine sachkundige, kontinuierliche Mitwirkung in komplexen Verfahren erwartet wird, die sich über viele Monate, manchmal auch über viele Jahre hinziehen und außerordentlich viel Zeit beanspruchen. Diese Last könnte dadurch erleichtert werden, daß ihnen ein wenigstens teilweiser Ersatz ihrer Aufwendungen etwa für die aufgewandte Arbeitszeit und für sachverständige Beratung, ohne die in fachlich schwierigen Verfahren niemals auszukommen ist, geleistet würde. Gerechtfertigt ist ein derartiger Ausgleich schon deswegen, weil die Umweltverbände altruistisch, zur Durchsetzung eines öffentlichen Interesses tätig werden. Da die Aktivitäten durch den Antrag auf Zulassung eines bestimmten Projektes veranlaßt werden, spricht vieles dafür, die notwendigen Aufwendungen als Teil der Projektzulassungskosten – wie etwa auch die Kosten für Sachverständigengutachten – dem Projektträger aufzuerlegen.[390]

Bedauerlicherweise stand in den letzten Jahren jedoch nicht die Effektuierung der Beteiligung der Umweltöffentlichkeit auf der Tagesordnung, sondern ihr Abbau durch eine ganze Serie von sog. Beschleunigungsgesetzen. Angefangen von der gesetzlichen, ohne Umweltverträglichkeitsprüfung vorgenommenen Bedarfsfeststellung für Bundesfernstraßen[391] und für Schienenwege des Bundes,[392] über das Verkehrswegeplanungsbeschleunigungsgesetz[393] für die neuen Bundesländer mit der Ausweitung der

kation und Bürgermitwirkung, in: Reform des Verwaltungsverfahrensrechts, hrsg. v. W. Blümel/R. Pitschas, 1994, S. 339ff.

390 Insoweit greift der Vorschlag des SRU, Umweltgutachten 1996, Tz. 634ff., 707ff., einer staatlichen Erstattung der Kosten zu kurz.

391 v. 28.6.1990, BGBl. I, S. 1221.

392 v. 15.11.1993, BGBl. I, S. 1874.

393 v. 16.12.1991, BGBl. I, S. 2174.

Plangenehmigung, für die sowohl die Beteiligung der Öffentlichkeit als auch der Umweltverbände entfällt; diesem Gesetz folgend das Planungsvereinfachungsgesetz[394] für die Verkehrswegeplanung in ganz Deutschland; ferner das Investitionserleichterungs- und Wohnbaulandgesetz,[395] durch das die erst 1989 für bestimmte Vorhaben eingeführte raumordnerische Umweltverträglichkeitsprüfung und die damit verbundene Öffentlichkeitsbeteiligung wieder abgeschafft wurde;[396] schließlich die Einschränkung von Änderungsgenehmigungen und der damit verbundenen Öffentlichkeitsbeteiligung im Immissionsschutzrecht durch die Novellierung von §§ 15 f. BImSchG durch das Gesetz zur Beschleunigung und Vereinfachung immissionsschutzrechtlicher Genehmigungsverfahren 1996.

An dieser Stelle kann keine umfassende Auseinandersetzung mit der auch aus anderen Gründen – z.B. der Einschränkung des Rechtsschutzes – problematischen Beschleunigungsgesetzgebung erfolgen.[397] Ganz offensichtlich widerspricht die Einschränkung der Öffentlichkeitsbeteiligung den gegenläufigen Bestrebungen des Gemeinschaftsrechts, weshalb die Einleitung mehrerer Beanstandungsverfahren durch die Kommission nicht überrascht.[398] Die Leichtfertigkeit, mit der der Gesetzgeber freilich die Chancen einer effektiven Öffentlichkeitsbeteiligung aufs Spiel setzt, vermag zu erschrecken. An keiner Stelle der Gesetzgebungsverfahren werden nämlich Probleme bei der Zulassung von Anlagen dargetan, die durch eine Reduzierung der Öffentlichkeitsbeteiligung behoben werden könnten. Anstelle einer fundierten Analyse liegen den Regelungen ungeprüfte Vorurteile zugrunde. Dabei ist jedem Fachmann klar, das die Öffentlichkeitsbeteiligung nicht terminführend ist, und diese Tatsache wird durch empirische Untersuchungen bestätigt.[399] Statt dessen markieren diese Gesetze – allen gegenteiligen verbalen Bekundungen zum Trotz – nicht nur

394 v. 17.12.1993, BGBl. I, S. 2123.

395 v. 22.4.1993, BGBl. I, S. 466.

396 *Steinberg*, Fachplanung, § 8 Rn. 47ff.

397 Vgl. dazu *R. Steinberg*, Zeit, Umwelt und Beschleunigung bei der Planung von Verkehrswegeprojekten, NuR 1996, S. 6ff., 10ff.; *ders.*, Fachplanung, § 1 Rn. 83ff. u. § 8 Rn. 47ff. m. umf. Nachw.

398 *Nicklas*, S. 63 f.

399 *Steinberg et al.* (Fn. 372), S. 25, 27, 142.

deutliche Schritte zum Abbau des Umweltrechts,[400] sondern – längerfristig gravierender – zu einer verminderten Legitimität der Rechtsordnung.

Die beschriebenen Probleme der Öffentlichkeitsbeteiligung vermögen jedoch nur einen wichtigen, wenngleich zunehmend kleineren Bereich von Umweltentscheidungen der Verwaltung zu erfassen. Daneben stellt sich die Frage effektiver ökologischer Legitimation der Verwaltungsentscheidungen in den Bereichen völlig neu dar, in denen die Verwaltung sich »neuer« nicht-regulativer Instrumente des Umweltschutzes bedient (s. o. II. 5.bb. und cc.). Da es hier an förmlichen Verwaltungsentscheidungen fehlt, an denen die Öffentlichkeitsbeteiligung aufgehängt werden kann, stoßen entsprechende Forderungen schnell ins Leere. Allerdings lassen sich auch bei dem Einsatz »neuer« Instrumente Entscheidungen der Verwaltung ausmachen, auch wenn es sich bei diesen nicht um verbindliche Regelungen eines Einzelfalls, d. h. um Verwaltungsakte, handelt. Keine besonderen Probleme macht – wie gezeigt – der Erlaß von Umweltstandards, die ja nicht nur die Grundlage regulativer Instrumente darstellen. Hier existiert immerhin ein Verfahren, auch wenn dieses in Zukunft stärker formalisiert werden muß. Das gleiche gilt für die bei ökonomischen Instrumenten unverzichtbaren Eckdaten wie der Festsetzung der Höhe von Abgaben oder der akzeptablen Menge von Schadstoffen. Nicht ganz so einfach sieht es beim Einsatz »sanfter« Instrumente wie von Informationen oder Subventionen und dem Abschluß von Vereinbarungen aus. Allerdings existieren auch hier Informationsverarbeitungsprozesse in der Verwaltung, vor deren Abschluß jedenfalls die Anhörung von Umweltverbänden vorgesehen werden kann. Dort wo Entscheidungen der Verwaltung ganz fehlen – wie bei Selbstverpflichtungserklärungen der Wirtschaft oder bei Formen der Kontextsteuerung – muß sich die Beteiligung der Öffentlichkeit an die verbleibende Form der Wahrnehmung staatlicher Umweltverantwortung anlehnen. Diese besteht fort als Gewährleistungsverantwortung und hat sich neuer Formen der Beobachtung, des »monitoring« oder des ökologischen »controlling«, zu bedienen (s.o.

400 Diese Besorgnis äußert auch der SRU in seinen Umweltgutachten 1994, Tz. 454ff., 470, 508, und Umweltgutachten 1996, Tz. 75ff.

II. 6. b.). Die Ergebnisse dieser Beobachtung und die staatliche Bewertung im Hinblick auf die verfolgten Umweltziele sind in regelmäßigen Abständen zu veröffentlichen, so daß die Umweltverbände und andere interessierte Kreise Gelegenheit zur Stellungnahme erhalten.

Im übrigen bieten die ökonomischen Instrumente eine vollkommen andere Möglichkeit der »Öffentlichkeitsbeteiligung«. Hier vermag letztlich die gesamte gesellschaftliche Öffentlichkeit über ihr Nachfrageverhalten die Gewichtung ökologischer Belange zu bestimmen. Und dies gilt unter Umständen auch für kontextsteuernde Verfahren. Je marktnäher ein solches Instrument ist, wie beispielsweise staatliche Transparenzlisten über umweltschädigende Inhaltsstoffe von Produkten, um so eher stellt es dabei die Beteiligung ökologischer Belange über die Kaufentscheidungen der Nachfrager her. Daher ist die Beteiligung ökologischer Belange, wie sie für das regulative Verwaltungsverfahren vorgeschlagen wurde, bei kontextsteuernden Maßnahmen nur in dem Maße zu fordern, je marktferner die jeweilige Kontextsteuerung ist; deshalb müßte eine durch den Staat kontextgesteuerte Kooperation, wie wir sie in den Selbstverpflichtungserklärungen kennengelernt haben, aufgrund ihrer Marktferne vergleichbare Beteiligungsformen der ökologischen Öffentlichkeit aufweisen, wie sie für das regulative Verwaltungsverfahren vorgeschlagen wurden.

IV. Die Rolle der Judikative im Umweltschutz

1. Die gerichtliche Kontrolle des Verwaltungshandelns

Bisher ist bei der Darstellung der für Risikoentscheidungen zuständigen staatlichen Stellen die Dritte Gewalt nur gelegentlich genannt worden. Es kommt allerdings den Gerichten – in Deutschland, möglicherweise mehr noch in den USA – eine wichtige Rolle jedenfalls bei der Kontrolle umweltrechtlicher Entscheidungen der Exekutive zu. Es stellt sich die Frage, ob und in welchem Maße die Rechtsprechung dieser Aufgabe nachkommen kann, vor allem auch, ob es ihr gelingt, die festgestellte Legitimitätsschwäche des Umweltrechts durch eigene Beiträge jedenfalls partiell zu kompensieren. Die Aufgabe der Rechtsprechung wird schlagwortartig gekennzeichnet als die »verbindliche, verselbständigte Entscheidung in Fällen bestrittenen oder verletzten Rechts in einem besonderen Verfahren«[1]. Heute besteht weitgehende Einigkeit darüber, daß die Kontrollaufgabe nicht mißverstanden werden darf im Sinne eines überholten Subsumtionsmodells, sondern daß ihr in erheblichem, wenn auch bereichsweise unterschiedlichem Ausmaß Elemente der Aktualisierung, Konkretisierung bis hin zur Fortbildung des anzuwendenden Rechts innewohnen.[2]

a. Der »Mehrwert« des Richterspruchs im Umweltrecht

Die Judikative dürfte gerade in Deutschland mit dessen schwacher demokratisch-politischer Tradition eine ganz erhebliche Legitimitätsreserve für das Gemeinwesen darstellen. Die Gründe für die besondere Legitimität der Gerichte liegen vor allem in der Unabhängigkeit der Richter, die sie dem unmittelbaren Zugriff politischer, wirtschaftlicher und weltanschaulicher Interessen entzieht, aber auch der Formalisierung des gerichtlichen Verfahrens in Öffentlichkeit, das Distanz von den Prozeßparteien ver-

1 *Hesse*, Grundzüge, Rn. 548.
2 Zur Aufgabe der Rechtsfortbildung BVerfGE 34, 269, 287f.; 75, 223, 241ff.

schafft, und schließlich in der systemimmanenten Möglichkeit der Fehlerkritik und -korrektur, die im Instanzenzug, gelegentlich auch in der Bekanntgabe der »abweichenden Meinung« in den Entscheidungsgründen (§ 30 Abs. 2 BVerfGG) liegt. Die Gerichte, bei der Kontrolle des Verwaltungshandelns in erster Linie die Verwaltungsgerichte, übernehmen damit für die von ihnen kontrollierten Maßnahmen ein Stück Richtigkeitsgewähr,[3] die gerade angesichts der vielfach über den Einzelfall hinausgehenden Bedeutung der Entscheidung weit über die Prozeßparteien in die Öffentlichkeit hinauswirkt. Nicht weniger bedeutsam erscheint die frieden- und akzeptanzstiftende Rolle der Verwaltungsgerichtsbarkeit im Umweltrecht.[4] All dies spiegelt sich in den großen Hoffnungen wider, die nicht nur Umweltschützer, sondern auch Kritiker des bestehenden politischen Systems in die Gerichte setzen.[5]

Dieser »›Mehrwert‹ des Richterspruchs«[6] wird gerade im Umwelt- und Technikrecht durch zwei Faktoren ganz erheblich gesteigert: zum einen durch die – oben diskutierte – Unbestimmtheit der gesetzlichen Regelungen, zum anderen durch die Konfliktträchtigkeit der von Gerichten zu kontrollierenden Entscheidungen.

Dadurch daß der Gesetzgeber die normativen Entscheidungsprämissen des Verwaltungshandelns auch nicht annähernd festgelegt hat, kommt vor allem der Verwaltung die Aufgabe der Normergänzung im Einzelfall zu. Aber auch die Verwaltungsgerichte sind an der Normerzeugung beteiligt, soweit sie die »Vor-Entscheidung« der Verwaltung überprüfen und gegebenenfalls deren Entscheidung durch eine eigene ersetzen. So wird die Verwendung der äußerst unbestimmten Rechtsbegriffe im Atomrecht (s.o. III. 1.c.) vom Bundesverfassungsgericht gerade mit der

3 Ganz ähnlich sprechen *Breyer/Stewart*, S. 37, von den Gerichten »as ›quality control‹ mechanism in approving the technical soundness of agency decisions, and as a generalist forum for reassessing administrative choices among competing social values.«

4 *E. Benda*, Zur gesellschaftlichen Akzeptanz verwaltungs- und verfassungsgerichtlicher Entscheidungen, DÖV 1983, S. 305 ff.

5 Vgl. etwa *Beck*, Risikogesellschaft, S. 372; *Meyer-Abich*, Praktische Naturphilosophie, S. 437. – Ganz ähnlich in den USA, vgl. die Nachw. bei *Rosenberg*, S. 271 ff.

6 *Van Buiren/Ballerstedt*, S. 178.

Erwägung gebilligt, Behörden *und Gerichte* müßten mithin das »Regelungsdefizit der normativen Ebene ausgleichen«.[7] Entfällt dieser »Ausgleich«, so bestimmt die Verwaltung – bzw. deren Sachverständige – faktisch alleine, welche Anforderungen etwa an eine umweltbelastende, gefährliche Anlage vor allem hinsichtlich der Risikovorsorge im konkreten Falle zu richten sind. Das unserer gewalten*teiligen* Ordnung eigene System der checks and balances würde in einem für die Ordnung des Gemeinwesens, ja dessen Überlebensfähigkeit wesentlichen Bereich außer Kraft gesetzt.

Offensichtlich scheint auch das Selbstverständnis der Verwaltungsrichter bei ihrer Inanspruchnahme der Kompetenz zur letztverantwortlichen Interpretation der unbestimmten Rechtsbegriffe in der Vergangenheit gerade durch dieses Empfinden geprägt gewesen zu sein. Sie verstanden sich quasi als »letzte Instanz« für die Lösung gesellschaftlicher Konflikte, betonten ihre Schlichterrolle und erblickten nicht zuletzt in der wesentlich höheren Akzeptanz der Gerichtsentscheidungen ein rechtspolitisches Argument für den Vorrang des Richterspruchs gegenüber der administrativen Sachentscheidung.[8] Die auf die Gewährung effektiven Rechtsschutzes[9] verpflichteten Richter brächten es »nicht fertig, die Erwartungen der Kläger zu enttäuschen, daß den von diesen gerügten Rechtsverletzungen im Detail nachgegangen« werde. Vor allem angesichts der wichtigen Rechtsgüter, die auf dem Spiel stünden, würde eine andere Einstellung viele Richter mit dem schlechten Gewissen belasten, »es sich zu leicht zu machen, sich zu entziehen, ja, Rechtsschutz zu verweigern.« Angesichts des Gefühls vieler Bürger, ihre Sorgen und Ängste würden im Verwaltungsverfahren nicht ernst genommen, sähen sich die Verwaltungsgerichte aufgerufen, »die Probleme erstmals gründlich abzuklären, weil ihnen ja schließlich *einer* nachgehen muß.«[10]

7 BVerfGE 49, 89, 135.

8 So das Ergebnis der empirischen Untersuchung von *van Buiren/Ballerstedt*, S. 152-179; ähnlich *W. Brohm*, Stellung und Funktion des Verwaltungsrichters, Die Verwaltung 1991, S. 137ff., 159.

9 Dieses Gebot leitet das BVerfGE 35, 263, 274 aus Art. 19 IV GG ab.

10 So der jetzige Präsident des VG Freiburg und frühere Berichterstatter im erstinstanzlichen Wyhl-Verfahren *von Bargen*, Justiz im Zwang zur politischen Gestaltung aus der Sicht der Verwaltungsgerichtsbarkeit, in: Politische Richter

Damit stimmte die herrschende Dogmatik überein, welche die bis in die 50er Jahre bestehende Auffassung eines Tatbestandsermessens der Verwaltung bei der Erteilung einer Anlagengenehmigung nach den §§ 16ff. GewO – den Vorläufervorschriften der §§ 4ff. BImSchG – zugunsten der Annahme eines unbestimmten Rechtsbegriffs ohne Beurteilungsspielraum überwunden hatte.[11] Die Verwaltungsgerichte hatten danach umweltrechtliche Entscheidungen der Verwaltung »voll« nachzuprüfen; keiner der anerkannten Ausnahmefälle der Annahme eines Beurteilungsspielraums der Verwaltung bei der Anwendung eines unbestimmten Rechtsbegriffs liege hier vor. Und da die Anlagengenehmigung – von der wasserrechtlichen Gestattung und der Planfeststellung abgesehen – als gebundene Erlaubnis ausgestaltet ist, bestand auch kein nur eingeschränkter verwaltungsgerichtlicher Kontrolle zugängliches Rechtsfolgeermessen.[12]

Diese Situation hatte zwei Konsequenzen: Einerseits führte das Fehlen konkreter gesetzlicher Kontrollmaßstäbe dazu, daß aus dem Gesetz für dasselbe Risiko zur selben Zeit ganz unterschiedliche Anforderungen formuliert wurden. Viel diskutierte Fälle hierzu waren die im Abstand weniger Tage ergangenen, sich widersprechenden Urteile des VG Freiburg[13] und des VG Würzburg[14] zum sog. Berstschutz eines Reaktordruckbehälters. In der Literatur wurden diese Entscheidungen als Beleg für die Überforderung der Verwaltungsgerichte gewertet, die sich in derartigen dezisionistischen, ja hypotrophen Urteilen

und Staatsanwälte – auf dem Weg zu einer polarisierten Justiz?, hrsg. v. D. Albrecht/I. Hurlin, 1985, S. 25ff., 38. – Auch *Ossenbühl*, DVBl. 1978, S. 1ff., 2, sieht den Richter in der Rolle des »letzten Helfers«, wobei ihm jedoch »angst und bange« wird. – Krit. zu diesem richterlichen Selbstverständnis auch der Präsident des Bundesverwaltungsgerichts *E. Franßen*, (Un-)bestimmtes zum unbestimmten Rechtsbegriff, FS f. Zeidler, S. 435ff.

11 Diese Entwicklung beschreibt *Ebinger*, S. 211ff.

12 Zum Immissionsschutzrecht BVerwGE 55, 250 -Voerde-; zum Atomrecht BVerwG, DVBl. 1972, 678ff. -Würgassen-. – Auch für das sog. Versagungsermessen bei der atomrechtlichen Anlagengenehmigung nach § 7 Abs. 2 AtG blieben nach der restriktiven Interpretation des BVerfGE 49, 89, 144ff. kaum praktisch relevante Anwendungsfälle, dazu *Steinberg/Roller*, S. 64ff.

13 Urt. v. 14.3.1977, NJW 1977, 1645ff.

14 Urt. v. 25.3.1977, NJW 1977, 1645ff., 1649; offen VG Hannover, B.v. 2.6.1977, DVBl. 1978, 74ff.

äußere.[15] Daß Instanzgerichte in allen Rechtsgebieten zu einer unterschiedlichen Interpretation der anzuwendenden Normen kommen und daß dem Normalfall der Divergenz durch den Instanzenzug gerade institutionell beizukommen versucht wird, geriet dabei erstaunlicherweise aus dem Blick.

Andererseits wurde beklagt, daß sich das verwaltungsgerichtliche Verfahren zu einem zweiten Genehmigungsverfahren entwickele. Pointiert gibt dies die Bemerkung wieder: »Die Genehmigung von Kraftwerken bedarf der gerichtlichen Bestätigung.«[16] Die Verwaltungsgerichte prüften nicht nur, ob die Verwaltung bei der Auslegung und Anwendung des Gesetzes Fehler gemacht habe, sondern stellten in einer umfänglichen Beweisaufnahme selber fest, ob die Genehmigungsvoraussetzungen im konkreten Falle vorlägen. Als Beleg kann auch hier das Wyhl-Urteil dienen. Das VG Freiburg verhandelte Anfang 1977 über zwölf Tage in der Stadthalle von Herbolzheim bei Freiburg. Anhand eines 100 Fragen umfassenden Kataloges wurden alle Bedenken mit insgesamt 53 Sachverständigen zu den Themenblökken Wärmeableitung, Radioaktivitätsabgaben und Sicherheit erörtert. Der VGH Mannheim verhandelte über die Berufungen gut zwei Jahre später an 13 Verhandlungstagen, die durch die Beiziehung von nur noch sieben Gutachtern und zwei amtlichen Auskünften unterstützt wurde und entschied nach weiteren zweieinhalb Jahren am 30.3.1982 mit einem die erstinstanzliche Entscheidung aufhebenden Urteil, dessen schriftliche Fassung einen Umfang von 548 Seiten besaß. Die Verwaltungsgerichtsbarkeit war in den Augen vieler zu einem kaum mehr beweglichen Dinosaurier geworden, der ein nur schwer überwindbares Hindernis für die Schaffung neuer von Verwaltung und Industrie beschlossener technischer Investitionen darstellte.[17]

Vorschläge, die den bedrängten Richtern mit der Einrichtung von Wissenschafts- und Technikgerichtshöfen, zumindest aber

15 *Ossenbühl*, DVBl. 1978, S. 3f. m.w.Nachw.; demgegenüber *H. Albers*, Atomgesetz und Berstsicherung für Druckwasserreaktoren, DVBl. 1978, S. 22ff.

16 *Ossenbühl*, DVBl. 1978, S. 1ff.

17 Übereinstimmend in ihrer Kritik der seinerzeitige Präsident des BVerwG *W. Zeidler*, Gedanken zur Rolle der dritten Gewalt im Verfassungssystem, in: FS z. 600-Jahr-Feier der Universität Heidelberg, 1986, S. 645 ff., 649 und sein Nachfolger *H. Sendler*, UPR 1991, S. 246.

mit sachverständigen Beisitzern Entlastung bringen wollten,[18] erwiesen sich schnell als verfehlt: Bezüglich der Sachkunde bereitete die Heterogenität der wissenschaftlichen und technischen Disziplinen kaum lösbare Probleme mit der zahlenmäßig begrenzten, notwendig eindeutigen Zusammensetzung eines Spruchkörpers.[19] Dabei sind Fragen der Unabhängigkeit und fachlichen Interessengebundenheit der neben- oder ehrenamtlichen Beisitzer noch gar nicht gestellt.[20] Werden somit die Probleme des Sachverstandes nicht gelöst, so wird die Gefahr einer Wiederholung des Genehmigungsverfahrens mit einer erneuten Sachprüfung noch verstärkt.

In dieser Situation fühlte sich die Verwaltungsgerichtsbarkeit offensichtlich durch übergroße Erwartungen des rechtschutzsuchenden Publikums auf der einen Seite, harsche Vorwürfe von Politik und Industrie auf der anderen Seite, überfordert.[21] Mit einem kühnen Befreiungsschlag wurde die Verantwortung in den Bereich der Exekutive zurückgegeben.

b. Der Rückzug der Gerichte

Die Gelegenheit hierzu bot sich dem Bundesverwaltungsgericht in dem Revisionsurteil des Wyhl-Verfahrens, das nach wiederum zweieinhalb Jahren am 19. Dezember 1985 erging. Hier stellt der 7. Senat mit einer erstaunlichen Rigorosität, mit der die bisherige eindeutige eigene Rechtsprechung wie auch die literarische Dis-

18 *E.M. Wenz* (Hrsg.), Wissenschaftsgerichtshöfe, 1983; *ders.*, Das Mißverständnis mit den Wirtschaftsgerichtshöfen, ZRP 1985, S. 267ff., 268; *H. Pieper*, Richter und Sachverständige im Zivilprozeßrecht, ZZP 84 (1971), S. 1ff., 39f.; *P. Arens*, Deutscher Landesbericht, in: Der technische Sachverständige im Prozeß, hrsg. v. F. Nicklisch, 1984, S. 36 – Ähnliche Überlegungen sind in den 70er Jahren aus denselben Erwägungen ebenfalls ohne greifbaren Ertrag in den USA angestellt worden, dazu *Breyer/Stewart*, S. 372 m.w.N. u. *Robinson/Gellhorn/Bruff*, S. 438f., bei denen die eher skeptischen Überlegungen von Justice *Bazelon* wiedergegeben werden.

19 *Breuer*, NVwZ 1988, S. 105; ebenfalls krit. *Sendler*, NJW 1986, S. 2912.

20 Zum Problem der Interessengebundenheit von Sachverständigen III. 3. d.

21 So klagt *Benda*, (Fn. 4), S. 307, 309, der Richter würde oftmals vom Gesetzgeber im Stich gelassen und mit dem Problem der gesellschaftlichen Akzeptanz belastet, zu dessen Lösung ihm weitgehend die Mittel fehlten.

kussion beiseite gelassen wurde,[22] fest, nach der Normstruktur trage die Exekutive die Verantwortung für die Risikoermittlung und -bewertung. Daraus folge, daß es nicht Sache der nachträglichen verwaltungsgerichtlichen Kontrolle sein könne, die der Exekutive zugewiesene Wertung wissenschaftlicher Streitfragen einschließlich der daraus folgenden Risikoabschätzung durch eine eigene Bewertung zu ersetzen.[23] An welchem Element der Norm des § 7 Abs. 2 Nr. 3 AtG allerdings der Senat die von der ganz normalen Norminterpretation abweichende Ermächtigung zur maßgeblichen, nur eingeschränkt gerichtlich überprüfbaren Normkonkretisierung durch die Exekutive festmacht, verrät er nicht.[24]

Dieses durch die Analyse der Normstruktur gewonnene Ergebnis sieht das Gericht durch die verfassungsrechtliche Lage bestätigt. Unter Hinweis auf die in der Kalkar I-Entscheidung des Bundesverfassungsgerichts gefundene Bestimmung der Reichweite des Vorbehalts des Gesetzes und des Bestimmtheitsgrundsatzes im Atomrecht wird die dort vorgenommene Abgrenzung der Handlungsbereiche von Gesetzgeber und Exekutive (s. o. III. 1. c.) für den Umfang der rechtlichen Kontrolle gegenüber Entscheidungen der Genehmigungsbehörde fruchtbar gemacht. »Die Exekutive verfügt nicht nur gegenüber der Legislative, sondern auch im Verhältnis zu den Verwaltungsgerichten über rechtliche Handlungsformen, die sie für die Verwirklichung des Grundsatzes bestmöglicher Gefahrenabwehr und Risikovorsorge sehr viel besser ausrüsten.«[25] Durch zwei Entscheidungen des Bundesverfassungsgerichts sieht der Senat sich bestätigt: zum einen durch den Sasbach-Beschluß, in dem in einem obiter dictum zur Vereinbarkeit der materiellen Einwendungspräklusion mit Art. 19 Abs. 4 GG sich der Satz findet, daß die Gerichte »solche

22 So *Sellner*, NVwZ 1986, S. 618, der aber im Ergebnis zustimmt; abl. insgesamt zum Abbau der Kontrolldichte bei Einzelentscheidungen – anders als bei Umweltstandards – *Breuer*, NVwZ 1988, S. 111, der diesem Urteil insoweit »dezisionistische Züge« bescheinigt. – Ähnlich auch *Wahl*, NVwZ 1991, S. 414.
23 BVerwGE 72, 300, 316.
24 Zweifel an der Tragfähigkeit dieses Arguments äußert auch *Wilke*, Jura 1992, S. 191. – Demgegenüber Auslegungstopoi für die Annahme einer normativen Ermächtigung entwickelnd, die über den Wortlaut hinausgehen, *Wahl*, NVwZ 1991, S. 411.
25 BVerwGE 72, 300, 317.

Feststellungen und Bewertungen (sc. der Verwaltung) nur auf ihre Rechtmäßigkeit hin zu überprüfen, nicht aber ihre eigenen Bewertungen an ihre Stelle zu setzen« hätten;[26] zum anderen durch einen Beschluß, in dem es um die Zurechnung eines Anwaltsverschuldens ging und in dem betont wird, daß die verwaltungsgerichtliche Prüfung der *Kontrolle* des Verwaltungshandelns diene.[27] Der erwähnte Hinweis in der Kalkar I-Entscheidung auf den Ausgleich des Regelungsdefizits auf normativer Ebene durch Behörden *und Gerichte* wird stillschweigend außer acht gelassen.

Vielleicht hätten diese Topoi – »Normstruktur« und »Sachgerechtigkeit« – die Grundsteine einer Dogmatik der gerichtlichen Kontrolle unbestimmter Rechtsbegriffe werden können. Doch weit gefehlt: So wurde wenig später ein Beurteilungsspielraum der Verwaltung auch anerkannt bei der Anwendung von § 7 Abs. 2 Nr. 5 AtG, wonach der »erforderliche Schutz gegen Störmaßnahmen oder sonstige Einwirkungen Dritter« zu gewährleisten ist.[28] Hierbei handelt es sich um eine klassische Gefahrenabwehrnorm, deren Anwendung von den Verwaltungsgerichten seit den Zeiten des preußischen Oberverwaltungsgerichts – wenn man von der Einräumung eines Prognosespielraums einmal absieht – vollständig kontrolliert worden ist.[29] Weder Besonderheiten einer auf eine Beurteilungsermächtigung hindeutenden Normstruktur noch Gesichtspunkte der Sachgerechtigkeit vermögen hier ein Abweichen von dem Grundsatz vollständiger verwaltungsgerichtlicher Kontrolle unbestimmter Rechtsbegriffe zu rechtfertigen. Anders das Bundesverwaltungsgericht, das auch

26 BVerfGE 61, 82, 115.
27 BVerfGE 60, 253, 290.
28 BVerwGE 81, 185. – Krit. *Wilke*, Jura 1992, S. 190f. – Ähnlich inkonsistent erscheint die Rechtsprechung der Verwaltungsgerichte zu § 17 Abs. 5 AtG und § 19 Abs. 3 S. 2, 2. Alt. AtG, bei denen ungeachtet des Verständnisses als klassische Gefahrenabwehrnormen eine nur begrenzter verwaltungsgerichtlicher Kontrolle unterliegende Einschätzungsprärogative der Atombehörden angenommen wird, vgl. etwa VGH Kassel, NVwZ 1989, 1183; DVBl. 1998, 60; OVG Lüneburg, NVwZ 1996, 606, 607f. – Krit. *S. Hartung*, Die Atomaufsicht, 1992, S. 203, 206ff.
29 *M. Bullinger*, Verwaltungsermessen im modernen Staat, in der von dems. hrsg. gleichnamigen Schrift, 1986, S. 131ff., 136; krit. *W. Schmidt*, Einführung in die Probleme des Verwaltungsrechts, 1982, S. 198.

bei der auf § 7 Abs. 2 Nr. 5 AtG gestützten Anordnung der Behörde zur Aufstellung eines bewaffneten Werkschutzes einen Beurteilungsspielraum anerkannte. Umgekehrt lehnte derselbe Senat die Anerkennung eines Beurteilungsspielraums bei der hinsichtlich Normstruktur und Sachgerechtigkeit kaum unterschiedlichen immissionsschutzrechtlichen Genehmigung ausdrücklich ab.[30]

Die partielle Rücknahme der verwaltungsgerichtlichen Kontrolle im Bereich des Umweltrechts kontrastiert auffällig mit der wenig später einsetzenden Intensivierung der Kontrolldichte durch das Bundesverfassungsgericht in Bereichen, in denen bislang nur eingeschränkter richterlicher Kontrolle zugängliche Beurteilungsspielräume allgemein anerkannt waren.[31] Diese gegenläufige Entwicklung wird von dem ehemaligen Präsidenten des Bundesverwaltungsgerichts *Horst Sendler* bissig kommentiert: Nachdem man heute nicht mehr davon sprechen könne, daß die Verwaltungsgerichte sich selbst in die aktive Rolle der Verwaltung drängten, statt sich auf Rechtskontrolle zu beschränken, sei es das Bundesverfassungsgericht, das sich in diese Rolle dränge und dann auch die Verwaltungsgerichte mehr oder weniger zwinge, es ihm insoweit nachzutun.[32]

Diese Skizze macht deutlich, daß die gerichtliche Praxis – und diese widerspiegelnd die Rechtslehre – von einer konsistenten Dogmatik der Reichweite der verwaltungsgerichtlichen Kontrolle unbestimmter Rechtsbegriffe heute so weit entfernt ist wie vor 40 Jahren,[33] ja daß die Situation als äußerst unübersichtlich zu

30 BVerwGE 85, 368, 379 f. – Von anderen Gerichten wurden Beurteilungsspielräume teilweise anerkannt, so im Immissionsschutzrecht VG Berlin, Urt. v. 20.9.1991 – 13 A 125.89 n.v.; im Gentechnikrecht OVG Berlin, ZUR 1994, 206; OVG Hamburg, ZUR 1995, 93 ff.

31 Prüfungsrecht: BVerfGE 84, 34; 84, 59; Entscheidungen der Bundesprüfstelle nach dem GjS: BVerfGE 83, 130; Anerkennung eines besonderen pädagogischen Interesses nach Art. 7 Abs. 5 GG, obwohl hier wie sonst selten deutlich der Verwaltung eine Beurteilungsermächtigung von Verfassungs wegen eingeräumt wird: BVerfGE 88, 40. – Zu diesen Entwicklungen etwa *Schulze-Fielitz*, JZ 1993, S. 772 ff.

32 Die neue Rechtsprechung des Bundesverfassungsgerichts zu den Anforderungen an die verwaltungsgerichtliche Kontrolle, DVBl. 1994, S. 1089, 1090.

33 Vgl. nur *O. Bachof*, Beurteilungsspielraum, Ermessen und unbestimmter Rechtsbegriff im Verwaltungsrecht, JZ 1955, S. 97 ff.; *C.H. Ule*, Zur Anwendung unbestimmter Rechtsbegriffe im Verwaltungsrecht, in: Gedächtnisschrift f. W.

bezeichnen ist. Allerdings vermag der Zustand der gewissen Verwirrung ebenso wie die Ergebnislosigkeit der beinahe unendlichen Debatte des Themas ein Indiz dafür sein, daß die Abgrenzung der Bereiche von Verwaltung und Judikative – in ähnlicher Weise wie es sich bei der Abgrenzung von Gesetzgebung und Verwaltung bereits gezeigt hat (s. o. III. 1. c.) – von keiner Dogmatik zu bewirken ist, sondern auf vom Zeitgeist bestimmten und damit sich wandelnden Anschauungen über das jeweilige proprium beider Gewalten abhängt.[34] Dabei können bestimmte Gesichtspunkte der Leistungsfähigkeit der jeweiligen »Gewalt« mit unterschiedlichem Gewicht in eine sich ebenfalls wandelnde Vorstellung von »Sachgerechtigkeit« einfließen.

Die neueren Entwicklungen der gerichtlichen Kontrolle von umweltrelevanten Entscheidungen der Verwaltung könnten sich durchaus zu einem plausiblen Konzept verdichten. Danach wird bei der gerichtlichen Kontrolle von Risikoentscheidungen z. B. im Atom-,[35] Gentechnik-, aber auch im Immissionsschutzrecht der Verwaltung die maßgebliche Kompetenz zur Ermittlung und Bewertung zugesprochen.[36] Ausschlaggebend erscheint dabei zum einen das Argument der Sachkompetenz – auch wenn die

Jellinek, 1955, S. 309ff. – Zur Analyse insgesamt *H. Dreier*, Hierarchische Verwaltung, S. 186ff.

34 Sehr deutlich die Absage an eine rechtsdogmatische Abgrenzung von Verwaltung und Judikative mit dem Appell an den Takt und dem Hinweis auf das Persönlichkeitsbild des Richters bei *H.H. Rupp*, Grundfragen der heutigen Verwaltungsrechtslehre, 1965, S. 220 u. 212; und auch jüngst *ders.*, »Ermessen«, »unbestimmter Rechtsbegriff« und kein Ende, in: FS f. Zeidler, 1987, S. 455 ff., 465: Das Problem des Respekts des Richters vor der Verwaltungsentscheidung »kann nicht durch rechtsdogmatische Grenzzäune gelöst werden, sondern nur durch eine angemessene Juristen- und Richterausbildung.«. – Auch *Wilke*, Jura 1992, S. 188, der die Problematik aus der unterschiedlichen Perspektive des Wissenschaftlers und Gerichtspräsidenten kennt, vermutet als Grund für die Konzeption von Beurteilungsspielraum und Einschätzungsprärogativen eher »triviale Gründe« als solche dogmatischer oder anspruchsvoll-prinzipieller Art aus dem Reservoir der Gewaltenteilungslehre. Als solchen nennt er den »Kenntnisstand der Verwaltungsrichter«, die »nicht allzu tief in das Dickicht unbekannter Fachgebiete einzudringen wünschen«.

35 Und hier nicht nur bei der Überprüfung von Genehmigungen, sondern ebenso von sicherheitsbezogenen Maßnahmen der atomrechtlichen Aufsicht, für die grundsätzlich dieselben Anforderungen gelten, so VGH Mannheim, Urt. v. 7.3.1995, ZUR 1996, 33ff.

36 Ähnlich *Grimm*, Aufgabenverteilung, S. 25 ff., 49 ff.

Verwaltung in hohem Maße von externem Sachverstand abhängig ist –, vor allem aber der Gesichtspunkt der unmittelbareren demokratischen Legitimation und Verantwortlichkeit. Wo im konkreten Einzelfall die Grenze zwischen gebotener Schadensvorsorge und hinzunehmendem Restrisiko liegt, stellt letztlich eine Wertungsfrage in politischer Verantwortung dar, die sich nicht allein in Anwendung rechtlicher Maßstäbe beantworten läßt.[37] Und hier die Antworten zu geben, ist eher Sache der Verwaltung als der Gerichte.

Allerdings dürfen derartige Entscheidungen auf diese Weise nicht kontrollfrei gestellt werden. Die gerichtliche Überprüfung muß sich zum einen inhaltlich beziehen auf die Einhaltung des Rahmens, den die Norm der Verwaltung zur Konkretisierung steckt, zum andern auf die Einhaltung der Regeln über das Verfahren.

Zum ersten gehört bei der Auslegung von § 7 Abs. 2 Nr. 3 AtG die Forderung, sich nicht nur mit einem zur Gefahrenabwehr erforderlichen Sicherheitsstandard zufrieden zu geben, sondern »Möglichkeiten der Risikominimierung jenseits des zur Gefahrenabwehr Erforderlichen« auszuschöpfen;[38] ferner das Postulat, »Unsicherheiten bei der Risikoermittlung und Risikobewertung ... nach Maßgabe des sich daraus ergebenden Besorgnispotentials durch hinreichend konservative Annahmen Rechnung zu tragen.«[39]

Es wirkt nahezu erstaunlich, daß die Reichweite der gerichtlichen Kontrolle von Umweltschutzmaßnahmen der Verwaltung in den Vereinigten Staaten von Amerika – ungeachtet der Unterschiede in dem gewaltenteiligen System und der unterschiedlichen Prozeßrechtsmaximen[40] – sich ganz ähnlich entwickelt hat. Das gilt zum einen für eine ebenfalls feststellbare Wellenbewegung hinsichtlich der Kontrollintensität, die von großer Zurück-

37 BVerwG, B. v. 5.4.1989, NVwZ 1989, 1170ff. – Vgl. auch *Hofmann*, Entsorgung, S. 343, der auf die Notwendigkeit einer ethischen Antwort verweist, dazu eingehend o. II. 5.

38 BVerwGE 88, 286, 303.

39 BVerwGE 72, 300, 316; 85, 368, 379; vgl. auch die Darstellung o. II. 3.b.aa.

40 Im amerikanischen Prozeßrecht fehlt vor allem der im deutschen Verwaltungsprozeß wesentliche Amtsermittlungsgrundsatz des § 86 Abs. 1 VwGO, dazu *F. Hufen*, Verwaltungsprozeßrecht, 2. Aufl. 1996, S. 611f..

haltung der Gerichte gegenüber den Akten der zahlreichen neuen New Deal Agencies mit ihrem breiten Auftrag über eine intensive Kontrolle (»substantive-« oder »in-depth- review«) der Anwendung der neuen Umweltgesetzgebung in den 70er Jahren und dem Anfang der 80er Jahre bis zu der dann feststellbaren (erneuten) Anerkennung administrativer Entscheidungsprärogativen reicht.[41]

So steht auf der Seite intensiver gerichtlicher Kontrolle der Auslegung und Anwendung unbestimmter Rechtsbegriffe im Planungsrecht das Urteil des U. S. Court *Citizens to Preserve Overton Park, Inc. v. Volpe*[42] aus dem Jahre 1971. Hier hatte eine Bürgerinitiative gegen die Planung einer Autobahn geklagt, die durch den Overton Park in Memphis führen sollte. Die Planungsentscheidung sollte gegen gesetzliche Bestimmungen verstoßen haben, denen zufolge eine Trassenführung durch einen öffentlichen Park verboten war, wenn eine »feasible and prudent« alternative Route existierte, und denen zufolge – sollte eine solche Alternative nicht gegeben sein – bei dem Bau »all possible planning to minimize harm« für den Park gefordert wurde. Entgegen den Instanzgerichten entschied der Supreme Court, daß die Gerichte selber inhaltlich ermitteln müßten, da die Entscheidung der Behörden nicht auf »substantial evidence« gegründet sei, und daß sie einen »thorough, probing, and in-depth review« vornehmen müßten. Dementsprechend wurde das Verfahren an den District Court zurückverwiesen, dessen mündliche Verhandlung für die angeordneten Ermittlungen 27 Tage dauerte.[43]

Der neue Geist richterlicher Zurückhaltung wird deutlich bei der Frage, inwieweit die Gerichte die – gegenüber der früheren Praxis geänderte – Auslegung des Begriffs »stationary source« im CAA durch die Einzelstaaten kontrollieren können. Auch hier beanstandet der Supreme Court 1984 in *Chevron, U.S.A., Inc. v. Natural Resources Defense Council, Inc.*[44] die Entschei-

41 *Glicksman/Schroeder*, S. 249ff., vgl. auch *R. L. Rabin*, Legitacy, Discretion, and the Concept of Rights, Yale Law Journal 92 (1993), S. 1174ff.

42 401 U.S. 402. – Dazu etwa *P. L. Strauss*, Revisiting *Overton Park*: Political and Judicial Controls Over Administrative Actions Affecting the Community, UCLA Law Rev. 39 (1992), S. 1251ff.

43 *Robinson/Gellhorn/Bruff*, S. 369.

44 467 U.S. 837, dazu eingehend *Glicksman/Schroeder*, S. 286ff. – Zurückhaltung legte der U.S. Supreme Court schon früher bei der Kontrolle einer atom-

dung des Court of Appeals – diesmal jedoch in die entgegengesetzte Richtung. Nachdem er feststellt, daß die Regelung mehrdeutig sei und sich die Absicht des Gesetzgebers nicht ermitteln lasse, betont er den breiten Spielraum, den die Behörde – hier EPA – bei der Implementation des Gesetzes besitze. Dieser komme es zu, die Politikentscheidungen in einer technischen und komplexen Arena zu administrieren und damit offensichtlich konkurrierende Interessen auszugleichen, deren Ausgleich der Kongreß bewußt oder unbewußt der sachkundigen Behörde überlassen hat. Und diese Behördenentscheidungen könnten gerichtliche Zurückhaltung beanspruchen.[45] Allerdings auch *Chevron* bezweifelt nicht die Kompetenz der Gerichte, die Einhaltung eindeutiger Regelungen voll zu kontrollieren.[46]

Durchweg respektiert werden inzwischen[47] von den Gerich-

rechtlichen Genehmigung an den Tag, *Vermont Yankee Nuclear Power Corp. v. Natural Resources Defense Council, Inc.*, 435 U.S. 519 (1978): »Nuclear energy may some day be a cheap, safe source of power or it may not. But Congress has made a choice to at least try nuclear energy, establishing a reasonable review process in which courts are to play only a limited role. The fundamental policy questions appropriately resolved in Congress and in the state legislatures are *not* subject to reexamination in the federal courts under the guise of judicial review of agency action. Time may prove wrong the decision to develop nuclear energy, but it is Congress or the States within their appropriate agencies which must eventually make that judgement. In the meantime courts should perform their appointed function.«

45 Zur auf der Abgrenzung der Gewalten beruhenden Begründung, ebd. a.E.: »Judges are not experts in the field, and are not part of either political branch of the Government. Courts must, in some cases, reconcile competing interests, but not on the basis of the judges'‹ personal policy preferences. In contrast, an agency to which Congress has delegated policymaking responsibilities may, within the limits of that delegation, properly rely upon the incumbent administration's views of wise policy to inform ist judgement. While agencies are not directly accountable to the people, the Chief Executive is, and it is entirely appropriate for this political branch of the Government to make such policy choices – resolving the competing interests which Congress itself either inadvertently did not resolve, or intentionally left to be resolved by the agency charged with the administration of the statute in light of everyday realities.«

46 *Glicksman/Schroeder*, S. 287 sprechen von einer »two-step analysis« der Gerichte. Angesichts der immer detaillierteren Regelungen in den Umweltgesetzen der letzten Jahre können die Gerichte auf der Ebene des »first step« in vielen Fällen voll kontrollieren, zu Beispielen im Risikorecht s. o. III. 2. b.

47 Stellvertretend wurde die Kontroverse über diese Frage unter den Richtern des U.S. Court of Appeals, District of Columbia ausgetragen, des Appelationsgerichts, das wegen des Sitzes der Washingtoner Behörden am häufigsten über

ten administrative Risikoentscheidungen. Mit Begründungen, die den Überlegungen des Bundesverwaltungsgerichts im Wyhl-Urteil durchaus gleichen, wird die primäre Verantwortung der Administration für die Risikoermittlung und -bewertung betont.[48] So heißt es bei der Überprüfung der Risikoabschätzung der Endlagerung atomarer Abfälle durch die Nuclear Regulatory Commission: »... a reviewing court must remember that the Commission is making predictions, within its area of special expertise, at the frontiers of science. When examining this kind of scientific determination, as opposed to simple findings of fact, a reviewing court must be at its most deferential.«[49]

Das amerikanische Beispiel bestätigt aber auch die These, daß

derartige Fragen zu entscheiden hatte, vgl. etwa *Ethyl Corp. v. EPA*, (1976), 541 F.ed 1, wo es um die Rechtmäßigkeit des Verbots von Bleizusätzen im Benzin ging. Während die Mehrheit des Gerichts unter Hinweis auf *Overton* »a ›substantial inquiry‹ into the facts, one that is ›searching and careful‹« für geboten hält, die um so gründlicher sein müsse, je technischer der Fall sei, betont Chief Justice *Bazelon* die Notwendigkeit einer Beschränkung auf eine verfahrensmäßige Kontrolle: »... in cases of great technological complexity, the best way for courts to guard against unreasonable or erroneous administrative decisions is not for the judges themselves to scrutinize the technical merits of each decision. Rather, it is to establish a decision-making process that assures a reasoned decision that can be held up to the scrutiny of the scientific community and the public.« Die Stärkung der Integrität des Verwaltungsverfahrens mindere die Bedeutung der gerichtlichen Kontrolle. »Because substantative review of mathematical and scientific evidence by technically illiterate judges is dangerously unreliable, I continue to believe we will do more to improve administrative decision-making by concentrating our efforts on strengthening administrative procedures.« Gegen diese Einschränkung des »substantive review« bei technischen Fragen wiederum die concurrent opinion von Justice *Leventhal*, der vor allem das Argument mangelnder Sachkunde zurückweist und betont, daß die Richter bei vielen technischen Fragen in solchen Feldern wie der Ökonomie, der Wissenschaft, der Technik und der Psychologie das nötige Wissen erworben hätten.

48 Vgl. etwa *Lead Industries Ass. v. EPA*, U.S. Court of Appeals, District of Columbia Cir. (1980), 647 F.2d 1130 für die Überprüfung der Festsetzung eines »national ambient air quality standard« für Blei. – Anders aber mit der Anwendung eines »substantial evidence standard« dasselbe Gericht in *Corrosion Proof Fittings v. EPA*, 947 F.2d 1201 (1991) zum Verbot von Asbest.

49 *Baltimore Gas and Electric Co. v. Natural Resources Defense Council, Inc.*, 462 U.S. 87 (1983) unter Bezugnahme auf *Industrial Union Department v. American Petroleum Institute*, 448 U.S. 607, 656; ebd. S. 705 f. *J. Marshall* dis.; ähnlich *Public Citizens Health Research Group v. Tyson*, 796 F.2d 1479 (D.C. Cir. 1086) zu einem Grenzwert für Ethyloxid.

die Rolle der Gerichte nicht durch die rechtliche Dogmatik oder Theorie bestimmt wird, sondern daß diese durch sich wandelnde komplexe Annahmen über das Funktionieren des politischen Prozesses und die Bewertung der Leistungen der beiden anderen Gewalten, der Legislative und der Exekutive, abhängt.[50] Die jeweilige politische Theorie – nicht jedoch »Sachgesetzlichkeiten« o. ä. – geben den Ausschlag darüber, welche der existenten dogmatischen Argumentationsmuster »Konjunktur« haben und sich in der Rechtsprechung durchsetzen.

Bei aller Zurückhaltung der amerikanischen Gerichte bei der inhaltlichen Kontrolle der Verwaltungsentscheidungen im Umwelt- und Technikrecht wurde jedoch niemals ihre Befugnis zur strikten Kontrolle der Einhaltung des Verwaltungsverfahrens bezweifelt.[51] Im Gegenteil, die Rücknahme der inhaltlichen Kontrolle wurde gerade mit der Stärkung des Verwaltungsverfahrens gerechtfertigt[52] und im Sinne der sog. »hard look doctrine« mit einer Intensivierung der Anforderungen an die administrativen Ermittlungen verbunden.[53] Mit dieser Striktheit unvereinbar sind auch Prüfungen der Kausalität zwischen Verfahrensfehler und Entscheidung.[54]

50 Das ist die gut belegte These von *Glicksman/Schroeder*, passim.

51 Vgl. nur einen entschiedenen Kritiker eines »judicial activism«, den äußerst konservativen U.S. Supreme Court Justice *A. Scalia*, Responsibilities of Regulatory Agencies under Environmental Laws, Houston Law Rev. 24 (1987), S. 97ff., 98, der im übrigen die politische Verantwortlichkeit der Verwaltung für wesentliche Aspekte von Risikoentscheidungen betont. – Die Bewertung des judicial activism kann im übrigen sehr von der Stoßrichtung der richterlichen Aktivitäten abhängen. So weist *L. McSpadden*, Environmental Policy in the Courts, in: Vig/Kraft, S. 168ff., 179, darauf hin, daß die zahlreichen von den Präsidenten *Reagan* und *Bush* ernannten Richter gegenüber der demokratischen Administration zu intensiverer Kontrolle neigten.

52 S.o. *Bazelon*, Fn. 47.

53 *C. R. Sunstein*, Interest Groups in American Public Law, Stanford Law Rev. 38 (1985), S. 29ff., 61ff.; zu dem prozeduralen Charakter der »hard look doctrine« auch *Breyer/Stewart*, S. 341f.

54 *Lujan v. Defenders of Wildlife*, 504 U. S. 555, Fn. 7: »There is this much truth to the assertion that »procedural rights« are special: The person who has been accorded a procedural right to protect his concrete interests can assert that right without meeting the normal standard of redressability and immediacy. Thus, under our case law, one living adjacent to the site for proposed construction of a federally licenced dam has standing to challenge the licensing agency's failure to prepare an Environmental Impact Statement, even though he cannot

Dieser Betonung des Verfahrens liegen nicht nur instrumentelle oder technische Erwägungen zugrunde. Die Sicherung des Verfahrens durch die Gerichte stellt die unentbehrliche Gewährleistung der kommunikativen Prozesse dar, die gerade im Umweltstaat wegen der Legitimitätsverluste der Gesetzgebung auch außerhalb des parlamentarisch-politischen Raumes aufrecht erhalten werden müssen. *David L. Bazelon*, als Chief Justice des Courts of Appeals für den District of Columbia immer wieder mit derartigen Fragen befaßt, macht diese für die Legitimation von staatlichen Umwelt- und Technikentscheidungen wesentliche Bedeutung von Rechtsprechung deutlich: »Courts cannot second-guess the decisions made by those who, by virtue of their expertise or their political accountability, have been entrusted with ultimate decisions. But courts can and have played a critical role in fostering the kind of dialogue and reflection that can improve the quality of those decisions.«[55] Die Gerichte, die sowohl außerhalb der wissenschaftlichen als auch der politischen Debatte stünden, könnten sicherstellen, daß die Entscheider die Grundlage ihrer Entscheidungen offenlegten. Dazu gehörten bei den Wissenschaftlern nicht nur die zugrunde liegenden Daten und Hypothesen, sondern auch das Zugeständnis des Nichtwissens; und im politischen Raum die Angabe der Gründe für die Festlegung einer Risikogrenze oder einer Abwägung. Vor allem aber in der Grauzone zwischen Tatsache und Werturteil könnten die Gerichte bewirken, daß die wertenden Elemente einer Entscheidung ausdrücklich zur Kenntnis genommen und nicht in einem quasi-wissenschaftlichen Jargon versteckt würden. Dies erfordere von den Gerichten kein zu tiefes Eindringen in das administrative Verfahren. Es erscheine allerdings nicht unvernünftig, von den Behörden zu verlangen, daß sie die Grundlagen ihrer Entscheidungen angäben und allen interessierten Beteiligten ihre Vorgänge und Erwägungen ebenso wie alle relevanten Informationen zugänglich machten. Diese Forderungen stünden in je-

establish with any certainty that the Statement will cause the license to be withhold or altered, and even though the dam will not be completed for many years.« – Dazu *K. S. Coplan*, Refracting the Spectrum of Clean Water Act Standing in Light of *Lujan v. Defenders of Wildlife*, Columbia Journal of Environmental Law 22 (1997), S. 169ff., 218ff.

55 *Bazelon*, S. 363; ebd. auch das folgende Zitat.

dermanns Interesse, einschließlich dem des Entscheiders selber. Denn: »If the decision-making process is open and candid it will inspire more confidence in those who are affected. Further, by opening the process to public scrutiny and criticism, we reduce that important information will be overlooked or ignored. Finally, openness will promote peer review of both factual and value judgements.«

Auch in der deutschen Diskussion ist die Einsicht weit verbreitet, wonach die Einschränkung der inhaltlichen Kontrolle kompensiert werden müsse durch eine intensivere Kontrolle der Risikoermittlung durch die Verwaltung.[56] Prägnant ist dies von *Rainer Wahl* auf die Formel gebracht worden, wonach die Rücknahme der inhaltlichen Kontrolle durch das Verfahren »verdient« werden müsse.[57] Insofern läßt sich auch hier in gewisser Weise von einer Prozeduralisierung der Risikovorsorge sprechen, die sich insbesondere in einer gesteigerten Bedeutung des Verwaltungs*verfahrens*[58] sowie der Notwendigkeit einer intensiven Verfahrenskontrolle durch die Gerichte niederschlagen muß.[59]

Diesen Erfordernissen läuft die Einschränkung der Verfahrenskontrolle, die das Bundesverwaltungsgericht bereits selber vorgenommen hat[60] und die jetzt durch den Gesetzgeber mit der Änderung von § 46 VwVfG[61] bestätigt worden ist, diametral zuwider.[62] Das – konsequent angewandt – durchaus vertretbare Konzept der gerichtlichen Verfahrenskontrolle wird jedoch vollends konterkariert, wenn Verfahrensmängel nach der Neurege-

56 Zu den sich daraus ergebenden prozessualen Konsequenzen der *Kontrolle* der Ermittlung der Behörde, die nicht durch eigene Aufklärung des Gerichts »geheilt« werden könne, BVerwGE 78, 177, 180ff. – Brokdorf –; 80, 207, 216f. – Mülheim-Kärlich –; OVG Koblenz, DVBl. 1992, 57 – ebenfalls Mülheim-Kärlich –; *Sendler*, UPR 1991, S. 247; vgl. auch *Wahl*, NVwZ 1991, S. 414ff., zu der damit verbundenen erheblich reduzierten Bedeutung der Sachverständigen im Prozeß.

57 NVwZ 1991, S. 418. – Ähnlich früher schon *Bullinger*, (Fn. 29), S. 147.

58 Immer noch grundlegend BVerfGE 53, 30, 62ff., 71ff. – Mülheim-Kärlich.

59 *Grimm*, Aufgabenverteilung, S. 59ff.

60 Zuletzt Urt. v. 25.1.1996, DÖV 1996, 604ff.

61 I.d.F. des GenehmigungsverfahrensbeschleunigungsG v. 12.9.1996, BGBl. I S. 1354.

62 Eingehender *Steinberg*, Fachplanung, § 3 Rndrn. 169ff. m.umf.Nachw.; zuletzt *ders.*, Chancen zur Effektuierung der Umweltverträglichkeitsprüfung durch die Gerichte?, DÖV 1996, S. 221ff., 231.

lung des § 45 Abs. 2 VwVfG[63] noch nach Abschluß des Verwaltungsverfahrens nicht nur bis zum Schluß der mündlichen Verhandlung geheilt, sondern nach dem Krümmel-Urteil des Bundesverwaltungsgerichts vom 21.8.1996 auch unzulängliche Ermittlungen noch nach Abschluß des Verwaltungsverfahrens nachgeholt werden können.[64] Ob sich die Verwaltung zum Zeitpunkt der Verwaltungsentscheidung an die vom Gesetz aufgestellten formellen oder materiellen Regeln hält, spielt keine Rolle mehr; wenn Probleme – z. B. in Form einer zulässigen Klage – sich abzeichnen, kann das Erforderliche immer noch nachgeholt werden.

Diese Entwicklung stellen die Errungenschaften einer neuen »Verfahrenskultur«, die sich auch in Deutschland in den letzten 20 Jahren herauszubilden schien, im Interesse vermeintlicher »Verfahrensökonomie«[65] ernsthaft in Frage.[66] Die Schwäche des Verfahrensdenkens indiziert aber auch die Schwäche offener kommunikativer, deliberativer Strukturen des politisch-administrativen Sektors, der letztlich doch einseitige, autoritär-paternalistische Entscheidungen bevorzugt. Aber auch ganz konkret bedeutet diese Entwicklung eine Aufweichung der Gesetzesbindung der Verwaltung, die partiell kontrollfrei gestellt wird. Damit stehen die Grundrechte in ihrer verfahrensrechtlichen Dimension, das Gebot effektiven Rechtsschutzes gemäß Art. 19 Abs. 4 GG und das Rechtsstaatsprinzip auf dem Spiel! Demgegenüber ist mit Nachdruck zu fordern, daß die Reduzierung der

63 G.v. 12.9.1996 (BGBl. I S. 1354), das allerdings (noch) nicht in die grundsätzlich bei der Ausführung der bundesrechtlichen Umweltschutzgesetze anzuwendenden Verwaltungsverfahrensgesetze der Länder übernommen worden ist.

64 BVerwGE 101, 347, 363 = DVBl. 1997, 52, 57 m. Anm. *R. Steinberg/G. Roller*. – In seinem Mülheim-Kärlich Urteil vom 14.1.1998 geht das Bundesverwaltungsgericht noch einen Schritt weiter, wenn es darauf hinweist, daß die Nachermittlungen durch einen »Bescheid« verlautbart werden könnten, Umdruck S. 36. Wird damit ein eigenständiges Verwaltungserfahren abgeschlossen, gelten die Beteiligungsregelungen der AtVfV, ändert der »Bescheid« die streitgegenständliche Genehmigung und wieso und unter welchen Voraussetzungen kann dieser »Bescheid« in einem bereits anhängigen gerichtlichen Verfahren überprüft werden?

65 Das ist die erste Begründung, die das BVerwG für sein erstaunliches Vorgehen gibt, Urt. v. 14.1.1998, 11 C 11.96, Umdruck S. 36.

66 *Steinberg* (Fn. 62), DÖV 1996, S. 231, wobei offen bleibt, ob und inwieweit auch hier Hoffnungen auf das Gemeinschaftsrecht tragen.

inhaltlichen Kontrolle kompensiert wird durch eine sorgfältige Kontrolle des Verfahrens. Nur auf diese Weise vermag die Rechtsprechung ihre beschriebene Funktion der Akzeptanzsicherung und Legitimationsbeschaffung zu bewahren. Diese wird ansonsten zwangsläufig noch stärker der Verwaltung überbürdet. Und ob diese angesichts der Legitimationsschwäche des demokratischen Gesetzes diese Last weitgehend auf sich selbst gestellt zu tragen vermag, erscheint ungewiß.

c. Kontrolle genereller Risikoregelungen

Weniger Kontroversen gibt es um die Kontrolle genereller Risikoregelungen der Verwaltung. So besteht weitgehende Einigkeit, daß dem Verordnungsgeber ein Gestaltungsspielraum eröffnet ist, wenn er von der Ermächtigung zur Konkretisierung einer Gesetzesnorm Gebrauch macht. Dabei ist ihm im Interesse der gleichmäßigen Rechtsanwendung und Rechtssicherheit eine typisierende Regelung aufgrund »abstrakt genereller Abwägung der widerstreitenden Belange« gerade in solchen Bereichen nicht verwehrt, die – wie häufig im Umweltrecht – »in besonderem Maße von Wertungen geprägt und daher höchst unterschiedlicher Beurteilung im Einzelfall ausgesetzt« sind.[67] Nur soweit der Verordnungsgeber den Rahmen der gesetzlichen Ermächtigung überschreitet oder sonstwie willkürlich und nicht nachvollziehbar handelt, wird das Gericht zu Beanstandungen Anlaß haben.[68] Dazu gehört auch die Verpflichtung des Verordnungsgebers, dafür zu sorgen, daß der behördlichen Risikoabschätzung »hinreichend konservative Annahmen hinsichtlich der gesundheitlichen Risiken« zugrunde liegen,[69] sowie unter Berücksichtigung des wissenschaftlichen Erkenntnisfortschritts z. B. die Dosisgrenzwerte des § 45 StrSchV »unter Kontrolle zu halten und notfalls nachzubessern«.[70] Allerdings hält es das Bundesverwaltungsge-

67 BVerwG, B. v. 8.11.1994, DVBl. 1995, 514ff. zur 18. BImschV.

68 Vgl. *Breuer*, NVwZ 1988, S. 112f.; allgemein *T. von Danwitz*, Die Gestaltungsfreiheit des Verordnungsgebers, 1989.

69 BVerwG, Urt. v. 9.2.1996, DÖV 1996, 514, zu den Grenzwertempfehlungen der IRPA zu den Risiken elektromagnetischer Felder.

70 BVerwG, Urt. v. 21.8.1996, DVBl. 1997, 51ff. – Krümmel – m. Anm. von

richt nicht für die Sache der Gerichte, anstelle des – durch die Strahlenschutzkommission sachverständig beratenen – Normgebers den jeweiligen Stand der wissenschaftlichen Diskussion durch Beweisaufnahme zu klären, »solange nicht Anlaß für die Annahme bestehe, daß der Normgeber wissenschaftliche Erkenntnisse negiere oder in unvertretbarer Weise fehlgewichte«.[71] Ein solcher Anlaß bestünde auch dann nicht, wenn in der wissenschaftlichen Diskussion »vereinzelt« der Standpunkt vertreten werde, das der Regelung zugrunde liegende Konzept habe sich als unzulänglich erwiesen.[72] Das Gericht prüft schließlich, ob die gesetzliche Ermächtigung in Verbindung mit der Rechtsverordnung mit den grundrechtlichen Schutzpflichten – und jetzt auch der Staatszielbestimmung Umweltschutz – vereinbar ist. Dies könnte zur verfassungskonformen Auslegung der Rechtsverordnung führen, läßt aber – da im Kern die unzulängliche gesetzliche Regelung das Problem ist – auch andere rechtliche Lösungen zu.[73]

Der Senat bekräftigt hier seine Auffassung zur Abgrenzung der Handlungsbereiche von Exekutive und Verwaltungsgerichten im Bereich des Technikrechts, wie er sie in seiner Wyhl-Entscheidung vom 19.12.1985 entwickelt hat. Gegenstand der Kontrolle war dort allerdings nicht eine Rechtsverordnung, sondern eine sog. »normkonkretisierende« Richtlinie. Auch derartige Richtlinien bzw. Verwaltungsvorschriften seien von den Verwaltungsgerichten nur daraufhin zu überprüfen, ob sie auf willkürfreien Ermittlungen beruhen und ob die Genehmigungsbehörden davon ausgehen durften, daß im Hinblick auf den Schutzzweck des Atomgesetzes hinreichend konservative Annahmen in sie eingegangen sind.[74] Ähnlich hat das Bundesverwaltungsgericht zur TA Luft wiederholt darauf hingewiesen, daß diese Verwaltungs-

R. Steinberg/G. Roller; ebenso Urt. v. 22.1.1997, DVBl. 1997, 719ff., 723 – Obrigheim.

71 BVerwG, B. v. 23.4.1996, NVwZ 1996, S. 1010, 1011.

72 BVerwG, DVBl. 1997, 56 u. DVBl. 1997, S. 723ff. – Ähnlich bei »zwischen einzelnen Fachwissenschaftlern ausgetragene(n) Kontroversen« zur Verbindlichkeit des Schienenbonus in § 3 16. BImSchV BVerwG, Urt.v. 5.3.1997, UPR 1997, 295, 297.

73 So BVerwG, Urt.v. 21.3.1996, DVBl. 1996, 916ff., 919, zur 16. BImschV.

74 BVerwGE 72, 300, 320f. hierzu *H.-W. Rengeling*, Anlagenbegriff, Schadensvorsorge und Verfahrensstufung im Atomrecht, DVBl. 1986, S. 265ff., 268f.

vorschrift »die im Gesetz getroffenen Wertungen beachten muß und daß dies der gerichtlichen Kontrolle unterliegt, ebenso daß es zu den von den Gerichten zu prüfenden Rechtmäßigkeitsvoraussetzungen der in der TA Luft festgelegten Immissions- und Emissionswerte und der Verfahren zu ihrer Ermittlung gehört, daß diese nicht durch Erkenntnisfortschritte in Wissenschaft und Technik überholt sind und sie damit den gesetzlichen Anforderungen jedenfalls nicht mehr gerecht werden.«[75] Die Kontrolldichte von Rechtsverordnungen und normkonkretisierenden Verwaltungsvorschriften dürfte deshalb weitgehend übereinstimmen.

d. Umweltschutz und das System des Individualrechtsgüterschutzes

Voraussetzung für die Möglichkeit der gerichtlichen Prüfung einer Verwaltungsentscheidung im Umwelt- und Technikrecht stellt jedoch die Existenz eines antrags- bzw. klagebefugten Klägers dar. Und hier errichtet das deutsche auf den Individualrechtsschutz bezogene System der Verwaltungsgerichtsordnung eine hohe Hürde: Klagebefugt nach §42 Abs. 2 VwGO und jetzt auch antragsbefugt nach §47 Abs. 2 VwGO[76] ist allein derjenige, der geltend machen kann, in *seinen* Rechten verletzt zu sein. Das ist zwar immer der Fall bei demjenigen, an den die Behörde eine umweltschützende belastende Auflage oder sonstige Verfügung richtet. Demgegenüber gehört zu den umstrittensten Fragen des öffentlichen Rechts die Feststellung, in welchen Fällen die einem Anlagenbetreiber erteilte Genehmigung nicht nur objektiv rechtswidrig ist, sondern gleichzeitig auch Rechte Dritter verletzen kann. Dies zielt auf das Problem der subjektiven Rechte in mehrpoligen Verwaltungsrechtsverhältnissen, wobei die Zahl der potentiell in eigenen Rechten Betroffenen um so größer wird, je weiter die Auswirkungen des Betriebs einer Anlage reichen. Treffen sie bei einer baulichen Anlage vielleicht nur den Nachbarn

75 BVerwG, B. v. 15.2.1988, NVwZ 1988, 824f. u. B.v. 21.3.1996 – 7 B 165/95 n.v.
76 I.d.F. v. 1.11.1996, BGBl. I S. 1626.

i.S. des Angrenzers, so können sie bei einem Kernkraftwerk viele hundert Kilometer betragen.[77]

Gerade Auswirkungen, die den Einzelnen nur als Mitglied der Allgemeinheit treffen, also Natur und Landschaft, Klima und Luft sowie – von der Stellung des Wassernutzers abgesehen – Wasser, d.h. die Umwelt als solche berühren, kann dieser grundsätzlich gerichtlich nicht abwehren. Erst wenn die Auswirkungen – auch – seine Individualrechtsgüter Leben, körperliche Unversehrtheit und vor allem Eigentum beeinträchtigen, kommen wehrfähige Individualrechtsgüter ins Spiel. Der Gesetzgeber muß bei der Normierung der Zulassungsvoraussetzungen den Belangen des Betreibers sowie den öffentlichen Interessen an der Errichtung und dem Betrieb der Anlage auch die Rechtsgüter Einzelner wie auch der Umwelt als solcher zuordnen. Ersteres ergibt sich aus den grundrechtlichen Schutzpflichten, letzteres aus der neuen Staatszielbestimmung Umweltschutz in Art. 20a GG. Nur wenn und soweit der Gesetzgeber dem Einzelnen hierbei (Schutz-)Rechte zumißt, kann deren Verletzung von dem auch tatsächlich durch eine Anlage Betroffenen klageweise geltend gemacht werden.[78] Des früher oftmals z. T. ergänzend bemühten grundrechtlichen »nachbarrechtlichen« Abwehranspruchs bedarf es dabei allenfalls in Grenz- und Ausnahmefällen.

Da der Gesetzgeber bedauerlicherweise selten eindeutige Hinweise auf den drittschützenden Charakter seiner öffentlich-rechtlichen Normen gibt, kommt es auf deren Auslegung durch die Rechtsprechung mit Hilfe der im Baurecht entwickelten Schutznormtheorie an.[79] Ohne auf Einzelheiten einzugehen, läßt sich sagen, daß rechtliche Regelungen im Bereich der Gefahrenabwehr drittschützend sind, während dies für Vorsorgemaßnahmen grundsätzlich nicht gelten soll.[80] Wegen der besonderen Norm-

77 Vgl. die umfassende Darstellung bei *Schmidt-Preuß*, S. 297ff.

78 *Steinberg*, Fachplanung, § 2 Rn. 30ff. – *R. Wahl*, Die doppelte Abhängigkeit des subjektiven öffentlichen Rechts, DVBl. 1996, S. 641ff., 642, meint die Abhängigkeit »von den Grundrechten einerseits und von der Ausformulierung im einfachen Gesetz andererseits«.

79 Einzelheiten bei *Schmidt-Preuß*, S. 186ff.

80 Allgemein *P. Marburger*, Ausbau des Individualschutzes gegen Umweltbelastungen als Aufgabe des bürgerlichen und des öffentlichen Rechts, Gutachten C z. 56. DJT, 1986, S. 53ff.; *R. Steinberg*, Verwaltungsgerichtlicher Umweltschutz, UPR 1984, S. 350ff.

struktur der zentralen atomrechtlichen Zulassungsvoraussetzung des einheitlichen Gebots der Schadensvorsorge in § 7 Abs. 2 Nr. 3 AtG wird diese insgesamt – also einschließlich der Vorsorgeelemente – für drittschützend gehalten.[81] Aber auch hier nimmt die Rechtsprechung an, daß der Einzelne sich nur auf Beeinträchtigung seines Individualrisikos berufen kann; demgegenüber ist er mit der Behauptung ausgeschlossen, durch eine Anlage werde das Risiko für die gesamte Bevölkerung z.B. durch eine Reaktorkatastrophe oder die Freisetzung von ionisierenden Strahlen unterhalb der Dosisgrenzwerte des § 45 StrSchV erhöht.[82] Eine ähnliche Einschränkung nimmt die Schutznormtheorie bei der Kontrolle von Verfahrensvorschriften vor.[83]

Damit wird deutlich, daß die Anwendung weiter Bereiche des Umweltrechts ohne verwaltungsgerichtliche Kontrolle auskommen muß. Die durch die herrschende Meinung bewirkte Einschränkung der Klagebefugnis wirkt sich für das Umweltrecht deshalb so gravierend aus, weil dessen Struktur – die Betonung öffentlicher, kollektiver Interessen, das Vorherrschen polygonaler Rechtsverhältnisse, der »diffuse Charakter umweltvermittelter Grundrechtsverletzungen«,[84] die Ungewißheiten, welche die Risikosituationen auszeichnen – mit dem Zuschnitt des Schutzes eindeutiger Rechtspositionen in zweipoligen Rechtsverhältnissen nur sehr begrenzt kompatibel ist.

Die Suche einer Überbrückung der tiefen Dichotomie zwischen der Sachstruktur des anzuwendenden Rechts und des die verwaltungsgerichtliche Kontrolle steuernden Programms erscheint deshalb dringlich, es sei denn, man akzeptiert judikative Kontrollverluste gerade in den für die Allgemeinheit (u. U. lebens-)wichtigen Bereichen. Die Entwicklungen könnten

81 *Steinberg/Roller*, S. 79 ff., unter Bezugnahme auf BVerwGE 72, 300 ff. – A.A. *Marburger* (Fn. 80), S. C 77.

82 BVerwGE 61, 256, 267; 72, 300, 318; krit. *H. Hofmann*, Der Einfluß der Großtechnik auf Verwaltungs- und Prozeßrecht, UPR 1984, S. 73 ff., 80 f.; *D. Murswiek*, Art. »Restrisiko«, in: HdUR Bd. II, 2. Aufl., 1994, Sp. 1721 f.; *Steinberg/Roller*, S. 83 ff.

83 *Steinberg*, Fachplanung, § 3 Rn. 149 ff.; zur Kontrolle der Bestimmungen über die UVP *ders.* (Fn. 62), S. 221 ff.

84 *E. Schmidt-Aßmann*, Anwendungsprobleme des Art. 2 II GG im Immissionsschutzrecht, AöR 106 (1981), S. 205 ff., 216.

in vier sich möglicherweise ergänzenden Richtungen zu suchen sein:[85]

Zunächst ist zu denken an die Einbeziehung des Vorsorgebereichs in den Drittschutz.[86] Jedenfalls soweit die Vorsorgemaßnahmen im Bereich der vorverlagerten Gefahrenabwehr z.B. wegen des bestehenden Besorgnispotentials liegen, kommen sie auch dem im Einwirkungsbereich der Anlage lebenden Einzelnen zugute. Dies gilt ferner für die Emissionsminderung von solchen Stoffen, die ungeachtet bestehender Immissionswerte tatsächlich zu Schäden führen,[87] und erst recht für die Emission solcher Stoffe, für die keine Schwellenwerte existieren, die also stochastische Schäden (s. o. I. 2. c. u. II. 3. a.) hervorrufen.[88]

Die zweite Strategie könnte darin bestehen, die Beschränkung der Kontrolle auf isolierte drittschützende Normen – oder sogar Normenteile – in einer Anleihe beim Planfeststellungsrecht zugunsten einer umfassenden Kontrolle der bei einer Entscheidung zu berücksichtigenden rechtlichen Belange zu überwinden. Bekanntlich räumt das Bundesverwaltungsgericht demjenigen, dessen Grundstück für eine Planfeststellung in Anspruch genommen wird, einen Anspruch auf umfassende Kontrolle der Abwägungsentscheidung unter Einschluß der berührten öffentlichen Belange ein.[89] Gegen diese Rechtsprechung ist nur einzuwenden, daß sie nicht konsequent genug diese Grundsätze auf die Beeinträchtigung anderer Rechte, insbesondere der körperlichen Unversehrtheit überträgt.[90] Aber der im Kern richtige Gedanke, daß es bei der Planfeststellung, d. h. der räumlichen Verortung eines Vorhabens, um die Gestaltung von Interessengeflechten geht, erscheint bei der Genehmigung einer Industrieanlage kaum weniger passend: Auch hier geht es um eine »komplexe Verwaltungsentscheidung«,[91] bei der schon nach § 1 BImSchG die Gesamt-

85 Weiterführend auch *Blankenagel*, Die Verwaltung 26 (1993), S. 20ff.

86 Demgegenüber restriktiv BVerwG, Urt. v. 22.1.1997, DVBl. 1997, 719, 722.

87 *Marburger*, (Fn. 80), S. C 62f., C 98; *Schmidt-Preuß*, S. 288f.

88 OVG Lüneburg, GewArch 1980, 203, 205; OVG Münster, NVwZ 1991, 1200; vgl. auch *Rehbinder*, Prinzipien, S. 281ff.; a.A. *Schmidt-Preuß*, S. 289f.

89 BVerwGE 67, 74ff., dazu *Steinberg*, Fachplanung, § 4 Rn. 136f.

90 *R. Steinberg*, Rechtsverletzung bei der Planfeststellung, in: FS f. Schlichter, 1995, S. 599ff., 608ff.

91 *E. Schmidt-Aßmann*, Verwaltungsverantwortung und Verwaltungsgerichtsbarkeit, VVDStRL 34 (1976), S. 222ff.

auswirkungen eines Vorhabens zu ermitteln und zu bewerten sind. Dieses erfordert – wie bei der Planfeststellung – eine Gesamtbewertung, was nicht nur in § 2 Abs. 1 S. 4 UVPG, sondern jetzt auch in der IVU-Richtlinie (96/61/EG) vom 24. September 1996 ausdrücklich gefordert wird.[92] Antragsteller und Genehmigungsbehörde sind damit unter Beteiligung der anderen Fachbehörden sowie der Öffentlichkeit zur Optimierung der Anlage aufgerufen.[93] Damit sollen die Unterschiede zwischen Planfeststellung und Genehmigung nicht vollständig eingeebnet werden; allerdings sind sie eher gradueller als kategorialer Art.[94]

Ein weiterer Weg könnte darin bestehen, den Begriff der klagweise vom Einzelnen geltend zu machenden Rechte in dem Sinne weiter zu verstehen als bisher, als die Anforderungen an die Anerkennung subjektiver Rechte im Zusammenhang mit der Normierung öffentlicher Rechte gelockert werden.[95] Dem entspricht gerade im Umweltbereich die Erkenntnis, daß die Abgrenzung individueller Rechtsmacht und kollektiver Interessen ohnehin diffus geworden ist und die Bewahrung individueller Autonomie auf die Gewährleistung gesellschaftlich vermittelter Voraussetzungen angewiesen ist.

Diesen Weg ist – angesichts der grundsätzlich erheblich stärkeren Betonung der Rechte des Einzelnen in der amerikanischen Rechtsordnung eher erstaunlich – die Rechtsprechung in den USA gegangen, die damit die gewandelten Funktionsbedingungen der Verwaltung zur Kenntnis genommen hat. Dies wurde dadurch erreicht, daß die ursprünglich auch dort angenommene Voraussetzung der Verletzung eigener Rechte durch die Einbeziehung immer weiterer Interessen zugunsten eines weit verstandenen »statutory beneficiary concept« aufgeweicht wurde.[96] Auch dort wird

92 Hierzu *Steinberg/Koepfer*, S. 974f.

93 *W. Hoffmann-Riem*, Von der Antragsbindung zum konsentierten Optionenermessen, DVBl. 1994, S. 605 ff.

94 *Steinberg*, Fachplanung, § 1 Rn. 1 ff.; z.T. anders *R. Wahl*, Genehmigung und Planungsentscheidung, DVBl. 1982, S. 51 ff., 55.

95 In diese Richtung in der deutschen Literatur *R. Bernhardt*, Zur Anfechtung von Verwaltungsakten durch Dritte, JZ 1963, S. 302 ff.; *M. Zuleeg*, Hat das subjektive öffentliche Recht überhaupt noch eine Daseinsberechtigung, DVBl. 1976, S. 509 ff.; weiterführend *R. Schmidt*, Öffentliches Wirtschaftsrecht, Allgemeiner Teil, 1990, S. 453 ff.

96 Vgl. die eingehende Analyse bei *Stewart*, Harvard Law Rev. 88 (1975), S. 1725 ff. m.umf.Nachw.

keine allgemeine Popularklage anerkannt, da dies der verfassungsrechtlichen Rolle der Gerichte, »cases« und »controversies« (Art. III U.S. Verf.) zu entscheiden, zuwider liefe und in die Kompetenzen der Exekutive eingriffe, die Gesetze auszuführen.[97] Ein Kläger muß deshalb drei Voraussetzungen erfüllen, um »standing« zu haben: (1) eine aktuelle oder drohende Verletzung eines konkreten und speziellen rechtlich geschützten Interesses, (2) einen kausalen Zusammenhang zwischen der Verletzung und der gerügten Maßnahme und (3) die Wahrscheinlichkeit, daß die begehrte Entscheidung Abhilfe schafft. Diese Grundsätze haben in einer Reihe von Umweltschutzfällen zu einer eher weiten Anerkennung der Klagebefugnis geführt. Dabei wurde als Rechtsverletzung auch gewertet die Beeinträchtigung ästhetischer Interessen, solange der Kläger eine physikalisch oder geographisch enge Beziehung zu dem beeinträchtigten Medium nachweisen kann. Diese Auffassung wurde in dem bereits diskutierten grundlegenden Fall *Sierra Club v. Morton* entwickelt. Im Zusammenhang mit der zu erwartenden Zerstörung von Natur und Landschaft des Mineral King Valley betont Justice *Stewart* für die Mehrheit des Gerichts: »Aesthetic and environmental well-being, like economic well-being, are important ingredients of the quality of life in our society, and the fact that particular environmental interests are shared by the many rather than the few does not make them less deserving of legal protection through the judicial process.«[98] Daß gleichwohl das »standing« im konkreten Fall verneint wurde, lag daran, daß die Klägerin nicht dargetan hatte, daß sie selbst oder ihre Mitglieder durch die angegriffene Maßnahme verletzt waren.

An dieser Rechtsprechung, in der es im wesentlichen auf eine ernstzunehmende konkrete Beziehung des Klägers zu dem beeinträchtigten Umweltmedium ankommt, hat der U. S. Supreme Court bis heute festgehalten. Dies gilt auch für sein Urteil *Lujan v. Defenders of Wildlife,*[99] wenngleich auch hier im Ergebnis die

97 So *Lujan v. Defenders of Wildlife*, 504 U.S. 555 unter II. (1992); zum folgenden ebd. unter IV. – Eingehend *Coplan*, (Fn. 54), S. 176ff.

98 405 U.S. 727, 734 (1972).

99 504 U.S. 555 (1992). – Krit. zu dieser Entscheidung *G. R. Nichol, Jr.*, Justice Scalia, Standing, and Public Law Litigation, Duke Law Journal, 42 (1993), S. 1141 ff., 1147, der darin den ersten Schritt der Umsetzung der literarischen Forderung des Berichterstatters *Scalia* erblickt, to »restrict ... courts in their traditional undemocratic role of protecting ... minorities against impositions of the majo-

genannten Voraussetzungen der Klagebefugnis bei einer auf das Artenschutzgesetz gestützten Klage gegen Maßnahmen verneint wurde, durch die – so wurde geltend gemacht – gefährdete Tiere in Ägypten und Sri Lanka beeinträchtigt würden. Für nicht ausreichend wurde es gehalten, daß drei Mitglieder der klägerischen Vereinigung in der Vergangenheit die Lebensgebiete der gefährdeten Tiere besucht und dies – allerdings nicht konkret – zu wiederholen die Absicht hätten. Es reiche auch nicht das allgemeine Interesse der Vereinigung und ihrer Mitglieder an dem Studium der gefährdeten Tiere – der sog. animal nexus – aus.[100] Nicht besser erging es dem dritten Begründungsversuch der Kläger mit dem Hinweis auf den sog. »ecosystem nexus«. Danach sei die erforderliche tatsächliche Rechtsverletzung für jede Person gegeben »who uses any part of a ›contiguous ecosystem‹ adversely affected by a funded activity ...even if this activity is located a great distance away.«[101]

Die bisher genannten Strategien stellen Fortentwicklungen der am Individualrechtsgüterschutz orientierten Schutznormtheorie dar, bedeuten jedoch keine grundsätzliche Neuerung. Eher in diese Richtung gehen Bestrebungen, künftigen Generationen und der Natur als solcher verwaltungsprozessual handlungsfähige Sachwalter zur Seite zu stellen.[102] Das bislang in den meisten Bundesländern vorzufindende Instrument der Verbandsklage mit unterschiedlichem, meist recht engem Anwendungsbereich im Naturschutz- und Fachplanungsrecht[103] stellt freilich eine nur

rity, and [to] exclude from the even more undemocratic role of prescribing how the other two branches should function in order to serve the interest of the majority itself.«- Ähnlich *McSpadden* (Fn. 51), S. 181 (»ominous«) und *Rose-Ackerman*, S. 260ff., die zwischen der Ansicht von *Scalia* und dem deutschen öffentlichen Recht Parallelen sieht.

100 In *Japan Whaling Association v. American Cetacean Society*, 478 U.S. 221, 231 Fn. 4 (1986) wurde das standing bejaht für eine Organisation, deren Mitglieder sich mit der Beobachtung und dem Studium von Walen befassen.

101 504 U.S. 555, 563f. – Immerhin betonen die Richter *Kennedy* und *Souter* in ihrer concurrent opinion: »As government programs and policies become more complex and far-reaching, we must be sensitive to the articulation of new rights of action that do not have clear analogs in our common-law tradition.«

102 Am prononciertesten fordern dies *Saladin/Zenger*, S. 103ff., die als geeignete Institutionen neben den Umweltschutzverbänden einen vom Staat bestellten »Ombudsmann der Nachkommen« oder »Ombudskommissionen« anbieten. Vgl. auch *Hofmann*, JZ 1988, S. 278; vgl. ferner u. V. 3.

103 *Rehbinder*, Verbandsklage, Sp. 2559ff.; *Steinberg*, Fachplanung, § 7 Rn. 34ff.

sehr behutsame Umsetzung dieses Gedankens dar. Das Bundesverwaltungsgericht hat trotz gewisser Sympathien für die Verbandsklage wenig Möglichkeiten einer bundesrechtlichen Begründung de lege lata gesehen.[104] Eine Bresche konnte immerhin mit der Anerkennung eines prozessual durchsetzbaren Beteiligungsanspruchs aus § 29 BNatSchG mit der sog. Partizipationserzwingungsklage geschlagen werden.[105]

Es bietet sich daher die Schaffung einer erweiterten Verbandsklage auf bundesrechtlicher Ebene an. So wurde vorgeschlagen, die Verbandsklage zuzulassen in dem für den Umweltschutz essentiellen Vorsorgebereich[106] sowie nach schweizerischem Vorbild zur Kontrolle der Vorschriften über die Umweltverträglichkeitsprüfung[107] und darüber hinaus auch des sonstigen, gemeinschaftsrechtlich fundierten Umweltrechts.[108] Eine vorzügliche normative Ausgestaltung hat die bundesrechtliche Verbandsklage nunmehr im Entwurf der Sachverständigenkommission zum Umweltgesetzbuch in § 45 erfahren. Insbesondere die Verbindung der Beteiligungsmöglichkeiten der Verbände in Verwaltungsverfahren mit einer Klagebefugnis im Verwaltungsprozeß stellt eine sinnvolle Erweiterung des Rechtsschutzes dar. Damit würde einer Forderung Rechnung getragen, deren Dringlichkeit im umweltrechtlichen Schrifttum seit vielen Jahren immer wieder betont worden ist.[109]

104 So wurde die Herleitung der Verbandsklage aus Art. 9 Abs. 1 GG ebenso abgelehnt, BVerwG, DVBl. 1980, 1010, wie jetzt auch aus Art. 20 a GG, BVerwG, DVBl. 1996, 921 ff.

105 BVerwGE 87, 62, 72 ff.

106 *H.D. Jarass*, Der Rechtsschutz Dritter bei der Genehmigung von Anlagen, NJW 1983, S. 2844 ff., 2848.

107 *R. Steinberg*, Bemerkungen zu einem Entwurf für ein Bundesgesetz über die Umweltverträglichkeitsprüfung, DVBl. 1988, S. 995 ff., 1001.

108 *Nicklas*, S. 203 ff.

109 Neben den in den vorstehenden Fn. genannten Autoren vgl. noch *H.H. Rupp*, Die verfassungsrechtliche Seite des Umweltschutzes, JZ 1971, S. 401 ff., 402 f.; *Wahl/Appel*, S. 145 f.
Über die Zugänglichkeit von Klagen zur Effektuierung des Umweltschutzes entscheiden aber auch andere Faktoren, so die rechtliche Ausgestaltung der Kosten. So fördert das amerikanische System, bei dem jede Partei ihre eigenen Kosten trägt oder sogar der Staat die Kosten einer Partei ersetzen kann (so nach CAA § 304 (d) oder FWPR § 505 (d)), die Bereitschaft von Verbandsklagen eher als das deutsche System, in dem gegebenenfalls bei einer Niederlage die Kosten der Gegenseite und des Beigeladenen zu tragen sind. Bemerkenswert die Ab-

Weit über die Möglichkeiten der in Deutschland diskutierten Verbandsklage hinaus geht die Eröffnung sog. citizens suits in zahlreichen amerikanischen Umweltgesetzen, durch die der Gesetzgeber seit dem Clean Air Act 1970[110] interessierten Einzelnen oder Gruppen die Befugnis einräumt, klagweise von der Verwaltung, aber auch von Umweltverschmutzern[111] die Einhaltung der Gesetze zu verlangen. Derartige Klagen dienen damit weniger dazu, umweltbeeinträchtigende Vorhaben zu verhindern, als vielmehr den Vollzug der Umweltgesetze zu befördern. Durch sie kann damit die EPA auf die fristgerechte Umsetzung von Verpflichtungen etwa zur Regulierung bestimmter Probleme verklagt werden. Allerdings haben die Gerichte die innerbehördlichen Schwierigkeiten (Mittel, andere Aufgaben, Informationen) berücksichtigt und nur mit großer Zurückhaltung eine Fristversäumnis sanktioniert.[112] Noch geringer sind die Chancen zur

sicht in dem »Contract with America« der Republikaner 1994, dem deutschen System vergleichbare Regelungen zu schaffen, vgl. *McSpadden*, (Fn. 51), S. 183 und *Rose-Ackerman*, S. 250f.

110 CAA § 304; Federal Water Pollution Control Act § 505; Endangered Species Act § 11 (g). – Vgl. *M. Walker/ J. Jacobs*, EPCRA Citizen Suits: An Evolving Opus With a Discordant Note, Environmental Law and Practice 4 (1997), S. 9ff.; vgl. auch *H.D. Jarass*, Der Vollzug von Umweltrecht in den USA, NuR 1993, S. 197ff., 201.

111 *Gwaltney of Smithfield, Ltd. v. Chesapeake Bay Foundation, Inc.*, 484 U.S. 49 (1987). – Scharf abl. *M. S. Greve*, Environmentalism and bounty hunting, The Public Interest, 97 (Fall 1989), S. 15ff. – Dieses Institut berge die Gefahr exzessiven Gesetzesvollzugs und nutze nicht der Umwelt, sondern diene der Bereicherung von wenigen starken Umweltverbänden. – Offensichtlich kommt ihm besondere Bedeutung im Wasserrecht zu, für das *Greve*, ebd. S. 18 eine Zahl von 800 eingeleiteten Verfahren seit 1984 nennt. – Auch der »Contract with America« der Republikaner 1994 sah eine Abschaffung der citizens suits vor, vgl. *McSpadden*, (Fn. 51), S. 173.

112 *Illinois v. Costle*, U.S. District Court, District of Columbia (1979), 12 ERC 1597: »Well-meaning statutes are not self-implementing. We need a national will to protect the environment from the threatening health and pollution hazards which this Act (i.e. Resource Conservation and Recovery Act of 1976) addresses. There is need of a massive commitment of funds, talents and purpose to these objectives. If the Court could do anything about it, the Court would; ... There is little a court of equity can do. These are matters of national policy, political priorities; and I would urge upon the parties with everything at my command that they consider the appropriateness of continuing to rely on courts to accomplish objectives which can only be effectively accomplished in a democracy by resort to the polls, resort to the political processes which the Constitution preserves.« – Allerdings drei Jahre später hatte der Richter die Geduld

Verurteilung einer Behörde, wenn ihr für die Maßnahme vom Gesetz Ermessen eingeräumt worden ist.[113] Diese Beispiele lassen bereits die geringe Leistungsfähigkeit von subjektiven Rechten auf Umweltschutz erkennen, die später eingehend untersucht werden wird (s.u. VI. 3.c.).

Realistischer erscheint demgegenüber die Aufnahme eines Impulses aus dem Gemeinschaftsrecht. Hierbei wird an die unterschiedliche Funktion angeknüpft, die das subjektive Recht im Gemeinschaftsrecht besitzt. Dieses ist anders als im nationalen deutschen Recht weniger auf die Durchsetzung von Individualinteressen als vielmehr auf die Wahrung der objektiven Rechtsordnung gerichtet. Der Europäische Gerichtshof verlangt deshalb, daß die nach deutscher Vorstellung im Vorsorgebereich liegenden Luftreinhalte-Richtlinien in einer Weise umgesetzt werden müßten, »daß die Betroffenen in allen Fällen, in denen die Überschreitung der Grenzwerte die (d.h. nicht notwendig *ihre*, d.V.) menschliche Gesundheit gefährden könnte, in der Lage sein müssen, sich auf zwingende Vorschriften zu berufen, um ihre Rechte geltend machen zu können.«[114] Die Umsetzung dieser Verpflichtung läßt sich im deutschen Recht zum einen durch die Erweiterung des formellen oder materiellen subjektiven Rechts erreichen – z. B. durch die Einbeziehung von Verfahrensvorschriften oder des Vorsorgebereichs. In Betracht kommt aber auch bei unverändertem Umfang des subjektiven Rechts eine Ausdehnung der Klagebefugnis und Aktivlegitimation. Beide Formen der Umsetzung lassen sich zum einen durch den Gesetzgeber, möglicherweise aber auch durch eine gemeinschaftsrechtskonforme Auslegung des geltenden Rechts erreichen.[115]

verloren und lehnte weitere Anträge der Verwaltung auf Aufschub ab. *Illinois v. Gorsuch*, U.S. District Court, District of Columbia (1981), 530 F.Supp. 340. – Im Einzelnen vgl. die Diskussion von *Bonine/McGarity*, S. 787ff., 867ff.; zu der nach der *Lujan*-Entscheidung neu aufgeflammten Debatte um die verfassungsrechtliche Zulässigkeit der »citizen suits« *Coplan* (Fn. 54), S. 200ff.

113 *Sierra Club v. Thomas*, U.S. Court of Appeals, District of Columbia Cir. (1987), 828 F.2d 783.

114 EuGH, Urt. v. 28.2.1991, EuZW 1991, 440f.

115 *Steinberg*, AöR 120 (1995), S. 459ff. m.umf.Nachw.; *ders.* (Fn. 62), DÖV 1996, S. 229ff. – Vgl. jetzt auch die weiterführende Untersuchung von *J. Masing*, Die Mobilisierung des Bürgers für die Durchsetzung des Rechts, 1997, S. 35ff. u. passim.

Der Umfang der verwaltungsgerichtlichen Kontrolle wird aber nicht nur durch das Fehlen subjektiver Rechte eingeschränkt. Einschränkungen ergeben sich auch aus der Begrenzung des *Gegenstandes* möglicher verwaltungsgerichtlicher Kontrolle. Eine Klage kommt nämlich nur in Frage, wenn es um die rechtliche Beurteilung – ergangener oder begehrter – staatlicher Maßnahmen geht. Aber selbst hier gibt es wesentliche Einschränkungen, wie bereits bei der Diskussion genereller umweltrechtlicher Rechtssätze bemerkt wurde (s. o. II. 3. b. cc.). Dies gilt jedoch in besonderem Maße bei allen Formen des sog. informalen Verwaltungshandelns oder auch sonstiger »neuer« Instrumente des Umweltschutzes (s. o. II. 6. a.), die sich nicht in das traditionelle System der Handlungsformen des regulativen Verwaltungshandelns einordnen lassen, auf das das verwaltungsgerichtliche Rechtsschutzsystem zugeschnitten ist. Soweit sich der ökologische Verfassungsstaat alternativ zum Verwaltungsverfahren ökonomischer oder kontextsteuernder Instrumente bedient, müßte die Möglichkeit gerichtlicher Kontrolle auf einer verlagerten Ebene geprüft werden. Da sich diese Instrumente durch den Einsatz selbstregulativer Elemente auszeichnen,[116] müßten hier vor allem die Rahmenbedingungen kontrolliert werden. Eine derartige Kontrolle der Rahmenbedingungen hat sich beispielsweise bei der gerichtlich überprüfbaren Aufsicht über wettbewerbsbeschränkende Maßnahmen im Gesetz gegen Wettbewerbsbeschränkungen bewährt.

Derartige nicht-regulative Instrumente sind damit nicht nur dem Einwand eingeschränkter Interessenberücksichtigung ausgesetzt (s. o. III. 4.). Sie müssen auch in stärkerem Maße ohne die besondere Legitimation auskommen, welche die Judikative zu vermitteln vermag. Beide Defizite sind bei ihrer Wahl zu bedenken. Jedenfalls bedarf es aber der Einrichtung alternativer oder ergänzender Kontrollmechanismen (V. 3.).

116 *Hoffmann-Riem*, Innovationen, S. 15 ff.

2. Verfassungsgerichtliche Kontrolle

Die rechtliche Bedeutung, welche die verfassungsrechtlichen Verbürgungen des Umweltschutzes zu erlangen vermögen, hängt ganz wesentlich von der Möglichkeit gerichtlicher und das heißt im Hinblick auf die Aktivitäten des Gesetzgebers verfassungsgerichtlicher Kontrolle ab. Das zeigt auch ein Blick auf andere Rechtsordnungen. So wird die Staatszielbestimmung Umweltschutz in der Schweiz zwar als verbindlicher Gesetzgebungsauftrag verstanden, könne aber gerichtlich nicht durchgesetzt werden.[117] Das gleiche gilt dort für die Zurückhaltung hinsichtlich gerichtlich durchsetzbarer objektiv-rechtlicher Schutzpflichten und erst recht deren Umschlagen in subjektive Rechtsansprüche.[118] Auch in Frankreich wird von einem Menschenrecht auf Umwelt in der Verfassung solange keine Wirkung erwartet, als die Kontrolle verfassungsrechtlich garantierter Rechte in Frankreich noch sehr unzulänglich bleibt.[119] Und in den Vereinigten Staaten hat nicht nur der Supreme Court die Herleitung grundrechtlicher Schutzpflichten überhaupt aus der Verfassung – im konkreten Fall ging es um den Schutz des Lebens und der körperlichen Unversehrtheit – abgelehnt.[120] Vielmehr haben auch Oberste Gerichtshöfe in den Einzelstaaten, in deren Verfassungen umweltbezogene Schutzpflichten

117 Vgl. *Th. Fleiner-Gerster*, Art. 24 septies, Rn. 24ff., in: Kommentar zur Bundesverfassung der Schweizerischen Eidgenossenschaft, hrsg. v. J.-F. Aubert et al., Basel 1987ff., Stand 1992.

118 Vgl. *J.-P. Müller*, Zur sog. subjektiv- und objektivrechtlichen Bedeutung der Grundrechte, Der Staat 29 (1990), S. 34ff.

119 *J.-M. Woehrling*, Umweltschutz und Umweltrecht in Frankreich, DVBl. 1992, S. 884ff., 892.

120 *DeShaney v. Winnibago County Dept. Of Social Services*, 109 S. Ct. 998 (1988), dazu *L. H. Tribe*, The Curvature of Constitutional Space: What Lawyers Can Learn from Modern Physics, Harvard Law Rev. 103 (1989), S. 1ff., 8ff.; bes. interessant die rechtsvergleichenden Ausführungen von *G.L. Neuman*, Casey in the Mirror, Am. J. for Comparative Law 43 (1995), S. 273ff., insbes. S. 300ff.; allgemein *D.P. Currie*, Positive and Negative Constitutional Rights, Univ. of Chicago Law Rev. 53 (1986), S. 819ff.; vgl. ebenfalls die deutsche Fassung, *ders.*, Positive und negative Grundrechte, AöR 111 (1986), S. 230ff.

oder Staatszielbestimmungen inzwischen verankert sind,[121] diese als nicht »self-executing« interpretiert und auf die Ausgestaltung durch die Gesetzgebung verwiesen.[122]

Davon unterscheidet sich die Situation in Deutschland grundlegend: Soweit verfassungsrechtliche Anforderungen für die staatlichen Organe reichen, stellen sie auch im Rahmen der Zuständigkeit Maßstäbe verfassungsgerichtlicher Kontrolle dar. Eine Rechtsnorm zeichnet sich dadurch aus, daß sie primär als Verhaltensnorm und sekundär als Kontrollmaßstab fungiert. Voraussetzung hierfür ist ein Mindestmaß inhaltlicher Bestimmtheit, um Verhalten zu bestimmen und Justitiabilität zu gewährleisten. Umgekehrt, fehlt es an einer justitiablen Norm, so ist das Vorliegen einer Rechtsnorm überhaupt zweifelhaft.[123] An dieser Kongruenz von materieller Verfassungsnorm und Kontrollnorm ist nicht zuletzt im Hinblick auf Art. 1 Abs. 3 GG festzuhalten.[124] Abstufungen nimmt das Bundesverfassungsgericht lediglich bei der Intensität der Kontrolle vor, die von einer strikten Kontrolle über eine Vertretbarkeitskontrolle bis hin zur Evidenzkontrolle reicht. Begründet wird diese Differenzierung einmal mit der Bedeutung des auf dem Spiel stehenden Rechtsguts, zum anderen mit dem Respekt vor der Entscheidungsprärogative des unmittelbar demokratisch legitimierten und politisch verantwortlichen Gesetzgebers.[125] Das angemessene Gleichgewicht zwischen Gesetzgeber und Verfassungsgerichtsbarkeit läßt sich deshalb auf zwei Ebenen finden: einmal bei der Bestimmung des

121 So in Illinois, Massachusetts, Montana, Louisiana, New Mexico, Rhode Island, Hawai.

122 *J.L. Fernandez*, State Constitutions, Environmental Rights Provisions, and the Doctrine of Self-Execution: A Political Question?, Harvard Environmental Law Rev. 17 (1993), S. 333ff.; vgl. auch *Currie* (Fn. 120).

123 *Grimm*, Zukunft, S. 189. – Ähnlich auch *E. Forsthoff*, Industriegesellschaft, S. 73, wonach solchen Sätzen der Verfassung, denen wie den sozialen Verbürgungen unter der Weimarer Verfassung nur Programmcharakter zugebilligt wurde, in Wahrheit der Verfassungsrang abgesprochen werde.

124 A.A. *K. Hesse*, Die verfassungsrechtliche Kontrolle der Wahrnehmung grundrechtlicher Schutzpflichten des Gesetzgebers, FS f. Mahrenholz, 1994, S. 541ff., 558f., der selber darauf hinweist, daß dies zu »einer Schwächung der Leistungsfähigkeit der Verfassung und damit zu einem grundlegenden Wandel« des Verfassungsverständnisses führen muß.

125 Vgl. nur *K. Schlaich*, Das Bundesverfassungsgericht, 4. Aufl. 1997, Rnrn. 496ff.

Normprogramms der jeweiligen verfassungsrechtlichen Regelung, deren *rechtlicher* Gehalt nicht zu überspannen ist,[126] zum zweiten bei der Bemessung der Reichweite der verfassungsgerichtlichen Kontrolle.

a. Die Eröffnung der verfassungsgerichtlichen Kontrolle, insbesondere der Verfassungsbeschwerde

Die Durchsetzbarkeit der grundrechtlichen Pflichten zum Schutze von Umweltgütern hängt nicht zuletzt auch davon ab, ob dem Einzelnen ein entsprechendes subjektives Recht auf Tätigwerden des Staates, d.h. insbesondere des Gesetzgebers, zusteht und damit die Verfassungsbeschwerde eröffnet ist, oder ob es sich bei den Schutzpflichten ausschließlich um objektiv-rechtliche Pflichten handelt.

Das Bundesverfassungsgericht hat diese Frage in seiner ersten Verfassungsbeschwerde auf Tätigwerden im Umweltschutz 1981 nicht nur ausdrücklich offengelassen, sondern auch deutliche Zweifel an dem Vorliegen eines subjektiven Rechts geäußert.[127] In einem Kammerbeschluß vom 29. Februar 1988 wurde festgestellt, der einzelne Staatsbürger habe »grundsätzlich keinen mit der Verfassungsbeschwerde verfolgbaren Anspruch auf ein Handeln des Gesetzgebers, es sei denn, der Beschwerdeführer könnte

126 Davor warnt gerade im Hinblick auf die in Deutschland unausweichlichen Konsequenzen der verfassungsgerichtlichen Kontrolle *Böckenförde*, Der Staat 29 (1990), S. 1ff., 24ff.

127 BVerfGE 56, 54, 70ff.: »Bislang sind aber derartige Verfassungsbeschwerden nur ausnahmsweise und nur dann als zulässig angesehen worden, wenn sich der Beschwerdeführer auf einen *ausdrücklichen* Auftrag des Grundgesetzes berufen kann, der Inhalt und Umfang der Gesetzgebungspflicht im wesentlichen bestimmt.« Hier gehe es hingegen um solche Handlungs- und Schutzpflichten, die erst im Wege der Verfassungsinterpretation aus den in den Grundrechten verkörperten Grundentscheidungen herleitbar seien. »Daß der Staatsbürger auch in solchen Fällen unmittelbar das Bundesverfassungsgericht mit einer gegen gesetzgeberisches Unterlassen gerichteten Verfassungsbeschwerde anrufen kann, läßt sich jedenfalls nicht ohne weiteres annehmen. Denn gerade hier hängt die Entscheidung, ob und mit welchem Inhalt ein Gesetz zu erlassen ist, von mannigfaltigen wirtschaftlichen, politischen und haushalts rechtlichen Gegebenheiten ab, die sich richterlicher Nachprüfung im allgemeinen entziehen.« ebd. S. 70f.

sich auf einen ausdrücklichen Auftrag des Grundgesetzes berufen, der Inhalt und Umfang der Gesetzgebungspflicht im wesentlichen umgrenzt.«[128]

Diese Zurückhaltung ist auf gewichtige Kritik in der Literatur gestoßen: Das Leugnen eines subjektiven Rechts sei grundsätzlich unvereinbar mit der menschenrechtlichen Tradition und dem auch in Art. 1 Abs. 1 GG verankerten personalen Kern der Grundrechte. Im übrigen sei es auch praktisch angesichts anderer Verfahren objektiver Rechtskontrolle als wenig realistischer Versuch anzusehen, die Machtbalance zwischen Verfassungsgericht und Gesetzgeber nicht weiter zu dessen Lasten zu verschieben.[129] Daraufhin hat das Gericht seine Auffassung stillschweigend geändert.[130] Allerdings findet sich in der C-Waffen-Entscheidung vom 29. Oktober 1987 die Zulässigkeit der Verfassungsbeschwerde dadurch stark eingeschränkt, daß sie von dem schlüssigen Vortrag des Beschwerdeführers abhängig gemacht wird, »daß die öffentliche Gewalt Schutzvorkehrungen entweder überhaupt nicht getroffen hat oder daß offensichtlich die getroffenen Maßnahmen gänzlich ungeeignet oder völlig unzulänglich sind, um das Schutzziel zu erreichen.«[131] Diese Einschränkung erscheint jedoch wenig konsequent. Wird angenommen, daß der Einzelne einen grundrechtlichen Anspruch auf Schutzmaßnahmen gegen den Staat habe, so ist die Verfassungsbeschwerde zulässig, wenn er »substantiiert« geltend machen kann, durch ein rechtswidriges Unterlassen verletzt zu sein. Ob das Unterlassen tatsächlich rechtswidrig ist, ist in der Begründetheit zu prüfen. Daß dabei die Kontrollmaßstäbe differenzierter sind, als es die »Untätigkeits- und Ungeeignetheits-Klausel« vorgibt, hat im übrigen die Darstellung der inhaltlichen und prozeduralen Anforderungen der Schutzpflichten gezeigt (s. o. II. 5.).

128 1 BvR 206/88 – 1. K. des 1. Senats mit den Richtern *Niemeyer*, *Heußner* und *Grimm*. – Ebenso *R. Steinberg*, Grundfragen des öffentlichen Nachbarrechts, NJW 1984, S. 457ff., 460f.; *ders.*, Der Staat 26 (1987), S. 161ff., 182; zust. *K. Schlaich*, Das Bundesverfassungsgericht, 1. Aufl. 1985, S. 112, zurückhaltend in den späteren Auflagen., zuletzt 4. Aufl. 1997, Rn. 221.

129 *Hermes*, S. 208ff.; *Böckenförde*, Der Staat 29 (1990), S. 14ff.

130 Seit BVerfGE 77, 170, 212ff. – zweiter Senat –; 77, 346, 402f.; 79, 174, 201 – erster Senat –.

131 BVerfGE 77, 170, 215, s.o. II. 2. b.ee.

Entscheidend für die verfassungsgerichtliche Geltendmachung der Verletzung einer grundrechtlichen Schutzpflicht im Bereich von Art. 2 Abs. 2 S. 1 GG und Art. 14 GG ist deshalb vor allem, daß der Beschwerdeführer substantiiert vorträgt, daß die Unterlassung zu einer *gegenwärtigen* Beeinträchtigung *seiner* grundrechtlich geschützten Rechtsgüter führt. Dabei ist es selbstverständlich nicht ausgeschlossen, daß andere ebenfalls in ihren Grundrechten verletzt werden.[132] Und auch mit der im Atomrecht vertretenen Differenzierung zwischen Kollektivrisiko und Individualrisiko[133] läßt sich nicht überzeugend ein hinter dem objektiv-rechtlichen Gehalt der Schutzpflicht zurückbleibendes subjektives Recht auf Schutz rechtfertigen, da diese Aufspaltung auch im Atomrecht wenig überzeugt und hinsichtlich des Strahlenschutzes schon wegen der stochastischen Strahlenwirkungen naturwissenschaftlich unhaltbar ist (s. o. I. d.).

Beschränkt auf einen Teilbereich der Umweltgüter läßt sich damit durchaus von einem Grundrecht auf Schutz der Umwelt sprechen, das in seiner Reichweite über das auf den Schutz der körperlichen Unversehrtheit beschränkte Umweltgrundrecht in Art. 39 Abs. 2 BrandVerf. hinausgeht.

Demgegenüber wollte der Verfassungsgeber mit der Staatszielbestimmung eindeutig keine subjektiven Rechte Einzelner begründen.[134] Verfassungsgerichtliche Klagen Einzelner gegen das Unterlassen von aus Art. 20a GG gebotenen Maßnahmen zum Schutze der Umwelt oder auf »Nachbesserung« existierender Maßnahmen sind deshalb ausgeschlossen. Das gilt jedoch nicht für eine verfassungsgerichtliche Kontrolle überhaupt. So kann in verfassungsgerichtlichen Verfahren objektiver Rechtskontrolle wie der abstrakten Normenkontrolle (Art. 93 Abs. 1 Nr. 2 GG) und der konkreten Normenkontrolle (Art. 100 Abs. 1 GG) der Verstoß gegen Art. 20a GG durchaus geltend gemacht und verfassungsgerichtlich geprüft werden.

132 So auch *Hermes*, S. 215 ff.

133 Vgl. BVerwGE 61, 256, 267.

134 Bericht der Gemeinsamen Verfassungskommision, BT/Drs. 13/6000, S. 67: »Der Umweltschutz wird als objektiv-rechtliches Staatsziel ausgestaltet; die von der gemeinsamen Verfassungskommission empfohlene Formulierung enthält keinen subjektiven Anspruchstatbestand. Es wird daher nicht möglich sein, aufgrund der empfohlenen Staatszielbestimmung bestimmte Umweltentscheidungen einzuklagen oder aus ihr konkrete Leistungsansprüche abzuleiten.«

Zu erwägen ist freilich, ob der Damm objektiv-rechtlicher Verbürgung nicht mit der Zeit ebenso wie die ursprünglich ausschließlich objektiv-rechtlich verstandenen grundrechtlichen Schutzpflichten unter dem Druck des rechtschutzsuchenden Publikums ebenso wie auch den expansionistischen Neigungen der (Verfassungs-)Rechtsprechung zufolge ausgehöhlt und schließlich zum Einsturz gebracht werden wird.[135] Doch die – anders als bei den Schutzpflichten – unüberwindliche Hürde dürfte die Notwendigkeit der Geltendmachung einer Verletzung *eigener* Rechte sein. Soweit der Einzelne geltend machen kann, durch den fehlenden oder ungenügenden Schutz der natürlichen Lebensgrundlagen in *seinen* Grundrechten (Art. 2 Abs. 2 S. 1 GG oder Art. 14 GG) verletzt zu sein, hat er die Möglichkeit der egoistischen Umweltschutzklage schon als Grundrechtsklage. Er braucht deshalb nicht den Verstoß gegen Art. 20a GG zu rügen. Wenn freilich die Zulässigkeit der Verfassungsbeschwerde eröffnet ist, kann das Bundesverfassungsgericht umfassend die Verfassungsmäßigkeit der angefochtenen Maßnahme überprüfen,[136] d.h. auch die Staatszielbestimmung Umweltschutz als Prüfungsmaßstab heranziehen. Insoweit stützt diese Staatszielbestimmung den Schutzanspruch aus den Grundrechten.

Anderes gilt hingegen, wenn der Zusammenhang von Gefährdung der natürlichen Lebensgrundlagen und eigenen Grundrechten fehlt. Hier scheidet die Grundrechtsklage aus, weil der Beschwerdeführer nicht die Verletzung eines ihm zustehenden Grundrechts dartun kann. Die Verletzung des Art. 20a GG als solche kann aber schon deshalb nicht im Verfahren der Verfassungsbeschwerde gerügt werden, weil es sich hierbei weder um ein Grundrecht noch ein grundrechtsähnliches Recht handelt (Art. 93 Abs. 1 Nr. 4a GG i.V.m. § 90 Abs. 1 BVerfGG).

Auch objektiv-rechtliche Bestimmungen der Verfassung (z.B. Kompetenznormen, Verfahrensvorschriften) können jedoch mittelbar auch in einem Verfahren der Verfassungsbeschwerde als Kontrollmaßstäbe herangezogen werden, wenn der Beschwerde-

135 So befürchtet *K. Stern*, in: Verankerung des Umweltschutzes im Grundgesetz, Zur Sache 2/88, hrsg. v. Deutschen Bundestag, S. 253, »daß in der Verbindung mit Art. 2 Abs. 1 oder Abs. 2 GG in der Rechtsentwicklung über die Hintertüre doch ein grundrechtsähnliches Recht geschaffen würde.«
136 *Schlaich*, (Fn. 125), Rn. 216f.

führer geltend machen kann, durch eine gegen derartige Bestimmungen verstoßende Rechtsvorschrift in seiner allgemeinen Handlungsfreiheit (Art. 2 Abs. 1 GG) oder anderen Grundrechten (z.B. der Gewerbefreiheit des Art. 12 Abs. 1 GG) verletzt zu sein.[137] Voraussetzung ist damit die Beeinträchtigung der allgemeinen Handlungsfreiheit oder anderer Grundrechte durch die fragliche Rechtsvorschrift, deren Rechtswidrigkeit wegen Verstoßes gegen Art. 20a GG behauptet wird. Allerdings werden derartige Umweltschutzvorschriften in dieser Konstellation eher die allgemeine Handlungsfreiheit oder andere Grundrechte des Verursachers der Umweltgefährdung beeinträchtigen als die eines beliebigen Bürgers. Für die Verfassungsbeschwerde des durch die Umweltschutzregelungen in seinen Freiheitsrechten Beeinträchtigten kann also die Staatszielbestimmung Umweltschutz als Maßstab zur Rechtfertigung derartiger Eingriffe eine Rolle spielen. Derartige Eingriffe lassen sich zum Schutze der Umwelt nicht rechtfertigen, wenn die Maßnahmen hierzu weder geeignet noch erforderlich sind. Eine Verfassungsbeschwerde wird jedoch dann erfolglos bleiben, wenn die Umweltschutzmaßnahmen nicht weit genug gehen. Art. 20a GG kann damit allenfalls wegen Verstoßes gegen das Übermaßverbot, nicht jedoch das Untermaßverbot (dazu sogleich b.) bedeutsam werden.

Ein Bürger, dem die Schutzmaßnahmen des Staates nicht weit genug gehen, kann aber durch die objektiv rechtswidrige, gegen Art. 20a GG verstoßende Regelung auch nicht in seiner allgemeinen Handlungsfreiheit verletzt sein, weil diese kein Recht auf Erhalt der Umwelt einschließt. Und gegen bloß tatsächliche Beeinträchtigungen – etwa des Naturgenusses – bietet Art. 2 Abs. 1 GG – wie die Verwaltungsgerichte mit der überwiegenden Zustimmung der Literatur entschieden haben[138] – keinen Schutz.

137 Grundlegend BVerfGE 6, 32. – Wie hier *W. Graf Vitzthum/T. Geddert-Steinacher*, Umweltschutz im Grundgesetz, Jura 1996, S. 42ff., 44f.

138 Vgl. etwa BVerwGE 54, 211, 220f.; dazu *Steinberg*, Fachplanung, § 2 Rn. 53.

b. Reichweite verfassungsgerichtlicher Kontrolle

Die verfassungsgerichtliche Kontrolle der Einhaltung der Pflichten, die sich für den Gesetzgeber aus den grundrechtlichen Schutzpflichten – und nichts anderes gilt jetzt auch hinsichtlich der Staatszielbestimmung Umweltschutz – ergeben, hängen wesentlich von deren rechtlichem Gehalt ab. Die Antwort des Bundesverfassungsgerichts auf diese Frage ist wenig ergiebig. »Ob, wann und mit welchem Inhalt«, so heißt es in der Kalkar I-Entscheidung, »sich eine solche Ausgestaltung (sc. rechtlicher Regelungen) von Verfassungs wegen gebietet, hängt von der Art und dem Rang des verfassungsrechtlich geschützten Rechtsguts sowie von den schon vorhandenen Regelungen ab.«[139] In dieser Entscheidung nennt der Senat aber eine scheinbar äußerste Grenze einer gesetzlichen Zulassung von Risiken. Diese würde dann überschritten, »wenn die Errichtung oder der Betrieb der Anlage zu Schäden führt, die sich als Grundrechtsverletzungen darstellen. Das Gesetz nimmt insoweit jedenfalls keinen anlagenspezifischen Rest- oder Mindestschaden irgendwelcher Art in Kauf, der im Lichte des Grundrechts des Art. 2 Abs. 2 GG oder anderer Grundrechte als Grundrechtsverletzung anzusehen wäre.«[140] Die in dieser Formulierung liegende Problematik ist bereits oben (II. 3. a.) diskutiert worden. An dieser Stelle geht es lediglich noch um die Betrachtung der Kontrollfunktion.

Immerhin lassen diese Formulierungen noch auf die Nachvollziehbarkeit der Erfüllung grundrechtlicher Schutzpflichten schließen. In späteren Entscheidungen wird demgegenüber stärker der Entscheidungsspielraum der staatlichen Organe betont. »Bei der Erfüllung dieser Schutzpflicht kommt dem Gesetzgeber wie der vollziehenden Gewalt ein weiter Einschätzungs-, Wertungs- und Gestaltungsbereich zu, der auch Raum läßt, etwa konkurrierende öffentliche und private Interessen zu berücksichtigen.«[141] Zu diesen gehören die grundrechtlich geschützten Aktivitäten der Berufs- und Gewerbefreiheit (Art. 12 Abs. 1 GG), der Eigentumsgarantie (Art. 14 GG) sowie der Forschungsfrei-

139 BVerfGE 49, 89, 142.
140 BVerfGE 49, 89, 141.
141 BVerfGE 79, 174, 202.

heit (im einzelnen s.o. II. 4.a.). Zu den unter Umständen kollidierenden öffentlichen Interessen zählt etwa die Herstellung oder Erhaltung des gesamtwirtschaftlichen Gleichgewichts, insbesondere der Vollbeschäftigung (vgl. Art. 109 Abs. 4 GG i.V.m. StabG) und damit der Schaffung von Arbeitsplätzen. Und dieser Entscheidungsspielraum bezieht sich nicht nur auf das Schutzniveau, sondern auch auf die verwandten Instrumente.[142]

Das Bundesverfassungsgericht betont zu Recht den Gestaltungsspielraum des Gesetzgebers, die unterschiedlichen, u. U. kollidierenden Rechtsgüter zu berücksichtigen und diese verhältnismäßig zuzuordnen. Einzelnen Rechtsgütern als solchen kommt dabei kein grundsätzlicher Vorrang zu, auch nicht den Schutzgütern der Umwelt. Der Konflikt zwischen Ökonomie und Ökologie ist deshalb vor allem politisch, vor allem in den Parlamenten, auszutragen. »Die Entscheidung, welche Maßnahmen geboten sind, kann deshalb« – so zutreffend das Bundesverfassungsgericht – «nur begrenzt nachgeprüft werden.«[143] Die Frage kann deshalb nur lauten, welche Anforderungen die Schutzpflichten an den Gesetzgeber stellen, deren Kontrolle zu einem Mindestmaß an Effektuierung des verfassungsgerichtlichen Rechtsgüterschutzes verhilft, ohne die Prärogative des primär verantwortlichen Gesetzgebers zu mißachten.

In einer Reihe von Entscheidungen hat das Verfassungsgericht diesen – zugegebenermaßen heiklen – Balanceakt verfehlt, wenn es feststellt, das Bundesverfassungsgericht könne eine Verletzung der Schutzpflicht nur feststellen, »wenn die öffentliche Gewalt Schutzvorkehrungen entweder überhaupt nicht getroffen hat oder offensichtlich die getroffenen Regelungen und Maßnahmen gänzlich ungeeignet oder völlig unzulänglich sind, das Schutzziel zu erreichen.«[144] Angesichts der nahezu kaum mehr zu überblik-

142 BVerfG, 1.K. 1. Sen., B. v. 17.2.1997, UPR 1997, 186f.

143 BVerfGE 79, 174, 202.

144 BVerfGE 79, 174, 202; ähnlich BVerfGE 56, 54, 81; 77, 170, 215. – Das BVerwG ist dem Offensichtlichkeitskriterium gefolgt, vgl. B. v. 19.1.1996, NJW 1996, 1297, zu einem – verneinten – Anspruch auf Rauchverbot in Verkehrsflugzeugen. – Problematischer das Urt. v. 5.3.1997, UPR 1997, 295, 296 zu den Lärmgrenzwerten und der Berechnung des Beurteilungspegels in der 16. BImSchV ungeachtet der Tatsache, daß »die Erforschung der Lärmempfindlichkeit und der Folgen von Lärmeinwirkungen noch in der Entwicklung begriffen ist und nur umstrittene Erkenntnisse zu gewinnen sind«; bedenklich

kenden Zahl rechtlicher Umweltschutzregelungen, die unter Einbeziehung der allgemeinen Polizeigesetze kaum ein Umweltproblem nicht erfassen, sowie einer Vielzahl nicht-normativer staatlicher Umweltschutzmaßnahmen dürfte diese Feststellung im Bereich des Umweltschutzes kaum jemals gelingen. Damit läuft das Konzept grundrechtlicher Schutzpflichten im Umweltschutz leer.

Kaum vereinbar mit den zitierten Kriterien staatlicher Handlungspflicht und deren Kontrolle durch das Bundesverfassungsgericht wirkt dann das zweite § 218-Urteil.[145] Hier heißt es, der Schutzpflicht werde nicht dadurch genügt, daß überhaupt Schutzvorkehrungen irgendeiner Art getroffen worden seien. Ihre Reichweite sei vielmehr im Blick auf die Bedeutung und Schutzbedürftigkeit des zu schützenden Rechtsguts einerseits und mit ihm kollidierender Rechtsgüter andererseits zu bestimmen.

»Art und Umfang des Schutzes im einzelnen zu bestimmen, ist Aufgabe des Gesetzgebers. Die Verfassung gibt allerdings den Schutz als Ziel vor, nicht aber seine Ausgestaltung im einzelnen. Allerdings hat der Gesetzgeber das *Untermaßverbot* zu beachten; insofern unterliegt er der verfassungsgerichtlichen Kontrolle. Notwendig ist ein – unter Berücksichtigung entgegenstehender Rechtsgüter – angemessener Schutz; entscheidend ist, daß er als solcher wirksam ist. Die Vorkehrungen, die der Gesetzgeber trifft, müssen für einen angemessenen und wirksamen Schutz ausreichend sein und zudem auf sorgfältigen Tatsachenermittlungen und vertretbaren Einschätzungen beruhen.«[146]

erscheint diese Entscheidung, weil dieses Kriterium ohne jede Reflexion von der Kontrolle des Gesetzgebers auf die des exekutiven Verordnungsgebers übertragen wurde.

145 Diesen Widerspruch bemerkt auch das Verfassungsgericht selber, wenn es bemerkt (BVerfGE 88, 203, 262f.), die dem vorstehenden Zitat entsprechenden »Ausführungen zur Zulässigkeit einer Verfassungsbeschwerde« dürften nicht dahin mißverstanden werden, als genügten der Erfüllung der Schutzpflicht des Staates gegenüber menschlichem Leben schon Maßnahmen, »die nicht gänzlich ungeeignet oder völlig unzulänglich seien.« Dabei verweist das Gericht auf die C-Waffen-Entscheidung, in der sich der zitierte Passus in der Tat im Zusammenhang der Zulässigkeit der Verfassungsbeschwerde findet (BVerfGE 77, 170, 215). Es übersieht aber, daß dieselbe – im Text im Wortlaut wiedergegebene – Formulierung im späteren B. v. 30.11.1988, BVerfGE 79, 174, 202, in der Begründetheitsprüfung verwandt wird.

146 BVerfGE 88, 203, 254.

Soweit den Entscheidungen des Gesetzgebers Prognosen über tatsächliche Entwicklungen, insbesondere die Wirkungen seiner Regelungen zugrunde lägen, müßten die Prognosen verläßlich sein. Seien bei einer grundlegend neuen Regelung die Möglichkeiten, sich ein hinreichend sicheres Urteil zu bilden, naturgemäß eingeschränkt, so müsse sich der Gesetzgeber des erreichbaren, für die gebotene verläßliche Prognose der Schutzwirkung des Konzepts wesentlichen Materials bedienen und es mit der gebotenen Sorgfalt darauf hin auswerten, ob es seine gesetzgeberische Einschätzung hinreichend zu stützen vermöge.[147] Schließlich sei er gehalten, die Auswirkungen seines Schutzkonzeptes im Auge zu behalten (Beobachtungs- und Nachbesserungspflicht).[148] Diese Anforderungen zum Schutz des ungeborenen Lebens »passen« genauso gut auf den Umweltschutz. Bei beiden geht es letztlich um Leben; bei Umweltschutz gar in einer gesteigerten Form, der Sicherung der Grundlagen von Leben überhaupt. Aber auch hinsichtlich der staatlichen Schutzaufgabe bestehen Ähnlichkeiten: Diese stellt sich bei beiden mit ihren äußerst vielschichtigen normativen, sozialen und prognostischen Momenten als eine komplexe staatliche Aufgabe dar,[149] für deren Bewältigung das Grundrecht kein Patentrezept, sondern eher prozedurale Direktiven liefert (dazu o. II. 5.b. und u. VI. 3.).

Damit läßt sich das höchst unterschiedliche Schutzpflichtenkonzept sogar für dasselbe Grundrecht in der Rechtsprechung des Bundesverfassungsgerichts nicht übersehen. Überspitzt ließe sich formulieren: wirksamer Schutz für das ungeborene Leben; nicht gänzlich ungeeigneter oder nicht völlig unzulänglicher Schutz für Leben und Gesundheit Lebender. Hinter diesen Spannungen in der Rechtsprechung deutet sich vielleicht ein unausge-

147 Ebd. S. 262 f.

148 Ebd. S. 269. – Krit. zu den bis ins Detail gezogenen Anforderungen an den Gesetzgeber die dissentierenden Richter *Mahrenholz* und *Sommer*, die vor einer »Überdehnung der verfassungsrechtlichen Schutzpflicht« warnen, BVerfGE 88, 203, 355. – Vgl. auch die Kritik von *R. Wahl*, Richter als Gesetzgeber, Frankfurter Rundschau v. 30.6.1993, S. 148; *G. Hermes/S. Walter*, Schwangerschaftsabbruch zwischen Recht und Unrecht, NJW 1993, S. 2337 ff., *E. Denninger*, Vom Elend des Gesetzgebers zwischen Übermaßverbot und Untermaßverbot, FS f. Mahrenholz 1994, S. 561 ff.

149 A.A. *Steiger*, Rn. 188, dessen Unterscheidung zwischen beiden Aufgaben wesentliche Gemeinsamkeiten verfehlt.

sprochenes Unbehagen mit dem Schutzpflichtenkonzept an, das verfassungstheoretisch doch noch nicht ganz bewältigt ist. Und diese Spannungen dürften durch die Versubjektivierung der ursprünglich objektiv verstandenen Schutzpflicht noch verstärkt werden.

Es kommt deshalb darauf an, ein einheitliches Konzept für das Verständnis grundrechtlicher Schutzpflichten, im Bereich des Umweltschutzes ergänzt durch die Staatszielbestimmung, zu entwickeln, das – soll nicht die Verfassung überfordert und das System der gewaltenteiligen Ordnung des Grundgesetzes zu Lasten des primär politisch verantwortlichen Parlaments geschwächt werden – bei inhaltlichen Eckpunkten (s. o. II. 5) im wesentlichen prozedurale Züge trägt. Es ist dann Sache des Bundesverfassungsgerichts, die Einhaltung dieser Eckpunkte sowie der Verfahrensanforderungen zu kontrollieren.

c. Ein mißlungenes Beispiel: der Ozon-Beschluß

Erstaunlicherweise hat die Erste Kammer des Ersten Senats in ihrem Beschluß vom 29.11.1995[150] zu Verfassungsbeschwerden gegen die neuen bundesrechtlichen Regelungen gegen das troposphärische Ozon in den §§40aff. BImSchG die im II. §218-Urteil entfaltete Schutzpflichtendogmatik nicht zur Kenntnis genommen und sich wieder auf die frühere Formel »evident unzureichender Maßnahmen« zurückgezogen. Angesichts der erwiesenen Schädlichkeit des photochemischen Smogs für Menschen[151]

150 Beschluß der 1. K. des 1. Sen., NJW 1996, 651.

151 Fünfter Immissionschutzbericht der Bundesregierung, BT/Drs. 12/4006, S. 45; Vgl. auch *Bender/Sparwasser/Engel*, Kap. 6, Rn. 16. – Zu beachten sind die Werte der EG-Ozon-VO 92/72/EWG, in der in Art. 2 Abs. 2 i.V.m. Anhang I als Schwellenwerte für den Gesundheitsschutz 110 g/m^3 als Mittelwert während acht Stunden-Ozonkonzentrationen festgesetzt werden, die zum Schutze der menschlichen Gesundheit im Fall länger andauernder Verschmutzungsfälle nicht überschritten werden sollten; für den Schutz der Vegetation 200 g/m^3 als Mittelwert während einer Stunde, 65 g/m^3 während 24 Stunden-Ozonkonzentrationen, bei deren Überschreiten die Vegetation beeinträchtigt werden kann. Demgegenüber wird für die Unterrichtung der Bevölkerung 180 g/m^3 als Mittelwert während einer Stunde-Ozonkonzentrationen festgesetzt, bei deren Überschreiten es bei besonders empfindlichen Bevölkerungsgruppen im Fall einer kurzen Exposition begrenzte und vorübergehende gesundheitliche Auswir-

ebenso wie für Flora und Fauna[152] wäre es insbesondere auch geboten gewesen zu überprüfen, ob die Auswirkungen auf die ozonempfindliche Personengruppe – auch wenn diese Auswirkungen nicht zu dauerhaften Schäden führten – nicht eine Grundrechtsverletzung darstellen, die – wie das Bundesverfassungsgericht an anderer Stelle entschieden hat – von Verfassungs wegen nicht hinzunehmen ist.[153]

Das Gericht hätte ferner der Frage nachgehen müssen, ob der Gesetzgeber wirksame Schutzmaßnahmen auf der Basis des verfügbaren Tatsachenwissens und im Rahmen einer verläßlichen Prognose getroffen hat. Für die Feststellung der Wirksamkeit wäre die Praktikabilität der Regelung zu untersuchen und Zweifeln hinsichtlich der Bestimmtheit und Geeignetheit nachzugehen gewesen.[154]

kungen gibt; die Auslösung des Warnsystems 360 g/m³ als Mittelwert während einer Stunde-Ozonkonzentrationen, bei deren Überschreiten im Fall einer kurzen Exposition eine Gefahr für die menschliche Gesundheit besteht.
Die Auswertung der Ozonbelastung für 1991 zeigt, daß die Schwellenwerte für den Gesundheitsschutz und für die Unterrichtung der Bevölkerung durchweg nicht eingehalten wurden. Vgl. *LAI – Länderausschuß für Immissionsschutz*, Die erhöhten Ozonkonzentrationen der Sommer 1991 und 1992. – Synoptische Darstellung der bodennahen Ozonkonzentrationen in der Bundesrepublik Deutschland, abgedruckt in: Staub-Reinhaltung der Luft 54 (1994), S. 33ff. m. Abb. 3 – 6.
Vgl. auch VGH München, Urt. v. 8.10.1993, NZV 1994, 87ff., der den Ozonwert von 120 g/m³ als »Schwellenwert für den Gesundheitsschutz« bezeichnet, d.h. als »die Grenze, ab der der Vorgang unter dem Gesichtspunkt des Gesundheitsschutzes beobachtet werden muß.«
Im übrigen hat unlängst die Senatskommission der Deutschen Forschungsgemeinschaft das Ozon in der neuen MAK- Werte-Liste in die Kategorie IIIb d.h. »als begründet krebsverdächtig« eingestuft. Vgl. Bild der Wissenschaft, H. 7/1995, S. 55. – Der Sachverständigenrat für Umweltfragen weist ferner darauf hin, daß einige flüchtige Kohlenwasserstoffe, d.h. die Vorläufersubstanzen des Ozons, in unterschiedlichem, oft beträchtlichem Ausmaß krebserregend seien. Vgl. Kurzfassung des Umweltgutachtens 1994, S. 54.

152 SRU, Umweltgutachten 1994, Tz. 666f.; Umlandverband Frankfurt, Umweltschutzbericht, Teil VII, Bd. 1 Waldschadensbericht, 1995, S. 51f., 66ff.; vgl. auch die Umweltschutzberichte, Teil III, Bd. 2 Ozonstudie, 1993, und Bd. 4 Analyse der Ozonmessungen des Jahres 1994, 1995. – Ferner *A. Schaub et al.*, Untersuchungen zur Wirkung von Automobilabgasen auf Pflanzen, Bericht des Zentrums für Umweltforschung der Universität Frankfurt, Nr. 22, 1994; *E.-P. Röth*, Ozonloch – Ozonsmog, Grundlagen der Ozonchemie, 1994, S. 23f., 103.

153 Vgl. hierzu BVerfGE 49, 89, 140f. – Kalkar I -.

154 *E. Kutscheidt*, Das Ozongesetz – ein Reizthema, NVwZ 1995, S. 3153,

Bedauerlicherweise werden von der entscheidenden Kammer noch nicht einmal die richtigen Fragen gestellt. Damit nimmt das Gericht seine eigene Rechtsprechung zu den grundrechtlichen Schutzpflichten im Umweltbereich selber nicht ernst. Der Ozon-Beschluß läßt damit erkennen, daß das Bundesverfassungsgericht seine Rolle im verfassungsrechtlichen Umweltschutz noch nicht gefunden hat.[155]

3156. – Ähnlich *Bender/Sparwasser/Engel*, Kap. 6 Rn. 281. – Vgl. auch *A. Schmehl/K. Karthaus*, Die Verkehrsbeschränkungen bei Ozonsmog nach §§ 40a – 40e BImSchG, NVwZ 1995, S. 1171 ff., 1173, und *H. Sendler*, Heinrich Böll und das Ozongesetz, NJW 1995, S. 2829 f.
Dabei wäre zu berücksichtigen gewesen, daß die Erfahrungen mit dem Instrument der Geschwindigkeitsbegrenzung nach Auswertung der hessischen Ozonverordnung durch unabhängige Forschungsinstitute durchaus ermutigend zu nennen waren und daß diese sogar eine Verschärfung der hessischen Regelungen durch eine Senkung des Interventionswertes, Reduzierung der Geschwindigkeiten und großräumigere Anordnung der Maßnahmen empfohlen, *Prognos Consult*, Analyse der immissionsseitigen Effekte der Anwendung der Hessischen Ozonverordnung während der Ozonepisode des Sommers 1994, Basel März 1995, insbes. S. 150 ff. – Diese Erkenntnisse nehmen *S. Specht/R. Strauß*, Ziele und Vollzug des neuen Ozon-Gesetzes, UPR 1995, S. 385 f. nicht zur Kenntnis. Erheblich erscheint ferner, daß nach allgemeiner Ansicht der Verkehr die Hauptquelle der Vorläufersubstanzen darstellt. In dieser Situation ergeben sich für den Sachverständigenrat für Umweltfragen die »Schwerpunkte des künftigen Handlungsbedarfs im Verkehrssektor«. Vgl. Kurzfassung des Umweltgutachtens 1994, S. 54. Vgl. auch *P. Fabian*, Atmosphäre und Umwelt, 3. Aufl. 1989, S. 82.

155 Zu den Schwierigkeiten der verfassungsgerichtlichen Kontrolle angesichts der Entwicklungen zum »Lenkungs-, Leistungs- und Vorsorgestaat der Gegenwart« jetzt auch deutlich *K. Hesse*, Stufen der Entwicklung der deutschen Verfassungsgerichtsbarkeit, JöR N.F. Bd. 46 (1998), S. 1 ff., 15 ff.

V. Ökologische Herausforderungen der repräsentativen Ordnung

1. Versagen der Repräsentativverfassung?

In einem freiheitlichen Gemeinwesen müssen staatliche Entscheidungen von den betroffenen Bürgerinnen und Bürgern als bindend angesehen und akzeptiert werden. Das ist der Fall, wenn ihnen Legitimität zugebilligt wird. Zunehmend werden allerdings staatliche Entscheidungen als problematisch angesehen, ihre Legitimität in Zweifel gezogen und insbesondere die für den Rechtsstaat normale Legitimität der Legalität[1] in Frage gestellt. So konstatiert *Jürgen Habermas* ein »Versagen der Repräsentativverfassung«, das die Legalität des demokratischen Rechtsstaats denen zur Disposition stellen solle, die dann noch für seine Legitimität sorgen können.[2] Als einer der Bereiche, in denen eine derartige Situation zu diagnostizieren ist, wird die Auseinandersetzung um Risikoentscheidungen – etwa im Zusammenhang mit der sog. Nachrüstung Anfang der 80er Jahre, aber auch im Umweltschutz ausgemacht. Hier werden beim Widerstand gegen Kernkraftwerke oder die Startbahn 18 West des Frankfurter Flughafens »wandernde Berufsökologen, Berufsnaturschützer, hauptberuflich tätige Atomgegner«, kurz »randalierende Opponenten, Chaoten« am Werke gesehen, welche die gesamte Wertordnung der Verfassung, insbesondere aber das demokratische Grundprinzip der Verfassung, die Mehrheitsentscheidung durch die Repräsentanten, nicht mehr annähmen. Damit sei die Funktionsfähigkeit des repräsentativen Herrschaftssystems in Frage gestellt.[3] Ein anderer Beobachter sieht sich bei der Auseinandersetzung um großtechnische Vorhaben des Atom-, Gentechnik-, Abfall- und Immissionsschutzrecht an die *Carl Schmitt*sche Unterscheidung von Freund-Feind[4] erinnert. Derartige Entscheidungen fänden nicht in Normallagen statt, in denen Interessen-

1 *Hesse*, Grundzüge, Rn. 197.

2 *J. Habermas*, Ziviler Ungehorsam, in: P. Glotz (Hrsg.), Ziviler Ungehorsam im Rechtsstaat, 1989, S. 29ff., 43.

3 So der damalige Bundesverfassungsrichter *J. Rottmann*, Repräsentative Demokratie und Bürgerinitiativen, in: FS f. E. Stein, hrsg. von H. Avenarius et al., 1983, S. 311ff., 313, der als weiteres Beispiel die »Sanierung« von Altstädten anführt, die sich als soziale Risikoentscheidung verstehen läßt.

4 Vgl. *C. Schmitt*, Der Begriff des Politischen, 4. Aufl. 1996, S. 26ff.

ausgleich und Kompromiß möglich seien.[5] Und wenn man *Carl Schmitt* folgt, dann weiß man, daß in diesen Lagen diese normalen verfassungsrechtlichen Mechanismen versagen und es statt dessen in einer bürgerkriegsähnlichen Situation nur um die Ausmerzung des Feindes durch »Aussonderung und Vernichtung des Heterogenen«[6] gehen kann.

Warum umweltbedrohende Entscheidungen als Herausforderung für die normale Repräsentativverfassung gelten, wird präzise in einer Denkschrift der Evangelischen Kirche in Deutschland aus dem Jahre 1985 über »Evangelische Kirche und freiheitliche Demokratie« zusammengefaßt:

»In den gesellschaftlichen Auseinandersetzungen um die Kernenergie, um die militärische Rüstung, um den Bau von Fernstraßen, Schiffahrtswegen und Flughäfen bekundet sich ein gewachsenes Bewußtsein für die Ambivalenz der wissenschaftlich-technischen Entwicklung. In weiten Teilen unserer Gesellschaft sieht man das Leben der Menschheit zunehmend bedroht. Die Eindämmung der gefährlichen Nebenfolgen wissenschaftlicher, wirtschaftlicher und technischer Erfolge ist zu einem vorrangigen Problem geworden. Zweifel an der Kontrollierbarkeit dieser Entwicklungen, z. B. der langfristigen Risiken der Nukleartechnik oder der Gen-Technik, verdichten sich zu Zweifeln gegenüber dem Instrumentarium der Demokratie.
Mit der Unterdrückung und Ausbeutung der Natur werden unmittelbare Bedürfnisse der Gegenwart auf eine Weise befriedigt, die dem Lebensinteresse der nachkommenden Generation zuwiderläuft. ...Das Lebensinteresse der künftigen Menschheit hat in der Gegenwart keinen unmittelbaren eigenen Anwalt. Längerfristige Perspektiven als die der jetzt lebenden Generation stellen eine neue Herausforderung an die Demokratie dar. Sie ruft nach weitergehender Verantwortung über den Interessenausgleich hier und heute hinaus.«[7]

Die wesentlichen Aspekte, die hier für die Herausforderung der demokratischen Institutionen verantwortlich gemacht werden, sind uns oben (I. 1. b. u. 2. b.) bereits als Charakteristika von

5 *M. Ronellenfitsch*, Verfahrensrechtliche Reformfragen im Atom-, Immissionsschutz- und Gentechnikrecht, in: W. Blümel/R. Pitschas (Hrsg.), Reform des Verwaltungsverfahrensrechts, 1994, S. 303 ff., 305 ff.; ähnlich *Lübbe*, S. 2. – Die »Furcht vor dem Bürgerkrieg« beschwört auch *Isensee*, DÖV 1983, S. 575.

6 *C. Schmitt*, Die geistesgeschichtliche Lage des heutigen Parlamentarismus, 2. Aufl. 1926, S. 14; vgl. auch *ders.* (Fn. 4), S. 46 ff.

7 EKD, Denkschrift, S. 36.

Risikoentscheidungen begegnet: die elementare Gefährdung der Grundlagen der menschlichen Existenz; die Trennung von Gegenwartsnutzen und Zukunftslasten; die Ungewißheit der Entscheidungsfolgen; das Zerbrechen des gesellschaftlichen Konsenses über den Einsatz bestimmter Technologien.

In dieser Situation fragt der damalige Bundesverfassungsrichter und Kirchentagspräsident *Helmut Simon* in seinem Votum auf dem Evangelischen Kirchentag in Hannover 1983, ob nicht »überhaupt die herkömmlichen Entscheidungsstrukturen unserer rechtsstaatlichen Demokratie teilweise fortentwickelt werden [müssen].«[8] Und er fährt fort: »Müssen wir uns hier nicht verbesserte Entscheidungsstrukturen einfallen lassen, um wenigstens die Akzeptanz solcher Entscheidungen zu verbreitern? Ich habe hier an unsere Vorfahren gedacht, die mit schöpferischer Fantasie die rechtsstaatliche Demokratie in ihrer heutigen Gestalt durchgesetzt haben. Diese wäre uns gewiß nicht als Erbe zugefallen, wären unsere Vorfahren so denkfaul und so angepaßt gewesen wie wir.« Angesichts drängender und bedrückender Entscheidungen erscheint diese Frage nicht nur verständlich, sondern geradezu unausweichlich. Denn der Staat des Grundgesetzes hat Not, seinen laufenden Bedarf an Konsens und Zustimmung der Bürger zu sättigen. Damit sind die Ressourcen der moralischen Energie, von denen er lebt, knapp geworden.[9] Bei der Diskussion um die Legitimität der staatlichen Ordnung in der Risikogesellschaft gilt es im übrigen im Bewußtsein zu halten, daß es sich hierbei lediglich um einen – wenngleich wichtigen – Ausschnitt aus der grundsätzlichen Frage der Bewährung und Veränderung der bestehenden politischen Strukturen handelt, zu denen *Carl Friedrich von Weizsäcker* bündig feststellt: »Eines ist gewiß: die technisch-ökologischen Probleme werden nicht gelöst werden, solange wir die politischen Vorbedingungen für ihre Lösung nicht schaffen.«[10]

An dieser Stelle ist es nicht möglich, die angedeuteten Grundsatzfragen heutiger staatlicher Existenz, die weit über das Ökologiethema hinausgehen, auch nur halbwegs auszudiskutieren. Die

8 *Simon*, S. 100.
9 *Isensee*, DÖV 1983, S. 565 ff.
10 *Weizsäcker*, S. 143.

nachfolgenden Überlegungen stellen deshalb eher Anmerkungen zu Vorschlägen dar, die gerade im Hinblick auf den staatlichen Umgang mit Risiken in den letzten Jahren gemacht worden sind. Eine Würdigung der auf Änderung oder Ergänzung der bestehenden demokratischen Institutionen gerichteten Forderungen darf auch nicht außer acht lassen, in welcher Weise die Verfassungsordnung auf die ökologischen Herausforderungen in jüngster Zeit durch die Schaffung materieller und prozeduraler Vorkehrungen reagiert hat. Eine Vielzahl dieser neuen Instrumente sind bereits oben analysiert worden. An die Begründung staatlicher Schutzpflichten sowie die Einfügung der Staatszielbestimmung Umweltschutz in das Grundgesetz und zahlreiche Landesverfassungen sei hier ebenso erinnert (s. o. II. 2. b.) wie an die Schaffung staatlicher Umweltschutzverwaltungen (s. o. III. 3. a.), an die Umgestaltung der Verwaltungsverfahren unter spezieller ökologischer Perspektive durch die Regelungen über die Umweltverträglichkeitsprüfung und die Anforderungen des integrierten Umweltschutzes (s. o. II. 5.) sowie die Stärkung der Umweltbelange im Verwaltungsprozeß z. B. durch die Einführung der Verbandsklage (s. o. IV. 4. d). Die hierdurch eingetretene Ökologisierung der Rechtsordnung dürfte auch dann nicht zu leugnen sein, wenn die verschiedenen Schritte im einzelnen als halbherzig und unzureichend einzuschätzen sind.

Daß freilich auf der neuen ökologischen Stufe des Verfassungsstaates danach zu fragen sein wird, ob dessen überkommene Institutionen noch problemadäquat sind, erscheint wenig überraschend. Derartige Überlegungen werden nicht zuletzt durch den bereits geschilderten Befund verstärkt, daß deutliche Schwächen der parlamentarisch-demokratischen Legitimation technischer Risikoentscheidungen und Anzeichen einer Selbststeuerung eines »technokratisch- industriell-bürokratischen Komplexes« festzustellen sind (s. o. III. 1. a.).

2. Der ökologische Rat

Der bemerkenswerteste Vorstoß zur Schaffung einer neuen Institution des ökologischen Verfassungsstaates findet sich in dem nach der Herstellung der deutschen Einheit von dem Kuratorium für einen demokratisch verfaßten Bund deutscher Länder vorgelegten Verfassungsentwurf. Nach dessen Art. 53b sollte ein Ökologischer Rat geschaffen werden, der beratend an der Gesetzgebung und durch die Erstattung von Gutachten auch an der Verwaltung mitwirkt. Seine Mitglieder, an Aufträge und Weisungen nicht gebunden, sollten auf die Dauer von neun Jahren je zur Hälfte von den Volksvertretungen der Länder und vom Bundestag gewählt werden. Auch wenn die Einführung des Ökologischen Rates das Letztentscheidungsrecht der gewählten Abgeordneten in keiner Weise einschränken solle, erwartet das Kuratorium, »daß seine Einschaltung, seine Stellungnahmen und vor allem die Wirkung, die dieselben in der Öffentlichkeit haben werden, zu einer deutlich spürbaren Schärfung des ökologischen Gewissens des Gesetzgebers und damit auch zu einer ökologischen Verbesserung der Gesetze selbst führen werden.«[11] Dunkel bleibt, wie sich die Erwartung einer Zusammenfassung des »größtmöglichen ökologischen Sachverstand(s)«[12] erfüllen soll, werden doch keinerlei Qualifikationsvoraussetzungen für die Mitglieder genannt.

Dieser Vorschlag wurde in der Gemeinsamen Verfassungskommission von Bundestag und Bundesrat, die auf der Grundlage des Art. 5 des Einigungsvertrages in der 12. Legislaturperiode eingerichtet worden war, zwar beraten, aber abgelehnt.[13] Auch in den Verfassungsberatungen in den neuen Bundesländern, in die er durch verschiedene Anträge eingebracht worden war,[14] konnte er sich nicht durchsetzen. Und kaum größere Realisie-

11 Denkschrift zum Verfassungsentwurf, in: Eine Verfassung für Deutschland, hrsg. v. B. Guggenberger/U. K. Preuß/W. Ullmann, 1991, S. 21 ff., 66.

12 Ebd.

13 BT-Drs. 12/6000, S. 96.

14 In Thüringen als BürgerInnenrat in Art. 48 ff. des Entwurfs des Neues Forum/Die Grünen/DJ, LT-Drs. 1/659; in Brandenburg Art. X »Der Ökologische Senat« (GVBl. 1991, 113).

rungschancen dürften dem Gedanken der Einrichtung eines Ökologischen Senats[15] oder eines Ökologischen Rates[16] in den Europäischen Gemeinschaften einzuräumen sein. Diese Vorschläge sind aber nicht nur in den politischen Gremien umstritten, sondern werden auch von den Umweltverbänden unterschiedlich beurteilt.[17]

Nicht zu bestreiten ist die dem Vorschlag zugrundeliegende Analyse, wonach die in kurzfristigen Zeiträumen agierende Konkurrenzdemokratie die ökologischen Gemeinwohlinteressen, und hierzu gehören vor allem auch die Zukunftsinteressen, systematisch zu kurz kommen läßt. Diese verfügen nicht über ein Sanktionspotential, sie sind nicht konfliktfähig: »Es gibt keine ökologischen Sicherungen, keine checks and balances, wenn die Mehrheit nicht so will, wie sie aus ökologischer Perspektive wollen soll.«[18] Doch wer weiß zuverlässig – oder besser: wer kann verbindlich festlegen, was die Mehrheit »wollen soll«? Und wie legitimiert sich das Mandat der Mitglieder, die »nicht dem Volk oder bestimmten gesellschaftlichen Gruppen ..., sondern allein der ökozentrischen Ethik« verpflichtet sein sollen?[19] Es handelt sich hier um den in der Diskussion um Gemeinwohl und Grup-

15 *W.-P. Callies*, Perspektiven für eine Weiterentwicklung der Europäischen Union zu einer ökologischen Rechtsgemeinschaft, KJ 1994, S. 284ff., 304; *J. Katzek*, Noch ein weiter Weg zur Umweltunion, Natur und Umwelt 1995, S. 29f.; *Nicklas*, S. 111f.

16 Arbeitskreis »Europäische Umweltunion«, Umweltpolitische Ziele und Grundsätze für die Europäische Union, NuR 1994, S. 346ff. – Gegenwärtig geht es auch auf europäischer Ebene eher um die Schaffung einer elementaren Informationsbasis für die Umweltpolitik der Gemeinschaft durch die erst 1990 geschaffene Europäische Umweltagentur. Dazu und zu Reformvorschlägen: Reformvorschlag einer Verordnung (EG) des Rates zur Änderung der Verordnung (EWG) Nr. 1210/90 v. 7.5.1990 zur Errichtung einer Europäischen Umweltagentur und eines Europäischen Umweltinformations- und Umweltbeobachtungsnetzes, BRat-Drs. 511/97; *Nicklas*, S. 99ff., 170ff.; *Steinberg*, AöR 120 (1995), S. 549ff.

17 Darauf weist der Deutsche Naturschutzring in seiner Stellungnahme für die Öffentliche Anhörung des Deutschen Bundestages zum Thema »Europäische Umweltpolitik vor und nach Maastricht II am 11. November 1996, Ausschuß-Drs. 13/404, Teil I, S. 116 hin; positiv der BUND in seiner Stellungnahme ebd. Teil III, S. 46.

18 *T. Stein*, Warum wir einen ökologischen Rat brauchen, in: Guggenberger/Meier (Hrsg.), S. 255ff..

19 *Bosselmann*, S. 381.

peninteressen immer wieder unternommenen Versuch, jenseits des Parallelogramms der Einzel-, Gruppen- und Verbandsinteressen einen archimedischen Punkt zu finden, von dem aus »objektiv« das Gemeinwohl bestimmt werden kann. Derartige Versuche, so verführerisch sie ausschauen, sind deshalb bei der Suche nach der »richtigen« ökologischen Perspektive ebenso zum Scheitern verurteilt wie in der allgemeinen Gemeinwohldebatte.[20]

Es verwundert deshalb nicht, daß bei einigen konservativ-grünen Verfechtern des Ökologischen Rates die antiparlamentarische Stoßrichtung klar erkennbar ist.[21] Gerade weil die Verfasser des Kuratoriumsentwurfs die Gefahr gesehen haben, daß mit einer derartigen Einrichtung mit »aristokratischem Charakter« das demokratische Prinzip begrenzt wird,[22] billigen sie dem Ökologischen Rat nicht wie bei einer dritten Kammer Mitentscheidungsrechte zu.[23] Doch was soll er dann bewirken, was nicht auch eine Enquete-Kommission,[24] ein Parlamentsausschuß[25] oder ein Sachverständigenrat für Umweltfragen oder für Zukunftsbelange[26] auch ohne den parlamentarischen Anstrich lei-

20 *R. Steinberg*, Pluralismus und öffentliches Interesse als Problem der amerikanischen und deutschen Verbandslehre, AöR 96 (1971), S. 465 ff., 500 ff.; *ders.*, Parlament und organisierte Interessen, in: Zeh/Schneider (Hrsg.), Rn. 124.

21 Dies gilt insbesondere für *R. Bahro*, Logik der Rettung, 1989, S. 491 ff., der den Ökologischen Rat als »Oberhaus« mit weitreichender Richtlinienbefugnis gegenüber Regierung und »Unterhaus« installieren will. – Abgeschwächt für eine grundlegende Umgestaltung der parlamentarischen Institutionen auch *J. Reich*, Spiegel-Interview, H. 14/95, S. 42 ff. – Dagegen kritisch, die Gefahr eines Abgleitens in eine Öko-Diktatur betonend *Bosselmann*, S. 380; *ders.*, Der ökologische Rechtsstaat – Versuch einer Standortbestimmung, in: Baumeister (Hrsg.), S. 66 f.

22 *Stein* (Fn. 18), S. 258 f.

23 Weitergehend für die Einrichtung eines Ergänzungsparlaments, dem »in allen Fragen, die riskante Technologien bzw. Freilandversuche mit genetisch veränderten Pflanzen, gentechnologisch manipuliertem Saatgut etc. betreffen« ein Veto-Recht bzw. eine Zustimmungspflicht zugebilligt wird. Wie sich dies mit den Institutionen des parlamentarischen Systems verträgt, wird noch nicht einmal gefragt, vgl. *D. Böhler*, Gebt der Zukunft ein Recht!, ZRP 1993, S. 389 ff., 392 f.

24 So das Argument der Gemeinsamen Verfassungskommission, BT-Drs. 12/6000, S. 96.

25 *Ch. Gusy*, Techniksteuerung und -überwachung durch Recht, in: Kreuder (Hrsg.), S. 195.

26 *Kloepfer*, Langzeitverantwortung, S. 40; *ders.*, Art. 20a GG, BK, Rn. 61.

sten können? Positive Wirkungen werden erwartet von der zwei normale Legislaturperioden überdauernden Amtszeit, verbunden mit dem Ausschluß der Wiederwahl. Aber spiegelt nicht die Wahl durch die Parlamente die Verlegenheit über die Möglichkeit einer wirklichen *ökologischen* Legitimation wider? Es spricht deshalb vieles für die Annahme, daß ein derartiges Nebenparlament – sollte es Einfluß zu gewinnen vermögen – tatsächlich nicht nur zu einer Schwächung der repräsentativen Demokratie,[27] sondern zu einer – weiteren – Schwächung auch der demokratischen Legitimation staatlicher Risikoentscheidungen führen würde. Wahrscheinlich dürfte es sich jedoch – ähnlich dem gerade durch Volksentscheid abgeschafften bayerischen Senat oder dem Wirtschafts- und Sozialausschuß der Europäischen Gemeinschaft[28] – um einen Papier- und Spesenproduzenten handeln, der die Entscheidungsprozesse – weiter und unter Umständen auch zu Lasten einer effektiven Umweltpolitik kompliziert. Vielleicht ist es aber zu bedauern, daß nicht in einer der neuen Landesverfassungen, die ja die föderale Chance zu verfassungsrechtlichen Innovationen und Erprobungen bieten sollen, das Experiment des Ökologischen Rates gewagt wurde.

Damit bleibt das Problem der angemessenen Berücksichtigung von öffentlichen wie auch von Zukunftsinteressen bestehen. Die Diskrepanz der kurzfristigen Entscheidungshorizonte des parlamentarischen Systems und der Langfristinteressen besteht fort und bleibt wohl auch prinzipiell unaufhebbar. Der Preis für institutionelle Neuerungen, die zu einer Schwächung des parlamentarischen Systems führen würden, erscheint jedenfalls zu hoch. Derartige Lösungen bergen die Gefahren einer ökologischen Expertenherrschaft, die nicht besser demokratisch legitimiert ist als die Technokratie. Verbunden mit einer grundlegenden Umgestaltung von Freiheitsrechten, wie dies bereits gefordert wird (II.

27 Gemeinsame Verfassungskommission, BT-Drs. 12/6000, S. 96; ablehnend auch *SRU*, Umweltgutachten 1994, Tz. 81f.

28 So überzeugend die Enquete-Kommission Verfassungsreform in ihrem Schlußbericht 1976, abgedruckt in: R. Steinberg (Hrsg.), Staat und Verbände, 1985, S. 284ff.; vgl. auch *ders.*, Zur Institutionalisierung des Verbandseinflusses in einem Bundeswirtschafts- und Sozialrat, DÖV 1972, S. 837ff., 840f.; *ders.*, Das Verhältnis der Interessenverbände zu Regierung und Parlament, ZRP 1972, S. 207ff., 210.

4. a. cc.), sollten die drohenden Züge einer Ökodiktatur schrekken. Für den ökologischen Verfassungsstaat mit seinen demokratischen und rechtsstaatlichen Grundlagen kommt nur ein Weg in Betracht: Das zähe Ringen um die Zustimmung zu einer ökologischen Politik. Hierzu bedarf es größtmöglicher Transparenz der Entscheidungsprozesse, Offenheit für pluralistische Beteiligung sowie die Bereitschaft zum Dialog und zum Konsens. Denn nur auf diese Weise kann die Unterstützung derjenigen für die Verfolgung auch ökologischer langfristiger Interessen gewonnen werden, auf die es auch in dem demokratischen Umweltstaat letztendlich ankommt: die Bürgerinnen und Bürger.

3. Institutionalisierung ökologischer Interessen im Rahmen der Verfassungsordnung

Es sollten deshalb Wege gesucht werden, auf welchen die dringend notwendige Stärkung ökologischer Interessen erreicht werden kann, ohne die Verantwortlichkeit der bestehenden Organe der Verfassung, insbesondere des Parlaments und der Exekutive, zu schwächen. Deren uneingeschränkte Verantwortung besteht insbesondere bei der Entscheidung über die Frage, in welchem Ausmaß die Schutzgüter der Umwelt heute und in Zukunft in Anspruch genommen werden und welche Risiken für die lebende wie auch die zukünftigen Generationen hierbei zuzulassen sind. Die Schwierigkeiten dieser Entscheidungen liegen darin begründet, daß sie nicht gleichsam monofinal getroffen werden können, sondern daß bei ihnen eine Vielzahl konkurrierender öffentlicher und privater Belange zu berücksichtigen ist, ja daß selbst die ökologischen Belange nicht konfliktfrei verwirklicht werden können. Bei diesen Entscheidungen gilt es die ökologischen Belange auch durch institutionelle Vorkehrungen zu stärken, und dies kann auf zweierlei Weise geschehen: einmal durch ihre systematische Einbringung in die Entscheidung, d. h. die Verbesserung der Entscheidungsvorbereitung, zum andern durch eine Effektuierung der Entscheidungen, d. h. die Verbesserung des Vollzugs. Dabei lassen sich beide Bereiche nicht sauber trennen, da gerade angesichts der mit den umweltpolitischen Regelungen verbundenen Ungewißheiten die Beobachtung der Vollzugsfolgen gleichsam in einem Regelkreis zur Vorbereitung neuer Entscheidungen führen muß.

Vorrangig geht es um eine Stärkung der Fähigkeit zur Analyse der bestehenden Umweltprobleme sowie sich daraus ergebender fortlaufender Trends, möglicher alternativer Verläufe und möglicher Formen staatlichen Handelns, der Bewertung konkreter Programme, Pläne und Gesetzesvorhaben im Hinblick auf die Umwelt in Gegenwart und Zukunft. Es geht ferner darum sicherzustellen, daß die Ergebnisse der Untersuchungen und Handlungsempfehlungen rechtzeitig den Entscheidern, aber auch der Öffentlichkeit vorgelegt werden, damit nicht nur eine parlamentarische, sondern auch eine öffentliche Debatte um das

Ausmaß der Berücksichtigung ökologischer Gegenwarts- und Zukunftsbelange geführt werden kann. Die Kenntnisnahme der Stellungnahme in den parlamentarischen Beratungen müßte durch einen zusammenfassenden Hinweis auf dem Vorblatt von Gesetzesentwürfen sichergestellt werden. Auf diese Weise soll den politischen Instanzen wie auch der Gesellschaft ständig der ökologische Spiegel ihres Tuns vorgehalten werden, so daß sie – soweit das angesichts bestehender Ungewißheiten möglich ist – die ökologischen Folgen ihres Tuns erkennen. Die Wahrnehmung dieser anspruchsvollen Aufgabe erfordert höchste Fachkompetenz verbunden mit größter fachlicher Integrität und Unabhängigkeit.[29]

Die Institutionalisierung dieses ökologischen Sachverstandes und Gewissens kann bei einer bestehenden Einrichtung anknüpfen, deren Ausgestaltung es allerdings deutlich zu optimieren gilt: dem Rat von Sachverständigen für Umweltfragen. So positiv dessen bisherige Arbeit aus umweltfachlicher Sicht auch zu bewerten ist, so weist er doch deutliche Schwächen auf. Zum einen ist seine Unabhängigkeit nicht gewährleistet ungeachtet ihrer Bekundung im Errichtungserlaß. Grundlage für seine Arbeit stellt eben nur dieser Erlaß des Umweltministers dar, der jederzeit geändert werden kann. So wurden 1990 ohne Angabe von Gründen die Zahl der Mitglieder des Sachverständigenrates von 12 auf 7 reduziert sowie die Regelungen über die Amtsdauer (vier statt bisher drei, uneingeschränkte Möglichkeit der Wiederwahl) geändert.[30] Ob damit noch »die Hauptgebiete des Umweltschutzes« – so der Errichtungserlaß 1971 –, d. h. ausreichender Sachverstand vorhanden sind, muß offenbleiben. Der zweite Einwand betrifft die Bestellung der Mitglieder, die – bei einem ministeriellen Beratungsgremium eigentlich normal – vom Bundesumweltminister mit Zustimmung des Bundeskabinetts erfolgt. Wenn der Umweltrat – wie der Sachverständigenrat sich neuer-

29 Zur Bedeutung unabhängiger Forschungsinstitutionen, Stiftungen und Beratungsgremien der Exekutive und Legislative *Birnbacher*, S. 266.

30 Erlaß über die Errichtung eines Rates von Sachverständigen für Umweltfragen bei dem Bundesminister für Umwelt, Naturschutz und Reaktorsicherheit vom 10.8.1990, abgedr. in SRU, Umweltgutachten 1994, S. 337f. u. den Vorläufererlaß vom 28.12.1971, GMBl. 1972, Nr. 3, S. 27, abgedr. in SRU, Umweltgutachten 1987, S. 588f.

dings selber nennt – die beschriebene Funktion auch der parlamentarischen, ja gesellschaftlichen Beratung wahrnehmen soll, so reicht das nicht aus. Es müßte drittens die Autorität dadurch gestärkt werden, daß der Umweltrat über die Funktion der Beratung eines Ressortministers hinaus zu der zentralen Instanz ökologischen Sachverstandes werden und damit auch eine erheblich gesteigerte gesellschaftliche Sichtbarkeit gewinnen kann.

Auch der Sachverständigenrat für Umweltfragen selber hält Verbesserungen seiner Struktur für erforderlich, wenn er es mit einer gewissen Bitterkeit bedauert, »daß man ihm in mancherlei Hinsicht eine freie organisatorische Gestaltung verweigert, die für den offenbar mit größerer politischer Dignität ausgestatteten Sachverständigenrat zur Begutachtung der gesamtwirtschaftlichen Entwicklung seit jeher selbstverständlich ist.«[31] Wenig sachgerecht erscheint auch die parallele Einrichtung eines Wissenschaftlichen Beirats »Globale Umweltveränderung«, dessen Arbeit sich zwangsläufig mit der des Sachverständigenrates überschneiden muß.

Diese Ziele lassen sich erreichen durch die Errichtung eines Umweltrates, dessen wesentliche Strukturen – Aufgaben, Zusammensetzung, Arbeitsweise – durch Gesetz ausgestaltet sind.[32] Die Berufung der Mitglieder sollte dem Bundespräsidenten obliegen, der hierbei – auch um eine fachlich-pluralistische Zusammensetzung zu erreichen – auf Vorschläge des Bundestages, der Bundesregierung und des Bundesrates sowie der Umweltverbände und der umweltwissenschaftlichen Forschungseinrichtungen zurückgreifen könnte. Gegenüber dem SRU, der lediglich über ein schmales Sekretariat verfügt, müßten ausreichende Mittel zur Durchführung von Forschungsprojekten und der Heranziehung externen Sachverstandes bereitstehen. Öffentliche Stellen wären zu umfassender Amtshilfe, Private zu Auskünften verpflichtet.

Die hier vorgeschlagene Einrichtung nimmt wesentliche Züge einer Reihe von Vorschlägen oder auch im Ausland bestehender Institutionen auf, die zur Stärkung gegenwärtiger wie auch zukünftiger ökologischer Belange existieren. Zu nennen ist die Er-

31 *SRU*, Umweltgutachten 1994, Rn. 82.

32 Das Vorbild kann in gewisser Weise der Sachverständigenrat zur Begutachtung der gesamtwirtschaftlichen Entwicklung abgeben, vgl. Gesetz v. 14.8.1963, BGBl. I, S. 685 f.

richtung einer Nachweltkommission,[33] eines »Ombudsmanns der Nachkommen«[34] oder einer entsprechenden multidisziplinären »Ombudskommission«[35] Auch manche Vorschläge eines Öko-Rates[36] sind, soweit sie sich auf die Stärkung ökologischen Sachverstandes im politischen Entscheidungsprozeß beziehen, im Kern vergleichbar.

Auf einer anderen Ebene liegen Überlegungen zur Effektuierung des Vollzugs des Umweltrechts durch neue institutionelle Vorkehrungen. Ihre Wurzeln haben sie durchweg in den – oben dargestellten – Grenzen einer judiziellen Kontrolle, insbesondere auch beim Einsatz nicht-regulativer Instrumente des Umweltrechts. Hierzu wird mit unterschiedlichen Bezeichnungen die Einrichtung von Umweltbeauftragten vorgeschlagen, die sich von Amts wegen oder auf Eingaben von Bürgern und Verbänden mit der Effektivität des umweltrechtlichen Vollzugs befassen. Wo allgemeine Bürgerbeauftragte vorhanden sind, lassen sich die

33 *Kloepfer*, Langzeitverantwortung, S. 40.

34 Zur Einrichtung eines oder mehrerer Ombudsmänner *E.B. Weiss*, In Fairness to Future Generations: International Law, Common Patrimony, and Intergenerational Equity, Tokyo/New York 1989, S. 120ff.; *T. Allen*, The Phillipine Children's Case: Recognizing Legal Standing for Future Generations, Georgetown International Law Rev. 6 (1994), S. 713ff., 740f. u. umf. Nachw.
In anderen Staaten sind bereits Institutionen entstanden, die eine Wahrnehmung der Rechte künftiger Generationen besorgen sollen. So verfügt etwa Frankreich seit 1993 über einen Rat für die Rechte künftiger Generationen (»Conseil pour les droits des générations futures« – Dekret n° 93-298 v. 8.3.1993). Er besteht aus neun vom Staatspräsidenten zu benennenden Mitgliedern, von denen immerhin drei national operierenden Umweltschutzverbänden angehören müssen. Neben der Erstellung eines jährlichen Umweltberichts, der auch umweltpolitische Empfehlungen enthält, gehört insbesondere die Beratung des Staatspräsidenten und der Regierung zu seinen Aufgaben. Stellungnahmen dieses Gremiums zu jedweder umweltrelevanten Frage können aber auch von jedem einzelnen Regierungsmitglied, den Präsidenten der beiden parlamentarischen Kammern und den nationalen Umweltverbänden eingefordert werden; der Rat kann sich aber auch antragsunabhängig zu jeder Zeit selbst entsprechend erklären.

35 So *Saladin/Zenger*, S. 111. Angemerkt sei allerdings, daß diese Autoren auch eine freilich nicht näher konturierte »Einflußnahme« (S. 115) dieser Institutionen auf die verschiedenen Rechtssetzungsverfahren befürworten.

36 *R. Kurz*, Innovationen für eine zukunftsfähige Entwicklung, Aus Politik und Zeitgeschichte, B 7/96, S. 14ff., 20, der auf vergleichbare Institutionen wie die Deutsche Bundesbank, das Bundeskartellamt oder die Rechnungshöfe hinweist.

Aufgaben eines Umweltbeauftragten in diese übergreifende Institution integrieren. Der Funktionsmodus der Tätigkeit der Beauftragten liegt in der Beobachtung und Untersuchung, festgestellte Mängel werden durch ihre Nennung in allgemeinen oder besonderen Berichten sanktioniert; schließlich können auch Klagerechte eingeräumt werden.[37]

So wird die Forderung nach sog. »Öko-Höfen« erhoben, die – nach dem Vorbild des Bundesrechnungshofs und der Landesrechnungshöfe – zur frühzeitigen Verhinderung von Umweltverstößen innerhalb der Verwaltung beitragen sollen.[38] Hervorzuheben ist schließlich der Vorschlag, eine Erweiterung des Tätigkeitsfeldes der Datenschutzbeauftragten vorzunehmen; dieser solle – zusätzlich als Beauftragter für Informationsfreiheit – die vom Umweltinformationsgesetz betroffenen Behörden beraten und entsprechende Empfehlungen aussprechen.[39] Erheblich weiter in der Verbindung einer Kontrolle von Umweltinformationen und der Funktionen eines ökologischen Ombudsmans geht die 1994 durch das Environmental Bill of Rights der Provinz Ontario geschaffenene Einrichtung eines Environmental Commissioner.[40] Zukunftsinteressen sollen durch die Einrichtung eines Sachwalters für eine spezifische »Nachweltverträglichkeitsprüfung« in Genehmigungs- und Planungsverfahren[41] eingebracht werden, dem gleichzeitig die Befugnis zur Geltendmachung der

37 *Weiss*, (Fn. 34), S. 109ff., 120ff.; *Allen*, (Fn. 34), S. 713ff.

38 Vgl. *O. Triffterer*, Umweltstrafrecht, 1980, S. 173ff.; dazu auch *H. Hill*, Optimierung der Organisation kommunaler Verwaltung im Hinblick auf die Sachaufgabe Umweltsschutz, Die Verwaltung 21 (1988), S. 175ff., 186, der auf die Probleme der Abgrenzung zu bestehenden Formen der Verwaltungskontrolle hinweist, ferner *Nicklas*, S. 187 und *Lübbe-Wolff*, Modernisierung, S. 69f.

39 So der Vorschlag des hessischen Datenschutzbeauftragten *W. Hassemer* in seinem 22. Tätigkeitsbericht, 1993, S. 141f., und 23. Tätigkeitsbericht, 1994, S. 111- Auch in Brandenburg soll nach den Vorstellungen der Regierungsfraktion der SPD zu einem neuen Akteneinsichtsgesetz der Datenschutzbeauftragte gleichzeitig die Funktion eines »Landesbeauftragten für das Recht auf Akteneinsicht« wahrnehmen.

40 *R. D. Lindgren*, Environmental Bill of Rights: An Overview, Toronto 1993, S. 23ff. – Die Forderung zur Einrichtung von »Environmental Watchdogs« im amerikanischen Verwaltungsverfahren s. den gleichnamigen Aufsatz von *J. E. Krier*, Environmental Watchdogs: Some Lessons From a »Study« Council, Stanford Law Rev. 23 (1971), S. 623ff.; ähnlich auch *Birnbacher*, S. 266f.

41 *Saladin/Zenger*, S. 109.

Rechte künftiger Generationen im Verwaltungsprozeß[42] zugedacht wird.

Ungeklärt erscheint, welcher Einrichtung die im Umwelt- und Risikorecht unentbehrliche Funktion des Monitoring und der Evaluation in Gestalt eines ökologischen Controlling zukommen soll. Soweit es um die Sammlung von Umweltbeobachtungen, Umweltstatistiken und Umweltberichterstattungen geht, kann die Aufgabe vom Umweltbundesamt wahrgenommen werden, das jedoch nach dem Vorbild des Bundeskartellamtes hierbei frei von Weisungen des Bundesumweltministeriums tätig werden müßte.[43] Darüber hinaus wird man unterscheiden müssen zwischen dem systemischen Controlling der Wirksamkeit staatlicher Maßnahmen des Umweltschutzes als solcher und der Effektivität von Handlungsformen des Umweltschutzes im einzelnen. Auf die Unvermeidlichkeit von Überschneidungen ist bereits hingewiesen worden, auch wenn hier über die Detailabgrenzung noch nachgedacht werden muß; im übrigen besteht die Notwendigkeit der Kooperation.

Gegen die Vorschläge zur Schaffung eines Umweltrates mit einer gegenüber dem SRU herausgehobenen Stellung sowie von Umweltbeauftragten dürfte die Unzeitgemäßheit angesichts der leeren Kassen eingewandt werden. Diese Einwände sind verständlich, greifen aber letztlich nicht durch. Soll die Etablierung des ökologischen Verfassungsstaates ernst gemeint sein und nicht nur eine symbolische Funktion besitzen, so muß er auch mit den Institutionen ausgestattet werden, die Voraussetzung für sein Funktionieren darstellen. Und genauso wie der klassische Rechtsstaat auf die Einrichtung einer spezifischen das Recht schützenden Gewalt angewiesen war, so bedarf auch die Sicherstellung des Ökologieprinzips in der Verfassung dessen Effektuierung dienender, seine Sachgesetzlichkeit widerspiegelnder Institutionen. Wenn man erkennt, daß die ökologischen Gegenwarts- und Zukunftsinteressen in dem bestehenden institutionellen Gefüge des Staates nicht hinreichend abgebildet werden, dann bedarf es der Schaffung angemessener, neuer Institutionen,

42 Ebd., S. 111 ff.

43 Auf europäischer Ebene wird diese Aufgabe jetzt von der Europäischen Umweltagentur wahrgenommen, dazu *Nicklas*, S. 120; *Steinberg*, AöR 120 (1995), S. 597.

die – wie gezeigt – möglich sind, ohne die Verantwortlichkeit der bestehenden Organe zu tangieren. Wenn es stimmt, daß die Risikogesellschaft das politische Gemeinwesen vor völlig neue Herausforderungen stellt, wenn diese als neue Aufgaben staatlicher Verantwortung durch die Verfassung anerkannt sind, dann bedarf es auch institutioneller Anpassungen und gegebenenfalls auch Neuschöpfungen ökologischer Vergewisserung und Kontrolle.

4. Mehr Volksrechte in Umweltangelegenheiten?

Vermag die Schaffung neuer repräsentativer Institutionen keine befriedigenden Lösungen zu bieten, so liegt es nahe, die festgestellten Legitimitätsdefizite der durch die staatlichen Repräsentativorgane getroffenen Umweltentscheidungen dadurch zu beheben, daß das Volk selber zur Entscheidung aufgerufen wird. Gerade im Umweltbereich wird denn auch nicht nur in der Literatur immer wieder die Forderung nach der Nutzung plebiszitärer Instrumente erhoben,[44] sondern auch die Praxis der Volksbegehren und Volksentscheide in den Ländern zeigt hier einen ihrer Schwerpunkte.[45]

Nach dem Ende der Plebisphobie der Nachkriegsära besteht in der Staatslehre Übereinstimmung, daß eine Ergänzung und Verbesserung des repräsentativen Systems durch plebiszitäre Elemente nicht nur grundsätzlich mit den Grundprinzipien der Verfassungsordnung vereinbar, sondern als ergänzendes und dadurch zusätzlich legitimierendes Element eine positive Wirkung im Sinne der Entlastung des Parteiensystems, eines verstärkten Verständigungszwangs und Interessenausgleichs sowie einer größeren Akzeptanz der unmittelbar vom Volk getroffenen Entscheidung auch für die überstimmte Minderheit entfalten kann.[46] Durch die mit erweiterten Volksrechten verbundene Erweiterung der Kontrollrechte und Rechenschaftspflichten ließe sich möglicherweise insgesamt die Rationalität, Lern- und Reflexionsfähigkeit des politischen Systems erhöhen.[47]

44 *Simon*, S. 104; EKD, Denkschrift, S. 29, 41 f.; *Beck*, Erfindung, S. 224 f.; *Altner*, Naturvergessenheit, S. 181; *Saladin*, FSf. *Huber*, S. 300 f.; *Roßnagel*, ZParl 1986, S. 587 ff.; *R. Steinberg*, Standortplanung umweltbelastender Großvorhaben durch Volksbegehren und Volksentscheid?, ZRP 1982, S. 113 ff.

45 Z. B. in Hessen: Volksbegehren »Keine Startbahn West« 1981; in Bayern: Volksbegehren »Nationalpark Bodenwöhrer Senke« 1985; Volksbegehren »Standorte von kerntechnischen Anlagen in Bayern« 1987; Volksbegehren »Bayerisches Abfallwirtschaftsgesetz« 1989; NRW: Volksbegehren »Aktion Volksbegehren NRW gegen Atomanlagen« 1986; zu allen die gründliche Untersuchung von *Przygode*, S. 271 ff. u. passim.

46 *Böckenförde*, Handbuch des Staatsrechts II, § 30 Rnrn. 16 ff.; *Scheuner*, Moderne Demokratie (1961); in: ders., Staatstheorie, S. 245 ff., 259 ff.

47 *U. K. Preuss*, Plebiszite als Formen der Bürgerbeteiligung, ZRP 1993, S. 131 ff., 138.

Geradezu anklagend wird das plebiszitäre Defizit gar als »eine Beleidigung unseres Volkes, nicht zuletzt auch in den Augen unserer europäischen Nachbarn« gebrandmarkt und gerade in einer Zeit tiefer Politik- und Parteiverdrossenheit seine Beseitigung als überfällig bezeichnet.[48] Und wenn sich auch in den Beratungen der Gemeinsamen Verfassungskommission keine Mehrheit für die Ausweitung direktdemokratischer Instrumente im Grundgesetz fand,[49] so bestehen diese doch in den Verfassungen aller neuen Bundesländer durchweg in einer gegenüber den alten Landesverfassungen hinaus erweiterten Fassung. Nach dem Vorbild der Verfassung von Schleswig-Holstein ist das Verfahren im Grundsatz dreistufig: Vor das eigentliche Volksbegehren, das regelmäßig auf den Erlaß eines Gesetzes gerichtet ist, ist die Phase einer Initiative gesetzt, mittels derer nicht nur ein Gesetzentwurf, sondern auch ein sonstiger im Rahmen der Entscheidungszuständigkeit des Landtags liegender Gegenstand auf dessen Tagesordnung gesetzt werden kann.[50] Die Abkoppelung der Plebiszite von einem »ausgearbeiteten Gesetzentwurf« könnte gerade in Fragen des Umweltschutzes erhebliche Bedeutung gewinnen. Während in der Vergangenheit die für die Eröffnung des direktdemokratischen Verfahrens zwangsläufig vorzulegenden Gesetzentwürfe in den meisten Fällen den schmalen Grat verfassungsmäßiger Gestaltung verfehlt haben,[51] sind jetzt Initiativen und Entscheidungen des Volkes zu allen Gegenständen (z.B. schlichte Parlamentsentschließungen, Mitwirkungsakte bei der Landesplanung u.ä.) zulässig, die in die Zuständigkeit der Parlamente fallen. Bestand über die Einführung direktdemokratischer Instrumente in den neuen Bundesländern nicht zuletzt auch wegen der Rolle des Volkes bei der friedlichen Revolution 1989 kein (offener) Streit, so wurde zum Teil verbissen in den Verfassungsberatungen über die Erschwerung des Zugangs, vor allem durch ver-

48 *W. Maihofer*, Abschließende Äußerungen, in: Handbuch des Verfassungsrechts, hrsg. von E. Benda/W. Maihofer/H.-J. Vogel, 2. Aufl., 1994, Rnrn. 48, 51; ähnlich *H.P. Schneider*, Das parlamentarische System, ebd. Rn. 134ff.

49 BT-Drs. 12/6000, S. 83ff.; dazu *Berlit*, KritV 1993, S. 334ff. m. umf. Nachw.

50 Art. 41f. VerfSH; Art. 80f. VerfSachsAnh.; Art. 76f. VerfBrand.; Art. 59f. Verf.MeckV; jetzt auch Art. 47ff. Verf.Nieders. v. 1993; z.T. anders Art. 70f. VerfSachs.; Art. 68, 82 VerfThür.

51 Vgl. die Nachw. bei *Przygode*, S. 271ff.

schiedene Formen von Quoren gestritten.[52] Ob diese oder andere Gründe dafür verantwortlich sind, daß (auch) in den neuen Bundesländern die Möglichkeiten direkter Mitwirkung des Volkes (noch) nicht stärker genutzt worden sind, mag hier dahinstehen.

Allgemeinster Gegenstand eines Volksentscheids kann zum einen eine umweltpolitische Grundentscheidung sein: die grundsätzliche Nutzung einer bestimmten Technologie, z.B. der Kernenergie, für energiewirtschaftliche Zwecke oder aber auch nur einer bestimmten Form, z. B. des Einstiegs in die Brutreaktortechnologie. Zu einer derartigen Frage würde das Volk sich äußern können, wobei der Antwort definitive oder konsultative Verbindlichkeit zukommen könnte. Das starke Bedürfnis nach einer unmittelbaren Mitwirkung bei grundlegenden Fragen zeigt sich auch in anderen Bereichen, in denen – in jüngerer Zeit etwa bei der sog. Nachrüstung, dem out-of-area-Einsatz der Bundeswehr, dem Vertrag von Maastricht oder jetzt der Einführung der Europäischen Währung – eine Volksentscheidung, jedenfalls aber eine Volksbefragung gefordert worden ist.

Auf einer mittleren Stufe ginge es um die Zulassung von Gesetzesinitiativen bzw. von Referenden gegen parlamentsbeschlossene Gesetze. Da die Zuständigkeit zur Umweltgesetzgebung durchweg beim Bund liegt – hier liegen ja die Schwierigkeiten für die volksunmittelbare Landesgesetzgebung in diesem Bereich –, müßte ein derartiges Institut – wie auch bei Volksentscheiden zu Grundsatzfragen – auf Bundesebene eingeführt werden.[53]

Am konkretesten wäre die Eröffnung direktdemokratischer Mitwirkungsrechte im Zusammenhang mit einzelnen Verwaltungsentscheidungen, z.B. der Genehmigung einer Industrieanlage oder der Planfeststellung eines Flughafens. Am theoretisch wie praktisch schwierigsten zu lösen ist das Problem der Beteili-

52 *Berlit*, KJ 1992, S. 437ff., 454ff. – Mit deutlicher Skepsis gegenüber einer »Verabsolutierung der Volkssouveränitätslehre« der sächsische Justizminister *S. Heitmann*, Entstehung und Grundgedanken der Verfassung des Freistaates Sachsen, in: R. Caesar et al. (Hrsg.), Die Entwicklung der Rechtsstaatlichkeit in den neuen Bundesländern, 1992, S. 11ff., 21f.

53 Die verfassungsrechtlichen Fragen der Zulässigkeit werden umfassend behandelt von *K. Bugiel*, Volkswille und repräsentative Entscheidung, 1991, S. 71ff.

gung. Einfach auf die Betroffenheit abzustellen, stellt nur eine Scheinlösung dar. Denn – wenn man nicht ausschließlich auf den immissionsschutzrechtlichen Einwirkungsbereich abstellen will – die Feststellung derjenigen, die durch die Anlage negativ, aber als Kunden, Lieferanten, Steuerbürger möglicherweise auch positiv »betroffen« werden, ist nahezu aussichtslos. Schlicht die Bürger des Verwaltungsbezirks für betroffen und damit für entscheidungsbefugt anzusehen, deren Behörde für die Zulassungsentscheidung zuständig ist,[54] erscheint reichlich formalistisch und führt zu – von der Verwaltungsorganisation abhängigen – Zufallsergebnissen. Der zentrale Einwand gegen ein Verwaltungsreferendum, daß die Folgen der Entscheidung nicht auf den eigenen Bereich beschränkt bleiben, läßt sich damit nicht ausräumen.[55] Ein derartiges Verfahren würde damit zu einer Privilegierung einer Gruppe von Bürgerinnen und Bürgern – vor allem, aber nicht notwendig nur der unmittelbar Betroffenen – führen, die den übergreifenden Verantwortungszusammenhang des Gemeinwesens zerstört. Es würden zwei Gruppen von Bürgern geschaffen, »alle Stimmberechtigten, die für das Gemeinwesen verantwortlich werden, und die Betroffenen, die sich gegen die sie belastenden Maßnahmen wehren könnten.«[56] In nicht wenigen Fällen würde damit das St.-Florians-Prinzip – englisch: das NIMBY-Prinzip (not in my own backyard) – sanktioniert.

Es spricht deswegen vieles dafür, eine unmittelbare Mitentscheidung des Volkes weniger an ökologischen Einzelentscheidungen als vielmehr an Grundsatzentscheidungen, u. U. auch im Zusammenhang mit der Umweltgesetzgebung vorzusehen.[57]

54 So *Roßnagel*, ZParl 1986, S. 606f. – Bei einem Verwaltungsaktsreferendum gegen den Planfeststellungsbeschluß für die Startbahn West wären demnach die Bürger in Kassel und Bad Hersfeld abstimmungsberechtigt gewesen, während die unmittelbar im Einzugsbereich des Flughafens, aber in anderen Bundesländern lebenden Bewohner von Mainz und Mannheim ausgeschlossen wären. Das ist offensichtlich ungereimt!

55 *R. Jagmetti*, Der Bürger im Entscheidungsprozeß, in: Staatsorganisation und -funktion im Wandel, FS f. K. Eichenberger, hrsg. von G. Müller et al., 1982, S. 363ff., 368.

56 Ebd.

57 *R. Steinberg*, Elemente volkunmittelbarer Demokratie im Verwaltungsstaat, Die Verwaltung 1983, S. 465ff., 484f., auch zu dem Gedanken einer mittelbaren Beteiligung an Verwaltungsentscheidungen.

Wird diese Möglichkeit eröffnet, so dürfte auch das Bedürfnis nach direktdemokratischer Einzelentscheidung bei denen nachlassen, denen es bei diesen nur um die Fortsetzung des politischen Grundsatzkampfes mit anderen Mitteln geht. Im übrigen ist die Mitwirkung der Öffentlichkeit und der Betroffenen durch eine dem Problem ohnehin viel sachgerechtere effektive Beteiligung an den entsprechenden Verwaltungsverfahren sicherzustellen (s. o. III. 4.).

Damit wird deutlich, daß die Legitimitätsdefizite umweltrechtlicher Entscheidungen durch plebiszitäre Elemente nur punktuell und am ehesten bei existentiellen Fragen gemindert werden können.[58] Ernst zu nehmen ist vor allem auch der Einwand, wonach gerade die Ermöglichung langfristiger Entscheidungen »das stärkste Argument für die indirekte Demokratie« sei.[59] Ob freilich »eine Politik der Zukunftsvorsorge« tatsächlich bei den Regierenden besser aufgehoben ist als bei den Bürgerinnen und Bürgern, erscheint angesichts der oben (1.) festgestellten Schwäche repräsentativer Strukturen eine durchaus offene Frage. Ohne deren Veränderungen und Ergänzungen, welche eine stärkere Berücksichtigung ökologischer Zukunftsinteressen erlauben, dürfte die Antwort eher skeptisch ausfallen. Dagegen erscheint es durchaus zweifelhaft, ob es in einem großen heterogenen Flächenstaat gelingen kann, den Prozeß direktdemokratischer Verfahren so auszugestalten, daß er Chancen einer Deliberation und gegenseitigen Verständigung eröffnet. Denn die Gefahr erscheint nicht gering, daß er statt dessen zur Abstimmungsguillotine gerät, bei der eine die Mehrheit gewonnene gut organisierte und mobilisierte Minderheit andere Interessen – sei es die der Allgemeinheit, sei es die schwacher Minderheiten – an den Rand drängt.[60]

58 *Bugiel* (Fn. 53), S. 65.

59 *Birnbacher*, S. 263; vgl. auch ebd. S. 264, wonach die Existenzberechtigung der repräsentativen Demokratie stehe und falle mit ihrer Fähigkeit, »die gemeinsame Zukunft in einem Umfang zum Gegenstand planerischer Entscheidungen zu machen, der über den Erstreckungsbereich der zukunftsbezogenen Interessen der Individuen hinausgeht«.

60 Vgl. den ernüchternden Bericht über die Erfahrungen in Kalifornien und anderen Staaten der USA von *P. Schrag*, California, Here We Come, Atlantic Monthly, Bd. 281, Nr. 3 (März 1998), S. 20ff.; vgl. auch *S. Möckli*, Direkte Demokratie in den USA, JÖR N.F. 44 (1996), S. 565ff.

Plebiszitäre Instrumente stellen damit auch im Umweltrecht kein Patentrezept zur Bewältigung der Aporie dar, daß der Ausgleich der eher kurzfristigen und partikularen Interessen der Einzelnen mit den umfassenden, ja globalen und langfristigen Interessen auch zukünftiger Generationen an der Erhaltung der natürlichen Lebensgrundlagen notwendigerweise nahezu unüberwindbare Probleme aufwirft. Bei dem verstärkten Einsatz derartiger Volksrechte kommt es deshalb auf eine behutsame Ausbalancierung der unterschiedlichen Kräfte und Belange an, die nur durch die Betrachtung der konkreten Fall- und Verfahrensgestaltung gelingen kann. Mit dieser deutlichen Einschränkung könnten aber auch Elemente direkter Demokratie in Umweltfragen eine Bedeutung erlangen.

Demgegenüber werden die gegen ihre Verwendung vorgebrachten »klassischen« Einwände auch durch ständige Wiederholung nicht überzeugender:[61] Warum gerade die Beteiligung des Volkes an Sachentscheidungen – nach dem berühmten Wort von Theodor Heuss im Parlamentarischen Rat – eine »Prämie für jeden Demagogen« sein soll, vermag nur dann einzuleuchten, wenn die Fähigkeit des Volkes zur Beurteilung und Entscheidung von Sachfragen bestritten wird. Diese Fähigkeit sieht die Enquete-Kommission Verfassungsreform noch nicht einmal bei allen Angelegenheiten der kommunalen Ebene für gegeben, »geschweige denn ... für die Angelegenheiten im Zuständigkeitsbereich des Bundes«.[62] Dieses Argument zielt auf den angeblich wissenschaftlich-technischen Charakter des Umwelt- und Technikrechts, mit dessen Hilfe ja auch die Kompetenz des Parlaments für derartige Entscheidungen bezweifelt wird (s. o. III. 1.

61 Sie finden sich bündig zusammengefaßt bereits im Schlußbericht der Enquete-Kommission Verfassungsreform des Deutschen Bundestages, Zur Sache 3/76, S. 51 ff.; vgl. auch *Berlit*, KritV 1993, S. 339 ff.

62 Zur Sache 3/76, S. 54. – Vgl. demgegenüber das Urteil von *H. Zacher*, Diskussionsbeitrag in: Sitzungsbericht N zum 55. DJT, 1984, S. N 174 f., der den Vorzug der schweizerischen Sozialgesetzgebung – bekanntlich eines Politikbereichs mit höchster Komplexität – rühmt, »weil das Volk sich selbst seriöse Sozialgesetze gibt. Da gibt es ja auch nicht dieses dauernde Vortäuschen, daß man den Pelz waschen kann, ohne ihn naß zu machen. ... Bei uns führt das repräsentative System dazu, daß die Politiker etwas versprechen, was sie wieder zurücknehmen müssen. Das Volk gibt sich keine Versprechen, die es zurücknehmen muß. Das geht alles langsamer, aber dafür hält es auch.«

c.). Demgegenüber gilt auch hier: Die maßgebliche Beteiligung des Volkes zwingt zu einer Offenlegung und Diskussion der einer »Sachentscheidung« zugrundeliegenden Annahmen, der Kosten und möglicher Alternativen. Damit werden die nicht wissenschaftlich-technisch begründbaren politischen Entscheidungsgehalte sichtbar und politisch entscheidbar.[63] Auf diese Weise vermögen sich auch die Risikobewertungen der Bürgerinnen und Bürger durchzusetzen, die sich – wie ausgeführt (s. o. I. 2. d.) – von denen der »Experten« deutlich unterscheiden. Auch dadurch werden angebliche technisch-wissenschaftliche Sachzwänge gelockert und die technische Rationalität der Entscheidungen aufgeweicht.

Ein Problem vermag allerdings durch direktdemokratische Instrumente nicht gelöst zu werden: die Gefahr der Überstimmung von Minderheiten.[64] Denn auch hier entscheidet die Mehrheit, und diese kann noch eher als bei repräsentativen Entscheidungen – abhängig von der verfahrensmäßigen Ausgestaltung, insbesondere der Quoren – eine kleine, engagierte Minderheit sein.[65] Auch dies spricht gegen eine Überschätzung dieses Instituts und sollte bei dessen Ausgestaltung bedacht werden.

63 *Saladin*, FSf. H. Huber, S. 300f.; vgl. auch *K. Eichenberger*, Zusammen- und Gegenspiel repräsentativer und plebiszitärer Komponenten im schweizerischen Regierungssystem, ZParl 1977, S. 322ff.

64 *D. Grimm*, Der Wandel der Staatsaufgaben und die Zukunft der Verfassung, in: ders. (Hrsg.), Staatsaufgaben, 1994, S. 613ff., 638.

65 *Bugiel* (Fn. 53), S. 473. – Vgl. auch *H. Sahner*, Sozialer Wandel und Konsens – Zur Legitimitätsproblematik des Mehrheitsprinzips, in: Mehrheitsprinzip, Konsens und Verfassung, hrsg. v. H. Hattenhauer/W. Kaltefleiter, 1986, S. 93ff., 102f., der auf das schichtenspezifischen, den Immobilismus begünstigenden Vorurteil direktdemokratischer Instrumente hinweist.

5. Erosion des Mehrheitsprinzips – ökologisches Widerstandsrecht – ziviler Ungehorsam

Da der Umgang mit bestimmten risikobehafteten Technologien, Stoffen, Produkten, Großanlagen regelmäßig auf eine parlamentarische Mehrheitsentscheidung – sei es unmittelbar durch das Gesetz, sei es mittelbar durch die von der Mehrheit getragene Regierung – zurückzuführen ist, ist die Anwendung des Mehrheitsprinzips gerade in diesem Bereich zunehmend Einwänden ausgesetzt. Da es sich bei dieser Regel um ein Grundprinzip der demokratischen Ordnung handelt, dem – wie gesehen – Bedeutung bei direktdemokratischen Entscheidungen ebenso zukommt wie bei Beschlüssen der Repräsentativorgane, wird damit ein zentrales Element der Verfassungsordnung in Frage gestellt.

Der Grund für die Erosion des Mehrheitsprinzips liegt in dem wachsenden Zweifel von aktiven Minderheiten, ob es sich bei dieser Entscheidungsregel um ein auch für sie akzeptables Entscheidungsverfahren handelt. Dies wird dann bezweifelt, wenn die Mehrheit Entscheidungen trifft, die unwiderrufliche Umweltzerstörungen zur Folge haben und so die Zukunft zur »Müllhalde der Gegenwart« werden lassen.[66]

Begründungen einer Entbindung von der Gehorsamspflicht und damit die Rechtfertigung des Widerstandes gegenüber einer Mehrheitsentscheidung lassen sich prinzipiell auf drei Argumentationsebenen feststellen, die sich durch einen unterschiedlichen Grad an Allgemeinheit bzw. Besonderheit auszeichnen:

Auf der ersten Ebene läßt sich eine grundsätzliche, geradezu existentielle Kritik des technischen Fortschritts ausmachen. Die Technik wird nicht (mehr) als neutrales Instrument zur Förderung menschlicher Zwecke gesehen, sie ist vielmehr längst zum Schicksal der Menschen geworden, demgegenüber diese ihre Freiheit verloren haben und das sie von der Erde losreißt und entwurzelt.[67] Weil die Technik den Menschen bereits innerlich

66 *H. Hofmann/H. Dreier*, Rn. 58 unter Berufung auf *Preuss*, Müllhalde, S. 224ff.

67 *M. Heidegger*, Die Technik und die Kehre, 1962, S. 16ff.; dazu ferner die Nachweise bei *R. Safranski*, Ein Meister aus Deutschland, 1994, S. 483; s. bereits o. I. 1.b.

verwandelt habe, seien die Zwecke, die er sich setzen könne, bereits technisch determiniert. Das Sehen, Hören, Sprechen, das Verhalten und die Reaktionsweisen, die Erfahrung des Raumes und der Zeit hätten sich grundlegend geändert. Die Eigendynamik dieses Prozesses lasse kein Jenseits der Technik mehr übrig. Indem die Technik alles verfügbar mache, nichts Unantastbares oder Heiliges kenne, zerstöre sie den planetarischen Grund, auf dem sie stehe.[68]

Ein konkreter Widerstand richtet sich hingegen gegen bestimmte Technologien: gegen waffentechnische Systeme, vor allem aber gegen die energiewirtschaftliche Nutzung der Kernenergie, Anlagen der Gentechnik – vor allem die Freisetzung gentechnisch veränderter Organismen, Anlagen, die zur Freisetzung bestimmter Schadstoffe in Luft und/oder Wasser, gegebenenfalls auch im Boden führen (Müllverbrennungsanlagen, Sondermülldeponien). Mit diesen Technologien sind in besonderer Weise die oben (I. 2. b.) beschriebenen Risikolagen verbunden. Sie werden z. B. wegen der Langzeitrisiken der Endlagerung der bei Betrieb eines Kernkraftwerkes anfallenden radioaktiven Abfälle,[69] der schleichenden Vergiftung des Bodens und des Wassers, der unabschätzbaren Folgen gentechnischer Veränderungen sowie der Veränderung des Klimas auch gegenüber zukünftigen Generationen für nicht verantwortbar gehalten. Durch diese Eingriffe würden die »Grundlagen der Natur« berührt, weil sie die elementaren natürlichen Bedingungen menschlichen Lebens dauerhaft und z. T. irreversibel verändern können.[70]

Schließlich kann sich der Widerstand richten gegen eine konkrete Anlage in der Nachbarschaft, wobei diese entsprechend dem – im Normalbetrieb durch Emissionen, bei Unfällen auch durch sonstige Gefahren – bemessenen Einwirkungsbereich nicht auf die unmittelbar Angrenzenden beschränkt ist. Grund der Ablehnung von Verkehrsanlagen, Industrieanlagen, Abfallentsorgungsanlagen sind die von diesen ausgehenden Immissionen in Form von Luftverunreinigungen, aber auch von Lärm, Erschütterungen und Gerüchen, durch die nicht nur die Lebens-

68 *F.G Jünger*, Die Perfektion der Technik, 1953, S. 15, 19ff.; vgl. ferner *Safranski*, (Fn. 67), S. 454ff.
69 Grundlegend *Hofmann*, Entsorgung, S. 61 ff.
70 *Preuß*, Müllhalde, S. 227.

qualität, sondern auch der Wert des eigenen Grundstücks vermindert wird.

Es versteht sich, daß die dargestellten Ebenen sich im konkreten Fall überschneiden können: Der Widerstand gegen eine umweltbeeinträchtigende Anlage in der Nachbarschaft kann nicht nur in der örtlichen Betroffenheit verwurzelt sein, sondern sich – etwa bei einem KKW – auch auf eine generelle Ablehnung dieser Technologie stützen. Das muß aber nicht der Fall sein und dürfte auch in vielen Fällen – z.B. Straßen, Eisenbahnanlagen oder Gewerbetrieben – nicht so sein. Ebenfalls kann die Ablehnung einer gefährlichen Technologie mit einer grundsätzlichen Zivilisationskritik verbunden sein. Auch dies ist aber nicht zwangsläufig. So kann die Kritik einer bestimmten Technik (z.B. der Kernenergie) durchaus mit einem Technikoptimismus verbunden sein, etwa wenn die Möglichkeit ihrer Ersetzung durch die Entwicklung anderer »sanfterer« Technologien erwartet wird.[71] Vornehmlich die Entscheidungen, welche die Ebenen 1 und 2 berühren, dürften dem Typ der Risikoentscheidung entsprechen, der oben (I. 2.c.) beschrieben worden ist.

Der Widerstand, der gegen die Entwicklungen der Technik, bestimmte Technologien oder bestimmte Anlagen geleistet wird, hat – darauf ist zutreffend hingewiesen worden[72] – nichts mit dem im Grundgesetz gewährleisteten Widerstandsrecht zu tun. Hierbei geht es, wie schon der Wortlaut des Art. 20 Abs. 4 GG zeigt, um Widerstand mit dem Ziel einer Wiederherstellung der verfassungsmäßigen Ordnung.[73] Demgegenüber richtet sich der ökologische Widerstand vornehmlich gegen den technischen Fortschritt und nur vordergründig gegen einzelne staatliche Entscheidungen, durch die bestimmte Technologien und/oder Anlagen zugelassen werden. Der Widerstandsfall tritt – anders als beim verfassungsschützenden Widerstandsrecht – nicht ein bei der Gefährdung oder gar Störung der Rechtsordnung, sondern

71 So deutlich bei *K. M. Meyer-Abich/W. Schefold*, Die Grenzen der Atomwirtschaft, 1986 und *R. Bauerschmidt*, Kernenergie oder Sonnenenergie, 1985. Auch der damalige Präsident der Deutschen Forschungsgemeinschaft *H. Markl*, Wissenschaft: Zur Rede gestellt, 1989, S. 168f. bemerkt zutreffend, daß die meisten Kernkraftgegner »felsenfest auf Wissenschaft und Forschung« bauen.

72 *Isensee*, DÖV 1983, S. 566f.

73 Vgl. etwa *Hesse*, Grundzüge, Rn. 758ff.

bei der vermeintlichen Gefährdung der natürlichen Lebensgrundlagen des Menschen, die in der Zukunft auf Dauer menschliches Leben auf unserem Planeten unmöglich macht – vermeintlich deswegen, weil diese Einschätzung auf einer subjektiven, von der Mehrheit nicht geteilten Prognose beruht und deshalb – noch – nicht die Realität abbildet. Der von der Verfassung vorgestellte Fall des Widerstandsrechts könnte nur dann eintreten, wenn die technische Entwicklung zu einer möglicherweise schleichenden Zerstörung der Grundprinzipien der Verfassung – z. B. der Gewährleistung von persönlichen und politischen Grundrechten, der Gewaltenteilung, der Anerkennung der Opposition – führen würde, ohne daß die staatlichen Organe den ihnen obliegenden Schutzpflichten gemäß genügend Maßnahmen zur Sicherung der bedrohten Freiheiten träfen. Eine solche Entwicklung, die in apokalyptischer Weise für die energiewirtschaftliche Nutzung der Kernenergie beschworen wurde,[74] läßt sich gewiß nicht ausschließen, dürfte jedoch eher durch andere nicht-umweltgefährdende Technologien – wie die Entwicklung neuer Medien, eine grundlegend neue Organisation der Wirtschafts- und Arbeitswelt oder die Bedrohung des ideellen und sozialen Pluralismus durch neue Formen des Fundamentalismus zu besorgen sein.

Der Widerstand gegen Risiken der Technik läßt sich aber auch nicht aus einer anderen Erwägung rechtfertigen, dem Gedanken des zivilen Ungehorsams. Dessen in den historischen Vorbildern von Thoreau über Gandhi bis Martin Luther King erprobten Voraussetzungen sind bündig wie folgt zusammengefaßt worden: »Wer allein oder mit anderen öffentlich, gewaltlos und aus politisch-moralischen Gründen den Tatbestand einer Verbotsnorm erfüllt, handelt grundsätzlich gerechtfertigt, wenn er dadurch gegen schwerwiegendes Unrecht protestiert und sein Protest verhältnismäßig ist.«[75] Im Vergleich zum Widerstandsrecht des Art. 20 Abs. 4 GG sind die tatbestandlichen Voraussetzungen für den zivilen Ungehorsam auf der einen Seite weiter, weil der Widerstandsfall erweitert wird auf Fälle eines schweren Unrechts

74 *A. Roßnagel*, Radioaktiver Zerfall der Grundrechte?, 1984, S. 66, 213 ff.; dagegen BVerfGE 49, 89, 130 ff.

75 *R. Dreier*, Widerstandsrecht und ziviler Ungehorsam im Rechtsstaat, in: Glotz (Hrsg.), (Fn. 2), S. 54 ff., 60; *ders.*, Widerstandsrecht im Rechtsstaat?, in: Recht und Staat im sozialen Wandel, FS f. H.-U. Scupin, 1983, S. 573 ff., 594 f.

und nicht nur einer Gefährdung der verfassungsrechtlichen Ordnung, auf der anderen Seite aber enger, weil die Widerstandshandlung auf Mittel des passiven Widerstandes, d. h. auf eine »demonstrative Meinungsbekundung«[76] beschränkt ist.

Das Problem der Rechtfertigung zivilen Ungehorsams gegen technische Entwicklungen liegt in dem notwendigen schweren Unrechtsgehalt der diesen zugrundeliegenden Entscheidungen. Als Maßstäbe der rechtlichen Beurteilungen kommen in erster Linie die Grundrechte, hier also Art. 2 Abs. 2 GG, sowie die Staatszielbestimmung Umweltschutz (s. o. II. 2. b.) in Betracht. Ganz offensichtlich dürfte ein Verstoß gegen diese rechtlichen Eckpfeiler des ökologischen Verfassungsstaates ohne Möglichkeiten rechtsstaatlicher, vor allem gerichtlicher Remedur erst dann relevant werden, wenn die rechtsstaatliche Ordnung des Gemeinwesens ganz empfindlich gestört, ja bereits funktionsunfähig geworden ist. Das aber ist nicht die Situation, für die das Recht auf zivilen Ungehorsam hier beansprucht wird. Die fraglichen Risikoentscheidungen können sich später als falsch und gefährlich, d. h. als tatsächlich umweltzerstörerisch erweisen, aber das macht sie – wenn sie unter Berücksichtigung der verfassungsrechtlichen Vorgaben getroffen sind – nicht zu einem schwerwiegenden Unrecht. Auch das Argument, der zivile Ungehorsam sei deswegen gerechtfertigt, weil er sich gegen Entscheidungen richte, die das Leben aller Bürger und damit auch die Substanz der Verfassung bedrohten,[77] vermag nicht die – implizit behauptete – Verfassungswidrigkeit derartiger Entscheidungen darzutun, ganz abgesehen von der Möglichkeit des legalen Protestes mit den Mitteln der Politik und des Rechts. Die Verfassung wie auch das Recht sind keine Versicherung gegen falsche, dumme oder auch gefährliche Politik, solange nicht gleichzeitig gegen Recht oder Gesetz verstoßen wird!

Zu diesem Ergebnis kommt auch *Ronald Dworkin* in seiner Diskussion von Aktionen zivilen Ungehorsams gegen die Rake-

76 *Ders.* (Fn. 74), in: Glotz (Hrsg.), (Fn. 2), S. 64; vgl. auch die differenzierte Darstellung von *G. Frankenberg*, Ziviler Ungehorsam und Rechtsstaatliche Demokratie, JZ 1984, S. 266ff.

77 So zur sog. Nachrüstung *E. Küchenhoff*, Ziviler Ungehorsam als Rechtsinstitut, in: Vorgänge H. 62/63 (1983), S. 140ff., 144ff. oder die »Erklärung der Richter und Staatsanwälte für den Frieden«, FR v. 17.11.1983, S. 21.

tenstationierung in Deutschland Anfang der 80er Jahre. Er unterscheidet zwischen »integrity-based civil disobedience« (z.B. der Weigerung der Zeugen Jehovas in den 40er Jahren, die amerikanische Flagge zu grüßen[78]) und »justice-based civil disobedience« (z.B. der civil-rights Bewegung in den USA) auf der einen Seite und »policy-based civil disobedience« auf der anderen Seite. Während er unter bestimmten Umständen die beiden ersten Fälle für gerechtfertigt hält, kommt er im letzten Fall, zu dem er auch die sog. Nachrüstung rechnet, zu einem negativen Ergebnis. Bei der Entscheidung über Fragen des Gemeinwohls müsse am Ende – wolle man nicht einem Elitismus oder Paternalismus das Wort reden – die Mehrheit und nicht die Minderheit maßgeblich sein.[79] Dasselbe muß auch für Entscheidungen über die Nutzung bestimmter Technologien oder die Zulassung von Risiken gelten.

Auch Verfechter des zivilen Ungehorsams sehen deutlich, daß es sich in dieser Situation um einen anderen Typus von Unrecht handelt als in der amerikanischen Bürgerrechtsbewegung oder im indischen Unabhängigkeitskampf, da bei den hier anzutreffenden Entscheidungen eine »offensichtliche Verletzung von Grundrechten« nicht leicht auszumachen sei.[80] Sie ersetzen deshalb das Merkmal des »schwerwiegenden Unrechts« als Voraussetzung rechtfertigenden zivilen Ungehorsams durch das bestimmter Entscheidungsinhalte. So wird bezweifelt, ob solche »Grundsatzentscheidungen, die mit eminenten Risiken verbunden sind und tief in das Leben jedes einzelnen eingreifen, von der dünnen Legitimationsdecke einer einfachen Bundestagsmehrheit getragen werden dürften«.[81]

Damit wird freilich deutlich, daß es sowohl beim ökologischen Widerstandsrechts als auch beim zivilen Ungehorsam gegen Risikoentscheidungen im Kern nicht um die Rechtswidrigkeit der bekämpften Maßnahme geht. Entscheidend ist vielmehr, daß die Verbindlichkeit der Mehrheitsentscheidung bei der Zulassung umweltgefährdender Technologien in Frage gestellt wird. Damit stehen die sozialen Voraussetzungen der Mehrheitsregel zur Diskussion.

78 *West Virginia State Board of Education v. Barnette*, 319 U.S. 624 (1943).
79 *Dworkin*, S. 104ff.
80 *Habermas* (Fn. 2), S. 45.
81 Ebd. S. 47.

Zu diesen gehört vor allem ein Mindestmaß an politischer, sozialer und kultureller Homogenität.[82] Nur wenn der darauf aufbauende Grundkonsens gewahrt bleibt, die Entscheidung also im jedenfalls grundsätzlich akzeptierten Rahmen bleibt, wird die überstimmte Minderheit diese als verbindlich hinnehmen. Als weitere Voraussetzung zu nennen ist die Offenheit der Entscheidungssituation: die Minderheit muß personell und sachlich die Möglichkeit der Mehrheitsbildung besitzen. Dies bedeutet in sachlicher Hinsicht, daß die Minderheit – wenn es ihr gelungen ist, eine Mehrheit zu bilden – die Chance zu einer alternativen Entscheidung besitzt, eine solche durch die frühere Mehrheitsentscheidung nicht unwiderruflich verschlossen ist. Wann eine Entscheidung allerdings in diesem Sinne als irreversibel anzusehen ist, erscheint wenig eindeutig. Nicht gemeint sein kann damit, daß eine Entscheidung ungeschehen gemacht wird. Es geht vielmehr nur darum, daß eine spätere, andere Sachentscheidung möglich bleibt.[83] Auch damit besteht aber noch keine völlige Klarheit: Liegt ein Fall der Irreversibilität dann vor, wenn die Folgen der alten Entscheidung andauern? Und was ist in der Situation, in der zwar rechtlich eine technische Entwicklung gestoppt werden könnte, ganz praktisch aber diese nach ihrer Etablierung – hier die schwache staatliche Steuerung technischer Entwicklungen widerspiegelnd – sich einer negativen Entscheidung staatlicher Organe entzieht? Gerade bei staatlichen Risikoentscheidungen im Umweltrecht wird immer wieder auf die Problematik dieses Entscheidungstyps hingewiesen,[84] so daß von der Klärung dieser Fragen die Anwendung des Mehrheitsprinzips ganz wesentlich abhängt (dazu s. o. II. 5. a.).

Letztlich werden aber auch in einem System der Mehrheitsentscheidung Bereiche des Unabstimmbaren von der Verfassung anerkannt. Hierzu werden zunehmend auch solche Entscheidungen gerechnet, die mit ihrem Zerstörungspotential die Grundla-

82 Vgl. auch zum folgenden *Hofmann/Dreier*, Rn. 55 ff.; *H. Dreier*, Das Majoritätsprinzip im demokratischen Verfassungsstaat, ZParl 1986, S. 94 ff., 101 ff. und *Habermas*, Faktizität, S. 220 f.

83 *Hofmann/Dreier*, Rn. 58. – Differenzierend auch *W. Steffani*, Mehrheitsentscheidungen und Minderheiten in der pluralistischen Verfassungsdemokratie, ZParl. 1986, S. 569 ff., 584 f.

84 *Preuß*, Müllhalde, S. 227, 237 f.; *Frankenberg* (Fn. 76), S. 274.

gen der menschlichen Existenz bedrohen.[85] Es verwundert deshalb nicht, daß gegen derartige Bedrohungen vor allem auch dasjenige Grundrecht in Anspruch genommen wird, das am deutlichsten die Autonomie des Einzelnen gegen jede Fremdbestimmung auch durch Mehrheitsentscheidungen schützt: das Grundrecht der Glaubens- und Gewissensfreiheit. Beispielsweise seien erwähnt die »Strobos« in Stuttgart und Hamburg, welche die Bezahlung eines Teils ihrer Stromrechnung mit der Begründung verweigerten, sie könnten die Herstellung von »Atomstrom« nicht mit ihrem Gewissen vereinbaren.[86] Auf derselben Linie liegt der Steuerboykott von pazifistischen Quäkern, die unter Hinweis auf das Grundrecht der Gewissensfreiheit die Zahlung eines Teiles ihrer Einkommensteuer, die ihrer Meinung nach für militärische Rüstungszwecke Verwendung fände, verweigerten.[87] An dieser Stelle geht es nicht um die Frage, ob sich die Boykotteure zu Recht auf das Grundrecht der Gewissensfreiheit berufen konnten – dies erscheint äußerst zweifelhaft[88] –, bedeutsam erscheint hier allein, daß dieser Zusammenhang von den Betroffenen hergestellt wird und auf diese Weise die Unverbindlichkeit der Mehrheitsentscheidung zum Ausdruck gebracht wird.

85 Dazu auch *Th. Würtenberger*, Zeitgeist und Recht, 1987, S. 110f.

86 Dem folgend AG Stuttgart, NJW 1979, 2047ff.; ablehnend AG Hamburg, NJW 1979, 2315f.; OLG Hamm, NJW 1981, 2473ff. und *Frankenberg* (Fn. 76), S. 272.

87 Ihre Klage gegen die Finanzverwaltung wurde abgewiesen, BFH NJW 1992, 1407f.; dazu krit. *P. Tiedemann*, Steuerverweigerung aus Gewissensgründen, StuW 1992, S. 276ff.

88 Die Verfassungsbeschwerde gegen das soeben genannte Urteil des BFH wurde von einer Kammer des Bundesverfassungsgerichts nicht zur Entscheidung angenommen, da eine Gewissensentscheidung, die Organisation und Finanzierung der Verteidigung ablehne, angesichts der strikten Trennung zwischen steuerlicher Staatsfinanzierung und haushaltsrechtlicher Verwendungsentscheidung grundsätzlich nicht die Pflicht zur Steuerzahlung berühre, B. v. 26.8.1992, NJW 1993, 455f. – Vgl. auch *E.W. Böckenförde*, Das Grundrecht der Gewissensfreiheit, in: *ders.*, Staat, S. 267f. – Instruktiv auch die Überlegungen zu Aktionen des zivilen Ungehorsams im Zusammenhang mit dem Vietnam-Krieg von *Arendt*, Disobedience, S. 49ff., 56ff., 96ff., wonach es sich bei derartigen Formen von »Widerstand« nicht um durch Gewissen motivierte Aktionen, sondern um eine neue Form freiwilliger Assoziation handele, der sie angesichts des Versagens rechtsstaatlicher Institutionen, insbesondere des Supreme Courts, eine gewisse Berechtigung nicht abzusprechen vermag.

Damit erweist sich der Widerstand gegen umweltgefährdende Mehrheitsentscheidungen aber auch in seinem Kern als »sittliche(r) Appell zu stets erneuter Prüfung der zur Frage stehenden Sache«,[89] als ethische Entscheidung, nicht aber als juristischer Rechtfertigungsgrund.[90] Dies wird exemplarisch durch eine Äußerung des Altbischofs von Berlin, *Kurt Scharf*, nach dem Reaktorunfall in Tschernobyl belegt:

»Die Atom- und Raketenunfälle, ja -katastrophen der vergangenen Monate sind Folgen überheblichen menschlichen Eigenwillens und zugleich Warnungen, vielleicht letzte dringende Warnungen des Schöpfers der Erde und des Himmels, die gerade die, die sich zum Christentum bekennen, nicht überhören dürfen. Der Ernstfall der Widerstandspflicht ...ist, wenn überhaupt, dann in dieser Frage und nunmehr gegeben.«[91]

Aktionen des Widerstands oder des zivilen Ungehorsams gegen umweltgefährdende Maßnahmen – sei es die Errichtung von Flughäfen, Kernkraftwerken oder Autobahnen – bleiben somit rechtswidrig. Sie sind dem Risiko staatlicher, rechtsstaatlicher Sanktionen ausgesetzt, ohne daß die staatlichen Organe bei deren rechtmäßigem und das heißt auch verhältnismäßigem Einsatz »einem autoritären Legalismus«[92] verfielen. Übertretungen des geltenden Rechts – mögen sie ethisch noch so gewichtig sein – haben – das lehrt auch die Geschichte – allenfalls nachträglich Anerkennung gefunden, wenn sie Erfolg hatten; dieser aber wurde regelmäßig mit Opfern erkauft.[93]

Äußerst problematisch erscheint aber auch die Rechtfertigung von illegalen Aktionen unter Berufung auf eine angeblich höhere Legitimität. Das Argument: illegal, aber legitim, taucht immer wieder beim Protest gegen technische Großprojekte auf: gegen die sog. Nachrüstung[94] ebenso wie gegen die Startbahn 18 West des Frankfurter Flughafens. Mit ihm wird eine inhaltliche Legiti-

89 *SRU*, Umweltgutachten 1996, Rn. 691.

90 Ähnlich *Simon*, S. 102ff. u. *Altner*, Naturvergessenheit, S. 186. – Vgl. auch *Spaemann*, S. 482, der auf die Dimension ethnischer und religiöser Konflikte verweist.

91 Leserbrief in der FR v. 14.5.1986.

92 *Habermas* (Fn. 2), S. 43.

93 So auch *M. Kriele*, Recht und praktische Vernunft, 1979, S. 122.

94 *W. P. Narr*, Gewaltfreier Widerstand um der Demokratie und des Friedens willen, in: Demonstrationsrecht und gewaltfreier Widerstand, hrsg. v. Komittee für Grundrechte und Demokratie, 1983, S. 36 ff, 40.

mität gegen eine bloß formale Legalität ausgespielt – ein Vorgang, der aus der Endzeit der Weimarer Republik wohl bekannt ist.[95] Diese Position ist aber auf jeden Fall unter der Geltung des Grundgesetzes unhaltbar, da dieses – anders als die Weimarer Reichsverfassung – keine inhaltlich und verfahrensmäßig ungebundene Legalität kennt. Unter der Ordnung des Grundgesetzes ist positives Recht nicht nur durch die Tatsache seiner Geltung und seinen Charakter als Zwangsordnung gekennzeichnet, sondern wird infolge der Inkorporierung naturrechtlicher Grundbegriffe und -vorstellungen durch ein hohes Maß an immanenter Legitimität geprägt.[96] So kommt gerade der Legalordnung des Grundgesetzes eine eigene Legitimität zu, die es zu erhalten und zu stärken, nicht aber zu untergraben gilt. Die Beseitigung der Rechtsordnung unter Berufung auf eine höhere Legitimität hat aber ihren Preis: Sie ersetzt notwendig die rechtliche Ordnung des Gemeinwesens durch eine Ordnung, die nur auf den Kampf der unterschiedlichen Gruppen und Meinungen aufbauen kann. Die Friedensordnung, die auf der Geltung des Rechts gründet, wird – zumindest vorübergehend – durch den Bürgerkrieg ersetzt. Daß davon Minderheiten, die in besonderem Maße auf den Schutz der Rechtsordnung angewiesen sind, einen besonderen Nutzen tragen, erscheint mehr als fraglich.

Die Bewahrung der rechtlichen Grundordnung des Gemeinwesens ist jedoch nicht minder der jeweiligen Mehrheit aufgegeben. Denn auch diese hat Situationen zu bedenken, in denen das strenge Pochen auf die Gehorsamspflicht den Grundkonsens gefährdet. Dies ist vor allem dann der Fall, wenn tiefgreifende Konflikte über einzelne Maßnahmen bestehen und wenn diese mit einer hohen Intensität von einer aktiven Minderheit abgelehnt werden. Zwar besteht auch hier unverändert die Gehorsamspflicht gegenüber der Maßnahme, soweit diese mit dem geltenden Recht übereinstimmt. Aber der Mehrheit obliegt hier die Pflicht zum schonenden Umgang mit den Konsensgrundlagen und Konsensreserven des Gemeinwesens.

Dieses erfordert bei der Zulassung einer neuen Technologie eine gründliche Abschätzung ihrer Folgen, wozu nicht nur die

95 *Schmitt*, Legalität, S. 263 ff.
96 *Denninger*, JZ 1982, S. 229.

ungeschminkte Darlegung der Vorteile, sondern auch der Risiken einer bestimmten Technik gehört. Hierzu gehört die Suche nach schonenderen Alternativen – etwa regenerative Energien anstelle der Kernenergie, vor allem aber das Ausschöpfen aller Einsparmöglichkeiten. Dabei muß die Mehrheit zu einem ernsthaften Dialog mit der anders denkenden Minderheit, zum Kompromiß und zu dem Verzicht auf Diffamierung der Andersdenkenden bereit sein; hierzu gehört ferner die Anerkennung demokratischer Minderheitsrechte – vor allem der Meinungs- und Versammlungsfreiheit mit ihrem »Recht auf demonstrative(n) Protest«[97]. Denn dieser kann – wie das Bundesverfassungsgericht in seiner Brokdorf-Entscheidung hervorgehoben hat – als ein typisches Mittel von Minderheiten mit direktdemokratischen Zügen »insbesondere notwendig werden, wenn die Repräsentativorgane mögliche Mißstände und Fehlentwicklungen nicht oder nicht rechtzeitig erkennen oder aus Rücksichtnahme auf andere Interessen hinnehmen«.[98] Diesen Forderungen kommt gesteigerte Bedeutung bei solchen Schlüsselentscheidungen zu, die langfristige Wirkungen haben, die sich als nicht revidierbar und in ihren potentiell negativen Folgen nicht korrigierbar darstellen können. Gerade hier obliegt der Mehrheit im Interesse der Erhaltung des Grundkonsenses im Gemeinwesen die Pflicht, die Interessen der Minderheit soweit wie möglich bei ihrer Entscheidung zu berücksichtigen und sich um eine Verständigung zu bemühen.[99] Institutionell kommen zur Bewältigung dieser Aufgabe mehrere Möglichkeiten in Betracht. Als gerade für die offene Diskussion von Zukunftsfragen geeignetes Forum ist die Enquete-Kommission dargestellt worden (s. o. III. 2. c.). Mit deutlichen Einschränkungen kommt auch die Durchführung von Volksabstimmungen in Betracht.

Es muß aber auch ein offenes, faires Verfahren unter Beteiligung der Betroffenen, der Umweltverbände und der Öffentlichkeit (s. o. III. 4.) bei der Zulassung neuer Risiken stattfinden. Die Entwicklungen der letzten Jahre entsprechen bedauerlicherweise nur teilweise diesen Postulaten, teilweise sind auch Rückschritte

97 BVerfGE 69, 315, 343 ff.
98 Ebd. S. 347.
99 *Wienholtz*, Verfassung, S. 112 ff., 114.

zu verzeichnen. Dabei sollte auch bei einer einzelnen Anlage – jedenfalls wenn von ihr erhebliche Risiken ausgehen – wie es in der Konzeption der Umweltverträglichkeitsprüfung vorgesehen ist – Alternativen geprüft werden müssen, im Hinblick auf den Bedarf[100] sowie den Standort bis hin zu der Prüfung der Nullvariante, d. h. der Frage ob nicht der durch die Aufgabe eines geplanten Vorhabens entstehende Schaden geringer ist als die Kosten der Verwirklichung. Schwer verständlich, ja geradezu willkürlich, wirkt aus der Sicht Betroffener bei der Zulassung von Anlagen auch die Parzellierung der betrachteten Risiken; dies geschieht durch die Beschränkung des Blicks auf die von der Anlage direkt ausgehenden Risiken, wodurch die Gesamtbelastung durch Anlagen gleicher oder in einem technischen Zusammenhang stehender Art (z. B. der Anstieg der Strahlenbelastung oder des Unfallrisikos durch alle kerntechnischen Anlagen zusammengenommen) oder durch summierte Belastungen aus verschiedenen Anlagen[101] ausgeklammert wird. In dem letzten Fall sollte auch in größerem Maße, als jetzt vom Gesetz erfordert, eine finanzielle Kompensation der in einem »Schadensgürtel« wohnenden Betroffenen in Betracht gezogen werden.

Wenn die Mehrheit ein derart bürgerschaftliches Gebot der Rücksichtnahme auf die Minderheit vermissen läßt,[102] dann ist auch die Mehrheit für die Gefährdung des Grundkonsenses durch das Entstehen entfremdeter Minderheiten und destruktiver Konflikte (mit-)verantwortlich. Gerade in Konflikten, die gelegentlich Züge religiöser Auseinandersetzungen tragen,[103] er-

100 Diese Frage spielt bei der Zulassung eines KKW nach h.A. keine Rolle, vgl. statt vieler *R. Steinberg*, Rechtliche Perspektiven der energiewirtschaftlichen Nutzung der Kernenergie, JZ 1991, S. 431 ff., 435. – Siehe auch o. II. 5.d.

101 So die Rechtsprechung zur summierten Lärmbelastung BVerwGE 101, 1, 3 ff. – Allgemein zu dem Problem *G. Lübbe-Wolff*, Die rechtliche Kontrolle incremental summierter Gefahren am Beispiel des Immissionsschutzrechts, in: H. Dreier/J. Hofmann (Hrsg.), Parlamentarische Souveränität, 1096, S. 167 ff.

102 Anschaulich spricht *Markl* (Fn. 71), S. 109 von der Notwendigkeit der »Rücksichtnahme auf das, was eine Gesellschaft zu verkraften vermag.«

103 Auf diese Parallele weist *I. Fetscher*, Wieviel Konsens gehört zur Demokratie?, in: An den Grenzen zur Mehrheitsdemokratie, hrsg. v. B. Guggenberger/C. Offe, 1984, S. 196 ff., 202 f. hin. – Krit. zu den von »beachtenswerten Minderheiten« geführten »Kreuzzügen mit sektenhafter Unerbittlichkeit« *E. Scheuch*, Wertewandel in der Gesellschaft – Ursachen und Folgen, SONDE 1986, S. 18 ff., 25; *Steffani* (Fn. 83), S. 586.

scheint die schneidige Durchsetzung von Mehrheitsentscheidungen kaum weniger problematisch als in religiösen Fragen selber. Hier werden Bereiche des Unabstimmbaren erkennbar, ohne daß diese über deutliche Konturen verfügten und ohne daß diesen – im Unterschied zu grundrechtlichen Freiheiten – unmittelbare rechtliche Relevanz zukäme. Gleichwohl erscheinen diese Erwägungen, die an die sozialen Voraussetzungen des Gemeinwesens erinnern, weniger befremdlich, wenn sie mit der ständigen Praxis in anderen gesellschaftlichen Bereichen konfrontiert werden. Sie postulieren für nicht- oder nur schlecht organisierte ökologische Minderheiten eine ähnliche faktische Veto-Macht, wie sie von wohlorganisierten Gruppen unserer Gesellschaft seit langem erfolgreich praktiziert werden.[104] Der Realität der pluralistischen Gesellschaft dürfte ohnehin die Vorstellung eines mehr oder weniger stabilen Zusammenwirkens von Minderheitengruppen[105] eher entsprechen als die hintergründig doch an der Mystik einer volonté générale orientierten Mehrheitskonzepte. Für die insoweit durchaus vergleichbaren Vereinigten Staaten bringt dies *Robert A. Dahl* auf die Formel: »On matters of specific policy the majority rarely rules.« Anstelle der Herrschaft der Mehrheit spricht er von »minorities rule«[106] Dieser Gedanke hat seine theoretische Begründung bereits erhalten von einem der größten politischen Denker Amerikas in der ersten Hälfte des 19. Jahrhunderts, *John C. Calhoun*, der als Wortführer der strukturellen Minderheit der Südstaatenfarmer die Ergänzung des Mehrheitsprinzips durch das Erfordernis der Zustimmung der betroffenen Gruppen postulierte.[107] Nur durch ein derartiges System der »concurrent majorities« – »concurrent minorities« wäre die treffendere Bezeichnung – sei die größtmögliche Freiheit der Einzel-

104 *R. Steinberg*, Die Interessenverbände in der Verfassungsordnung, PVS 14 (1973), S. 27ff., 36.

105 Deutlich *Steffani* (Fn. 83), S. 577f.; ähnlich *Ch. Gusy*, Das Mehrheitsprinzip im demokratischen Staat, in: Guggenberger/Offe (Fn. 103), S. 61ff., 70f.

106 *R. A. Dahl*, A Preface to Democratic Theory, Chicago 1963, S. 124 u. 128.

107 J. C: *Calhoun*, A Disquisition on Government, hrsg. v. *R.K. Cralle*, New York 1943; dazu *Steinberg* (Fn. 20), S. 465f. u. jetzt *D. Wyduckel*, Föderalismus als rechtliches und politisches Gestaltungsprinzip bei Johannes Althusius und John C. Calhoun, in: Konsens und Konsoziation in der politischen Theorie des frühen Föderalismus, hrsg. v. G. Duso et al., Rechtstheorie Beiheft 16, 1997, S. 259ff.

nen und der Gruppen und die Möglichkeit des Kompromisses gewährleistet, da die Mehrheitsentscheidungen nicht mit den Interessen des ganzen Volkes identisch seien, sondern immer Herrschaft der Mehrheit über die Minderheit, d. h. eines Interesses oder einer Kombination von Interessengruppen über andere Interessen oder andere Gruppen darstellte.[108] Bekanntlich führte das Scheitern dieses Konzeptes in der Sklavenfrage letztlich zum Bürgerkrieg.

108 Ungeachtet der mißbilligten historischen Verwendung des Arguments zustimmend *Arendt*, Disobedience, S. 76: »To think of disobedient minorities as rebels and traitors is against the letter and spirit of a Constitution whose framers were especially sensitive to the dangers of unbridled majority rule.«

VI. Die Verfassung des Umweltstaates

Im engsten Sinne umfaßt die Verfassung »die Rechtssätze, welche die obersten Organe des Staates bezeichnen, die Art ihrer Schöpfung, ihr gegenseitiges Verhältnis und ihren Wirkungskreis festsetzen, ferner die grundsätzliche Stellung des einzelnen zur Staatsgewalt«.[1] Sie enthält damit die »Grundzüge der staatlichen Organisation und Zuständigkeiten, sowie die Prinzipien der Anerkennung der Rechte der Untertanen.«[2] Mit dieser Beschreibung wird zum einen die Funktion der Verfassung als »instrument of government«, zum andern aber auch ihr rechtsstaatlicher und demokratischer Gehalt erfaßt. Mit der Entwicklung des Sozialstaats ist die Verfassung über die Aufgabe der staatlichen Organisation, der Begründung, Begrenzung und Kontrolle staatlicher Macht sowie der Sicherung individueller Freiheit durch die Normierung von formellen und inhaltlichen Schranken für staatliche Eingriffe weit hinausgegangen.

Sie wird jetzt mit den Worten *Konrad Hesses* als »rechtliche Grundordnung des Gemeinwesens« verstanden, welche »die Grundlinien rechtlicher Gesamtordnung, nicht nur des staatlichen Lebens im engeren Sinne [normiert]. Sie positiviert Prinzipien und Maßstäbe für die Setzung und Anwendung der Sätze der Rechtsordnung. Sie ordnet die für das Gesamtleben wesentlichen Lebensbereiche zusammen, und zwar deshalb, weil diese Bereiche zum Leben des Gesamtkörpers gehören und in unaufhebbarem Zusammenhang mit der politischen Ordnung stehen. In diesem Sinne werden in der Verfassung auch Grundlagen von Lebensbereichen geordnet, die mit der Ordnung politischer Einheitsbildung und staatlichen Wirkens unmittelbar nicht zu tun haben, etwa die Grundlagen der bürgerlichen Rechtsordnung, ..., Grundsätze ... des religiösen, des Arbeits- oder des Soziallebens. In allem ist die Verfassung ›der grundlegende, auf bestimmte Sinnprinzipien ausgerichtete Strukturplan für die Rechtsgestalt eines Gemeinwesens‹«.[3]

1 *G. Jellinek*, Allgemeine Staatslehre, 7. Neudruck der 3. Aufl. 1914, 1960, S. 505.

2 Ebd., S. 532.

3 *K. Hesse*, Verfassung und Verfassungsrecht, in: Benda/Maihofer/Vogel (Hrsg.),

Gegenüber diesem ausgreifenden materialen Konzept der Verfassung ist vor allem von *Ernst Forsthoff* nachdrücklich plädiert worden für die Bewahrung der »Technizität der rechtstaatlichen Verfassung«,[4] die im wesentlichen als »System rechtsstaatlicher Kunstgriffe zur Gewährleistung gesetzlicher Freiheit«[5] verstanden wird. *Ein* Grund für die konstatierte Entformalisierung der Verfassung wird darin gesehen, »daß die soziale Bewegung die Verfassung unterlaufen hat«[6] und »die sozialen Errungenschaften ... unter den Schutz der Verfassung gestellt«[7] werden. Der dadurch bewirkte Gewinn wird im Verhältnis zu den Nachteilen gering geschätzt. »Wer glaubt, den sozialen Errungenschaften unserer Tage auch nur ein Tüttelchen an Bestandssicherung dadurch hinzufügen zu können, daß er sie unter das Dach der Verfassung bringt und an den Vorteilen der erschwerten Abänderbarkeit teilnehmen läßt, muß sich entgegenhalten lassen, daß er die Realität der sozialen Komponenten der gegenwärtigen Daseinsordnung noch nicht begriffen hat.«[8] Demgegenüber wiege der für den Einlaß des Sozialen zu zahlende Preis – zu – hoch: Er bestehe in nichts weniger als der »Aufgabe des logischen und begrifflichen Gefüges der rechtsstaatlichen Verfassung«[9] und damit einer »partiellen Auflösung« des Verfassungsgesetzes[10] mit dessen charakteristischen »technischen« Elementen: Gewaltenteilung, Gesetzmäßigkeit der Verwaltung, Unabhängigkeit des Richters, Grundrechte, Gesetzesvorbehalte.[11] Ja mehr noch: Wegen der mit der Auflösung der Formtypik verbundenen Freisetzung ideologischer Energien wird »die Staatlichkeit in einem noch höheren Maße aufs Spiel gesetzt, als dies jetzt schon der

Handbuch des Verfassungsrechts, 2. Aufl. 1994, S. 3 ff., 7 f. unter Hinweis auf *A. Hollerbach*, Ideologie und Verfassung, in: Ideologie und Recht, hrsg. v. W. Maihofer, 1968, S. 37 ff., 46.

4 *Forsthoff*, Verfassungsauslegung, S. 22.

5 *Ders.*, Verfassungsgesetz, S. 151.

6 *Ders.*, Verfassungsauslegung, S. 29.

7 *Ders.*, Verfassungsgesetz, S. 143; vgl. auch *ders.*, Begriff und Wesen des sozialen Rechtsstaates, in: E. Forsthoff (Hrsg.), Rechtsstaatlichkeit und Sozialstaatlichkeit, 1968, S. 165 ff., 175 ff., 193 f.

8 *Ders.*, Verfassungsauslegung, S. 30.

9 Ebd.

10 *Ders.*, Verfassungsgesetz, S. 148.

11 *Ders.*, Verfassungsauslegung, S. 22.

Fall ist.« Und es wird rhetorisch gefragt: »Wer will das verantworten in einer Zeit, in der zwar Anzeichen dafür sichtbar sind, daß der Staat als Ordnungsform, wie sie sich auf dem Boden der Souveränitätslehre Bodins entwickelt hat, seinem Ende entgegengeht, aber gewiß niemand voraussagen kann, welche lebensnotwendigen Dienste dieser Staat noch zu leisten berufen ist.«[12]

Es ist hier nicht der Ort, diese Kontroverse zu vertiefen.[13] Fest steht allerdings, daß die sozialstaatliche Ergänzung der überkommenen rechtsstaatlichen Verfassung durchaus ambivalent gesehen wird. Mit der notwendigen Ausweitung der Gewährleistungen der Verfassung um die sozialen Voraussetzungen individueller Freiheit verbunden ist zum einen die Gefahr einer Überforderung der Verfassung, weil diese nunmehr Verbürgungen enthält, die nicht auf dem Wege des »Verfassungsvollzuges« realisiert werden können, sondern auf positive Maßnahmen der staatlichen Organe, vor allem des Gesetzgebers, angewiesen sind;[14] zum anderen besteht die Besorgnis eines Abbaus der rechtsstaatlichen Freiheitsverbürgungen, z. B. durch die Schwächung des Systems abwehrrechtlicher grundrechtlicher Sicherungen.

Es fragt sich, ob sich diese Ambivalenzen durch die Einbeziehung der Umwelt in die Gewährleistungen der Verfassung nicht noch gesteigert haben. Denn wenn schon das Eindringen des sozialen Ganzen in die Verfassung zu deren Überforderung auf der einen, zur Auflösung ihres rechtsstaatlichen Gehalts auf der anderen Seite geführt hat, um wieviel mehr steigert sich nicht diese Gefahr bei der Inkorporierung jetzt auch der außersozialen, natürlichen Voraussetzungen der Existenz des Einzelnen?[15] Ist das

12 Ebd., S. 24.

13 Dazu *A. Hollerbach*, Auflösung der rechtsstaatlichen Verfassung?, in: M. Friedrich (Hrsg.), Verfassung, 1978, S. 153 ff.; krit. auch *U. Scheuner*, Die neuere Entwicklung des Rechtsstaats in Deutschland, in: ders., Staatstheorie und Staatsrecht, S. 185 ff., 188.

14 Vgl. etwa *W. Hennis*, Verfassung und Verfassungswirklichkeit, 1968, S. 20 ff.; *R. Steinberg*, Verfassungspolitik und offene Verfassung, JZ 1980, S. 385 ff., 386 ff. m.w.N.

15 So befürchtet *N. Luhmann*, Risiko und Gefahr, Redigierte Fassung eines Vortrages am Institut für Soziologie der Universität Wien am 19.1.1989, S. 25, vgl. auch ebd., S. 17 f., das Recht und mit ihm der liberale Verfassungsstaat würden in vielen Dingen dadurch überfordert, daß riskantes Verhalten des einen immer zur Gefahr für den anderen werde. – Von neuen, enormen Herausforderungen der Rechtsordnung durch die Technik spricht *R. Scholz*, Technik und

Verfassungsgesetz hierdurch über die in der Anerkennung grundrechtlicher Schutzpflichten und der Staatszielbestimmung Umweltschutz liegende symbolische Hervorhebung einer neuen Staatsaufgabe im Sinne einer politisch-ethischen Selbstvergewisserung und Selbstverpflichtung hinaus zu einer rechtlichen, d.h. auch mit rechtlichen Mitteln durchsetzbaren, und nicht nur programmatischen Verbürgung überhaupt in der Lage? Und ist diese Inkorporierung nicht mit einer – weiteren – Auflösung des rechtsstaatlichen Gehalts der Verfassung, ja einer Verfassungskrise[16] verbunden? Ja wird sie nicht gar zu dem schon oft beschworenen Ende der Verfassung und des Verfassungsstaates führen? Schließlich verbunden mit der Frage nach der Leistungsfähigkeit der ökologischen Verfassung ist auch die nach der Leistungsfähigkeit und der Gestalt des Staates, der sowohl bei den grundrechtlichen Schutzpflichten als auch der Staatszielbestimmung als auch bei der um den Ökologiegrundsatz erweiterten Normierung der Verfassungsprinzipien in den neuen Bundesländern als Adressat der neuen ökologischen Pflichten genannt wird.

Die Antwort auf diese drängenden Fragen sind zum gegenwärtigen Zeitpunkt alles andere als gewiß. Sie zuverlässig zu wissen, hieße Auskunft zu geben über die Zukunft der Verfassung. Diese hängt aber nicht nur von den verfassungsimmanenten Veränderungen ab, sondern hat bedeutsame, ja vielleicht säkulare Umwälzungen in der Rolle des modernen Verfassungsstaates mit zu bedenken. Da dessen veränderte Konturen im Zeitalter des Umbruchs nur schemenhaft auszumachen sind – die Eule der Minerva beginnt ihren Flug bekanntlich erst bei Anbruch der Dämmerung –, sollen anstelle einer vielleicht vorschnellen Antwort drei Szenarien entworfen werden, die in unterschiedlicher Weise Möglichkeiten der Zukunft von Verfassung und Verfassungsstaat darstellen.

Recht, in: FS zum 125jährigen Bestehen der juristischen Gesellschaft zu Berlin, 1984, S. 691ff., 692f.

16 So *J. Isensee*, in: Zur Sache 2/88: Verankerung des Umweltschutzes im Grundgesetz, hrsg. v. Deutschen Bundestag, 1988, S. 276.

1. Die Auflösung des liberalen Verfassungsstaates durch den Präventionsstaat

Der wissenschaftlich-technische Fortschritt hat – so konstatiert *Dieter Grimm* – einen Funktionswandel des Staates zur Folge, der gerade auch im Umweltbereich in Zukunft im Modus der Prävention tätig wird. Als Gründe hierfür werden zum einen die durch ihn geschaffenen »neue(n) Risiken unerhörten Ausmaßes« sowie die Aufzehrung »natürliche(r) Ressourcen« genannt.[17] Zum anderen wird auf die durch deren wirtschaftliche Verwertung verursachten indirekten Auswirkungen auf den Präventionsbedarf hingewiesen: »Die damit verbundenen Folgeprobleme: fortschreitende Zerstörung der Natur, immer maschinengerechtere Umgestaltung der Lebenswelt, wachsende Belastung des menschlichen Organismus durch Umweltreize und Chemieprodukte, beschleunigte Ersetzung zwischenmenschlicher Kommunikation durch maschinenvermittelte anonyme Kommunikation haben inzwischen Schwellenwerte überschritten, hinter denen sie von vielen nicht mehr dem Fortschritt gutgeschrieben, sondern als Verarmung und Bedrohung empfunden werden.«[18]

Diese Begründung erscheint nicht unproblematisch, weil höchst unterschiedliche Phänomene – die ökologische Bedrohung und die soziale Bedrohung als Ergebnis einer sozialen Destabilisierung – in demselben Atemzug genannt werden, ohne zu untersuchen, ob und inwieweit diese Parallelisierung wirklich trägt. Die weiteren Erläuterungen *Grimms* passen überwiegend auf staatliche Präventionsstrategien gegenüber der sozialen Bedrohung. Der einzelne Bürger wird als Risikofaktor betrachtet und behandelt.[19] Angesichts zunehmender sozialer Gefahrenherde – so *Grimm* – richte sich die staatliche Aufmerksamkeit zunehmend auf prädeliquente, präpathologische, präsubversive Phänomene. Zum andern werde sie gegenständlich umorientiert: Ziele die ältere Gefahrenvorsorge primär auf Sachrisiken, um den Menschen zu schützen, so beziehe sich die neue Prävention pri-

17 *Grimm*, Zukunft, S. 204f.
18 Ebd., S. 205.
19 *Beck*, Politisierung, S. 19ff., 73.

mär auf Humanrisiken, womit ein erheblich gestiegener Bedarf an personenbezogenen Daten verbunden sei.[20]

Allerdings läßt sich gerade im Umweltrecht seit jeher ein ausgeprägter Zug präventiven staatlichen Handelns feststellen, der sich freilich in jüngerer Zeit deutlich verstärkt hat. Die auf dem Felde des allgemeinen Polizeirechts beobachtete Entwicklung vom repressiven zum präventiven Tätigwerden bei der Störung oder Gefährdung der öffentlichen Sicherheit und Ordnung hat im Umweltrecht jedenfalls in den bedeutsamen Bereichen des Anlagenrechts und des Planungsrechts schon längst stattgefunden (s. o. II. 6. a. aa.). Deshalb wird zu Recht auf die »klassische Realprävention im Bereich der technischen Sicherheit« verwiesen, bei der sich der Staat der ordnungsrechtlichen Mittel von Befehl und Zwang bediente.[21] Und hier sind quantitative und qualitative Veränderungen nicht auszuschließen.

Quantitativ könnte die präventive Kontrolle dadurch zunehmen, daß die Zulassung immer zahlreicherer Aktivitäten der Bürger von der Durchführung eines präventiven Kontrollverfahrens abhängig gemacht wird, das möglicherweise noch eingebunden ist in umfassende staatliche Umweltplanungen. Derartige Genehmigungsvorbehalte könnten nicht nur im traditionellen Bereich der Errichtung und des Betriebs potentiell gefährlicher Anlagen vorgesehen werden, sondern auch bei der Verwendung gefährlicher Stoffe, für die jetzt lediglich eine Anzeige vorgeschrieben ist, bis hin zu einem Genehmigungserfordernis für die Herstellung bestimmter Produkte.[22] Schließlich muß auch eine Verbindung von Realprävention und Humanprävention in Betracht gezogen werden. Hierbei führen besondere technische Ri-

20 *Grimm*, Zukunft, S. 206 f., vgl. auch S. 198 u. 214 ff. wo vor allem die Gefährdungen des Persönlichkeitsrechts problematisiert wird. – Ähnlich auch *Denninger*, Menschenrechte, S. 48 f.

21 *Grimm*, Zukunft, S. 207. – Zum präventiven Charakter des Umweltstaates auch *Hofmann*, Aufgaben, S. 33 f.; *Wahl/Appel*, S. 1 ff., 13 ff., 58 ff.

22 In diese Richtung *Murswiek*, DVBl. 1994, S. 84 f.; wohl auch *G. Winter*, Von der ökologischen Vorsorge zur ökonomischen Selbstbegrenzung, in: J. Burmeister (Hrsg.), S. 105 ff., 115 f. – Krit. zu einer derartigen »Flucht in eine neue Form des Totalitarismus, in dem nicht nur das einzelne Produkt, sondern auch jeder Bürger von der Wiege bis zur Bahre im Hinblick auf seine Umweltverträglichkeit überwacht und entsprechend verplant wird« *R. Schmidt*, Der Staat der Umweltvorsorge, DÖV 1994, S. 749 ff., 751.

siken zu Gefährdungen der Allgemeinheit durch kriminellen Mißbrauch z. B. durch die Entwendung von Kernbrennstoff aus einem KKW oder einer Brennelementefabrik, dem durch präventiv-polizeiliche Maßnahmen z. B. der Sicherheitsüberprüfung und -überwachung des Personals und möglicherweise gar dessen Umfelds begegnet werden muß. Auch wenn die hierdurch befürchteten negativen Folgewirkungen und Zwänge im Hinblick auf die freiheitlich- rechtsstaatliche Lebensordnung, die plakativ als »Radioaktiver Zerfall der Grundrechte?«[23] ausgemalt worden sind, nicht völlig unrealistisch erscheinen, so dürfte diese Entwicklung – auch nach Ansicht des Bundesverfassungsgerichts[24] – die Realität nicht kennzeichnen und nach der Aufgabe des Einstiegs in die Plutoniumwirtschaft nach dem »Aus« für den sog. Schnellen Brüter in Kalkar und die Wiederaufbereitungsanlage in Wackersdorf, rechtlich durch die Änderung des § 9a AtG, heute eher unwahrscheinlicher sein.

Als erheblich einschneidender könnte sich die qualitative Veränderung präventiver Realkontrolle erweisen. Hier spielt die zeitliche Vorverlegung eine Rolle. Die staatliche Eingriffsschwelle wird dadurch gesenkt, daß Maßnahmen – z. B. Verbote oder Auflagen – nicht erst beim Vorliegen einer Gefahr oder gar Störung der öffentlichen Sicherheit und Ordnung möglich werden, sondern schon beim Gefahrenverdacht und bei Risikolagen, bei denen Ungewißheiten bestehen nicht nur über die Schädlichkeit der Einwirkungen, sondern auch die Ursächlichkeit der Quelle. Eine derartige Vorverlegung der staatlichen Eingriffsmöglichkeiten verbunden mit einer Nivellierung und Verallgemeinerung der Maßnahmen[25] wird im Umweltrecht durch den Vorsorgegrundsatz gerechtfertigt (s. o. II. 3. a.). Insoweit sind Parallelen zur polizeilichen Prävention nicht zu verkennen. Gleichwohl bestehen zwischen beiden Arten der Prävention erhebliche Unterschiede. Ist bei dieser vor allem das Persönlichkeitsrecht derjenigen berührt, über die ohne konkreten Anlaß einer Gefahr oder auch

23 So der Titel der Schrift von *A. Roßnagel*, 1984. – Vgl. auch *H. Hofmann*, Atomenergie und Grundrechte, in: A. Roßnagel (Hrsg.), Recht und Technik im Spannungsfeld der Kernenergiekontroverse, 1984, S. 55 ff.

24 BVerfGE 49, 89, 130 ff., 143 f. auf die Vorlage des OVG Münster, 18.8.1977, DVBl. 1978, 52 f., von dem auch derartige Besorgnisse geäußert worden waren.

25 Vgl. *Trute*, Vorsorgestrukturen, S. 66; *Wahl/Appel*, S. 82 ff.

einer zu verfolgenden Straftat eine Vielzahl von Informationen gesammelt werden, so steht bei der umweltrechtlichen Prävention vor allem die wirtschaftliche Freiheit, möglicherweise auch die Forschungsfreiheit auf dem Spiel. Gleichwohl mahnt der Sachverständigenrat für Umweltfragen zu Recht, »die Option eines Umwelt- Überwachungsstaates von vornherein auszuschließen.«[26] Dieser Gesichtspunkt spielt auch bei der Wahl der staatlichen Instrumente des Umweltschutzes eine wichtige Rolle (s.o. II. 6.b.ee.). Auch wenn der Umweltstaat als »Präventions- und Vorsorgestaat« zu verstehen ist, so erscheint seine Entwicklung zum totalen Staat keinesfalls unvermeidbar.[27]

Zum Prokrustesbett könnte auch eine holistische Umweltplanung geraten, die das Maß für das Freiheitsverträgliche und die Möglichkeiten staatlicher Planung aus dem Blick verliert. Dabei besteht der Eindruck, daß die Erfahrungen mit – relativ bescheidenen – integrierten Planungen Anfang der 70er Jahre im Bereich der kommunalen Entwicklungsplanung, der Raumordnung und Landesplanung und der Regierungsplanung in Vergessenheit geraten sind:[28] Diese Gesamtplanungen sind durchweg gescheitert. Die Gründe können hier nur stichwortartig genannt werden: die Unüberwindlichkeit des Informationsgewinnungs- und verarbeitungsproblems, die Pluralisierung der öffentlichen Entscheidungsträger, schließlich die Unabhängigkeit der gesellschaftlichen Gruppen, der Unternehmen und der Einzelnen mit ihren höchst unterschiedlichen Wertvorstellungen, deren Verhalten sich staatlicher Steuerung weitgehend entzieht, kurz die Komplexität als Schranke politischer Planung.[29] So wichtig eine stärkere Vergewisserung über die Ziele des Umweltschutzes sein mag, so deutliche Skepsis besteht gegenüber der Erstellung eines verbindlichen »nationalen Umweltplans ... mit der Formulierung von konkreten quantitativen Zielen, Zeitrahmen, Maßnahmen und umweltpolitischen Instrumenten«.[30] Natürlich kommt es für

26 Umweltgutachten 1994, Tz. 68.
27 Anders *Hofmann*, Aufgaben, S. 33 ff.
28 Als Beispiel überzogener Planungseuphorie *H. Klages*, Planungspolitik, 1971.
29 Daran erinnern auch *Wahl/Appel*, S. 63 ff. m.w.Nachw.
30 Antrag der Fraktion BÜNDNIS 90/ DIE GRÜNEN v. 10.6.1997, BT/Drs. 13/7884. – Differenzierend zu den Leistungen und Grenzen einer »Gesamtumweltplanung« *W. Köck*, Rechtsfragen der Umweltzielplanung, in: S. Barth/ W.

eine Bewertung auf die Details der Ausgestaltung an. Aber grundsätzlich läßt sich feststellen, daß mit dem Integrationsanspruch auf der einen Seite und dem Grad an Imperativität[31] – soweit dies nicht zum Scheitern führt – der freiheitsgefährdende Charakter der Planung stark zunimmt. Diese *Hayek*sche These[32] ist bislang nicht nur nicht widerlegt, sondern in den untergegangenen planwirtschaftlichen Staaten eindrucksvoll bestätigt worden. Eine holistische Umweltplanung ist aber noch gewisser zum Scheitern verurteilt, als ihr Gegenstand das Ungewisse ist, das ökologische und technische Risiken nun einmal auszeichnet (s. o. I. 1.u. 2). Denn für den gesellschaftlichen Umgang mit Risiken gilt ganz besonders die Feststellung, es könne sich nicht darum handeln, »unsere Unwissenheit durch Fortschritt des Wissens zu beseitigen, sondern nur darum, wie wir uns am besten der Tatsache unabänderlichen Unwissens konkreter Umstände anpassen können.«[33] Eine imperative holistische Umweltplanung muß diese Aufgabe verfehlen.

Derartige Entwicklungen wären in der Tat in der Lage, das Verteilungsprinzip des westlichen Verfassungsstaates umzukehren, das sich durch die Freisetzung der Bürger in der Gesellschaft auf der einen Seite, die Begrenzung der staatlichen Machtbefugnisse auf der andern Seite auszeichnet. Die freiheitsgefährdenden Tendenzen könnten verstärkt werden durch die ausgesprochenen oder jedenfalls unterschwelligen antiparlamentarischen Züge, die den institutionellen Vorstellungen mancher Ökologen eigen sind (s. o. V. 1.).[34] Einige von ihnen halten die Entstehung eines Umweltstaates mit ökodiktatorialen Zügen wohl für unvermeidlich.[35] So soll nach Ansicht des amerikanischen Politologen *Wil-*

Köck (Hrsg.), Qualitätsorientierung im Umweltrecht, 1997, S. 115 ff., 126 m.umf. Nachw.

31 Zur Typologie von Planung immer noch *J.H. Kaiser* (Hrsg.), Planung I, 1965.

32 Vgl. etwa Der Weg zur Knechtschaft, (Neuausgabe) 1994; aber auch *D. Braybrooke/ Ch.E. Lindblom*, A Strategy of Decision, New York 1970.

33 *F. Hayek*, Rechtsordnung und Handelsordnung, in: Zur Einheit der Rechts- und Staatswissenschaften, hrsg. v. der Rechts- u. Staatswissenschaftlichen Fakultät der Universität Freiburg/Br., 1967, S. 204.

34 Zu dem autoritären Hintergrund mancher Ökologen *O. Geden*, Rechte Ökologie, 1996 und vor allem der französische Philosoph *L. Ferry*, The New Ecological Order, Chicago 1996.

35 Zu derartigen Stimmen *P. Pernthaler*, Autonomie als Zukunft öffentlicher

liam Ophuls unser Überleben und unser Wohlergehen von einer »priesthood of responsible technologists«[36] abhängen, da sowohl die normalen Bürger als auch die von diesen gewählten Politiker von den anstehenden kritischen Entscheidungen überfordert wären. Aber nicht nur *Ophuls* erinnert an die Platonischen Wächter. Auch *Hans Jonas* stellt mit seinen Zweifeln an der »Zugänglichkeit repräsentativer Regierung« für die von ihm für erforderlich gehaltene neue Ethik in durchaus apokrypher Weise »die alte Frage nach der Macht der Weisen«;[37] und deutlicher hält er selbst die Tyrannei »als rettende Zuflucht« für hinnehmbar, »denn sie ist immer noch besser als der Untergang.«[38]

Allerdings – es sei denn, es ereignete sich eine ökologische Katastrophe[39] – erscheint eine derartige Perspektive zur Zeit wenig wahrscheinlich. Hierfür sprechen mehrere Gründen: Die mit dem Präventionsstaat verbundene Vorstellung des starken Staates, der durch den Einsatz hoheitlicher Mittel eine virtuell totale soziale Kontrolle anstrebt, spiegelt jedenfalls im Umweltbereich in keiner Weise die Realität wieder. Der Leviathan hat sich jedenfalls im Umweltbereich – ob dies im Sicherheitsbereich wirklich anders ist, sei dahingestellt – zum nützlichen Haustier[40] entwikkelt. Insbesondere seine hoheitlichen Mittel – Befehl und Zwang – haben sich längst als recht schartiges Schwert erwiesen, das nur noch sehr eingeschränkt Angst und Schrecken bei den »ökologischen Feinden« zu erwecken vermag. Die Vorstellung *Max Webers*, wonach die staatliche Bürokratie deshalb die lei-

Ordnung, in: Duso et al. (Hrsg.), Konsens und Konsoziation in der politischen Theorie des frühen Föderalismus, Rechtstheorie Beiheft 16, 1997, S. 341ff., 349f.; vgl. auch *Wahl/Appel*, S. 215f.

36 Ecology and the Politics of Scarcity, San Francisco 1977, S. 159.

37 Das Prinzip Verantwortung, S. 55; vgl. auch ebd., S. 307f.

38 *H. Jonas,* Prinzip Verantwortung – Zur Grundlegung einer Zukunftsethik, in: Th. Meyer/S. Miller (Hrsg.), Zukunftsethik, 1986, S. 3ff., 14.

39 Nur insoweit ist *M. Kloepfer*, Droht der autoritäre ökologische Staat?, in: J. Burmeister (Hrsg.), Wege zum ökologischen Rechtsstaat, 1994, S. 42ff. zuzustimmen, dessen Feststellung, die politischen Parteien befänden sind in einem umweltpolitischen Überbietungswettbewerb und der Zweck Umweltschutz rechtfertige inzwischen nahezu jedes Mittel, wohl wenig mit der Realität zu tun hat.

40 *H. Schulze-Fielitz*, Der Leviathan auf dem Weg zum nützlichen Haustier?, in: Abschied vom Staat – Rückkehr zum Staat?, hrsg. v. R.Voigt, 1993, S. 95ff.; ähnlich schon *E. Denninger*, Der gebändigte Leviathan, 1990, S. 209ff.

stungsfähigste Organisationsform darstelle, weil sie Informationen und Macht an der Spitze konzentriere,[41] ist längst verblaßt.[42]

Die Ursachen hierfür sind oft beschrieben worden:[43] die Abhängigkeit der staatlichen Behörden von Informationen und von technisch-wissenschaftlichem Sachverstand, worüber zunächst einmal die Regelungsadressaten verfügen; deren rechtliche und faktische Obstruktionsmöglichkeiten; die politische Stärke der von ihnen verkörperten ökonomischen Interessen, die sich jetzt in den Schlüsselworten des Standorts Deutschland und der Globalisierung fokussieren; schließlich die schwierigen Bedingungen eines Handelns in Risikosituationen, d. h. in Lagen, in denen nicht nur das Vorliegen einer Gefahr im Sinne einer zu erwartenden Rechtsgutsbeeinträchtigung, sondern auch die Wirksamkeit der angeordneten Vorkehrungen zweifelhaft bleibt. Gegenüber dem allen sind die staatlichen Umweltbehörden nicht macht- und chancenlos: Sie können sich die notwendigen Informationen beschaffen, sie können eigene Sachverständigengutachten einholen; sie können verwaltungsgerichtliche Prozesse durchfechten und gegebenenfalls sogar die Staatsanwaltschaft bemühen; schließlich lassen sich auch Umweltschutzinteressen und die öffentliche Meinung mobilisieren. All das ist jedoch mit erheblichen Kosten verbunden, die der Staat nur in begrenztem Umfang und deshalb nur in ausgesuchten Fällen zu tragen vermag. Die ordnungsrechtlichen Möglichkeiten werden deshalb vornehmlich für die etablierten Routinefälle genutzt; sie stellen im übrigen die Grundlage für die bargaining power dar, welcher sich der Staat beim Einsatz neuer Instrumente des kooperativen Umweltrechts bedienen muß. Die unter den Schlagworten der Deregulierung und Privatisierung in den letzten Jahren feststellbaren Reduzierungen des ordnungsrechtlichen Instrumentariums[44] und die

41 *Weber*, S. 551 ff., 574 ff., 639.

42 *Giddens*, Jenseits, S. 171.

43 Vgl. nur *N. Dose*, Kooperatives Handeln der Umweltschutzverwaltung, in: ders./R. Voigt (Hrsg.), Kooperatives Recht, 1995, S. 91 ff.

44 Als Beleg seien nur die Vorschläge der Unabhängigen Expertenkommission zur Vereinfachung und Beschleunigung von Planungs- und Genehmigungsverfahren, der sog. Schlichter-Kommission, hrsg. v. Bundesministerium für Wirtschaft, November 1994 genannt, die jedenfalls teilweise durch das Genehmigungsverfahrensbeschleunigungsgesetz vom 12. 9. 1996, BGBl. I, S. 1354, das Gesetz zur Beschleunigung und Vereinfachung immissionsschutzrechtlicher Ge-

Vorliebe für »neue« Instrumente staatlich gewährleisteter ökologischer Selbststeuerung belegen diese Tendenz (s. o. II. 6. a. cc.).

Vollends überfordert werden dürfte der Staat von einer ökologischen Gesamtplanung. Viel bescheidenere Versuche einer Regierungs- und Entwicklungsplanung in den 60er und 70er Jahren sind an der Komplexität ihres Gegenstandes gescheitert.[45] Um wieviel schneller dürften die Grenzen für eine staatliche Gesamtsteuerung mit dem Anspruch einer integrierten Erfassung und Steuerung der Umweltauswirkungen staatlicher und privater Maßnahmen erreicht sein.[46]

Realistischer erscheint demgegenüber das zweite Scenario:

nehmigungsverfahren vom 9.10.1996, BGBl. I, S. 1498 sowie das Sechste Gesetz zur Änderung der VwGO vom 1.11.1996, BGBl. I, S. 1626 umgesetzt wurden. – In dieselbe Richtung gingen bereits Regelungen des Investitionserleichterungs- und Wohnbaulandgesetzes vom 22. April 1993 und des Planungsvereinfachungsgesetzes vom 17.12.1993. Vgl. nur *SRU*, Umweltgutachten 1996, Tz. 74ff.; *R. Steinberg*, Zeit, Umwelt und Beschleunigung bei der Planung von Verkehrswegeprojekten, NuR 1996, S. 6ff., 10ff.

45 Zu Anspruch und Realität derartiger Planungen in Deutschland *Steinberg*, Politik und Verwaltungsorganisation, S. 306ff.; *ders.*,: Landesplanungsrecht, in: H. Meyer/M. Stolleis (Hrsg.), Hessisches Staats- und Verwaltungsrecht, 2. Aufl. 1986, S. 308ff., 310f.

46 Dazu *J. Krier/M. Brownstein*, Environmental Law 22 (1991), S. 119ff.

2. Die Ersetzung der rechtsstaatlich-demokratischen Verfassung durch die Technostruktur

Es spricht Vieles dafür, daß die bereits von *Forsthoff* als Folge des »Einbruchs« des Sozialstaates in die Verfassung diagnostizierte Schwächung rechtsstaatlicher Formen sich im Zuge der wachsenden ökologischen Anforderungen an den Staat und dessen Organe sich noch weiter verstärkt haben: Dies betrifft vor allem die Steuerungsfähigkeit des Gesetzes. Es ist oben (III. 1. a.) deutlich geworden, daß die Voraussetzungen für die Zulassung technischer Risiken sich kaum dem parlamentarischen Gesetz entnehmen lassen, das sich mit der Normierung von äußerst vagen unbestimmten Rechtsbegriffen begnügt und damit zentrale rechtsstaatliche Postulate des Gesetzesvorbehalts und des Bestimmtheitsgebots infrage stellt.[47] An dieser Stelle geht es lediglich um das Faktum derartiger Normierung, die das Bundesverfassungsgericht im Interesse eines »dynamischen Grundrechtsschutzes« gerechtfertigt hat, und nicht um deren – an anderer Stelle vorgenommene (s. o. III. 1.) – Kritik. Es ist ferner darauf zu verweisen, daß selbst auf untergesetzlicher Ebene die Statuierung der Anforderungen z. B. an eine Anlage nicht oder lediglich formell, nicht jedoch effektiv durch staatliche Organe, die Verwaltung, erfolgt. Dieser bleibt oftmals nichts anderes übrig, als die technischen Regelwerke privater oder halbstaatlicher Stellen mehr oder weniger zu »ratifizieren« und die von der Zunft der Techniker vorgegebene Definition des »Standes der Technik« zu rezipieren.

Die Beteiligung der Öffentlichkeit, Betroffener und der Umweltverbände – soweit diese überhaupt noch erforderlich ist – besitzt lediglich Alibicharakter und dient der Verteidigung der im Dialogdreieck Verwaltung – Betreiber – Sachverständige längst getroffenen Absprachen. Die dritte Gewalt hat sich mit dem Wyhl-Urteil des Bundesverwaltungsgerichts aus der inhaltlichen und schrittweise inzwischen selbst ein Stück weit auch

47 Hierzu und zum folgenden *Grimm*, Zukunft, S. 162 ff., 190 ff.; *E. Denninger*, Der Präventions-Staat, KJ 1988, S. 1 ff., 6 ff.

aus der Verfahrenskontrolle zurückgezogen (s.o. IV. 1.b.). Damit verflüchtigt sich die Legitimationsfunktion der gerichtlichen Kontrolle im Umweltschutz zunehmend. Mit dem kollektiven Charakter von Umweltinteressen tut sich das auf Individualrechtsgüterschutz angelegte System des Verwaltungsrechtsschutzes ohnehin schwer. Die Diskussion um die Einführung der umweltrechtlichen Verbandsklage tritt seit Jahren nicht nur auf der Stelle (s.o. IV. 1.d.); vielmehr sind Rückschritte als Folge der »Beschleunigungsgesetzgebung« der letzten Jahre zu verzeichnen. Darüber hinaus mehren sich die Anzeichen, daß die Voraussetzungen einer Form der regionalen Popularklage, der kommunalen Umweltschutzklagen, in der letzten Zeit zunehmend restriktiv vom Bundesverwaltungsgericht formuliert werden.

So ereignen sich die wirklichen Auseinandersetzungen und Entscheidungen jenseits des Schleiers weitgehend symbolischer – an Realität weder interessierter noch Realität verändernder – Gesetzgebung, ja selbst Verfassungsgebung, wie der Ertrag der Staatszielbestimmung Umweltschutz in Art. 20a GG erweisen mag, nicht auf der parlamentarischen, von der Verfassung vorgezeichneten Bühne, sondern in den Hinterzimmern des bürokratisch-wirtschaftlich-technischen Komplexes. Damit hat der Verfassungsstaat mit seinen spezifischen Instrumenten in Wirklichkeit abgedankt zugunsten der Selbststeuerung der Technostruktur. Mit einem gewissen masochistischen Schaudern wird inzwischen auch in der Rechtswissenschaft die »Antiquiertheit des Rechts in der Risikogesellschaft« konstatiert.[48]

Derartige Diagnosen sind nicht neu. Sie liegen etwa der These *Forsthoffs* zugrunde, wonach der Staat zugunsten der technischen Realisation längst abgedankt habe und nur noch in der Verbindung mit dieser als Staat der Industriegesellschaft Zukunft habe.[49] Nach all dem sei gewiß, »daß der Staat außerstande wäre,

48 *R. Wolf*, Leviathan 1987, S. 357ff. – Dagegen überzeugend *Roßnagel*, Technikfolgenforschung, S. 251, wonach nicht »das« Recht als Maßstab der Techniksteuerung antiquiert sei, sondern nur ein bestimmtes Regelungskonzept. – Vgl. auch *Hoffmann-Riem*, Flexibilität, S. 13 unter Berufung auf *Beck*, Erfindung, S. 45f.; vgl. auch *ders.*, Risikogesellschaft, S. 64, 304f.; *R. Pitschas*, Die Bewältigung der wissenschaftlichen und technischen Entwicklungen durch das Verwaltungsrecht, DÖV 1989, S. 785ff., 788f.

49 *Forsthoff*, Industriegesellschaft, passim, bes. S. 42ff., 158ff.

den technischen Prozeß in die Schranken zu verweisen, welche die Humanität (diese in einem wörtlichen und umfassenden, unsentimentalen Sinne verstanden) gebietet. Denn solche Schranken würden bedeuten, Herrschaftsfunktionen gegenüber der Industriegesellschaft auszuüben. Dazu bedarf es einer Macht, die dem Staat fehlen muß, der seine Stabilität und Funktionsfähigkeit der Industriegesellschaft verdankt.«[50]

Forsthoffs Würdigung dieser Analyse gerade im Hinblick auf die Probleme des Umweltschutzes erscheint – wie bereits angedeutet (s. o. II. 1. a.) – zwiespältig: Auf der einen Seite setzten diese die Bedingungen für die Wirksamkeit internationaler Organisationen zur Lösung solcher Probleme, mittels derer der technische Prozeß längst die staatlichen Grenzen gesprengt habe. Auf der anderen Seite fragt er – geradezu nostalgisch – nach der Instanz, »die den technischen Prozeß nicht den immanenten Bedingungen seiner Fortbewegung überläßt, sondern ihm Grenzen setzt, welche die Erfordernisse eines geordneten menschlichen Zusammenlebens gebieten. Diese Instanz kann unter den gegenwärtigen Gegebenheiten nur der Staat sein. Er ist damit in die Verantwortung berufen. Von der Bewährung vor dieser Aufgabe wird die Überlebenschance des Staates in der hergebrachten Struktur abhängen«.[51]

Noch konsequenter wird der »technische Staat« von *Helmut Schelsky* analysiert. Seine Funktionen werden bestimmt von dem Vorherrschen der wissenschaftlichen Zivilisation. In dieser würden alle belangvollen Vorgänge des gesellschaftlichen Lebens mehr und mehr von wissenschaftlich erkannten Sachgesetzlichkeiten beherrscht, die wissenschaftlich-methodisch gesteuert seien.[52] Diese Sachgesetzlichkeiten träten an die Stelle der politischen Normen und Gesetze, die auf dem Volkswillen beruhten.[53] Damit verändere sich die Herrschaft und die Idee der Demokratie grundlegend:

Aufgabe des technischen Staates sei es nunmehr, den technischen Vollzug unserer Existenz funktional zu sichern. Die Sou-

50 Ebd., S. 168.

51 Ebd., S. 46. – Krit. dazu *Saladin*, Verantwortung, S. 129.

52 *H. Schelsky*, in: Experten und politische Praxis, Bergedorfer Gesprächskreis zu Fragen der freien industriellen Gesellschaft, Protokoll Nr. 23, 1966, S. 6.

53 Auch zum folgenden *ders.*, Zivilisation, S. 19ff., 21f.

veränität stelle in ihrer modernen Form nichts anderes als den Sachzwang der vielfachen Technik dar, mit der der Staat sich heute verwirkliche. Der Staat realisiere den Sachzwang am besten durch »optimale Sachlösungen«, für deren Erarbeitung die Fachleute zuständig seien. Je besser Technik und Wissenschaft seien, desto geringer werde der Spielraum der politischen Entscheidungen. »Der ›technische Staat‹ entzieht, ohne antidemokratisch zu sein, der Demokratie die Substanz.«[54] In einem traditionellen Sinne politischer Herrschaft stirbt er damit ab.

Aus der Sicht der zeitgenössischen Soziologie ungeachtet ihres methodischen Ansatzes wird diese Analyse bekräftigt. So beklagt *U. Beck* das Auseinanderfallen von gesellschaftsgestaltenden Entscheidungskompetenzen und staatlicher, parlamentarisch legitimierter Durchsetzungsmacht. Während das technisch-ökonomische Handeln von seiner Verfassung her auch gegen parlamentarische Legitimationsforderungen abgeschirmt werde, drohe das politische System bei lebendigem Leibe seiner demokratischen Verfassung entmachtet zu werden. »Die politischen Institutionen werden zu Sachwaltern einer Entwicklung, die sie weder geplant haben noch gestalten können, aber doch irgendwie verantworten müssen. Auf der anderen Seite werden die Entscheidungen in Wirtschaft und Wissenschaft mit einem effektiv politischen Gehalt aufgeladen, für den die Akteure über keinerlei Legitimation verfügen.«[55] Dem Staat bleibe dann im wesentlichen die Verantwortlichkeit für die (Neben-)Folgen, die er weder verursacht habe noch wirklich vermeiden könne.[56] Metaphorisch vergleicht *A. Giddens* die Entwicklung der modernen Zivilisation mit der Fahrt des Dschagannath-Wagens – einer nicht zu zügelnden und enorm leistungsstarken Maschine –, den die Menschen kollektiv bis zu einem bestimmten Grad steuern können, der sich aber zugleich drängend ihrer Kontrolle zu entziehen droht, dabei diejenigen zermalmt, die sich ihm widersetzen, der sich aber auch selbst zertrümmern könnte.[57]

54 Ebd., S. 29.

55 *Beck*, Risikogesellschaft, S. 305; vgl. auch *ders.*, Gegengifte, S. 269.

56 *Ders.*, Risikogesellschaft, S. 342 ff. – Ähnlich auch *H. Dreier*, Der Ort der Souveränität, in: ders./J. Hofmann (Hrsg.), Parlamentarische Souveränität und technische Entwicklung, 1986, S. 11 ff., 40 f.

57 *Giddens*, Konsequenzen, S. 173 f., 187.

Prosaischer fällt das Urteil der soziologischen Systemtheorie hinsichtlich der Steuerungsfähigkeit des Staates aus. Würden die verschiedenen Systeme der Gesellschaft – Wirtschaft, Wissenschaft etc., aber auch Staat und Recht – als selbstreferentielle autopoietische Strukturen verstanden, dann müßten auch die Operationen des politischen Systems dem allgemeinen Duktus ausdifferenzierter Funktionssysteme folgen. »Somit ist es,« so *Niklas Luhmann,* »wenig sinnvoll, dem politischen System eine gesellschaftliche Sonderposition, eine Art Führungsrolle oder eine Pauschalverantwortung für die Lösung ökologischer Probleme zuzuweisen.«[58] Damit werde von der Politik mehr verlangt, als sie leisten könne. »Das führt nicht nur zu Enttäuschungen, die vermieden werden könnten, sondern auch zu einer Überlastung des politischen Systems mit unerfüllbaren Anforderungen und zu einer Fehlsteuerung von Aufmerksamkeit. Die Politik wird dann ins Verbalpolitische abgedrängt, sie muß hastige Scheinlösungen oder Problemverschiebungen anbieten oder Zeit zu gewinnen versuchen.«[59] So reproduziere die Politik Hoffnungen und Enttäuschungen, und das Einbringen ökologischer Probleme in die Politik verstärke noch diesen Effekt, »denn an ihnen wird nun vollends deutlich, daß die Politik viel können müßte und wenig können kann.«[60] Und noch deutlicher beschreibt *Helmut Willke* das Ende überkommener Vorstellungen von Verfassung, Staat und sozialer Einheit mit der Bemerkung, Strategien der Veränderung müßten sich von den »Allmachtsphantasien direkter, zielsicherer Intervention auf der Grundlage überlegener Expertise und richtiger Realitätsmodelle« verabschieden,[61] womit freilich realistischere Möglichkeiten einer Kontextsteuerung (s. o. II. 6. a. cc.) bereits angedeutet werden. Es erscheint deshalb wenig überzeugend, wenn *Hermann Lübbe* rundum auch nur die Gefahr einer Selbstauflösung der Politik in technisch instrumentierte Sachherrschaft leugnet und als »Nonsense-Gedanken« abtut. Der Gemeinsinn – verstanden als common-sense-gestütztes Vertrauen in die Solidität der Leistungen aus technischer Könnerschaft – stecke mit seinem praktischen Urteil den Rah-

58 *N. Luhmann*, Kommunikation, S. 174f.
59 Ebd., S. 124f.
60 Ebd., S. 169.
61 *Willke*, S. 60.

men ab, innerhalb dessen im ganzen technischer Fortschritt einzig stattfinden könne. »›Fortschritt‹ – das ist ja nichts anderes als zivilisatorische Evolution, der der Gemeinsinn mit seinem praktischen Urteil Approbation erteilt hat.«[62] Ob der Gemeinsinn damit angesichts der wenig später überzeugend beschriebenen Prozesse abnehmender Reichweite unserer Zukunftsvoraussicht sowie der Rationalitätsverluste durch Verwissenschaftlichung unserer Zivilisation nicht überfordert wird, bleibt offen.[63]

Der Begriff der Technostruktur ist 1967 von *John Kenneth Galbraith* geprägt worden, der damit die neue Organisationsform des industriellen Systems beschreibt. Dieses habe den klassischen Unternehmer abgelöst und in seiner symbiotischen Verschränkung von staatlichen und privaten Organisationen sowie der Überwindung von Klassengegensätzen das überkommene Verständnis von Staat und Politik obsolet gemacht.[64] Dabei war seine Analyse gar nicht einmal neu, sondern gleicht in wesentlichen Zügen der ein viertel Jahrhundert früher erschienenen Darstellung der »Managerial Revolution« von *James Burnham*.[65] Auf dem Höhepunkt des New Deal wird dieser ähnlich wie die Technokratie als Form der weltweit sich ausbreitenden Managerherrschaft beschrieben, in der der Kongreß weitgehend zugunsten der bürokratischen Selbstprogrammierung durch die zahlreichen neuen »Buchstaben«-Behörden abgedankt habe. Heute erscheint diese Prognose als voreilig, wenn man die Unbefangenheit betrachtet, mit der sich der Kongreß auch der Regelung umweltrechtlicher Detailfragen annimmt (s. o. III. 2. a.). Aber wenn auch die Setzung von Umweltstandards in einem geordneten Verfahren unter Beteiligung der Öffentlichkeit erfolgt, so weisen gleichwohl die entscheidenden Schritte der Risikoermittlung und vor allem auch der Risikobewertung in nicht geringem Maße

62 *Lübbe*, S. 61.

63 Ebd., S. 68ff., 72ff. – Bereits 1975 hatte *Lübbe* selber auf »die anwachsenden Kompetenzschwächen des common sense« hingewiesen, durch die »generell Legitimationsprobleme in hochdifferenzierten Wachstumsgesellschaften« entstünden. Vgl. *H. Lübbe*, Fortschritt als Orientierungsproblem, 1975, S. 54f.

64 *J. K. Galbraith*, The New Industrial State, New York (Signet Books) 1968, S. 71ff., 304ff., 330, 386.

65 *J. Burnham*, Dt. Übersetzung: Das Regime der Manager, 1948, S. 168ff. – »Buchstabenbehörde« bezieht sich auf die übliche Abkürzung der zahlreichen neuen Regulierungsbehörden.

technokratische Züge auf (I. 1.c. u. II. 5.d.). Die Emphase, mit der selbst ein liberaler Jurist wie *Cass Sunstein*, der offensichtlich den Glauben auch nur an einen Kern gemeinsamer politischer Überzeugungen verloren hat,[66] seine Hoffnungen auf quantifizierende Nutzen/Kosten-Analysen setzt und diese Bewegung in der amerikanischen Umwelt- und Risikopolitik gar als einen »constitutional moment«[67] auf dem Wege zu einem »cost-benefit-state« feiert,[68] löst bei dem europäischen Beobachter Verwunderung aus.

Technokratische Züge weist diese Bewegung mit der von ihr vorgesehenen Entscheidung von Risikofragen durch die Experten auf. Deren Rolle soll nach Auffassung von *Peter Huber* und *Stephan Breyer* nicht nur im jetzigen Umfang gerechtfertigt sein, sondern sogar durch eine Stärkung der bürokratischen Expertensysteme noch ausgebaut werden.[69] Technokratisch wird hier nicht nur über die Anforderungen des Standes der Technik entschieden, sondern in noch schärferem Maße bei der Feststellung der – angeblich – effizientesten Lösung. Theoretisch begründet wird dies mit dem ebenso schlichten wie konsequenten Prinzip

66 Dieser Hintergrund wird deutlich in *Cass R. Sunsteins* Plädoyer für »Judicial Minimalism – Constitution and Court at Century's End« (im Erscheinen), wonach die Gerichte »leave open the most fundamental and difficult constitutional questions ...when the Court is dealing with an issue of high complexity about which many people feel deeply and on which the nation is in flux (moral or otherwise).« (ebd., Kap. 1).

67 Damit nimmt *C. Sunstein*, Congress, Constitutional Moments, and the Cost-Benefit State, Stanford Law Rev. 48 (1996), S. 247ff., 254f. Fn. 23 - ungeachtet gewisser Vorbehalte, einen zentralen Begriff von *Bruce Ackerman*, We the People, S. 196 auf, der darunter den Zeitpunkt grundlegender verfassungsrechtlicher Umgestaltungen sei es durch Verfassungsänderungen wie nach dem Bürgerkrieg 1868 sei es durch Verfassungswandel wie durch den New Deal versteht.

68 *Sunstein*, (Fn. 67), Stanford Law Rev. 48 (1996), S. 254f., 307f., dessen zahlreiche Vorbehalte und Abschwächungen der cost-benefit-analysis, die er in einer »soften«, nicht nur auf nackte Zahlen setzenden Weise versteht, auf ein gewisses Maß an Unwohlsein schließen läßt. Zu *Sunsteins* Versuch, sein Konzept des »cost-benefit-state« in den Zusammenhang der »deliberativen Demokratie« (dazu u. VI. 3.b.) zu stellen ebd., S. 252f.

69 *Breyer*, S. 55ff.; *Huber*, Columbia Law Rev. 85 (1985), S. 277ff.; dagegen *Gillette/Krier*, Univ. of Pennsylvania Law Rev. 138 (1990), S. 1027ff.

der »Reichtumsmaximierung«, das kurzerhand zum alles bestimmenden sozialen Ordnungsgrundsatz erklärt wird.[70]

Es läßt sich freilich nicht verkennen, daß damit das politische System viel von seiner Legitimität verliert, die die rechtsstaatlichen wie auch die demokratischen Strukturen zu vermitteln vermögen. Doch wird die fehlende politische Akzeptanz kompensiert durch eine multimediale Sedierung der Bevölkerung. 100 TV-Kanäle mit pausenlosen Talk-Shows, die vor nichts und niemandem zurückschrecken, fesselnde Sportereignisse mit Fußball, Telekom-Team und Wimbledon rund um die Uhr, schließlich internet mit seiner globalen agora schaffen eine virtuelle Realität, hinter der das Ausgeliefertsein der realen persönlichen Existenz in Vergessenheit gerät. Die Aufklärung verkümmert zu der Mündigkeit des Bürgers, mit Hilfe eines von omnipotent-benevolenten Medienzaren bereitgestellten Decoders Pornographie auf den heimischen Bildschirm zu holen. Panem circensesque[71] als Programm des einen Fünftels der Bevölkerung, nämlich der Funktionsträger der Technostruktur, für den lediglich noch für den Konsum und für periodische Akklamationen benötigten Vierfünftel-Rest. Nachdem der Einzelne nicht mehr nur durch die Arbeit entfremdet, sondern tatsächlich von ihr »freigesetzt« ist und seine Teilnahme an der Politik auf rituelle und symbolische Handlungen reduziert wird, muß er den Gehalt seines Lebens in einem rein formal und leer als »Freizeit« bezeichneten Bereich jenseits von Arbeit und Politik suchen.[72]

Der Legitimitätsverlust hat jedoch einen hohen Preis. Denn – das muß in Erinnerung gerufen werden – die Legitimität eines politischen Systems stellt eines der Fundamente seiner sozialen Stabilität dar. Das Brüchigwerden der Legitimität hat deshalb offensichtlich die Labilität dieses Systems zur Folge. Denn niemals ist auszuschließen, daß das Volk aus sich oder von außen bewo-

70 So *R. A. Posner*, The Economics of Justice, Cambridge, Mass. 1981, S. 68 ff. – Außer dem Hinweis auf die Ermutigung und Belohnung der traditionellen »kalvinistischen« oder »protestantischen« Tugenden und Fähigkeiten (S. 68) vermißt man eine Begründung des theoretischen Anspruchs.

71 Der ehemalige Sicherheitsberater Präsident Carters, *Z. Brzezinski*, wird hierfür mit dem Begriff »Tittytainment« zitiert, vgl. *H.-P. Martin/H. Schumann*, Die Globalisierungsfalle, 8. Aufl. 1996, S. 13.

72 So schon *Gehlen*, S. 110.

gen die Fesseln dieser Entmündigung abstreift und damit das Regime der Technostruktur umstürzt.[73] Nicht undenkbar erscheint es aber auch, daß die Technostruktur letztlich doch nicht mit den Komplexitäten der Gesellschaft fertig wird und daran scheitert. Jedenfalls ist dies als eine mögliche Ursache des Zusammenbruchs der japanischen und südosteuropäischen Wirtschaftsmärkte genannt worden.[74] Und ähnlich wird zu Recht auf die Labilität der Europäischen Gemeinschaft hingewiesen, deren Legitimation sich bislang weitgehend als eine rechtlich-bürokratische darstellt, über die hinaus eine politische, in allgemeinen politischen Prinzipien wurzelnde Fundierung noch aussteht.[75]

73 Hier gewinnen die Warnungen von *E.E. Schattschneider*, The Semi-Sovereign People, New York u.a., 1960, S. 104 vor dem politisch apathischen Teil der Bevölkerung als »the soft underbelly of the system« gesteigerte Bedeutung.
74 *R. Hornik*, The Myth of the Miracle, Time, 8. Dezember 1997, S. 30.
75 *E.W. Böckenförde*, Welchen Weg geht Europa? 1997, S. 37 ff.

3. Der ökologische Verfassungsstaat

Eine dem heutigen Umweltstaat angemessene Sicht von Verfassung, Recht und Staat hat deren reale Lage in den Blick zu nehmen. Nur auf diese Weise läßt sich die idealisierende Maßstäblichkeit der Verfassung früherer Epochen – wobei deren historische Authentizität nicht selten fraglich wirkt – und das damit verbundene Abgleiten in Verfallstheorien[76] vermeiden. Die Verfassungstheorie ist damit zwangsläufig angewiesen auf die Erkenntnisse der Rechts- und Verfassungssoziologie und hängt insoweit von deren – nur unzulänglichem – Erkenntnisstand ab.

a. Möglichkeiten und Grenzen staatlicher Steuerung

Über die begrenzte Steuerungsfähigkeit von Staat und Recht besteht in der politischen und Rechtssoziologie weitgehende Übereinstimmung. Dieser bereits für den Sozialstaat diagnostizierte Befund besitzt für den ökologischen Staat verstärkte Gültigkeit (s. o. 2). Der Staat läßt sich nicht mehr als Zentrum oder als Spitze des Gemeinwesens verstehen, der für die anderen Subsysteme der Gesellschaft, insbesondere die Wirtschaft, verbindliche Entscheidungen produziert, die wenn nötig mittels staatlichen Zwangs durchgesetzt werden. Statt dessen ist der Staat – will er seine Präferenzen in der Gesellschaft durchsetzen – in mannigfacher Weise von deren Mitwirkung und letztlich von deren »Abnahmebereitschaft« abhängig.

Der zentrale »Stoff«, ohne den jeder staatliche Steuerungsversuch kläglich scheitern muß, sind die Informationen über den Regelungsbereich: welche Ziele in diesem von welchen Akteuren mit welchen Mitteln verfolgt werden, wie dessen Verfahrensabläufe organisiert sind und auf welche Weise Veränderungen möglich sind, ohne die Existenzbedingungen in unzumutbarer Weise aufs Spiel zu setzen. Verkennt die staatliche Regulierung diese Bedingungen, so kann dies mehrere Folgen zeitigen: Entweder

76 Zu diesem Mechanismus immer noch eindrucksvoll *E. Kaufmann*, Carl Schmitt und seine Schule, in: Gesammelte Schriften, Bd. 3, 1960, S. 375 ff.

sie verfehlt ihr Ziel, d.h. sie scheitert; oder aber sie erzeugt einen derart intensiven Widerstand, daß unter Umständen die Durchsetzung an den hohen – administrativen, judiziellen, aber auch politischen – Kosten, welche die Überwindung einer derartigen Veto-Position erfordert, scheitert; schließlich, sie kann äußerlich Erfolg haben, führt aber – wie bei einer Erdrosselungssteuer – zum Ende der regulierten Tätigkeit.

Dieses Informationsproblem stellt sich sowohl beim Erlaß genereller Rechtssätze[77] als auch bei Einzelmaßnahmen. Vor allem die beim Vollzug von Umweltgesetzen auftretenden Schwierigkeiten sind wiederholt unter dem Stichwort des Vollzugsdefizits beschrieben worden.[78] Und hier stellt die Kenntnis des Standes der Technik bzw. des Standes von Wissenschaft und Technik (s.o. II. 3. b. bb.) seit jeher[79] eine besonders hohe Hürde für einen effektiven Vollzug des Umweltrechts dar.[80] Der Staat hat deshalb größtes Interesse daran, an diese Informationen zu kommen. Und der Informationsvorsprung der Privaten wird noch ausgeprägter, wenn der Umweltschutz nicht mehr erst bei den Emissionen mittels der end-of-the-pipe-Technologie, sondern schon bei der Produktentwicklung ansetzt.

Einen Weg – wohl den wichtigsten – zu diesem Ziel stellt die Anbahnung von Gesprächen mit dem Besitzer dieser Informationen und damit dem Regelungsadressaten dar, die unvermeidlich in Verhandlungen münden. Diese tragen aber auch zur Lösung des zweiten Problems bei, das bei der staatlichen Steuerung des Verhaltens Privater auftritt: Die staatlichen Entscheidungen müs-

77 Vgl. *R. Steinberg*, Die Interessenverbände in der Verfassungsordnung, PVS 14 (1973), S. 27ff., 35, 40ff.; *ders.*, Parlament und organisierte Interessen, in: Schneider/ Zeh, § 7 Rn. 77ff.

78 Vgl. nur *H. Treiber*, Zur Umsetzung von Rechtsnormen, 1996; *G. Lübbe-Wolff*, Vollzugsprobleme der Umweltverwaltung, NuR 1994, S. 217ff.; *R. Mayntz*, Vollzugsprobleme der Umweltpolitik, 1978.

79 *R. Wolf*, Stand der Technik, S. 99ff. verfolgt dieses Problem bis zur Mitte des 19. Jahrhunderts zurück.

80 Vgl. etwa *J. Hucke/A.A. Ullmann*, Konfliktregelung zwischen Industriebetrieb und Vollzugsbehörde bei der Durchsetzung regulativer Politik, in: R. Mayntz (Hrsg.), Implementation politischer Programme, 1980, S. 105ff., 118; *J. Hucke/E. Bohne*, Bürokratische Reaktionsmuster bei regulativer Politik und ihre Folgen, in: H. Wollmann (Hrsg.), Politik im Dickicht der Bürokratie, 1980, S. 180ff., 192f.; *Ebinger*, S. 224f.

sen »abgenommen« werden. Dies geschieht nur dann, wenn sie als gerechtfertigt, d.h. als legitim empfunden werden. Spricht das zuständige staatliche Organ, meistens die Verwaltung, mit dem »Abnehmer« und vergewissert sie sich auf diese Weise seiner Akzeptanz, so wird sie ihm zwangsläufig Einfluß auf den Inhalt der Entscheidung einräumen müssen.

Die staatlichen Entscheidungen stellen sich damit aus mehreren Gründen als das Ergebnis von Verhandlungsprozessen dar. Derartiges oftmals, aber nicht notwendig informales Verhalten findet sich teilweise verbunden mit der Setzung und Anwendung regulativen Rechts, es wird aber auch neben diesem oder an dessen Stelle eingesetzt (s.o. II. 6.a.cc.). Es verwundert deshalb nicht, daß gerade der ökologische Staat als Kooperationsstaat beschrieben wird.[81] Irrig ist freilich die oftmals geäußerte, aber nicht belegte These, daß es sich hierbei um ein neues, den Verfall des Rechtsstaates belegendes Phänomen des Sozial- und jetzt insbesondere auch des Ökologischen Staates handele. Für die Normentstehung wie auch den Vollzug hat die Forschung das enge Zusammenwirken von »interventionistischem« Staat und Gruppen organisierten Interesses jedenfalls für die zweite Hälfte des 19. Jahrhunderts längst nachgewiesen.[82] Aber auch neuere Untersuchungen über die Praxis der Fabrikinspektion in dieser Zeit lassen deutliche Züge kooperativen Verwaltungshandelns auch dort erkennen.[83] »Die ›arbeitende Verwaltung‹ war immer schon eine auf Kooperation bedachte Verwaltung – selbst in Zeiten, in denen ein angeblich ›starker Staat‹ geherrscht hat!«[84] Da sich in der ersten Hälfte des 19. Jahrhunderts der Rechtsstaat aber erst

81 *E.-H. Ritter*, Das Recht als Steuerungsmedium im kooperativen Staat, StWissStPr 1990, S. 50ff.; *D. Grimm*, Verbände, in Hb. des Verfassungsrechts, hrsg. v. E. Benda, u.a., 1994, § 15 Rn. 7ff.

82 *M. Stolleis*, Zeitschrift für neuere Rechtsgeschichte 1989, S. 129ff.; *R. Steinberg*, Einleitung, in: ders. (Hrsg.), Staat und Verbände, 1985, S. 1ff. ; speziell zur Umweltschutzverwaltung in Preußen *Gilhaus*, S. 262ff., 303, 434ff.

83 *Treiber*, S. 65ff. – Bemerkenswert erscheint auch der im Reichstag in den 70er Jahren des 19. Jh. vorgeschlagene, wenngleich auch nicht realisierte Gedanke, die Bestimmung der nach § 16 GewO genehmigungspflichtigen Anlagen nicht durch Gesetz vorzunehmen, sondern auf der Ebene der Regierungsbezirke mit Interessengruppen besetzten Gremien zu überlassen, vgl. *Ebinger*, S. 79f.

84 *Treiber*, S. 83.

zögernd andeutete,[85] bleibt unklar, wo denn der »klassische Rechtsstaat« zu suchen ist, dessen Verfall beklagt wird.

Möglicherweise stellt die doppelte Einflußmöglichkeit der Regelungsadressaten von regulativen staatlichen Maßnahmen einen Grund dafür dar, daß die Industrie diese immer noch eher akzeptiert als die sog. ökonomischen Instrumente trotz deren scheinbarer Kompatibilität mit der marktwirtschaftlichen Ordnung, da hier nur einmal Einfluß ausgeübt werden kann: bei der Etablierung des Marktes bzw. der Festsetzung der Höhe der Abgaben. Das macht freilich das Ordnungsrecht nicht »beliebt«. Wenn schon staatliche Vorgaben unvermeidlich sind, bevorzugt die Industrie in jüngerer Zeit immer stärker das Instrument der Selbstverpflichtung, d.h. der einseitigen Verpflichtung der Industrie zur Erreichung bestimmter Ziele, die dem Staat »übergeben« wird. An rechtlicher Verbindlichkeit und Durchsetzbarkeit bleibt dieses Instrument deutlich zurück hinter dem Instrument der Umweltvereinbarung, wie es in anderen europäischen Ländern – etwa den Niederlanden – praktiziert wird und wie es in jüngster Zeit auch von der Europäischen Kommission empfohlen wird.[86]

Derartige neue Strategien des Umweltschutzes – hierzu gehört auch die »Ökologisierung« der Betriebs- und Unternehmensorganisation durch die Institution der Umweltbeauftragten, das Öko-Audit sowie die Steuerung durch Informationen (s. o. II. 6. a. cc.) – lassen sich verstehen als Formen der Kontextsteuerung, die auf die »komplexe Rekombination von autonomer Selbstorganisation und gesellschaftlich verbindlichen Kontextvorgaben« – so *Helmut Willke*, – in den Worten *Luhmanns* – auf »Ko-Evolution durch strukturelle Kopplung«[87]

85 Gerade für die erste Hälfte des 19. Jahrhunderts berichtet *Wolf*, Stand der Technik, S. 44, daß die wirtschaftlich-technische Entwicklung ganz im Zeichen staatlicher Aktivitäten standen, da »die Verwaltungspraxis trotz des propagierten Wirtschaftsliberalismus immer wieder auf interventionistische, ja merkantilistische Unterstützungsmethoden zurückgreifen mußte.«- Daß das dem merkantilistischem Staatsverständnis entsprechende »paternalistische Modell« der Lösung von Umweltproblemen bis weit in die zweite Hälfte des 19. Jahrhunderts von der Verwaltung praktiziert wurde, belegt *Gilhaus*, S. 212ff., 224, 290ff.
86 Empfehlung der Kommission vom 9. Dezember 1996 über Umweltvereinbarungen zur Durchführung von Richtlinien der Gemeinschaft, 96/733/EG, Abl. Nr. L 333/59 v. 21.12.1996.
87 Zit. nach *Willke*, S. 105

angelegt sind.[88] Das Konzept der sozialen Einheitsbildung durch den Staat wird damit verabschiedet. Von der Vorstellung des die Gesellschaft überwölbenden, das Ganze repräsentierenden und – insbesondere in der spezifischen Tradition der deutschen Staatslehre – potentiell totalen Staates ist Abschied zu nehmen zugunsten eines realistischen Verständnisses eines Koordinators der »kollektiven Interaktionsverhältnisse«[89] der sich selbststeuernden autonomen Akteure und Systeme mit Hilfe »der Moderierung der Regeln für das Zusammenspiel konkurrierender und heterogener Systeme«[90]. Der Abbau des zentralistischen, hierarchischen Staates wird dabei befördert zum einen durch die Stärkung der zentrifugalen innerstaatlichen sozialen Gruppen – ein Phänomen, das in der deutschen Staatslehre seit jeher mit großer Aufmerksamkeit verfolgt und beklagt wurde[91] –; in bislang ungeahntem Maße vor allem aber auch durch den Verlust der territorialen Ausschließlichkeit und Maßgeblichkeit des Nationalstaates durch fortschreitende Kompetenzverluste zugunsten transnationaler (vor allem: Europäische Union) und internationaler (etwa: WTO) Organisationen und durch den Rest an nationale Kompetenzen unterlaufende Formen der europäischen, internationalen, globalen Verflechtung der gesellschaftlichen Teilsysteme vor allem im Bereich von Wirtschaft, Wissenschaft und Informationen.

Diese Erwägungen gelten nicht nur für das Umweltrecht im engeren Sinne, sondern auch und erst recht für das Technikrecht. Sie erweisen Gedanken der Steuerung der technischen Entwicklung durch den Staat im Sinne einer Anordnung ihres Verlaufs als illusorisch, ja als naiv. Dem Staat kann hier kaum die Verantwortung zur »Zukunftssteuerung«[92] der technischen Entwicklung zugewiesen werden. Auch hier erscheint die Alternative der

88 *Willke*, S. 88; auch zum folgenden S. 88 ff.

89 *Herbert Simon*, zit. nach *Willke*, S. 118.

90 *Willke*, S. 127.

91 *R. Steinberg*, Pluralismus und öffentliches Interesse als Problem der amerikanischen und deutschen Verbandslehre, AöR 96 (1971), S. 465 ff., 476 ff.; *E. W. Böckenförde*, Die politische Funktion wirtschaftlich- sozialer Verbände und Interessenträger in der sozialstaatlichen Demokratie, in: R. Steinberg (Hrsg.), Staat und Verbände, 1995, S. 305 ff., 317 f., 321 ff.; *Grimm*, (Fn. 81), § 15, Rn. 23 f.

92 *Grawert*, S. 467, 469, 483.

Kontextsteuerung realistischer und damit letztlich vielversprechender: Der Staat muß die in der technischen Entwicklung selbst liegenden Optionen aufgreifen und durch geeignete, zur Zeit weitgehend noch zu entwickelnde Verfahren im Sinne der vom ihm verfolgten Ziele »gemeinwohlverträglich« zu optimieren versuchen.[93] Ein derartiges Verständnis realistischer Leistungsfähigkeit des Rechts vermag auch die resignative Feststellung von der Dynamik der Technik und der Statik des Rechts[94] zu überwinden, bei der das Recht zwangsläufig der Technik immer hinterher hechelt.[95] Der Grundirrtum liegt hier in der Annahme, es müsse das Recht der Technik vorausschreiten und ihr den Weg weisen. Passender erscheint demgegenüber die Vorstellung einer rechtlichen Begleitung der Technik, die auf ihrem eigenen Weg voranschreitet. Die staatliche Begleitung erfolgt allerdings in durchaus aktiver Form durch die Förderung wissenschaftlicher Forschung und der damit zunehmend verwobenen technischen Entwicklung.[96]

Diese Analyse der gewandelten Funktionen des Staates führt nicht zu seiner Verabschiedung von der Aufgabe des Umweltschutzes, sondern zu einer schärferen Bestimmung der Voraussetzungen staatlicher Maßnahmen. Dabei hängt die Effektivität der Instrumente des kooperativen Umweltstaates stärker als beim Überwiegen des Ordnungsrechts von einer Vergewisserung über die Ziele des Umweltschutzes ab. Dies gilt insbesondere für mittel- und langfristige Umweltqualitätsziele,[97] weil diese als Richtschnur der Kooperationsstrategie sowohl bei der Zielvereinbarung als auch bei der Zielerreichungskontrolle unentbehrlich sind. Auch derartige Zielsetzungen erfolgen nicht in staatlicher Selbstherrlichkeit, sondern in gesellschaftlichen Diskursen, in denen dem Staat die Rolle des Organisators und hinsichtlich der Gesprächsregeln die Rolle des Schiedsrichters, ferner: des

93 Einzelheiten bei *R. Steinberg/D. Schütze*, Umweltverträgliche Technikgestaltung durch Recht, KritV 1998; eingehend auch *Roßnagel*, Technikfolgenforschung, S. 241 ff.

94 *Backherms*, Zur Einführung: Recht und Technik, JUS 1980, S. 9; vgl. auch *Berg*, S. 16 ff. m.umf.Nachw.

95 So auch in dem Bild vom Hase und Igel bei *Sendler*, UPR 1981, S. 9.

96 Zur Förderung der Kernenergie s. o. III. 2. c.

97 *E. Rehbinder*, Festlegung von Umweltzielen, NuR 1997, S. 313 ff.

Vermittlers sowie des Sprechers für nicht repräsentierte Interessen z. B. der zukünftigen Generationen zukommt.[98]

Für die unentbehrliche Zielerreichungskontrolle sind neue Formen der Evaluation einzusetzen. So sind Selbstverpflichtungserklärungen der Wirtschaft ohne ein verläßliches Monitoring nicht viel mehr wert als eine »public relations«-Aktion. Der Staat hat den Verzicht auf die eigenständige umweltpolitische Bewirkung umweltpolitischer Ziele zu verbinden mit dem Aufbau einer neuen Funktion: der des ökologischen Controlling.[99]

Soweit der Staat zugunsten der Selbstverantwortung der kooperierenden Akteure und Systeme auf eigene Programmsetzung und -implementation verzichtet, läßt sich dies auch als ein Stück Privatisierung der Wahrnehmung der Staatsaufgabe Umweltschutz bezeichnen, ohne daß diese als solche aufgegeben wird. Auch hier bleibt der Staat damit in Verantwortung; die Vollzugsverantwortung wandelt sich lediglich zur Gewährleistungsverantwortung.[100]

Dieser Verantwortung kann der Staat nur gerecht werden, wenn er über Mittel verfügt, mit deren Hilfe er sich gegenüber den gesellschaftlichen Akteuren auch durchzusetzen vermag. Solche können finanzielle Anreize darstellen, über die er in Form von Subventionen allerdings nur sehr begrenzt verfügt. Ein neues zunehmend wichtiges Mittel zur Verwirklichung von staatlich gesetzten Umweltzielen stellen Informationen z. B. über den Zustand der Umwelt, über umweltbeeinflussende Maßnahmen des Staates und Privater oder über Produkte dar. Jedenfalls soweit der Staat sich auf die Verbreitung von Tatsachen beschränkt, wird seine Rolle als die des »Präzeptors« fehlverstanden.[101] Vielmehr

98 Die Parallelen zur Beschreibung der Rolle des Staates in der amerikanischen Gruppentheorie z. B. bei *David B. Truman* sind nicht zu übersehen, dazu *Steinberg*, (Fn. 91), S. 470ff.

99 S.o. II. 6. b.bb. – Zur großen Bedeutung des controlling für die gewandelten Funktionen des Staates in Großbritannien *W. Hutton*, The State We're in, London 1995, S. 222f.; *F.F. Ridley*, Die Wiedererfindung des Staates – Reinventing British Government, DÖV, 1995, S. 568ff., 577.

100 *Steinberg*, Staatliche Gewährleistungen bei privatisierten Verkehrswegeplanungen, in: W. Hoffmann-Riem/J.-P. Schneider, Verfahrensprivatisierung im Umweltrecht, 1996, S. 116ff. u. jetzt *G. Hermes*, Staatliche Infrastrukturverantwortung, 1998, S. 128ff.

101 So *U. DiFabio*, Grundrechte im präzeptoralen Staat am Beispiel hoheitlicher Informationstätigkeit, JZ 1993, S. 689ff.

setzt er die Einzelnen sowohl als Bürger als auch als Konsumenten erst in die Lage, entsprechend ihren persönlichen Präferenzen die insoweit rationalen Entscheidungen in der Politik und am Markt zu treffen.[102] Der Einzelne selbst vermag so seine umweltpolitischen Präferenzen mit den Mitteln von »exit and voice«[103] durchzusetzen versuchen.

Gleichwohl bleibt als wichtigstes und allein dem Staat offenstehendes Mittel das Ordnungsrecht bestehen. Dieses stellt auch im Zusammenhang mit den Instrumenten des kooperativen Umweltstaates eine unentbehrliche Voraussetzung für deren rechtliche Absicherung dar: als Grundlage, um die autonomen Akteure und Systeme überhaupt für kooperatives Verhalten »motivieren« zu können; um die Kooperationsziele – Informationen, Übernahme von Verhaltenspflichten – notfalls auch zwangsweise durchsetzen zu können; schließlich um fehlgeschlagene Versprechen der autonomen Akteure sanktionieren zu können. Die kooperative Verwaltungspraxis findet demnach »im Schatten der Hierarchie« statt.[104] Das Ordnungsrecht bleibt als Steuerungsreserve oder »Auffangordnung«[105], als »fleet in being«(Admiral Mahon), bedeutsam und darum ist das Bemühen um eine »Modernisierung des Umweltordnungsrechts«[106] unverzichtbar, das um so nachhaltigere Wirkungen entfaltet, je sparsamer es eingesetzt werden muß. Dieses setzt den Einsatz von dem System angemessenen, »passenden« Instrumenten voraus. Umgekehrt formuliert: Nur durch Mittel funktionaler Kontextsteuerung kann die realistischerweise überhaupt noch zu erwartende Steuerungsfähigkeit des politischen Systems erhalten werden; wirken diese Mittel dysfunktional, so sind die ordnungsrechtliche Überforderung des Staates und die damit verbundene Steuerungsunfähigkeit die unausweichliche Folge, die durch die alternativen Strategien eigentlich vermieden werden sollten.

102 Darauf weist hinsichtlich des Marktes *G. Lübbe-Wolff*, Rechtsprobleme der behördlichen Umweltberatung, NJW 1987, S. 2705 ff., 2711, zutreffend hin.
103 *A. O. Hirschman*, Exit, Voice and Loyalty, Cambridge, Mass. 1970.
104 *Treiber*, S. 79 ff., unter Bezugnahme auf *F. W. Scharpf*, Einführung. Zur Theorie von Verhandlungssystemen, in: A. Benz/F.W. Scharpf/R. Zintl, Horizontale Politikverflechtung, Zur Theorie von Verhandlungssystemen, 1992, S. 11 ff.
105 *W. Hoffmann-Riem/E. Schmidt-Aßmann*, Öffentliches Recht und Privatrecht als wechselseitige Auffangordnungen, 1996.
106 So der Titel der Monographie von *G. Lübbe-Wolff*, 1996.

b. Ökologische Verfassung

aa. Funktionen der Verfassung

Der gewandelten Funktion des Umweltstaates entspricht zwangsläufig ein Verständnis der Verfassung, das die beschriebene soziale Wirklichkeit zur Kenntnis nimmt. Unverändert konstituiert die Verfassung die staatlichen Organe und stattet sie mit Kompetenzen aus, ordnet die verschiedenen Gewalten begrenzend und ausbalancierend zu und gewährleistet die Freiheitsbereiche der BürgerInnen gegenüber staatlichen Eingriffen, die nur unter bestimmten formellen und materiellen Bedingungen zulässig sind.

Ihr kommt jedoch darüber hinausgehende Bedeutung zu. Zum einen stellt sie ein Stück Selbstvergewisserung über die Grundlagen der politischen Existenz des Gemeinwesens dar. Hierin liegt ein einheitsstiftender Faktor, der angesichts der Schwäche anderer Integrationsfaktoren wie der Nation, der Krone oder der Religion nicht gering zu schätzen ist.[107] Die Verfassungen in den neuen Bundesländern, aber auch in Mittel- und Osteuropa spiegeln die »sozio-ökonomischen Befindlichkeiten« (*Graf Vitzthum*) der jeweiligen Verfassungsgeber deutlich wieder.[108] Deren ausdrückliches Bekenntnis zum ökologischen Verfassungsstaat bringt noch deutlicher als die Staatszielbestimmung Umweltschutz im Grundgesetz die Verständigung über den fundamentalen Rang des Ökologiegrundsatzes für die Gestaltung des Gemeinwesens zum Ausdruck.

Die Funktion der Verfassung als Form der Integration des Gemeinwesens ist besonders von *Rudolf Smend* herausgearbeitet worden.[109] Von ihm wird die Verfassung als geistiger Sinnzusammenhang der Bürgerinnen und Bürger eines Gemeinwesens

107 *R. Steinberg*, Verfassungspolitik und offene Verfassung, JZ 1980, S. 385 ff., 386. – Zu den unterschiedlichen Formen der Integration in England, den USA und Frankreich eindrucksvoll *U.K. Preuß*, Verfassung, S. 7 ff.

108 *R. Steinberg*, Der Beitrag des Einigungsprozesses und der neuen Bundesländer zur Verfassungsentwicklung in Deutschland, in: FS f. Mahrenholz, 1994, S. 423 ff.; *ders.*, Die neuen Verfassungen der baltischen Staaten, JÖR N.F. 43 (1995), S. 55 ff.; *E. Denninger*, Sicherheit/Vielfalt/Solidarität: Ethisierung der Verfassung, in: U.K. Preuß, Verfassung, S. 95 ff.

109 Verfassung und Verfassungsrecht (1928), in: Staatsrechtliche Abhandlungen, 2. Aufl., 1968, S. 119 ff., 187 ff.

verstanden, über den in der Verfassung Verständigung erzielt worden ist. In diesem Sinne ist auch die nationalstaatliche Bedeutung der Verfassungen zu sehen,[110] die diesen seit dem 19. Jahrhundert – zuletzt bei der Herstellung der deutschen Einheit im Jahre 1990 – zugekommen ist.

Die Verfassung wird somit zu einem Stück der Einheitsstiftung. In dieser Rolle ist sie insbesondere auch in den Vereinigten Staaten von Amerika wirksam geworden. In diesem neuen Land ohne die Kraft anderer einheitsstiftender Faktoren gewann die Bundesverfassung überragende Bedeutung als Zeichen der Integration. Die Amerikaner haben sich traditionell als Verfassungsbürger verstanden. Es ist einleuchtend, daß die Verfassung in dieser Rolle eher symbolische Bedeutung entfaltet, die der des Rechtsgesetzes vorausliegt.

Die Verfassung enthält darüber hinaus in der Gestalt von grundrechtlichen Schutzpflichten und Staatszielbestimmungen Direktiven für das staatliche Handeln, durch die bestimmte Ziele in der Gesellschaft realisiert werden sollen. Durch die Einbeziehung des Ökologiegrundsatzes greift diese Direktivwirkung weiter aus, insofern als sie über soziale Ziele hinaus auch die Interessen zukünftiger Generationen sowie den Zustand der natürlichen Umwelt dem Staat aufgibt. Insofern stellt die Verfassung in der Tat den »grundlegende(n), auf bestimmte Sinnprinzipien ausgerichtete(n) Strukturplan für die Rechtsgestalt des Gemeinwesens« (*Hollerbach*) dar.[111] Allerdings gewinnt die Verfassung über das Gebot, die ökologischen Wirkungen menschlichen Handelns mit zu bedenken, eine völlig neue Dimension, die nur als eine neue Epoche des Verfassungsstaates verstanden werden kann.

In ihrer Direktivfunktion wirkt die Verfassung unzweifelhaft als Verfassungsgesetz. Zwar entfaltet sich dieser Rechtsgehalt nicht nach dem Muster des Subsumtionsmodells, bei dem die Normen der Verfassung sich in dem Vorgang der Subsumtion vollziehen.[112] Die direktiv wirkende Norm ist demgegenüber auf Entfaltung, auf Aktualisierung durch die staatlichen Organe an-

110 Darauf weist *Forsthoff*, Industriegesellschaft, S. 71 f., hin.

111 Den »programmatischen oder Plan-Charakter« der Verfassung betont auch *E. Denninger*, Verfassung und Gesetz, KritV 1986, S. 291 ff., 309.

112 *Grimm*, Zukunft, S. 172 ff., 339 f.

gelegt. Auch hier besitzt die Verfassungsnorm rechtliche Geltung, indem sie die grundlegenden Strukturen für die Gestalt des Gemeinwesens angibt. Damit werden bestimmte Fragen – nach der Inkorporierung des Sozialen nunmehr auch die Bewahrung der natürlichen Lebensgrundlagen – zu Angelegenheiten des Gemeinwesens. Auch wenn damit keine konkreten Maßstäbe für bestimmte Maßnahmen angegeben werden, so gebietet nunmehr die Verfassung, daß die staatlichen Organe ihre Entscheidungen in einer Weise treffen, die den Schutz der natürlichen Lebensgrundlagen gewährleistet. Die Verfassung erhält so eine weitere Vorgabe für die soziale Ordnung, die mit den älteren Zielen staatlichen Handelns – Sicherheit, Freiheit, Demokratie, Sozialstaat – in praktische Konkordanz zu bringen ist.

Die Verfassung als »Plan für die Rechtsgestalt des Gemeinwesens« fordert vor allem aber auch ein Verfahren, in dem die zur Zielerreichung in Betracht kommenden Maßnahmen unter Beteiligung der Betroffenen sowie – bei der im Umweltschutz typischen – Berührung öffentlicher Interessen der Beteiligung der interessierten Öffentlichkeit erarbeitet werden. Dieses Postulat wird untermauert durch die Einsicht in den »Verbundcharakter« des modernen Gemeinwesens, in welchem dem Staat weniger die Rolle hoheitlicher Herrschaft als vielmehr die eines Koordinators oder Moderators zukommt (s. o. 2). Die Verfassung läßt sich so als umfassende Ordnung der ökologischen Kooperationsprozesse begreifen, der die Optimierung der staatlichen Maßnahmen zur Wahrung der verfassungsrechtlichen Rechtsgüter unter Einschluß der natürlichen Lebensgrundlagen auch der zukünftigen Generationen aufgegeben ist.

Hatte die Inkorporierung des Sozialstaatsprinzips in die Verfassung zur Folge, daß die soziale Wirklichkeit zur Grundlage der Bewertung staatlichen Handelns oder auch staatlichen Nicht-Handelns im Hinblick auf die distributiven Auswirkungen gemacht wurde,[113] so ist im ökologischen Verfassungsstaat der Gegenstand staatlicher Deliberation und Entscheidung nochmals deutlich ausgeweitet. Nunmehr werden auch die Einwirkungen menschlichen Handelns auf die Natur nicht mehr – wie vorher die soziale Ordnung – als »natürlich«, d. h. als außerhalb der

113 So *Sunstein*, Partial Constitution, S. 135.

Rechtsordnung stehend, hingenommen, sondern auf die politische Tagesordnung der staatlichen Organe gesetzt. Nicht mehr nur die soziale Ordnung, sondern auch der Zustand der natürlichen Umwelt wird zum Gegenstand der staatlichen Entscheidungen. Und für diese wird zum Maßstab, ob für derartige Eingriffe in die natürliche Umwelt – je nach Intensität – gute bis zwingende Gründe gegeben werden können; ist das nicht der Fall, so hat der Staat erhebliche Eingriffe zu unterbinden. Dabei bleibt Grundlage der Verfassung ein »Sozialkontrakt«. Aus diesem wird nicht etwa ein »Naturkontrakt«, bei dem das gesamte Universum zum Rechtssubjekt wird;[114] vielmehr werden seine Themen erweitert um die wechselseitige Verantwortung des Menschen auch für den Erhalt der natürlichen Grundlagen allen Lebens.

Auf diese Weise ermöglicht die Verfassung die Reflexion über die Auswirkungen des wissenschaftlich-technischen Fortschritts. Und da diese sich durch Ungewißheit auszeichnen, erfordert die Verfassung des »reflexiven Konstitutionalismus«[115] eine rechtliche Ordnung, welche Erkenntnisoffenheit, Lernfähigkeit und Korrekturmöglichkeiten gewährleistet. Ihre Reflexivität bezieht sich im Sinne *Ulrich Becks* auf die Nebenfolgen des technischen Fortschritts.[116] Und damit sind nach dem Eindringen der Ökologie in die Verfassung auch die Auswirkungen der Aktivitäten des Einzelnen auf die Umwelt zum Thema der verfassungsrechtlichen Kommunikation gemacht. Hierzu gehören durchaus Grundsatzfragen wie die des Verhältnisses von Schutz der Umwelt (Art. 20a GG) und wirtschaftlichem Wachstum (Art. 109 Abs. 2 GG).[117] Gleichwohl ist vor zu hoch gesteckten Erwartungen in die Steuerungsfähigkeit der Verfassung zu warnen – welche ja über die staatlichen Handlungsmöglichkeiten nicht hinausgehen kann – und müssen Zuschreibungen wie »Verfassung des wissenschaftlich-technischen Fortschritts« oder »Verfassung des Wissens«[118] unrealistisch erscheinen. Die ökologische Verfas-

114 Dagegen die Kritik von *L Ferry*, The New Ecological Order, Chicago 1995, S. XXIII f.

115 *Preuß*, Revolution, S. 78.

116 *Beck*, Reflexive Modernisierung, S. 289f.

117 Dazu *P. Saladin*, Wachstumsbegrenzung als Staatsaufgabe, FS f. U. Scheuner, 1973, S. 541 ff.; *Pernthaler*, (Fn. 35), S. 350f. m.w.N.

118 *Preuß*, Revolution, S. 86, 88.

sung stellt ebensowenig wie die sozialstaatliche Verfassung ein »virtuell totale(s) Fundament des Soziallebens«[119] dar. Ihr Ordnungsanspruch muß deshalb ungeachtet der mit der Ökologisierung verbundenen Ausweitung zwangsläufig beschränkt bleiben. In diesem Sinne bleibt auch die ökologische Verfassung nur rechtliche Rahmenordnung des Gemeinwesens.

bb. Die Verfassung als »horizontaler Gesellschaftsvertrag« im westlichen Verfassungsdenken

Der Gedanke einer Verbindung inhaltlicher Konzepte mit deutlichen prozeduralen Zügen prägt auch das Verständnis der U.S.-Verfassung, das sich keinesfalls in der erwähnten symbolischen Bedeutung erschöpft. Im Sinne eines »horizontalen Gesellschaftsvertrags« (*Hannah Ahrendt*[120]) konstituiert sie eine soziale Ordnung unter der Idee der Wechselseitigkeit und Gleichheit. Diese wird weniger durch den Gedanken der Begrenzung einer vorfindlichen staatlichen Macht oder des politischen Ausdrucks der Nation geprägt als vielmehr durch die Vorstellung der prozeduralen Gewährleistung der Konstituierung staatlicher Gewalten auf der Grundlage wechselseitiger Rechte und Pflichten im Sinne einer auf Gleichheit beruhenden „Gegenseitigkeitsordnung".[121]

Dieses Verständnis der Verfassung als Grundlage einer »society of consent« entsprang den praktischen Erfahrungen der amerikanischen Siedler. Hierzu gehörte die Praxis der »compacts« – der berühmteste der Mayflower Compact aus dem Jahre 1620 –, »combinations«, «consociations« und »confederations«, mittels derer sich die amerikanischen Siedler zu ihrem gemeinsamen Unternehmen der »Eroberung« der »Wildnis« des nordamerikanischen Kontinents weltlich wie kirchlich zusammenschlossen,[122]

119 *P. Badura*, Die Verfassung als Auftrag, Richtlinie und Grenze der wirtschafts- und arbeitspolitischen Gesetzgebung, WiR 1974, S. 1; vgl. auch *Steinberg*, (Fn. 107), S. 386f.

120 Dieser – Lockeschen – Form des Sozialvertrages setzt *H. Arendt*, Revolution, S. 169f. als zweite Form den Hobbes'schen Herrschaftsvertrag zwischen Herrscher und Untertanen entgegen.

121 So der anschauliche Begriff von *G. Haverkate*, Verfassungslehre – Verfassung als Gegenseitigkeitsordnung, 1992.

122 *Arendt*, Revolution, S. 165ff.; *C. Rossiter*, The First American Revolution (1953), Harvest/HBJ Book, San Diego etc., 1984, S. 130 ff

wie auch als rechtliche Grundlage der Kolonisierung die chartes, grants u. ä., welche als wechselseitige Vereinbarungen zwischen der Krone und den Siedlern verstanden wurden.[123] Mit diesem auf Erfahrung gegründeten Selbstverständnis fanden sich die Amerikaner wieder in der für die puritanischen New England-Kolonien zentralen Covenant-Theologie, d. h. der biblischen Lehre des Bundes zwischen Gott und seinem Volke,[124] wie auch in der Lockeschen Lehre vom Sozialvertrag, die wie keine andere die amerikanische politische Philosophie geprägt hat.[125] Präsise faßt *Hannah Arendt* den Geist der amerikanischen Verfassung zusammen: »All contracts, covenants, and agreements rest on mutuality, and the great advantage of the horizontal version of the social contract is that this mutuality binds each member to his fellow citizens. This is the only form of government in which the people are bound together not through historical memories or ethnic homogeneity, as in the nation-state, and not through Hobbes's Leviathan, which »overawes them all and thus united them, but through the strength of mutual promises.«[126] Diese Sicht der Verfassung zeichnet sich damit durch ihre Verbindung inhaltlicher Konzepte der guten Ordnung des Gemeinwesens mit eher prozeduralen Elementen aus. Ihr geht es um die Orientierung an der Ermöglichung gerechten gesellschaftlichen Austausches auf der Grundlage unveräußerlicher Rechte der Individuen und letztlich auch die Sorge um die Fähigkeit des Gemeinwesens zur Bewahrung und ständigen Erneuerung der Funktionsvoraussetzungen ihrer auf Kommunikation und Einigung beruhenden Ordnung.[127]

Diese Vorstellungen haben in mannigfacher Form die amerikanische Verfassungstheorie auch der jüngsten Zeit geprägt. Hier

123 *G. Wood*, The Creation of the American People, 1776 – 1787, New York 1972, S. 268 ff.; *Rossiter*,(Fn. 122), S. 101 ff., 131.

124 *P. Miller*, Errand into the Wilderness, Cambridge, Mass. 1956, S. 37 ff., 89 ff.; *Rossiter*, (Fn. 122), S. 91 f. – Vgl. auch bereits *G. Jellinek*, Allgemeine Staatslehre, 3. Aufl., 1960, S. 508 ff.

125 Ebd., S. 282 ff.; allgemein *L. Hartz*, The Liberal Tradition in America, New York 1955.

126 *H. Arendt*, Disobedience, S. 49 ff. u. 86 f.

127 *Preuß*, Verfassung, S. 16 f. – Auf diese covenant-Vorstellungen der Verfassung wird bis in jüngste Zeit Bezug genommen, vgl. *Planned Parenthood of Southern Pennsylvania v. Casey*, 505 U.S. 833 (1992), VI.

sollen beispielhaft nur zwei Konzepte genannt werden: *John Rawls'* Vorstellung von »justice as fairness«, für die der Gedanke der Herstellung einer politischen Ordnung auf der Grundlage von Reziprozität ein zentrales Moment darstellt.[128] Damit verwandt sind Konzepte einer in der amerikanischen Verfassung verankerten »deliberativen Demokratie«. Hierunter wird eine auf politische Gleichheit aufbauende Ordnung verstanden, in der Entscheidungen nicht (allein) auf Interessen und Macht beruhen, sondern das Ergebnis vernunftgeleiteter Diskussionsprozesse darstellen. »These ideas ... are part of a liberal conception of political legitimacy; they embody an ideal of reciprocity, in which citizens are aware of and responsible to one another's interests and claims. The relevant reasons should be offered publicly, not secretly, and should be subject to processes of democratic deliberation.«[129]

Prozedurale Elemente des Verfassungsbegriffs finden sich auch im schweizerischen Verfassungsdenken, wenn hier die Verfassung als Verhaltensentwurf unter der Idee des Richtigen verstanden wird.[130] Auch hier steht das Prozeßhafte der Aktualisierung und Konkretisierung im Vordergrund, hinter dem die Momente der Ordnung und Einheit zurücktreten. Prägend für diese Sicht dürfte zum einen der vorherrschende föderale Zug der helvetischen Eidgenossenschaft sein, in der die bündische, durchaus prekäre Einheit zwischen den religiösen und sprachlich-kulturellen Gruppierungen der Bevölkerung durch ständige Prozesse gegenseitigen Verhandelns und »Sich-vertragens« immer wieder herzustellen ist. Eine Rolle hierbei spielt aber auch das säkularisierte reformierte Gemeindeverständnis, eine Wurzel, die dem schweizerischen Verfassungsverständnis mit der amerikanischen Tradition gemeinsam ist.[131]

128 *Rawls*, S. XLIVff., 16ff.

129 *C.R. Sunstein*, Judicial Minimalism, Kap. 2, S. 2; *ders.*, Partial Constitution, S. 133ff., 162ff.; *ders.*, Beyond the Republican Revival, Yale Law J. 97 (1988), S. 1539ff., 1548ff.; vgl. auch *A. Gutmann/ D. Thompson*, Democracy and Disagreement, Cambridge, Mass. 1996. – Der Gedanke der deliberativen politischen Ordnung findet sich auch bei *Rawls*, S. LIX.

130 *R. Bäumlin*, Staat, passim, besonders S. 17f., 24f. – Den Verfahrenscharakter der auf Aktualisierung angelegten Verfassung betont jetzt auch *J.P. Müller*, S. 26f.

131 *R. Bäumlin*, Der Lehre von den zwei Reichen entsprechende Gedanken Zwinglis, ZevKR 6 (1957/58), S. 273ff.

cc. Elemente eines republikanischen Verfassungsverständnisses unter dem Grundgesetz

Der gesellschaftliche, stark verfahrensmäßig geprägte Verfassungsbegriff kann auch für das heutige Verständnis von Verfassung in Deutschland wegweisend werden. Das erscheint naheliegend, wenn man die Wurzel des auch die Entwicklung in Kontinentaleuropa prägenden modernen Verfassungsdenkens ohnehin in den genannten puritanischen »covenant«-Theorien erblickt[132] und dafür plädiert, an den damit – noch – übereinstimmenden, verschütteten Verfassungsdiskurs im ausgehenden 18. Jahrhundert anzuknüpfen.[133] Er kann aber sogar an die Konzeption eines deutschen Verfassungstheoretikers anknüpfen, dessen Werk die westliche – über England vor allem auch die amerikanische – Verfassungstheorie befruchtet hat, in Deutschland selber jedoch ohne Einfluß geblieben ist.[134] Gemeint ist Johannes Althusius, dessen Schriften – nunmehr kaum überraschend – ebenfalls durch die Lehren Calvins geprägt waren.[135] Bei ihm findet sich auf der Basis der Volkssouveränität verbunden mit einer Begrenzung und Kontrolle der Machtbefugnisse des »summus magistratus«, bei Machtmißbrauch gar der Verpflichtung zum Widerstand die Begründung für ein Gemeinwesen, das durch den Geist der Reziprozität geprägt ist: »Das Band dieser korporativen Gemeinschaft ist die Übereinstimmung der Gesinnung und die von

132 So *P. Badura*, Art. »Verfassung«, Ev. Staatslexikon, 2. Aufl., 1966, Sp. 2708 ff., 2709 f. – Daneben auch die altrechtlichen Wurzeln der Herrschaftsverträge, Wahlkapitulationen und Fundamentalgesetze betonend *G. Dilcher*, Vom ständischen Herrschaftsvertrag zum Verfassungsgesetz, Der Staat 27 (1988), S. 161 ff.

133 *H. Dippel*, Der Verfassungsdiskurs im ausgehenden 18. Jahrhundert und die Grundlegung einer liberaldemokratischen Verfassungstradition in Deutschland, in: ders. (Hrsg.), Die Anfänge des Konstitutionalismus in Deutschland, 1991, S. 7 ff., 33.

134 Vgl. *C. J. Friedrich*, Johannes Althusius und sein Werk im Rahmen der Entwicklung der Theorie von der Politik, 1975, S. 130 ff.

135 Dazu die nach wie vor fesselnde Darstellung des »Entdeckers« Althusius durch *Otto von Gierke*, S. 56 ff. – Zu Althusius jetzt die beiden Sammelbände: Politische Theorie des Johannes Althusius, hrsg. v. K.-W. Dahm et al., Rechtstheorie Beiheft 7, 1988; und: Konsens und Konsoziation in der politischen Theorie des frühen Föderalismus, hrsg. v. G. Duso et al. (Hrsg.), Rechtstheorie Beiheft 16 (1997).

ihren Gliedern einander bewahrte Treue. Ihr Kern ist ein stillschweigendes oder ausdrückliches Versprechen, Sachen und Dienste sich gegenseitig zu leisten, auch Hilfe, Rat und Berechtigungen auszutauschen, wie es die Notwendigkeit und das Wohl des Gemeinschaftslebens, das alle umfaßt, verlangt.«[136] Damit entwickelt *Althusius* der Sache nach genau die horizontale Dimension der Verfassung eines Gemeinwesens – von ihm durchaus bezeichnend oft consociatio genannt –, das sich noch dazu – auch insoweit die Voraussetzungen eines freiheitlichen Gemeinwesens vorwegnehmend – durch gruppenpluralistische Züge auszeichnet.

Mag man dies vertragstheoretisch als die erste Stufe des Gesellschaftsvertrages verstehen,[137] so dürfte in Deutschland in der Folgezeit die zweite Stufe, der Unterwerfungs- oder Herrschaftsvertrag, auch für das Verfassungsverständnis erheblich bedeutsamer geworden sein.[138] Dies entsprach auch historisch der Realität, da es in Deutschland – anders als in den USA – nicht um die Neukonstituierung eines politischen Gemeinwesens, sondern um die verfassungsrechtliche »Zähmung« des sich herausbildenden absolutistischen Staates ging, ohne dessen Umformung durch die Glorious Revolution in England 1688 mit ihren Schüben der Parlamentarisierung und Grundrechtsbindung oder die französische Revolution 1789. In dieser Tradition des Vernunftrechts treten damit die vertragsschließenden Parteien ihre Handlungsfreiheiten an einen potentiell allmächtigen Staat[139] ab, aus Bürgern werden Untertanen,[140] aus der republikanischen Verfassung die Staatsverfassung.[141] Damit gewinnen der Staat und die Staatsge-

136 Zit. nach der auszugsweisen Übersetzung von *J. Althusius*, Grundbegriffe der Politik (1603), die *Erik Wolf* 1943 in der Reihe »Deutsches Rechtsdenken – Lesestücke für Rechtswahrer bei der Wehrmacht« vorgelegt hat.

137 Diese Sicht *von Gierkes*, S. 76ff. wird von *Friedrich*, Althusius, S. 119ff. entschieden abgelehnt.

138 So deutlich bei *S. Pufendorf*, Über die Pflicht des Menschen und des Bürgers nach dem Gesetz der Natur, hrsg. v. K. Luig, 1994, S. 165ff.

139 So deutlich mit der Vorstellung der Staatsgewalt als »General- und Blankovollmacht« *Krüger*, S. 827ff. u. neuerdings wieder *J. Isensee*, Staat und Verfassung, HbStR Bd. I, 1987, Rz. 15f., 20f.

140 Vgl. auch *Habermas*, Faktizität, S. 185 und bereits *v. Gierke*, S. 102ff.

141 Eindringlich in seiner Kritik an der deutschen »Theorie der Staatsgewalt«, der er seine – die helvetische – Lehre vom Staat als Respublica, civitas oder Gemeinwesen gegenüberstellt, *Bäumlin*, Zeitschrift des bernischen Juristenver-

walt den Vorrang vor der Verfassung. Die Staatsgewalt wird nicht von der Verfassung, sondern die Verfassung von der Staatsgewalt gedeutet. Die Verfassung »ist nicht Grundlage, sondern Zutat.«[142]

Die Überwindung dieser Sicht und auch insoweit die Rezeption des westlichen Verfassungsverständnisses erscheint schon wegen der genannten Veränderungen im Staat und in den Aufgaben der Verfassung nahezu unausweichlich. Denn nach der totalen Zerstörung des traditionellen Staates in Deutschland,[143] dem Wiederaufbau Deutschlands nach dem Kriege, verbunden mit dem Neubau einer politischen Ordnung aus der Gesellschaft, deren Verhältnis zum Staat als »osmotisch« beschrieben wurde,[144] muß das »klassische Verständnis« der Verfassung im Sinne einer primären Begrenzung eines vorfindlichen Staates mangels Wegfalls des Substrats anachronistisch wirken.[145] Die Verfassung läßt sich auch in Deutschland nach dem Zweiten Weltkrieg als rechtliche Grundlage, d.h. als Ordnung des Gemeinwesens und nicht

eins 101 (1965), S. 81 ff. – Als Kontrastprogramm lassen sich auch die unstaatlichen bzw. antistaatlichen Pluralismustheorien in England und Amerika verstehen, *R. Steinberg*, Deskriptive und normative Pluralismustheorie in Amerika und England, ARSP 69 (1973), S. 393 ff.

142 *D. Grimm*, Verfassung II, in: H. Mohnhaupt/D. Grimm, Verfassung, 1995, S. 100 ff., 134.

143 Wortreich beklagt von der deutschen Staatsrechtslehre, z.B. von *W. Weber*, Spannungen und Kräfte im westdeutschen Verfassungssystem, 2. Aufl., 1958.

144 *E. Forsthoff*, Die Bundesrepublik Deutschland, Umrisse einer Realanalyse, in: Merkur, 1960, S. 807 ff.

145 Um so erstaunlicher, daß dieses immer noch Vertreter findet, so etwa. J. *Isensee*, Staat und Verfassung in: HBStR Bd. I, 1987, Rz. 15 f., 20 f.; ähnlich *E. W. Böckenförde*, hinter dessen Konzept der Verfassung als »Rahmenordnung« die Vorstellung der Staatsverfassung erkennbar wird, vgl. Verfassung, S. 58 f., 197 f. – Einen besonders entschiedenen Verfechter der »Staatsgewalt« und der »Staatsverfassung« stellt *Krüger* in seiner Allgemeinen Staatslehre dar, der im Grundgesetz sogar »staatswidrige« Verfassungsbestimmungen entdeckt, so in Art. 19 Abs. 2 GG, ebd., S. 944 f., oder in Art. 4 Abs. 3 GG, so ebd., S. 965; wohl auch zur Verfassungsbeschwerde ebd., S. 790 f.; ähnlich *Forsthoff*, Industriegesellschaft, S. 64, wonach die Staatlichkeit selten gröblicher verletzt worden sei als durch Art. 20 Abs. 4 GG. – Zur Notwendigkeit eines neuen Verfassungsverständnisses unter dem Grundgesetz auch *H. Dreier*, Dimensionen der Grundrechte, 1993, S. 30. – Kritik an der »Renaissance des Staatsbegriffs« übt auch *H. Lietzmann*, Staatswissenschaftliche Abendröte, in: J. Gebhardt/ R. Schmalz-Bruns (Hrsg.), Demokratie, Verfassung und Nation, 1994, S. 72 ff., 86 ff.

mehr nur als die Demarkation der Waffenstillstandslinie in dem traditionellen europäischen Kampf »man versus state« verstehen. Vor allem auch die Verfassungsentwicklungen der jüngsten Zeit – neben der Anerkennung objektiver Schutzpflichten aus den Grundrechten auch die Staatszielbestimmungen (neben Art. 20a GG auch Art. 3 Abs. 2 S. 2 GG) – haben zu einer das negative Verständnis grundrechtlicher Freiheiten überwindenden, den Charakter positiver wechselseitiger Schutzversprechen gewinnenden »Finalisierung der Verfassung« geführt.[146] Ungeachtet der höchst unterschiedlichen Verfassungstraditionen der Vereinigten Staaten von Amerika, aber auch der Helvetischen Eidgenossenschaft auf der einen Seite und Deutschlands auf der anderen Seite sind damit vielleicht zum ersten Male die Voraussetzungen für eine republikanische Verfassungstheorie auch hier gegeben.[147]

Eine prozedurale Sicht der Verfassung ist aber nicht nur aus dem Vertrags- und Gegenseitigkeitsgedanken angebracht. Sie ergibt sich auch aus dem Verlust eindeutiger verfassungsrechtlicher Vorgaben für die Ordnung des Gemeinwesens, die trotz oder gar wegen der Ausweitung des Geltungsanspruchs der Verfassung festzustellen ist. So hat sich im Verlauf dieser Untersuchung immer wieder als wesentliche Eigenschaft des Umwelt- und Vorsorgestaates das Fehlen eindeutiger verfassungsrechtlicher Maßstäbe und statt dessen das Angewiesensein auf politische Entscheidungen erwiesen (so z. B. II. 5.). Für diese vermag die Verfassung neben wichtigen Eckpunkten und Orientierungen vor allem Regeln für das Verfahren der Entscheidung zu liefern. Die in anderen Bereichen staatlicher Ordnung, insbesondere der des Sozialstaates, bereits bekannte Problematik wird dadurch verstärkt. Allgemeiner läßt sich als Befindlichkeit des heutigen Verfassungsstaates formulieren: Nachdem »ein bestimmtes Gesellschaftsideal, eine bestimmte Vision des guten Lebens oder auch nur eine bestimmte politische Option« sich nicht mehr ausmachen lassen, benennt die Rechtsordnung lediglich noch die Bedingungen,

146 *Denninger*, Menschenrechte, S. 20f.

147 Als kritischer Schwachpunkt dieser Ansicht soll allerdings die in der deutschen Verfassungstheorie weithin ungeklärte Rolle des Volkes nicht unerwähnt bleiben. Ein Buch mit dem Titel »Wir das Volk« läßt sich leider auch nach dem gescheiterten Versuch der Herstellung der deutschen Einheit durch einen Prozeß gesamtdeutscher Verfassungsgebung nicht schreiben.

»unter denen die Rechtssubjekte in ihrer Rolle als Staatsbürger sich miteinander darüber verständigen können, welches ihre Probleme sind und wie sie gelöst werden sollen,«[148] Die inhaltliche Richtigkeit einer Verfassungsordnung muß damit in wesentlichen Bereichen der Ordnung des Gemeinwesens um prozedurale Verbürgungen ergänzt werden. Und deren Gelingen wird damit heute weitgehend zur Voraussetzung der Integration des Gemeinwesens durch Deliberation und gegenseitige Verständigung.

Die Funktion der Verfassung wird damit unzulässig verengt, wenn sie auf ihren liberal- staatlichen Funktionsgehalt reduziert wird. Das erweist nicht nur ein Blick auf die Verfassungsfunktion in anderen westlichen Verfassungsstaaten.[149] Die liberal-staatlichen Elemente bleiben jedoch prinzipiell erhalten. Der Verfassung kann über die traditionellen Gehalte hinaus aber auch eine normative Schicht von Optimierungsgeboten zur Gestaltung der sozialen und nunmehr auch der ökologischen Ordnung entnommen werden, die den staatlichen Handlungen Richtung und Maß geben, vor allem aber auch Abwägungspflichten auferlegen, nicht jedoch konkrete Inhalte vorgeben.[150] Dieser programmatische Gehalt der Verfassungsnorm auch in Deutschland ist seit jeher bekannt. So ist daran zu erinnern, daß gerade die Grundrechte – die ja für die traditionelle rechtsstaatliche Verfassung als zentrales Beispiel genannt werden – in der ersten Hälfte des 19. Jahrhunderts vornehmlich eine programmatische Funktion besessen haben.[151] Und auch im Grundgesetz ist die Verbindung von Rechts- und Programmgehalt seiner Normen auch außerhalb des Ökologiebereichs nicht unbekannt. Zu nennen sind auch hier die Grundrechte, und hier nicht nur mit ihrer Schutzpflichtendimension, sondern auch die Gleichstellungsgebote des Art. 6 Abs. 5 GG[152] und Art. 3 Abs. 2 GG[153] oder das Wiedervereini-

148 *Habermas*, Faktizität, S. 536. – In ähnlicher Weise charakterisiert *N. Luhmann*, Beobachtungen der Moderne, 1992, S. 181 die Prozeduralisierung der Gesellschaftsordnung.

149 So deutlich *Preuß*, Verfassung, S. 25 f.

150 Eine »Fixierung auf das Höchsterreichbare«, vor der *P. Lerche*, Die Verfassung als Quelle von Optimierungsgeboten?, in: Festschrift für Stern, 1997, S. 197 ff., 205 ff. zu Recht warnt, liegt der hier vertretenen Auffassung fern.

151 *Wahl*, Der Staat 18 (1979), S. 321 ff.

152 BVerfGE 25, 167, 172 f.; 85, 80, 87 f.

153 Dazu jetzt BVerfGE 85, 191, 206 f.

gungsgebot der Präambel bis zu deren Neuformulierung nach der Einigung 1990.[154] Die immer wiederholte Alternative zwischen »nicht justitiablem Programmsatz« und »echter Rechtsnorm«, für die dann regelmäßig Bestimmungen des Zweiten Hauptteils der Weimarer Reichsverfassung angeführt werden,[155] stimmte schon für diese nicht. Auch in den letzten Jahren der Weimarer Republik war es allgemeine Überzeugung geworden, daß die Verfassung dem Gesetzgeber auch durch allgemeine Grundsätze, Richtlinien und Zielsetzungen bindende Anweisungen geben kann.[156] Dabei kommt einer Verfassungsnorm nicht nur bei inhaltlicher Eindeutigkeit Positivität zu; vielmehr ist diese – abhängig von der »Verschiedenartigkeit der inhaltlichen Struktur« – in verschiedenen Stufen und Graden auch für den als primären Adressaten zu nennenden Gesetzgeber wie auch als Maßstab der Interpretation bei der Auslegung der einfachen Gesetze durch Verwaltung und Rechtsprechung gegeben.[157]

Auch in ihren direktiven und prozeduralen Elementen bleibt die Verfassung deshalb Rechtsgesetz. Sie wirkt als rechtliche Rahmen- und Verfahrensordnung für das politische System. Dessen Entscheidungen sind inhaltlich nur in den Grenzen des Rechtsgehalts der Verfassungsnormen rechtlich determiniert; im übrigen und d. h. ganz überwiegend müssen sie nach anderen – politischen – Kriterien getroffen werden. Methodisch läßt sich die Verfassungsnorm topisch verstehen. Dies bedeutet, daß die Rechtsnormen als rechtliche Topoi bei der Entscheidung Berücksichtigung finden.[158] Hinzu kommt die verfahrensmäßige Strukturierung der Entscheidungen.

154 BVerfGE 36, 1, 17f.

155 So auch BVerfGE 3, 225, 239, 242; vgl auch *Stern*, Staatsrecht, Bd. I, 2. Aufl., 1983, S. 113.

156 *C. Schmitt*, Rechtsstaatlicher Verfassungsvollzug, in: Verfassungsrechtliche Aufsätze, 1958, S. 453ff., 462.

157 Eingehend *ders.*, Inhalt und Bedeutung des zweiten Hauptteils der Reichsverfassung, in: Handbuch des Deutschen Staatsrechts, hrsg. v. G. Anschütz/R. Thoma, Bd. II, 1932, S. 597ff. – Auf die »breite Skala von ›Verbindlichkeits‹graden« des Verfassungsgebers weist jetzt auch *Denninger*, KritV 1986, S. 309 hin.

158 Dieser methodische Ansatz hat Ähnlichkeiten zu der herrschenden Methode zur Interpretation, besser: zur Aktualisierung der amerikanischen Verfassung, dem common-law approach, vgl. etwa *B. Ackerman/ D. Golove*, S. 107; *D.A. Strauss*, Common Law Constitutional Interpretation, University of Chicago Law Rev. 63 (1996), S. 877ff.; scharf abl. *A. Scalia* (U. S. Supreme Court

Die derart beschriebene Direktiv- und Verfahrenswirkung von Normen der Verfassung ist auch für den Ökologie-Grundsatz – mit seinen grundrechtlichen Schutzpflichten wie auch mit der Staatszielbestimmung Umweltschutz – herausgearbeitet worden (s.o. II. 5.b.). Hierdurch wird rechtliche Verbindlichkeit verbunden mit politischer Gestaltungsfreiheit. Die klare Herausarbeitung des rechtlichen Gehalts der ökologischen Optimierungsgebote ist auch die unerläßliche Voraussetzung effektiver verfassungsrechtlicher Kontrolle, welche die Entscheidungsspielräume der politisch Verantwortlichen respektiert. Nur wenn diese Grenzen verkannt werden, vermöchte die seit den zwanziger Jahren bekannte Beschwörung des Jurisdiktionsstaates[159] zu überzeugen. Daß die Bestimmung der funktionalen Grenzen der Verfassungsgerichtsbarkeit[160] nicht immer leicht fällt und im Einzelfall auch scheitern mag, belegt weder die Nicht-Existenz dieser Grenze noch deren Bestimmbarkeit.[161] Alle diese Probleme ergeben sich als Konsequenzen aus der Existenz einer Verfassungsgerichtsbarkeit, der nahezu unbegrenzt alle staatlichen Maßnahmen zur Überprüfung auf ihre Vereinbarkeit mit der Verfassung vorgelegt werden können, nicht unmittelbar jedoch aus der Struktur ökologischen Verfassungsrechts.[162]

Nicht überschätzt werden sollten die möglichen Ergebnisse eines unter der Verfassung eröffneten Umwelt- und Technikdis-

Justice), A Matter of Interpretation – Federal Courts and the Law, Princeton, N.J., 1997, S. 3ff.; dagegen wiederum *Sunstein*, Judicial Minimalism, Kap. 7, VI. – Dabei sind allerdings trotz der Gemeinsamkeiten – der Auslegung einer geschriebenen Verfassung – die Unterschiede nicht zu übersehen, vor allem das Alter der U.S. Verfassung und das erheblich größere Gewicht von Entscheidungen des U.S. Supreme Court.

159 *C. Schmitt*, Das Reichsgericht als Hüter der Verfassung, in: Verfassungsrechtliche Aufsätze, 1958, S. 63ff., 77 f., 97ff.; *Forsthoff*, Die Umbildung des Verfassungsgesetzes, S. 149f.; *Böckenförde*, Der Staat 29 (1990), S. 1ff., 24ff.

160 *K. Hesse*, Funktionale Grenzen der Verfassungsgerichtsbarkeit (1981), in: ders., Ausgewählte Schriften, 1984, S. 311ff.

161 Krit. zu dem »Grenzenlosigkeitsschluß«, wonach von der Schwierigkeit der Abgrenzung auf das Nichtvorhandensein einer Grenze geschlossen wird, *C. Schmitt*, Freiheitsrechte und institutionelle Garantien der Reichsverfassung, in: Verfassungsrechtliche Aufsätze, 1958, S. 140ff., 147.

162 Dies wird auch dadurch belegt, daß in den USA ungeachtet eigener Verfassungstheorien die Kontroverse um die Grenzen der Verfassungsgerichtsbarkeit mit ähnlicher Intensität geführt wird. Vgl. nur *Preuß*, Verfassung, S. 18ff.

kurses. Denn auch durch dessen Optimierung lassen sich die aporetischen Bedingungen der Risikokommunikation – vor allem die Ungewißheiten – nicht beseitigen. Auch wenn deshalb von einer »rationalen« Diskussion gesprochen wird, so kann das Ergebnis in aller Regel nur eine Verständigung sein, die hinter einem Konsens zurückbleibt. Unter Verständigung versteht *Luhmann* »ausgehandelte Provisorien, auf die man sich eine Zeitlang berufen kann. Sie besagen weder Konsens, noch bilden sie vernünftige oder auch nur richtige Problemlösungen. Sie fixieren nur dem Streit entzogene Problemlösungen für weitere Kontroversen.«[163] Das aber ist nicht wenig. Ihr liegt eine »Ethik der Ratlosigkeit« zugrunde, der es nicht darum geht zu beweisen, wer recht hat, sondern »die nur sagt, wie man sich verhält, wenn man es eben nicht beweisen kann.«[164] Dieser zeitweisen Verständigung liegt aber nicht nur der Austausch von Argumenten zugrunde. Vielmehr geht es auch – soweit dadurch Interessen der Diskussionsteilnehmer betroffen werden – um die Erzielung von Kompromissen, ohne daß die politische Willensbildung dadurch diskreditiert würde.[165] Und nur soweit diese argument- und interessengeleitete Diskussion offen und fair verläuft, läßt sich die so gewonnene Verständigung als »vernünftig« bezeichnen. Eine wie auch immer geartete Konnotation der Teilhabe an »der« Vernunft läßt sich damit jedoch nicht herstellen.

c. Inhaltlicher oder prozeduraler Umweltschutz durch die Verfassung

An dieser Stelle bedarf die Behauptung der Vertiefung, wonach Umweltschutz in der Verfassung zwar inhaltlich verankert, im wesentlichen jedoch auf prozedurale Entfaltung angewiesen ist. Die Umwelt wird durch die Verfassung vor allem durch Verfah-

163 So überzeugend *Luhmann*, (Fn. 148), S. 139 u. 194; ähnlich *Würtenberger*, S. 258f. – Weit darüber hinausgehend *Müller*, S. 59, der die Interessen der Betroffenen mit dem Wissen der Experten mit dem Ziel zusammenbringen will, »daß nach Möglichkeit universal konsensfähige Lösungen erreicht werden.«

164 *Röglin*, S. 62.

165 Den Eindruck erweckt jedoch *Habermas*, Faktizität, S. 205, 331ff., 344.

ren geschützt. Dies läßt schon ein kurzer Blick auf die U.S.-amerikanische und die deutsche Verfassung erkennen, in denen trotz einschlägiger Diskussionen auf die Aufnahme oder die interpretatorische Entwicklung von Umweltgrundrechten verzichtet wurde (s. o. II. 2. b. bb.). In beiden Verfassungsordnungen sind aber zur selben Zeit durch Interpretation des jeweiligen Verfassungsgerichts »neue« Grundrechte entwickelt worden: Bemerkenswerterweise handelte es sich in beiden Fällen um den Schutz der Privatsphäre, wenngleich diese in den Vereinigten Staaten mit einer Reihe von Entscheidungen[166] viel konsequenter geschützt wird als in Deutschland.[167] Die Antwort auf die Frage, warum diese Grundrechte sich anders als ein Umweltgrundrecht durchsetzen konnten, erlaubt Einsichten in die Leistungsfähigkeit und Funktionsvoraussetzungen eines Grundrechts. Hierbei wird die Diskussion in Amerika und in Deutschland Gemeinsamkeiten, aber auch Unterschiede des Verfassungsverständnisses hervortreten lassen.

Schlaglichtartig kommt dies in den Entscheidungen der jeweiligen Verfassungsgerichte zur Abtreibung zum Vorschein. Wird in *Roe v. Wade* zwar auch das Interesse des Staates am Schutz des »potential human life« – die Frage nach dem Beginn des Lebens wird unter Hinweis auf die Geschichte als außerjuristisch ausdrücklich offen gelassen – erwähnt, so wird doch der Schutz der Privatheit der Frau und damit ihrer Freiheit, über das Austragen oder die Beendigung ihrer Leibesfrucht zu entscheiden, in den Vordergrund der verfassungsrechtlichen Verbürgung der due process-Klausel des 14. Amendments gestellt.[168] Diese Freiheit der Frau wird vom Bundesverfassungsgericht zwar auch gesehen, dem Schutz des ungeborenen Lebens jedoch hintan gestellt.[169]

166 Grundlegend *Griswold v. Connecticut*, 381 U.S. 479 (1965); vgl. die weiteren Nachweise bei *Stone/Seidmann/Sunstein/Tushnet*, S. 950ff.

167 BVerfGE 27, 344; 34, 238; 35, 35; 79, 256; 90, 263; dazu die Diskussion in *Grimm*, abw. Meinung BVerfGE 80, 137, 164ff. u. *Hesse*, Grundzüge, Rn. 428.

168 *Roe v. Wade* 410 U.S. 113 (1973) insoweit auch von dem erheblich konservativeren Renquist-Court in *Planned Parenthood of Southeastern Pennsylvania v. Casey*, 505 U.S. 833 (1992) in einer 5:4 Entscheidung bekräftigt. Lediglich bei den »late-term-abortions« wird die Befugnis des Gesetzgebers unterstrichen, zwischen beiden Rechtsgütern abzuwägen; auch hier gilt jedoch kein Abtreibungs*verbot*.

169 BVerfGE 39, 1, 42f.; 88, 203, 253ff.

Dies erfolgt nicht nur – wie es nachvollziehbar wäre – in Anerkennung einer gesetzgeberischen Zuordnung kollidierender Schutzgüter der Verfassung,[170] sondern als Anordnung einer bestimmten Präferenz – gegen die Entscheidungsfreiheit der Frau –, gesteigert um die Feststellung einer von der Verfassung geforderten Pönalisierung der an der Abtreibung Beteiligten.[171] Hier deutet sich ein Freiheitsverständnis des Bundesverfassungsgerichts an, das man wohlwollend als paternalistisch kennzeichnen könnte.[172]

Wie dargestellt hat das Bundesverfassungsgericht diese Schutzpflichtendoktrin über verbale Ansätze hinaus trotz einer keinesfalls zwangsläufigen, ja auch nur naheliegenden Versubjektivierung der ursprünglich objektiv-rechtlich konzipierten Schutzpflichten nicht wirklich auf die verfassungsrechtlich geschützten Rechtsgüter der Umwelt (Leben, körperliche Unversehrtheit) übertragen, so daß die Herausbildung eines – wenigstens partiellen Umweltgrundrechts – in den Ansätzen steckengeblieben sind. Und selbst diese Ansätze hat es in der Rechtsprechung des U. S. Supreme Court nicht gegeben, da dieser die Anerkennung von grundrechtlichen Schutzpflichten kategorisch abgelehnt hat (s. o. IV. 2.).

Es bleibt deshalb die Frage, warum sich Umweltgrundrechte weder in der amerikanischen noch der deutschen Verfassung herausgebildet und durchgesetzt haben. Die Antwort fällt leichter, wenn sie vor dem Hintergrund der »klassischen« Freiheitsrechte – vor allem in Gestalt von Abwehrrechten – gewonnen wird. Wenn diese mit einem möglichen Umweltgrundrecht verglichen werden, so reicht nicht der bloße Hinweis aus, daß es sich bei

170 So die abweichende Meinung der Richter *Mahrenholz* u. *Sommer*, BVerfGE 88, 203, 340ff.

171 BVerfGE 39, 1, 44ff.; 88, 203, 255ff.

172 Speziell zu den Abtreibungsurteilen *W. Schmidt*, Grundrechte – Theorie und Dogmatik seit 1946 in Westdeutschland, in: D. Simon (Hrsg.), Rechtswissenschaft in der Bonner Republik, 1994, S. 188ff., 223ff.; allgemein *E. Denninger*, Menschenrechte und Staatsaufgaben – ein »europäisches« Thema, JZ 1996, S. 585ff., 587, 590; *Habermas*, Faktizität, S. 490f. zum sozialstaatlichen Paternalismus; *G. L. Neuman*, Casey in the Mirrror, Am. Journal for Comparative Law 43 (1995), S. 273, 290 spricht im Hinblick auf die Rechtsprechung des Bundesverfassungsgerichts von »a more communitarian, less individualistic conception of human personality«.

jenen um »natürliche« Rechte handele, die unmittelbar, d. h. ohne staatliche Vermittlung anwendbar wären[173], es sich bei diesen aber in Wirklichkeit um Ansprüche auf staatliches Tätigwerden handele, eine unmittelbare und das heißt vor allem auch judizielle Anwendung damit ausscheide. Demgegenüber ist zu Recht darauf hingewiesen worden, daß auch Handlungsfreiheiten als Rechte keinesfalls natürlich gelten, sondern von der Rechtsordnung zugeteilt werden müssen[174] und auf rechtliche, wie die zahlreichen grundrechtlichen Gesetzesvorbehalte deutlich machen, und auf gesetzliche Ausgestaltung, Begrenzung und verhältnismäßige Zuordnung zu anderen Schutzgütern der Verfassung angewiesen sind.[175]

Weder das Argument der »Natürlichkeit« bzw. »Rechtserzeugtheit« noch die Ausgestaltungsbedürftigkeit reichen aus, um die mangelnde strukturelle Eignung eines Umweltgrundrechts zu belegen. Hierfür lassen sich statt dessen fünf Gründe anführen:

(1) Der US-Supreme Court hat in einer Reihe neuerer Entscheidungen die Anerkennung als »fundamental rights and liberties« davon abhängig gemacht, daß diese tief in der Geschichte und Tradition der Nation verankert seien.[176] Auch wenn diese Auffassung zu eng sein dürfte, weil sie die Herausbildung neuer Grundrechte ausschließt – das deutsche Paradebeispiel dürfte hier das neue Grundrecht auf informationelle Selbstbestimmung sein[177] – und damit zu einer Petrifizierung grundrechtlichen Schutzes führt – verbunden mit zunehmender Schutzlosigkeit

173 So *C. Schmitt,* Grundrechte und Grundpflichten, in: ders., Verfassungsrechtliche Aufsätze, 1958, S. 181 ff., 207 ff.

174 *Habermas,* Faktizität, S. 157 ff. – Gegen die Annahme »natürlicher« vorrechtlicher Freiheiten sowie die Vorstellung einer »natürlichen sozialen Ordnung«, die offensichtlich auch in der amerikanischen Verfassungstheorie verbreitet ist, *L. Tribe,* Constitutional Choices, Cambridge, Mass. 1985, S. 242 f., 264 und vor allem auch *C. Sunstein*, Partial Constitution, S. 4 f., 69 ff.

175 *Hesse,* Grundzüge, Rn. 304 f; *Bäumlin*, Zeitschr. d. Bernischen Juristenvereins 101 (1965), S. 98 f.

176 Zuletzt in seinem Urteil vom 26.6.1997 *Washington et.al. v. H. Glucksberg,* 117 S. Ct. 2258, 2267 ff. zu einem behaupteten Grundrecht auf Unterstützung beim Selbstmord. – Krit. Zu diesem Argument *L. H. Tribe/M. C. Dorf*, Levels of Generality in the Definition of Rights, Univ. of Chicago Law Rev. 57 (1990), S. 1057 ff., 1085 ff.

177 BVerfGE 65, 1.

menschlicher Handlungsfreiheiten gegenüber neuen Bedrohungen –, liegt in ihr doch ein richtiger Gedanke. Denn die Tradition vermag immerhin Indizien für stabile Verhaltenserwartungen gegenüber bestimmten sozialen Problemen zu liefern. Diese weisen in ihren Erscheinungsformen eine gewisse Konstanz auf, die es erlauben, auf der Basis eines in der Tradition gegründeten Konsenses bestimmte Lösungen rechtsförmig festzuschreiben. Diese rechtsförmigen Problembewältigungen in Form von Grundrechten erlauben auch die rechtsförmige »Anwendung« durch die Gerichte, auch wenn diese zugegebenermaßen Grundrechte nicht subsumieren können. Die Gerichte sind jedoch mit Hilfe ihres juristischen Handwerkzeugs – Verfassungstheorie und Verfassungsrechtsdogmatik – in der Lage, die Grundrechte als »law in action«[178] auf jeweils modifizierte Sachverhalte hin zu aktualisieren.

(2) Bei einem Umweltgrundrecht entfällt aber nicht nur diese Unterstützung durch die Tradition, sondern auch der zweite mit der Tradition verwandte Gedanke, der des Konsenses. Gerade in der langen, zumindest bis in die Hälfte des 18. Jahrhunderts zurückgehenden Tradition der klassischen Grundrechte, auf die ja durch verfassungsrechtliche Neuverbürgungen wie das Bonner Grundgesetz, aber auch die Verfassungen der neuen Bundesländer bewußt Bezug genommen wird, kommt auch ein Stück Konsens über die grundlegenden Werte und deren Schutz gegenüber – traditionell - staatlichen Eingriffen zum Ausdruck.[179] Dadurch wird zwar die Herausbildung eines neuen Konsenses über die Schutzwürdigkeit neuer Rechtsgüter nicht ausgeschlossen. Ein derartiger Konsens scheint aber über den Umweltschutz – wie in Deutschland die Debatte um die Staatszielbestimmung Umweltschutz gezeigt hat (s.o. II. 2.b. ee.) – trotz des heutigen Ausmaßes an Umweltbedrohung (noch) nicht zu bestehen.[180] Dies gilt angesichts

178 J. Esser, Grundsatz und Norm in der richterlichen Fortbildung des Privatrechts, 2. Aufl., 1964, S. 250ff.

179 *M. Kriele,* Habeas corpus als Urgrundrecht, S. 71ff., 78ff., in: ders., Recht, Vernunft, Wirklichkeit, 1990; *ders.*, Freiheit und Gleichheit, S. 143ff., 146f., in: ders., ebd.

180 Zu der Diskussion in den USA ähnlich *J. L. Fernandez*, State Constitutions, Environmental Rights Provisions and the Doctrine of Self-execution: A Political Question?, Harvard Environmental Law Review 17 (1993), S. 233f., 376f.

der Unsichtbarkeit, der Diffusität, Langfristigkeit und Ungewißheit der Risiken nicht nur für die Ziele des Umweltschutzes, sondern in noch viel höherem Maße für dessen Mittel, mit deren Einsatz zwangsläufig über Kosten zu Lasten anderer vielfach auch hochrangiger Rechtsgüter, zum Beispiel sozialer Leistungen, zu entscheiden ist. Bei derartigen Entscheidungen muß damit jeweils neu der Konsens geschaffen werden, und für diese Aufgabe eignen sich die im engen Sinne politischen Gewalten – Parlament und Regierung – deutlich besser als die Gerichte, deren Argumentationsarsenal im wesentlichen auf rechtliche Gesichtspunkte beschränkt und die für die Bearbeitung der bei der Realisierung von Umweltschutzprogrammen vorrangigen Fragen effektiver und effizienter Zielerreichung nur äußerst schlecht gerüstet sind.

(3) In den beiden ersten Gesichtspunkten wurden bereits die entscheidenden Gründe angedeutet, welche das Instrument des Grundrechts für die Bewältigung der Aufgabe des Umweltschutzes als strukturell wenig geeignet erscheinen lassen: die äußerste Dynamik und Vielgestaltigkeit, Komplexität und Ungewißheit, welche das Kennzeichen der Risikogesellschaft darstellen. Die damit auch verbundenen hohen Anforderungen an Informationen und Flexibilität staatlicher Maßnahmen verbieten deshalb die Inkorporierung eines bestimmten Umweltschutzprogramms in der Verfassung.[181] Die Einwände gegen ein Umweltgrundrecht

181 Mit diesen Erwägungen funktioneller Art hat Justice *Souter* in dem Glucksburg-Fall die Unangemessenheit der Anerkennung eines neuen Grundrechts begründet: »An unnumerated right should not therefore be recognized, with the affect of displacing the legislative ordering of things, without the assurance that its recognition would proof as durable as the recognition of those other rights differently derived. To recognize a right of lesser promise would simply create a constitutional regime too uncertain to bring with it the expectation of finality that is one of this Court's central obligation in making constitutional decisions.«, *Washington et.al. v. H. Glucksburg*, 117 S. Ct. 2293. – Mit ähnlicher Begründung gegen verfassungsrechtliche Ansprüche auf Umweltschutz *R. Stewart,* (zitiert bei *Fernandez*, [Fn. 179], S. 385); *C. Sunstein*, Liberal Constitutionalism and Liberal Justice, Texas Law Rev. 72 (1993), S. 305 ff., 308 f.–
Allgemein zu der Problematik *C. Sunstein*, After the Rights Revolution, S. 90 f., 230; *ders.*, Partial Constitution, S. 147 ff., 319 ff. – Vgl. auch *Rawls*, S. 229 ff., der die »essentiellen Verfassungsprinzipien« im wesentlichen auf die klassischen Freiheitsrechte beschränkt.–
Zur überwiegenden Ablehnung der Schaffung eines Umweltgrundrechts in der deutschen Literatur vgl. *Bock*, S. 227 ff.

stellen damit eine Steigerung der Kritik an sozialen Grundrechten[182] oder auch originären Teilhaberechten dar. Eine judizielle »Kleinarbeit« mit dem juristischen Handwerkszeug erscheint – von eindeutigen Grenz- und Extremfällen abgesehen – nicht möglich. Es erscheint beinahe verblüffend, mit welch ähnlichen Argumenten praktisch zeitgleich das Bundesverfassungsgericht und der U.S. Supreme Court einen Individualanspruch des Bürgers auf Schaffung von Studienplätzen bzw. ein Grundrecht auf Bildung abgelehnt haben. In beiden Entscheidungen wird – von einem Extremfall abgesehen – die Begründung eines entsprechenden Grundrechts letztlich zurückgewiesen mit dem Hinweis auf die primäre Kompetenz der Legislative: diese sei nicht nur für die Entscheidung der komplizierten Haushalts- bzw. Abgabenfragen, sondern auch der komplexen Bildungsprobleme besser gerüstet.[183] Dieselben Überlegungen träfen auch für ein Umweltgrundrecht zu; ein solches, auf dessen Realisierung dem Einzelnen ein Anspruch gegen den Staat eingeräumt würde, müßte deshalb leerlaufen und zu einem Programmsatz ohne Rechtsqualität degenerieren.[184]

(4) Der vierte Einwand gegen ein Umweltgrundrecht wird vor allem aus der Perspektive gerichtlicher Anwendung gespeist. Die den gerichtlichen Verfahren eigene Begrenzung auf externe Initiierung und – selbst bei hintergründigem Allgemeininteresse – die Entscheidung eines Einzelfalls verbietet die gerade bei der Lösung von ökologischen Problemen notwendige Betrachtung von Zusammenhängen und ihre Abhängigkeit von umfassenden Programmen und Plänen. Ein Gericht kann einen Eingriff in das Recht der Gewerbefreiheit und der Eigentumsgarantie zum Zwecke der Risikovorsorge von dem Vorliegen eines Planes abhängig machen.[185] Es kann jedoch die für die Anerkennung eines Anspruchs auf den Schutz der Umwelt erforderliche zusammenhängende Problemlösung nicht selber liefern;[186] eine punktuelle

182 *Hesse*, Grundzüge, Rn. 208.

183 BVerfGE 33, 303, 333 f. (1972); *San Antonio School District v. Rodriguez*, 411 U.S. 1, 31, 40 f., 42 (1972).

184 Zu diesem Schicksal der Umweltgrundrechte in den amerikanischen Staatsverfassung von Virginia und Pennsylvania *Fernandez*, (Fn. 180), 365 ff.

185 BVerwGE 69, 37, 44 f.

186 Mit diesem Argument sowie dem Hinweis auf fehlende Entscheidungsmaß-

Intervention im Hinblick auf eine konkrete Maßnahme zur Bekämpfung eines speziellen Umweltproblems müßte aber zwangsläufig die gegebenen Interdependenzen außer acht lassen und deshalb fehlschlagen.[187]

(5) Schließlich und letztens bleibt auch unklar, wer denn Träger eines derartigen Grundrechts sein soll. Die Natur als solche scheidet aus (s. o. II. 1. d). Umweltinteressen sind typischerweise Belange der Allgemeinheit und damit nicht einem Einzelnen von der Rechtsordnung zugewiesen. Damit kann das Grundrecht als individuelles Recht prinzipiell nicht fertig werden. Soweit durch die Beeinträchtigung von Umweltbelangen gleichzeitig Individualrechte wie Leben, Gesundheit oder Eigentum verletzt werden, gewähren die entsprechenden Grundrechte insoweit Schutz (s. o. II. 2. b. dd. und IV. 2. a). Wenn die Rechtsordnung Einzelne zur Geltendmachung von – auch verfassungsrechtlich geschützten – öffentlichen Interessen ermächtigt, werden die Einzelnen nicht als Rechtsinhaber, sondern gleichsam als Treuhänder tätig. Nichts anderes gilt, wenn man das Umweltrecht als Kollektivgrundrecht oder auch als Recht zukünftiger Generationen versteht, da Kollektive als solche nicht handlungsfähig sind, sondern wiederum auf Treuhänder o. ä. angewiesen sind.

Auch damit wird deutlich, daß das subjektive Recht als solches zur Vertretung von Umweltinteressen kaum taugt. Diese lassen sich nur mehr oder weniger zufällig auf isolierte Einzelinteressen zurückführen. Sie stellen sich vielmehr in äußerst komplexen Interdependenzen wirkmäßiger, räumlicher und zeitlicher Art dar, die, »wenn und soweit es überhaupt möglich ist«, in der Form »hochaggregierter Probleme« bearbeitet werden, sich aber nicht mehr als subjektive Rechte abbilden lassen.[188]

stäbe im 14. amendment wird die Herleitung eines Umweltgrundrechts aus der amerikanischen Bundesverfassung abgelehnt in *Tanner v. Amco Steel Corp.*, U. S. District Court, Southern Texas, 340 F.Supp. 532 (1972).

187 So auch *H.H. Rupp*, Die verfassungsrechtliche Seite des Umweltschutzes, JZ 1971, S. 401 ff., 402 wonach ein von ihm befürwortetes Umweltgrundrecht »keine unmittelbar einklagbaren Ansprüche auf ganz bestimmte staatliche Maßnahmen« einräume. Worin der Rechtscharakter eines derartigen Grundrechts dann liegen soll, bleibt offen.

188 *N. Luhmann*, Subjektive Rechte. Zum Umbau des Rechtsbewußtseins für die moderne Gesellschaft, in: ders. (Hrsg.), Gesellschaftsstruktur und Semantik, 1981, S. 45 ff., 94 f.

Die Verbürgung eines Grundrechts auf Schutz der Umwelt liefe damit eher auf die Positivierung des »Prinzip Hoffnung«[189] hinaus, die zwangsläufig die normative Kraft der Verfassung schwächen müßte. »Warum denn,« so fragt *J.P. Müller* in Richtung sozialer Grundrechte zu Recht, »im einzelnen ausdrücklich Rechtsansprüche auf Verfassungsebene zusichern, wenn doch etwas anderes gemeint ist, warum Hoffnungen auf Leistungen erwecken, die jedenfalls dem Inhalt nach offen sind? Warum es nicht bei objektiv-rechtlichen Zielsetzungen, Aufträgen zur Sozialgestaltung an den Gesetzgeber bewenden lassen, wenn dies allein realisierbarer Sinn der Verfassung ist?«[190] Dies gilt in noch stärkerem Maße für ein Umweltgrundrecht. Statt seiner erscheint deshalb die substantielle Verankerung des Umweltschutzes als Staatsziel angemessener. Hier wird inhaltlich ein gemeinsamer Wert für das Gemeinwesen normiert, dessen Aktualisierung und Zuordnung zu anderen verfassungsrechtlich normierten Gemeinschaftswerten auf das Verfahren angewiesen ist. Die Kategorie des Verfahrens ist in der Vergangenheit als Dimension grundrechtlichen Schutzes, insoweit die materiellen Grundrechtsgehalte ergänzend, herausgearbeitet worden.[191] Die hier gewonnenen Erkenntnisse lassen sich für den verfassungsrechtlichen Umweltschutz insgesamt – sei es beim Umweltschutz aus Grundrechten oder aus der Staatzielbestimmung Umweltschutz – fruchtbar machen.[192] Umweltschutz als Verfahrensgarantie macht auch als Rechtsgewähr Sinn, da die Gerichte für die Kontrolle von Verfahrensregeln bestens disponiert sind.

Auch diese Überlegungen lassen die subjektiv-rechtliche Wen-

189 *P. Häberle*, Das Bundesverfassungsgericht im Leistungsstaat, DÖV 1972, S. 729ff., 732.

190 J.-P. *Müller*, Soziale Grundrechte in der Verfassung?, ZSR 95 II, S. 726ff., 1083; vgl. auch *ders.*, Elemente einer schweizerischen Grundrechtstheorie, Bern 1982, S. 66.

191 In umweltrechtlich relevanten Verfahren insbesondere BVerfGE 53, 30 und hier insbes. die abw. Meinung von *Simon/Heußner*, S. 69ff. – Aus der Literatur vgl. nur *H. Goerlich*, Grundrechte als Verfahrensgarantien: ein Beitrag zum Verständnis des Grundgesetzes für die Bundesrepublik Deutschland, 1981; *K. Hesse*, Bestand und Bedeutung der Grundrechte in der Bundesrepublik Deutschland (1978), jetzt in: ders., Ausgewählte Schriften, 1984, S. 283ff., 300ff.

192 Jüngst zur Bedeutung prozeduraler Rechte gerade in diesem Bereich *Habermas*, Faktizität, S. 493ff., 516ff.

dung von Schutzpflichten problematisch erscheinen. Hier wurde lediglich ein kupiertes Grundrecht auf Schutz bestimmter umweltrelevanter Rechtsgüter geschaffen, das in Wirklichkeit reduziert ist auf ein »Recht auf gerechte Abwägung« unter Berücksichtigung von Leben und Gesundheit des einzelnen Beschwerdeführers. Sachlich angemessener wäre statt dessen, diesen Anspruch von seiner grundrechtlichen Einkleidung zu lösen und als Anspruch der Öffentlichkeit, »vertreten« etwa durch Umweltverbände, vielleicht auch Einzelne, anzuerkennen.

d. Ökologisches Recht

Die ökologische Verfassung findet ihre Aktualisierung und Entfaltung zwangsläufig im unterverfassungsgesetzlichen Recht und hier insbesondere – soweit dieses das Handeln der Verwaltung sowohl im Bereich des Ordnungsrechts als auch der neuen Instrumente regelt – durch das Verwaltungsrecht. Auf dieser Ebene des Rechts läßt sich deshalb ein Funktionswandel ausmachen, der zu einer Ökologisierung des Rechts zu führen vermag. Hier sind deshalb die Umgestaltungen der Rechtsordnung zu entwerfen und umzusetzen, ohne die der ökologische Verfassungsstaat sich weder gegenüber dem Präventionsstaat noch gegenüber der Technostruktur zu behaupten vermag. Durch den Einbau der Umwelt in die Strukturen des geltenden Rechts läßt sich – wenn nur der politische Wille vorhanden ist – eine Effektuierung der Umweltinteressen erreichen, ohne daß es systemwidriger Konstruktionen wie von Eigenrechten der Natur bedarf (s.o. II. 1.d.). Die wesentlichen Elemente des ökologischen Rechts sind im Laufe dieser Arbeit ausführlich vorgestellt worden, so daß an dieser Stelle zumeist einige zusammenfassende, im übrigen ergänzende Bemerkungen genügen können.

aa. Prozeduralisierung des Rechts

Als bemerkenswertes Phänomen des Umweltrechts ist zunächst die Unbestimmtheit der Umweltgesetze zu nennen (s. o. III. 1.). An der bei umweltrechtlichen Normen verbreiteten, in gewissem Maße auch unvermeidlichen Unbestimmtheit ihres Regelungsgehalts scheitert das Subsumtionsmodell. Auch derartige Normen des einfachgesetzlichen Umweltrechts entfalten eine entsprechenden Verfassungsgesetzen vergleichbare Direktivwirkung. Diese richtet sich allerdings an die Exekutive, gegebenenfalls auch an die Judikative, und ermächtigt diese zur Konkretisierung und Aktualisierung des nicht-abschließend entschiedenen Normprogramms. Allerdings ist die Feststellung der Unzulänglichkeit des Subsumtionsmodells auch sonst nahezu Allgemeingut der heutigen Methodenlehre.[193] Um so erstaunlicher wirkt es, wenn die zutreffende Feststellung der begrenzten Subsumierbarkeit vieler ökologischer Normen als Beleg für den Verfall des Rechtsstaats angeführt wird.[194]

Auch die immer wiederkehrende Entgegensetzung – rechtsstaatlich »einwandfreier« – konditionaler Programmierung und – rechtsstaatlich »bedenklicher« – finaler Programmierung vermag jedenfalls in dieser Schärfe und mit dieser Bewertung nicht zu überzeugen.[195] So weist eine der zentralen Normen des »klassischen« und damit ja wohl rechtsstaatlichen Verwaltungsrechts – die polizeiliche Generalklausel[196] ganz deutlich finale Züge auf. Es ist auch daran zu erinnern, daß jegliche rechtssatzförmige Programmierung des Verwaltungshandelns »sekundäre Elastizitäten« in Form von Ermessen und unbestimmten Rechtsbegriffen aufweist,[197] die den Normanwendern Entscheidungsspielräume verschaffen. Entgegen der Suggerierung klar abgrenzbarer Normkategorien sind »in Wirklichkeit ... die Übergänge fließend, handelt es sich wegen der niemals vollständigen Determination der Entscheidungen durch die gesetzlichen Vorgaben

193 Vgl. nur *F. Wieacker*, Privatrechtsgeschichte der Neuzeit, 2. Aufl., 1967, S. 433ff.; *A. Rinken*, Einführung in das juristische Studium, 3. Aufl., 1996, S. 239ff.; für das Verfassungsrecht *F. Müller*, Juristische Methodik, 7. Aufl., 1997, S. 87ff.

194 So *Grimm*, Zukunft, S. 172ff., 435; früher bereits, wenngleich ohne Bezug zum Umweltrecht *Forsthoff*, Verfassungsgesetz, S. 141ff.

195 Grundlegend hierzu *R. Rubel*, Planungsermessen, 1982.

196 § 10 II 17 PrALR: »Die nöthigen Anstalten zur Erhaltung der öffentlichen Ruhe, Sicherheit und Ordnung, und zur Abwendung der dem Publiko, oder einzelnen Mitgliedern desselben bevorstehenden Gefahr zu treffen, ist das Amt der Polizey.«

197 *Luhmann*, Lob der Routine, in: ders., Politische Planung, 2. Aufl., 1975, S. 113ff., 122.

eher um Posten auf einer Skala von Möglichkeiten zu- bzw. abnehmender Präzision.«[198] Auch hier fragt sich im übrigen erneut, zu welchem historischen Zeitpunkt der »klassische Rechtsstaat« existiert hat. Offensichtlich würde eine Antwort für die staatliche Aufsicht über die Wirtschaft schwer fallen, wird doch bereits vor hundert Jahren über die »Gummiparagraphen« des Umweltrechts geklagt, die zu außerordentlich großen Unterschieden in der Praxis verschiedener preußischer Regierungsbezirke geführt habe.[199]

Nicht übersehen werden darf ferner, daß das Verwaltungshandeln nicht nur durch inhaltliche Regeln programmiert werden kann. Entscheidungsprämissen stellen ebenso Verfahren und Organisation der Verwaltung dar,[200] die regelmäßig ebenfalls durch Rechtssätze ausgestaltet werden. Es geht also lediglich um ein Mehr oder Weniger an rechtlicher Bindung staatlicher Entscheidungen. Soweit freilich solche fehlen, handelt die Verwaltung politisch und das heißt – wenn man so will und jeden diffamatorischen Beigeschmack abstreift – willkürlich.[201] Auch diese Erkenntnis der politischen Funktion der Verwaltung hat – wenn auch zum Teil widerstrebend – inzwischen längst Anerkennung gefunden.[202]

Die Anerkennung der begrenzten inhaltlichen Steuerung des Verwaltungshandelns hat den Anstoß gegeben für die Ergänzung des inhaltlichen Entscheidungsprogramms durch prozedurale Anforderungen. Der »Willkürgehalt« des Verwaltungshandelns sollte durch die Beteiligung Betroffener und der interessierten Öffentlichkeit erträglich gemacht werden.[203] Für diese Beteiligung an Verwaltungsentscheidungen sind in der lebhaften Diskussion Anfang der 70er Jahre neben rechtsstaatlichen auch demokratische Gründe genannt worden.[204] Die Kompensation der

198 *H. Dreier*, Hierarchische Verwaltung, S. 185.
199 *Gilhaus*, S. 259 u. S. 211 ff., 304 ff.
200 *Steinberg*, Abrüstungs- und Rüstungskontrollverwaltung, S. 20 ff.
201 *Luhmann*, Kommunikation, S. 135.
202 Vgl. *Steinberg*, Politik und Verwaltungsorganisation, S. 18 ff.; und insbesondere *W. Schmidt*, Organisierte Einwirkungen auf die Verwaltung, VVDStRL 33 (1975), S. 181 ff., 195 f.
203 Besonders eindringlich die abw. Meinung der Richter *Simon/Heußner* in BVerfGE 53, 30, 69, 76 f.
204 Vor allem *W. Schmidt*, (Fn. 202), S. 181 ff., 195 f.

ausgeprägten inhaltlichen Schwäche des ökologischen Rechts durch dessen Prozeduralisierung[205] wird deshalb sowohl vom ökologischen Rechtsstaat als auch von der ökologischen Demokratie gefordert.

Dort, wo das Ordnungsrecht hinter die neuen Formen kooperativen Umweltrechts zurücktritt, verliert es noch deutlicher seine Kraft inhaltlicher Prägung und normiert statt dessen neben den unvermeidlichen Zielvorgaben überwiegend das Verfahren der kooperativen Prozesse. Durchweg bleiben aber auch hier rechtliche Restriktionen zu beachten, so daß man immer von einer unterschiedlich stark ausgeprägten Verbindung inhaltlicher und prozeduraler Steuerungselemente sprechen kann. So verstanden vermag auch das Umweltrecht Steuerungswirkungen zu entfalten.

bb. Risikorecht

Die Prozeduralisierung staatlicher Umweltentscheidungen hat sich auch aus einem anderen Grunde als unverzichtbar erwiesen (s.o. II.5.). Risikoentscheidungen können nur unter Ungewißheit getroffen werden; sie müssen deshalb politisch verantwortet werden. Das schließt es aus, Risikorecht im Sinne einer dauerhaften Ordnung zu konzipieren. Zwar läßt sich Recht durchaus noch als »Verhaltensentwurf unter der Direktive des Richtigen«[206] begreifen, doch muß dieser Entwurf unter dem grundsätzlichen Vorbehalt einer Neubestimmung des »Richtigen« wie auch der sich daraus ergebenden Anforderungen an das Verhalten gestellt werden. Dies macht den Einbau von Lernfähigkeit in die Strukturen des Rechts notwendig (s. o. II. 6. b. bb.).

Risikoentscheidungen sind ferner auf komplexe Abwägungsprozesse angewiesen, in denen im konkreten Fall die verfassungsrechtlichen Schutzgüter von Leben, Gesundheit und natürlichen Lebensgrundlagen auf der einen Seite den im konkreten Fall »entgegenstehenden« Rechtsgütern wie Grundrechten der »Risikoproduzenten« oder öffentlichen Interessen zugeordnet wer-

205 Zu der Prozeduralisierung des Erfordernisses der atomrechtlichen Schadensvorsorge in § 7 Abs. 2 AtG *Steinberg/Roller*, S. 51 ff.
206 *Bäumlin*, Staat, S. 17.

den müssen. Auch wenn diese Aufgabe der Herstellung praktischer Konkordanz in erster Linie Aufgabe des Gesetzgebers ist, so macht die Komplexität der Risikoentscheidung im Einzelfall abwägende Bewertungen der Verwaltung unverzichtbar. Das Gesetz strukturiert den Entscheidungsprozeß, liefert Direktiven, stellt einen Rahmen dar. Zur Subsumtion hingegen taugt es – wie gezeigt – nicht. In gewisser Weise läßt sich deshalb von einem Paradigmenwechsel im Umweltrecht sprechen: Das Subsumtionsmodell ist hier durch das Abwägungsmodell abgelöst worden.[207]

cc. Ökologische Interessen

Auch wenn die bestehende Rechtsordnung für die Realisierung von öffentlichen wie von Individualinteressen angelegt ist, fällt die Durchsetzung jener erheblich schwerer. Dies ergibt sich einmal aus der relativen Schwäche von Allgemeininteressen in der Konkurrenz zu Individualinteressen[208], zum anderen aber auch aus strukturellen Eigenarten der rechtlichen Institute, welche die Durchsetzung letzterer begünstigen. Zu den öffentlichen Belangen, für die diese Feststellungen gelten, gehört nicht auch zuletzt die Erhaltung der natürlichen Lebensgrundlagen insbesondere auch zukünftiger Generationen. In einer ökologischen Rechtsordnung geht es demnach darum, die Entscheidungen der staatlichen Organe für ökologische Belange zu öffnen und deren Berücksichtigung nicht nur zu ermöglichen, sondern auch durch Mechanismen gerichtlicher oder alternativer Kontrolle sicherzustellen.

Da sich die Interessen der Natur als solche ebenso wenig wie die zukünftiger Generationen über die bestehenden Vorkehrungen der Betroffenenpartizipation in die Entscheidungsverfahren einzubringen vermögen – von dem Fall begrenzter Parallelität von egoistischen und altruistischen Umweltinteressen einmal abgesehen –, sind sie in ihrer Repräsentanz zwangsläufig auf Hilfskonstruktionen angewiesen. Als solche ist im einzelnen vorge-

207 Grundlegend zu der »Abwägung als ein(em) im Recht ubiquitäre(n) Entscheidungsmodus« *Koch*, S. 9ff.

208 Dazu *M. Olson*, Die Logik des kollektiven Handelns, 1968; *Steinberg* (Fn. 77) S. 51f. M.w.N.

stellt worden die *umfassende Beteiligung der Öffentlichkeit* sowie von Umweltverbänden sowie – bei raumbezogenen – Entscheidungen von Gebietskörperschaften (s. o. III. 4.). Ergänzend wurde die Schaffung neuer Institutionen diskutiert, durch welche die Interessen der Umwelt und die zukünftiger Generationen in den Entscheidungsprozeß eingebracht werden können (s. o. V. 2.).

Die Erweiterung der Beteiligung läuft jedoch leer, wenn sie nicht verbunden ist mit einer inhaltlichen Öffnung der Entscheidung, durch die eine *umfassende Berücksichtigung von ökologischen Belangen* erlaubt wird. Ein geeignetes Mittel hierzu stellt die Umweltverträglichkeitsprüfung dar, deren Potential auch bei realistischer Betrachtung noch nicht ausgeschöpft erscheint (s. o. II. 5. d.).

Die Effektivität des Rechts hängt in unserer Rechtsordnung zu einem nicht geringen Teil von seiner gerichtlichen Durchsetzbarkeit und Kontrolle ab. Um die gerichtliche Kontrolle öffentlicher Interessen ist es jedoch in Deutschland äußerst schlecht bestellt. Die Asymmetrie von Umweltschutzinteressen und einem vornehmlich dem Individualrechtsgüterschutz dienenden System der Verwaltungsgerichtsbarkeit ist seit langem bekannt. Es geht bei einem angemessenen judikativen Umweltschutz aber nicht nur um die Ausweitung der Klagebefugnis. Hiermit verbunden ist auch eine Erweiterung der Kontrollkompetenz im Hinblick auf öffentliche Umweltbelange unter Einschluß des Vorsorgegrundsatzes, die bislang weitgehend durch den Rost der individualrechtlich verstandenen Anfechtungsklage gefallen sind. Ein ganz erhebliches Maß an Korrekturen des Systems vor allem verwaltungsgerichtlicher Kontrolle ist deshalb unentbehrlich, wenn die Effektivität des ökologischen Rechts sichergestellt werden soll (IV. 1.). Aber auch das Bundesverfassungsgericht muß noch zu seiner Rolle finden, in der es ungeachtet der Respektierung der Gestaltungsspielräume des Gesetzgebers die prozeduralen Anforderungen der Verfassung im Umweltschutz auch durchsetzt (IV. 2).

All dies ändert allerdings nichts an der Begrenzung der judiziellen Kontrolle. Für das Bundesverfassungsgericht ergibt sich dies aus der relativen Offenheit der Verfassung, welche die Konkretisierung und Zuordnung durch den Gesetzgeber erfordert.

Für die Verwaltungsgerichte ist hierfür die schwache inhaltliche Programmierung des Verwaltungshandelns im Umweltrecht verantwortlich. Auch wenn die bestehende Unbestimmtheit umweltrechtlicher Gesetze nicht zwangsläufig erscheint, bleiben unbestimmte Rechtsbegriffe, Abwägungs- und Optimierungsspielräume der Verwaltung, die nur eingeschränkt gerichtlich überprüfbar sind, unumgänglich.

Um so unverzichtbarer haben die Gerichte die Einhaltung der Regeln über das Entscheidungsverfahren insbesondere der umfassenden Ermittlung der Entscheidungsgrundlagen zu kontrollieren. Die Prozeduralisierung des Rechts muß sich in der prozeduralen gerichtlichen Kontrolle wiederspiegeln. Eine derartige Bestimmung der Aufgaben der Rechtsprechung in ökologischen Fragen wie auch ihrer Grenzen stellt sicher, daß die Gerichte nicht in die Entscheidungsprärogative der für dafür besser gerüsteten staatlichen Organe – der Legislative und der Exekutive – eingreifen. Ihnen kommt es aber zu, dafür zu sorgen, daß deren Entscheidungsprozeß auch für die Belange der Umwelt offen bleibt, daß unterschiedliche Auffassungen berücksichtigt werden können und daß Eingriffe in Umweltgüter nachvollziehbar gerechtfertigt werden. Auch im Bereich der Umwelt vermögen deshalb die Gerichte zur Gewährleistung eines deliberativen Willensbildungs- und Entscheidungsprozesses Wesentliches beizutragen, indem sie – wenn dieser Prozeß Mängel aufweist – Probleme zur erneuten Beratung an die politische »Öffentlichkeit« zurückverweisen.[209] Diese gerichtliche Kontrolle eines ordentlichen Verfahrens durch die Gerichte erscheint um so unverzichtbarer, als es sich bei dem zu berücksichtigenden Schutzgut der Verfassung – Leben, Gesundheit und natürliche Lebensgrundlagen auch für zukünftige Generationen – um solche Belange handelt, die im politischen Prozeß strukturell grundsätzlich nur schwach vertreten sind (s. o. V. 2. u. 3).[210]

209 Zu dieser Aufgabe der Gerichte im politischen Prozeß *Sunstein*, Judicial Minimalism, Kap. 4. – Vgl. schon o. das Zitat von Judge *Bazelon*, IV. 1. b. bei Fn. 55.

210 Insoweit ist auch zum gerichtlichen Schutz der verfassungsrechtlich geschützten Umweltschutzbelange die Begründung kompensatorischer intensiver gerichtlicher Kontrolle in der berühmtesten Fußnote eines Urteils des U.S. Supreme Courts, *United States v. Carolene Products*, 304 U.S. 144 (1938) Fn. 4, fruchtbar zu machen.

Die genannten drei Forderungen, durch die die Berücksichtigungsfähigkeit des Rechts für ökologische Belange gesteigert werden soll, – Beteiligung, Umweltverträglichkeitsprüfung, Gerichtsschutz – »passen« im wesentlichen auf die Anwendung regulativer Instrumente des Umweltschutzes. Sie laufen weitgehend leer oder bedürfen erheblicher Anpassungen bei den neuen ökonomischen Instrumenten wie auch dem Recht der Kontextsteuerung. Auch insoweit bedürfen diese Instrumente noch weiterer Überlegungen, wie sie sich in das Gesamtsystem ökologischer Handlungsinstrumente einfügen können (s. o. II. 6. b.).

e. Expertensysteme

Als eines der herausragenden Merkmale der heutigen Moderne ist von *Anthony Giddens* die Existenz von Expertensystemen beschrieben worden.[211] Derartige Systeme technischer Leistungsfähigkeit oder professioneller Sachkenntnis prägten weite Bereiche des materiellen und gesellschaftlichen Umfeldes, in dem wir heute leben. Die Experten in modernen Gesellschaften werden von ihm mit den Hütern der Tradition in vormodernen Gesellschaften insoweit verglichen, als beide die Lieferanten abstrakter Systeme darstellten.[212]

Diese Systeme werden von *Giddens* als eine der beiden Arten von »Entbettungsmechanismen« bezeichnet – die andere hier nicht interessierende stellen symbolische Zeichen wie Geld dar. Unter Entbettung versteht er »das ›Herausheben‹ sozialer Beziehungen aus ortsgebundenen Interaktionszusammenhängen und ihre unbegrenzte Raum-Zeit überspannende Umstrukturierung.«[213] Dieses Phänomen diene unter anderem dazu, durch Loslösung von den Zwängen ortsgebundener Gewohnheiten und Praktiken vielfältige Möglichkeiten des Wandels zu eröffnen und Schaltmechanismen für das das moderne soziale Leben auszeichnende Merkmal der rationalisierenden Organisation zur Verfügung zu stellen.[214] Expertensysteme funktionierten deshalb als

211 *Giddens*, Konsequenzen, S. 33 ff.
212 *Ders.*, Gesellschaft, S. 113 ff., 127, 154 ff.
213 *Ders.*, Konsequenzen, S. 33.
214 Ebd., S. 32.

Entbettungsmechanismen, weil sie ebenso wie die symbolischen Zeichen dazu dienten, soziale Beziehungen von den unmittelbaren Gegebenheiten ihres Kontextes zu lösen. Sie verführen bei der Entbettung in derselben Weise wie symbolische Zeichen, in dem sie »Garantien« dafür lieferten, daß unsere Erwartungen auch über gewisse Raum-Zeit-Abstände erfüllt würden.

Grundlage des Funktionierens der Expertensysteme stellt das Vertrauen dar. Und genau diese Grundlage wird auf unterschiedliche, sich verstärkende Weise unterminiert. Drei Gründe für die »tiefgreifende Krise des Expertenwesens«[215] seien hier genannt: zum einen die Aushöhlung des Vertrauens durch die Expertensysteme selbst. Diese stellen durch die ständige Überprüfung und Verbesserung der sozialen Praktiken, welche ja das Kennzeichen der Reflexivität der Moderne ausmacht, im Grunde die Vernunft und die Gewißheit der Wissenschaft in Frage, auf denen das Vertrauen in die Expertensysteme aufbaut.[216] Sarkastisch beschreibt *Luhmann* den modernen Typus des Experten als Fachmann, »dem man Fragen stellen kann, die er nicht beantworten kann, und den man dann ebenfalls auf den Modus der Unsicherheit zurückführen kann«.[217] Dieses Zerbrechen wissenschaftlicher Gewißheit wird deutlich in dem teilweise in aller Öffentlichkeit ausgetragenen Streit zwischen Experten und Gegenexperten. »Experten werden durch Gegenexperten relativiert oder entthront.«[218] Zwar gab es immer schon Gelehrtenstreit. Doch das Ansehen der Naturwissenschaften beruhte nicht zuletzt darauf, daß sich im Laufe der Arbeit ein Konsens herausgebildet hat. Das Neue an der Debatte um wissenschaftlich-technische Risiken wie etwa der Kernenergie ist nun, daß sich auch in Sachfragen kein Konsens herausbildet.[219] Der hierdurch verursachte

215 *Korff*, S. 419ff., 428.

216 *Giddens*, Gesellschaft, S. 162f.; *ders.*, Konsequenzen, S. 54ff.; *Beck*, Risikogesellschaft, S. 268; *ders.*, Erfindung, S. 243f.

217 *Luhmann*, Beobachtungen der Moderne, S. 141.

218 *Beck*, S. 50.

219 So der frühere Präsident der TU München und spätere Bayerische Wissenschaftsminister *Wolfgang Wild*, zit. nach *Böckle*, Universität und Gesellschaft, MittHV 1986, S. 143f.; vgl. auch *H. Maier-Leibnitz*, Zur Glaubwürdigkeit wissenschaftlicher Aussagen, atw 1987, S. 278ff. und Enquête-Kommission »Einschätzung und Bewertung von Technikfolgen; Gestaltung von Rahmenbedingungen der technischen Entwicklung, BT/Drs. 10/5844, S. 13.

Eindruck nicht mehr beherrschter Komplexität der wissenschaftlich-technischen Welt hat zwangsläufig einen Vertrauensverlust des verwirrten Laienpublikums zur Folge.[220]

Ein zweiter Grund liegt in dem Phänomen, das *Hermann Lübbe* »die Lebensweltferne moderner Wissenschaft« nennt.[221] Hierunter versteht er die Diskrepanz zwischen dem Weltbild, das aus den jeweiligen Erkenntnisständen der Wissenschaft sich ergibt, und der lebenspraktischen Teilnahme am Lebenszusammenhang der wissenschaftlichen Zivilisation. Die Weltbildrevolutionen der Wissenschaft erstreckten sich in ihrer kognitiven Dimension weit über die Rezeptionskapazität des kulturellen Gemeinbewußtseins hinaus. Hierin spiegele sich der inzwischen erreichte Differenzierungs- und Spezialisierungsgrad wissenschaftlicher Forschungspraxis. »Je weiter die Wissenschaften in die Dimensionen des sehr Kleinen, des sehr Großen und des sehr Komplizierten vorstoßen, um so schwieriger wird es, unsere theoretische Einsicht in das, was der Fall ist, zu gemeinkulturell rezipierbaren Weltbildern zu synthetisieren.«[222]

Schließlich dürfte für den Vertrauensverlust auch ein Verschwimmen der Trennlinie zwischen Experte und Interessenvertreter verantwortlich sein, das nicht nur durch institutionelle Prägungen, sondern gelegentlich sicher auch handfeste ökonomische Abhängigkeiten begünstigt wird.[223]

Welche Konsequenzen ergeben sich daraus für die Organisation derartiger Expertensysteme?

Völlig unrealistisch und romantizistisch scheinen die Vorschläge von Vertretern einer »deep ecology«, die in gewisser Weise eine Abschaffung der Expertensysteme und damit eine Rückkehr zu vortechnischen Verhältnissen propagieren.[224] Es stellt eine Binsenwahrheit dar, daß die Probleme des Überlebens der heutigen Gesellschaft nur mit Hilfe der Wissenschaft und Technik be-

220 *Lübbe*, S. 59 u. 128; *Breyer*, S. 36 unter Hinweis auf *National Resource Council*, Improving Risk Communication, 1989, S. 70.

221 *Lübbe*, S. 32 ff.

222 Ebd., S. 46.

223 Vgl. auch *Korff*, S. 428.

224 Nachweise bei *Giddens*, Jenseits, S. 268 f. – Vgl. auch die Diskussion bei *K. Milton*, Environmentalism and Cultural Theory, London/New York 1996, S. 74 ff. u. *B.C. Boberts*, »Of Nature and Nazis«, Columbia Journal of Environmental Law, 22 (1997), S. 353 ff., 376 ff.

wältigt werden können. Auch die Kritiker bestimmter Technologien weisen immer wieder auf die Notwendigkeit der Entwicklung alternativer umweltschonender Technologien oder der besseren Nutzung bestehender Technologien hin.[225]

Zweifelhaft erscheint es auch, ob es reicht, für die Freiheit von und zur Kritik an den Expertensystemen zu plädieren. Strukturelle Reflexivität beruhe – so *Ulrich Beck* – nicht auf Vertrauen, sondern auf Mißtrauen in Expertensysteme.[226] Die heutige Fortschritts-, Experten- und Technikkritik werde zumindest in Teilen wissenschaftlich untermauert und trete nun mit der ganzen Definitionsmacht von Wissenschaft der Wissenschaft gegenüber. Auf diese Weise werde »eine Bewegung ausgelöst, in deren Verlauf die Wissenschaften immer nachdrücklicher dazu gezwungen werden, ihre intern längst bekannten Unbeholfenheiten, Borniertheiten und ›Geburtsfehler‹ vor aller Öffentlichkeit auszubreiten. Es entstehen Formen von ›Gegenwissenschaft‹ und ›advokatorischer Wissenschaft‹, die den ganzen ›Hokuspokus der Wissenschaft‹ auf andere Prinzipien, andere Interessen beziehen – und so zu genau gegenteiligen Ergebnissen kommen. Kurz, *im Zuge der Verwissenschaftlichung des Protestes gegen die Wissenschaft läuft die Wissenschaft selbst Spießruten.*«[227]

Zwar ist es richtig, nicht auf unreflektiertes Vertrauen in die »herrschende« Wissenschaft und Technik zu setzen und für die Einbeziehung »kritischer« Experten[228] zu plädieren. Doch hat eine »methodisch betriebene Selbstverunsicherung der Wissenschaft im Innen- und Außenverhältnis«[229] ihren Preis: Sie bewirkt nicht nur einen »Verfall ihrer Macht«, sondern auch ihres Vertrauens, auf das – wie bei dieser These allzu leicht übersehen wird – die Expertensysteme angewiesen sind. »Das Wesen der modernen Institutionen [ist] zutiefst mit den Mechanismen des Vertrauens in abstrakte Systeme verknüpft…, vor

225 Das bemerkt zutreffend auch *H. Markl*, Wissenschaft: Zur Rede gestellt, 1989, S. 168f.

226 *U. Beck/W. Bonß*, Verwissenschaftlichung ohne Aufklärung?, in: dies. (Hrsg.), Weder Sozialtechnologie noch Aufklärung?, 1989, S. 7ff.

227 *Beck*, Risikogesellschaft, S. 263 (Hervorh. im Original).

228 Zu Recht weist *Korff*, S. 428 darauf hin, daß schon diese Terminologie ein Alarmzeichen für die Gefährdung der Autonomie der Wissenschaft bedeute.

229 *Beck*, Risikogesellschaft, S. 268.

allem mit Mechanismen des Vertrauens in Expertensysteme.«[230] Auf deren Funktionsfähigkeit ist die moderne Gesellschaft jedoch unentrinnbar angewiesen.[231]

Und gerade auch für die Entwicklung des überlebenswichtigen »Sustainablity-Ethos« ist an die bedeutsame Rolle der verschiedenen Gruppen von Experten für den Prozeß der gesellschaftlichen Konsensfindung und Akzeptanzbildung erinnert worden.[232] Es stellt deshalb ein zentrales Problem der modernen Gesellschaft dar, dieses Vertrauen ungeachtet dessen immanenter Erschütterung in einem Maße zu erhalten, das sowohl das Auftreten von Angst und Furcht[233] als auch dessen zwanghafte Erstarrung[234] verhindert. Als Mittel hierzu schlägt *Giddens* Verfahren der »Wiederaneignung« und »Rückfilterung« des Expertenwissens durch die »Laien« vor:[235]

Das moderne Expertenwissen ist – im Unterschied zu dem Wissen traditioneller Experten – »jedem Individuum zugänglich, das die Zeit und die Mittel für die entsprechende Ausbildung besitzt; und das Vordringen institutioneller Reflexivität bedeutet, daß die Theorien, Forschungsergebnisse und Ideen der Experten in gefilterter Form kontinuierlich das Laienpublikum erreichen. Die Wiederaneignung des Expertenwissens durch die Individuen ohne den Rückfall in zwanghafte Verhaltensmuster ist die Bedingung der Möglichkeit von »Authentizität« im täglichen Leben.«[236]

Als wichtiger Bereich, der auf die Vermittlung von Experten und der Öffentlichkeit angewiesen ist, ist bereits mehrfach die Einschätzung technischer Risiken begegnet (s. o. I. 2. d.; II. b.; III. 3. d.). Da sich die Risikoperspektiven von Fachleuten mit dem Vorherrschen quantitativer technisch-ökonomischer Parameter deutlich von denen von Laien mit deren Betonung von im we-

230 *Giddens*, Konsequenzen, S. 107; ähnlich *Lübbe*, S. 58f.

231 *Giddens*, Jenseits, S. 179. – Krit. hierzu *Beck*, Reflexive Modernisierung, S. 289ff., 293f., der Giddens vorwirft, die reflexive Modernisierung an die Dominanz von Expertensystemen zu binden; er verkenne die Pluralisierung von Rationalitäten und bleibe in einem zentralen Punkt der Vorstellungswelt einer linearen Wissens-Rationalisierung verhaftet.

232 *Korff*, S. 427.

233 *Giddens*, Konsequenzen, S. 126f.

234 *Ders.*, Gesellschaft, S. 167.

235 *Ders.*, Konsequenzen, S. 179f.

236 *Ders.*, Gesellschaft, S. 168.

sentlichen qualitativen Merkmalen unterscheiden, steht die Gesellschaft, die unausweichlich auf der Basis von Risikoeinschätzungen wichtige Entscheidungen z. B. über die Zulassung einer bestimmten Technologie oder eines bestimmten Stoffes treffen muß, vor einem Dilemma. Folgt sie den »objektiven« Einschätzungen der Experten und bevorzugt sie eine technokratische Lösung gegen den Willen der Betroffenen und der Öffentlichkeit, dann kann dies zu Legitimitätsproblemen führen. Folgt sie demgegenüber der »subjektiven« Einschätzung des Laienpublikums, können damit unter Umständen erhebliche Kosten nicht nur für den Anlagenbetreiber oder Produzenten, sondern auch für die Volkswirtschaft insgesamt verbunden sein.

Nachdem anerkannt ist, daß monofinale Strategien einer »Erziehung« oder »Aufklärung« des Laienpublikums über die objektiven Tatsachen dem sozial-kulturellen Charakter von Risiko nicht gerecht werden (s. o. I. 2. d.), kommen nur Verfahren der Kommunikation in Betracht, bei denen beide Seiten ihre unterschiedlichen Perspektiven einbringen können und sich auf diese Weise um Formen der Verständigung bemühen. Wenn ebenfalls anerkannt ist, daß es bei Risikoentscheidungen nicht nur um wissenschaftliche, sondern auch um trans-wissenschaftliche Fragen geht, dann erscheint es unvermeidlich, nicht nur die technischen Aspekte eines Problems einzubeziehen, sondern auch seine politischen, sozialen und ethischen.[237] Da es hierbei nicht nur um den Austausch unterschiedlicher Erkenntnisse geht, sondern auch unterschiedliche Interessen im Spiel sind, kann das Ziel dieses Prozesses nicht die Wahrheit sein, sondern lediglich ein Kompromiß.[238] Läßt sich – jedenfalls zur Zeit – ein derartiger auf

237 Eingehend zu den Elementen dieses Kommunikationsprozesses *J. A. Bradbury*, The Policy Implications of Differing Concepts of Risk, Science, Technology, & Human Values, 14 (1989), S. 380ff., S. 389ff. m.w.N.; ähnlich: *H. Otway*, Experts, Risk Communication, and Democracy, Risk Analysis 1987, S. 125 ff.

238 So deutlich *B. Fischhoff*, Managing Risk Perception, Issues in Science and Technology, Fall 1985, S. 83 ff., 94. – Dazu gehören durchaus auch Kompensationen für die Belastungen besonders Betroffener, z. B. der »Nachbarn« einer Anlage. Das oftmals verlästerte Schwimmbad der Standortgemeinde eines KKW's oder der Schadensersatz für die Nachbarn eines Kohlekraftwerkes (vgl. BGHZ 79, 131; krit. *G. Frank*, Die Kommerzialisierung von Grundrechtspositionen des Bürgerprotestes, Publizistik 1980, S. 290ff., dessen Ansicht zu einer nicht begründeten und ungeachtet der Prozeßrisiken auch nicht entgoltenen In-

Verständigung beruhender Kompromiß nicht erzielen, so muß ein Moratorium für die umstrittene Technologie in Betracht gezogen werden.[239]

Die notwendige Risikokommunikation stellt an beide Seiten, die der Experten und die der Laien, erhebliche Anforderungen. Dabei dürften die zu stellenden »Zumutungen« an die Experten besonders große Herausforderungen stellen. Sie müssen anerkennen, daß sie in Fragen der Trans-Wissenschaft nur über eine begrenzte Fachkompetenz verfügen, daß sie bei allen Fragen jenseits ihrer – normalerweise engen – Fachkompetenz denselben Beschränkungen unterliegen wie Laien[240] und daß deren Risikoeinschätzung auf der Grundlage breiterer Risikokonzepte erfolgt, die eine Vielzahl legitimer Erwägungen widerspiegeln, die in den Risikoeinschätzungen der Experten fehlen.[241] Ihre Auffassungen sind schließlich auch interessengeprägt als Folge von institutionellen Bindungen, aber auch einfach von Loyalitäten gegenüber bestimmten Technologien und Programmen,[242] so daß sie vielfach von den Laien als Teil des technologischen Problems und nicht als dessen Lösung empfunden werden.[243] Der tiefgreifende, ja revolutionäre Charakter dieser Forderungen wird deutlich, wenn von der Notwendigkeit eines »neuen Sozialvertrages des Sachverstandes« gesprochen wird, der zu einer Konstitutionalisierung der Expertensysteme führen könne.[244]

Damit werden institutionelle Vorkehrungen der Vermittlung von Experten und Laienpublikum von zentraler Bedeutung. Die Stellen, an denen eine derartige »Einmischung« möglich ist, bezeichnet *Giddens* als »Zugangspunkte«. An diesen kommt eine Verbindung zwischen Einzelpersonen und Kollektiven ohne

pflichtnahme der Kläger für öffentliche Interessen führt) machen deshalb durchaus Sinn.

239 So für die Errichtung eines atomaren Endlagers in den USA *P. Slovic/ J.H. Flynn/M. Layman*, Perceived Risk, Trust, and the Politics of Nuclear Waste, Science 1991, S. 1603 ff.

240 *Fischhoff* (Fn. 238), S. 91; *Slovic*, Science 1987, S. 280.

241 *Slovic*, Science, 1987, S. 284 f.

242 *Fischhoff* (Fn. 238), S. 91; *Otway* (Fn. 237), S. 128. – Auf die damit im Bereich von Trans-Wissenschaft verbundenen »kognitiven Dissonanzen« weist auch *A. Weinberg*, Issues in Science and Technology, Fall 1985, S. 67.

243 *Erikson*, S. 154, 238 f.

244 *J. Ravetz*, zit. in: *Otway* (Fn. 237), S. 127 f.

Fachkenntnisse und den Vertretern abstrakter Systeme zustande. »Dies sind die Orte, an denen abstrakte Systeme verwundbar sind, aber zugleich Kreuzungspunkte, an denen Vertrauen gewahrt oder aufgebaut werden kann.«[245]

Damit werden wichtige Voraussetzungen für die Schaffung und Erhaltung »aktiven Vertrauens« genannt. Dieses stellt sich ein, wenn die Institutionen reflexiv werden und die Aussagen der Experten sich der Kritik und Widerlegung öffnen.[246] Die »Öffnung« der Wissenschaft ist angesichts des Verlustes traditioneller Autorität unentbehrliche Voraussetzung für die Herstellung von Vertrauen.[247] Im Gegensatz zum »Akzeptieren« und »Sich darauf verlassen« schafft das »aktive Vertrauen« auf beiden Seiten Sichtbarkeit und Verantwortung: »Es mag zwar sein, daß die reflexive Beschäftigung mit abstrakten Systemen die Laien verwirrt und beunruhigt, während sich die Experten darüber ärgern, doch sie nötigt beide dazu, sich Problemen der Verantwortung zu stellen, die sonst verborgen blieben.«[248]

Eine derartige institutionalisierte Reflexivität bedeutet die Umwandlung des Expertensystems zu einer demokratisch organisierten, durch Dialoge bestimmten öffentlichen Sphäre.[249] Durch die Aneignung der globalen, demokratisch überprüften »Wahrheiten« des Expertenwissens wird die Erstarrung des Vertrauens und damit dessen Entwertung verhindert. Ein derartiges Gespräch ordnet sich ein in ein Konzept der dialogischen Politik einer Demokratisierung der Demokratie, in der in einem öffentlichen Forum »durch Dialog statt durch Rückgriff auf Macht strittige Fragen – im Prinzip gelöst oder zumindest beigelegt werden können«.[250]

Diese Erkenntnisse sind nicht neu. Sie werden auch von den Hohen Priestern der Expertensysteme mit dem Satz von der »Bringschuld« der Sachverständigen gegenüber dem Laienpubli-

245 *Giddens*, S. 113; vgl. auch ebd., S. 109ff.

246 *S. Lash*, Expertenwissen, S. 343.

247 *Giddens*, Jenseits, S. 180, wo auch auf die Parallele der Herstellung von Vertrauen im persönlichen Leben hingewiesen wird.

248 Ebd., S. 180.

249 *Lash*, Expertenwissen, S. 345.

250 *Giddens*, Jenseits, S. 37. – Wichtig ist auch die Feststellung, wonach die Arena potentieller Demokratisierung im Bereich persönlicher Beziehungen beginne, ebd., S. 183.

kum propagiert. So wird zu Recht gefordert, daß die Wissenschaft das Vertrauen der Bürger immer aufs neue verdienen müsse.[251] Und auch Der Rat für Forschung, Technologie und Innovation, den der Bundeskanzler im März 1995 berufen hat, fordert in seinem im März 1997 vorgelegten Bericht über »Biotechnologie, Gentechnik und wirtschaftliche Innovation«, »ein Forum für Gespräche zwischen unterschiedlichen gesellschaftlichen Gruppen zu schaffen«, »durch Fachgespräche und Diskussionsrunden ... die Kommunikationsbarrieren sowie Vorbehalte zwischen Wirtschaft, Wissenschaft, Medien und Politik, Umwelt- und Verbraucherorganisationen zugunsten eines besseren Wissens« abzubauen und dadurch zudem zur »Entwicklung einer generellen diskursiven Streitkultur in Deutschland« beizutragen, »die auch mit Blick auf andere Technologien von grundlegender Bedeutung sein dürfte.«[252] Allerdings läßt die praktische Umsetzung – auch durch diesen »Rat« selber, dem mangels einer pluralistischen Zusammensetzung diese Vermittlung kaum gelingen wird –, sehr zu wünschen übrig. Soweit sie sich in großformatigen Anzeigen und Hochglanzbroschüren erschöpft, erweckt sie eher den Verdacht der versuchten Manipulation und verfehlt die Erfordernisse des Dialogs.

Eine größere Bedeutung als Kommunikatoren an den »Zugangspunkten« kommt demgegenüber Umweltverbänden, Selbsthilfegruppen und sozialen Bewegungen zu,[253] die nicht zu Unrecht ebenfalls als Experten und zwar als »Experten aus Engagement« bezeichnet werden.[254] Eine Schlüsselrolle bei der Vermittlung von Expertensystemen und Laiensphäre kommt gerade auch »kritischen« Sachverständigen zu.[255] An organisatorischen Vorkehrungen kommen in Betracht neben Anhörungen und Verfahren der Mediation (s.o. III. 3.b.cc. u. 4) Meinungsbefragungen sowie die Einrichtung von »Citizen Review Panels« oder Arbeitsgruppen.[256] Derartige Einrichtungen lassen sich einsetzen

251 So *Markl* (Fn. 225), S. 181.

252 Hrsg. v. BMFT, März 1997, S. 82.

253 *Giddens*, Jenseits, S. 38, 180.

254 *Korff*, S. 430.

255 Das betont insbesondere *Beck*, Risikogesellschaft, S. 262f., 268.

256 Vgl. *D.J. Fiorino*, Citizen Participation and Environmental Risk: A Survey of Institutional Mechanisms, Science, Technology, & Human Values, 1990, S. 226ff.; *R.B. Reich*, Public Administration and Public Deliberation: An Inter-

zur Risikoeinschätzung oder in Form von Technikdiskursen zur Begleitung des Prozesses der Technikgenese.[257] Nach dem Erd-Gipfel in Rio sind in einer Reihe von Gemeinden lokale Agenda-21-Foren etabliert worden, welche zu bestimmten Sachkomplexen Strategien einer Politik der Nachhaltigkeit entwickeln.[258] Eine interessante Erfahrung kann auch die Organisation von «Nachbarschaftsforen« darstellen, wie dies von der Firma BASF eigenen Angaben zufolge erfolgreich in den USA mit Community Advisory Panels oder in Mexiko und Spanien mit Comité Civico Consultor unternommen wurde.[259] Aber auch andere Formen des »Runden Tisches« – wie Ethik-[260] und Risikokommissionen oder die bereits diskutierten Enquête-Kommissionen (s.o. III. 2. c.) – lassen sich einsetzen, um dem Legitimitätsverfall der technisch-industriellen Entwicklung entgegenzutreten und die »neue Ambivalenz« akzeptabel, wenn schon nicht konsensfähig zu machen.[261] In ihrer Vielfalt deuten sich neue institutionelle Lösungen für die Zusammenführung von Expertenkultur und Laienpublikum an. Dabei wäre es angebracht, daß die Gesellschaft auch nur einen Bruchteil ihres Innovationspotentials für neue Techniken für die Entwicklung neuer sozialer Entscheidungsstrukturen verwendete.

Als besonders anregend durch die Verbindung alter Einsichten in die Voraussetzungen deliberativer Politik mit neuen sozialwissenschaftlichen Techniken erweist sich der Vorschlag einer »deliberativen Meinungsbefragung« von *James S. Fishkin*.[262] Danach wird eine Gruppe von repräsentativ ausgewählten Bürgerinnen

pretative Essay, Yale Law Journal, 94 (1985), S. 1617ff. zu Bürgerbeteiligungen, die von EPA zur Diskussion möglicher Maßnahmen gegen Arsen-Emissionen einer Kupfer-Hütte in Tacuma, Wash. 1983 veranstaltet wurde. – Vgl. auch *Altner*, Naturvergessenheit, S. 181.

257 *Steinberg/Schütze*, KritV 1998, Teil III (im Erscheinen).

258 *SRU*, Umweltgutachten 1996, Tz. 33ff.

259 *BASF*, Umweltbericht 1996, S. 32ff. – Zum Vorschlag der Schaffung »ergebnisoffener Mediationsverfahren« und zur Einrichtung von Standortbeiräten/Bürgerräten auch *Röglin*, S. 64ff.

260 *J. D. Moreno*, Konsens durch Kommissionen: Philosophische und soziale Aspekte von Ethikkommissionen, in: K. Bayertz (Hrsg.), Moralischer Konsens, 1996, S. 179ff., 193ff.

261 So *Beck*, Erfindung, S. 189ff.

262 Democracy and Deliberation, New Haven 1991, passim, ebd., S. 95ff. auch zu verwandten Vorschlägen.

und Bürgern für einige Tage zusammengebracht und es wird ihnen Gelegenheit gegeben, intensiv eine bestimmte Frage zu debattieren. Geht es bei diesem Modell konkret um die Mitwirkung an der Nominierung der Präsidentschaftskandidaten, so läßt es sich zweifellos auch für die Diskussion konkreter Sachthemen – gerade auch komplexer Probleme aus den Bereichen von Technik und Umweltschutz – fruchtbar machen. Der Reiz dieser Konstruktion liegt in der Gewährleistung zweier in der Praxis weitgegend gegenläufiger Bedingungen demokratischer Entscheidungsfindung: demokratischer Gleichheit und Deliberation. Das Ergebnis einer derartigen »deliberativen Meinungsbefragung« sollte nicht die Entscheidungen der zuständigen Stellen ersetzen. Es vermöchte aber zum einen diese zu beeinflussen, zum anderen zu wichtigen Fragen die öffentliche Meinung in fundierterer Weise zu beeinflussen, als es bei »normalen« Meinungsbefragungen möglich und sinnvoll ist.

Schließlich kommt auch für die Vermittlung von Experten- und Laienperspektive der Beteiligung der Öffentlichkeit eine wichtige Rolle zu. Auf die Ausgestaltung der Öffentlichkeitsbeteiligung im Sinne eines permanenten Prozesses ist bereits an anderer Stelle hingewiesen worden (s. o. III. 4.). Und schließlich können – besser: sollten – auch hier – wie sonstwo – die Medien die Aufgabe der Kommunikation wahrnehmen.

4. Chancen der ökologischen Verfassung

Die drei Typen der Verfassung sind als Szenarien möglicher Entwicklung vorgestellt worden. Ob die ökologische Verfassung eine reale Zukunftschance haben wird, erscheint keinesfalls sicher. Dies wird ganz wesentlich davon abhängen, ob es gelingt, das traditionelle Konzept bürgerlicher Freiheit mit den heutigen ökologischen Herausforderungen zu versöhnen. Gelingen kann dies nur, wenn der Gebrauch der Freiheiten im Hinblick auf die Folgen für die Umwelt verantwortet wird. Und die sich daraus ergebenden Begrenzungen im Interesse einer »dauerhaft umweltgerechten Entwicklung« müssen auf dem grundsätzlichen Konsens der Bürgerinnen und Bürger beruhen. Angesichts der technischen Herausforderungen verlangt auch *Konrad Hesse* die ständige Fortentwicklung des Verfassungsrechts von der Verfassungs- und Verfassungsrechtslehre: »Unterläßt sie dies, dann hat sie einen guten Teil der Verantwortung zu übernehmen, wenn die Entwicklung der modernen technischen Welt sich neben der Verfassung vollziehen und schließlich über die Verfassung hinweggehen sollte, wenn an die Stelle freiheitlicher Demokratie etwas anderes tritt, im besten Falle der technokratische Rechtsstaat, in dem eine mächtige, milde und mit allen Informationen versehene Regierung für Sicherheit und Wohlergehen der Bürger sorgt und in dem freie persönliche, soziale und politische Lebensgestaltung nicht nur überflüssig, sondern auch unmöglich geworden ist.«[263]

Allerdings ist in dieser Arbeit deutlich geworden, daß für die Verfestigung der Technostruktur und damit verbunden für den »leise(n) Übergang in eine autoritäre Technokratie«[264], der das Ende des Verfassungsstaates signalisiert, vor allem der bislang bereits erreichte Grad an technokratischer Realisierung spricht. Hinzu kommt aber auch, daß die normativ zweifellos erwünschte Verwirklichung der ökologischen Verfassung auf Voraussetzungen angewiesen ist, die ihrerseits hohe, nicht leicht zu erfüllende Anforderungen an die Strukturen des Gemeinwesens stel-

263 Zitiert bei *Steinberg*, (Fn. 107), S. 392.
264 *Beck*, Gegengifte, S. 269.

len. Von diesen wird es deshalb abhängen, ob und in welchem Maße sich die ökologische Verfassung gegenüber der Technostruktur durchsetzen kann. Ohne derartige tiefgreifende Änderungen allerdings dürfte die wirkliche Verfassung der Zukunft des Gemeinwesens mehr oder weniger die Züge der Technostruktur vielleicht verbunden mit Elementen des ökologischen Präventionsstaates tragen und nur partiell den Anforderungen des ökologischen Verfassungsstaates entsprechen. Diesen aber weitestmöglich zu verwirklichen, liegt im Interesse der Bewahrung der Freiheitlichkeit des Gemeinwesens und damit verbunden der Autonomie der Person, welche das traditionelle Anliegen des demokratischen und rechtsstaatlichen Verfassungsstaates darstellt.[265] Die Anstrengungen zur Verwirklichung dieses Zieles sollten auch nicht durch apokalyptische Ankündigungen der bevorstehenden Öko-Tyrannei geschwächt werden. Derartige Prophezeiungen mit ihrer fundamentalistischen Botschaft des »lieber grün als tot«[266] benennen falsche Alternativen, die nur von dem ernsthaften Versuch der Verwirklichung eines freiheitlichen bürgerschaftlichen Umweltstaates ablenken. Daß diese Versuche scheitern können, ist allem menschlichen Bemühen eigen.

Die Verwirklichung der ökologischen Verfassung wird weitgehend davon abhängen, ob und wieweit es gelingt, Prozesse *freier Kommunikation* unter der Verfassung zu gewährleisten.

Denn der Kern dieser Verfassung stellt die Herstellung von Verfahren des Dialogs und der Deliberation dar, mittels derer nicht nur die Bedingungen sozialer Ordnung des Gemeinwesens, sondern auch des Umgangs mit den natürlichen Lebensgrundlagen zum Gegenstand der öffentlichen Diskussion und Entscheidung gemacht werden.

Alle Formen eines Dialogs sind jedoch auf ein Gemeinsames angewiesen: auf weitestgehende Transparenz, d.h. Offenheit und Teilhabe an den Informations- und Kommunikationsstrukturen.[267] Halbwahrheiten, Verdrehungen und Schönfärbereien stellen Gift für eine derartige Dialogkultur dar. Dies gilt insbesondere auch für die Risikokommunikation, die auf vollständige

265 So auch *Hollerbach*, (Fn. 3), S. 60.
266 Für jüngere Leser: Damit wird ein viel (miß-)gebrauchter politischer Slogan der 50er Jahre: »Lieber tot als rot« paraphrasiert.
267 *Lash*, Reflexivität, S. 195 ff., 230f.

Information über die Tatsachen, Annahmen und Wertungen angewiesen ist, welche den zu treffenden Risikoentscheidungen zugrunde liegen.[268] Zuverlässige, nachvollziehbare und verständliche Informationen über Risiken sind unverzichtbar, um staatliche Maßnahmen oder auch staatliches Nicht-Handeln verständlich zu machen. Sie stellen aber auch die Grundlage für eine Strategie im Umgang mit Risiken dar, die – insbesondere durch Produktinformationen – auf die Entscheidung des einzelnen Konsumenten anstelle einer staatlichen Regulierung setzt.[269]

Allerdings sollten die Schwierigkeiten der Umsetzung dieser Forderung gerade auf dem Felde der umweltbezogenen Risikokommunikation nicht unterschätzt werden. Die Gründe hierfür liegen auf der Hand. Sie beruhen ganz wesentlich auf der außerordentlichen Komplexität der Probleme einerseits, den kognitiven Grenzen des Laienpublikums andererseits. Dessen Verständnisschwierigkeiten sind in dem fraglichen Bereich gut erforscht. So haben Laien offensichtlich außerordentlich große Probleme im Erfassen von Wahrscheinlichkeiten sowie bei der Beurteilung von Vorhersagen und insgesamt mit dem Umgang mit Unsicherheiten.[270] Derartige Eigenheiten der Risikoperzeption von Laien sind, ohne der Gefahr der Manipulation zu erliegen, bei der Ausgestaltung der Informations- und Kommunikationsprozesse zu berücksichtigen.[271] Der Komplexität von Risikofragen muß auch die Ausgestaltung der Risikokommunikation entsprechen. Hierzu bedarf es zwangläufig der Hilfe von Experten, diesmal von Kommunikationsexperten;[272] Risikoexperten allein sind – das zeigt die Praxis – völlig überfordert.

Diese Komplexität des Gegenstandes wird auch für die Vermittlung in den Medien zum Problem. Denn offensichtlich steht die Tendenz der Medien zu einer immer simplizistischeren Vermittlung der Realität – man könnte von einer Digitalisierung der

268 *Ruckelshaus*, S. 35.

269 Vgl. *C.A. Sunstein*, Risk, Disclosure, and the First Amendment, Florida State University Law Rev. 20 (1993), S. 653 ff.

270 Vgl. etwa *Slovic et al.*, Health Physics, 1981, S. 590.

271 Vgl. insbesondere die Überlegungen von *Fischhoff* (Fn. 238), S. 83 ff.; eine Fülle weiterer Probleme behandelt *H. Latin*, »Good« Warnings, Bad Products, and Cognitive Limitations, UCLA Law Rev. 41 (1994), S. 1193 ff.

272 Zur Bedeutung der »Experten der Vermittlung« *Korff*, S. 429 f.

Realität sprechen –, zu immer drastischeren inhaltlichen Verkürzungen und Entdifferenzierungen, aber auch zu einer immer schlichteren Bewertung sozialer Phänomene nach einem simplen Schema von Gut und Böse im offenkundigem Widerspruch zu der ständig wachsenden Zunahme der Komplexität von Risikoinformationen. In dieser Entwicklung medialer Risikovermittlung liegt ganz offensichtlich ein ganz erhebliches Hindernis für eine halbwegs rationale Risikokommunikation. Bereits oben (I. 2. b.) sind die Medien als ein wichtiger Faktor der Risikoperzeption und damit der Konstituierung der Risikogesellschaft begegnet. Hier interessieren die durch die Medien bewirkten Kommunikationsverzerrungen, auf die sich allerdings die politischen Kommunikatoren – um den Preis medialen Ausschlusses – einstellen müssen: Das bedeutet, daß Nachrichten, die sich nicht in weniger als zehn Sekunden formulieren lassen, nicht mehr im Fernsehen übermittelbar sind.[273] Eine ähnliche Entwicklung gilt für die Printmedien: Bilder und kurze Stories à la »Focus« verdrängen die gründlichen Hintergrundinformationen des »Spiegel«.[274] Als Konsequenz stellt sich angesichts der elektronisch vorfabrizierten, Realität und Fiktion allmählich verwischenden Medienwirklichkeit eine wachsende Orientierungslosigkeit des Publikums ein, welche die Grundlagen argumentativer Auseinandersetzung untergräbt.[275] Ob rechtliche Regelungen der Medienordnung dem wirkungsvoll begegnen können, erscheint zweifelhaft. Die Trivialisierung der Medien wird wohl ganz wesentlich durch andere Faktoren bestimmt.

Aber es geht um mehr als um die Kategorien von Gut und Böse bzw. Richtig und Falsch. Der kommunikative Prozeß hängt auch von dem zugrundegelegten *Kommunikationsstil* ab. Die Experten verfehlen den notwendigen Gesprächsstil auch dann, wenn sie die Erwartungen des Publikums in ihre Überlegungen

273 *Fishkin*, S. 62 f. weist darauf hin, daß die durchschnittliche, nicht unterbrochene Sprechzeit eines Präsidentschaftskandidaten 1988 9,8 Sekunden betrug, im Unterschied zu 42,3 Sekunden 1968. – Zu den Vorteilen des »medientauglichen Politikers«, der sich vorab durch die Fähigkeit auszeichnet, aufzutreten und sich selber rhetorisch gewandt darzustellen, statt auf die Sachfragen einzugehen, auch *J.P. Müller*, S. 201.

274 Über die Schwierigkeiten, differenzierte Berichte auch im »Spiegel« noch abzudrucken, klagte *G. Mauz* in einem Gespräch mit dem Verfasser.

275 *J.P. Müller*, S. 132 f., 201 f.

nicht als legitim einbeziehen, sondern als der Aufklärung bedürftige Ignoranten »behandeln«. Hierzu gehört die Bereitschaft, die eigene Position und deren begrenzte Validität infrage stellen zu lassen. Vollends unakzeptabel erscheint ihre Kritik am Publikum dafür, daß diesem die intellektuellen Voraussetzungen zum Verständnis der fachlichen Aussagen fehlen.

Erforderlich ist schließlich die Bereitschaft, in einer den Laien verständlichen Sprache zu reden, auch wenn der Verzicht auf die Fachsprache schwerfällt. Erst wenn auf diese Weise die Bereitschaft der Experten zur Kommunikation erkennbar wird, kann von dem Publikum erwartet werden, die Experten nicht als arrogant und unverständlich abzulehnen.

Für die Verständigung von Übel ist »jede Beschönigung, aber auch jede Aufblähung von Risiken und Übeln, jede Verharmlosungs-, aber auch jede Verteufelungsstrategie«.[276] Die Bereitschaft zum Dialog fordert ferner von allen Beteiligten, die Diskussion aufrichtig und ohne moralische Überheblichkeit zu führen und sich diese Aufrichtigkeit und Ernsthaftigkeit auch nicht wechselseitig bestreiten zu wollen. Zu Recht wendet sich der seinerzeitige Bundesumweltminister *Töpfer* gegen eine »›totalitäre‹ Denkhaltung« an manchen Stellen der Umweltpolitik, die sich schnell mit einer Monopolisierung der Moral verbinde.«[277] Dies gilt aber ebenso für die Befürworter bestimmter Technologien wie für deren Kritiker. Eine offene Kommunikation kann jedoch nur gelingen, wenn Moralisierungen unterlassen, d. h. also »Bedingungen der Selbstachtung und der Fremdachtung nicht in die Kommunikation« einbezogen werden.[278] Mit moralischer Kommunikation werde – so *Luhmann* – das Schema Inklusion/Exklusion aktualisiert. Solange man von Verständigung ausgehe, müsse man von Inklusion ausgehen. Dann sei es aber zweckmäßig, die Kommunikation gar nicht erst mit dieser Alternative zu belasten.[279] Hierzu gehört auch der Verzicht auf die moralische Überhöhung der eigenen Position und auf die moralische Diffamierung des Gegenübers. Eine derartige moralische Überhöhung

276 *Korff*, S. 426.
277 In: Krisenmanagement oder Chancenmanagement?, hrsg. v. Stiftung für Kommunikationsforschung, 1988, S. 44.
278 *Luhmann*, Fn. 148, S. 195.
279 Ebd., S. 196.

ist auch mit ausdrücklichen oder stillschweigenden Vorbedingungen für ein Gespräch verbunden, denen sowohl die Position bedingungsloser Realisierung als auch eines Verzichts auf eine bestimmte Technologie zugrunde liegen.[280]

Voraussetzung für eine rationale Deliberation der Bedingungen der ökologischen Verfassung ist schließlich das *Fehlen von Angst*. Wenn es zutrifft, daß wir in einem »Zeitalter der Angst« (*Weinberg)* leben, dann ist es um die Chancen hierfür schlecht bestellt.[281] Technik- und Umweltängste dringen in die politischen und gesellschaftlichen Entscheidungsprozesse als Belange derer ein, »die sich ›rational‹ zu den in Frage kommenden Problemen und Projekten wegen fehlender Beurteilungsmöglichkeiten nicht äußern können. ... Es handelt sich nicht um das Nein der begründeten Ablehnung, sondern um das Nein der Urteilsverweigerung aus Verunsicherung.«[282] Rationale Risikokommunikation wird weiter dadurch erschwert, daß sich Angst mit Positionen der Moral verbindet,[283] die – wie gezeigt – ihrerseits Diskussionen erschweren. Damit bestätigt sich auch für die ökologische Verfassung die Erkenntnis, daß Voraussetzung für die bürgerschaftliche Teilnahme an der Verfassung das Fehlen von Angst darstellt. Freiheit von Angst gehört – so zurecht *E. Denninger* - »zur Atemluft lebendiger Demokratie«.[284] Diese Angst entsteht, wenn und weil das Ausmaß der mit der Nutzung einer bestimmten Technologie verbundenen Risiken nicht gesehen und vor allem die Zusammenhänge zwischen Risiken und Nutzen nicht (mehr) verstanden werden. Es fehlt eine Zukunftsvorstellung, die Risiken und Chancen zusammenfaßt, für die es lohnt, Risiken überhaupt einzugehen. Eine solche Vorstellung zu ent-

280 Zu derartigen Positionen in der Kernenergie *Steinberg*, Rechtliche Probleme der energiewirtschaftlichen Nutzung der Kernenergie, JZ 1991, S. 431, 436f.

281 Zur Existenz »diffuser Technikangst« bereits im 19. Jahrhundert *Gilhaus*, S. 477ff.

282 *Röglin*, S. 50.

283 *Luhmann*, Kommunikation S. 244ff., 177.

284 Verfassungstreue und Schutz der Verfassung, VVDStRL 37 (1979), S. 7ff., 28. – Die »Freiheit von Existenzangst« rechnet *A. Podlech* in: AK-GG, 2. Aufl., 1989, Art. 1 Abs. 1 Rn. 18 zu den Komponenten der Menschenwürde. – Ähnlich weist *J.P. Müller*, S. 102f., 111 unter Hinweis auf *A. H. Maslow* auf die »Befriedigung elementarer Sicherheitsbedürfnisse« als Voraussetzung jeglicher Persönlichkeitsentwicklung hin.

wickeln, bedeutet dann aber auch die »große Chance einer offenen und kommunikativen Gesellschaft, genau mit den Risiken leben zu können, die sie eingehen muß, um ihrer Zukunftsvorstellung gemäß leben zu können – wenn sie denn in der Lage ist, ihre Zukunftsvorstellungen und ihre korrespondierenden Risiken zu artikulieren und sie zu kommunizieren.«[285]

Die strukturellen Bedingungen hierfür sind im Laufe der Arbeit immer wieder genannt worden. Sie lassen sich schlagwortartig zusammenfassen als Überwindung technokratischer Verkürzung der umweltbezogenen Entscheidungen durch Stärkung ihrer deliberativen, d.h. Abwägung ermöglichenden Momente und effektiver Teilnahme der Bürgerinnen und Bürger. Derartige in der republikanischen Verfassung angelegte Verfahren vermögen zur Überwindung der Angst beizutragen. Damit verbunden ist aber auch die Hoffnung, zur Lösung der Umweltprobleme durch derartige »rationale« deliberative Verfahren beitragen zu können. Damit wird auch die »Heuristik der Furcht«[286] als Grundlage ökologischer Problembewältigung zurückgewiesen. Bereits *Montesquieu* hat treffend die Furcht das Prinzip der Despotie genannt.[287] Eine derartige Empfehlung wirkt darüber hinaus unmenschlich, weil sie den Bürgerinnen und Bürgern die Fähigkeit zu »rationalem« Umgang mit den ökologischen Herausforderungen abspricht. Statt dessen werden sie zu von ihrer Angst Getriebenen, d. h. zu freier Entscheidung Unfähigen erklärt. Anstelle einer angeblichen Heuristik der Furcht sollten sich die bürgerschaftlichen Entscheidungen deshalb von der Heuristik der Klugheit und der Vor- und Umsicht leiten lassen.

285 *Röglin*, S. 50f.

286 *Jonas*, S. 392. – Vgl. auch die Überlegungen von *H. Münk*, Umweltverantwortung und christliche Theologie, in: FS f. Franz Furger, 1995, S. 385ff., 391f., die von Jonas' »Heuristik der Furcht« ausgehende Belastungserfahrung durch eine Theologie der Verantwortung so aufzufangen helfen, »daß daraus nicht lähmende Daseinsangst oder gar selbstzerstörerische Verzweiflung folgen.«

287 Vom Geist der Gesetze, hrsg. v. E. Forsthoff, 1967, S. 82.

Abkürzungsverzeichnis

a. A. = Anderer Ansicht
ABlEG = Amtsblatt der Europäischen Gemeinschaften
AG = Amtsgericht
AK-GG = Alternativkommentar Grundgesetz
Anm. = Anmerkung
AöR = Archiv des öffentlichen Rechts
ARSP = Archiv für Rechts- und Sozialphilosophie
Art. = Artikel
AtG = Atomgesetz
AtVfV = Atomrechtliche Verfahrensordnung
B. v. = Beschluß vom
BAnz = Bundesanzeiger
Bay Verf. = Bayerische Verfassung
Bay VBl. = Bayerische Verwaltungsblätter
BBl. = Bundesblatt
BFH = Bundesfinanzhof
BGBl. = Bundesgesetzblatt
BGH = Bundesgerichtshof
BGHZ = Entscheidungen des Bundesgerichtshofs in Zivilsachen
BImSchG = Bundes-Immissionsschutzgesetz
BImSchV = Verordnungen z. Durchführung d. Bundes-Immissionsschutzgesetzes
BK = Bonner Kommentar zum Grundgesetz
BMFT = Bundesminister f. Forschung und Technologie
BMI = Bundesminister d. Innern
BMU = Bundesminister f. Umwelt, Naturschutz u. Reaktorsicherheit
BNatSchG = Bundesnaturschutzgesetz
BRat/Drs. = Drucksachen des Bundesrates
BSGE = Entscheidungen des Bundessozialgerichts
BT/Drs. = Drucksachen des Deutschen Bundestages
BUND = Bund für Umwelt und Naturschutz in Deutschland
BVerfG = Bundesverfassungsgericht
BVerfGE = Entscheidungen des Bundesverfassungsgerichts
BVerfGG = Gesetz ü.d. Bundesverfassungsgericht i.d.Bek. v. 12.12.1985
BVerwG = Bundesverwaltungsgericht
BVerwGE = Entscheidungen des Bundesverwaltungsgerichts
BWaldG = Bundeswaldgesetz
CAA = Clean Air Act
Cal. = California

CERCLA = Comprehensive Environmental Response, Compensation, and Liability Act
ChemG = Chemikaliengesetz
dis. op. = dissenting opinion
DJT = Deutscher Juristentag
DÖV = Die Öffentliche Verwaltung
Dt Z = Deutsch-deutsche Rechts-Zeitschrift
DüngemittelG = Düngemittelgesetz
DVBl = Deutsches Verwaltungsblatt
ebd. = ebenda
EEA = Einheitl. Europ. Akte v. 28. 2. 1986
EEC = European Economic Community
EG-Ozon-VO = Verordnung (EG) 3093/94 des Rates vom 15.12.94 über Stoffe, die zum Abbau der Ozonschicht führen, ABl EG. 1994 C 333,1
EG-UVP-Richtlinie = Richtlinie 85/337/EWG des Rates vom 27.6.85 über die Umweltverträglichkeitsprüfung bei bestimmten öffentlichen und privaten Vorhaben, ABl EG. 1985 L 175, 40
EK = Enquête-Kommission
EKD = Evangelische Kirche Deutschland
EPA = Environmental Protection Agency
Estl. Verf. = Verfassung Estland
ET = Energiewirtschaftliche Tagesfragen
EuGH = Gerichtshof der Europäischen Gemeinschaften
EuGRZ = Europäische Grundrechte-Zeitschrift
EuR = Europarecht
EuZW = Europäische Zeitschrift für Wirtschaftsrecht
EWG = Europäische Wirtschaftsgemeinschaft
EWG-Vertrag = Vertrag z.Gründung d. Europ. Wirtschaftsgemeinschaft
F 2 d = Federal Reporter, 2nd Series
FDA = Food and Drug Administration
Fn. = Fußnote
FR = Frankfurter Rundschau
FS. f. = Festschrift für
FStrG = Bundesfernstraßengesetz
FWPCA = Federal Water Pollution Control Act
G. v. = Gesetz vom
GBl. DDR = Gesetzblatt der Deutschen Demokratischen Republik
GefahrstoffV = Gefahrstoffverordnung
GenTG = Gentechnikgesetz
GEO = Zeitschrift von Gruner + Jahr
Gew. Arch. = Gewerbearchiv
GG = Grundgesetz

GGO = Gemeinsame Geschäftsordnung der Bundesministerien, Allg. Teil
GjS. = Gesetz über die Verbreitung jugendgefährdender Schriften
GMBl. = Gemeinsames Ministerialblatt
GNK-2 = Gemeinschafts-Kernkraftwerk Neckar II
GOBReg = Geschäftsordnung d. Bundesregierung
GOBT = Geschäftsordnung des Deutschen Bundestages
GVBl. = Gesetz- und Verordnungsblatt
h.M. = herrschende Meinung
Hbd. = Halbband
HdBStR = Handbuch des Staatsrechts
HdUR = Handbuch des Umweltrechts
HessAltlastenG = Hessisches Altlastengesetz
HNatSchG = Hessisches Naturschutzgesetz
Hs. = Halbsatz
HVwVfG = Hessisches Verwaltungsverfahrensgesetz
i.d.F.V. = In der Fassung vom
IRPA = International Radiation Protection Agenncy
IVU-RL = Richtlinie 96/617EG des Rates vom 24.9.1996 über die integrierte Vermeidung und Verminderung der Umweltverschmutzung
JB = Jahrbuch
JöR N.F. = Jahrbuch des öffentlichen Rechts der Gegenwart
Jura = Zeitschrift
JuS = Juristische Schulung
JZ = Juristenzeitung
KfK = Kernforschungszentrum Karlsruhe
KGV – Rundbrief = Kommunale Gemeinschaftsstelle für Verwaltungsvereinfachung
KJ = Kritische Justiz
KKW = Kernkraftwerk
KritV = Kritische Vierteljahresschrift für Gesetzgebung und Rechtswissenschaft
KrW-/AbfG = Kreislaufwirtschafts-/Abfallgesetz
KTA = Kerntechnischer Ausschuß
KZSS = Kölner Zeitschrift für Soziologie und Sozialpsychologie
LAI = Länderausschuß für Immissionsschutz
Law Rev. = Law Revue
LAWA = Länderarbeitsgemeinschaft Wasser
Lett. Verf. = Verfassung Lettland
Lit. Verf. = Verfassung Litauen
LSG = Landessozialgericht
LT.-Drs. = Drucksachen des Landtags
MAK-Werte = Maximale-Arbeitsplatz-Konzentration

MittHV = Mitteilungen des Hochschulverbandes
NAFTA = North American Free Trade Agreement
NEPA = National Environmental Protection Act
NJ = Neue Justiz
NJW = Neue Juristische Wochenschrift
NRW = Nordrhein-Westfalen
NuR = Natur und Recht
NVwZ = Neue Zeitschrift für Verwaltungsrecht
NVwZ-RR = Neue Zeitschrift für Verwaltungsrecht, Rechtsprechungs-Report
OSHA = Occupational Safety and Health Act/Administration
PflSchG = Pflanzenschutzgesetz
PrALR = Preußisches Allgemeines Landrecht
Preuß OVG = Preußisches Oberverwaltungsgericht
PVS = Politische Vierteljahresschrift
RabelsZ = Zeitschrift für ausländisches und internationales Privatrecht
Rn = Randnummer
Rndrn = Randnummern
ROG = Raumordnungsgesetz
RSK = Reaktor-Sicherheitskommission
S. Ct = Supreme Court
Sächs OVG = Sächsisches Oberverwaltungsgericht
SächsVerfGH = Sächsischer Verfassungsgerichtshof
Sen. = Senat
SNR 300 = Kernkraftwerk Kalkar
SRU = Der Rat von Sachverständigen für Umweltfragen
SSK = Strahlenschutzkommission
StabG = Stabilitätsgesetz
StrSchV = Strahlenschutzverordnung v. 30. 6. 1989
StuW = Steuer und Wirtschaft
StWissStPr. = Staatswissenschaften und Staatspraxis
TA-Lärm = Allg. Verwaltungsvorschrift über genehmigungsbedürftige Anlagen nach § 16 Gewerbeordnung – Technische Anleitung zum Schutz gegen Lärm
TA-Luft = Erste Allg. Verwaltungsvorschrift z. Bundes-Immissionsschutzgesetz (Technische Anleitung z. Reinhaltung d. Luft)
TÜV = Technischer Überwachungsverein
U. S. C.A. = United State Code Annotated
U. S. Verf. = Amerikanische Bundesverfassung
UGB – KomE = Umweltgesetzbuch – Kommissionsentwurf
UGB-AT-ProfE = Umweltgesetzbuch – Allgemeiner Teil. Professorenentwurf
UmweltHaftG = Umwelthaftungsgesetz

UPR = Umwelt- und Planungsrecht
Urt. = Urteil
UTR = Jahrbuch des Umwelt- und Technikrechts
UVPG = Gesetz über die Umweltverträglichkeitsprüfung
VBl BW = Verordnungsblatt Baden-Württemberg
VDI = Verein Deutscher Ingenieure
VE Runder Tisch = Verfassungsentwurf Runder Tisch
Verf. = Verfassung
Verf. Brand. = Verfassung Brandenburg
Verf. Meckl.V. = Verfassung Mecklenburg-Vorpommern
VersR = Versicherungsrecht
VerwArch. = Verwaltungsarchiv
VG = Verwaltungsgericht
VGH = Verwaltungsgerichtshof
Vol. = Volume
VVDStRL = Veröffentlichungen der Vereinigung der Deutschen Staatsrechtslehrer
VwGO = Verwaltungsgerichtsordnung
VwVfG = Verwaltungsverfahrensgesetz
WHG = Wasserhaushaltsgesetz
WiVerw. = Wirtschaft und Verwaltung
WTO = World Trade Organization
ZaöRV = Zeitschrift für ausländisches öffentliches Recht und Völkerrecht
ZAU = Zeitschrift für angewandte Umweltforschung
Zeitschr. f. = Zeitschrift für
ZfU = Zeitschrift für Umweltpolitik und Umweltrecht
ZG = Zeitschrift für Gesetzgebung
ZParl. = Zeitschrift für Parlamentsfragen
ZRP = Zeitschrift für Rechtspolitik
ZSR = Zeitschrift für Schweizerisches Recht
ZUR = Zeitschrift für Umweltrecht
ZZP = Zeitschrift für Zivilprozeß

Auswahlbibliographie

Ackerman, B.: We the People I, Cambridge/Mass. 1991.

Ackerman, B./Golove, D.: Is NAFTA Constitutional?, Cambridge/Mass. 1995.

Akademie der Wissenschaften zu Berlin: Umweltstandards, 1992.

Alexy, R.: Theorie der Grundrechte, 1985.

Altner, G.: Die Überlebenskrise in der Gegenwart, 1987 (zit.: Überlebenskrise).

Altner, G.: Naturvergessenheit, 1991 (zit.: Naturvergessenheit).

Arendt, H.: On Civil Disobedience, in: Crisis of the Republic, hrsg. v. ders., New York 1969, S. 49 ff. (zit.: Disobedience).

Arendt, H.: On Revolution, Westport, CT, 1963, reprint 1982 (zit.: Revolution).

Bazelon, D.L.: Risk and Responsibility, in: Science, Technology, and national Policy, hrsg. v. Kuehn, Th./Porter, A.L., Ithaka/London 1981.

Baumeister, H. (Hrsg.): Wege zum ökologischen Rechtsstaat, 1994.

Bäumlin, R.: Der schweizerische Rechtsstaatsgedanke, Zeitschrift des bernischen Juristenvereins 101 (1965), S. 81 ff.

Bäumlin, R.: Staat, Recht und Geschichte, Zürich 1961 (zit.: Staat).

Beck, U.: Das Zeitalter der Nebenfolgen und die Politisierung der Moderne, in: Reflexive Modernisierung, hrsg. v. dems./Giddens, A./Lash, S., 1996, S. 19 ff. (zit.: Politisierung).

Beck, U.: Die Erfindung des Politischen, 1993 (zit.: Erfindung).

Beck, U.: Die Risikogesellschaft, 1987 (zit.: Risikogesellschaft).

Beck, U.: Gegengifte. Die organisierte Unverantwortlichkeit, 1988 (zit.: Gegengifte).

Beck, U.: Wissen oder Nicht-Wissen? Zwei Perspektiven »reflexiver Modernisierung«, in: Reflexive Modernisierung, hrsg. v. dems./Giddens, A./Lash, S., 1996, S. 289 ff. (zit.: Reflexive Modernisierung).

Benda, E.: Technische Risiken und Grundgesetz, in: Technische Risiken und Recht, hrsg. v. Blümel, W./Wagner, H., KfK 3275, 1981, S. 1 ff.

Bender, B./Sparwasser, R./Engel, R.: Umweltrecht, 3. Aufl., 1995.

Berg, Th.: Beweismaß und Beweislast im Umweltrecht, 1995.

Berkemann, J.: Lärmgrenzwerte im Bereich des Straßen- und Schienenverkehrs, in: Schutz vor Lärm, hrsg. v. Koch, H.-J., 1990, S. 73 ff.

Berlit, U.: Soll das Volk abstimmen?, KritV 1993, S. 318 ff.

Berlit, U.: Verfassungsgebung in den fünf neuen Ländern, JöR N.F. 44 (1996), S. 54 ff.

Berlit, U., Verfassungsgebung in den fünf neuen Bundesländern – ein Zwischenbericht, KJ 1992, S. 437 ff.

Birnbacher, D.: Verantwortung für zukünftige Generationen, 1988.

Bizer, J./Ormond, T./Riedel, U.: Die Verbandsklage im Naturschutzrecht, 1990.
Blankennagel, A.: Klagefähige Rechtspositionen im Umweltrecht, Die Verwaltung 26 (1993), S. 1 ff.
Bock, B.: Umweltschutz im Spiegel von Verfassungsrecht und Verfassungspolitik, 1990.
Böckenförde, E.W.: Demokratische Willensbildung und Repräsentation, in: Handbuch des Staatsrechts, hrsg. v. Isensee, J./Kirchhof, P., Band II, 1987, § 30.
Böckenförde, E.W.: Der Verfassungstyp der deutschen konstitutionellen Monarchie im 19. Jahrhundert, in: ders., Moderne deutsche Verfassungsgeschichte, 1972, S. 146 ff. (zit.: Verfassungstyp).
Böckenförde, E.W.: Gesetz und gesetzgebende Gewalt, 2. Aufl., 1981 (zit.: Gesetz).
Böckenförde, E.W.: Grundrechte als Grundsatznormen, Der Staat 29 (1990), S. 1 ff.
Böckenförde, E.W.: Staat, Gesellschaft, Freiheit, 1976 (zit.: Staat).
Böckenförde, E.W.: Staat, Verfassung, Demokratie, 2. Aufl., 1992 (zit.: Verfassung).
Böhm, M.: Der Normmensch, 1996.
Bonine, J.E./Mc Garity, Th.O.: The Law of Environmental Protection, 2. Aufl., St. Paul/Minn., 1992.
Bönker, Ch.: Umweltstandards in Verwaltungsvorschriften, 1992.
Bosselmann, K.: Im Namen der Natur. Der Weg zum ökologischen Rechtsstaat, 1992.
Brandl, E./Bungert, H.: Constitutional Entrenchment of Environmental Protection: A Comparative Analysis of Experiences Abroad, Harvard Environmental Law Rev. 16 (1992), S. 1 ff.
Breuer, R.: Art. »Sachverständiger«, in: Handwörterbuch des Umweltrechts, hrsg. v. Kimminich, O. u. a., Band II, 2. Aufl., 1994, Sp. 1759 ff.
Breuer, R.: Die rechtliche Bedeutung der Verwaltungsvorschriften nach § 48 BImSchG im Genehmigungsverfahren, DVBl. 1978, S. 28 ff.
Breuer, R.: Direkte und indirekte Rezeption technischer Regeln durch die Rechtsordnung, AöR 101 (1976), S. 46 ff.
Breuer, R.: Gerichtliche Kontrolle der Technik, NVwZ 1988, S. 104 ff.
Breuer, R.: Empfiehlt es sich, ein Umweltgesetzbuch zu schaffen, gegebenenfalls mit welchen Regelungsbereichen?, Gutachten zum 59. DJT, 1992, S. 111 ff.
Breuer, R.: Probabilistische Risikoanalysen und Gentechnikrecht, NuR 1994, S. 157 ff.
Breyer, St.: Breaking the Vicious Circle – Toward Effective Risk Regulation, Cambridge/Mass. 1993.

Breyer, St./Stewart, R.: Administrative Law and Regulatory Policy, 2. Aufl., Boston/Toronto 1985.
Britz, G.: Umweltrecht zwischen ökonomischer Effizienz und Verfassungsrecht, Die Verwaltung 30 (1997), S. 185 ff.
Buiren, S. van/Ballerstedt, E.: Richterliches Handeln und technisches Risiko, 1982.
Bullinger, M.: Rechtsfragen des Verursacherprinzips beim Umweltschutz, in: Das Verursacherprinzip und seine Instrumente – eine interdisziplinäre Untersuchung –, Heft A 24 der »Beiträge zur Umweltgestaltung«, 1974, S. 69 ff.
Calabresi, G./Bobbit, Ph.: Tragic Choices, New York 1978.
Cansier, D.: Umweltökonomie, 2. Aufl., 1996.
Daele, W. van den: Natur und Verfassung, in: Demokratische Verfassung und Nation, hrsg. v. Gebhardt, J./Schmalz-Bruns, R., 1994, S. 364 ff.
Dahrendorf, R.: Der moderne soziale Konflikt, 1992.
Degenhart, Ch.: Kernenergierecht, 2. Aufl., 1982.
Denninger, E.: Menschenrechte und Grundgesetz, 1994 (Menschenrechte).
Denninger, E.: Über das Verhältnis von Menschenrechten zum positiven Recht, JZ 1982, S. 225 ff.
Denninger, E.: Verfassung und Gesetz, KritV 1 (1986), 291 ff.
Denninger, E.: Verfassungsrechtliche Anforderungen an die Normsetzung im Umwelt- und Technikrecht, 1990 (zit.: Verfassungsrechtliche Anforderungen).
Der Rat von Sachverständigen für Umweltfragen (SRU): Umweltgutachten 1987.
Der Rat von Sachverständigen für Umweltfragen (SRU): Umweltgutachten 1994.
Der Rat von Sachverständigen für Umweltfragen (SRU): Umweltgutachten 1996.
Di Fabio, U.: Risikoentscheidungen im Rechtsstaat, 1994.
Dietlein, J.: Die Lehre von den grundrechtlichen Schutzpflichten, 1992.
Douglas, M./Wildavksy, A.: Risk and Culture: An Essay on the Selection of Technical and Environmental Dangers, Berkeley/Los Angeles 1982.
Dreier, H.: Dimensionen der Grundrechte, 1993 (zit.: Dimensionen der Grundrechte)
Dreier, H.: Hierarchische Verwaltung im demokratischen Staat, 1991 (zit.: Hierarchische Verwaltung).
Dreier, H.: Rechtsethik und staatliche Legitimität, Universitas 1993, S. 377 ff.
Duso, G. et al. (Hrsg.): Konsens und Konsoziation in der politischen Theorie des frühen Föderalismus, Rechtstheorie Beiheft 16, 1997, S. 259 ff.

Dworkin, R.: A Matter of Principle, Cambridge/Mass. 1985.
Ebinger, B.: Der unbestimmte Rechtsbegriff im Recht der Technik, 1993.
Endres, A.: Umwelt- und Ressourcenökonomie, 1985.
Erikson, K.: A New Species of Trouble. The Human Experience of Modern Disasters, New York/London 1995.
Evangelische Kirche in Deutschland (Kammer für öffentliche Verantwortung): Denkschrift »Evangelische Kirche und freiheitliche Demokratie«, 2. Aufl., 1985.
Ewringmann, D.: Art. »Verursacherprinzip«, in: Handwörterbuch des Umweltrechts, hrsg. v. Kimminich, O. u. a., Band II, 2. Aufl., 1994, Sp. 2678 ff.
Fishkin, J.S.: Democracy and Deliberation, New Haven 1991.
Forsthoff, E.: Der Staat der Industriegesellschaft, 1971 (zit.: Industriegesellschaft).
Forsthoff, E.: Die Umbildung des Verfassungsgesetzes, in: Verfassung, hrsg. v. Friedrich, M., 1978, S. 117 ff. (zit.: Verfassungsgesetz).
Forsthoff, E.: Zur Problematik der Verfassungsauslegung, 1961 (zit.: Verfassungsauslegung).
Gehlen, A.: Die Seele im technischen Zeitalter, 1957.
Giddens, A.: Jenseits von Links und Rechts, 1997 (zit.: Jenseits).
Giddens, A.: Konsequenzen der Moderne, 1996 (zit.: Konsequenzen).
Giddens, A.: Leben in einer posttraditionalen Gesellschaft, in: Reflexive Modernisierung, hrsg. v. Beck, U./Giddens, A./Lash, S., 1996, S. 113 ff. (zit.: Gesellschaft).
Gierke, O. v.: Johannes Althusius und die Entwicklung der naturrechtlichen Staatstheorien (1880), 5. Ausgabe, 1958.
Gilhaus, U.: »Schmerzenskinder der Industrie« – Umweltverschmutzung, Umweltpolitik und sozialer Protest im Industriezeitalter in Westfalen 1845-1914, 1995.
Gillette, C.P./Krier, J.E.: Risks, Courts and Agencies, Univ. Pensylvannia Law Rev. 138 (1990), S. 1027 ff.
Glicksman, R./Schroeder, Ch.H.: EPA and the Courts: Twenty Years of Law and Politics, Law and Contemporary Problems 54 (1991), S. 249 ff.
Goudie, A.: Mensch und Umwelt, 1994.
Grawert, R.: Technischer Fortschritt in staatlicher Verantwortung, in: Demokratie in Anfechtung und Bewährung, in: FS f. J. Broermann, hrsg. v. Listl, J./Schambeck, H., 1982, S. 467 ff.
Grimm, D.: Die Aufgabenverteilung zwischen Justiz und Verwaltung bei der Genehmigung kerntechnischer Anlagen, in: Richterliches Handeln und technisches Risiko, hrsg. v. Buiren, S. van/Ballerstedt, E., 1982, S. 25 ff. (zit.: Aufgabenverteilung).
Grimm, D.: Die Zukunft der Verfassung, 1991 (zit.: Zukunft).

Guggenberger, B./Meier, A. (Hrsg.): Der Souverän auf der Nebenbühne, 1994.
Gusy, Ch.: Probleme der Verrechtlichung technischer Standards, NVwZ 1995, S. 105 ff.
Habermas, J.: Faktizität und Geltung, 1992 (zit.: Faktizität).
Habermas, J.: Technik und Wissenschaft als Ideologie, 6. Aufl., 1973 (zit.: Technik).
Hansmann, K.: Immissionsgrenzwerte: Bundesimmissionsschutzgesetz und ergänzende Vorschriften, 10. Aufl., 1992.
Haverkate, G.: Verfassungslehre, 1992.
Heisenberg, W.: Schritte über Grenzen, 7. Aufl., 1989.
Hermes, G.: Das Grundrecht auf Schutz von Leben und Gesundheit, 1987.
Hesse, K.,: Ausgewählte Schriften, 1984.
Hesse, K.: Bedeutung der Grundrechte, in: Handbuch des Verfassungsrechts, hrsg. v. Benda, E./Maihofer, W./Vogel, K., 2. Aufl., 1994, § 5.
Hesse, K.: Die normative Kraft der Verfassung, 1959 (zit.: Normative Kraft).
Hesse, K.: Grundzüge des Verfassungsrechts der Bundesrepublik Deutschland, 20. Aufl., 1995 (zit.: Grundzüge).
Hoban, Th.M./Brooks, R.O.: Green Justice, 2. Aufl., Boulder 1996.
Hoffmann-Riem, W.: Ermöglichung von Flexibilität und Innovationsoffenheit im Verwaltungsrecht, in: Innovation und Flexibilität des Verwaltungshandelns, hrsg. v. dems./Schmidt-Aßmann, E., 1994 (zit.: Flexibilität).
Hoffmann-Riem, W.: Innovationen durch Recht und im Recht, in: Technische Innovation und Recht, hrsg. v. Schulte, M., 1997, S. 3 ff. (zit.: Innovationen).
Hoffmann-Riem, W./Schmidt-Aßmann, E. (Hrsg.): Konfliktbewältigung durch Verhandlungen, Band 1, 1990.
Hofmann, H.: Die Aufgaben des modernen Staates und der Umweltschutz, in: Umweltstaat, hrsg. v. Kloepfer, M., 1989, S. 1 ff. (zit.: Aufgaben).
Hofmann, H.: Grundpflichten als verfassungsrechtliche Dimension, VVDStRL 41 (1983), S. 42 ff.
Hofmann, H.: Natur und Naturschutz im Spiegel des Verfassungsrechts, JZ 1988, S. 265 ff.
Hofmann, H.: Privatwirtschaft und Staatskontrolle bei der Energieversorgung durch Atomkraft, 1989 (zit.: Privatwirtschaft und Staatskontrolle).
Hofmann, H.: Rechtsfragen der atomaren Entsorgung, 1981 (zit.: Entsorgung).
Hofmann, H./Dreier, H.: Repräsentation, Mehrheitsprinzip und Min-

derheitenschutz in: Parlamentsrecht und Parlamentspraxis, hrsg. v. Schneider, H.P./Zeh, W., 1989, Rn. 58ff.
Hoppe, W./Beckmann, M.: Umweltrecht, 1989.
Huber, P.: Safety and the Second Best: The Hazards of Public Risk Management in the Courts, Columbia Law Rev. 85 (1985), S. 227ff.
Husserl, E.: Die Krisis der europäischen Wissenschaften und die transzendentale Phämenologie, hrsg. v. Biemel, W., Den Haag 1945.
Isensee, J.: Das Grundrecht als Abwehrrecht und staatliche Schutzpflicht, in: Handbuch des Staatsrechts, hrsg. v. Isensee, J./Kirchhof, P., Band V, 1992, § 111.
Isensee, J.: Widerstand gegen den technischen Fortschritt, DÖV 1983, S. 565ff.
Jarass, H.D.: Leitvorstellungen einer Verteilung der Regelungsmaterien des Atom- und Strahlenschutzrechts, in: Reformüberlegungen zum Atomrecht, hrsg. v. Lukes, R., 1991, S. 437ff. (zit.: Leitungsvorstellungen).
Jarass, H.D.: Art. »Umweltstandard«, in: Handwörterbuch des Umweltrechts, hrsg. v. Kimminich, O. u. a., Band II, 2. Aufl., 1994, Sp. 2413ff.
Jonas, H.: Das Prinzip Verantwortung, 1984
Kirchhof, P.: Kontrolle der Technik als staatliche und private Aufgabe, NVwZ 1988, S. 97ff.
Klein, E.: Grundrechtliche Schutzpflicht des Staates, NJW 1989, S. 1633ff.
Klein, H.H.: Die grundrechtliche Schutzpflicht, DVBl. 1994, S. 489ff.
Kloepfer, M.: Art. 20a GG, Bonner Kommentar, Stand Oktober 1996.
Kloepfer, M.: Langzeitverantwortung im Umweltstaat, in: Langzeitverantwortung im Umweltstaat, hrsg. v. Gethmann, C.F. u. a., 1993, S. 22ff. (zit.: Langzeitverantwortung).
Kloepfer, M. (Hrsg.): Umweltstaat als Zukunft, 1994 (zit.: Umweltstaat).
Kloepfer, M.: Umweltrecht, 1989 (zit.: Umweltrecht).
Kloepfer, M./Rehbinder, E./Schmidt-Aßmann, E.: Umweltgesetzbuch – Allgemeiner Teil, 2. Aufl., 1991.
Koch, H.-J.: Die normtheoretische Basis der Abwägung, in: Abwägung im Recht, hrsg. v. Erbguth, W. et al., 1996, S. 9ff.
Korff, W.: Dauerhaft-umweltgerechte Entwicklung, in: FS f. Furger, hrsg. v. Heimbach-Steins et al., 1995.
Kreuder, T. (Hrsg.): Der orientierungslose Leviathan, 1992.
Krier, J.E.: The End of the World News, Loyola of Los Angeles Law Rev. 27 (1994), S. 851ff.
Krier, J.E./Gillette, C.P.: The UN-Easy Case for Technological Optimism, Michigan Law Rev. 84 (1985), S. 405ff.

Krier, J./Brownstein, M.: On Integrated Pollution Control, Environmental Law 22 (1991), S. 119ff.

Krüger, H.: Allgemeine Staatslehre, 1964.

Lamb, I.: Kooperative Gesetzeskonkretisierung, 1995.

Landy, M.K./Roberts, M.J./Thomas, St.R.: The Environmental Protection Agency, New York/Oxford 1990.

Lash, S.: Expertenwissen oder Situationsdeutung?, in: Reflexive Modernisierung, hrsg. v. Beck, U./Giddens, A./Lash, S., 1996, S. 338ff. (zit.: Expertenwissen).

Lash, S.: Reflexivität und ihre Doppelungen: Struktur, Ästhetik und Gemeinschaft, in: Reflexive Modernisierung, hrsg. v. Beck, U./Giddens, A./Lash, S., 1996, S. 195ff. (zit.: Reflexivität).

Lersner, H. Freiherr v.: Verfahrensvorschläge für umweltrechtliche Grenzwerte, NuR 1990, S. 193ff.

Lübbe, H.: Der Lebenssinn der Industriegesellschaft, 2. Aufl., 1994.

Lübbe-Wolff, G.: Modernisierung des Umweltordnungsrechts: Vollziehbarkeit – Deregulierung – Effizienz, 1996 (zit.: Modernisierung).

Lübbe-Wolff, G.: Verfassungsrechtliche Fragen der Normsetzung und Normkontrolle im Umweltrecht, ZG 1991, S. 219ff.

Lübbe-Wolff, G.: Vollzugsprobleme der Umweltverwaltung, NuR 1994, S. 217ff.

Luhmann, N.: Ökologische Kommunikation, 3. Aufl., 1990 (zit.: Kommunikation).

Luhmann, N.: Theorie der Verwaltungswissenschaft, 1966 (zit.: Verwaltungswissenschaft).

Luhmann, N.: Zweckbegriff und Systemrationalität, 1973 (zit.: Systemrationalität).

Lukes, R.: Die Regelung technischer Sachverhalte in der Rechtsordnung, in: Rechtliche Ordnung der Technik als Aufgabe der Industriegesellschaft, hrsg. v. Lukes R./Birkhofer, A., 1980, S. 88ff. (zit.: Regelung).

Lukes, R.: Rechtlicher Regelungsbedarf im Kernenergierecht, in: Normalisierung der friedlichen Nutzung der Kernenergie – Konsequenzen für die rechtliche Regelung, hrsg. v. Birkhofer, A./Lukes, R., 1985, S. 38ff. (zit.: Regelungsbedarf).

Lukes, R. (Hrsg.): Reformüberlegungen zum Atomrecht, 1991 (zit: Reformüberlegungen).

Lukes, R./Birkhofer, A. (Hrsg.): Achtes Deutsches Atomrechtssymposium, 1989.

Lukes, R./Birkhofer, A. (Hrsg.): Neuntes Deutsches Atomrechtssymposium, 1991.

Mannheim, K.: Mensch und Gesellschaft im Zeitalter des Umbaus, 2. Aufl., 1967.

Marburger, P.: Art. »Technische Regeln«, in: Handwörterbuch des Umweltrechts, hrsg. v. Kimminich, O. u. a., Band II, 2. Aufl., 1994, Sp. 2045 ff.
Marburger, P.: Atomrechtliche Schadensvorsorge, 2. Aufl., 1985 (zit.: Schadensvorsorge).
Marcuse, H.: Der eindimensionale Mensch, 6. Aufl., 1968.
Mayer, C.: Die Nachbesserungspflicht des Gesetzgebers, 1997.
Mayntz, R.: Entscheidungsprozesse bei der Entwicklung von Umweltstandards, Die Verwaltung 23 (1990), S. 137 ff.
Meyer-Abich, K.M.: Naturethik, 1997 (zit.: Naturethik).
Meyer-Abich, K.M.: Praktische Naturphilosophie, 1997 (zit.: Praktische Naturphilosophie).
Meyer-Abich, K.M.: Wege zum Frieden mit der Natur, 1984 (zit.: Frieden mit der Natur).
Müller, J.P.: Demokratische Gerechtigkeit, 1990.
Müller-Foell, M.: Die Bedeutung technischer Normen für die Konkretisierung von Rechtsvorschriften, 1987.
Murswiek, D.: Die staatliche Verantwortung für die Risiken der Technik, 1988 (zit.: Staatliche Verantwortung).
Murswiek, D.: Privater Nutzen und Gemeinwohl im Umweltrecht, DVBl. 1994, S. 77 ff.
Murswiek, D.: Staatsziel Umweltschutz (Art. 20a GG), NVwZ 1996, S. 222 ff.
Murswiek, D.: Umweltschutz als Staatszweck. Die ökologischen Legitimitätsgrundlagen des Staates, 1995 (zit.: Staatszweck).
Nicklas, C.: Implementationsprobleme des EG-Umweltrechts, 1997.
Nicklisch, F.: Funktion und Bedeutung technischer Standards in der Rechtsordnung, BB 1983, S. 261 ff.
Nicklisch, F.: Das Recht im Umgang mit dem Ungewissen in Wissenschaft und Technik, NJW 1986, S. 2287 ff.
Offe, C.: Technik und Eindimensionalität. Eine Version der Technokratiethese?, in: Antworten auf Herbert Marcuse, hrsg. v. Habermas, J., 3. Aufl., 1968, S. 73 ff.
Ossenbühl, F.: Autonome Rechtssetzung der Verwaltung, in: Handbuch des Staatsrechts, hrsg. v. Isensee J./Kirchhof, P., Band III, 1988, § 65.
Ossenbühl, F.: Die Bewertung technischer Risiken bei der Rechtssetzung, DÖV 1982, S. 833 ff.
Ossenbühl, F.: Die gerichtliche Überprüfung der Beurteilung technischer und wirtschaftlicher Fragen in Genehmigungen des Baus von Kraftwerken, DVBl. 1978, S. 1 ff.
Ossenbühl, F.: Rechtsverordnung, in: Handbuch des Staatsrechts, hrsg. v. Isensee, J./Kirchhof, P., Band III, 1988, § 64.

Ossenbühl, F.: Vorrang und Vorbehalt des Gesetzes, in: Handbuch des Staatsrechts, hrsg. v. Isensee J./Kirchhof, P., Band III, 1988, § 62.

Ossenbühl, F.: Vorsorge als Rechtsprinzip im Gesundheits-, Arbeits- und Umweltschutz, NVwZ 1986, S. 161 ff.

Papier, H.-J.: Der Vorbehalt des Gesetzes und seine Grenzen, in: Die öffentliche Verwaltung zwischen Gesetzgebung und richterlicher Kontrolle, hrsg. v. Götz, V. u. a., 1985, S. 36 ff. (zit.: Vorbehalt).

Papier, H.-J.: Rechtsvorschriften für technische Gegenstände in der deutschen Rechtsordnung, in: Sicherheitstechnische Vorschriften im deutschen und europäischen Recht, Studienreihe 53 des Bundesministers für Wirtschaft, 1986, S. 45 ff. (zit.: Rechtsvorschriften).

Pernice, I.: Auswirkungen des europäischen Binnenmarktes auf das Umweltrecht – Gemeinschafts-/verfassungsrechtliche Grundlagen, NVwZ 1990, S. 201 ff.

Pernice, I.: Befugnisse der EG auf dem Gebiet des Umwelt- und Technikrechts, Die Verwaltung 22 (1989), S. 1 ff.

Pernthaler, P.: Allgemeine Staatslehre und Verfassungslehre, 2. Aufl., 1996.

Pieroth, B./Schlink, B.: Grundrechte – Staatsrecht II, 12. Aufl., 1996.

Ponting, C.A.: Green History of the World, London 1993.

Postman, N.: Das Technopol, 2. Aufl., 1992.

Preuß, U.K.: Der Begriff der Verfassung und ihre Beziehungen zur Politik, in: Zum Begriff der Verfassung, hrsg. v. dems., 1994, S. 7 ff. (zit.: Verfassung).

Preuß, U.K.: Die Zukunft: Müllhalde der Gegenwart?, in: An den Grenzen zur Mehrheitsdemokratie, hrsg. v. Guggenberger, B./Offe, C., 1984, S. 224 ff. (zit.: Müllhalde).

Preuß, U.K.: Revolution, Fortschritt und Verfassung, 1990 (zit.: Revolution).

Preuß, U.K.: Risikovorsorge als Staatsaufgabe, in: Staatsaufgaben, hrsg. v. Grimm, D., 1994, S. 523 ff. (zit.: Risikovorsorge).

Przygode, S.: Die deutsche Rechtsprechung zur unmittelbaren Demokratie, 1995.

Radkau, J.: Aufstieg und Krise der deutschen Atomwirtschaft, 1983.

Rawls, J.: Political Liberalism, New York 1996.

Rehbinder, E.: Festlegung von Umweltzielen, NuR 1997, S. 313 ff.

Rehbinder, E.: Prinzipien des Umweltrechts in der Rechtsprechung des Bundesverwaltungsgerichts: Das Vorsorgeprinzip als Beispiel, in: FS f. H. Sendler, hrsg. v. Franßen, E., 1991, S. 269 ff. (zit.: Vorsorge).

Rehbinder, E.: Art. »Verbandsklage«, in: Handwörterbuch des Umweltrechts, hrsg. v. Kimminich, O. u. a., Band II, 2. Aufl., 1994, Sp. 2559 ff.

Rehbinder, E.: Ziele, Grundsätze, Strategien und Instrumente, in:

Grundzüge des Umweltrechts, hrsg. v. Arbeitskreis für Umweltrecht, 2. Aufl., 1997, Ordnungsziffer 04 (zit.: Ziele).
Reich, A.: Gefahr – Risiko – Restrisiko, 1989.
Riedel, E. (Hrsg.): Risikomanagement im öffentlichen Recht, 1997.
Robbers, G.: Sicherheit als Menschenrecht, 1987.
Robinson, G.O./Gelhorn, E./Bruff, H.H.: The Administrative Process, 4. Aufl., St. Paul 1993.
Röglin, H.Ch.: Technikängste und wie man damit umgeht, 1994.
Rohbeck, J.: Technologische Urteilskraft, 1993.
Rose-Ackerman, S.: Umweltrecht und -politik in den Vereinigten Staaten und der Bundesrepublik Deutschland, 1995.
Rosenbaum, W.A.: The EPA at Risk: Conflict over Institutional Reform, in: Environmental Policy in the 1990s. Reform or Reaction?, hrsg. v. Vig, N.J./Kraft, M.E., 3. Aufl., Washington D.C. 1997, S. 143 ff.
Rosenberg, G.N.: The Hollow Hope. Can Courts Bring About Social Change?, Chicago/London 1991.
Roßnagel, A.: Die rechtliche Fassung technischer Risiken, UPR 1986, S. 46 ff.
Roßnagel, A.: Kontrolle großtechnischer Anlagen durch Verwaltungsreferenda?, ZParl 1986, S. 587 ff.
Roßnagel, A.: Rechtswissenschaftliche Technikfolgenforschung, 1993 (zit.: Technikfolgenforschung).
Ruckelshaus, W.D.: Risk, Science, Democracy, Issues in Science and Technology, Spring 1985, S. 19 ff.
Saladin, P.: Kernenergie und schweizerische Staatsordnung, in: Recht als Prozeß und Gefüge, FS. f. H. Huber, hrsg. v. Imboden, M., Bern 1981, S. 300 ff.
Saladin, P.: Verantwortung als Staatsprinzip, 1984 (zit.: Verantwortung).
Saladin, P./Zenger, C.A.: Rechte künftiger Generationen, Basel 1988.
Schelsky, H.: Der Mensch in der technischen Zivilisation, 1961.
Scherzberg, A.: Risiko als Rechtsproblem, VerwArch. 1993, S. 484 ff.
Scheuner, U.: Das repräsentative Prinzip in der modernen Demokratie, in: ders., Staatstheorie und Staatsrecht, 1978, S. 245 ff. (zit.: Moderne Demokratie).
Scheuner, U.: Staatstheorie und Staatsrecht, 1978. (zit.: Staatstheorie).
Scheuner, U.: Staatszielbestimmungen, in: ders., Staatstheorie und Staatsrecht, 1978, S. 223 ff. (zit.: Staatszielbestimmungen).
Schink, A.: Umweltschutz als Staatsziel, DÖV 1997, S. 221 ff.
Schlink, B.: Freiheit durch Eingriffsabwehr, EuGRZ 1984, S. 457 ff.
Schmid, G.: Rechtsfragen bei Großrisiken, ZSR N.F. 109 (1990), S. 3 ff.
Schmidt-Preuß, M.: Kollidierende Privatinteressen im Verwaltungs-

recht – Das subjektive öffentliche Recht im multipolaren Verwaltungsrechtsverhältnis, 1992.
Schmitt, C.: Legalität und Legitimität in: ders., Verfassungsrechtliche Aufsätze, 1958, S. 263 ff. (zit.: Legalität).
Schmitt, C.: Verfassungslehre, 3. Aufl., 1957 (zit.: Verfassungslehre).
Schneider, H.P./Zeh, W. (Hrsg.): Parlamentsrecht und Parlamentspraxis, 1989.
Schulze-Fielitz, H.: Neue Kriterien für die verwaltungsgerichtliche Kontrolldichte bei der Anwendung unbestimmter Rechtsbegriffe, JZ 1993, S. 772 ff.
Schulze-Fielitz, H.: Zeitoffene Gesetzgebung, in: Innovation und Flexibilität des Verwaltungshandelns, Band 2, hrsg. v. Hoffmann-Riem, W./Schmidt-Aßmann, E., 1994, S. 139 ff. (zit.: Gesetzgebung).
Sellner, D.: Gestuftes Genehmigungsverfahren, Schadensvorsorge, verwaltungsgerichtliche Kontrolldichte, NVwZ 1986, S. 616 ff.
Sendler, H.: Die Entwicklung des Umweltschutzrechts in der Rechtsprechung des Bundesverwaltungsgerichts, UPR 1991, S. 241 ff.
Sendler, H.: Ist das Umweltrecht normierbar?, UPR 1981, S. 1 ff.
Sendler, H.: Richter und Sachverständige, NJW 1986, S. 2907 ff.
Shere, M.E.: The Myth of Meaningful Environmental Risk Assessment, The Harvard Environmental Law Rev. 19 (1995), S. 409 ff.
Simon, H.: Fragen der Verfassungspolitik, in: Ziviler Ungehorsam im Rechtsstaat, hrsg. v. Glotz, P., 1982, S. 99 ff.
Slovic, P.: Defining and Perceiving Risks, Science 236 (1987), S. 280 ff.
Slovic, P.: Informing and Educating the Public About Risks, Risk Analysis 1986, S. 403 ff.
Spaemann, R.: Technische Eingriffe in die Natur als Problem der politischen Ethik, Scheidewege 9 (1979), S. 476 ff.
Steiger, H.: Verfassungsrechtliche Grundlagen, in: Grundzüge des Umweltrechts, hrsg. v. Arbeitskreis für Umweltrecht, 2. Aufl., 1997, Ordnungsziffer 02.
Steinberg, R.: Politik und Verwaltungsorganisation, 1979 (zit.: Politik und Verwaltungsorganisation).
Steinberg, R.: Abrüstungs- und Rüstungskontrollverwaltung in der Bundesrepublik Deutschland, 1982 (zit.: Abrüstungs- und Rüstungskontrollverwaltung).
Steinberg, R.: Verfassungsgerichtliche Kontrolle der »Nachbesserungspflicht« des Gesetzgebers, Der Staat 26 (1987), S. 161 ff.
Steinberg, R.: Fachplanung, 2. Aufl., 1993 (zit.: Fachplanung).
Steinberg, R. (Hrsg.): Reform des Atomrechts, 1994 (zit.: Reform des Atomrechts).

Steinberg, R.: Probleme der Europäisierung des deutschen Umweltrechts, AöR 120 (1995), S. 549 ff.

Steinberg, R.: Zulassung von Industrieanlagen im deutschen und europäischen Recht, NVwZ 1995, 209 ff.

Steinberg, R.: Verfassungsrechtlicher Umweltschutz durch Grundrechte und Staatszielbestimmung, NJW 1996, S. 1985 ff.

Steinberg, R./Koepfer, I.: IVU-Richtlinie und immissionsschutzrechtliche Genehmigung, DVBl. 1997, S. 973 ff.

Steinberg, R./Roller, G.: Atomrechtliche Schadensvorsorge und »Restrisiko«, in: Schneider, H.-P./Steinberg, R., Schadensvorsorge im Atomrecht zwischen Genehmigung, Bestandsschutz und staatlicher Aufsicht, 1991, S. 9 ff.

Steinberg, R./Schütze, D.: Umweltverträgliche Technikgestaltung durch Recht, KritV 1998.

Stewart, R.: The Reformation of American Administrative Law, Harvard Law Rev. 88 (1975), S. 1644 ff.

Stiglitz, J. E.: Economics, New York/London 1993.

Stolleis, M.: Die Entstehung des Interventionsstaates und das öffentliche Recht, Zeitschrift f. Neuere Rechtsgeschichte 1989, S. 129 ff.

Stolleis, M.: Verfassungsideale der Bürgerlichen Revolution, Rättshistorika Studier Band XVI, 1990, S. 79 ff.

Stone, Christopher D.: Should Trees Have Standing? Towards Legal Rights for Natural Objects, Cal. Law Rev. 1972, S. 450 ff., in deutscher Übersetzung: Umwelt vor Gericht, hrsg. v. Blume, H., 2. Aufl., 1992, S. 25 ff.

Stone, G.R./Seidman, L.M./Sunstein, C.R./Tushnet, M.V.: Constitutional Law, 3. Aufl., Aspen 1996.

Storck, H.: Einführung in die Philosophie der Technik, 3. Aufl., 1991.

Stötzel, M.: Kerntechnische Schutzkonzepte und atomrechtliche Anlagengenehmigung, 1997.

Sunstein, C.R.: After the Rights Revolution – Reconceiving the regulatory State, Cambridge/Mass. 1990 (zit.: After the Rights Revolution).

Sunstein, C.R.: Judicial Minimalism, MS – im Erscheinen (zit.: Judicial Minimalism).

Sunstein, C.R.: The Partial Constitution, Cambridge/Mass. 1993 (zit.: Partial Constitution).

Treiber, H.: Kooperatives Verwaltungshandeln der Gewerbeaufsicht (Fabrikinspektion) des 19. Jahrhunderts, in: Kooperatives Recht, hrsg. v. Dose, N./Voigt, R., 1995.

Tribe, L.: American Constitutional Law, 2. Aufl., New York 1988.

Trute, H.-H.: Staatliches Risikomanagement im Anlagenrecht, in: Risi-

komanagement im öffentlichen Recht, hrsg. v. Riedel, E., 1997, S. 55 ff. (zit.: Risikomanagement).
Trute, H.-H.: Vorsorgestrukturen und Luftreinhalteplanung im Bundesimmissionsschutzgesetz, 1989 (zit.: Vorsorgestrukturen).
Ueberhorst, R.: Positionelle und diskursive Politik – Die Bewährung einer demokratischen Technologiepolitik an den Chancen kritischer Argumente zur Brütertechnik, in: AUSgebrütet – Argumente zur Brutreaktorpolitik, hrsg. v. Meyer-Abich, K.M./Ueberhorst, R., 1985, S. 356 ff.
Vieweg, R.: Atomrecht und technische Normung, 1981.
Vig, N.J./Kraft, M.E. (Hrsg.): Environmental Policy in the 1990s. Reform or Reaction?, 3. Aufl., Washington D.C. 1997.
Viscusi, W.K.: Fatal Tradeoffs. Public and Private Responsibilities for Risk, New York/Oxford 1992.
Wahl, R.: Die doppelte Abhängigkeit des subjektiven öffentlichen Rechts, DVBl. 1996, S. 641 ff.
Wahl, R.: Rechtliche Wirkungen und Funktionen der Grundrechte im deutschen Konstitutionalismus des 19. Jahrhunderts, Der Staat 18 (1979), S. 321 ff.
Wahl, R.: Risikobewertung der Exekutive und richterliche Kontrolldichte, NVwZ 1991, S. 409 ff.
Wahl, R.: Verwaltungsverfahren zwischen Verwaltungseffizienz und Rechtsschutzauftrag, VVDStRL 41 (1983), S. 151 ff.
Wahl, R./Appel, I.: Prävention und Vorsorge. Von der Staatsaufgabe zur rechtlichen Ausgestaltung, in: Prävention und Vorsorge, hrsg. v. Wahl, R., 1995, S. 1 ff.
Wahl, R./Masing, J.: Schutz durch Eingriff?, JZ 1990, S. 553 ff.
Weber, M.: Wirtschaft und Gesellschaft, 5. Aufl., 1972.
Weinberg, A.: Engineering in an Age of Anxiety, Issues in Science and Technology, Winter 1989/1990, S. 37 ff.
Weinberg, A.: Science and its Limits: The Regulator's Dilemma, Issues in Science and Technology, Fall 1985, S. 59 ff.
Weizsäcker, C.F. v.: Bewußtseinswandel, 1988.
Westphalen, R. Graf v. (Hrsg.): Parlamentslehre, 1993.
Whitehead, A.: Wissenschaft und moderne Welt, 1988.
Wienholtz, E.: Verfassung und Technologie, DÖV 1985, S. 136 ff.
Wienholtz, E.: Verfassung und Technologie, in: Anstöße 1984, hrsg. v. Ev. Akademie Hofgeismar, 1984, S. 112 ff. (zit.: Verfassung).
Wilke, D.: Die gerichtliche Kontrolle unbestimmter Rechtsbegriffe im Umweltrecht, Jura 1992, S. 186 ff.
Willke, H.: Supervision des Staates, 1997.
Winter, G. (Hrsg.): Grenzwerte, 1986.
Wolf, R.: Der Stand der Technik, 1986 (zit.: Stand der Technik).

Wolf, R.: Zur Antiquiertheit des Rechts in der Risikogesellschaft, Leviathan 1987, S. 356ff.
Würtenberger, Th.: Akzeptanz durch Verwaltungsverfahren, NJW 1991, S. 257ff.
Würtenberger, Th.: Zeitgeist und Recht, 1987.

Register

Inhaltsübersicht

I. Einleitung: Die Risikogesellschaft auf dem Weg zum ökologischen Verfassungsstaat

II. Die Verantwortung des Staates für die Umwelt

IV. Die Rolle der Judikative im Umweltschutz

V. Ökologische Herausforderungen der repräsentativen Ordnung

VI. Die Verfassung des Umweltstaates